utb 6259

Eine Arbeitsgemeinschaft der Verlage

Brill | Schöningh – Fink · Paderborn
Brill | Vandenhoeck & Ruprecht · Göttingen – Böhlau · Wien · Köln
Verlag Barbara Budrich · Opladen · Toronto
facultas · Wien
Haupt Verlag · Bern
Verlag Julius Klinkhardt · Bad Heilbrunn
Mohr Siebeck · Tübingen
Narr Francke Attempto Verlag – expert verlag · Tübingen
Psychiatrie Verlag · Köln
Ernst Reinhardt Verlag · München
transcript Verlag · Bielefeld
Verlag Eugen Ulmer · Stuttgart
UVK Verlag · München
Waxmann · Münster · New York
wbv Publikation · Bielefeld
Wochenschau Verlag · Frankfurt am Main

Jüdisch-christlicher Dialog

Ein Studienhandbuch für Lehre und Praxis

Herausgegeben von
Christian M. Rutishauser, Barbara Schmitz und Jan Woppowa

Mohr Siebeck

ISBN 978-3-8252-6259-4 (UTB Band 6259)

Online-Angebote oder elektronische Ausgaben sind erhältlich unter www.utb.de.

Die Deutsche Nationalbibliothek verzeichnet diese Publikation in der Deutschen Nationalbibliographie; detaillierte bibliographische Daten sind im Internet über *https://dnb.dnb.de* abrufbar.

© 2024 Mohr Siebeck, Tübingen. www.mohrsiebeck.com

Das Werk einschließlich aller seiner Teile ist urheberrechtlich geschützt. Jede Verwertung außerhalb der engen Grenzen des Urheberrechtsgesetzes ist ohne Zustimmung des Verlags unzulässig und strafbar. Das gilt insbesondere für die Verbreitung, Vervielfältigung, Übersetzung und die Einspeicherung und Verarbeitung in elektronischen Systemen.

Das Buch wurde von epline in Bodelshausen gesetzt und von Gulde-Druck in Tübingen auf alterungsbeständiges Werkdruckpapier gedruckt und gebunden. Der Umschlag wurde von siegel konzeption | gestaltung entworfen. Coverabbildung: Zwillinge/Twins, Johan Tahon, © Stefan Heinze.

Printed in Germany.

Inhaltsverzeichnis

Einleitung 1

A. Grundlegende Perspektiven

Christian M. Rutishauser
Jüdisch-christlicher Dialog aus katholischer Perspektive 7

Bernd Schröder
Jüdisch-christlicher Dialog aus evangelischer Perspektive 24

Susanne Talabardon
Jüdisch-christlicher Dialog aus jüdischer Perspektive 41

Christina Späti
Antijudaismus und Antisemitismus 57

Thomas Brechenmacher
Päpste und Juden 73

Tamar A. Avraham
Zionismus und Staat Israel 87

B. Disziplinen der Theologie angesichts des jüdisch-christlichen Dialogs

Barbara Schmitz
Exegese des Alten Testaments angesichts des jüdisch-christlichen Dialogs 107

Thomas Schumacher
Exegese des Neuen Testaments angesichts des jüdisch-christlichen Dialogs 124

Johannes Heil
Kirchen- und Theologiegeschichte angesichts des jüdisch-christlichen Dialogs 140

Gregor Maria Hoff
Systematische Theologie angesichts des jüdisch-christlichen Dialogs 155

Albert Gerhards/Stephan Wahle
Liturgiewissenschaft angesichts des jüdisch-christlichen Dialogs 169

Christian M. Rutishauser
Theologie der Spiritualität angesichts des jüdisch-christlichen Dialogs....................... 187

Heinz-Günther Schöttler
Homiletik angesichts des jüdisch-christlichen Dialogs 205

Jan Woppowa
Religionspädagogik angesichts des jüdisch-christlichen Dialogs 221

Autorinnen- und Autorenverzeichnis 237

Sachregister 239

Einleitung

„Bei ihrer Besinnung auf das Geheimnis der Kirche gedenkt die Heilige Synode des Bandes, wodurch das Volk des Neuen Bundes mit dem Stamme Abrahams geistlich verbunden ist."[1] Mit diesen – viel diskutierten – Worten beginnt das vierte Kapitel der Konzilserklärung „Nostra Aetate", das nichts weniger als den zentralen Wendepunkt im Verhältnis der katholischen Kirche zum Judentum darstellt. Mit der Verabschiedung der Konzilserklärung im Jahr 1965 ist zugleich ein intensiver Dialog zwischen katholischer Theologie, Kirche und Judentum entstanden. Nach einer Phase der wechselseitigen Annäherung, des Kennenlernens und der grundsätzlichen Vertrauensbildung haben seitdem zahlreiche Erklärungen, Kommissionsarbeiten und wissenschaftliche Konferenzen in der inhaltlichen Auseinandersetzung und der gegenseitigen Verständigung Fortschritte erzielt, zu denen einerseits persönliche Begegnungen ebenso beigetragen haben wie andererseits auch Irritationen und Konflikte. In konkreten Auseinandersetzungen, wie zum Beispiel der Gestaltung von Auschwitz als Erinnerungsort an jüdisches und polnisches Leiden, wurden unterschiedliche Interessen wie auch das Zusammenspiel von Fremd- und Eigenwahrnehmung der Dialogpartner bewusst. Bis heute stellt der jüdisch-christliche Dialog einen steten Lernprozess dar.

Gefehlt hat bisher ein Studienhandbuch, das den Stand des Gesprächs zwischen Christentum und Judentum zusammenfassend darstellt, zentrale Erkenntnisse bündelt und Perspektiven für eine *christliche* Theologie im Angesicht des Judentums vermittelt. Diesem Desiderat möchten wir mit dem vorliegenden Studienhandbuch begegnen, das den jüdisch-christlichen Dialog für die christliche Theologie reflektiert. Es soll in der pastoralen und religionspädagogischen Praxis aktive Theologinnen und Theologen sowie Studierende und Dozierende dazu befähigen, in Verkündigung, Bildungsarbeit und Lehre sachorientiert und differenzsensibel mit Fragen des jüdisch-christlichen Verhältnisses umzugehen. Dabei verstehen wir die Frage nach dem jüdisch-christlichen Verhältnis gerade nicht als ein eigenes Thema, mit dem sich einige auf den Dialog spezialisierte Kolleginnen und Kollegen beschäftigen, sondern vielmehr als eine hermeneutische Querschnittsaufgabe aller theologischen Disziplinen. Das Gespräch zwischen Christentum und Judentum begreifen wir als eine Haltung, aus der heraus Theologie betrieben wird, die nicht mehr anders kann, als sich in den disziplinären Positionen von Judentum und jüdischem Denken herausfordern, rückfragen und anfragen zu lassen. Wir sind überzeugt, dass eine solche Haltung auch das praktische Handeln in allen Bereichen von Bildung und Pastoral kritisch betrachten und konstruktiv orientieren kann und soll. Nicht zuletzt geht es um die ständig zu bearbeitende Frage und Herausforderung, wie christliche Identität, Theologie und Praxis beschrieben und entfaltet werden können, ohne das Judentum herabzusetzen und das Christentum vor der Negativfolie des Judentums zu profilieren. Christliche Theologie im Angesicht des Judentums zu betreiben, stellt eine nicht verhandelbare hermeneutische Grundoption dar, die alle Bereiche der Theologie tangiert und verändert. Vor diesem Hintergrund stellt sich der Aufbau dieses Studienhandbuchs folgendermaßen dar:

In Teil A werden „Grundlegende Perspektiven" aufgezeigt, die das Fundament des Dialogs darstellen. Dies sind Einführungen zum Stand des jüdisch-christlichen Gesprächs aus katholischer, evangelischer und jüdischer Perspektive. Zudem werden Geschichte und Begriffsbestimmungen zu Antijudaismus und Antisemitismus beleuchtet, um über antijüdische beziehungsweise antisemitische Stereotype und Vorurteile aufzuklären und für diese zu sensibilisieren. Dazu gehört auch ein Beitrag, der sich mit der Geschichte der Päpste gegenüber den Juden befasst. Sie haben sich durch alle Jahrhunderte hindurch in einer besonderen Verpflichtung gegenüber den Juden gesehen. Weiterhin wird die Frage nach einer christlichen, theologisch fundierten Haltung gegenüber dem Staat Israel thematisiert, weil das Judentum – anders als das Christentum – nicht nur eine Religion, sondern vielmehr ein *way of life* des jüdischen Volkes ist, in dem der Staat Israel heute eine eigene Dimension darstellt.

---

[1] https://www.vatican.va/archive/hist_councils/ii_vatican_council/documents/vat-ii_decl_19651028_nostra-aetate_ge.html.

Weiterhin verändert der Dialog mit dem Judentum alle Disziplinen der Theologie – auf katholischer Seite spätestens seit dem Zweiten Vatikanischen Konzil und der Erklärung Nostra Aetate 4 (1965) und auf evangelischer Seite in Deutschland spätestens seit dem Rheinischen Synodalbeschluss (1980). Diesem trägt Teil B „Disziplinen der Theologie angesichts des jüdisch-christlichen Dialogs", eine an verschiedenen Disziplinen der Theologie orientierte Darstellung, Rechnung. In diesen Beiträgen wird die Frage gestellt, wie der jüdisch-christliche Dialog die jeweilige Disziplin verändert hat, inwiefern dem Dialog mit dem Judentum disziplinär Rechnung getragen wird, wo gegebenenfalls noch Desiderate bestehen und welche Impulse aus der jeweiligen Fachdisziplin für den Dialog zwischen Christentum und Judentum ausgehen. Die ausgewählten disziplinären Beiträge sind analog aufgebaut: Sie geben in einem grundlegenden Überblick den aktuellen Forschungsstand wieder, vertiefen exemplarisch Themen, Fragestellungen und Problemkontexte, benennen aktuelle Herausforderungen und geben weiterführende Lektürehinweise. Dass auch die beiden Disziplinen Kirchenrecht und theologische Ethik, die in diesem Band noch keine Aufnahme finden konnten, angesichts jüdischer Ethik und jüdischem Recht reflektiert werden, stellt ein Desiderat für die Zukunft dar.

Dieses Studienhandbuch hat eine katholische Grundperspektive: Als Herausgeberin und Herausgeber sind wir in der „Unterkommission für die religiösen Beziehungen zum Judentum" der Deutschen Bischofskonferenz als Beraterin und Berater tätig, in deren Umfeld die Idee zu diesem Studienhandbuch entstanden ist. Zugleich hat das Studienhandbuch eine hermeneutische Ausrichtung: Das Anliegen, den Dialog zwischen Christentum und Judentum nicht als Spezialthema, sondern als Querschnittsfrage aller theologischen Disziplinen zu verstehen, hat es nach sich gezogen, konfessionelle Spezifika in den Blick zu nehmen und die Perspektivität der eigenen Tradition offen zu benennen. Dies gilt weniger für die heute kaum noch konfessionell geprägten Disziplinen wie die biblischen Fächer, umso deutlicher aber für Bereiche wie die Systematik, die Liturgie oder die Spiritualitätsgeschichte, in der historische wie theologisch-konfessionelle Spezifika deutlicher zum Tragen kommen. Daher sind die meisten der Artikel in Teil B aus eher katholischer Sicht perspektiviert, aber zumeist auch mit ökumenischem Weitwinkel. Umso wichtiger war es uns, in einem eigenen Grundlagenartikel den Stand des Gesprächs zwischen den evangelischen Kirchen und dem Judentum vorzustellen. Diese ökumenische Erweiterung halten wir als Herausgeberin und Herausgeber für sehr wünschenswert und sehen darin eine wichtige Option für weitere Projekte.

Schließlich möchten wir (mehr als nur) terminologische Hinweise geben:

Dem Studienhandbuch legen wir ein Verständnis von Dialog zugrunde, das das griechische Wort διάλογος (*diálogos*), „Unterredung, Gespräch", aufgreift: Es geht um Begegnung und ein Gespräch, in dem sich die Dialogpartner auf Augenhöhe und in Respekt ohne Polemiken und Abwertungen begegnen. Das Gespräch ist dabei per definitionem die Alternative zu jeder noch so subtilen Vereinnahmung, zu der die Andersheit des Anderen immer wieder zu verleiten droht. Dialog ist methodisches Programm. Es geht um ein gemeinsames Ringen aller Beteiligten um religiöse Wahrheiten und Verpflichtungen, um eine Lebensführung wie auch um einen Auftrag gegenüber der Welt, die beide aus dem Glauben folgen. Dabei ist nicht in erster Linie Übereinstimmung angezielt, sondern das Verständnis für unterschiedliche Positionen und der Respekt vor der Andersheit des Anderen. Sosehr der Sprache im Dialog eine zentrale Stellung zukommt, vollzieht er sich immer in ganzheitlichen Begegnungen, zu denen auch soziales Engagement, Gebet und Liturgie, das Fest und die Kunst gehören. Im Dialog geht es weder sachlich noch etymologisch um die Anzahl von Gesprächspartnern. Daher ist das Wort „Trialog" eigentlich ein Unding. Vielmehr muss bei der Einbeziehung des Islams von einem „trilateralen Dialog" gesprochen werden.

In Bezug auf die Sprache bedeutet Dialog aber auch, unser eigenes Sprechen und Schreiben selbstkritisch anzufragen und Gewohntes zu überdenken. Dies wird an der im deutschsprachigen Raum üblichen Bezeichnung „vor" beziehungsweise „nach Christus" deutlich, die irritationslos eine christliche Periodisierung und Dimensionierung von Zeit setzt. Um nicht christliche Setzungen einfach fortzuschreiben, haben wir uns entschieden, in diesem Studienhandbuch durchgehend die Begrifflichkeit „vor unserer Zeitrechnung" beziehungsweise „unserer Zeitrechnung" (v. u. Z. beziehungsweise u. Z.) zu wählen.

Zu dem zu reflektierenden Sprachgebrauch gehört auch die Bezeichnung „jüdisch-christlich". Die Anfrage an diese Bezeichnung richtet sich zum einen an die Reihenfolge: Während sich im Deutschen „jüdisch-christlich" eingeprägt hat und dabei eher eine (problematische, wie in den folgenden Beiträgen deutlich wird) historische Entwicklung im Blick ist, wird im englischsprachigen Raum von „christlich-jüdisch" gesprochen und damit eher die Ausrichtung des Dialogs angezeigt. Zum anderen wird die Bindestrich-Formulierung insgesamt hinterfragt, vor allem wenn sie übertragen wird auf „jüdisch-christliche Werte", auf eine „jüdisch-christliche Tradition" oder „jüdisch-christliche Geschichte". Sie insinuiert dann eine Gemeinsamkeit, die angesichts der langen Geschichte der Substitutionstheologie des Christentums gerade nicht angemessen erscheint und eine Gemeinsamkeit nahelegt, die es weder gab noch gibt. Bindestrich-Formulierungen sind denn auch allein auf das Verhältnis von Juden und Christen und das Gespräch zu beziehen. Weil es sich bei „jüdisch-christlichem Dialog" um einen Begriff von klarem Wiedererkennungswert handelt, sind wir für den Titel des Studienhandbuchs auch dem eingeführten Sprachgebrauch gefolgt.

Finanziell ist dieses Studienhandbuch durch eine Unterstützung der Deutschen Bischofskonferenz möglich gemacht worden; dafür danken wir Bischof Dr. Ulrich Neymyr, Vorsitzender der Unterkommission für die religiösen Beziehungen zum Judentum, herzlich. Danken möchten wir außerdem der Universitätsgesellschaft Paderborn für eine weitere finanzielle Unterstützung. Unser Dank gilt ebenso dem Lektor Dr. Claus-Jürgen Thornton und dem Verlag Mohr Siebeck, besonders Herrn Tobias Stäbler, sowie der Aufnahme in das Lehrbuchprogramm der UTB. Nicht zuletzt danken wir allen Autorinnen und Autoren herzlich dafür, dass sie sich auf das Konzept dieses Studienhandbuchs eingelassen haben und mit ihren Beiträgen die Vieldimensionalität, die vielfältigen Möglichkeiten und auch Herausforderungen des Gesprächs zwischen Christentum und Judentum aufgezeigt haben.

Wir wünschen uns, dass dieses Studienhandbuch einen Beitrag zu dem sich vertiefenden Dialog zwischen Christen und Juden unterschiedlicher Denominationen leistet und Inspirationen bietet, weiterhin im Gespräch zu sein.

28. Oktober 2023, am Jahrestag der Promulgation von „Nostra Aetate"

Christian M. Rutishauser – Barbara Schmitz – Jan Woppowa

Grundlegende Literatur zu den zentralen Dokumenten, Zeitschriften und Gesprächsforen

Dokumente

Hans Hermann Henrix/Rolf Rendtorff (Hg.), Die Kirchen und das Judentum. Dokumente von 1945–1985, Paderborn/München 1988.

Hans Hermann Henrix/Wolfgang Kraus (Hg.), Die Kirchen und das Judentum, Band II: Dokumente von 1986–2000, Paderborn/Gütersloh 2001.

Hans Hermann Henrix/Reinhold Boschki u. a. (Hg.), Die Kirchen und das Judentum, Band III (unter Mitarbeit von Andreas Menne): Dokumente von 2000 bis heute – digitale Version: https://dokumente-kirchen-judentum.de.

„Gott wirkt weiterhin im Volk des Alten Bundes" (Papst Franziskus). Texte zu den katholisch-jüdischen Beziehungen seit Nostra aetate (Arbeitshilfe Nr. 307), hg. vom Sekretariat der Deutschen Bischofskonferenz, Bonn 2019 (https://www.dbk-shop.de/de/publikationen/arbeitshilfen/gott-wirkt-weiterhin-volk-alten-bundes-papst-franziskus.html).

Kirchenamt der EKD (Hg.), Christen und Juden I–III. Die Studien der Evangelischen Kirche in Deutschland 1975–2000, Gütersloh 2002 (https://www.ekd.de/christen_und_juden_i_bis_iii.htm).

Zeitschriften

Zeitschrift für christlich-jüdische Begegnung im Kontext (www.zfbeg.org).

Kirche und Israel. Theologische Dialogzeitschrift, Neukirchen-Vluyn seit 1 (1986), Göttingen seit 32 (2017) (www.vandenhoeck-ruprecht-verlage.com/zeitschriften-und-kapitel/9514/kirche-und-israel).

Begegnungen. Zeitschrift für Kirche und Judentum, hg. im Auftrag des Evangelisch-Lutherischen Zentralvereins für Begegnung von Christen und Juden e. V., Hannover seit 2001 (http://www.zentralverein-christen-juden.de/index.php/begegnungen).

Gesprächsforen

Gemeinsamer Ausschuss „Kirche und Judentum" der EKD, der VELKD und der UEK (https://www.ekd.de/Gemeinsamer-Ausschuss-Kirche-und-Judentum-der-EKD-VELKD-UEK-15440.htm).

KLAK – Konferenz landeskirchlicher Arbeitskreise Christen und Juden (http://www.klak.org).

International Council of Christians and Jews (ICCJ) (https://www.iccj.org).

Boston College Center for Christian-Jewish Learning (https://www.bc.edu/content/bc-web/centers/Center-for-Christian-Jewish-Learning.html).

A. Grundlegende Perspektiven

Christian M. Rutishauser

Jüdisch-christlicher Dialog aus katholischer Perspektive

Für die katholische Kirche ist die Konzilserklärung „Nostra Aetate" die Magna Charta des jüdisch-christlichen Dialogs. Sie ist Ausgangs- und Referenzpunkt für unzählige Dialoginitiativen, hat theologisches Denken nachhaltig stimuliert und auch eine Flut von offiziellen Erklärungen der Kirche zum Dialog ausgelöst. Doch nicht nur die katholische Theologie hat seither das jüdisch-christliche Verhältnis theologisch erneuert und vertieft reflektiert. Auch auf jüdischer Seite sind vor allem in Nordamerika und Europa, aber auch in Israel und Südamerika Neueinschätzungen der Kirche vorgenommen worden.[1] Waren in den ersten Jahrzehnten nach dem Konzil vorwiegend jüdisch liberale und konservative Kreise am Dialog beteiligt, hat sich nach einer Phase des kritischen Beobachtens auch die jüdische Orthodoxie mehr und mehr eingebracht. Unterschiedliche Erwartungen, Agenden und Akzentsetzungen wie auch Auseinandersetzungen, Irritation und Krisen gehören dabei zum lebendigen Prozess des gegenseitigen vertieften Kennenlernens. Bei aller Begegnung auf Augenhöhe, die für einen echten Dialog unerlässlich ist, sind die Kirche und das Judentum doch sehr unterschiedliche Akteure. Einerseits stehen sich eine christliche Glaubensgemeinschaft und das jüdische Volk gegenüber, andrerseits stehen 1,4 Milliarden Katholiken gerade mal 15 Millionen Juden gegenüber. Innerhalb einiger Jahrzehnte ist jedoch der Anfang einer erneuerten Beziehung zwischen den beiden Glaubensgemeinschaften gelungen, die sich über Jahrhunderte feindschaftlich ineinander verkrallt hatten.

Dabei spielte und spielt bis heute der gesamtgesellschaftliche Kontext bis hinein in die Politik eine entscheidende Rolle. Die ersten Jahrzehnte waren stark von einer Aufarbeitung der kirchlichen Mitschuld an der Vernichtung der Juden in der Schoa dominiert. Dazu kommt bis heute die kritische Auseinandersetzung um den Staat Israel und den Nahostkonflikt. Die Bekämpfung eines sich mutierenden Antijudaismus und Antisemitismus fordert immer neue Aufmerksamkeit. Der Machtverlust der gegenüber dem Judentum stets alles dominierenden Kirche, die wachsende Präsenz des Islam im Westen und die Entwicklung einer säkularisierten Gesellschaft stellen Rahmenbedingungen für den Dialog dar und prägen ihn. Die kirchliche Selbstvergewisserung und ihr Ringen um den Glauben im säkularen, multireligiösen und globalen Kontext haben auch Auswirkungen auf den Dialog mit dem Judentum, selbst wenn dies nicht bewusst im Blick ist. Der jüdisch-katholische Dialog hat sich etabliert, stellt einen lebendigen offenen Prozess dar und bleibt für Juden und Christen insgesamt doch ein Minderheitenphänomen.

1. „Nostra Aetate"

1.1 Jules Isaac und die Seelisberg-Konferenz

„Nostra Aetate" fiel nicht vom Himmel. Die Erklärung erwuchs aus den Bemühungen, den kirchlichen Antijudaismus nach der Schoa zu überwinden. So hatte Papst Johannes XXIII. 1959 ausdrücklich darum gebeten, bei der Karfreitagsfürbitte das *perfidi* zu streichen, also nicht mehr für die „treulosen Juden", sondern für die „Juden" zu beten.[2] Dies bewegte den jüdischen Historiker Jules Isaac dazu, den Papst um eine Audienz zu bitten, um ihm sein Anliegen vorzutragen, die Kirche möge die „Lehre der Verachtung" gegenüber dem Judentum revidieren. Das 20-minütige Gespräch fand am 13. Juni 1960 statt und bewegte den Papst, das Konzil zu beauftragen, ein Dekret zu einem neuen Verhältnis zum Judentum auszuarbeiten. Jules Isaac hatte während des Kriegs im Versteck sein Buch *Jesus und Israel* verfasst.[3] Es diente ihm als Grundlage bei der „Dringlichkeitskonferenz zur Bekämpfung des Antisemi-

---

[1] *Hans Hermann Henrix/Rolf Rendtorff* (Hg.), Die Kirchen und das Judentum. Dokumente von 1945–1985, Paderborn 1988; *Hans Hermann Henrix/Wolfgang Kraus* (Hg.), Die Kirchen und das Judentum, Band II: Dokumente von 1986–2000, Paderborn/Gütersloh 2001. Dokumente von 2000 bis heute (Band III, hg. v. Hans Hermann Henrix/Reinhold Boschki u. a.) teilweise auf: https://dokumente-kirchen-judentum.de.

[2] Die „Amici Israel" hatten diese Initiative bereits in den 1920er-Jahren unternommen: *Hubert Wolf*, Papst und Teufel. Die Archive des Vatikans und das Dritte Reich, München 2008, 95–132.

[3] *Tobias C. Norman*, The Conscience of the Church. Jules Isaac and the Second Vatican Council, New York 2017, 163–194.

tismus" 1947 im Schweizerischen Seelisberg, die Arbeit der Kommission III zu prägen. Sie stellte sich der Aufgabe, den Kirchen zu helfen, ihren Antijudaismus zu überwinden.[4] Die Konferenz, einberufen von amerikanischen und britischen jüdisch-christlichen Arbeitsgemeinschaften, war keine religiöse Dialogkonferenz. Bei der Bekämpfung des Antisemitismus setzte man vor allem auf die Zusammenarbeit mit der Politik, den staatlichen Bildungsbereichen und den Medien. Doch die Kirchen durften nicht fehlen. Unter den rund 70 jüdischen und christlichen Teilnehmern waren auch einige Katholiken sowie eine inoffizielle Vertretung des Vatikans. Es ist dem vermittelnden Geschick des späteren Kardinals Charles Journet zu verdanken, dass die Arbeiten von Jules Isaac in zehn Thesen gegossen wurden. Ihre Grundbotschaft: Derselbe Gott handelt im Alten wie im Neuen Testament; das Liebesgebot ist nicht erst eine Erfindung Jesu; Jesus, Maria und die Apostel waren jüdisch; Juden können nicht des Gottesmordes angeklagt werden; ihre Zerstreuung unter die Nationen ist keine Strafe dafür; die Passionserzählungen müssen historisch korrekt erzählt und im Geist der Liebe Jesu interpretiert werden. Die Dokumente der Seelisberg-Konferenz, insbesondere die zehn Thesen, hat der Vatikan bereits 1947 entgegengenommen. Erst über die persönliche Vermittlung 20 Jahre später konnte das Schaffen von Jules Isaac jedoch in die Konzilsberatungen einfließen.

1.2 Dramatische Geburtsstunde des Dialogs[5]

Kardinal Augustin Bea, mit dem Dokument zum Judentum beauftragt, ließ den ersten Textentwurf bei Konzileröffnung nicht vorlegen. Der jüdische Weltkongress hatte nämlich ohne Absprache den israelischen Regierungsbeamten Chaim Wardi als inoffiziellen Konzilsbeobachter ernannt, was von den arabischen Gegnern eines Dekrets zum Judentum als Komplott gewertet wurde. Der Vorfall zeigt das politische Konfliktpotenzial, das mit dem Unterfangen verbunden war. Kardinal Bea publizierte, um die religiöse Fragestellung wieder ins Zentrum zu rücken. Zudem suchte er auch vertieft das Gespräch mit Rabbinern. Das American Jewish Committee seinerseits überreichte drei Memoranden. Eine Zusammenarbeit mit Nichtkatholiken bei einem Konzil war ein absolutes Novum. Es stellt die Geburtsstunde des interreligiösen Dialogs dar. Als 1963 ein Testentwurf dem Konzil vorgelegt wurde, erschien dieser als viertes Kapitel des Dokuments zur Ökumene. Theologische Experten vertraten die Ansicht, die Entzweiung von Juden und Christen stelle ein Urschisma dar, das den Kirchenspaltungen vorausgehe. In der Debatte wurde von den Bischöfen des Orients und Asiens gefordert, das Konzil müsse sich auch zu den anderen Religionen äußern. Der inzwischen neu ins Amt eingesetzte Paul VI. suchte das Gespräch. Er bereiste den jordanischen Teil des Heiligen Landes. Er fuhr zum eucharistischen Kongress nach Indien und besuchte auf dem Rückweg die Al-Azar-Universität in Kairo. So wurden dem Konzil 1964 zwei Textentwürfe zu einem Dokument zu den Religionen vorgelegt. Nach heftigen Debatten verabschiedete das Konzil dennoch am 26. Oktober 1965 „Nostra Aetate. Erklärung über die Haltung der Kirche zu den nichtchristlichen Religionen", mit 2221 Ja- gegen nur 88 Nein-Stimmen. Zwei Tage danach wurde die Erklärung promulgiert. Das Judentum wird als Religion eingestuft und eingeordnet, obwohl das jüdische Volk als Bundespartner Gottes mit seiner Kultur weit mehr darstellt.

1.3 Theologie der Religionen

Die Debatte um das Judentum hatte das Konzil gezwungen, religionstheologisch Stellung zu beziehen. „Nostra Aetate" versteht zunächst die Religionen als Traditionen, die auf die großen Fragen des Menschen Antwort geben, wobei die Kirche die Wahrheiten, die in ihnen aufscheinen, anerkennt. Danach skizziert der Text Hinduismus, Buddhismus und Islam. Schließlich wird die Beziehung zum Judentum ausführlich dargestellt. Ist das Judentum nun unter die eingangs gestellte Sicht der Religionen einzuordnen? Sind die Religionen wie konzentrische Kreise um die christliche Wahrheit anzuordnen, wobei das Judentum der Kirche am nächsten steht?[6] Der Text lenkt in eine andere Richtung, wenn der Abschnitt zum Judentum beginnt: „Bei ihrer Besinnung auf das

---

[4] *Jehoschua Ahrens*, Gemeinsam gegen Antisemitismus – Die Konferenz von Seelisberg (1947) revisited. Die Entstehung des institutionellen jüdisch-christlichen Dialogs in der Schweiz und in Kontinentaleuropa (Forum Christen und Juden 19), Münster 2020.

[5] *Roman A. Siebenrock*, Theologischer Kommentar zu *Nostra aetate*, in: Herders Theologischer Kommentar zum Zweiten Vatikanischen Konzil, Band 3, Freiburg im Breisgau 2005, 591–693.

[6] Siehe dazu auch den Beitrag von *Jan Woppowa* in diesem Band.

Geheimnis der Kirche gedenkt die Heilige Synode des Bandes, wodurch das Volk des Neuen Bundes mit dem Stamme Abrahams geistlich verbunden ist." (Nr. 4) Nicht nach außen blickend, sondern beim Bedenken der eigenen Identität stößt die Kirche auf das Judentum. Johannes Paul II. wird vor Rabbinern in Mainz 1980 formulieren: „Die erste Dimension dieses Dialogs, nämlich die Begegnung zwischen dem Gottesvolk des von Gott nie gekündigten Alten Bundes und dem des Neuen Bundes, ist zugleich ein Dialog innerhalb unserer Kirche, gleichsam zwischen erstem und zweitem Teil der Bibel."[7] Das Verhältnis der Kirche zum Judentum gehört konstitutiv zum christlichen Selbstverständnis. Die vatikanische Kommission für die religiösen Beziehungen zum Judentum, die seit dem Konzil für den entsprechenden Dialog zuständig ist, wird daher nicht dem Sekretariat für den interreligiösen Dialog zugeordnet, sondern bleibt beim Sekretariat für die Einheit der Christen. Das Verhältnis zum Judentum ist für die Kirche einzigartig. Der Abschnitt zum Judentum ist das Herzstück von „Nostra Aetate". Bis heute wird diskutiert, wie das jüdisch-christliche Verhältnis zu einer allgemeinen Theologie der Religionen steht.

Die Kirche versteht sich in „Nostra Aetate" als „neues Volk Gottes" und sieht sich im „erwählten Volk" vorgebildet, das durch die Kirche nicht verdrängt wird. Vielmehr wird mit Römer 9–11 an der bleibenden Erwählung festgehalten.[8] Nr. 4 spricht vom reichen gemeinsamen geistlichen Erbe mit Wertschätzung. Zusammen mit dem Judentum wird in die eschatologische Zukunft geblickt, in der alle Völker Gott mit einer Stimme loben. Die Juden seien trotz Ablehnung Jesu Christi nicht verflucht oder kollektiv bestraft. Damit wendet sich der Text gegen die traditionelle Sicht des Judentums, die mit dem Begriff Substitutionstheologie benannt wurde. Die zehn Thesen von Seelisberg scheinen deutlich durch, wenn die Urkirche als jüdisch beschrieben, aber auch wenn jede Form von Antisemitismus verurteilt und gemahnt wird, den Juden im Geist der Liebe Christi zu begegnen. „Nostra Aetate" sieht das Judentum unter neuen Vorzeichen. Aufgerüttelt durch die Schoa und belehrt durch die Geschichts- und Religionswissenschaft, konnte das Konzil die Bibel neu lesen und ihr Urteil gegenüber dem Judentum radikal reformieren.

1.4 Seite an Seite – die bleibende Herausforderung

„Nostra Aetate" zeitigte rasch Folgen: Die Karfreitagsfürbitte für die Juden wurde grundlegend angepasst. 1970 wurde das International Liaison Committee ins Leben gerufen, das seither Dialogtreffen mit Juden und Jüdinnen durchführt. Diese haben sich ihrerseits im International Jewish Committee for Interreligious Consultations zusammengeschlossen. 1975 folgten vom Vatikan „Richtlinien und Hinweise zur Durchführung von Nostra aetate 4" und 1985 „Hinweise für eine richtige Darstellung von Juden und Judentum in der Predigt und in der Katechese".[9] Zwei Grundanliegen stechen dabei heraus:

1) Das Judentum ist nicht die Religion des Alten Testaments. Es hat sich als lebendige Glaubenstradition weiterentwickelt und muss in seinem Selbstverständnis wahrgenommen werden. Papst Franziskus formuliert in „Evangelii gaudium":

Gott wirkt weiterhin im Volk des Alten Bundes und lässt einen Weisheitsschatz entstehen, der aus der Begegnung mit dem göttlichen Wort entspringt ... [Es] besteht eine reiche Komplementarität, die uns erlaubt, die Texte der hebräischen Bibel gemeinsam zu lesen und uns gegenseitig zu helfen, die Reichtümer des Wortes Gottes zu ergründen sowie viele ethische Überzeugungen und die gemeinsame Sorge um die Gerechtigkeit und die Entwicklung der Völker miteinander zu teilen.[10]

2) Auch die rabbinische Auslegung der Tora hat Bedeutung für Christen und Christinnen. Im ausführlichen Dokument der päpstlichen Bibelkommission „Das jüdische Volk und seine Heilige Schrift in der christlichen Bibel" von 2001 heißt es:

... die Christen können und müssen zugeben, dass die jüdische Lesung der Bibel eine mögliche Leseweise darstellt, die sich organisch aus der jüdischen Heiligen Schrift der Zeit des Zweiten Tempels ergibt, in Analogie zur christlichen Leseweise, die sich parallel entwickelte ... Auf dem konkreten Feld der Exegese können die Christen gleichwohl viel von der jüdischen Exegese ler-

---

[7] *Henrix/Rendtorff*, Die Kirchen und das Judentum (s. o. Anm. 1), 75.

[8] Siehe dazu die Beiträge von *Thomas Schumacher* und *Gregor Maria Hoff* in diesem Band.

[9] *Henrix/Rendtorff*, Die Kirchen und das Judentum (s. o. Anm. 1), 48–53.92–103.

[10] https://www.vatican.va/content/francesco/de/apost_exhortations/documents/papa-francesco_esortazione-ap_20131124_evangelii-gaudium.html, Nr. 249 (letzter Zugriff am 23.04.2023).

nen … Ihrerseits können sie hoffen, dass die Juden auch aus christlichen exegetischen Untersuchungen werden Gewinn ziehen können.[11]

Welchen Status haben die schriftliche und die mündliche Tora für den christlichen Glauben? Ist die (biblische) Offenbarung neu zu denken? Was bedeutet die fortbestehende Erwählung des jüdischen Volkes an der Seite der Kirche? Die Zuordnung der beiden exegetischen Traditionen und das Zusammenspiel von jüdischer Erwählung und universalem Heils- und Wahrheitsanspruch des katholischen Glaubens beschäftigen die Kirche im Dialog am meisten, wie wir im Weiteren sehen werden.

1.5 Zum Dialogverständnis der Kirche

Auch wenn die jüdisch-christliche Beziehung für die Kirche aus theologischen Gründen etwas Einmaliges darstellt, gelten die Voraussetzungen, Verfahrensweisen und Zielsetzungen des interreligiösen Dialogs auch für sie. Dialog bedeutet nicht nur miteinander sprechen. Dialog meint umfassende Begegnung: Zusammenleben im Alltag sowie Zusammenarbeit in sozialen und gesellschaftlichen Fragen, worauf gerade die jüdischen Partner Wert legen. Dazu gehören das theologische Fachgespräch wie auch die Vertiefung durch spirituelle Glaubenserfahrung.[12] Voraussetzung sind der Respekt vor der Freiheit und dem Gewissen der Andersgläubigen, aber auch die Anerkennung der Religionsfreiheit, wie sie das Konzil in „Dignitatis humanae" dargelegt hat. Die Verwurzelung in der eigenen Tradition und die Absicht, gemeinsam um Wahrheit zu ringen und im Dienst an der ganzen Menschheit zu stehen, werden in den offiziellen kirchlichen Verlautbarungen unterstrichen.[13] Ebenso wird vor Relativismus und Synkretismus, vor einer irenischen Haltung, die um eines falschen Friedens willen Differenzen nicht benennt, und vor einer Instrumentalisierung des Dialogs gewarnt. Dialog sucht also nicht den kleinsten gemeinsamen Nenner in ethischen Fragen und in Glaubensüberzeugungen. Positiv ausgedrückt: Im Dialog wird um Wahrheiten gerungen, und Unterschiede werden ausgehalten. Dialog und Begegnung stellen in sich einen Wert dar.

Das Dialogverständnis, das die Kirche aufnimmt und für sich gestaltet, ist in den 1920er-Jahren wesentlich durch jüdische Denker wie Martin Buber und Franz Rosenzweig entwickelt worden.[14] Es wird von Juden und Christen weitgehend geteilt, selbst wenn unterschiedliche Zielsetzungen verfolgt werden. Für beide Seiten ist Dialog grundlegende Kommunikations- und Begegnungsform zwischen Menschen. Dialog ist aber auch weit mehr. Er ist *imitatio Dei*. Für die kirchliche Seite gilt: Wie Verkündigung und Evangelisierung einen Auftrag Jesu darstellen (siehe Mt 28,19–20) und somit in Gottes Initiative zum Heil der Menschen gründen, so auch der Dialog. *Dia logou* heißt „durch das Wort". Gott spricht, und Welt ist geschaffen, wie der Eröffnungshymnus der Bibel in Genesis 1 eindrücklich formuliert. Gottes Wort ist wirksam (Jes 55,10–11). Wir können das eine Sprachhandlung nennen. Jesus Christus wird als Wort Gottes geglaubt (Joh 1,14). Er beruft, und die Jünger folgen ihm sofort nach (Mk 1,16–20). Er spricht, und Kranke sind geheilt, Schuld ist vergeben (Mk 2,1–12). *Imitatio Dei* beziehungsweise *imitatio Christi* bedeutet sinnvolles, heilendes, versöhnendes Sprechen und Handeln. Dialog nimmt am schöpferischen, offenbarenden und erlösenden Sprachhandeln Gottes teil, ist performativ und schafft eine Wirklichkeit des menschlichen Zusammenlebens, die gottgefällig ist.

2. Johannes Paul II.: Streiter für den jüdisch-christlichen Dialog

2.1 Der „nie gekündigte Bund"

Der Papst aus Polen brachte eine besondere Sensibilität für die jüdisch-christliche Beziehung mit. Als junger Mann litt er unter der Herrschaft der Nazis. Juden wurden aus seiner Nachbarschaft deportiert. Auschwitz lag vor seiner Haustür. Vom Beginn seines Pontifikats an nahm er die Anliegen von „Nostra Aetate" tatkräftig auf. Aus dem ersten Jahrzehnt seines Wirkens sei seine Rede vor Rabbinern in Mainz herausgehoben, aus der wir oben

---

[11] https://www.vatican.va/roman_curia/congregations/cfaith/pcb_documents/rc_con_cfaith_doc_20020212_popolo-ebraico_ge.html, Nr. 22 (letzter Zugriff am 23.04.2023).

[12] *Päpstlicher Rat für den interreligiösen Dialog*, Dialog und Verkündigung, Vatikan 1991, Nr. 42.

[13] *Päpstlicher Rat für den interreligiösen Dialog*, Dialogue in Truth and Charity, Vatikan 2014, Nr. 31–38.

[14] *Martin Buber*, Das dialogische Prinzip, Heidelberg 1965; Rosenzweig legte als erster Denker eine systematische Zuordnung von Judentum und Christentum vor: *Franz Rosenzweig*, Der Stern der Erlösung, Frankfurt am Main 1988 (1921), 295–472.

zitiert haben. Seine Rede vom „nie gekündigten Alten Bund" sollte Geschichte machen. Die theologische Kategorie des fortwährenden Bundes trat an die Stelle der Substitutionslehre. Da die Bibel aber von verschiedenen Bünden Gottes erzählt – Bund mit Noah, mit Abraham, Sinaibund, neuer Bund bei Jeremia usw. – und Paulus in Römer 4 die Heidenchristen über Abraham zu Erben der Verheißung macht, wurde intensiv debattiert, wie die Bünde zueinander stehen und ob sich Juden und Christen heute in *einem* Bund mit Gott sehen oder ob von zwei Bünden zu sprechen sei.[15]

Dann muss der Besuch von Johannes Paul II. in der Synagoge von Rom 1986 erwähnt werden. Er war ein historisches Ereignis. Zum ersten Mal in der Geschichte betrat ein Papst eine Synagoge. Johannes Paul II. sprach, wie schon in Mainz, davon, dass das Judentum in gewisser Weise zum „Inneren" des Christentums gehöre. Die Juden redete er als die „bevorzugten" und „älteren Brüder" an. Neben dem Ölbaumbild des Paulus, dass die Heidenchristen wilde Schösslinge seien, die in den edlen Baum des Judentums eingepfropft sind (Röm 11,17–24), ist die Geschwistermetapher für die jüdisch-christliche Beziehung heute weit verbreitet. Juden empfinden sie zuweilen als vereinnahmend. In der Bibel trägt zudem oft der Jüngere den Segen davon, so Isaak gegenüber Ismael oder Jakob gegenüber Esau. Distanzierter sprechen sie daher von den Christen als Partnern im Auftrag der Weltgestaltung.

2.2 Auschwitz als jüdischer und christlicher Erinnerungsort

Das Sprechen und die Haltung von Johannes Paul II. wurde von jüdischer Seite zum Teil als vereinnahmend wahrgenommen. Dies hängt stark damit zusammen, dass der Papst in den 1980er-Jahren auch zur Symbolfigur für den polnischen Widerstand gegen den Kommunismus geworden ist. 1979 besuchte er Auschwitz. Er kämpfte für jüdisch-christliche Werte wie auch für die Anerkennung von Auschwitz als Ort, wo nicht nur Juden, sondern auch polnische Katholiken von den Nazis umgebracht worden sind. 1982 sprach er Pater Maximilian Kolbe heilig, der in Auschwitz für einen Mithäftling freiwillig in den Tod ging. Als die Schwestern des Karmelklosters, das zum Sühnegebet für die Opfer in Auschwitz gebaut wurde, auch noch ein Kreuz errichteten, kam es zu einem erbitterten jüdisch-katholischen Streit. Jüdische Organisationen akzeptierten nicht, dass das Kreuz – auch nicht jenes des Papstes – als christliches Siegeszeichen über dem größten Vernichtungslager der Schoa stand. Als Johannes Paul II. zudem Edith Stein 1987 seligsprach, stieß dies auf noch mehr Unverständnis.[16] Edith Stein sei nicht wegen ihres christlichen Glaubens, sondern weil sie Jüdin war, von den Nazis in Auschwitz vergast worden. Die Kirche aber betonte, sie sei gemäß dem eigenen Selbstverständnis als Sühne in den Tod gegangen. Sie habe ihr Schicksal innerlich aus freien Stücken auf sich genommen und es aus ihrem christlichen Glauben heraus gedeutet. In einem zähen Prozess kam es dazu, dass alle Kreuze aus Auschwitz entfernt und der Karmel verlegt wurde. Als Ersatz ließ die Kirche 1992 nahe beim Konzentrationslager ein Zentrum für Dialog und Gebet errichten. Obwohl der Papst zahlreiche wertschätzende Begegnungen mit Juden und Jüdinnen hatte, sprach man Ende der 1980er-Jahre von einer „Eiszeit" in der jüdisch-katholischen Beziehung.

2.3 Schoa-Gedenken und Reise ins Heilige Land

Nach dem Kalten Krieg begann auch für Johannes Paul II. eine neue Phase in seiner Beziehung zum Judentum. Die neue politische Vorherrschaft des Westens und der damit einhergehende Globalisierungsschub hatten Auswirkungen auf den Nahostkonflikt. Politische Verhandlungen mündeten in die Osloer Friedensgespräche, die zu einer Zweistaatenlösung für Israel und Palästina führen sollten. Der Vatikan, der bis dahin noch keine diplomatischen Beziehungen zum Staat Israel aufgenommen hatte, begann, auf einen Grundlagenvertrag hinzuarbeiten, der die Angelegenheiten der Kirche im Staat Israel regelt. 1993 sollte er unterzeichnet werden, wobei der Heilige Stuhl dabei als Völkerrechtssubjekt handelt, sich ganz auf internationales Recht beruft und keine theologische Aussage über Land und Staat Israel macht. Die diplomatischen Beziehungen galten den kirchlichen Interessen im Heiligen Land und der internationalen Verantwortung für Gerechtigkeit

---

[15] *Norbert Lohfink*, Der niemals gekündigte Bund. Exegetische Gedanken zum christlich-jüdischen Gespräch, Freiburg im Breisgau/Basel/Wien 1989; *Hubert Frankemölle*, Der ungekündigte Bund? Antworten des Neuen Testaments (Quaestiones disputatae 172), Freiburg im Breisgau/Basel/Wien 1998.

[16] *Waltraud Herbstrith*, Edith Stein – ihr wahres Gesicht? Jüdisches Selbstverständnis – Christliches Engagement – Opfer der Shoa (Forum Religionsphilosophie 3), Münster 2006.

und Frieden. Trotzdem war damit ein Meilenstein auch im jüdisch-christlichen Verhältnis erreicht. Schließlich ist das Judentum nicht nur eine Religion, sondern auch Kultur. Es wird vom jüdischen Volk getragen, für dessen Identität der Bezug zum Staat Israel in diesen Jahren bereits integraler Bestandteil darstellte. Seit 2000 finden auch Treffen zwischen dem Oberrabbinat des Staates Israel und der vatikanischen Kommission für die Beziehungen zum Judentum statt.

Diese zweite Begegnungsstruktur, die neben den Treffen des International Liaison Committee geführt wird, ist eine Frucht des Besuchs von Johannes Paul II. im Heiligen Land. Anlässlich der 2000-Jahr-Feier der Geburt Jesu Christi hat er ein Jubeljahr ausgerufen und ist als Pilger nach Jerusalem und Betlehem gereist. Es war der erste offizielle Staatsbesuch eines Papstes in Israel. Die Herzen der israelischen Bevölkerung hat er mit zwei Gesten gewonnen: einerseits durch sein Gebet an der Klagemauer. Wie ein frommer Jude hat er einen Zettel mit einem Vergebungsgebet für die Schuld, die Christen gegenüber Juden auf sich geladen haben, zwischen die Steinquader geschoben. Diese Bitte um Vergebung hatte der Papst bereits einige Wochen zuvor in der feierlichen Bußliturgie zum Millennium im Petersdom ausgesprochen. Der zweite Gestus war sein Besuch in Yad Vashem, der nationalen Holocaust-Gedenkstätte. Er betete wieder, sprach persönlich, bezeugte den Opfern der Schoa die Ehre, stellte sein Erinnern in den Dienst aller Gewaltüberwindung und verurteilte jegliches Antisemitismus. Dabei zitierte er aus dem Dokument „Wir erinnern. Eine Reflexion über die Schoa",[17] das der Vatikan 1998 zur Vorbereitung auf das Millennium veröffentlicht hatte. Darin wurden einerseits der Nationalsozialismus und die Rassenideologie für den Judenmord verantwortlich gemacht. „Die Shoa war das Werk eines typisch modernen neuheidnischen Regimes." Dieses hat auch die Kirche bedroht. Andrerseits wird der mangelnde Widerstand der Kirche auf den Antijudaismus in den eigenen Reihen zurückgeführt. Auch die Hilfeleistungen der Kirche werden benannt. Im Fazit steht dann: „Wir bedauern zutiefst die Fehler und das Versagen jener Söhne und Töchter der Kirche."

Das Dokument stieß auf gemischte Reaktionen. Jüdische Kreise argumentierten, die Mitschuld der Kirche an Antisemitismus und Schoa sei zu wenig benannt. Innerkirchlich wurde die Rede von „Söhnen und Töchtern der Kirche", die versagt haben, debattiert. Muss nicht von der Schuldhaftigkeit der Kirche als ganzer gesprochen werden? Die Debatte verblasste jedoch angesichts der authentischen Weise, wie Johannes Paul II. in Jerusalem auftrat. Für den Großteil der jüdischen Israelis, die sonst kaum Kontakt zur Kirche haben, hatte der Papstbesuch jedenfalls bleibend positive Wirkung. Wurde Johannes XXIII. verehrt, weil er die Wende im jüdisch-katholischen Verhältnis mit dem Konzil eingeleitet hat, so hat sich Johannes Paul II. als Papst mit seinem Besuch in die Herzen vieler Israelis eingeschrieben. Die Ultraorthodoxen in Israel haben den Papstbesuch jedoch ignoriert, mit Ausnahme der kleinen, aber lautstarken national-religiösen Bewegung von Rabbiner Kook. Sie hat antichristliche Stimmung geschürt und vor christlicher Mission gewarnt, die mit dem Papstbesuch und den christlichen Pilgern zum Millennium Israel treffen würde.

3. Initiativen zur Förderung des Dialogs

3.1 Theologische Forschung, Gesprächskreise und der „Tag des Judentums"

Die Aufarbeitung der Geschichte sowie die Förderung des jüdisch-christlichen Dialogs war seit dem Konzil immer auch Chefsache. Von Johannes Paul I. abgesehen, der nur einen Monat im Amt war, haben alle Päpste Auschwitz und Israel besucht. Dies hat historische Gründe, hängt aber auch damit zusammen, dass das Judentum wie die katholische Kirche weltweit verbreitet ist. Die zentrale Rolle des Vatikans darf die Initiativen auf der Ebene der Diözesen und Bischofskonferenzen aber nicht überdecken. Das erste universitäre Institut zur Förderung der jüdisch-katholischen Beziehung wurde bereits 1953, also vor dem Konzil, an der Seton Hall University in New Jersey von Johannes Österreicher gegründet. Er selbst war an der Entstehung von „Nostra Aetate" beteiligt.[18] In Luzern wurde 1972 ein Institut für Jüdisch-Christliche Forschung an der Theologischen Fakultät eingerichtet. Seither sind Judaistikveranstaltungen dort für alle Theologiestudierende verpflichtend. Einmalig ist der Gesprächskreis Juden und

---

[17] *Henrix/Kraus*, Die Kirchen und das Judentum, Band 2 (s. o. Anm. 1), 110–119.

[18] *Dorothee Recker*, Die Wegbereiter der Judenerklärung des Zweiten Vatikanischen Konzils. Johannes XXIII., Kardinal Bea und Prälat Oesterreicher – eine Darstellung ihrer theologischen Entwicklung, Paderborn 2007.

Christen beim Zentralkomitee der Deutschen Katholiken. Auch er wurde schon 1972 mit zwölf jüdischen und sechzehn katholischen Mitgliedern gegründet. Sein Ziel bestand ursprünglich darin, die Kirchentage mitzugestalten. Seither hat sich sein Aufgabenfeld ausgeweitet. Begegnungen, Konferenzen und Reisen werden gefördert. Auch nimmt er zuweilen theologisch Stellung. Seit 2016 wird er nicht mehr nur von einer Person, sondern von einem jüdisch-katholischen Ko-Präsidium geleitet. In Deutschland, Frankreich und auch in einigen anderen Ländern haben alle Bistümer heute eigens beauftragte Personen für die Beziehungen zum Judentum. In Österreich, Polen, Italien und den Niederlanden wird am 17. Januar, also am Tag vor der „Woche für die Einheit der Christen", seit über zwanzig Jahren ein „Tag des Judentums" begangen. In Italien wird er auch von der Rabbinerkonferenz mitgetragen. Die Schweizer Bischofskonferenz wiederum hat entschieden, den zweiten Fastensonntag als „Tag des Judentums" zu begehen.[19] Ein Sonntag in der Vorbereitung auf Ostern hin, an dem in den alttestamentlichen Lesungen Abraham im Zentrum steht und das Evangelium die Verklärung Jesu auf dem Berg zusammen mit Mose und Elija erzählt, bietet viele Anknüpfungspunkte, die jüdisch-christliche Verbundenheit im Glauben anzusprechen. 2014 hatte der Vatikan alle Bischofskonferenzen aufgefordert zu prüfen, ob sie in ihren Ländern auch einen *dies judaicus* einführen wollen. Dabei soll es nämlich nicht in erster Linie um die Aufarbeitung der Schoa gehen. Vielmehr soll die weitere Geschichte im Blick sein wie auch das gemeinsame geistliche Erbe gepflegt werden. Katholiken und Katholikinnen tragen zudem die zivilgesellschaftlichen Gedenkveranstaltungen zur Reichspogromnacht von 1938 oder zum internationalen Gedenktag für die Opfer des Nationalsozialismus am 27. Januar mit. Viele engagieren sich in den Gesellschaften für jüdisch-christliche Zusammenarbeit und tragen die „Woche der Brüderlichkeit" mit, die 2023 zum thematischen „Jahr der christlich-jüdischen Zusammenarbeit" umgewandelt wurde. Schließlich müssen die Ordensleute genannt werden. Dominikaner und Jesuiten haben je eigene Strukturen, die den Dialog fördern. Vor allem aber leisten die Frères et Sœurs de Sion, die im 19. Jahrhundert für die Judenmission gegründet wurden, seit dem Konzil weltweit Pionierarbeit im jüdisch-christlichen Dialog.

3.2 Ein weltweites Echo: Vom Judentum zum jüdischen Volk

Exemplarisch sei auf drei wegweisende Dokumente von Bischofskonferenzen auf verschiedenen Kontinenten verwiesen. Die französischen Bischöfe schrieben 1973,[20] die fortdauernde Existenz des jüdischen Volkes, das unter schwierigsten Herausforderungen überlebt habe, sei ein Zeichen, das die Kirche aus dem Glauben heraus verstehen lernen müsse. Es folgen Anweisungen, wie das Neue Testament mit seinen Konflikten zwischen Pharisäern, „Juden" und Jesus jenseits von antijüdischen Vorurteilen zu verstehen sei. Zum Bemühen, das Judentum in seinem Selbstverständnis wahrzunehmen, heißt es: „Die Zerstreuung des jüdischen Volkes muss im Lichte seiner eigenen Geschichte verstanden werden." Der Text fährt fort, es sei „schwieriger denn je, ein ausgewogenes theologisches Urteil zu fällen über die Rückkehrbewegung des jüdischen Volkes in ‚sein' Land". Es habe immer unter den Völkern gelebt und doch den Wunsch nach einer nationalen Existenz im Land gehegt. Ein Nationalstaat könne ihm heute nicht verwehrt werden, auch wenn es zugleich Gerechtigkeit für die nichtjüdische Bevölkerung im Land brauche. Dieser Abschnitt schließt rhetorisch fragend: „Wird die Sammlung ... letzten Endes trotz aller Dramen einer der Wege von Gottes Gerechtigkeit für das jüdische Volk und, zu gleicher Zeit, für alle Völker der Erde sein?"

Auch die US-Bischöfe gaben 1975 eine ausführliche Erklärung ab, sind katholische Pfarreien in ihrem Land doch oft Tür an Tür mit jüdischen Gemeinden.[21] Sie unterstrichen die jüdischen Wurzeln des Christentums, wie sie aus Römer 9–11 neu zu erfassen seien. Sie lobten die vielen Dialoginitiativen, die seit dem Konzil entstanden sind, und sprachen begeistert vom „Beginn eines neuen Zeitalters für das katholisch-jüdische Verhältnis". Und sie betonten, das Judentum sei keine „Konfession", sondern eine ethnische und religiöse Volksgemeinschaft (*peoplehood*). Ihre Bindung an das Land gelte es zu verstehen, der „Juden in ihren Schriften und

---

[19] *Christian M. Rutishauser*, Tag des Judentums – Wie *Nostra aetate* Gegenwart wird. Zum 50-Jahr-Jubiläum der Verabschiedung von *Nostra aetate*, in: Schweizerische Kirchenzeitung 45/46 (2015) 566–568.

[20] *Henrix/Rendtorff*, Die Kirchen und das Judentum (s. o. Anm. 1), 149–157.

[21] *Henrix/Rendtorff*, Die Kirchen und das Judentum (s. o. Anm. 1), 164–170.

in ihrer Gottesverehrung zwei Jahrtausende hindurch als Sehnsucht nach ihrem Heimatland, dem heiligen Zion, Ausdruck gaben. Eine Würdigung dieses Bandes bedeutet weder, Zustimmung zu irgendeiner besonderen religiösen Interpretation für dieses Band zu geben, noch Leugnung legitimer Rechte anderer betroffener Parteien in dieser Region." Die US-Katholiken teilten ihre Sensibilität für den Staat Israel mit der gesamten amerikanischen Gesellschaft, insbesondere auch mit dem amerikanischen Judentum. Überhaupt hat der jüdisch-katholische Dialog in den USA einen Aufschwung genommen, wie dies im Europa nach der Schoa nicht möglich war. Verstärkend tritt dabei hinzu, dass sich zwei Minderheiten gefunden haben; denn nicht nur die jüdische Gemeinschaft, sondern auch die katholische Kirche stellt in den protestantisch geprägten USA eine solche dar.

Auch die Bischofskonferenz Brasiliens sprach das Existenzrecht des Staates Israel an und band es, bei einem klaren Urteil bezüglich Gerechtigkeit für alle, an die biblische Landverheißung zurück. Ihr Dokument von 1983 gehört zu den konzisesten Texten der nachkonziliaren Kirche zur jüdisch-christlichen Beziehung:[22] Das jüdische Volk von heute, einst von Gott ins Leben gerufen, sei das Gegenüber der Kirche. Die Kirche habe den Glauben an Israels Gott und seinen Bund mit Gott übernommen. In diesem Rahmen wurden die Themen von „Nostra Aetate" entfaltet. Das Neue Testament müsse in Kontinuität zur jüdischen Heiligen Schrift gelesen und die Geschichte des Judentums objektiv dargestellt werden. Wie beim Text der US-Bischöfe spürt man, dass das Dokument nicht innerchristliche, theologische Fragen am Judentum abhandelt. Die Kirche in Südamerika hat, was oft vergessen wird, eine realexistierende jüdische Gemeinschaft als Gegenüber, sind doch viele Juden und Jüdinnen im 20. Jahrhundert dahin geflohen.

Die von „Nostra Aetate" umgangene Streitfrage um Land und Staat Israel wurde also von verschiedenen Bischofskonferenzen angesprochen. Nicht nur das Judentum als Glaubensgemeinschaft, sondern das jüdische Volk kommt in den Blick. Diese theologischen Aussagen zur jüngsten Geschichte des jüdischen Volkes wurden stets kontrovers aufgenommen. Auch in der Kommission für die religiösen Beziehungen zum Judentum kam es in diesen Jahren zu Konflikten, da der Sekretär Cornelius Rijk die enge Beziehung von jüdischem Volk und Land ausformulierte und nach einem heilsgeschichtlichen Sinn der Rückkehr der Juden ins Land fragte. In den oben bereits genannten Dokumenten zur Umsetzung von „Nostra Aetate" von 1975 und 1985 forderte der Vatikan denn auch eine rein säkulare Betrachtung der Rückkehr des jüdischen Volkes in sein Land. Diese Position ermöglichte dem Heiligen Stuhl als Völkerrechtssubjekt, 1993 mit dem Staat Israel diplomatische Beziehungen aufzunehmen. Das Existenzrecht des Staates Israel als Ausdruck des jüdischen Volkes ist aus vatikanischer Sicht heute unbestritten. Jede Delegitimierung des Staates, die in öffentlichen, oft antisemitisch gefärbten Debatten geäußert wird, lehnt der Heilige Stuhl ab.[23] Zugleich blieb jedoch die theologische Frage nach der Beurteilung unbefriedigend. Sie wurde erst im letzten Jahrzehnt wieder aufgenommen.[24] Dabei ringen katholische Theologen und Theologinnen einerseits darum, auch den Ansprüchen der Nichtjuden in Israel/Palästina gerecht zu werden. Sie wissen sich insbesondere den Christen verpflichtet. Andrerseits wollen sie nicht einem christlichen Zionismus das Wort reden, wie die Evangelikalen es tun. Eine Beurteilung der Rückkehr der Juden ins biblische Land wird sich wesentlich von der jüdischen Sicht unterscheiden.

3.3 Jüdische Antworten auf das Dialogangebot der Kirche

Die katholische Kirche hat mit der erneuerten Sichtweise auf das Judentum seit dem Konzil einen Weg der Umkehr beschritten. Ihre Theologie erneuert sich bis heute aus dieser Neubesinnung. Doch für den Dialog braucht es ein Gegenüber. Begegnung entsteht nur, wenn die jüdische Seite die ausgestreckte Hand annimmt. Nach der zweitausend Jahre alten Lehre der Verdrängung und Verachtung sowie nach kontinuierlicher Diskriminierung und Verfolgung ist dies keine Selbstverständlichkeit. Zurückhaltung oder selbst Misstrauen von jüdischer Seite ist verständlich. Umso mehr sind die Juden und Jüdinnen zu würdigen, die den Neuanfang der Kirche begleitet und das

---

[22] *Henrix/Rendtorff*, Die Kirchen und das Judentum (s. o. Anm. 1), 221–223.

[23] Siehe dazu den Beitrag von *Christina Späti* in diesem Band.

[24] *Philip A. Cunningham/Ruth Langer/Jesper Svartvik* (Hg.), Enabling Dialogue about the Land, New York/Mahwah, NJ 2020; *Gavin D'Costa/Faydra L. Shapiro* (Hg.), Contemporary Catholic Approaches to the People, Land, and State of Israel, Washington, DC 2022.

Dialogangebot angenommen haben. Dies gilt im Besonderen für Juden in Deutschland, dem Land der Täter der Schoa, oder für solche, die aus Israel oder der Schweiz weiterhin in deutscher Sprache publizierten und arbeiteten. Es seien beispielhaft genannt: Ernst-Ludwig Ehrlich, Pinchas Lapide, David Flusser, Schalom Ben-Chorin und sein Sohn Tovia, Daniel Krochmalnik, Andreas Nachama, Micha Brumlik und Michael Wolffsohn. Sie alle haben seit den 1970er-Jahren Pionierarbeit auf religiöser wie auf gesellschaftlicher Ebene geleistet. International führend und bestimmend im jüdisch-katholischen Dialog aber waren von Anfang an die USA.

Vereinigte Staaten von Amerika

Noch während des Konzils wurde Rabbiner Joseph Dov Soloveitchik, führende Autorität der Modern Orthodoxy, um eine Stellungnahme gebeten. Im Februar 1964, als die Konzilsdebatte um das Judentum heftig wogte und „Nostra Aetate" noch nicht vorlag, hielt er einen Vortrag vor dem Rabbinical Council of America, der später unter dem Titel „Confrontation" publiziert wurde.[25] Er ist zur Richtschnur für die jüdische Orthodoxie in den USA und darüber hinaus geworden. Von einer typologischen Interpretation der Genesiserzählungen über Adam und Eva ausgehend, unterstrich er, dass es Differenz und Unterscheidung brauche, um Identität auszubilden.[26] In der „ersten Konfrontation", der Natur eine Kultur abzuringen und die Welt bewohnbar zu machen, sei das jüdische Volk mit allen Völkern in gleicher Weise berufen. In der „zweiten Konfrontation", diese Kultur als konkrete Gesellschaften zu gestalten, müsse sich das jüdische Volk abgrenzen, um Differenz zu markieren; denn nur so könne es seiner Berufung für die Menschheit gerecht werden. Daraus leitete Soloveitchik ab, dass ein Dialog in theologischen Fragen, gerade wenn er darauf aus ist, Gemeinsamkeiten zu schaffen, abzulehnen sei, eine Zusammenarbeit in gesellschaftlichen und kulturellen Angelegenheiten mit der Kirche aber möglich und wünschenswert sei. Seine Stellungnahme hat dazu geführt, dass die jüdische Orthodoxie in den Jahren nach dem Konzil kaum am Dialog mit der Kirche teilgenommen hat. Rabbiner Moshe Feinstein schien es nach dem Konzil sogar für notwendig zu halten, mit einer religionsgesetzlichen Entscheidung den Dialog mit der Kirche zu verbieten.[27] Ihr Partner wurden vor allem Vertreter der liberalen oder konservativen Strömung. Doch „Confrontation" ist vielschichtiger, als es auf den ersten Augenblick scheint. Soloveitchik stellte auch Regeln für den Dialog auf, war selbst mit christlicher theologischer Literatur bestens vertraut und nahm am intellektuellen Austausch mit Christen teil. Die Unterscheidung von theologisch und gesellschaftlich-kulturell ist nicht so eindeutig. Es stellt sich in diesem Zusammenhang auch die Frage, was unter Theologie zu verstehen sei.

In den letzten zwanzig Jahren ist viel über die Position von Soloveitchik debattiert worden. Heute gibt es nicht wenige im Dialog engagierte jüdisch-orthodoxe Vertreter, die sich ihm verpflichtet fühlen. Seine Dialogbedingungen der Wertschätzung sowie des freien Austauschs auf Augenhöhe scheinen ihnen erfüllt. Auch der Respekt vor der nicht ableitbaren und nicht diskutierbaren Glaubensverpflichtung, der sich Juden und Christen je gegenüber Gott stellen müssen, die für Soloveitchik zentral war, ist gegeben. Vor allem dürfe Dialog nicht mit dem Ziel der religiösen Angleichung geführt werden, sondern in der Wertschätzung der Differenz. Dies betonte auch Abraham Jehoschua Heschel, der als konservativer Rabbiner (Masorti) eine Position zwischen orthodoxem und liberalem Judentum vertrat. Er gehörte zu den Gesprächspartnern des Vatikans während des Konzils und veröffentlichte nur drei Monate nach der Promulgation von „Nostra Aetate" eine erste Antwort, die zugleich als Gegenposition zu Soloveitchik zu lesen ist.[28] „No Religion is an Island" argumentiert für einen umfassenden Dialog mit der Kirche. In den 1960er-Jahren der sozialen Bürgerrechtsbewegung und des existenzialistischen Denkens sah er das Judentum und das Christentum einer atheistischen und nihilistischen Gesellschaft gegenüber. In einer Zeit der zunehmenden Globalisierung müssten beide Glaubensgemeinschaften zusammen eine pro-

---

[25] *Joseph Dov Soloveitchik*, Confrontation, in: Tradition 2 (1964) 5–28.

[26] *Christian M. Rutishauser*, „Doppelte Konfrontation" – Rav Dov Soloveitchiks umstrittenes Modell für den jüdisch-christlichen Dialog, in: Judaica 1 (2003) 12–23.

[27] *Andreas Verhülstonk*, Rabbiner Joseph B. Soloveitchik oder die Frage, worüber Juden und Christen miteinander reden können und sollen, in: Jehoschua Ahrens/Karl-Hermann Blickle/David Bollag/Johannes Heil (Hg.), Hin zu einer Partnerschaft zwischen Juden und Christen. Die Erklärung orthodoxer Rabbiner zum Christentum, Berlin 2017, 107–109.

[28] *Abraham Joshua Heschel*, No Religion is an Island, in: Union Seminary Quarterly Review 2 (1966) 117–134.

phetische Stimme für die Gerechtigkeit erheben. Auch für ihn war der Dialog in erster Linie Zusammenarbeit in der Zivilgesellschaft, ohne dabei Glaubensfragen auszuschließen. Judentum, Christentum wie auch den Islam betrachtete er als wechselseitige Bereicherung. Keine Religion dürfe zum Götzen gemacht werden. Einheit durch Gleichmacherei zu erreichen, würde bedeuten, die Sünde des Turmbaus zu Babel zu wiederholen. Der Verzicht auf die Bekehrung von Juden formulierte er als *conditio sine qua non* für den Dialog: „Wir sind Juden, wie wir Menschen sind. Die Alternative zu unserer Existenz als Juden ist geistiger Selbstmord, Auslöschung. Es gibt keine Konversion zu etwas anderem. Das Judentum hat Verbündete und kann nicht ersetzt werden."[29] Damit unterstrich er eine Grundbedingung des Dialogs, die für Juden aller Ausrichtungen, ob religiös oder säkular, gilt.

Der sich ausbreitende jüdisch-christliche Dialog in Nordamerika und in Europa erhielt im Jahr 2000 mit „Dabru Emet" einen weiteren gewichtigen jüdischen Beitrag: Vier Gelehrte aus dem Reformjudentum veröffentlichten acht Thesen zum jüdisch-christlichen Verhältnis in der *New York Times*. Sie wollten eine breite Öffentlichkeit erreichen, publizierten aber auch einen theologischen Band zur Vertiefung.[30] Sie wollten die eigenen Reihen erreichen, damit diese die Erneuerung in den Kirchen wahrnehmen und darauf antworten. These 1 lautet lapidar: „Juden und Christen beten zu demselben Gott."[31] Für Christen ist dies eine Selbstverständlichkeit, für Juden, die die Trinität ablehnen, jedoch nicht. Kontrovers war auch These 3: „Christen können den Anspruch des jüdischen Volkes auf das Land Israel beachten/respektieren." Eine katholische Sicht unterscheidet sich zum Beispiel von einer evangelikalen, christlich-zionistischen Sichtweise fundamental. Neben solch umstrittenen Punkten waren die Thesen zur Anerkennung der Hebräischen Bibel, der gemeinsamen Werte und Aufgaben, zur Stärkung der jüdischen und christlichen Differenzen durch den Dialog weniger kontrovers. Zu den zugespitzten Thesen für die Öffentlichkeit argumentierten die Initianten differenziert. „Dabru Emet", zu Deutsch „Redet Wahrheit!", wurde innerjüdisch kontrovers aufgenommen, von der katholischen Theologie in Deutschland aber positiv und stark rezipiert.[32] Dies hängt sicherlich damit zusammen, dass die christliche Seite nach Jahrzehnten der Dialogarbeit eine repräsentative Antwort von jüdischer Seite erwartete.

Staat Israel

Der jüdisch-christliche Dialog ist in der zweiten Hälfte des 20. Jahrhunderts auch nach Israel getragen worden, doch blieb er da alles in allem marginal. Die Israelis waren und sind mehr mit politischen und zivilgesellschaftlichen Fragen beschäftigt. Das Christentum wird zunächst als Phänomen des Westens gesehen, das durch die Säkularisierung stark geschwächt worden ist. Israelis haben es hinter sich gelassen, oft auch im alten Feindbild konserviert. Doch die jüdische Mehrheitsgesellschaft im Staat Israel, nicht mehr durch christliche Hegemonie bedroht, hat auch Raum geschaffen, theologisch mit dem Christentum abzurechnen. Die Rückkehr ins Land wird im religiösen Zionismus als Triumph über das Christentum gefeiert, da die Sicht, die jüdische Zerstreuung unter die Völker sei göttliche Strafe, widerlegt ist. So hat sich, ohne die Veränderungen in der Kirche gegenüber dem Judentum wahrzunehmen, zum Beispiel eine neue halachische Debatte entfaltet, ob die Christen als Götzendiener einzustufen seien.[33] Aufgrund von talmudischen und mittelalterlichen Quellen wird dies oft bejaht. Gerade im Land Israel, wo Götzendienst besonders geahndet wird, verunmöglicht es nicht nur Begegnung, sondern bedeutet es auch Benachteiligung bis hin zu Vertreibung. In der nationalreligiösen Bewegung, die durch die Rabbiner Abraham Jizchak HaCohen Kook und seinen Sohn Zwi Jehuda Kook geprägt ist, wird das jüdisch-christliche Verhältnis im Westen aber beobachtet. Dabei haben Rabbiner wie Yehouda Léon Ashkénasi eine negative Sicht des Christentums entwickelt:[34] Es habe durch seine vergeistig-

---

[29] *Heschel*, No Religion (s. o. Anm. 28), 128 f.

[30] *Tikva Frymer-Kensky/David Novak/Peter Ochs/Michael Signer* (Hg.), Christianity in Jewish Terms, Boulder/Oxford 2000.

[31] Hier und im Folgenden zitiert nach: „Dabru Emet – redet Wahrheit! Eine jüdische Erklärung über Christen und Christentum", https://www.christen-und-juden.de/Download/DABRU%20EMET.pdf (letzter Zugriff am 04.08.2023).

[32] *Rainer Kampling/Michael Weinrich* (Hg.), Dabru emet – redet Wahrheit. Eine jüdische Herausforderung zum Dialog mit den Christen, Gütersloh 2003; *Erwin Dirscherl/Werner Trutwin* (Hg.), Redet Wahrheit – Dabru emet. Jüdisch-christliches Gespräch über Gott, Messias und Dekalog, Münster 2004.

[33] *Karma Ben-Johanan*, Jacob's Younger Brother. Christian-Jewish Relations after Vatican II, Cambridge, MA/London 2022, 162–193.

[34] *Ben-Johanan*, Jacob's Younger Brother (s. o. Anm. 33), 206–212.

te, die materielle Wirklichkeit verachtende Weltsicht verheerenden Einfluss auf das Judentum in der Diaspora ausgeübt. Die Mythologie rund um Jesus Christus zerfalle nun aber und zeige, wie das Judentum allein die biblische Tradition authentisch verkörpere. Die Säkularisierung und der religiöse Zionismus machten es möglich, dass das jüdische Volk endlich seine universale und missionarische Sendung wahrnehmen könne. Die liberale, säkulare Gesellschaft in Verbindung mit der politischen Ermächtigung des jüdischen Volkes hat im religiösen Zionismus also gerade nicht zu einer Aussöhnung geführt, sondern zu einer jüdischen Verhärtung gegenüber dem Christentum.

4. Joseph Ratzinger/Benedikt XVI. und der christliche Wahrheitsanspruch

4.1 Kardinal Ratzinger als Präfekt der Glaubenskongregation

Als Joseph Ratzinger 2005 zum Papst gewählt wurde, war es schwierig abzuschätzen, in welcher Art und Weise er den jüdisch-katholischen Dialog weiter voranbringen würde. Als Theologe war sein zentrales Anliegen, zwischen Glauben und Vernunft zu vermitteln und so eine Brücke zwischen christlicher Wahrheit und säkularer Philosophie und Wissenschaft zu schlagen. Der Glaube müsse präzise formuliert und die Liturgie entsprechend gefeiert werden. Doch auch zum Judentum hatte er sich geäußert.[35] Als Präfekt der Glaubenskongregation hatte er das Vorwort zu „Das jüdische Volk und seine Heilige Schrift in der christlichen Bibel" verfasst und war verantwortlich für „Dominus Jesus", die „Erklärung über die Einzigkeit und die Heilsuniversalität Jesu Christi und der Kirche". Von einem abstrakt formulierten Inkarnationsglauben aus – Gott ist in Christus zum Heil der Menschheit Mensch geworden – nahm er darin pointiert Stellung gegen jeden Religionspluralismus.[36] Er betonte die Einzigkeit und Absolutheit des christlichen Wahrheits- und Heilsanspruchs, ohne diesen heilsgeschichtlich zu verorten. Die alttestamentliche Bundesgeschichte fehlt. Das Dokument äußerte sich zur religionstheologischen Debatte, die sich mit den Religionen Asiens befasst, wie man als Kircheninsider wissen konnte. Doch hätte es nicht zumindest eines Verweises in Bezug auf das einmalige Verhältnis der Kirche gegenüber dem Judentum bedurft? In jüdischen Kreisen löste „Dominus Jesus" heftige Reaktionen aus; denn implizit würde der Text nicht eine einzige jüdische Wahrheit anerkennen, sondern vielmehr die Evangelisierung unter Juden fordern.

4.2 „Judenmission" und Karfreitagsfürbitte

Kardinal Walter Kasper, zu dieser Zeit Vorsteher der Kommission für die religiösen Beziehungen zum Judentum, musste intervenieren. Er argumentierte, „Dominus Jesus" verteidige auch den einzigartigen Bund Gottes mit dem jüdischen Volk gegenüber einem Pluralismus, der alle Religionen in gleicher Weise zu Wahrheitsträgern mache. In den USA führte die Debatte dazu, dass die zuständige Kommission der Bischofskonferenz zusammen mit dem National Council of Synagogues 2002 „Reflections on Covenant and Mission" veröffentlichte,[37] was die Kontroverse aber nur noch mehr anheizte. Im Textabschnitt der katholischen Seite wird Walter Kasper zitiert:

„Der Begriff Mission im eigentlichen Sinne bezieht sich auf die Bekehrung von falschen Göttern und Götzen zu dem wahren und einen Gott, der sich in der Heilsgeschichte mit seinem auserwählten Volk offenbart hat. Mission in diesem strengen Sinn kann also nicht in Bezug auf die Juden verwendet werden, die an den wahren und einen Gott glauben. Deshalb ... gibt es den Dialog, aber es gibt keine katholische Missionsorganisation für Juden." ... Aus der Sicht der katholischen Kirche ist das Judentum eine Religion, die der göttlichen Offenbarung entspringt. Wie Kardinal Kasper feststellte, „ist die Gnade Gottes, die nach unserem Glauben die Gnade Jesu Christi ist, allen zugänglich. Deshalb glaubt die Kirche, dass das Judentum, das heißt die treue Antwort des jüdischen Volkes auf den unwiderruflichen Bund Gottes, für dieses heilsbringend ist, weil Gott seinen Verheißungen treu ist."

Da der Text den universalen Heilsanspruch in Christus aufzugeben scheint, sah sich Kardinal William Keeler vier Tage nach der Veröffentlichung gezwungen zu erklären, das Dokument stelle nur den „gegenwärtigen Reflexionsstand" der jüdisch-katholischen Dialoggruppe dar. 2009 schob die Kommission der US-Bischofskonferenz eine Notifikation nach, die Ambiguitäten in „Cov-

---

[35] *Joseph Ratzinger*, Die Vielfalt der Religionen und der eine Bund, Bad Tölz 2005.
[36] https://www.vatican.va/roman_curia/congregations/cfaith/documents/rc_con_cfaith_doc_20000806_dominus-iesus_ge.html, Nr. 4 und 9 (letzter Zugriff am 23.04.2023).
[37] https://www.bc.edu/content/dam/files/research_sites/cjl/texts/cjrelations/resources/documents/interreligious/ncs_usccb120802.htm (letzter Zugriff am 23.04.2023).

enant and Mission" müssten dahin gehend geklärt werden, dass der universale Heilsanspruch Christi uneingeschränkt gelte.[38]

Ausgelöst wurde diese späte Korrektur durch eine erneute Debatte zur „Judenmission" 2008.[39] Joseph Ratzinger, inzwischen Papst Benedikt XVI., ließ nämlich 2007 die Feier der tridentinischen Messe als außerordentlichen Ritus wieder zu. Dazu gehört bekanntlich die schon erwähnte antijüdische Fürbitte für die „treulosen Juden". Benedikt gab daher für die Karwoche 2008 eine Neuformulierung vor. Auch wenn in ihrem zweiten Teil gebetet wird, dass am Ende der Zeit ganz Israel gerettet werden möge, wird im ersten Teil der alte Text dem Sinn nach beibehalten: „Lasst uns auch beten für die Juden, auf dass Gott, unser Herr, ihre Herzen erleuchte, damit sie Jesus Christus erkennen, den Retter aller Menschen." Die alte Formulierung bat in Anlehnung an 2. Korinther 3,14, Gott möge „den Schleier von ihren Herzen" nehmen, damit sie Christus anerkennen. Benedikts Erlass war zudem mit dem Titel „Zur Bekehrung der Juden" versehen. Von jüdischer Seite konnte diese Formulierung nur als Rückkehr zur traditionellen Judenmission verstanden werden. Warum aber hat Benedikt die Fürbitte angepasst? Warum hat er nicht die Karfreitagsfürbitte aus dem ordentlichen Ritus übernommen?

Lasst uns auch beten für die Juden, zu denen Gott, unser Herr, zuerst gesprochen hat: Er bewahre sie in der Treue zu seinem Bund und in der Liebe zu seinem Namen, damit sie das Ziel erreichen, zu dem sein Ratschluss sie führen will.
Beuget die Knie – Stille – Erhebet euch.
Allmächtiger, ewiger Gott, du hast Abraham und seinen Kindern deine Verheißung gegeben. Erhöre das Gebet deiner Kirche für das Volk, das du als erstes zu deinem Eigentum erwählt hast: Gib, dass es zur Fülle der Erlösung gelangt. Darum bitten wir durch Christus, unseren Herrn. Amen.

Benedikt ist offensichtlich nicht damit einverstanden, dass nur dafür gebetet wird, dass die Juden ihrem Bund und ihrer Berufung treu bleiben, sondern will ihnen gegenüber auch den christlichen Wahrheitsanspruch ausgedrückt wissen. Wieder steht die Frage im Raum, welchen Stellenwert und welches Heilspotenzial der Bund Gottes mit den Juden hat. Die Evangelisierungsfrage gegenüber den Juden ist tatsächlich die Gretchenfrage im jüdisch-christlichen Verhältnis. In der Debatte 2009 positionierte sich der Gesprächskreis Juden und Christen beim Zentralkomitee der Deutschen Katholiken pointiert: „Nein zur Judenmission – Ja zum Dialog".[40]

4.3 Benedikt XVI. in Israel

Nur wenige Wochen nach Ostern 2009 machte sich Papst Benedikt zu seiner Heiliglandreise auf. Der Besuch der christlichen Stätten und der Kirche vor Ort standen im Zentrum. Wie bei Johannes Paul II. war die Reise aber auch ein offizieller Staatsbesuch in Israel mit Stationen an der Klagemauer und in Yad Vashem. Dem Motto der Holocaust-Gedenkstätte gemäß – *yad vashem* heißt wortwörtlich übersetzt „Denkmal und Name" – trug er in Erinnerung an die Opfer der Schoa eine Meditation über Namen vor. Die Weltöffentlichkeit hatte von einem deutschen Papst allerdings ein gesellschaftspolitisches Wort erwartet, vor allem auch, wie er die Rolle der Kirche zur Zeit des Nationalsozialismus sieht. Dazu äußerte sich Benedikt jedoch nicht. Bei seiner Ankunft am Flughafen Ben Gurion verurteilte er den Antisemitismus und bezeichnete die Opfer der Schoa als Opfer von Ideologien. Der Staat Israel wie auch der Heilige Stuhl hätten die Verpflichtung, „der Religion den ihr gebührenden Platz im Leben der Gesellschaft zu geben".[41] Der Israelbesuch des Papstes stärkte trotz allem das jüdisch-katholische Verhältnis. Dies war umso notwendiger, da die öffentliche Kommunikation nicht die Stärke Benedikts war und seine Aussagen zum jüdisch-christlichen Verhältnis auch immer wieder irritierten.

5. 50 Jahre „Nostra Aetate" und die jüdische Orthodoxie

5.1 Bibeltheologie und Dogmatik

Das vatikanische Dokument zu 50 Jahre „Nostra Aetate" „Denn unwiderruflich sind Gnade

---

[38] https://www.usccb.org/resources/note-on-ambiguities-contained-in-reflections-on-covenant-and-mission_2.pdf, Nr. 3 (letzter Zugriff am 23.04.2023).
[39] *Walter Homolka/Erich Zenger* (Hg.), „... damit sie Jesus Christus erkennen". Die neue Karfreitagsfürbitte für die Juden, Freiburg im Breisgau 2008.

[40] https://www.zdk.de/veroeffentlichungen/erklaerungen/detail/Nein-zur-Judenmission-Ja-zum-Dialog-zwischen-Juden-und-Christen-181y/ (letzter Zugriff am 23.04.2023).
[41] https://www.vatican.va/content/benedict-xvi/de/speeches/2009/may/documents/hf_ben-xvi_spe_20090511_welcome-tel-aviv.html, (letzter Zugriff am 23.04.2023).

und Berufung, die Gott gewährt (Röm 11,29)"«[42] widmet sich den beiden Grundfragen, die sich seit „Nostra Aetate" stellen: Wie ist das biblische Offenbarungsverständnis zu formulieren, wenn auch die schriftliche und die mündliche Tora weiterhin eine gewisse Gültigkeit haben? Und wie gehen das alte und das neue Volk Gottes in der Heilsgeschichte zusammen? Es verarbeitet Debatten der vergangenen Jahrzehnte, aber auch wichtiger Publikationen.[43] Es stellt die erste systematisch-theologische Zuordnung von Kirche und Judentum vonseiten des Vatikans dar. Im Vorwort heißt es, der Text sei keine „lehramtliche Unterweisung". Er will „Ausgangspunkt für weitere theologische Reflexion" sein. Die vorsichtige Formulierung lässt ahnen, dass die Fragen weiterhin sensibel und umstritten sind.

Nach einer Darstellung der Dialoggeschichte und der Beschreibung des einzigartigen jüdisch-christlichen Verhältnisses wenden sich Kapitel 3 und 4 dem Offenbarungsbegriff in Geschichte und Bibel wie auch dem Verhältnis von Altem und Neuem Testament zu, also der bibeltheologischen Fragestellung. Das Leben nach der Tora sei eine authentische Antwort des Judentums auf Gottes Erwählungsinitiative, und der Glaube an Christus sei der Weg der Kirche. So legitim beide Antworten seien, sei das jüdische Volk jedoch auf die Kirche hingeordnet, die „Jesus Christus als die ,lebendige Tora Gottes'" glaubt. Der Alte Bund werde durch den Neuen erfüllt, bestätigt und bekräftigt, doch füge er ihm auch eine „neue Sinndimension" hinzu. Es gebe nur eine „einzige Bundesgeschichte", auch wenn neue Bünde in der Bibel die vorhergehenden nie aufgehoben hätten. Der auf Universalität hin angelegte Abrahambund sei für die Christen entscheidend, wobei Gottes Bund mit Israel weiterhin seine Funktion habe. Die rabbinische und die christliche Exegese müssten daher miteinander in Dialog gebracht, Kontinuität und Diskontinuität müssten gleichermaßen berücksichtigt werden.

Kapitel 5 und 6 widmen sich dem christlichen Wahrheitsanspruch, zu dem nicht nur die „exklusive Heilsmittlerschaft Jesu Christi" gehört, sondern auch „das Bekenntnis zum Einen Gott, dem Gott Israels". Kirche und Judentum bilden nicht „zwei parallele Heilswege", und dennoch: „Aus dem christlichen Bekenntnis, dass es nur einen Heilsweg geben kann, folgt … in keiner Weise, dass die Juden von Gottes Heil ausgeschlossen wären …" Der Text spricht nämlich von der „einzigartige[n] Sendung", die Israel anvertraut wurde, und zitiert dann Paulus:

Dass die Juden Anteil an Gottes Heil haben, steht theologisch außer Frage, doch wie dies ohne explizites Christusbekenntnis möglich sein kann, ist und bleibt ein abgrundtiefes Geheimnis Gottes. … „O Tiefe des Reichtums, der Weisheit und der Erkenntnis Gottes! Wie unergründlich sind seine Entscheidungen, wie unerforschlich seine Wege!" (Röm 11,33). (Nr. 36)

Staunend eignet sich der Text die negative Theologie des Paulus an und folgert daraus:

Die Kirche ist daher verpflichtet, den Evangelisierungsauftrag gegenüber Juden, die an den einen und einzigen Gott glauben, in einer anderen Weise als gegenüber Menschen mit anderen Religionen und weltanschaulichen Überzeugungen zu sehen. Dies bedeutet konkret, dass die Katholische Kirche keine spezifische institutionelle Missionsarbeit, die auf Juden gerichtet ist, kennt und unterstützt. Obwohl es eine prinzipielle Ablehnung einer institutionellen Judenmission gibt, sind Christen dennoch aufgerufen, auch Juden gegenüber Zeugnis von ihrem Glauben an Jesus Christus abzulegen. (Nr. 40)

Was bedeutet „keine spezifische institutionelle Missionsarbeit"? Unterscheidet sich die Evangelisierung von Juden damit nur durch eine andere Vorgehensweise, bleibt im Inhalt jedoch gleich wie gegenüber Nichtjuden? Doch wie in den Evangelien die Sendung Jesu an das Haus Israel (Mt 10) klar von der Sendung an die Völker (Mt 28) unterschieden wird, so wird Christus für Juden und Nichtjuden etwas anderes bedeuten, weil Erstere schon im Bund mit Gott sind, Letztere aber erst zum Gott Israels geführt werden müssen.[44] Papst Emeritus Benedikt scheint mit dem Dokument nicht zufrieden gewesen zu sein. Drei Jahre später veröffentlichte er einen Aufsatz, der andere Akzente setzt.[45] Auch wenn die Kirche Israel nicht in der Heilsgeschichte ersetzt, so erhält gemäß ihm der Sinaibund doch erst im Neuen Bund seine endgültige Gestalt durch „die Umstiftung des Si-

---

[42] https://www.jcrelations.net/de/statements/statement/denn-unwiderruflich-sind-gnade-und-berufung-die-gott-gewaehrt-roem-1129.html (letzter Zugriff am 24.08.2023).

[43] *Philip A. Cunningham/Joseph Sievers/Mary Boys* (Hg.), Christ Jesus and the Jewish People Today. New Explorations of Theological Interrelationships, Grand Rapids/Cambridge 2011.

[44] *Christian M. Rutishauser*, Christliche Mission gegenüber Juden neu überdacht. Weiterführende Reflexionen zum vatikanischen Dokument „Denn unwiderruflich sind Gnade und Berufung, die Gott gewährt" (Röm 11,29), in: Kirche und Israel 36/1 (2021) 13–29.

[45] *Joseph Ratzinger – Benedikt XVI.*, Gnade und Berufung ohne Reue. Anmerkungen zum Traktat „De Iudaeis", in: Internationale katholische Zeitschrift 47 (2018) 316–335.

nai-Bundes in den neuen Bund im Blute Jesu".[46] Der Tempelkult in Jerusalem wird durch die Eucharistie ersetzt. Angesichts der Kritik an seinem Aufsatz ergriff der emeritierte Papst nochmals das Wort, wobei er den Taufbefehl des Auferstandenen in Matthäus 28 aus der Perspektive des jesuanischen Judentums an alle Völker gerichtet sieht. Daraus folgt: „Für Israel galt und gilt daher nicht Mission, sondern der Dialog darüber, ob Jesus von Nazareth der ‚Sohn Gottes, der Logos' ist."[47]

Wie der christliche Wahrheitsanspruch gegenüber dem jüdischen Volk zu verstehen sei, bleibt umstritten. Auf jeden Fall betont „Denn unwiderruflich sind Gnade und Berufung", dass es eine „qualitative Bestimmung der Kirche" sei, dass sie „aus Juden und Heiden" besteht, auch wenn das „quantitative Verhältnis von Juden- und Heidenchristen zunächst einen anderen Eindruck erwecken mag". Im Schlusskapitel werden die unbestrittenen Ziele des jüdisch-katholischen Dialogs formuliert: bessere gegenseitige Kenntnis, Einsatz für die gemeinsamen Werte und Anliegen in der säkularen Gesellschaft sowie sozial-karitative Tätigkeit.

5.2 Antworten der jüdischen Orthodoxie

„Den Willen unseres Vaters
im Himmel tun"[48]

Kardinal Kurt Koch lud nicht nur jüdische Dialogvertreter zur Präsentation des Dokuments „Denn unwiderruflich sind Gnade und Berufung" ein, sondern ließ sie auch am Entstehungsprozess teilhaben. Während dieser Zeit hatte sich auch eine Gruppe von orthodoxen Rabbinern entschieden, eine Antworterklärung zu schreiben. Sie wollten dem vatikanischen Veröffentlichungstermin jedoch zuvorkommen und präsentierten ihrerseits eine Woche früher „Den Willen unseres Vaters im Himmel tun: Hin zu einer Partnerschaft zwischen Juden und Christen". Den sieben kurzen Abschnitten gehen zwei Einleitungssätze voraus, deren zweiter lautet: „Wir möchten den Willen unseres Vaters

---

[46] *Ratzinger*, Gnade (s. o. Anm. 45), 334.
[47] *Joseph Ratzinger – Benedikt XVI.*, Nicht Mission, sondern Dialog, in: Herder-Korrespondenz 72/12 (2018) 14.
[48] https://www.jcrelations.net/de/statements/statement/den-willen-unseres-vaters-im-himmel-tun-hin-zu-einer-partnerschaft-zwischen-juden-und-christen.html (letzter Zugriff am 23.04.2023) und: Erklärung orthodoxer Rabbiner zum Christentum. Den Willen unseres Vaters im Himmel tun: Hin zu einer Partnerschaft zwischen Juden und Christen (3. Dezember 2015), in: Ahrens u. a. (Hg.), Hin zu einer Partnerschaft (s. o. Anm. 27), 253–258.

im Himmel tun, indem wir die uns angebotene Hand unserer christlichen Brüder und Schwestern ergreifen. Juden und Christen müssen als Partner zusammenarbeiten, um den moralischen Herausforderungen unserer Zeit zu begegnen." Die Rabbiner aus den USA, Europa und Israel sähen es als historische Chance und als Willen Gottes, mit den Christen in Wertefragen zusammenzuarbeiten. 70 Jahre nach der Schoa würdigten sie die 50 Jahre kirchlicher Neuausrichtung als Umkehr. Sie beriefen sich dann auf rabbinische Quellen, dass

> das Christentum weder ein Zufall noch ein Irrtum ist, sondern gö-ttlich gewollt und ein Geschenk an die Völker. Indem Er Judentum und Christenheit getrennt hat, wollte G-t eine Trennung zwischen Partnern mit erheblichen theologischen Differenzen, nicht jedoch eine Trennung zwischen Feinden. (Nr. 3)

Dialog hat also nicht das Ziel, Glaubensübereinstimmung zu finden. Differenzen dürften nicht bagatellisiert, doch viele Gemeinsamkeiten müssten gesehen werden. Die Rabbiner erkennen an, dass das Christentum für Nichtjuden eine Bedeutung hat, weil auch die Kirche seit „Nostra Aetate" das Judentum anerkennt. Sie geben dem Christentum einen positiven Platz in ihrer Sicht der Geschichte, hat es über seine Bibel doch den Glauben an den einen Gott Israels verbreitet.

Die Erklärung ist von Bedeutung, weil sie aus der rabbinischen Tradition heraus argumentiert. Dadurch erhalten die Aussagen Gewicht und zeichnen sich als orthodoxe Position aus. Auch wenn die Zusammenarbeit auf ethische, soziale und kulturelle Fragen beschränkt wird, wird das jüdisch-christliche Verhältnis doch auch theologisch verortet. Mit dem Verweis auf Rabbiner Jakob Emden in Abschnitt 3, der die Christen unter dem noachidischen Bund sieht, also einer gerechten, ethischen Lebensweise vor Gott, wie Juden sie für Nichtjuden fordern, liegt nahe, dass auch die Erklärung selbst die Christen nicht als Götzendiener, sondern als Gerechte einstuft. Dies ist aus halachischer Perspektive, wie wir oben gesehen haben, von großer Bedeutung. Zudem betrachtet der Text die jüdisch-katholische Zusammenarbeit als spirituelle Aufgabe, in der Christen wie Juden sich in der *imitatio Dei* einüben. Strittige theologische Themen wie Trinitätsglaube, Messiasfrage, die Verhältnisbestimmung der Bünde usw. werden nicht angesprochen. Sich dazu zu äußern, wird einzelnen Rabbinern überlassen, die eine Theologie des Christentums entwickeln, wie zum

Beispiel Rabbiner Irving Greenberg.⁴⁹ Er erkennt den christlichen Anspruch, im Bund Abrahams zu stehen, an, wie Paulus ihn in Römer 4 formuliert, und spricht sogar davon, Christen seien „Ehrenmitglieder im Hause Israels". Mit einer solchen Ansicht steht er freilich am liberalen Ende der jüdischen Orthodoxie.

„Zwischen Jerusalem und Rom"⁵⁰

Theologisch zurückhaltender, dafür repräsentativer ist „Zwischen Jerusalem und Rom. Die gemeinsame Welt und die respektierte Besonderheit. Reflexionen über 50 Jahre von Nostra Aetate". Unterzeichner dieser Erklärung sind die Conference of European Rabbis, der Rabbinical Council of America und das Oberrabbinat des Staates Israel. Ausführlich wird der Umkehrprozess der Kirche seit „Nostra Aetate" gewürdigt. Da die theologischen Unterschiede aber groß sind, wird unterstrichen, dass im Dialog zwischen Vatikan und Oberrabbinat des Staates Israel „sorgfältig Fragen im Zusammenhang mit den Grundlagen des Glaubens" vermieden wurden. Wiederholt wird, ganz in der Linie von Joseph Dov Soloveitchik, dass auch in Zukunft kein theologischer Dialog möglich sei. Die Zusammenarbeit liege im Bereich von sozialen und gesellschaftlichen Aufgaben. Der jüdisch-katholische Dialog wird sogar als Vorbild der Zusammenarbeit für andere Kirchen hingestellt. Über das Christentum macht der Text keine theologische Aussage. Vielmehr geht er von der doppelten Verpflichtung des jüdischen Volkes aus, ein gottgefälliges Gemeinwesen trotz des Hasses und der Gewalt der Welt aufzubauen und zugleich ein Licht für die Völker zu sein. In dieser Aufgabe werden Katholiken als „unsere Partner, enge Verbündete, Freunde und Brüder in unserem gemeinsamen Streben nach einer besseren Welt, die mit Frieden, sozialer Gerechtigkeit und Sicherheit gesegnet ist", gesehen.

Beide jüdischen Erklärungen dürfen als Durchbruch in den Beziehungen zwischen Vatikan und der jüdischen Orthodoxie gewertet werden. Diese hat sich lange zögerlich gezeigt und beobachtend zurückgehalten. Auch der Aufsatz von Papst Emeritus Benedikt, der sich 2018 theologisch konservativ geäußert hat, wie wir oben gesehen haben, tat der Beziehung keinen Abbruch. Im Gegenteil nutzten einige orthodoxe Rabbiner die Gelegenheit, den Dialog zu bekräftigen. Auch Rabbiner David Novak von der Masorti-Bewegung, der zu den Autoren von „Dabru Emet" gehört, hat in der konservativ-katholischen Zeitschrift *First Things* als Antwort auf den emeritierten Papst 2019 einen Aufsatz veröffentlicht, in dem er dafür plädiert, den je eigenen religiösen Überlegenheitsanspruch nicht aufzugeben.⁵¹ Er werde auch vom Islam gegenüber Judentum und Christentum vertreten oder von der säkularen, atheistischen Gesellschaft gegenüber den Religionen überhaupt. Ohne eine Position des *supersessionism soft*, wie er es nennt, würde man in Relativismus verfallen. Einen *supersessionism hard*, also einen exklusiven Wahrheitsanspruch einer religiösen Tradition, lehnt Novak aber ab, da er mit einer dialogischen Haltung unvereinbar sei. Vor allem betont er, dass er den christlichen Wahrheitsanspruch als Jude akzeptieren, aber nicht teilen könne. Mission unter Juden würde zudem jeden Dialog zerstören.

Mit unvereinbaren Glaubenspositionen können also Juden wie Katholiken erstaunlich gut umgehen, solange ein freier Umgang herrscht und auf Evangelisierung verzichtet wird. Ja, sie stärken sich zuweilen sogar gegenseitig, wenn sie sich je gegen den Wahrheitsrelativismus und den Wertewandel in der säkularen Gesellschaft verbünden. Dass sich christliche, jüdische und auch muslimische Partner mit unterschiedlichen Agenden zu Dialogprojekten zusammenfinden, zeigt jüngst auch das Abrahamitic Family House in Abu Dhabi, bei dessen Einweihung im Frühjahr 2023 auch jüdisch-orthodoxe Vertreter teilnahmen. Eine Synagoge, eine Kirche und eine Moschee wurden auf Initiative von Papst Franziskus und Groß-Imam Ahmed Al-Tayeb gebaut, um den Dialog der drei abrahamitischen Religionen im Nahen Osten zu fördern.

---

⁴⁹ *Irving Greenberg*, Covenantal Partners in a Postmodern World, in: ders., For the Sake of Heaven and Earth. The New Encounter between Judaism and Christianity, Philadelphia 2004, 49–102.
⁵⁰ https://imdialog.org/dokumente/jeru_rom_wortlaut.pdf (letzter Zugriff am 23.08.2023).
⁵¹ David Novak, Supersessionism hard and soft, in: First Things 2019/2, www.firstthings.com/article/2019/02/supersessionism-hard-and-soft (letzter Zugriff am 23.04.2023).

6. Der Dialog, ein offenes Beziehungsgeschehen

6.1 Herausforderung „christusgläubige Juden"

Der Dialog zwischen Kirche und jüdischem Volk stellt eine lebendige Beziehungsgeschichte dar. Grundsätzlich ist viel Vertrauen gewachsen, auch wenn verschiedene Debatten immer wieder für Irritationen sorgten. Der jüdisch-katholische Dialog ist eine Erfolgsgeschichte mit tiefen transformatorischen Auswirkungen in beide Glaubensgemeinschaften hinein, auch wenn diejenigen, die am Dialog aktiv teilnehmen, auf beiden Seiten eine Minderheit darstellen. Unterschiedliche Themen stehen im Zentrum. Auch die Akteure werden wieder wechseln. Die Absichten, am Dialog teilzunehmen, waren und sind oft unterschiedlich. Geht es der Kirche verstärkt um theologische Fragen, ohne einen Konsens erzielen zu wollen, so stehen für die jüdische Seite ethische und gesellschaftspolitische Ziele im Vordergrund. Diese teilt selbstverständlich auch die Kirche. Während sie aber mehr um den Ausdruck einer kohärenten Glaubenswahrheit ringt, fordert das Judentum, dass die Rückkehr des jüdischen Volkes ins Land Israel im Glauben gedeutet werde. Auch die Aufarbeitung der Schoa ist nicht abgeschlossen.

Zudem sei auf die messianischen Juden verwiesen, also Juden, die an Jesus Christus glauben. Sie sind in den USA und darüber hinaus verbreitet. Sie sind vorwiegend christlich-evangelikal geprägt oder aber auch bewusst weiterhin jüdisch praktizierend. Da sie traditionell Juden aktiv missionieren, sind sie vom institutionalisierten jüdisch-katholischen Dialog ausgeschlossen. Dennoch haben gerade römisch-katholisch getaufte Juden im Dialog eine zentrale Rolle gespielt, wie zum Beispiel Paul Démann, Johannes Österreicher, Kardinal Jean-Marie Lustiger und Daniel Rufeisen. Nach ihrer Zuwendung zum Christentum lehnten sie weder das jüdische Volk ab, noch verachteten sie den jüdischen Glauben. Eine nächste Generation von katholischen Juden beginnt, sich zu organisieren und über ihren besonderen Status in der Kirche nachzudenken.[52] Was bedeutet es, dass sie auch als Christen weiterhin im „nie gekündigten Bund" stehen? Welches ist ihre Berufung, wenn die Kirche ihrem Wesen nach aus Juden und Heiden besteht? Die gläubigen Juden der hebräisch-katholischen Gemeinden im Staat Israel spielen dabei eine besondere Rolle. Sie sehen sich in der Tradition der Judenchristen des Frühchristentums und werden vom lateinischen Patriarchat in Jerusalem als eigenständige Form des Katholischen gewürdigt. Jenseits von evangelikal-missionarischen „Juden für Jesus" und auch jenseits eines Substitutionsdenkens kommt eine dritte Gemeinschaft von christusgläubigen Juden in den Blick, zu der sich sowohl die Kirche als auch das Judentum zu verhalten lernen müssen.

6.2 Zwei unterschiedliche theologische Sichtweisen des Judentums

Im Ringen darum, die katholische Glaubenswahrheit ohne Abstriche zu formulieren und zugleich die Wahrheit des Judentums als Volk des ersten Bundes zu würdigen, haben sich, zusammenfassend gesprochen, zwei Sichtweisen herausgeschält. Auf der einen Seite steht eine Theologie, wie sie die Wegbereiter von „Nostra Aetate" geprägt haben und wie sie sich in der Karfreitagsfürbitte des ordentlichen Ritus zeigt und von Theologen und Theologinnen weiterentwickelt wird, die unmittelbar im Austausch mit der jüdischen Seite stehen. Diese Sichtweise lässt sich durch die Schoa und die Geistesgeschichte des 20. Jahrhunderts herausfordern und markiert einen theologischen Neuansatz. Die Passionsberichte der Evangelien und die Rolle der Juden darin stellen nicht mehr den Ausgangspunkt der Reflexion dar. Die Substitutionslehre wird grundsätzlich abgelehnt. Auch die Vertreibung der Juden aus dem Land nach der Tempelzerstörung wird nicht mehr als Tatbeweis für die Überlegenheit des Christentums gedeutet. Diese Theologie setzt vielmehr beim Römerbrief an, denkt von der Treue Gottes im Bund her, die für Juden wie Christen gilt, und blickt auf die eschatologische Vollendung beider Glaubensgemeinschaften. Das jüdische „Nein" zu Jesus als Messias kann dabei sogar eine positive Funktion erhalten, weil es den Raum der Heilsgeschichte für alle Völker öffnet. Zur Zeit der Geschichte sind Christen und Juden einander in geheimnisvoller und dialektischer Weise – nicht einfach komplementär oder parallel – zugeordnet. Sie sind einander sogar „Sakrament des Andern".[53]

---

[52] *Mark S. Kinzer/Thomas Schumacher/Jan-Heiner Tück* (Hg.), Jesus – der Messias Israels. Messianisches Judentum und christliche Theologie im Gespräch, Freiburg im Breisgau 2023.

[53] Wichtige Vertreter sind: *Kardinal Walter Kasper*, Juden und Christen – das eine Volk Gottes, Freiburg im Breisgau 2020; *Hans-Hermann Henrix*, Israel trägt die Kirche. Zur Theologie

Die andere theologische Sicht interpretiert „Nostra Aetate" stärker in Kontinuität mit der traditionellen Sicht des Judentums. Sie setzt biblisch beim Verhältnis von Altem und Neuem Testament an und interpretiert es im Sinne der Erfüllungstheologie. Durch den Hebräerbrief gestützt, folgt sie einer Geschichtstheologie, wie sie Augustinus entwickelt hat. Der Bund vom Sinai mit seinen liturgischen Vorschriften findet seine Erfüllung im Neuen Bund in Jesus Christus. Dem Judentum wird, wenn nicht eine negative, so doch eine minderwertige Position in der Heilsgeschichte zugesprochen. Die Zerstreuung der Juden unter alle Völker entspricht göttlicher Vorsehung. Diese Sicht wird von katholischen Dogmatikern vertreten, denen die Kohärenz der christlichen Lehre und Tradition am Herzen liegt. Oft sind sie weniger mit der jüdischen Seite im Dialog. Vor allem gehen sie auf den jüdischen Wahrheitsanspruch nicht wirklich ein, noch lassen sie sich durch die geschichtlichen Ereignisse wie die Schoa wirklich herausfordern.[54]

Beiden Sichtweisen gemein ist, dass sie jeden Antisemitismus und Antijudaismus überwinden. Wirklich dialogisch ist eigentlich nur die erste Position. Sie ist offen gegenüber dem Anderen und stößt an Fragen, die sie nicht beantworten kann. Die zweite Sichtweise baut bei aller Wertschätzung für das Judentum dieses letztlich in die eigene, abgerundete Theologie ein. Die Offenheit behält sie nur in Unmittelbarkeit zu Gott, nicht aber vermittelt über den Anderen und den Dialog. Der Unterschied liegt in der fundamentaltheologischen Entscheidung, ob auch dem Judentum offenbarungstheologische Bedeutung zugesprochen wird. Die bleibende Erwählung des jüdischen Volkes stellt auf jeden Fall für die Kirche weiterhin eine Herausforderung dar. Will sie ihre Identität nicht auf Kosten des Judentums formulieren, muss sie sich explizit in Bezug auf die jüdische Wahrheit und positiv zu ihr äußern.

Weiterführende Literatur

Jehoschua Ahrens/Karl-Hermann Blickle/David Bollag/ Johannes Heil (Hg.), Hin zu einer Partnerschaft zwischen Juden und Christen. Die Erklärung orthodoxer Rabbiner zum Christentum, Berlin 2017.
Jehoschua Ahrens/Norbert Johannes Hofmann, Geschwister auf einer gemeinsamen Suche. Aktuelle Chancen und Herausforderungen im jüdisch-katholischen Gespräch, Ostfildern 2021.
Michel Bollag/Christian M. Rutishauser, Ein Jude und ein Jesuit im Gespräch über Religion in turbulenter Zeit, Ostfildern 2015.
Florian Bruckmann/René Dausner (Hg.), Im Angesicht des Anderen. Gespräche zwischen christlicher Theologie und jüdischem Denken (Studien zu Judentum und Christentum 25), Paderborn u. a. 2013.
Erwin Dirscherl/Werner Trutwin (Hg.), Redet Wahrheit – Dabru emet. Jüdisch-christliches Gespräch über Gott, Messias und Dekalog, Münster 2004.
Arie Folger/Jehoschua Ahrens (Hg.), Rabbiner im Gespräch mit dem Vatikan. Jüdisch-katholische Beziehungen nach Nostra Aetate und Korrespondenzen mit Benedikt XVI. (Forum Christen und Juden 20), Berlin 2021.
Hans Hermann Henrix, Judentum und Christentum. Gemeinschaft wider Willen, Kevelaer 2004.
Hans Hermann Henrix, Israel trägt die Kirche. Zur Theologie der Beziehung von Kirche und Judentum (Forum Christen und Juden 17), Berlin 2019.
Christian M. Rutishauser, Christlichen Glauben denken. Im Dialog mit der jüdischen Tradition (Forum Christen und Juden 15), Wien 2016.
Michael A. Signer, Brücken bauen. Aufsätze und Vorträge zum jüdisch-christlichen Verhältnis (Studien zu Kirche und Israel 29), Berlin 2013.

---

der Beziehung von Kirche und Judentum (Forum Christen und Juden 17), Berlin 2019.

[54] Vertreter dieser Sichtweise: *Kardinal Joseph Ratzinger*, Die Vielfalt der Religionen und der eine Bund, Hagen 1998; *Gavin D'Costa*, Catholic Doctrines on the Jewish People after Vatican II, Oxford 2019.

Bernd Schröder

Jüdisch-christlicher Dialog aus evangelischer Perspektive

1. Grundlegender Überblick

Wie in anderen Fragen gibt es auch im Blick auf den jüdisch-christlichen Dialog nicht ohne Weiteres die *eine* evangelische Perspektive – selbst dann nicht, wenn die verfasste evangelische Kirche im Fokus steht: So sucht man den einen, für die gesamte evangelische Kirche in Deutschland sprechenden einschlägigen Text vergeblich. Vielmehr muss man die Beschlusslagen der verschiedenen evangelischen – näherhin lutherischen, reformierten oder unierten – Landeskirchen in Deutschland und die Position der „Evangelischen Kirche in Deutschland" (EKD)[1] unterscheiden – um von Beiträgen einzelner Theologinnen und Theologen ganz zu schweigen.

In diesem Gefüge hat im Blick auf eine „Erneuerung des Verhältnisses von Christen und Juden" mehrfach die *Evangelische Kirche im Rheinland* eine Pionierfunktion wahrgenommen – das gilt sowohl in zeitlicher als auch in sachlicher Hinsicht: 1980 hat sie als erste Landeskirche einen bahnbrechenden Grundsatzbeschluss „Zur Erneuerung des Verhältnisses von Christen und Juden" gefasst (auf den häufig als „Rheinischer Synodalbeschluss" Bezug genommen wird) und 1996 – wiederum als erste – den Grundartikel ihrer Kirchenordnung ergänzt. Die *EKD* hat demgegenüber in drei Studien „Christen und Juden" (I: 1975, II: 1991 und III: 2000) wiederholt den Diskussionsstand resümiert und zudem weiterführende Beschlüsse zu einzelnen Sachfragen gefasst; genannt seien etwa ihre Kundgebung „Martin Luther und die Juden – Notwendige Erinnerung zum Reformationsjubiläum" (2015) und ihre Absage an die Judenmission unter dem Titel „Erklärung zu Christen und Juden als Zeugen der Treue Gottes" (2016).[2]

Angesichts ihrer Vielstimmigkeit ist es umso bemerkenswerter, dass sowohl die Landeskirchen als auch die EKD im Blick auf ihr Verhältnis zum Judentum seit der Befreiung Deutschlands vom Nationalsozialismus *cum grano salis* einen tiefgreifenden *Lernprozess* durchlaufen haben. Dessen bemerkenswert *gleichsinnige Ergebnisse* bilden sich in entsprechenden Synodalerklärungen und Änderungen der Kirchenordnungen ab und kommen zudem in Gottesdienstordnungen, Lehrplänen für Religionsunterricht und Konfirmandenarbeit und vielen weiteren Lebensäußerungen zum Ausdruck.[3] Die so gewonnene Position ist charakterisiert einerseits durch die Abkehr von Substitutionslehren,[4] Antijudaismus und Antisemitismus in Bekenntnis, Wort und Tat und andererseits durch die Wahrnehmung eines bleibenden, unaufgebbaren Verwiesen- und Bezogenseins christlichen Glaubens auf das Alte beziehungsweise Erste Testament sowie auf das Judentum. So kommt zur Geltung, was Peter von der Osten-Sacken so formulierte: „Dem christlich-jüdischen *Dialog* kann man sich als Christ relativ leicht entziehen, dem christlich-jüdischen *Verhältnis* nicht. ... Es ist einfach *mit* dem Christsein gegeben."[5]

Angestoßen wurde dieser Lernprozess insbesondere durch zweierlei: durch das Erschrecken über die Mitschuld evangelischer Kirchen sowie evangelischer Christinnen und Christen an der Schoa und das Eingeständnis dieser Mitschuld sowie durch „die Wiederherstellung des jüdischen Staates im Lande Israel" (so die Formulierung in der Unabhängigkeitserklärung des Staates Israel vom 14. Mai 1948). *Vorangetrieben* und *ori-*

---

[1] Die EKD ist nach Artikel 1 (1) ihrer „Grundordnung" in der Fassung vom 1. Januar 2020 „als Gemeinschaft ihrer Gliedkirchen Kirche"; in Artikel 5 dieser Grundordnung heißt es: „Die Ordnung des Verhältnisses der Gliedkirchen zueinander und zur Evangelischen Kirche in Deutschland ist eine Ordnung der Geschwisterlichkeit. Verhandlungen und Auseinandersetzungen sowie die Geltendmachung von Rechten und Pflichten zwischen ihnen sollen in diesem Geiste stattfinden." Die EKD ist den Landeskirchen also nicht hierarchisch vorgeordnet.

[2] Einen aktuellen Zugang eröffnet *Klaus Müller*, Christlich-jüdischer Dialog und die evangelischen Landeskirchen in Deutschland. Ein Kaleidoskop aus Erreichtem und Ausstehen-

dem, in: Alexander Deeg/Joachim Krause/Melanie Mordhorst-Mayer/Bernd Schröder (Hg.), Dialogische Theologie (Studien zu Kirche und Israel. Neue Folge 14), Leipzig 2020, 49–69.

[3] Exemplarisch genannt sei das „Evangelische Gottesdienstbuch" (Bielefeld u. a. 1999), in dem als eines von sieben Kriterien für das Verstehen und Gestalten von Gottesdienst benannt wird: „Die Christenheit ist bleibend mit Israel als dem erstberufenen Gottesvolk verbunden."

[4] Siehe dazu auch den Beitrag von *Gregor Maria Hoff* in diesem Band (Abschnitt 1.2).

[5] *Peter von der Osten-Sacken*, Zum gegenwärtigen Stand des jüdisch-christlichen Dialogs und seinen Perspektiven, in: Rainer Kampling/Michael Weinrich (Hg.), Dabru emet – redet Wahrheit, Gütersloh 2003, 206–218, hier 206 (Hervorhebung B. S.).

entiert wurde der Prozess in den evangelischen Kirchen im Wesentlichen durch *Relektüre biblischer Texte*. Den wegweisenden Beschlüssen und theologischen Entwürfen, die ganz überwiegend aus den 1980er-Jahren stammen, gingen zahlreiche exegetische Studien, Tagungen und Bibelarbeiten voraus. Im Zuge dessen ist insbesondere dem neutestamentlich bezeugten Judesein Jesu, der lebensweltlichen, kulturellen und dialogischen Einbettung nahezu aller neutestamentlichen Texte in das damals entstehende rabbinische Judentum und namentlich dem Römerbrief des Paulus nicht nur ein neues Augenmerk zuteilgeworden, sondern *eine hermeneutische Schlüsselrolle* zuerkannt worden.

Im Fokus der hier entfalteten „evangelischen" Perspektive auf den jüdisch-christlichen Dialog stehen die eingangs genannten Landeskirchen und die EKD.[6] Die theologische Positionsbildung in der Gemeinschaft evangelischer Kirchen in Europa (GEKE)[7] oder auch im Lutherischen Weltbund (LWB) beziehungsweise Reformierten Weltbund (RWB) verlief zwar weitgehend konsonant, wird hier jedoch nicht referiert.[8]

Außer Betracht bleiben hier zudem die Positionen der sogenannten evangelischen Freikirchen, darunter etwa die Evangelisch-methodistische Kirche in Deutschland, der Bund Evangelisch-Freikirchlicher Gemeinden (Baptisten) oder der Bund Freier evangelischer Gemeinden. Sie sind in ihrer Verhältnisbestimmung zum Judentum nicht ohne Weiteres auf einen Nenner zu bringen; häufig ist diese auch (noch) nicht in Verlautbarungen expliziert werden.[9]

2. Etappen des evangelisch-jüdischen Dialogs in Deutschland

Vor dem Hintergrund der wechselvollen Geschichte des Verhältnisses evangelischer Kirche und Theologie zum Judentum war es nicht selbstverständlich, dass die Seelisberger Thesen aus dem Jahr 1947, die mit einigem Recht als ein Initialdokument des – modernen – christlich-jüdischen Dialogs in deutscher Sprache gelten können, mit folgenden Thesen anheben:

Es ist hervorzuheben, dass ein und derselbe Gott durch das Alte und das Neue Testament zu uns allen spricht. Es ist hervorzuheben, dass Jesus von einer jüdischen Mutter aus dem Geschlechte Davids und dem Volke Israel geboren wurde, und dass seine ewige Liebe und Vergebung sein eigenes Volk und die ganze Welt umfasst. Es ist hervorzuheben, dass die ersten Jünger, die Apostel und die ersten Märtyrer Juden waren. … Es ist zu vermeiden, dass das biblische und nachbiblische Judentum herabgesetzt wird, um dadurch das Christentum zu erhöhen.[10]

Seit diesen Anfängen hat sich der christlich-jüdische Dialog – gemessen an dem, was man unmittelbar nach der Schoa erwarten durfte und konnte – *in einer unverhofften Weise positiv entwickelt*. Einige seiner Etappen seien hier mit besonderem Blick für evangelische Kirche und Theologie in Erinnerung gerufen. Mit einigem Recht lassen sich fünf Phasen der Dialogentwicklung unterscheiden.[11]

---

[6] Vgl. *Bernd Schröder*, Unverhofftes wurde möglich, Mögliches steht noch aus. Eine Bilanz des christlich-jüdischen Dialogs in Deutschland aus evangelischer Perspektive, in: ders., Religionspädagogik angesichts des Judentums. Grundlegungen – Rekonstruktionen – Impulse (Praktische Theologie in Geschichte und Gegenwart 39), Tübingen 2023, 9–29.

[7] Wesentlich ist *Helmut Schwier* (Hg.), Kirche und Israel. Ein Beitrag der reformatorischen Kirchen Europas zum Verhältnis von Christen und Juden = Church and Israel. A Contribution from the Reformation Churches in Europe to the Relationship between Christians and Jews (Leuenberger Texte 6), Frankfurt am Main 2001.

[8] Einschlägige Texte sind auffindbar in *Hans Hermann Henrix/Rolf Rendtorff* (Hg.), Die Kirchen und das Judentum. Dokumente von 1945–1985, Paderborn/Gütersloh ³2001 (1988), sowie *Hans Hermann Henrix/Wolfgang Kraus* (Hg.), Die Kirchen und das Judentum, Band II: Dokumente von 1986–2000. Veröffentlicht im Auftrag der Studienkommission Kirche und Judentum der Evangelischen Kirche in Deutschland und der Arbeitsgruppe für Fragen des Judentums der Ökumene-Kommission der Deutschen Bischofskonferenz, Paderborn/Gütersloh 2001, und *Hans Hermann Henrix/Reinhold Boschki* u. a. (Hg.), Die Kirchen und das Judentum, Band III (unter Mitarbeit von Andreas Menne): Dokumente von 2000 bis heute – digitale Version: https://dokumente-kirchen-judentum.de.

[9] Siehe dazu etwa die Arbeit des „Fachkreises Christen und Juden" beim Bund Evangelisch-Freikirchlicher Gemeinden in Deutschland – https://www.befg.de/der-befg/initiativen/fachkreis-christen-und-juden (letzter Zugriff am 15.05.2023).

[10] Hier zitiert aus *Konrad-Adenauer-Stiftung* (Hg.), Zeit zur Neu-Verpflichtung. Christlich-Jüdischer Dialog 70 Jahre nach Kriegsbeginn und Shoah, Bonn 2009, 51 f.

[11] Anregungen in dieser Richtung geben etwa *Christoph Hinz*, Entdeckung der Juden als Brüder und Zeugen. Stationen und Fragestellungen im christlich-jüdischen Gespräch seit 1945, in: Berliner Theologische Zeitschrift 4 (1987) 170–195 und 5 (1988) 2–27; *Johann Baptist Metz*, Im Angesicht der Juden. Christliche Theologie nach Auschwitz, in: Concilium 20 (1984) 382–389; *Ursula Rudnick*, Auf dem langen Weg zum Haus des Nachbarn. Positionen der evangelischen Kirche im christlich-jüdischen Gespräch seit 1945 und ihre Verortung in der Theologie, Hannover 2004; und *Martin Stöhr*, Ökumene, Christlich-jüdische Gesellschaften, Akademien und Kirchentag. Zu den Anfängen des jüdisch-christlichen Dialogs, in: Evangelische Theologie 61/4 (2001) 290–301.

2.1 Erste Phase: Selbstkritische Besinnung und erste Gehversuche (1947–1960)

Man muss sich in Erinnerung rufen: Das Stuttgarter Schuldbekenntnis vom 19. Oktober 1945 verliert noch kein Wort über den Holocaust und das Verhältnis zum Judentum, das Darmstädter Wort des Bruderrates (der Bekennenden Kirche) vom 8. April 1948 wiederholt die aus der Zeit vor der Schoa vertraute Substitutionslehre.[12]

Angesichts dessen galt es überhaupt erst einmal Worte zu finden: Worte des Schuldeingeständnisses, der Umkehr sowie der theologischen Wertschätzung für „Israel" und Judentum. Die Erklärung der Synode der EKD in Berlin-Weißensee im Jahr 1950 war – sieht man einmal von international verabschiedeten deutschsprachigen Texten wie den „Seelisberger" und den „Schwalbacher Thesen" ab – ein erster solcher Versuch, eine Sprache der Buße und des gesuchten Neubeginns zu finden. Unter der überkommenen Überschrift „Wort zur Judenfrage" heißt es darin etwa:

> Wir glauben an den Herrn und Heiland, der als Mensch aus dem Volk Israel stammt. ... Wir glauben, daß Gottes Verheißung über dem von ihm erwählten Volk Israel auch nach der Kreuzigung Jesu Christi in Kraft geblieben ist. Wir sprechen es aus, daß wir durch Unterlassen und Schweigen vor dem Gott der Barmherzigkeit mitschuldig geworden sind an dem Frevel, der durch Menschen unseres Volkes an den Juden begangen worden ist.

Allerdings heißt es am Ende noch:

> Wir bitten den Gott der Barmherzigkeit, daß er den Tag der Vollendung heraufführe, an dem wir mit dem geretteten Israel den Sieg Jesu Christi rühmen werden.[13]

Weithin ging es in dieser ersten Phase um ein allein *innerkirchliches* Ringen – noch ohne Gespräch mit Jüdinnen und Juden. In der 1952 erstmals ausgerufenen „Woche der Brüderlichkeit" fand das angestrebte „brüderliche" beziehungsweise geschwisterliche Verhältnis zum Judentum erstmals öffentlich sichtbare Gestalt.[14]

2.2 Zweite Phase: Miteinander sprechen und streiten (1961–1979)

„Der eigentliche Promotor des neuen Dialogs wurde die Arbeitsgemeinschaft ‚Juden und Christen' beim Deutschen Evangelischen Kirchentag."[15] Erstmals wurde hier nicht nur eine positive, wertschätzende Einschätzung des Judentums als Vorzeichen christlichen Nachdenkens und Sprechens gesetzt, sondern auch das *Gespräch mit Jüdinnen und Juden* als konstitutiv für die Verhältnisbestimmung angesehen – „ein Geschenk und Wunder, dass sie sich nach 1945 ... für das Gespräch ... hergaben, meist Entronnene, von der Vergangenheit direkt oder indirekt Verwundete".[16] Für die Beteiligten und die Teilnehmenden an den Veranstaltungen der Arbeitsgemeinschaft stellte diese Konstellation einen entscheidenden Schritt voran dar – nicht zuletzt dadurch, dass hier miteinander gestritten werden konnte, auch wenn dies mehrfach zur Zerreißprobe wurde. Als Beispiele benannt seien der Konflikt um die Legitimität der sogenannten Judenmission („Purim-Streit" 1963/64) und um die gebotene Solidarität mit dem real existierenden Staat Israel und seiner Bevölkerung angesichts äußerer Bedrohung.[17]

In der theologischen Wissenschaft blieb dieser Ansatz zunächst weithin unwirksam – auch wenn vor allem das Berliner „Institut Kirche und Judentum" seit seiner Gründung im Jahr 1960 (unter Leitung von Günther Harder), seit 1974 unter der Leitung von Peter von der Osten-Sacken,[18] Tagungen verschiedener evangelischer und katholischer Akademien, insbesondere derjenigen in Arnoldshain und Aachen,[19] und erste selbstkritische theologische Untersuchungen[20] den Brückenschlag

---

[12] Beide Texte sind dokumentiert in *Henrix/Rendtorff*, Die Kirchen und das Judentum (s. o. Anm. 8), 528 f. und 540–544.

[13] Zitiert nach *Henrix/Rendtorff*, Die Kirchen und das Judentum (s. o. Anm. 8), 548 f.

[14] Dazu *Christoph Münz/Rudolf W. Sirsch* (Hg.), „... damit es anders anfängt zwischen uns allen". 60 Jahre Woche der Brüderlichkeit (Forum Christen und Juden 8), Berlin u. a. 2012.

[15] *Hinz*, Entdeckung (s. o. Anm. 11), 179.

[16] *Hinz*, Entdeckung (s. o. Anm. 11), 179 f.

[17] Näheres bei *Gabriele Kammerer*, In die Haare, in die Arme. 40 Jahre Arbeitsgemeinschaft „Juden und Christen" beim Deutschen Evangelischen Kirchentag, Gütersloh 2001.

[18] *Peter von der Osten-Sacken*, Perspektiven und Ziele im christlich-jüdischen Verhältnis. Am Beispiel der Geschichte des Instituts Kirche und Judentum in Berlin (1960–2010), in: Markus Witte/Tanja Pilger (Hg.), Mazel tov. Interdisziplinäre Beiträge zum Verhältnis von Christentum und Judentum. Festschrift anlässlich des 50. Geburtstages des Instituts Kirche und Judentum (Studien zu Kirche und Israel. Neue Folge 1), Leipzig 2012, 331–372.

[19] *Pars pro toto* sei eine Tagungsdokumentation genannt: *Willehad Paul Eckert/Nathan P. Levinson/Martin Stöhr* (Hg.), Antijudaismus im Neuen Testament? (Abhandlungen zum christlich-jüdischen Dialog 2), München 1967. Sie erschien wie viele andere wirkungsreiche Publikationen jener Zeit in der Reihe „Abhandlungen zum christlich-jüdischen Dialog" des Münchener Verlags Christian Kaiser.

[20] Siehe etwa *Rosemary [Radford] Ruether*, Nächstenliebe

forcierten. Nicht zu vergessen sind daneben die örtlichen „Gesellschaften für christlich-jüdische Zusammenarbeit"[21] – die ersten wurde 1948 initiiert – sowie mancherlei weitere Basisinitiativen, etwa christlich-jüdische Bibelwochen und Sommeruniversitäten,[22] später Erev Rav (gegründet 1980), heute „Woltersburger Mühle e.V.",[23] oder die interreligiöse „Sarah-Hagar-Initiative" (gegründet 2005).

Auf der Grundlage dieser Gespräche, Klärungen und Studien konnte 1975 eine erste Ertragssicherung erscheinen, die keineswegs nur für eine partikulare Gruppe, vielmehr für die Evangelische Kirche in Deutschland sprechen sollte und konnte – die Studie „Christen und Juden", vorbereitet von der 1967 eingesetzten „Studienkommission ‚Kirche und Judentum'".[24] Diese schlägt in verschiedener Hinsicht grundlegend neue Töne an: So hält der damalige Vorsitzende des Rates der EKD in seiner „Einführung" die „Überzeugung" fest, „daß die Beziehung zwischen Christen und Juden auch dort zu den fundamentalen Themen der christlichen Existenz gehört, wo eine unmittelbare Nachbarschaft ... von Christen und Juden nicht oder nicht mehr gegeben ist".[25] Noch bedeutsamer ist, dass hier nicht länger die „tiefgreifende[n] Unterschiede und Gegensätze", sondern die „gemeinsamen Wurzeln" als Einstieg in die Zwiesprache – und wohl auch als hermeneutische Brille – dienen: Benannt werden als solche Wurzeln der verbindende Glaube an den einen Gott, „die gemeinsame ‚Schrift' (das ‚Alte Testament')", das Selbstverständnis von Juden wie Christen „als Volk Gottes", ihrer beider Verständnis von „Gottesdienst" als „Hören auf Gottes Wort, ... Bekenntnis ihres Glaubens und ... Gebet", ihre gemeinsame Orientierung von „Glauben und Handeln" an „Gerechtigkeit und Liebe" und der Umstand, dass „Juden und Christen ... auch in der Trennung aus der gemeinsamen Geschichte Gottes mit seinem Volk, deren Vollendung sie erwarten", leben.[26] Vor diesem verbindenden Hintergrund erörtert die Studie das „Auseinandergehen der Wege" und die Aufgaben der Gegenwart, darunter diejenige, „sich der Gemeinsamkeiten in ihrer Verantwortung für die Gestaltung der Welt bewußt [zu] werden" und in der „Begegnung ... zu einer Bereicherung und Klärung des eigenen Glaubens zu kommen".[27]

Für die Breitenwirksamkeit dieser ersten Bilanz sorgte das ebenfalls im Auftrag des Rates der EKD verfasste *Arbeitsbuch Christen und Juden*, erstmals 1979 erschienen.[28]

2.3 Dritte Phase: Richtungsentscheid und Fokussierung theologischer Grundfragen (1980–1991)

Ist die soeben vorgestellte Studie um Konsens und behutsame Benennung von Klärungsbedarf bemüht, kommt dem Rheinischen Synodalbeschluss „Zur Erneuerung des Verhältnisses von Christen und Juden" vom Januar 1980 das Verdienst zu, die Dringlichkeit des Verhältnisses von Juden und Christen zu markieren und dessen „Erneuerung" mit Nachdruck auf die Agenda nicht nur der evangelischen Kirchen, sondern auch der Theologie zu rücken. Er trug zudem, vorbereitet und eingebracht unter Mitwirkung jüdischer Gesprächspartner und Gesprächspartnerinnen wie Yehuda Aschkenasy und Edna Brocke, maßgeblich zur Fokussierung von Grundfragen bei – genannt seien zentrale Stichworte des Textes und damit zugleich Themenkreise:

– „Mitverantwortung und Schuld der Christenheit in Deutschland am Holocaust" und damit kirchen- und theologiegeschichtliche Forschung zum nationalsozialistischen Deutschland, die Frage nach einer Theologie nach Auschwitz, *die Aufklärung der Wurzeln wie der Wirkungsgeschichte des christlichen Antijudaismus;*

---

und Brudermord. Die theologischen Wurzeln des Antisemitismus (Abhandlungen zum christlich-jüdischen Dialog 7), München 1978 (amerikanisches Original 1974), und *Peter von der Osten-Sacken*, Grundzüge einer Theologie im christlich-jüdischen Gespräch (Abhandlungen zum christlich-jüdischen Dialog 12), München 1982.

[21] Dazu *Andreas Nachama/Rudolf Sirsch/Andreas Urban* (Hg.), Das Recht der Anderen. 70 Jahre Deutscher Koordinierungsrat der Gesellschaften für christlich-jüdische Zusammenarbeit, o. O. (Bad Nauheim) 2019.

[22] Siehe *Edith Petschnigg*, Biblische Freundschaft. Jüdisch-christliche Basisinitiativen in Deutschland und Österreich nach 1945 (Studien zu Kirche und Israel. Neue Folge 12), Leipzig 2018.

[23] https://www.woltersburger-muehle.de (letzter Zugriff am 15.05.2023).

[24] Studie „Christen und Juden" (1975), abgedruckt in: Christen und Juden I–III. Die Studien der Evangelischen Kirche in Deutschland 1975–2000, Gütersloh 2002, 15–52, und in Henrix/Rendtorff, Die Kirchen und das Judentum (s. o. Anm. 8), 558–578.

[25] Studie „Christen und Juden" (I: 1975; s. o. Anm. 24), 15 f.

[26] Studie „Christen und Juden" (I: 1975; s. o. Anm. 24), 16 und 18–26.

[27] Studie „Christen und Juden" (I: 1975; s. o. Anm. 24), 43.

[28] *Rolf Rendtorff* (Hg.), Arbeitsbuch Christen und Juden. Zur Studie des Rates der EKD, Gütersloh 1979.

- das Bekenntnis „zu Jesus Christus, dem Juden, der als Messias Israels der Retter der Welt ist und die Völker der Welt mit dem Volk Gottes verbindet", und damit *die Frage nach einer nicht gegen das Judentum profilierten Christologie*;
- die Bejahung der „bleibende[n] Erwählung des jüdischen Volkes als Gottes Volk" und die Rede von der „Hineinnahme" der Kirche „in den Bund Gottes mit seinem Volk" – und damit *die Frage nach der Zuordnung von Kirche und Israel*;
- die Frage danach, wie Juden und Christen gemeinsam „als von demselben Gott durch den aaronitischen Segen Ausgezeichnete im Alltag der Welt leben" können, wie also der Glaube von Juden wie Christen im Bewusstsein ihrer Gemeinsamkeiten wie Unterschiede überzeugend Gestalt gewinnen kann,[29] also die *Frage von Ethik* (Lehre vom rechten Handeln) *und Aszetik* (Lehre von der Frömmigkeit);
- die Überzeugung, „daß die Kirche ihr Zeugnis dem jüdischen Volk gegenüber nicht wie ihre Mission an der Völkerwelt wahrnehmen kann", und damit *die Frage nach der sogenannten Judenmission*;
- die – so klar kaum je später erneut artikulierte – Einsicht, „daß das Thema Christen und Juden in der kirchlichen Aus-, Fort- und Weiterbildung angemessen [zu] berücksichtig[en]" und unter anderem über kreiskirchliche Synodalbeauftragte in die Gemeinden hinein zu kommunizieren ist.[30] Damit rückte der Synodalbeschluss *die Frage nach dem Stellenwert der Befassung mit Judentum und christlich-jüdischem Verhältnis in der theologischen (und religiösen) Bildung* auf die Agenda.

Der sogenannte Rheinische Synodalbeschluss wurde einerseits zum Anstoß und Vorbild für etliche weitere Landeskirchen, ihre Haltung zum Judentum zu klären und zu artikulieren, und andererseits kontrovers diskutiert[31] – im Zentrum der Auseinandersetzung standen dabei einzelne Formulierungen, etwa die Deutung der „fortdauernde[n] Existenz des jüdischen Volkes, seine[r] Heimkehr in das Land der Verheißung und auch [der] Errichtung des Staates Israel [als] Zeichen der Treue Gottes", die Erkenntnis, „daß die Kirche durch Jesus Christus in den Bund Gottes mit seinem Volk hineingenommen ist", und die Überzeugung, „daß die Kirche ihr Zeugnis dem jüdischen Volk gegenüber nicht wie ihre Mission an die Völkerwelt wahrnehmen kann".[32] Für die Rheinische Kirche selbst erwies sich der Beschluss nichts weniger als maßgeblich: Sie hat auch in der Folgezeit immer wieder pionierhaft theologische Klärungen zum Gespräch beziehungsweise zum Verhältnis zum Judentum initiiert und sich in diesem Feld engagiert.[33] Zu nennen sind etwa Initiativen zum Engagement gegen Antisemitismus, Berücksichtigung der Thematik in Lehr-Lern-Prozessen (etwa im Kindergottesdienst oder Religionsunterricht), zur Klärung des trinitarischen Redens von Gott, zum Verhältnis von christlich-jüdischem und christlich-islamischem Gespräch und zur Solidarität von Christinnen und Christen sowohl mit Israel als auch mit (christlichen) Palästinenserinnen und Palästinensern.[34]

1991 wird die Studie „Christen und Juden II" der Studienkommission „Kirche und Judentum" der EKD einen Teil dieser Themen erneut – und weniger pointiert – fokussieren. Sie widmet sich insbesondere der Entwicklung einer *Christologie*, die einem wertschätzend-geschwisterlichen Verhältnis zum Judentum Rechnung trägt, der Brauchbarkeit der Rede vom *„Volk Gottes"* und

---

[29] Studie „Christen und Juden" (I: 1975; s. o. Anm. 24), 15 f.

[30] Zitiert aus *Henrix/Rendtorff*, Die Kirchen und das Judentum (s. o. Anm. 8), 593–596, hier 594. Vgl. zudem die ergänzenden Materialien: Zur Erneuerung des Verhältnisses von *Christen* und *Juden* (Handreichung für Mitglieder der Landessynode, der Kreissynoden und der Presbyterien der Evangelischen Kirche im Rheinland 39), Düsseldorf 1980, 9–28.

[31] Siehe etwa *Wolfgang Kraus*, Der Rheinische Synodalbeschluss und seine Auswirkungen innerhalb der Gliedkirchen der EKD, in: Katja Kriener/Johann M. Schmidt (Hg.), „… um seines Namens willen". Christen und Juden vor dem Einen Gott Israels, Neukirchen-Vluyn 2005, 12–25, und *Müller*, Christlich-jüdischer Dialog (s. o. Anm. 2).

[32] Zitiert aus *Henrix/Rendtorff*, Die Kirchen und das Judentum (s. o. Anm. 8), 593–596, hier 594 f.

[33] Siehe dazu (und zur Rezeptionsgeschichte des Beschlusses) *Wolfgang Hüllstrung/Hermut Löhr* (Hg.), „Nicht du trägst die Wurzel, sondern die Wurzel trägt dich". Gegenwärtige Perspektiven zum Rheinischen Synodalbeschluss „Zur Erneuerung des Verhältnisses von Christen und Juden" von 1980 (Studien zu Kirche und Israel. Neue Folge 16), Leipzig 2023.

[34] Als Belege seien folgende Texte angeführt: Evangelische Kirche im Rheinland (Hg.), „… ist man vor Antisemitismus nur noch auf dem Monde sicher?" (Düsseldorf 2007); „Den Rheinischen Synodalbeschluss zum Verhältnis von Christen und Juden weiterdenken – den Gottesdienst erneuern. Eine Arbeitshilfe zum trinitarischen Reden von Gott, zum Verhältnis der Völker zu Israel, zur theologischen Bedeutung des Staates Israel und zur Gestaltung von Gottesdiensten in Verbundenheit mit dem Judentum" (Düsseldorf 2008); „Diskussionsimpuls zur Lage in Israel/Palästina" (Düsseldorf 2011); „70 Jahre Staat Israel – ein Termin im christlichen Kalender" (Düsseldorf 2018).

vom Auftrag des „Predigen[s]" und „Unterrichten[s] in Israels Gegenwart".[35]

In diese dritte Phase fällt auch das Erscheinen erster (und bis heute richtungsweisender) theologischer Entwürfe, die das Selbstverständnis evangelischen Christseins aus dem Geist der Verständigung mit dem Judentum entfalten. Genannt seien die Arbeiten von Bertold Klappert (*1939), Paul van Buren (1924–1998), Peter von der Osten-Sacken (1940–2022), Hans-Joachim Kraus (1918–2000), Dietrich Ritschl (1929–2018), Friedrich-Wilhelm Marquardt (1928–2002) und Jürgen Moltmann (*1926).[36]

2.4 Vierte Phase: Neue Horizonte durch Revitalisierung jüdischen Lebens (1991–2001)

Die Anfänge des Dialogs hatten es auf jüdischer Seite mit Überlebenden der Schoa zu tun, zudem mit Jüdinnen und Juden, die nach Flucht beziehungsweise Vertreibung in den 1930er-Jahren aus verschiedenen Gründen nach Deutschland zurückkehrten, aber bei alldem selten mit jungen Menschen. Bis zur Wiedervereinigung Deutschlands standen jüdische Gemeinden in Deutschland im Zeichen der Überalterung und Schrumpfung. Eine unerwartete Veränderung ergab sich aus der Krise der Sowjetunion: Seit April 1990 konnten Jüdinnen und Juden von dort ausreisen – und kamen in überraschend großer Zahl nach Deutschland.

Das sogenannte Kontingentflüchtlingsgesetz legalisierte und erleichterte diese Zuwanderung von 1991 bis 2004; seit Anfang 2005 ist sie unter geänderten rechtlichen Bedingungen hingegen de facto wieder zum Erliegen gekommen. In dem besagten Zeitraum kamen insgesamt rund 220.000 „jüdische Zuwanderer" nach Deutschland, 85.000 von ihnen fanden den Weg in die jüdischen Gemeinden der Bundesrepublik. Gab es vor der Einwanderung, am Ende der 1980er-Jahre, nur knapp 30.000 Gemeindemitglieder, sind es – nach zwischenzeitlichem Höchststand bei nahezu 120.000 – gegenwärtig etwa 100.000. Mindestens 90 Prozent von ihnen sind Migranten aus der ehemaligen Sowjetunion. Im Zusammenhang mit dieser Zuwanderung beziehungsweise Neukonstituierung von Gemeinden wurde eine Vielzahl von Initiativen und Institutionen gegründet, darunter nicht wenige Bildungseinrichtungen.[37]

Mit dieser unerwarteten Zuwanderung veränderten sich Konstellationen – innerhalb des Judentums, aber auch in der Begegnung zwischen Christentum und Judentum. Der christlich-jüdische Dialog musste sich nun einstellen etwa auf

– innerjüdische Pluralisierung – in (religions-) kultureller und „konfessioneller" Hinsicht,
– einen Generationenwechsel,
– Unterschiede jüdischen Lebens in Ost- und Westdeutschland sowie in ost- und westeuropäischen Traditionslinien,
– den Aus- und Aufbau einer jüdischen Zivilgesellschaft unter dem Dach, aber auch jenseits jüdischer Kultusgemeinden: Soziale Arbeit und jüdische Wohlfahrt, jüdische Schulen und die Erschließung jüdischen Lebens für religionsdistanzierte Jüdinnen und Juden, Erinnerungsarbeit und öffentliche Sichtbarkeit des Judentums gewannen an Gewicht.

Nicht zuletzt wurden nun *internationale Horizonte* eingespeist. Dafür steht exemplarisch „*Dabru Emet*/Redet Wahrheit" vom 10. September 2000 als nicht die erste, aber doch die erste öffentlich weithin wahrgenommene, kollektiv verantwortete jüdische Reaktion auf christliche Bemühungen um eine Erneuerung des Verhältnisses von Christen und Juden.[38]

2.5 Fünfte Phase: Postmoderne Ungleichzeitigkeiten und die Ambivalenz des Erreichten (seit 2001)

Im Zuge und vor allem auch im Nachgang der soeben geschilderten Umbrüche ist für die Gegenwart gleichwohl von einer Epoche der Ungleichzeitigkeit zu sprechen.

---

[35] Juden und Christen II (1991), abgedruckt in: Christen und Juden I–III (s. o. Anm. 24), 53–111.

[36] *Bertold Klappert*, Miterben der Verheißung. Beiträge zum jüdisch-christlichen Dialog, Neukirchen-Vluyn 2000 (Sammlung von Aufsätzen aus der Zeit seit 1980); *Paul van Buren*, Eine Theologie des christlich-jüdischen Diskurses, München 1988 (amerikanisches Original 1980); *von der Osten-Sacken*, Grundzüge (s. o. Anm. 20); *Hans-Joachim Kraus*, Systematische Theologie im Kontext biblischer Geschichte und Eschatologie, Neukirchen-Vluyn 1983; *Dietrich Ritschl*, Zur Logik der Theologie, München 1984; *Friedrich-Wilhelm Marquardt*, Von Elend und Heimsuchung der Theologie. Prolegomena zur Dogmatik, München 1988 (der siebte und letzte Band dieser „Dogmatik" erschien 1997 – siehe unten Anm. 61); und *Jürgen Moltmann*, Der Weg Jesu Christi. Christologie in messianischen Dimensionen, München 1989.

[37] Siehe dazu *Dmitrij Belkin*, Jüdische Kontingentflüchtlinge und Russlanddeutsche, in: Bundeszentrale für politische Bildung (Hg.), Kurzdossier „Russlanddeutsche und andere postsozialistische Migranten" (2017) – Creative Commons Lizenz CC BY-NC-ND 3.0 DE – sowie *Eliezer Ben-Rafael/Olaf Glöckner/Yitzhak Sternberg*, Jews and Jewish Education in Germany Today (Jewish Identities in a Changing World 16), Leiden 2011.

[38] Übersetzt und kommentiert bei *Kampling/Weinrich*, Dabru emet – redet Wahrheit (s. o. Anm. 5).

Das gilt einerseits für Entwicklungen innerhalb des Judentums in Deutschland und seine Akzeptanz – man denke nur an die Spannung zwischen wiederholten antijüdischen Übergriffen[39] und der Feier von 1700 Jahren jüdischen Lebens in Deutschland[40] – und andererseits auch für den Stand des christlich-jüdischen Gesprächs: *Auf der einen Seite* gehört das „Ja" zum christlich-jüdischen Dialog weithin zum „guten Ton" in evangelischer Kirche und Theologie: Der Einsicht in die bleibende Verwurzelung des Christentums in „Israel" wird in historischer wie in sachlicher Hinsicht kaum mehr widersprochen, und Antisemitismus, theologische Substitutionslehren und selbst ein Schweigen zum christlich-jüdischen Verhältnis sind verpönt. Initiativen wie die „Christlich-jüdischen Gesellschaften" oder „Studium in Israel" finden in der evangelischen Kirche Unterstützung. Die Erneuerung des Verhältnisses von Christen und Juden gilt als im Großen und Ganzen gelungen, eine Weiterarbeit in diesem Sinne als erstrebenswert auf der Agenda von Kirche und Theologie.[41] In diesem Sinne erschien im Jahr 2000 – als bislang letzte ihrer Art – die Studie „Christen und Juden III",[42] die sich vor allem an den Themen „Bund Gottes" und „Judenmission" abarbeitete, ohne neue Akzente und Impulse setzen zu können. Wichtiger als dies: *Alle* Landeskirchen in der EKD (mit Ausnahme von Schaumburg-Lippe) haben Erklärungen zur Erneuerung des Verhältnisses von Christen und Juden abgegeben.

2001 fasste die Leuenberger Kirchengemeinschaft den Stand der Dinge, wie er für viele evangelische Kirchen in Westeuropa gelten kann, zusammen[43] – die Bedeutung dieses Dokumentes liegt vor allem in dreierlei: Es handelt sich um einen breit verankerten, das heißt von mehr als einhundert evangelischen Kirchen getragenen Text. Dieser versucht, sowohl wertschätzende Verbundenheit mit „Israel" als auch genuin christliche Akzente des Redens von und mit Gott zur Geltung zu bringen – Letzteres als „Vertiefung" oder „Erneuerung" alttestamentlich-jüdischer Redeweisen. Und der Text stellt die Notwendigkeit theologisch-hermeneutischer Weiterarbeit vor Augen, insofern im Zeichen des christlich-jüdischen Dialogs biblische Texte und erst recht tradierte Theologie der erneuten Interpretation und selbstkritischen Überprüfung bedürfen.

Auf der anderen Seite scheint der christlich-jüdische Dialog an Dringlichkeit und öffentlicher Relevanz zu verlieren. In Kirche und Theologie wird er in der Regel in „abrahamische" und interreligiöse Bezüge eingezeichnet – und dies sowohl aufgrund theologischer Einsichten als auch aufgrund von Veränderungen der gesellschaftlichen und politischen Lage (die nicht zuletzt durch die Ereignisse des 11. September 2001 ein neues Vorzeichen bekam). Dies verschiebt den Fokus, „relativiert" das christlich-jüdische Gespräch, erschließt aber auch neue Themen und Relevanzen. Problematischer als dies ist die bleibende Störanfälligkeit des christlich-jüdischen Gesprächs – sei es, dass theologische Fragen aufbrechen, auf die man tragfähige Antworten gefunden zu haben meinte, etwa die Frage nach der Geltung des Alten Testaments,[44] diejenige nach der Judenmission[45] oder auch nach dem Umgang mit antijüdischen Vorstellungen ansonsten hoch geschätzter Theologen wie etwa Martin Luther,[46] sei es, dass gegen Jüdinnen und Juden gerichtete Übergriffe und Antisemitismus[47] das Miteinander gefährden und infrage stellen.

In Anbetracht dieser Geschichte gilt es zu unterstreichen, dass auf dem Weg der Erneuerung des christlich-jüdischen Verhältnisses in mancher Hinsicht weit mehr erreicht wurde, als man 1945 hätte hoffen können und dürfen.

---

[39] Als Schlüsselereignis gilt der Anschlag auf die Synagoge in Halle an der Saale am Versöhnungstag des Jahres 2019.

[40] Dazu hier nur: https://2021jlid.de (letzter Zugriff am 15.05.2023).

[41] Siehe *Bernd Schröder*, Perspektiven. Initiativen für die Gesellschaften (für Christlich-jüdische Zusammenarbeit) von morgen, in: Nachama u. a. (Hg.), Das Recht des Anderen (s. o. Anm. 21), 128–141.

[42] Juden und Christen III (2000), abgedruckt in: Christen und Juden I–III (s. o. Anm. 24), 112–219.

[43] *Schwier*, Kirche und Israel (s. o. Anm. 7).

[44] Zum Anlass einer entsprechenden Diskussion wurde 2015 die These des Berliner Systematikers Notger Slenczka, der zufolge das Alte Testament nicht in demselben Grad kanonischen Rang in der Kirche beanspruchen könne wie das Neue Testament – siehe *Notger Slenczka*, Vom Alten Testament und vom Neuen. Beiträge zur Neuvermessung ihres Verhältnisses, Leipzig 2017, darin 49–84.

[45] Dazu die Kundgebung der EKD-Synode „‚… der Treue hält ewiglich' (Psalm 146,6). Eine Erklärung zu Christen und Juden als Zeugen der Treue Gottes" (9. November 2016) – https://www.ekd.de/christlich-juedischer-dialog-grundlegen des-44834.htm.

[46] Dazu etwa die Kundgebung der EKD-Synode „Martin Luther und die Juden – Notwendige Erinnerung zum Reformationsjubiläum" (11. November 2015) – https://www.ekd.de/christlich-juedischer-dialog-grundlegendes-44834.htm.

[47] *Bundesministerium des Inneren* (Hg.), (Zweiter) Bericht des Unabhängigen Expertenkreises Antisemitismus (UEA): Antisemitismus in Deutschland – aktuelle Entwicklungen, Berlin 2017; vgl. zuvor (erster) Bericht des Unabhängigen Expertenkreises Antisemitismus (UEA): Antisemitismus in Deutschland. Erscheinungsformen, Bedingungen, Präventionsansätze, Berlin 2011.

3. Erreichtes im (nicht nur) evangelisch-jüdischen Dialog

3.1 Relektüre und Neuinterpretation zuvor „antijüdisch" interpretierter biblischer Texte

Der Lernprozess zur Erneuerung des Verhältnisses von Christentum und Judentum ist auf evangelischer Seite in hohem Maße durch kritisch-konstruktive Lektüre biblischer, insbesondere neutestamentlicher Texte vorangetrieben und orientiert worden.[48] Seit jeher sind es *bestimmte* neutestamentliche Texte gewesen, anhand derer sich das Christentum von seinen Wurzeln her als dem Judentum überlegen profilierte – Texte wie 1. Thessalonicher 2,14–16, Galater 4,21–31 oder Johannes 8,44. Am schärfsten hat Rosemary Radford Ruether den Finger in die Wunde gelegt, die an solchen Texten aufbricht: „Die Grundlagen des Antijudaismus wurden im Neuen Testament gelegt." Und: „Wenn wir das Evangelium ohne seine antijüdische Kehrseite sichern wollen, müssen wir die tiefsten Dualismen [wie etwa Authentizität vs. ‚Pharisäismus', Innerlichkeit vs. Gesetzlichkeit, Universalismus vs. Partikularismus] analysieren und rekonstruieren, die das frühe christliche Selbstverständnis formten."[49] Sie identifizierte – so fasste es Gregory Baum vor mehr als vierzig Jahren zusammen – den Antijudaismus als „die linke Hand der Christologie"[50] und adressierte folgerichtig die systematisch-theologische Schlüsselfrage: „Ist es möglich zu sagen, ‚Jesus ist der Messias', ohne gleichzeitig implizit oder explizit zu sagen, ‚und die Juden sollen verdammt sein'?"[51]

Ohne ins exegetische Detail zu gehen, kann man sagen, dass diese Herausforderung im Umgang mit den neutestamentlichen Texten in erstaunlicher Breite und Tiefe aufgegriffen wurde. Wesentliche Schritte waren:

- die Anerkennung der Problematik,
- die Kontextualisierung der auszulegenden Texte im damaligen Judentum und die sozial- und religionsgeschichtliche Ausleuchtung des ersten Jahrhunderts,
- die Kontextualisierung der gegenwärtigen Exegese durch Berücksichtigung der Wirkungsgeschichte und heutiger Gesprächszusammenhänge, also die Entwicklung einer Art „neuer Brille", und – nicht zuletzt –
- die Sachkritik an Aussagen neutestamentlicher Texte, die sich aus dem gegenwärtigen Wahrheitsbewusstsein sowie aus der hermeneutischen Zentrierung (im Blick auf das Verhältnis von Christen und Juden) auf Texte wie Römer 9–11 ergibt.

Wer also im Gefolge dieser historisch-kritischen und hermeneutischen Arbeit historische Selbstkritik und alternative Interpretationen biblischer Texte sucht, kann sie finden. Zu den Leuchttürmen dieser Entwicklung gehören die Übersetzung *Bibel in gerechter Sprache* (2006), die sich unter anderem die sprachliche Sensibilisierung für den Umgang mit dem Judentum zum Ziel setzt, der „Theologische Kommentar zum Neuen Testament" (seit 2003), der die neutestamentlichen Schriften dezidiert als jüdische Texte auslegt, sowie jüngst *Das Neue Testament – jüdisch erklärt* (2021), ein von jüdischen Wissenschaftlerinnen und Wissenschaftlern in den USA verfasster Kommentar zu den neutestamentlichen Schriften.[52]

3.2 Kritische Aufarbeitung antijüdisch wirksam gewordener Traditionen des Protestantismus

Ein vergleichbarer Prozess der Selbstkritik betraf und betrifft Personen, Denkfiguren, Konstellationen der (evangelischen) Kirchen- und Theologiegeschichte, sei es ein Reformator wie Martin Luther, Denkfiguren wie die „Gesetz und Evangelium"-Dialektik oder Konstellationen wie das zweite Kaiserreich. Angesichts der Fülle kirchen- und theologiegeschichtlicher Phänomene ist dieser Prozess weder abgeschlossen noch abschließbar. Schwerpunkte lagen evangelischerseits diesbezüglich bislang *cum grano salis* auf der Reformationszeit und der nationalsozialistischen Ära.[53]

---

[48] S. o. Abschnitt 1.
[49] *Ruether*, Nächstenliebe (s. o. Anm. 20), hier 210 und 212.
[50] *Gregory Baum*, Einleitung, in: Ruether, Nächstenliebe (s. o. Anm. 20), 9–28, hier 19.
[51] *Ruether*, Nächstenliebe (s. o. Anm. 20), 229.
[52] *Ulrike Bail* u. a. (Hg.), Bibel in gerechter Sprache, Gütersloh 2006 (siehe auch https://www.bibel-in-gerechter-sprache.de); *Ekkehard W. Stegemann/Angelika Strotmann/Klaus Wengst* (Hg.), Theologischer Kommentar zum Neuen Testament, Stuttgart 2003 ff.; *Wolfgang Kraus/Axel Töllner/Michael Tilly* (Hg.), Das Neue Testament – jüdisch erklärt. Lutherübersetzung [mit Kommentaren, Infos & Essays zum jüdischen Glauben und zur jüdischen Geschichte], englische Ausgabe hg. von Amy-Jill Levine und Marc Zvi Brettler, Stuttgart 2021 (korrigierter Druck 2022); sowie *Wolfgang Kraus* u. a. (Hg.), „Das Neue Testament – jüdisch erklärt" in der Diskussion, Stuttgart 2023.
[53] Vgl. *Johannes Ehmann*, Kirchengeschichte und christ-

Als Beispiel für kirchlich rezipierte Resultate dieser theologischen Arbeit sei hier lediglich die Kundgebung der Synode der EKD „Martin Luther und die Juden – Notwendige Erinnerung zum Reformationsjubiläum" vom 11. November 2015 angeführt. Schon der Umstand, dass sich die Synode der EKD im Vorfeld der 500-jährigen Wiederkehr des Reformationsbeginns mit der antijüdischen Haltung Luthers befasst und sich davon distanziert, stellt eine tiefgreifend gewandelte Einstellung unter Beweis. In der Kundgebung heißt es unter anderem:

10. Luthers Sicht des Judentums und seine Schmähungen gegen Juden stehen nach unserem heutigen Verständnis im Widerspruch zum Glauben an den einen Gott, der sich in dem Juden Jesus offenbart hat. Sein Urteil über Israel entspricht demnach nicht den biblischen Aussagen zu Gottes Bundestreue gegenüber seinem Volk und zur bleibenden Erwählung Israels. 11. Wir stellen uns in Theologie und Kirche der Herausforderung, zentrale theologische Lehren der Reformation neu zu bedenken und dabei nicht in abwertende Stereotype zu Lasten des Judentums zu verfallen. Das betrifft insbesondere die Unterscheidungen „Gesetz und Evangelium", „Verheißung und Erfüllung", „Glaube und Werke" und „alter und neuer Bund".⁵⁴

Aus dem christlich-jüdischen Lernprozess heraus kommt es hier zu einer Sachkritik an reformatorischer Theologie, die sich – darin allerdings strukturell reformatorisch – einer Neubesinnung auf biblische Aussagen verdankt und die dem Grundsatz *ecclesia semper reformanda* Rechnung trägt.

3.3 Neufassung theologischer Themen, in denen sich traditionell substitutionstheologische Denkmuster niederschlagen

Das Judentum und sein Selbstverständnis sind traditionell nicht ausdrücklich Gegenstand evangelischer Dogmatik gewesen – und wenn sie es doch wurden, dann in deutlicher Abgrenzung und ebenso deutlicher Abwertung.⁵⁵ Im Zuge des christlich-jüdischen Lernprozesses hat sich dies seit den 1960er-Jahren verschiedentlich geändert. So gab und gibt es erstens das Bemühen, unbeschadet aller strukturellen und inhaltlichen Unterschiede zwischen Judentum und Christentum „gemeinsame Wurzeln" beziehungsweise Bezugspunkte von jüdischer wie christlicher Theologie zu identifizieren und festzuhalten, etwa den gemeinsamen Rekurs auf die Hebräische Bibel beziehungsweise die Septuaginta, Struktur und Elemente des Gottesdienstes, ein gemeinsames Ethos, in dem „Gerechtigkeit", „Frieden" und „Schöpfung" eine herausragende Rolle spielen, die geteilte eschatologische Spannung und Hoffnung.⁵⁶ Darüber hinaus sind zweitens in christlich-jüdischen Dialogkreisen bestimmte Topoi erstmals oder wieder auf die Agenda evangelischer Theologie gerückt, die es ermöglichen, ein konstruktives Verhältnis zum Judentum zu entfalten⁵⁷ – die monotheistische Grundierung und die gottesdienstliche Verwurzelung aller christlicher Theo-Logie, eine Christologie, die Messiaserwartungen jüdischer Provenienz Rechnung trägt, die Rede vom „ungekündigten Bund" Gottes mit Israel oder auch segenstheologische Überlegungen⁵⁸ seien als Beispiele genannt. Schließlich haben es drittens einzelne Theologen unternommen, das Gesamt evangelischer Theologie aus der Perspektive christlich-jüdischer Dialogerfahrungen zu durchdenken (s. o. Abschnitt 2.3).

So hat – um Beispiele zu nennen – Dietrich Ritschl in elementarer Knappheit die Bedeutung einer Rückbesinnung auf das Judentum für die Architektur gegenwärtiger Theologie herausgearbeitet. Er schreibt: „Der Satz, Jahwe habe in seiner ureigentlichen Freiheit aus allen Völkern das Volk Israel und in Jesus Christus aus Juden und allen Heiden die Kirche erwählt, ist der eigentliche Ursatz biblisch begründeten Bekenntnisses und damit jeder christlichen Theologie" und fügt hinzu: Dieser Satz „verneint die Eigenmächtigkeit und Selbstbezogenheit der Kirche und bejaht das Wagnis der messianischen Hoffnung, das Juden und Christen verbindet".⁵⁹ Bertold Klappert hat mit theologiegeschichtlichen und systematischen Studien eine angemessene

---

lich-jüdisches Gespräch, oder: Vom Nutzen der Geschichte Israels für die Geschichte der Kirche, in: Katja Kriener/Bernd Schröder (Hg.), Lernen auf Zukunft hin. Einsichten des christlich-jüdischen Gesprächs – 25 Jahre Studium in Israel, Neukirchen-Vluyn 2004, 85–99.

⁵⁴ Siehe oben Anm. 46.

⁵⁵ Exemplarisch sei auf Adolf (von) Harnacks Vorlesungen *Das Wesen des Christentums* (1900) verwiesen, denen Leo Baeck seine Charakterisierung des *Wesens des Judentums* (1905) zur Seite stellte; siehe dazu den Beitrag von *Susanne Talabardon* in diesem Band unter Abschnitt 2.5.1.

⁵⁶ Dies war der Grundimpuls der Studie „Christen und Juden [I]" (s. o. Anm. 24), Zitat hier 18.

⁵⁷ Vgl. oben Abschnitt 2.3. Auch dies hat vor allem in kirchlichen Dokumenten und synodalen Erklärungen Niederschlag gefunden, vgl. exemplarisch die Studien „Christen und Juden II" und „III" (s. o. Anm. 24).

⁵⁸ Speziell dazu siehe *Magdalena Frettlöh*, Theologie des Segens. Biblische und dogmatische Wahrnehmungen, Gütersloh ⁵2005 (1998).

⁵⁹ *Ritschl*, Logik der Theologie (s. o. Anm. 36), 159.166. Vgl. dazu etwa *Reinhold Bernhardt*, Das andere Ende der Stimmgabel. Überlegungen zur Israel-Theologie, in: Fernando Enns

Bestimmung des Verhältnisses von Christen und Juden erarbeitet („Miterben der Verheißung") und diese unaufgebbare, besondere Relation für das Gespräch mit dem Islam geöffnet.[60] Friedrich-Wilhelm Marquardt wiederum, tief geprägt von Karl Barths Dialektischer Theologie, hat mit dem Schwerpunkt auf theologischer Erkenntnislehre, Christologie, Eschatologie sowie einer Lehre von Gott als „U-Topie" eine umfassende evangelische Dogmatik entworfen, die intensiv ins Gespräch tritt mit jüdischem Denken, den Respekt vor dessen Andersheit wahrt und den von dorther formulierten Anfragen standhalten können will.[61] Der Neutestamentler Peter von der Osten-Sacken hat demgegenüber zum einen insbesondere anhand der Texte des Apostels Paulus vor Augen geführt, was es heißt, diesen im Kontext innerjüdischer Auseinandersetzungen seiner Zeit zu lesen;[62] zum anderen hat er in bahnbrechender Weise hermeneutisch sensibel Brücken zum Theologietreiben der Gegenwart geschlagen,[63] und zum dritten hat er – je länger, desto mehr – die Bedeutung des Gottesdienstes als Ort des Auseinandergehens und Verbundenseins von Judentum und Christentum markiert.[64]

Diese Entwürfe sind in unterschiedlichem Maße und auf unterschiedliche Weise rezipiert worden – eine Nachzeichnung der Rezeptionsgeschichten steht allerdings ebenso aus wie eine (selektive) Verdichtung etwa in einem aktuellen Lehrbuch Systematischer Theologie.

3.4 Beteiligung und Zustimmung Vieler auf dem Weg zu synodalen Stellungnahmen

Die Stellungnahmen zum christlich-jüdischen Dialog seitens evangelischer Kirchen werden zumeist von Synoden verabschiedet – daran sind somit keineswegs nur Theologinnen und Theologen sowie hauptamtliche Mitarbeitende der Kirchen beteiligt, sondern in hohem Maße ehrenamtliche Delegierte aus Gemeinden und anderen Arbeitsfeldern. Synodale Beschlüsse spiegeln somit breite Diskussionen, längere Prozesse und Prüfungen aus verschiedenen Perspektiven. Das gilt es zu sehen, um die Vielzahl und den Gehalt synodaler Stellungnahmen zu würdigen, die seit dem Rheinischen Synodalbeschluss (1980) von (fast) allen evangelischen Landeskirchen in Deutschland abgegeben wurden.[65] Sie markieren im Wesentlichen jeweils drei Einsichten:

- Anerkennung antijüdischer Traditionen und Verhaltensmuster sowie Eingeständnis von „Mitverantwortung und Schuld";
- Anerkennung der bleibenden Treue Gottes zum Volk Israel und Wahrnehmung gemeinsamer Glaubensgrundlagen von Christentum und Judentum, etwa Monotheismus, Glaube an Schöpfung und Erlösung, Orientierung an der Schrift, eschatologische Hoffnung;
- Wunsch nach Begegnung und Gewinnung eines neuen Verhältnisses zum Judentum.[66]

---

u. a. (Hg.), Profilierte Ökumene. Bleibend Wichtiges und jetzt Dringliches, Frankfurt am Main 2009, 229–248.

[60] Siehe neben *Klappert*, Miterben der Verheißung (s. o. Anm. 36), besonders *ders.*, Israel und die Kirche (Theologische Existenz heute 207), München 1980, vor allem 14–37, und *ders.*, Der Name Gottes und die Zukunft Abrahams. Texte zum Dialog zwischen Judentum, Christentum und Islam, Stuttgart 2019.

[61] *Friedrich-Wilhelm Marquardt*, Von Elend und Heimsuchung der Theologie. Prolegomena zur Dogmatik, München 1988 (²1992); *ders.*, Das christliche Bekenntnis zu Jesus, dem Juden. Eine Christologie, Gütersloh, Band 1: 1990 (²1993), Band 2: 1991 (²1998); *ders.*, Was dürfen wir hoffen, wenn wir hoffen dürften? Eine Eschatologie, 3 Bände, Gütersloh 1993.1994.1996; *ders.*, Eia, wärn wir da – eine theologische Utopie, Gütersloh 1997. Zur Auslegung des Werkes von Marquardt siehe *Barbara U. Meyer*, Theologie der Umkehr, in: Johannes Ehmann/Joachim Krause/Bernd Schröder (Hg.), „Alles wirkliche Leben ist Begegnung". Festschrift zum vierzigjährigen Bestehen von Studium in Israel (Studien zu Kirche und Israel. Neue Folge 10), Leipzig 2018, 255–266, und *Andreas Pangritz*, Artikel „Marquardt, Friedrich-Wilhelm", in: Biographisch-bibliographisches Kirchenlexikon 25 (2005) 878–917.

[62] Siehe etwa *Peter von der Osten-Sacken*, Der Gott der Hoffnung. Gesammelte Aufsätze zur Theologie des Paulus (Studien zu Kirche und Israel. Neue Folge 3), Leipzig 2014 und *ders.*, Der Brief an die Gemeinden in Galatien (Theologischer Kommentar zum Neuen Testament 9), Stuttgart 2019.

[63] In dieser Hinsicht sind neben *von der Osten-Sacken*, Grundzüge (s. o. Anm. 20), etwa zu nennen: *ders.*, Katechismus und Siddur. Aufbrüche mit Martin Luther und den Lehrern Israels (Veröffentlichungen aus dem Institut Kirche und Judentum 15), Berlin 1984 (2., überarbeitete und erweiterte Auflage 1994) und *ders.*, Die Bibel und ihre kühnen Geschichten. Das 1. Buch Mose, Berlin 2021, und *ders.*, Die Bibel und ihre kühnen Geschichten. Das Evangelium nach Lukas, Berlin 2023.

[64] *Peter von der Osten-Sacken*, Christlicher Baum und jüdische Wurzel. Zusammenhänge, Analogien und Konturen des jüdischen und christlichen Gottesdienstes (Praktische Theologie in Geschichte und Gegenwart 41), Tübingen 2023. Zur Auslegung des Werkes von der Osten-Sackens vgl. etwa *Gud-

run Holtz*, Peter von der Osten-Sacken, in: Ehmann u. a. (Hg.), „Alles wirkliche Leben ist Begegnung" (s. o. Anm. 61), 231–254.

[65] Ausnahmen: Bremen, Schaumburg-Lippe, Kirchenprovinz Sachsen, Thüringen.

[66] Siehe *Wolfgang Kraus*, Die Kirche ist kein Einzelkind. Änderungen von Kirchenordnungen bzw. -verfassungen im Bereich der EKD zum Thema Christen und Juden, in: blickpunkte. Materialien zu Christentum, Judentum, Israel und Nahost, Nr. 3/2012, 3–8, und im Einzelnen *Henrix/Rendtorff*, Die Kirchen und das Judentum (s. o. Anm. 8) sowie *Henrix/Kraus*, Die Kirchen und das Judentum, Band II (s. o. Anm. 8) und *Henrix/Boschki*, Die Kirchen und das Judentum, Band III (s. o. Anm. 8).

3.5 Revision der kirchlichen Praxis namentlich in Gottesdienst und Unterricht

Den Synodalbeschlüssen und Änderungen der Kirchenordnung schon voraus (und nach) ging das Bemühen um eine Änderung kirchlicher Praktiken, vorzugsweise in Predigt beziehungsweise Gottesdienst und Unterricht – ein Prozess, der einerseits von kirchlichen Instanzen ausgeht und die jeweiligen Handlungsvorgaben und Arbeitshilfen betrifft und andererseits von den Akteuren und Akteurinnen, die je vor Ort verantwortlich zeichnen für eine Predigt, eine Unterrichtsstunde, eine Selbstauskunft.

Ohne ins homiletisch-liturgische und religionspädagogische Detail zu gehen, ging es diesbezüglich um einen Dreischritt:

- Kritik und Beseitigung antijüdischer Elemente,
- Neuentdeckung und Bewusstmachung jüdischer Wurzeln, und
- Entwurf von Formulierungen und Arrangements, die einen wertschätzenden Zugang zum Judentum erschließen – um es mit einer Programmformel zu sagen: um Predigen und Unterrichten „in Israels Gegenwart".[67]

In der zweiten EKD-Studie „Christen und Juden" aus dem Jahr 1991 klingen entsprechende Postulate so: „Was die christliche Predigt über Juden und ihren Glauben aussagt, sollte sach-gerecht sein, so daß ein im Gottesdienst anwesender jüdischer Hörer sich darin wiedererkennen könnte. Dieses Kriterium gilt auch dann, wenn kein Jude gegenwärtig ist."[68] Über das „Lehren in Israels Gegenwart" hinaus geht es auch um „das Lernen von Israels Gegenwart": „in geistlicher Verbundenheit mit Israel lernen zu glauben, zu handeln, zu hoffen als Jünger Jesu".[69]

Im Blick auf den Gottesdienst gehören die *Predigtmeditationen im christlich-jüdischen Kontext*, initiiert von Wolfgang Kruse und Studium in Israel (seit 1996), zu den am weitesten verbreiteten Arbeitshilfen, die in diesem Sinne wirksam werden wollen. Unter den kirchenamtlichen Schritten ist die Ingebrauchnahme des *Evangelischen Gottesdienstbuches* (1999) besonders zu erwähnen, das für die Gottesdienstgestaltung die Beachtung von sieben Kriterien empfiehlt, darunter dies: „Die Christenheit ist bleibend mit Israel als dem erstberufenen Gottesvolk verbunden."[70] Ergänzend hat die Synode der EKD im November 2017 eine revidierte Perikopenordnung beschlossen, die seit dem ersten Advent 2018 in Kraft ist[71] und die alte Ordnung von 1978 ablöst. Die Perikopenrevision war 2010/11 von den kirchenleitenden Gremien von EKD, VELKD und UEK in die Wege geleitet worden und orientierte sich unter anderem an der Zielsetzung, die Zahl alttestamentlicher Texte von einem Sechstel auf etwa ein Drittel der Predigttexte zu erhöhen, das Textspektrum auf bislang kaum vertretene Bücher und Textsorten zu erweitern und so Anlass zur Begegnung mit der doppelten Nachgeschichte der Hebräischen Bibel in Judentum wie Christentum zu geben.

Im Blick auf den schulischen Unterricht sind entsprechende Prozesse in einem Bottom-up-Prozess zur Geltung gekommen, anfangs durch kritische Sichtung von Lehrplänen und Schulbüchern. Diese Arbeit kam in den 1970er-Jahren in Gang, auf evangelischer Seite unter maßgeblicher Beteiligung von Heinz Kremers, Ruth Kastning-Olmesdahl, Martin Stöhr, Alfred Wittstock und anderen.[72]

Man kann den Prozess resümieren in Anlehnung an eine vor kurzem erschienene Studie: Sein Ergebnis ist „ambivalent".[73] Einerseits lassen sich etliche Fortschritte herausstellen, andererseits muss auch ein Fortbestehen von (zumindest tendenziell) antisemitischen Phänomenen kon-

---

[67] So der Titel einer Reihe von Predigtmeditationen, die von 1986 bis 1990 erschienen; vgl. EKD, Christen und Juden II (1991; s. o. Anm. 24), 104–110.

[68] EKD, Christen und Juden II (1991; s. o. Anm. 24), 105.

[69] EKD, Christen und Juden II (1991; s. o. Anm. 24), 109.110.

[70] Evangelisches Gottesdienstbuch. Agende für die Union Evangelischer Kirchen in der EKD (UEK) und für die Vereinigte Evangelisch-Lutherische Kirche Deutschlands (VELKD) (Hannover u. a. 1999), nach der „Ordnung gottesdienstlicher Texte und Lieder" (2018) überarbeitete Fassung, Bielefeld/Leipzig 2020, 16 f.

[71] Informationen zur im Amtsblatt der VELKD veröffentlichten Ordnung der gottesdienstlichen Texte und Lieder sind zu finden unter: https://www.velkd.de/schwerpunkte/liturgie/lektionar-und-perikopenbuch.

[72] Übersicht bei *Ursula Rudnick*, Religionspädagogik im Horizont des christlich-jüdischen Gesprächs, in: Praktische Theologie 39 (2004), Heft 4: Praktische Theologie angesichts des Judentums, hg. von Jan Hermelink und Bernd Schröder, 260–265, und *dies.*, Studien zum christlich-jüdischen Gespräch seit 1945, [Band 2:] „Aber wie kommt es in jedes Dorf und jedes Haus?" Religionsdidaktische Erwägungen zum Thema Judentum in der evangelischen Bildungsarbeit, Hannover 2005. Vgl. auch *Schröder*, Religionspädagogik angesichts des Judentums (s. o. Anm. 6), vor allem 445–480.

[73] *Julia Spichal*, Vorurteile gegen Juden im christlichen Religionsunterricht. Eine qualitative Inhaltsanalyse ausgewählter Lehrpläne und Schulbücher in Deutschland und Österreich (Arbeiten zur Religionspädagogik 57), Göttingen 2015.

statiert werden: „In den fast zwanzig Jahren nach der letzten umfassenden Studie aus dem Jahr 1995 [wurden] in vielen Lehrplänen und Schulbüchern weitere Anstrengungen unternommen ..., die Tradierung von Vorurteilen gegen Jüdinnen zu vermeiden", die jedoch alles in allem nur zu „punktuell[en] Nachbesserungen" geführt haben: „Es fehlt insgesamt nach wie vor an einem umfassenden Konzept, das eine angemessene Darstellung des Judentums und des christlich-jüdischen Verhältnisses grundsätzlich im christlichen Religionsunterricht verankert".[74] Die Aufgaben, bei Religionslehrenden wie ihren Schülerinnen und Schülern ein Sensorium für Antisemitismen zu entwickeln, Darstellungsmöglichkeiten für das Verhältnis von Judentum und Christentum zu finden, die nicht antisemitisch sind, und publizierte Materialien für diverse Unterrichtsformate immer wieder (selbst)kritisch zu analysieren, bestehen somit fort.

Fraglos ist die Prüfung von Unterrichtsmaterial daraufhin, ob es dem Stand fachwissenschaftlicher Einsicht und dem Stand des christlich-jüdischen Gesprächs entspricht, notwendig – die Frage ist jedoch, ob diese Prüfung auf Richtigkeit vor allem in didaktischer Hinsicht zureichend ist, geht es doch für Christ/inn/en im Umgang mit dem Judentum letztlich darum, Entdeckungen am religiösen und kulturellen Reichtum des Judentums machen zu können, um gewissermaßen von innen heraus zu erfahren, dass das Christentum um des besseren, ja, überhaupt nur angemessenen Verstehens seiner selbst willen auf Zwiesprache mit und Bezugnahme auf das Judentum angewiesen ist. Lernprozesse mit Kindern und Jugendlichen sollten diesen Entdeckungsprozess initiieren und dazu motivieren. ... ich fürchte, die bloß an Richtigkeit orientierte Prüfung von Material entfaltet für Multiplikator/inn/en, die zukünftig solches Material entwickeln, eher demotivierende Funktion und auch einen Unterricht zu dieser Thematik, der in erster Linie darauf bedacht ist, nichts falsch zu machen, stelle ich mir wenig einladend vor.[75]

Umso wichtiger sind – fraglos vorhandene – Positivbeispiele, die ein gelingendes Verhältnis von Christen und Juden erschließen und zu initiieren versuchen.[76]

3.6 Paradigmenwechsel: nicht über, sondern mit Jüdinnen und Juden reden

Dem theologischen Überlegenheitsgestus christlicher Theologie gegenüber dem Judentum entsprach auf kommunikativer Ebene über Jahrhunderte das erzwungene, asymmetrische oder das unterlassene Gespräch mit Vertretern des Judentums. Inzwischen ist in der Regel seitens Kirche und Theologie intendiert, bei der Klärung und Erneuerung des Verhältnisses zum Judentum nicht länger *über* Judentum und Juden zu reden, sondern *mit* ihnen zu sprechen und *von* ihnen beziehungsweise ihrer Tradition zu lernen – eine Orientierung, die den Einsichten des interreligiösen Gesprächs und des Interreligiösen Lernens entspricht. Insofern ist der kommunikative Paradigmenwechsel vom Reden *über* das Judentum zum Gespräch *mit* dem Judentum an symbolischer und tatsächlicher Veränderungskraft kaum zu überbieten.

Gewiss hat ein solches Gespräch mit Juden auch schon zuvor gelegentlich stattgefunden – legendär ist etwa der Dialog zwischen Karl Ludwig Schmidt und Martin Buber im Stuttgarter Jüdischen Lehrhaus am 14. Januar 1933[77] –, doch programmatisch angebahnt und kirchlich-institutionell verankert wurde es wohl erstmals im „Ausschuss Christen und Juden" der Evangelischen Kirche im Rheinland, der seit 1967 den obengenannten Rheinischen Synodalbeschluss vorbereitete und nach 1980 verstetigt wurde: Namentlich Yehuda Aschkenasy und Edna Brocke haben sich darin als kritisch-solidarische jüdische Gesprächspartner bleibende Verdienste erworben.

Inzwischen ist diese Praxis in etlichen Gremien adaptiert worden, indem etwa in der „Konferenz landeskirchlicher Arbeitskreise Christen und Juden" (KLAK) und in der Studienkommission „Christen und Juden" der EKD jüdische Gäste eingeladen werden.[78] Ein besonders markantes und öffentlichkeitswirksames Beispiel für diese

---

[74] *Spichal*, Vorurteile (s. o. Anm. 73), 287 f.
[75] *Bernd Schröder*, Rezension zu Spichal, Vorurteile, in: Theologische Literaturzeitung 141/5 (2017) 572–574, hier 573 f.
[76] Genannt sei: *Klaus Grünwaldt* (Hg.), Sich besser verstehen. Christsein im Angesicht des Judentums. Impulse für Gottesdienst, Gemeindearbeit und Konfirmandenunterricht, hg. im Auftrag der Evangelisch-lutherischen Landeskirche Hannovers, Hannover 2016

[77] *Peter von der Osten-Sacken*, Text und Deutung des Zwiegesprächs zwischen Karl Ludwig Schmidt und Martin Buber im Jüdischen Lehrhaus in Stuttgart am 14. Januar 1933, in: ders. (Hg.), Leben als Begegnung. Ein Jahrhundert Martin Buber (1878–1978), Berlin 1978, 119–135.
[78] Siehe die Festschrift „Gehe hin und lerne! Die KLAK seit 40 Jahren christlich-jüdisch unterwegs", hg. von Hans-Georg Vorndran im Auftrag der Konferenz Landeskirchlicher Arbeitskreise Christen und Juden (Schriftenreihe Im Dialog 26), o. O. 2018 (www.klak.org) und die Mitgliederlisten der Studienkommission in: Christen und Juden I–III (s. o. Anm. 24), 52, 111 und 219.

Form des Dialogs sind die alljährlichen Begegnungen zwischen Vertretern der Allgemeinen wie der Orthodoxen Rabbinerkonferenz, der Deutschen Bischofskonferenz und der Evangelischen Kirche in Deutschland am Rande der Woche der Brüderlichkeit, die 2006 von Deutschen Koordinierungsrat initiiert wurden.

Für die Neuorientierung steht zudem in besonderer Weise „Studium in Israel. Ein theologisches Studienjahr an der Hebräischen Universität Jerusalem". 1978 gegründet, ermöglicht dieses Programm Theologiestudierenden ein Jahr des Studiums an der Hebräischen Universität: ein Studium in der Sprache des modernen Judentums, Neuhebräisch, ausgerichtet auf die Selbstauslegung des Judentums und seiner biblischen und klassisch-rabbinischen Quellen und eingebettet in das Alltagsleben in der modernen israelischen Gesellschaft.[79]

Ermutigt wird diese Praxis in den letzten Jahren durch Resonanzen von jüdischer Seite, allen voran „Dabru Emet – Redet Wahrheit!" vom 10. September 2000[80] und die „Erklärung orthodoxer Rabbiner zum Christentum – Den Willen unseres Vaters im Himmel tun" vom 3. Dezember 2015.[81]

3.7 Beitrag zur Bildung einer zivilgesellschaftlichen Koalition gegen „Antisemitismus"

Zum unverhofft Erreichten ist zudem zu zählen, dass die christlichen Kirchen, hier die evangelische Kirche, nicht nur „nach innen" antijüdische Positionen und Handlungen delegitimiert, sondern auch „nach außen", also öffentlich, gegen Antisemitismus und für ein wertschätzendes Verhältnis zum gegenwärtigen Judentum einschließlich des Staates Israel eintritt[82] – und darin (hoffentlich) als verlässlich wahrgenommen wird. Auch in einer zusehends konfessionslosen und religionsdistanzierten Gesellschaft bleiben die verfassten Kirchen ein wichtiger Resonanzraum für den Widerstand gegen Antisemitismus und für ein wertschätzendes Verhältnis zum Judentum.

So sind wichtige zivilgesellschaftlich-politische Signale in dieser Richtung – etwa die Schirmherrschaft des Bundespräsidenten für den „Deutschen Koordinierungsrat der *Gesellschaften für Christlich-Jüdische Zusammenarbeit*", das Diktum der damaligen Kanzlerin Angela Merkel „Die Sicherheit Israels ist [sc. Teil der Staatsräson meines Landes und] für mich als deutsche Bundeskanzlerin niemals verhandelbar",[83] die Einsetzung „eines/r Beauftragten der Bundesregierung für jüdisches Leben in Deutschland und den Kampf gegen Antisemitismus",[84] der Staatsvertrag zwischen Bundesregierung und Zentralrat der Juden[85] – schwer vorstellbar ohne den zuvor erfolgten Lernprozess der Kirchen im Zeichen des christlich-jüdischen Dialogs.

3.8 Summe

Insbesondere in landeskirchlichen Verlautbarungen, in Kirchenpolitik und kirchlichem Selbstverständnis hat sich eine neue Perspektive auf das Judentum weithin durchgesetzt. Das Erreichte im Zuge der Erneuerung des Verhältnisses von Christen und Juden ist als „einer der ... tiefgreifendsten Lernprozesse innerhalb der christlichen Kirchen"[86] anzusehen. Die Dankbarkeit für das unverhofft Erreichte kann ermutigen zu weiteren Schritten.

Allerdings: Von der Theologie in ihrer Gänze war – aus gutem Grund – kaum die Rede. Diesbezüglich dürfte noch immer gelten, was Peter von der Osten-Sacken 1998 formulierte: „Was die evangelisch-theologischen Fakultäten angeht, so

---

[79] www.studium-in-israel.de (letzter Zugriff am 15.05.2023). Vgl. dazu insbesondere die Festschriften des Programms von *Martin Stöhr* (Hg.), Lernen in Jerusalem, Lernen mit Israel. Anstöße zur Erneuerung in Theologie und Kirche, Berlin 1993; *Kriener/Schröder*, Lernen (s. o. Anm. 53); und *Ehmann* u. a., „Alles wirkliche Leben ist Begegnung" (s. o. Anm. 61).

[80] Dokumentiert und kommentiert in *Kampling/Weinrich* (Hg.), Dabru emet – redet Wahrheit (s. o. Anm. 5).

[81] Dokumentiert und kommentiert in *Jehoschua Ahrens/Karl-Hermann Blickle/David Bollag/Johannes Heil* (Hg.), Hin zu einer Partnerschaft zwischen Juden und Christen. Die Erklärung orthodoxer Rabbiner zum Christentum, Berlin 2017.

[82] Vgl. als Publikationen *Evangelische Kirche im Rheinland* (Hg.), ... Ist man vor Antisemitismus nur noch auf dem Monde sicher? (s. o. Anm. 34), und: Antisemitismus, Vorurteile, Ausgrenzungen, Projektionen und was wir dagegen tun können, hg. im Auftrag der Evangelischen Kirche in Deutschland (EKD), der Union Evangelischer Kirchen in der EKD (UEK) und der Vereinigten Evangelisch-Lutherischen Kirche Deutschlands (VELKD) vom Gemeinsamen Ausschuss „Kirche und Judentum", Hannover 2017.

[83] Verantwortung – Vertrauen – Solidarität. Rede von Bundeskanzlerin Angela Merkel am 18.3.2008 vor der Knesset in Jerusalem, 15 (https://www.bundesregierung.de/breg-de/service/bulletin/rede-von-bundeskanzlerin-dr-angela-merkel-796170).

[84] Siehe https://www.antisemitismusbeauftragter.de (letzter Zugriff am 15.05.2023); vgl. unter anderem die von diesem Beauftragten verantwortete „Nationale Strategie gegen Antisemitismus und für jüdisches Leben" (NASAS), Berlin 2022.

[85] Siehe https://www.gesetze-im-internet.de/zjdvtr/BJNR159800003.html (letzter Zugriff am 15.05.2023).

[86] *Bernd Schröder*, Vorwort, in: Ehmann u. a. (Hg.), „Alles wirkliche Leben ist Begegnung" (s. o. Anm. 61), 9–13, hier 9.

dürfte kaum eine[r] der Lehrenden ... die Notwendigkeit einer Neugestaltung des Verhältnisses von Christen und Juden bestreiten. Erhebliche Zweifel ergeben sich freilich, ob dies auch die Überzeugung von der Erneuerungsbedürftigkeit christlicher *Theologie* einschließt. ... Aufs Ganze gesehen lässt sich am ehesten von einem Desinteresse sprechen, das diejenigen, die mit christlich-jüdischen Fragen befasst sind, gewähren lässt."[87]

4. Anstehende Aufgaben

4.1 Reform des Studiums der evangelischen Theologie beziehungsweise Religionslehre

Als „Studium in Israel" 1978 ins Leben gerufen wurde, war einer der Auslöser die Erkenntnis, dass man in Deutschland evangelische Theologie oder Religion studieren kann, ohne je vom modernen Judentum zu hören, geschweige denn von ihm in einem wertschätzenden, für die eigene Identität konstitutiven Sinne zu hören.[88] Auf Initiative der Arbeitsgemeinschaft Christen und Juden beim Deutschen Evangelischen Kirchentag wurde 2016/17, also vierzig Jahre später, erneut eine Bestandsaufnahme durchgeführt. Ergebnis: An manchem Standort hat sich Vieles zum Guten gewendet, doch strukturell gesehen liegt es noch immer im Argen. Einige der Ergebnisse lauten:

– „wenig Pflicht, viel Kür",
– „entscheidendes Gewicht von Personen" beziehungsweise Zufallskonstellationen,
– Vernachlässigung gerade der breitenwirksamen Bildung für das Religionslehramt an den sogenannten Instituten,
– „Mangel an Begegnung mit dem Judentum und dessen (wissenschaftlichen) Vertretern"
– und, nicht zuletzt, die Feststellung: „Jüdisch-christlicher Dialog/Judaistik [sind] nirgends obligatorischer Gegenstand des Examens".

Kurzum: Es besteht eine deutliche „Asymmetrie zwischen kirchlichem Selbstverständnis und theologischer Ausbildung".[89] Im Nachgang zu dieser Erhebung ist diese Asymmetrie angegangen worden – im Jahr 2022 hat der Evangelisch-Theologische Fakultätentag beschlossen, „zur Vertiefung der Kenntnisse des Judentums und des Verhältnisses christlicher Theologie zum Judentum soll[en] die Thematik des jüdisch-christlichen Dialogs und der Stellenwert des Judentums ... als Querschnittsdimension [des Studiums] gestärkt werden".[90]

4.2 Aufnahme der gewonnenen theologischen Einsichten in Lehrbuchwissen

Die Dynamik der beschriebenen Veränderungen[91] und Initiativen[92] scheint gegenwärtig in mancher Hinsicht zum Erliegen gekommen zu sein:

– In den letzten Jahren ist kaum ein „Entwurf" einer Theologie des christlich-jüdischen Gesprächs erschienen – sieht man einmal von bemerkenswerten Studien exegetischer Provenienz ab. Doch gerade in der *Systematischen Theologie* sucht man dergleichen weithin vergeblich.[93]
– Schaut man auf *Lehrbuchreihen*, die den Wissenstand der Zeit zu repräsentieren trachten, ist das Bild ernüchternd – keine der Reihen beansprucht, strukturell der Erneuerung des Verhältnisses von Christen und Juden Rechnung zu tragen,[94] auch wenn einzelne Bände und deren Autorinnen und Autoren dies

---

[87] *von der Osten-Sacken*, Stand des jüdisch-christlichen Dialogs (s. o. Anm. 5), 207.

[88] Im Hintergrund standen „Übersichten zur Lehre der Wissenschaft vom Judentum an den deutschen Universitäten und kirchlichen Hochschulen", die der Deutsche Koordinierungsrat der Gesellschaften für christlich-jüdische Zusammenarbeit vom Wintersemester 1969 bis zum Sommersemester 1972 erstellt hatte.

[89] *Bernd Schröder/Julia Nikolaus/Marie Hecke*, Jüdisch-christlicher Dialog und das Studium der Evangelischen Theologie bzw. Religion in Deutschland – Ergebnisse einer Analyse der Studien- und Prüfungsordnungen für das Pfarramts- und Lehramtsstudium in Bezug auf jüdische und/oder jüdisch-christliche Lehrinhalte, in: epd-Dokumentation 21/2017, 5–19.

[90] http://www.evtheol.fakultaetentag.de/PDF/2022_Beschluesse_1-6_9-11.pdf, Beschluss 3.

[91] Bilanzierungen jüngeren Datums finden sich in *Edith Petschnigg/Irmtraud Fischer* (Hg.), Der „jüdisch-christliche" Dialog veränderte die Theologie. Ein Paradigmenwechsel aus ExpertInnensicht, Wien u. a. 2016, sowie *Deeg* u. a., Dialogische Theologie (s. o. Anm. 2).

[92] Vgl. insbesondere oben die Abschnitte 3.1 und 3.3.

[93] Zu den Ausnahmen zählt *Hans-Martin Barth*, Dogmatik. Evangelischer Glaube im Kontext der Weltreligionen, Gütersloh 2001, 3., aktualisierte Auflage 2008. Vgl. zur Sichtung der Lage auch die Beiträge von *Christian Danz*, Jesus von Nazareth zwischen Judentum und Christentum, und *Martin Hailer*, Christologie – judentumsvergessen? Antijüdisch?, in: (Hg.), Dialogische Theologie (s. o. Anm. 2), 73–88 und 89–108.

[94] Vgl. etwa „Theologische Wissenschaft. Sammelwerk für Studium und Beruf", Stuttgart 1972 ff.; „Theologie für Lehrerinnen und Lehrer", Göttingen 1999 ff.; „Themen der Theologie", Tübingen 2011 ff.; „Neue Theologische Grundrisse", Tübingen

durchaus zu tun versuchen. Gerade hier gälte es, *die dem christlichen Glauben eingestiftete innere Dialogizität* mit dem Judentum geltend zu machen und als Strukturmoment zur Entfaltung zu bringen.

Auf dieser Linie gilt es meines Erachtens weiterzudenken, um einerseits das Verbundensein des Christentums mit dem Judentum präsent zu halten und andererseits offen zu bleiben für die Einzeichnung der gegenwärtigen Herausforderungen christlich-jüdischen Gesprächs. Dazu zählen etwa die Fragen, wie das Christentum seine Bezogenheit auf das Judentum in theologischen Texten einladend ausweisen kann, wie das christlich-jüdische Gespräch im Gefüge anderer interreligiöser Beziehungen zu führen ist, wie die in Deutschland (und in Reflexion auf die deutsche Geschichte und deutschsprachige Theologietraditionen) gewonnenen Einsichten im weltweiten ökumenischen Gespräch plausibel werden können, welche Ressourcen das christlich-jüdische Gespräch (und die Wiederentdeckung der Hebräischen Bibel) für die Bearbeitung der großen gegenwärtigen Menschheitsherausforderungen – verdichtet in den 17 Zielen der Vereinten Nationen für eine nachhaltige Entwicklung („Agenda 2030)"[95] – Gerechtigkeit, Lebensunterhalt und Gesundheit, Gewaltlosigkeit, Bildung, Nachhaltigkeit freisetzen können.[96]

4.3 Anregung der Lebensführung und -deutung Einzelner aus der Reflexion des christlich-jüdischen Verhältnisses

Theologie muss nicht nur – gemessen an den Spielregeln des wissenschaftlichen Diskurses – den Quellen der eigenen Tradition und dem gegenwärtigen Wahrheitsbewusstsein genügen und in diesem Sinne theologisch richtig sein, sondern auch Erfahrungen der Glaubenden mit Gott deuten zu helfen. Wäre dies nicht der Fall, hätten theologische Sätze für den Glauben, für den denkenden Glauben der einzelnen Christinnen und Christen, kaum eine Bedeutung.

An diesem Punkt scheint mir eine gravierende Schwierigkeit vieler theologischer Klärungen im christlich-jüdischen Dialog zu liegen – sie lassen nur in Ausnahmefällen deutlich werden, inwiefern sie eine existenzielle Relevanz haben (können) und worin ihre Bedeutung für die Lebensführung und -deutung Einzelner liegen (könnte).[97]

4.4 Praktische Theologie im Horizont des christlich-jüdischen Verhältnisses

Zu den Desideraten gehört eine „Praktische Theologie im Horizont des christlich-jüdischen Verhältnisses".[98] Theologie beziehungsweise christlich-jüdischer Dialog insgesamt könnten sich davon etwa erhoffen:

- empirisch validierte Einsichten, zum Beispiel zur Frage, wie eigentlich Christinnen und Christen heute Judentum wahrnehmen und einschätzen;
- eine Intensivierung der Reflexion auf die Relevanz und die Erschließung theologischer Sätze für die Einzelnen – eingedenk des Satzes, dass „die letzte Absicht aller Handlungen im Namen des Christentums ... dem einzelnen Menschen" gilt.[99] Wenn das Handeln der Kirche und dasjenige der einzelnen Christen ein *locus theologicus* ist, dann gilt es, das christlich-jüdische Verhältnis auch von hierher zu durchdenken;
- nicht zuletzt: die Gestaltung der drei Modi der Kommunikation des Evangeliums, die Christian Grethlein unterschieden hat – „Lehren und Lernen",[100] „Helfen zum Leben"[101] und

---

2011 ff.; und das „Lehrwerk Evangelische Theologie", Leipzig 2019 ff.

[95] Abrufbar etwa unter https://17ziele.de/impressum.html (letzter Zugriff am 15.05.2023).

[96] Siehe zu diesen und anderen zukünftig zu bearbeitenden Fragen jeweils Beiträge in *Ehmann* u. a., „Alles wirkliche Leben ist Begegnung" (s. o. Anm. 61), und *Deeg* u. a., Dialogische Theologie (s. o. Anm. 2).

[97] Siehe dazu hier nur „Den Rheinischen Synodalbeschluss zum Verhältnis von Christen und Juden weiterdenken – den Gottesdienst erneuern" (s. o. Anm. 34), sowie *Bernd Schröder*, Einsichten des christlich-jüdischen Gesprächs für jedermann beziehungsweise jedefrau fruchtbar machen? Überlegungen zu einer Aszetik im christlich-jüdischen Kontext, in: ders., Religionspädagogik angesichts des Judentums (s. o. Anm. 6), 137–152.

[98] *Bernd Schröder*, Praktische Theologie und Religionspädagogik im Gespräch mit dem Judentum? Bilanzierende und perspektivische Überlegungen, in: ders., Religionspädagogik angesichts des Judentums (s. o. Anm. 6), 99–106, und *ders.*, Praktische Theologie und christlich-jüdisches Gespräch, in: ebenda, 123–136.

[99] *Dietrich Rössler*, Grundriß der Praktischen Theologie, Berlin 1986, 63.

[100] Dazu etwa *Rudnick*, Auf dem langen Weg (s. o. Anm. 11), und *dies.*, Religionspädagogik (s. o. Anm. 72), sowie *Schröder*, Religionspädagogik angesichts des Judentums (s. o. Anm. 6).

[101] Dazu etwa *Klaus Müller*, Diakonie im Dialog mit dem Judentum. Eine Studie zu den Grundlagen sozialer Verantwortung im jüdisch-christlichen Gespräch, Heidelberg 1999.

„Feiern"¹⁰² –, sowie pastoraler oder religionspädagogischer Beruflichkeit aus dem christlich-jüdischen Verhältnis heraus.

Das wäre nicht zuletzt Voraussetzung für die gemeinsame religionsgemeinschaftliche und theologische Arbeit an gemeinsamen öffentlichen Herausforderungen: ethische Urteilsbildung, Umgang mit Gotteskrise, Prävention gruppenbezogener Menschenfeindlichkeit, Realisierung der UN-Agenda 2030 für nachhaltige Entwicklung und anderes mehr.

4.5 Beteiligung weiterer Denominationen am Prozess der Erneuerung

Der christlich-jüdische Dialog in Deutschland wird auf christlicher Seite im Wesentlichen von den in der EKD zusammengeschlossenen evangelischen Kirchen und der römisch-katholischen Kirche betrieben und gefördert.

Fraglos ist es wünschenswert und erforderlich, einerseits auch die Mitglieder und Organe der sogenannten Freikirchen,¹⁰³ andererseits diejenigen der chalcedonensisch-orthodoxen und orientalisch-orthodoxen Kirchen in Deutschland einzubeziehen.¹⁰⁴

4.6 Zusammendenken von Verbundenheit mit dem Judentum und ökumenischer Weltweite

Die Entfaltung evangelischen Selbstverständnisses im Zeichen des christlich-jüdischen Dialogs wird in der verfassten Ökumene, etwa dem Ökumenischen Rat der Kirchen, und auch in vielen evangelischen Kirchen der südlichen Hemisphäre als ein „deutscher" oder nordatlantischer Sonderweg wahrgenommen – bedingt durch den dortigen Kontext und die historischen Entwicklungen. Angesichts dessen gilt es, ökumenische Gesprächsfäden zu knüpfen und zu pflegen, Einsichten des christlich-jüdischen Gesprächs fruchtbar zu machen für menschheitliche Anliegen wie etwa die Agenda 2030 der Vereinten Nationen und, nicht zuletzt, Verbundenheit mit dem Judentum zusammenzuhalten mit ökumenischer Geschwisterschaft mit (christlichen) Palästinenserinnen und Palästinensern.¹⁰⁵

4.7 Produktive Verhältnisbestimmung zwischen christlich-jüdischem und -islamischem Gespräch

Seit der Genese des Islam, insbesondere aber seit 2001 steht die christlich-jüdische Dialogbewegung vor der Aufgabe, ihr Verhältnis zum Islam sowie – weniger dringlich – zu anderen Religionen zu klären. Dieser Klärungsprozess beginnt nicht bei Null, vielmehr lassen sich einige Paradigmen prüfen¹⁰⁶ und realisieren. Nach meinem Dafürhalten muss es ein Anliegen sein, so viel „trialogische"¹⁰⁷ Abstimmung wie möglich, so viel bilaterale Positionierung oder Alleingang wie nötig zu realisieren.

4.8 Übersetzung theologischer Formeln in eine Sprache unserer Zeit

In theologischen Erklärungen zum christlich-jüdischen Verhältnis spielen in hohem Maße Fachtermini eine Rolle. Sie haben den Vorzug, biblische Bezüge theologischen Denkens präsent zu halten, aber auch den Nachteil, in der Alltagssprache und im Verstehenshorizont vieler Zeitgenossen keinen Ort zu haben. Das gilt für die Rede von der „Erwählung" wie vom „Bund", von der „Abrahamkindschaft" ebenso wie von der „Treue Gottes". Soll die Erneuerung des Verhältnisses von Christen und Juden mehr Köpfe und Herzen erreichen, bedarf es neuer hermeneutischer und sprachschöpferischer Anstrengungen, um das sachliche und sprachliche Erbe christlicher und jüdischer Tradition fruchtbar zu machen.

---

¹⁰² Dazu etwa *Julie Kirchberg*, Theo-logie in der Anrede als Weg zur Verständigung zwischen Juden und Christen, Innsbruck 1991, und *Alexander Deeg*, Predigt und Derascha. Homiletische Textlektüre im Dialog mit dem Judentum, Göttingen 2006.
¹⁰³ Siehe oben Anm. 9.
¹⁰⁴ Siehe dazu *Thomas Kratzert*, „Wir sind wie die Juden". Der griechisch-orthodoxe Beitrag zu einem ökumenischen jüdisch-christlichen Dialog (Studien zu Kirche und Israel 16), Berlin 1994.

¹⁰⁵ Siehe dazu *Uwe Gräbe*, Christlich-jüdischer Dialog und palästinensische Theologie, in: Ehmann u. a. (Hg.), „Alles wirkliche Leben ist Begegnung" (s. o. Anm. 61), 403–417, und zum Ganzen *Martin Stöhr*, Dreinreden, Wuppertal 1997.
¹⁰⁶ *Bernd Schröder*, Abrahamische Ökumene? Modelle der theologischen Zuordnung von christlich-jüdischem und christlich-islamischem Dialog, in: ders., Religionspädagogik angesichts des Judentums (s. o. Anm. 6), 59–92.
¹⁰⁷ Zur Kritik am Begriff „Trialog" siehe oben die Einleitung sowie zum Dialogverständnis der Kirche den Beitrag von *Christian M. Rutishauser* über den „Jüdisch-christlichen Dialog aus katholischer Perspektive" (Abschnitt 1.5).

Weiterführende Literatur

Alexander Deeg/Joachim Krause/Melanie Mordhorst-Mayer/Bernd Schröder (Hg.), Dialogische Theologie (Studien zu Kirche und Israel. Neue Folge 14), Leipzig 2020.
Jürgen Ebach, Das Alte Testament als Klangraum des evangelischen Gottesdienstes, Gütersloh 2016.
Johannes Ehmann/Joachim Krause/Bernd Schröder (Hg.), „Alles wirkliche Leben ist Begegnung". Festschrift zum vierzigjährigen Bestehen von Studium in Israel (Studien zu Kirche und Israel. Neue Folge 10), Leipzig 2018.
Manuel Goldmann, „Die große ökumenische Frage …". Zur Strukturverschiedenheit christlicher und jüdischer Tradition mit ihrer Relevanz für die Begegnung der Kirche mit Israel, Neukirchen-Vluyn 1997.
Wolfgang Hüllstrung/Hermut Löhr (Hg.), „Nicht du trägst die Wurzel, sondern die Wurzel trägt dich". Gegenwärtige Perspektiven zum Rheinischen Synodalbeschluss „Zur Erneuerung des Verhältnisses von Christen und Juden" von 1980 (Studien zu Kirche und Israel. Neue Folge 16), Leipzig 2023.
Kirchenamt der EKD (Hg.), Christen und Juden I–III. Die Studien der Evangelischen Kirche in Deutschland 1975–2000, Gütersloh 2002.
Bertold Klappert, Der Name Gottes und die Zukunft Abrahams. Texte zum Dialog zwischen Judentum, Christentum und Islam, Stuttgart 2019.
Wolfgang Kraus/Michael Tilly/Axel Töllner (Hg.), Das Neue Testament – jüdisch erklärt. Lutherübersetzung, englische Ausgabe hg. von Amy-Jill Levine und Marc Zvi Brettler, Stuttgart 2021 (korrigierter Druck 2022).
Friedrich-Wilhelm Marquardt, Von Elend und Heimsuchung der Theologie. Prolegomena zur Dogmatik, München ²1992 (1988).
Peter von der Osten-Sacken, Kleine Texte zu großen Fragen (Studien zu Kirche und Israel. Neue Folge 17), Leipzig 2023.
Bernd Schröder, Religionspädagogik angesichts des Judentums. Grundlegungen – Rekonstruktionen – Impulse (Praktische Theologie in Geschichte und Gegenwart 39), Tübingen 2023.
Martin Stöhr, Dreinreden, hg. von Klaus Müller und Alfred Wittstock, Wuppertal 1997.

Zeitschriften

Begegnungen. Zeitschrift für Kirche und Judentum, hg. im Auftrag des Evangelisch-Lutherischen Zentralvereins für Begegnung von Christen und Juden e. V., Hannover, seit 2001.
Kirche und Israel. Theologische Dialogzeitschrift, Neukirchen-Vluyn (seit 1 [1986]) bzw. Göttingen (seit 32 [2017]).
Studium in Israel (Hg.), Predigtmeditationen im christlich-jüdischen Kontext, jährlich seit 1996, zuletzt Berlin 2023.

Homepages

Bibel in gerechter Sprache – https://www.bibel-in-gerechter-sprache.de.
Gemeinsamer Ausschuss „Kirche und Judentum" der EKD, der VELKD und der UEK – https://www.ekd.de/Gemeinsamer-Ausschuss-Kirche-und-Judentum-der-EKD-VELKD-UEK-15440.htm.
KLAK – Konferenz landeskirchlicher Arbeitskreise Christen und Juden – http://www.klak.org.

Susanne Talabardon

Jüdisch-christlicher Dialog aus jüdischer Perspektive

1. Überblick und Einführung

Das Bemühen um einen jüdisch-christlichen Dialog stellt ein Phänomen der Moderne dar und steht unter dem Eindruck zweier völlig gegensätzlicher Impulse: dem konstruktiven Impetus von bürgerlicher Emanzipation und religiöser Pluralität einerseits und der zutiefst verstörenden Anfrage an eine Mitverantwortung des christlichen Antijudaismus für die Schoa andererseits. Außerdem gilt es von vornherein zu berücksichtigen, dass der interreligiöse Dialog, von dem der jüdisch-christliche der sicherlich am besten entwickelte Zweig ist, längst nicht von allen Angehörigen der beteiligten Traditionen wahrgenommen oder auch nur befürwortet wird. Oft unterhalten sich Expertinnen und Experten über Jahre hinweg miteinander, ohne dass dieser (trotzdem wichtige und fruchtbare) Austausch Konsequenzen für die theologische und halachische[1] Reflexion der Mehrheit in jüdischen und christlichen Strömungen beziehungsweise Konfessionen oder aber für die gemeindliche Praxis hätte.

Die auf beiden Seiten bestehenden Einwände und Vorbehalte gegen ein jüdisch-christliches Gespräch werden insbesondere in Deutschland selten offen artikuliert, sollten aber von den Partnern trotzdem in ihr Nachdenken einbezogen werden. Hierzulande hat der überwiegend qualitätvolle interreligiöse Dialog zusätzlich mit dem Problem zu kämpfen, dass die Schoa einen Abbruch der deutsch-jüdischen Kultur verursacht hat. Dadurch wurde nicht nur die schiere Anzahl der jüdischen Partnerinnen und Partner auf eine sehr geringe Zahl begrenzt, sondern auch deren Möglichkeit eingeschränkt, eine umfassende jüdische Bildung zu erlangen. All diese gravierenden Hindernisse und Widerstände können und dürfen indessen nicht als Ausrede dafür herhalten, das intensive interreligiöse Gespräch aufzugeben oder für irrelevant zu erklären. Jakob J. Petuchowski (1925–1991) formulierte in den späten 1960er-Jahren geradezu prophetisch:

Neither Jews nor Christians can really afford to be isolationists. In this pagan world of ours, we are the minority ‚people of God'.[2]

Die innere Spannung, unter der sich die jüdisch-christlichen Begegnungen entwickeln mussten und müssen, rührt also wesentlich von historischen Konstellationen her. Deshalb ist es angemessen, sich zunächst die Geschichte der jüdisch-christlichen Begegnungen zu vergegenwärtigen, bevor es an eine Reflexion über die Voraussetzungen, Formen und Probleme des jüdisch-christlichen Dialogs gehen kann.

2. Zur Geschichte der jüdisch-christlichen Begegnungen

2.1 Von den gemeinsamen Anfängen

Die Jahrhunderte während, häufig erbittert geführte Auseinandersetzung zwischen jüdischen und christlichen Akteuren[3] hat ihren vornehmlichen Grund darin, dass sich beide Traditionen als legitime Erbinnen der Religion Alt-Israels betrachten und daher jeweils für sich eine Deutungshoheit über die Hebräische Bibel reklamierten. Auf christlicher Seite manifestierte sich dieser Anspruch in der sogenannten Substitutionslehre, die behauptete, der „alte Bund" Gottes vom Sinai sei zugunsten der Kirche als des „neuen Gottesvolks" gekündigt und somit außer Kraft gesetzt worden.[4] Nach der Erhebung des Christentums zur herrschenden Religion des römischen Imperiums im Jahre 380 erfuhr die Auseinandersetzung zusätzliche Schärfe und Inkongruenz, da sich das Judentum für Jahrhunderte als stets benachteiligte und sporadisch verfolgte Minderheit gegen eine übermächtige Kirche behaupten musste.

Die „Substitutionslehre" dominierte bis in die 60er-Jahre des 20. Jahrhunderts auch den wissen-

---

[1] Halacha (hebräisch הלכה; das „Gehen", der „Wandel") ist die Gesamtheit der Konzepte und Regeln für einen jüdischen ‚way of life'.

[2] *Jakob J. Petuchowski*, A Jewish Response to ‚Israel as a Theological Problem for the Christian Church', in: Journal of Ecumenical Studies 6 (1969) 348–353, hier 349.

[3] Die femininen Formen finden hier und im Folgenden nur dann Verwendung, wenn es historisch plausibel ist.

[4] Eine Analyse der Substitutionslehre hat Bertold Klappert vorgelegt: siehe *Bertold Klappert*, Israel und die Kirche. Erwägungen zur Israellehre Karl Barths (Theologische Existenz heute 207), München 1980, besonders 14–37.

schaftlichen Diskurs. Eine breite Mehrheit christlicher Theologen betrachtete die jüdische Tradition mit dem Erscheinen Jesu von Nazareth als obsolet, sodass man das sich im zweiten Jahrhundert u. Z. entwickelnde Frühjudentum als „Spätjudentum" apostrophierte. In einigem zeitlichen Abstand zur Schoa und zum Ende des Zweiten Weltkriegs entwarfen vor allem angloamerikanische Neutestamentler[5] ein neues religionshistorisches Modell für die Entstehung von Judentum und Christentum, das man als *parting of the ways* bezeichnet.[6] Dieser Ansatz wurde auch von etlichen jüdischen Gelehrten rezipiert, wiewohl er eine christliche Perspektive zum Ausdruck bringt.[7]

Seit den 1990er-Jahren ereignete sich ein weiterer Paradigmenwechsel, welcher der Tatsache Rechnung trägt, dass soziale Konstrukte (wie religiöse Gemeinschaften es sind) sich über längere Zeiträume entwickeln und nicht durch einen simplen Trennungsakt fix und fertig vorliegen. Der amerikanische Judaist Daniel Boyarin, einer der Exponenten dieses Neuansatzes, hat ein Modell vorgetragen, nach dem man sich „das Judentum und das Christentum des zweiten und dritten Jahrhunderts als Markierungspunkte auf einer Skala" denken kann,[8] die von der gänzlichen Verwerfung der Hebräischen Bibel durch die Markioniten bis hin zur völligen Ablehnung Jesu durch einige jüdische Gruppen reicht. Zwischen diesen beiden Extremen bewegten sich viele weitere Gruppierungen und Strömungen, bei denen der Grad gegenseitiger Abgrenzung weit weniger deutlich war. Diese Perspektive bezeichnet Boyarin, unter Rückgriff auf linguistische Theoriebildungen, als Wave-Theory.[9] Geht man von einem breiten Spektrum interferierender judäo-christlicher Strömungen aus, so ist mit deutlich viel längeren Entwicklungs- und Trennungsprozessen zu rechnen, als es *parting of the ways* beschreibt. Weiterhin ist anzunehmen, dass sich die distinkten „jüdischen" oder „christlichen" Identitäten in den mediterranen Regionen und Kulturkreisen in jeweils eigener Weise und Geschwindigkeit ausprägten.

Die Jahrhunderte während gemeinsame Startphase wie auch der intensive Bezug auf die Hebräische Bibel durch beide Gemeinschaften begründen große Nähe und das erhebliche Bedürfnis nach gegenseitiger Abgrenzung gleichermaßen.[10]

2.2 Grundlegende Positionen im rabbinischen Judentum

2.2.1 Der Kampf um die Bibel

Anders als es die christlich-mittelalterliche Polemik und die frühe Phase des jüdisch-christlichen Dialogs im 20. Jahrhundert suggerieren mögen, waren die unterschiedlichen Auffassungen über die präzisen endzeitlichen Abläufe oder die Identifikation der Messiasfigur *nicht* das prägende Thema in der Auseinandersetzung zwischen den werdenden Entitäten Judentum und Christentum. Sehr viel intensiver wurde über die hermeneutischen *Voraussetzungen* jener Auffassungen gestritten – nämlich über Methode und Schwerpunktsetzung im Umgang mit der Hebräischen Bibel.

Im Unterschied zu den neutestamentlichen und den frühen „christlichen" Autoren behaupteten die frühen jüdischen Gelehrten (Rabbinen) den absoluten Vorrang der Tora vor den prophetischen Texten (Nevi'im) und den Schriften (Ketuvim). Die von den Kirchenvätern aufgegriffene allegorische Interpretation der Hebräischen Bibel wurde von den jüdischen Counterparts rigoros abgelehnt.[11] Insbesondere für die Aktualisierung

---

[5] Wichtige Impulsgeber für diese neue Sicht waren Ed Parish Sanders („Third Quest") und James D. G. Dunn („New Perspective on Paul").

[6] So lautet auch der Titel des einflussreichen Werks von *James D. G. Dunn*, The Partings of the Ways. Between Christianity and Judaism and Their Significance for the Character of Christianity, London ²2006.

[7] Siehe *Judith Lieu*, „The Parting of the Ways". Theological Construct or Historical Reality?, in: Journal for the Study of the New Testament 17 (1995) 101–119. Zu Inhalt und Abfolge der einzelnen Modelle siehe *Annette Yoshiko Reed/Adam H. Becker*, Introduction, in: dies. (Hg.), The Ways That Never Parted. Jews and Christians in Late Antiquity and the Early Middle Ages, Minneapolis 2007, 1–33. Siehe auch *Paula Fredriksen*, What „Parting of the Ways"? Jews, Gentiles, and the Ancient Mediterranean City, in: Reed/Becker (Hg.), Ways, 35–63.

[8] *Daniel Boyarin*, Abgrenzungen. Die Aufspaltung des Judäo-Christentums, übersetzt von Gesine Palmer (Arbeiten zur neutestamentlichen Theologie und Zeitgeschichte 10), Berlin/Dortmund 2009, 23 (englisches Original: Border Lines. The Partition of Judaeo-Christianity, Philadelphia 2004).

[9] Erstmalig formuliert in *Daniel Boyarin*, Dying for God. Martyrdom and the Making of Christianity and Judaism, Stanford 1999.

[10] Vgl. die Hauptthese Israel Yuvals, der „von der grundlegenden Voraussetzung" ausgeht, „dass die vielfältige polemische Auseinandersetzung zwischen Judentum und Christentum im Verlauf der ersten nachchristlichen Jahrhunderte bei der jeweiligen Ausprägung der beiden Religionen eine wesentliche Rolle gespielt hat" (Israel Yuval, Zwei Völker in deinem Leib. Gegenseitige Wahrnehmung von Juden und Christen in Spätantike und Mittelalter, aus dem Hebräischen von Dafna Mach, Göttingen 2007, 11).

[11] Eine knappe Übersicht über die jüdisch-christliche Auslegungsgeschichte der Hebräischen Bibel bieten *Susanne Tala-*

der Gebote an die jeweils herrschenden gesellschaftlichen Rahmenbedingungen formulierten die rabbinischen Gelehrten strenge Regeln (Middot/מדות), die sie in Listen zusammenfassten. Eine ganze Bibliothek frühjüdischer Texte, Midraschim genannt, präsentiert Inhalt und Verfahren der frühjüdischen Exegese vom dritten bis zum achten Jahrhundert. Die hohe Relevanz der Auseinandersetzung um die Hebräische Bibel spiegelt sich auch in der mittelalterlichen Apologetik und Polemik, gipfelnd in den Zwangsdisputationen ab dem 13. Jahrhundert.

2.2.2 Zwei Gewalten im Himmel

Eine weitere bedeutsame Kontroverse rankt sich um die Frage, ob das sich entwickelnde Christentum als ein monotheistisches System gelten kann oder nicht. Im Verlaufe der gemeinsamen Geschichte der drei sogenannten abrahamitischen Religionen sollte sich die Wahrnehmung der jeweils anderen als konsequente oder fragwürdige Ein-Gott-Verehrung zu einem Schibbolet gegenseitiger Anerkennung entwickeln.

Aus der Perspektive des frühen (rabbinischen) Judentums stellten sich die christlichen Gemeinschaften als Ditheismen dar, die der Verehrung des Einen Gottes eine Vergöttlichung Jesu an die Seite gestellt hatten.[12] Die Wahrnehmung christlicher Theologien als einer Zwei-Gott-Verehrung gründet in dem Umstand, dass sich christologische Konzepte weitaus früher entwickelten als pneumatologische. Der Heilige Geist als dritte Person einer Trinität, wie sie sich erst im späten vierten Jahrhundert durchsetzte, wurde von den Rabbinen nicht mehr wahrgenommen.

„Sieh nun, dass ICH, ICH es bin [und es ist kein Gott mit MIR. Dev/Dtn 32,39]." Dies ist die Antwort auf diejenigen, die sagen: Es gibt keine Macht (רשות/reschut) im Himmel. Und wer sagt, es [gebe] zwei Mächte im Himmel, dem antworte man und sage: Ist nicht bereits geschrieben: „und es ist kein Gott mit MIR"? (Sifre Devarim § 329)

Sifre Devarim, ein früher halachischer Midrasch zum Deuteronomium, attackiert die vermutlich philosophisch informierten Leugner eines personalen Gottes ebenso wie gnostische beziehungsweise frühchristliche Denker, die einen strikten Monotheismus vermissen lassen. Dabei gilt den spätantiken rabbinischen Gelehrten als ausgemacht, dass die Offenbarung des Ewigen universal und öffentlich erfolgte, sodass sie für alle Völker verbindlich ist.[13]

2.2.3 Die noachidischen Gebote

Das Konzept des Monotheismus, wie es sich bereits im Kontext des babylonischen Exils entwickelte, erfordert zwingend eine universalistische Perspektive für die Menschheit außerhalb des Volkes Israel. In der Folge eines monotheistischen Ansatzes steht also unweigerlich die Frage im Raum, was der Ewige mit den Weltvölkern und für sie im Sinn hat. In der Bibel wird dies in der Regel mit einer eschatologischen Perspektive beantwortet – etwa mit der berühmten Völkerwanderung zum Zion (vgl. Jes 2,1–4 par. Mi 4,1–5).

Die Rabbinen reagierten auf die monotheistische Causa mit einem eigenen Konzept, den sogenannten Noachidischen Geboten, wie man sie erstmals in der Tosefta findet:[14]

Wegen sieben Geboten wurde den Kindern Noachs geboten: wegen der Gerichte und wegen des Gestirndienstes und wegen der Unzucht und wegen des Blutvergießens und wegen des Raubes und wegen des Körperteils von einem lebendigen Wesen. (Tosefta, Avoda Sara 8[9],4)[15]

Der „Gestirndienst" wird – wie aus der nachfolgenden Erläuterung in der Tosefta ersichtlich – in zwei Aspekte gegliedert, in Bilderverehrung (Idolatrie) und Blasphemie,[16] weshalb sich tatsächlich

---

bardon/Helga Völkening, Die Hebräische Bibel. Eine Einführung, Berlin 2015, 18–61. Eine Ausnahme in der Abstinenz von der Allegorese bildet das Hohelied/Schir ha-Schirim, das von den jüdischen Interpreten als eine Liebesgeschichte zwischen Gott und Israel gelesen wurde, wie sie sich vor allem bei der Offenbarung der Tora am Sinai manifestiert.

12 Vgl. Alan F. Segal, Two Powers in Heaven. Early Rabbinic Reports about Christianity and Gnosticism, Leiden 1977. Gnostische Systeme wurden von dieser Wahrnehmung ebenso erfasst, weshalb es schwerfällt, in der rabbinischen „Häresiologie" zwischen Anwürfen gegen „christliche" und gegen „gnostische" Denker zu differenzieren.

13 Vgl. Mekhilta, בחודש (Bachodesch) 5, zu Exodus 20,2. Die Mekhilta de-Rabbi Jischma'el zum Buch Schemot/Exodus gilt als einer der ältesten Midraschim überhaupt; man datiert ihn zumeist in das dritte Jahrhundert u. Z.

14 Die Tosefta ist ein halachischer Kodex aus dem späten dritten Jahrhundert/Anfang des vierten Jahrhunderts (siehe Günter Stemberger, Einleitung in Talmud und Midrasch, München ⁹2011, 176).

15 על שבע מצות נצטוו בני נח על הדינין ועל עבודת כוכבים ועל גלוי עריות ועל שפיכות דמים ועל הגזל ועל אבר מן החי.

16 Entsprechend eindeutiger formuliert der Jerusalemer Talmud (Sanhedrin 56a): „Es lehrten die Rabbanan: Sieben Gebote wurden den Kindern Noachs geboten: Gericht(shöfe)n und das ‚Segnen' des Ewigen, Fremddienst (Avoda Sara), Unzucht und Blutvergießen und das Körperteil von einem lebendigen Tier" – das „Segnen des Ewigen" ist ein Euphemismus für Blasphemie.

sieben Gebote ergeben. Die letztlich wirkmächtige rabbinische Tradition, wie sie im Babylonischen Talmud (Avoda Sara 64b) niedergelegt worden ist, deutet die Noachiden als Grundvoraussetzung für ein Zusammenleben mit einer nichtjüdischen Minderheit in einem jüdischen Gemeinwesen. Den rabbinischen Gelehrten war es mutmaßlich darum zu tun, das nichtbiblische Konzept der sieben Noachiden mit einer biblischen Institution zu verklammern, wofür das Konzept des *ger toschav* (גר תושב, eines Beisassen, griechisch μέτοικος/ *metoikos*) herhalten musste. Nun war die Organisation einer politischen Autonomie weder zur Zeit der Rabbinen noch für viele weitere Jahrhunderte eine relevante Aufgabe für die jüdischen Eliten. Der überragenden Bedeutung der sieben Minimalgebote lag vielmehr die monotheistisch-universalistische Causa zugrunde: Welche Bedingungen gelten für Menschen *außerhalb* der partikularen Tora, Anteil an der Kommenden Welt zu erlangen?[17]

Die quasi narrative Verankerung der sieben Gebote in der Noah-Figur verdeutlicht, dass es sich bei diesen essenziellen Maßgaben nicht um administrative Vorbedingungen eines utopischen jüdischen Staatswesens handelte, sondern um eine universale göttliche Kundgabe, die – so formuliert es David Novak – die Anerkenntnis einer Eigenständigkeit nichtjüdischer Ethik impliziert.[18] Die mittelalterliche Diskussion um die Bestandteile universaler Ethik sollte insbesondere den „Gestirndienst" (Idolatrie) zu einem entscheidenden Kriterium theologischer Systeme erheben.

2.3 Mittelalterliche Stellungnahmen

Die gemeinhin als „Mittelalter" qualifizierte Ära zwischen dem 8. und dem 14. Jahrhundert war aus jüdischer Perspektive durch die Notwendigkeit geprägt, sich als Minderheit unter islamischer oder christlicher Herrschaft zu behaupten. Dabei lebten bis zum Hochmittelalter die weitaus meisten jüdischen Gemeinschaften unter islamischer Ägide. Für den lateinisch-christlichen Herrschaftsbereich gilt es, auf zwei wesentliche historische Einschnitte zu verweisen: Die Ära der Kreuzzüge, beginnend mit dem sogenannten Volkskreuzzug 1096, beendete eine Phase weitgehend ruhigen Nebeneinanderherlebens einer zahlenmäßig winzigen jüdischen Minderheit und einer überwältigenden christlichen Mehrheit. Spätestens mit dem 13. Jahrhundert gab die katholische Kirche ihre von Augustinus geprägte Haltung zur jüdischen Bevölkerung auf[19] und leitete die systematische Mission der Jüdinnen und Juden Westeuropas ein.[20] Die mittelalterlichen jüdischen Gemeinschaften standen dabei stets vor dem Problem, theologische Differenzen und pragmatische Erfordernisse des alltäglichen Lebens gegeneinander abzugleichen.

The basic question concerning Christianity that faced all the medieval Jewish authorities, who had to base themselves on the authority of the Talmud, was whether or not Christianity is a form of proscribed idolatry – even for gentiles.[21]

Die pragmatische Grundhaltung einflussreicher mittelalterlicher Gelehrter zeigt sich besonders in ihrem Bestreben, Segregationsbestimmungen des Talmud mit der notwendigen ökonomischen und sozialen Interaktion zu vereinbaren. So mühten sich Autoritäten wie die französischen Rabbiner Schmu'el ben Me'ir (Raschba"m; um 1085–1174) und Jakob Rabbejnu Tam (1100–1171), christlich-jüdische Kooperationen zum Beispiel bei der Bewirtschaftung von Weinbergen zu ermöglichen oder Handelskontakte im Umfeld christlicher Feiertage zu gestatten. Dazu war es nötig, in der Beurteilung des Christentums als eines „Gestirndienstes" moderate Positionen einzunehmen. Spiegelbildlich ähnliche Bemühungen kann man auch für den islamischen Herrschaftsbereich wahrnehmen, in dem die jüdische Existenz als Minderheit dadurch ermöglicht wurde, dass man theologische Urteile über die Mehrheitskultur abmilderte oder pragmatisch zurückstellte.

---

[17] Vgl. Tosefta, Sanhedrin 8[9],3 par. Babylonischer Talmud, Sanhedrin 105a. Vgl. *David Novak*, Jewish-Christian Dialogue. A Jewish Justification, New York u. a. 1989, 31 f.

[18] *Novak*, Dialogue (s. o. Anm. 17), 34.

[19] Eine taugliche Zusammenfassung der Haltung Augustins, die jüdische Minderheit als Zeugen für die Wahrheit des Christentums nicht zu verfolgen, findet man in *De civitate Dei – Vom Gottesstaat* (XVIII 46): „Wir begreifen, dass sie um ebendieses Zeugnisses willen, das sie uns wider Willen dadurch abgeben müssen, dass sie diese Schriften besitzen und bewahren, über alle Völker zerstreut sind, so weit sich die Kirche Christi auch ausbreitet. Ist doch in den Psalmen, die sie wie wir lesen, auch dies schon vorhergesagt, denn da heißt es: ‚Gottes Erbarmen wird mir zuvorkommen. Er erwies es mir in meinen Feinden. Töte sie nicht, dass sie nicht dereinst das Gesetz vergessen; zerstreue sie durch deine Kraft' (Ps 59,12)."

[20] Vgl. die Diskussion bei *Amos Funkenstein*, Jüdische Geschichte und ihre Deutungen, Frankfurt am Main 1995 und *David Berger*, Mission to the Jews and Jewish-Christian Contacts in the Polemical Literature of the High Middle Ages, in: American Historical Review 91 (1986) 576–591.

[21] *Novak*, Dialogue (s. o. Anm. 17), 36 f.

2.3.1 Mosche ben Maimun (Moses Maimonides)

Vor diesem Hintergrund erweisen sich die Stellungnahmen des großen Religionsphilosophen und Talmudisten Mosche ben Maimun (Rambaʾm, latinisiert Moses Maimonides; 1138–1205) als besonders interessant, da sie sich im Laufe seines Wirkens mehrfach wandelten und großen Einfluss auf die nachfolgenden Generationen ausübten. Er lebte und wirkte zeitlebens in muslimisch dominierten Gebieten. Seine Familie und er waren wiederholt Verfolgung und Vertreibung ausgesetzt, weshalb seine Reflexionen zu Christentum und Islam nicht nur wegen seines hohen Ansehens, sondern auch aufgrund seiner persönlichen Erfahrungen schwer wiegen. Dabei steht zu bedenken, dass er Christentum und Islam in der Regel gemeinsam betrachtet, ohne jedoch über eigene Erfahrung im Umgang mit christlichen Autoritäten zu verfügen.

Insbesondere in seinen frühen Stellungnahmen fällt seine Bewertung christlicher Strömungen harsch aus: Sie sind vollumfänglich als Götzendienst (עבודה זרה/ʿavodah sarah) zu qualifizieren, weswegen sozialer Umgang mit ihnen zu meiden und die talmudischen Restriktionen zu Handel an Feiertagen und Kultstätten in vollem Umfang zu respektieren seien.[22] In seinem Sendschreiben an die jemenitischen Juden (ʾIggeret ha-Teman)[23] benennt ben Maimun die Abkehr von der Tora als wesentliches Kriterium für seine negative Bewertung von Christentum und Islam. Im Unterschied dazu hebt er im Moré Nevukhim, seinem religionsphilosophischen Hauptwerk, die Einheit und Einsheit des Ewigen als bedeutsamste Kennzeichen für ein überzeugendes Bekenntnis zu Gott hervor. In einer für die maimonidische Theologie zentralen Passage des Moré Nevukhim wird der Islam zwar nicht erwähnt, es ist aber evident, dass sich ihr Autor der islamischen Lehre diesbezüglich näher weiß als der christlichen.

Wer aber meint, dass Er einer ist, aber über eine Anzahl von Attributen verfügt, sieh, der deklariert die Einsheit zwar mit dem Mund – meint aber in seinen Gedanken, dass es viele sind. Dies aber [entspricht] dem Bekenntnis der Christen, [dem zufolge] Er eins, vielmehr aber drei ist. So auch die Worte dessen, der sagt, Er ist eins, verfüge aber über eine Anzahl von Attributen, [wobei] Er und Seine Attribute eins seien. (Moré Nevukhim I,50)[24]

In Hinblick auf ein weiteres wesentliches Feld der frühen interreligiösen Auseinandersetzung kehrt sich diese Rangfolge jedoch um: Mit Blick auf die Bibel konstatiert Mosche ben Maimun, dass ein Austausch mit christlichen Protagonisten dem mit muslimischen vorzuziehen sei:[25]

Es ist zulässig, die Christen Mizwot zu lehren und sie zu unserer Religion (דתינו) zu ziehen. Es ist aber nicht zulässig, davon zu Muslimen zu sprechen, denn es ist euch über ihren Glauben bekannt, dass [für sie] diese Tora nicht vom Himmel ist, und wenn man sie eine von den [in der Tora] geschriebenen Dinge lehrt, dann stößt man auf Widerstand, indem sie nach ihrem Gutdünken (hinzu)dichten, durch Vermischung von Erzählungen und Verwirrung von Themen, die auf sie gekommen sind. ... Aber die Unbeschnittenen[26] glauben an eine Fassung (נוסח) der Tora, die nicht verändert ist; allerdings erschließen sie sie mit ihrer Schaden verursachenden Interpretation, und diese Interpretationen in den Kommentaren wurden von ihnen bekannt gemacht. Wenn man sie aber auf eine richtige Interpretation bringt, dann wäre es möglich, dass sie zum Guten zurückkehren, auch wenn sie nicht zurückkehren. Wenn sie denn zurückkehren wollten, wird von uns für einen solchen kein Hindernis kommen. Denn nicht findet man in ihren Schriften eine Sache, die sich von unseren Schriften unterscheidet.[27]

Die verschiedenen Äußerungen des großen aristotelisch geprägten Religionsphilosophen lassen sich zu einer differenzierten Stellungnahme zum Christentum addieren: Hinsichtlich der theologi-

---

[22] *Mosche ben Maimun*, Mischna-Kommentar zu Avoda Sara 1,3–4. Ähnlich urteilt ben Maimun auch noch in seinem einflussreichen talmudischen Kodex, dem *Mischne Tora* (Hilkhot Avodat Kokhavim 9,4). Vgl. Novak, Dialogue (s. o. Anm. 17), 57 f.

[23] In deutscher Übersetzung: *Moses Maimonides*, Der Brief in den Jemen. Texte zum Messias, hg. von Sylvia Powels-Niami, Berlin 2002, 27–86.

[24] Die Übersetzung folgt Josef Qafich: *Mosche ben Maimun*, Moré Nevuchim, Jerusalem 1977. Ähnliche Äußerungen findet man bereits im Traktat „Die Einheit des Schöpfers" des *Emunot we-Deʿot* von Saʿadja Gaon (882–942).

[25] Die ben Maimun vorgelegte Frage lautete: „Die Feststellung von Ravi Jochanan [Babylonischer Talmud, Sanhedrin 49a]: ‚Ein Nichtjude, der sich mit der Tora befasst, ist des Todes schuldig' – ist das Halacha, und ist jeder Sohn Israels dazu verpflichtet, [den Nichtjuden] vom Lernen einer Sache außerhalb der sieben [noachidischen] Gebote zu hindern oder auf ihnen zu bestehen – oder nicht?" Ben Maimun bestätigt die Halacha mit Einschränkungen: „Das ist Halacha. Ohne Zweifel. Wenn die Kraft Israels über sie ‚ausreicht', dann sollte man [einen Nichtjuden] vom Torastudium abhalten, es sei denn, er konvertiert. Man sollte ihn aber nicht töten, wenn er sich mit der Tora befasst. Es heißt nämlich: ‚Er ist des Todes schuldig', und es heißt nicht: ‚Er soll getötet werden'" (*Mosche ben Maimun*, תשובות רמב״ם [Teshuvot Rambam], Teshuva 149, hg. von Joshua Blau, Band 1, Jerusalem 1958, 284).

[26] Die Christen.

[27] *Mosche ben Maimun*, Teshuvot HaRambam (s. o. Anm. 25), Teshuva 185.

schen Grundüberzeugung der Einheit und Einsheit Gottes sieht sich ben Maimun den muslimischen (sunnitischen) Systemen näher, während er die christliche Trinitätslehre als eine Form von Götzendienst betrachtet. Andererseits konstatiert er mit Blick auf die gemeinsame Bibel eine größere Nähe zu den Christen – weshalb er es für möglich und fruchtbar hält, mit ihnen über die Tora zu sprechen.[28] Sowohl dem Islam als auch dem Christentum bleibt jedoch ben Maimun zufolge vorzuhalten, dass sie die Mizwot – für ihn unzweifelhaft der offenbarte Wille Gottes – missachten.

2.3.2 Jüdische Apologetik

Die Abkehr der lateinischen Kirche von der augustinischen Strategie und der Beginn der systematischen Judenmission im 13. Jahrhundert brachten für die jüdische Minderheit eine Reihe von Zwangsmaßnahmen mit sich, die sie in (ungewünscht) engen Kontakt mit christlichen Narrativen und Theologien brachten. Zu diesen antijüdischen Aktivitäten gehörten Predigten, die, oft in Synagogen, meist durch missionarisch geschulte Dominikaner gehalten wurden, oder Zwangsdisputationen, zu denen man jüdische Gelehrte verpflichtete.

In der Folge entstand nun auch im christlich dominierten Westeuropa eine jüdische Apologetik, die sich offensiv mit Texten des Neuen Testaments und christlichen Grundüberzeugungen befasste. Diese Literatur, in hebräischer Sprache geschrieben, diente der Stärkung und Bestätigung der in ihren Positionen angegriffenen Jüdinnen und Juden. Zu den bekanntesten Werken der jüdischen Apologetik jener Phase gehören die *Milchamot ha-Shem* des Jakob ben Re'uven[29] (um 1170), der Bericht von Mosche ben Nachman über die Zwangsdisputation von Barcelona[30] sowie der *Sefer ha-Berit* des Josef Kimchi.[31] Spätestens seit jener Phase ist mit einer guten Kenntnis und intensiven Auseinandersetzung jüdischer Gelehrter mit christlichen Themen und Texten zu rechnen.

2.4 Auf dem Weg zu Emanzipation und bürgerlicher Gleichstellung

Auch wenn der Bruch zwischen den gesellschaftlichen Konventionen und Denkschemata zwischen Mittelalter und Frühneuzeit einerseits sowie der Europäischen Aufklärung andererseits erheblich war, so schien sich an der gegenseitigen Wahrnehmung von jüdischen und christlichen Protagonisten zunächst kaum etwas geändert zu haben.

> Until the twentieth century, the history of Jewish-Christian relationship, in the area of theological discourse, was essentially disputatious. Each community disputed the claims of the other from its own dogmatic base. … No area of commonality was constituted wherein the two communities could face each other as equals.[32]

Sowohl für die christlichen Konfessionen, die sich im Gefolge der Religionskriege des 16. und 17. Jahrhunderts ausprägten, wie auch für die jüdischen Gemeinschaften erwies sich der Übergang in die Moderne als eine Epoche gewaltiger Transformationen: Ökonomische, soziale und politische Umbrüche wurden von einer tiefgreifenden Neuausrichtung der religiösen und theologischen Prinzipien begleitet. Auf jüdischer Seite lässt sich dieser Prozess zum einen mit dem unmittelbaren Eintritt in die (west)europäische Kultur- und Wissenschaftslandschaft beschreiben, die man mit Baruch Spinoza (1632–1677) und Moses Mendelssohn (1729–1786) prominent in Verbindung bringen kann. Dank ihres Wirkens wurden erstmals in der (christlich geprägten) gelehrten Elite Europas jüdische Konzepte breit diskutiert und rezipiert.[33] Zum anderen inspirierte das Beispiel Mendelssohns politisch Verantwortliche wie Johann Christoph von Dohm (1721–1820)[34] und Honoré Gabriel Victor de Riqueti,

---

[28] Damit ist selbstverständlich kein christlich-jüdischer Dialog „auf Augenhöhe" intendiert – ein solches Konzept wäre ganz und gar anachronistisch.

[29] מלחמות השם. Eine deutsche Übersetzung der „Kriege Gottes" bietet *Rolf Schmitz*, Jakob ben Reuben. Kriege Gottes. Milchamot hash-shem, Frankfurt am Main 2011. Aus der reichen Forschungsliteratur zur Apologetik des Hochmittelalters seien die folgenden einführenden Titel erwähnt: *Daniel J. Lasker*, Jewish Philosophical Polemics Against Christianity in the Middle Ages, Oxford/Portland 2007; *Robert Chazan*, Daggers of Faith. Thirteenth-Century Christian Missionizing and Jewish Response, Berkeley 1989.

[30] ספר הוויכוח/*Sefer ha-Wikuach*. *Hans-Georg von Mutius*, Die christlich-jüdische Zwangsdisputation zu Barcelona. Nach dem hebräischen Protokoll des Moses Nachmanides, Frankfurt am Main 1982.

[31] ספר הברית. Eine englische Übersetzung des Werks: *Frank Talmage* (Hg.), The Book of the Covenant of Josef Kimhi, Toronto 1972. Vgl. *Robert Chazan*, Joseph Kimhi's „Sefer Ha-Berit". Pathbreaking Medieval Jewish Apologetics, in: Harvard Theological Review 85 (1992) 417–432.

[32] *Novak*, Dialogue (s. o. Anm. 17), 73.

[33] Der Begriff Haskala (von hebräisch שכל/Sekhel, Verstand, Vernunft) ist ein Abstraktnomen, welches von den Protagonisten der jüdischen Aufklärung im Sinne von Philosophie beziehungsweise Aufklärung verwendet wird.

[34] Vgl. seine Denkschrift „Über die bürgerliche Verbes-

den Comte de Mirabeau (1749–1791), in ihrem Bestreben, der jüdischen Minderheit in Europa Menschen- und Bürgerrechte zu verschaffen. Der Kampf um die bürgerliche Emanzipation erwies sich als ein ebenso langwieriger wie widersprüchlicher Prozess, der bis zum Ende des 19. Jahrhunderts andauerte.

2.4.1 Moses Mendelssohn und die Haskala

Sowohl für jüdische wie für christliche Zeitgenossen fungierte Moses Mendelssohn, der in der Tradition lebende Jude und brillante Autodidakt in den weltlichen Wissenschaften, als Galionsfigur und Vorbild der Haskala – der jüdischen Variante der europäischen Aufklärung.[35] Mit seiner Programmschrift *Jerusalem. Oder über religiöse Macht und Judentum* aus dem Jahr 1783 setzte er Themen und Ton vieler kommender Debatten.

Wie etliche seiner Zeitgenossen befürwortete und gestaltete er Reformen im jüdischen Bildungswesen. Zum Zwecke einer Integration der jüdischen Minderheit hielt er aber eine tiefergehende Analyse des Verhältnisses zwischen Judentum und staatlicher Macht für nötig. Nur die Idee der religiösen Toleranz, insofern sie von staatlichen und geistlichen Stellen gleichermaßen verinnerlicht würde, könne den Juden eine würdige Existenz sichern – Voraussetzung dafür sei jedoch eine Trennung von Staat und Kirche.

Im zweiten Teil der *Jerusalem*-Schrift skizzierte Mendelssohn, wie sich das Judentum in das aufgeklärte Gesellschaftsbild seiner Zeit einfügen könne. Indem er das Judentum als „Orthopraxie" dem Christentum als einer „Orthodoxie" gegenüberstellte, bot Mendelssohn eine These vom fundamentalen Unterschied zwischen beiden Religionen an, die jahrhundertelang äußerst einflussreich gewesen ist.

> Das Judentum rühmt sich keiner ausschließlichen Offenbarung ewiger Wahrheiten, die zur Seligkeit unentbehrlich sind; keiner geoffenbarten Religion, in dem Verstand, in welchem man dieses Wort zu nehmen gewohnt ist. Ein anderes ist geoffenbarte Religion; ein anderes geoffenbarte Gesetzgebung. Die Stimme, die sich an jenem großen Tage auf Sinai hören ließ, rief nicht: „Ich bin der Ewige, dein Gott! Das notwendige, selbständige Wesen, das allmächtig ist und allwissend, das den Menschen in einem zukünftigen Leben vergilt nach ihrem Tun." Dieses ist allgemeine Menschenreligion, nicht Judentum.[36]

Nach Auffassung Mendelssohns würde die Tora nicht zur Anerkennung distinkter theologischer Lehrmeinungen nötigen. Deshalb lasse sich das Judentum ohne Weiteres mit der liberalen Idee von der menschlichen Freiheit und dem Verzicht auf Religionszwang vereinbaren.

> Allein alle diese vortrefflichen Lehrsätze werden dem Erkenntnis [sic!] dargestellt, der Betrachtung vorgelegt, ohne dem Glauben aufgedrungen zu werden. Unter allen Vorschriften und Verordnungen des mosaischen Gesetzes lautet kein einziges: *Du sollst glauben oder nicht glauben*, sondern alle heißen: *Du sollst tun oder nicht tun!* Dem Glauben wird nicht befohlen; denn der nimmt andere Befehle an, als die den Weg der Überzeugung zu ihm kommen.[37]

Anders verhielte es sich bei den Geboten: In diesem Fall droht die Tora allerdings mit Zwang und Strafe – was mit dem Wesen der Religion und der Trennung von Staat und Kirche zu kollidieren scheint. Mendelssohn behilft sich (unter Rückgriff auf Spinoza) historisch-kritisch: Zur Zeit der Abfassung der biblischen Gebote habe es die Grundsätze von Toleranz und Religionsfreiheit noch nicht gegeben. Dennoch implizierten die Mizwot „ewige Vernunftwahrheiten"; sie seien eine Art Symbolsatz, eine Zeichensprache, die den Verstand zur Erkenntnis der göttlichen Wahrheit leiten sollen.[38]

Mit dieser Konstruktion nahm Mendelssohn die großen Akkulturationsdebatten in den jüdischen Strömungen des 19. Jahrhunderts vorweg. Zugleich setzte er sich akkurat zwischen alle Stühle: Die radikaleren Verfechter der Haskala (die „Maskilim") kritisierten sein Festhalten an der Gesamtheit der Gebote und an der Offenbarungsreligion; die Traditionalisten ärgerten sich über seine historisch-kritische Perspektive.

Aufgrund der schmalen beruflichen Entfaltungsmöglichkeiten wirkten viele Maskilim als Hauslehrer im urbanen jüdischen Bürgertum und sorgten dadurch für eine extrem schnel-

---

serung der Juden" von 1781 (http://www.deutsch-juedische-publizistik.de/dohm.shtml).

[35] Zu Leben und Werk Mendelssohns vgl. *Dominique Bourel*, Moses Mendelssohn. Begründer des modernen Judentums. Eine Biographie, aus dem Französischen von Horst Brühmann, Zürich 2007; *Shmuel Feiner*, Moses Mendelssohn. Ein jüdischer Denker in der Zeit der Aufklärung, aus dem Hebräischen von Inge Yassur, Göttingen 2009.

[36] *Moses Mendelssohn*, Jerusalem oder über religiöse Macht und Judentum. Schriften über Religion und Aufklärung, Berlin 1989, 415.
[37] *Mendelssohn*, Jerusalem (s. o. Anm. 36), 418.
[38] *Mendelssohn*, Jerusalem (s. o. Anm. 36), 417.

le Ausbreitung aufklärerischer Ideen. Die Haskala insgesamt war ein komplexes, heterogenes und asymmetrisches Phänomen insofern, als ein binnenjüdischer Diskurs mit einer aktiven Beurteilung und Beteiligung seitens der christlichen Mehrheitsgesellschaft konfrontiert war.[39] Dies führte in manchen Fällen auch dazu, dass klassische antijüdische Invektiven kirchlicher Provenienz – wie beispielsweise der „Obskurantismus" des Talmuds – in das maskilische Argumentationsrepertoire Eingang fanden. In direkter Konfrontation mit der christlichen Mehrheitsgesellschaft galt es, den schmalen Pfad zwischen völliger Anpassung (Konversion) und weitgehender Abschottung zu definieren.

2.5 Moderne und Gegenwart

An der Frage um das richtige Maß von Akkulturation an die europäisch-christliche Mehrheitskultur(en) entzündete sich eine breite innerjüdische Debatte, die in die Entstehung jüdischer „Konfessionen", des liberalen, des konservativen und des neoorthodoxen Judentums, mündete.[40] Ende des 19. Jahrhunderts entwickelten sich zudem säkulare Strömungen, die neben konfessionellen und traditionellen (später: haredischen) Gruppierungen das Dreigestirn einer modernen jüdischen Existenz bilden sollten.[41] An interreligiösen Kontakten zeigen sich vor allem die konfessionellen Strömungen interessiert.

Im späten 19. und im 20. Jahrhundert vollzog sich im Kontext der „Wissenschaft vom Judentum" überdies ein wesentlicher Paradigmenwechsel in der jüdischen Wahrnehmung des Christentums.[42] In ihrem grundlegenden Werk zur religionsgeschichtlichen Leistung Abraham Geigers deutet Susannah Heschel die Wissenschaft des Judentums als „eines der frühesten Beispiele postkolonialen Schreibens".[43] Die jüdischen Akteure schufen eine der bedeutendsten Voraussetzungen für einen modernen interreligiösen Dialog: den Gegendiskurs („counter narrative") einer gesellschaftlichen Minderheit, der die Eigenwahrnehmung der Mehrheit transzendiert.

Geiger versuchte das Judentum zu verteidigen, indem er eine Gegengeschichte der christlichen Gegengeschichte verfasste. Mit anderen Worten, er bot nicht einfach eine gradlinige Darstellung der Juden und des Judentums, sondern präsentierte die jüdische Geschichte im Kontext seiner eigenen Gegengeschichte des Christentums … Vorrangig war das Ziel, dem christlichen Antijudaismus auf dem Wege der Herausforderung durch eine Gegengeschichte Jesu ein Ende zu bereiten.[44]

Auch wenn Geigers Darstellungen Jesu und der frühen Jesusbewegung von der heutigen religionshistorischen Forschung überwiegend nicht geteilt werden, so eröffnete seine Sicht auf die Anfänge des Christentums als einer *gemeinsamen* judäo-christlichen Geschichte völlig neue Perspektiven, zumal er sie (ganz im Sinne der Liberalen Theologie im Protestantismus) mit weitreichenden Forderungen nach Reformen verknüpfte. Zahlreiche jüdische Gelehrte griffen seinen Neuansatz auf und begründeten beziehungsweise vervielfältigten Forschungen zur Spätantike oder zu elementaren Gemeinsamkeiten und Unterschieden jüdischer beziehungsweise christlicher Lehre und Praxis.[45] Im 20. Jahrhundert, vor allem im Umfeld der Schoa, kulminierte die jüdische Leben-

---

[39] Vgl. die differenzierte Charakterisierung der Haskala in *Christoph Schulte*, Die jüdische Aufklärung, München 2002, 17–47.

[40] Der Begriff „Konfession" wird hier tentativ-phänomenologisch verwendet. Zu den internen Diskursen des deutschen Judentums zu Erziehungsformen sowie historiographischer und politischer Eigenverortung siehe *Andreas Gotzmann*, Eigenheit und Einheit. Modernisierungsdiskurse des deutschen Judentums der Emanzipationszeit, Leiden u. a. 2002.

[41] *Haredim* (חרדים, Adjektiv: haredisch) ist eine Eigenbezeichnung für das sogenannte „ultraorthodoxe" Spektrum. Die Bezeichnung „Orthodoxie" oder gar deren Steigerung „Ultraorthodoxie" ist von ihrer Bedeutung her fragwürdig und wird von den damit Bezeichneten zumeist abgelehnt.

[42] Die „Wissenschaft des Judentums" entwickelte sich parallel und häufig in Personalunion (siehe Abraham Geiger [1810–1875], Zacharias Frankel [1801–1875], Esriel Hildesheimer [1820–1899]) zu den Protagonisten der jüdischen Konfessionen. Sie schuf methodisch, inhaltlich und institutionell die Grundlagen der modernen wissenschaftlichen Erforschung des Judentums. Ausgangspunkt dieser gelehrten Unternehmung bildete der Essay „Etwas über die rabbinische Literatur" von Leopold Zunz (1794–1886), der 1819 auch zu den Begründern des „Vereins für Cultur und Wissenschaft der Juden" gehörte. Den äußeren Impuls für die Begründung des ursprünglich als „Verein zur Verbesserung des Zustandes der Juden im deutschen Bundesstaate" benannten Zusammenschlusses vermittelten die HEP-HEP-Krawalle von 1810. Zur „Wissenschaft des Judentums" siehe *Thomas Meyer/Andreas Kilcher* (Hg.), Die „Wissenschaft des Judentums". Eine Bestandsaufnahme (Phänomenologische Untersuchungen 32), Paderborn 2015.

[43] *Susannah Heschel*, Der jüdische Jesus und das Christentum. Abraham Geigers Herausforderung an die christliche Theologie, übersetzt von Christian Wiese, Berlin 2001, 29.

[44] *Heschel*, Der jüdische Jesus (s. o. Anm. 43), 44. Den mit „Gegengeschichte" etwas sperrig übersetzten Terminus „counter history" verwendet Heschel unter Hinweis auf *Amos Funkenstein*, Jüdische Geschichte und ihre Deutungen, Frankfurt am Main 1995, 38 f. und *David Biale*, Gershom Scholem, Kabbalah and Counter-History, Cambridge 1979.

[45] Genannt werden sollte hier (*pars pro toto*) der herausragende sefardische Gelehrte *Elijah Benamozegh* (1823–1900), der Geigers Hypothese von Jesus als einem Pharisäer schöpferisch aufgriff; siehe *Élie Benamozegh*, Morale juive et morale

Jesu-Forschung (und in der Folgezeit auch die Paulus-Forschung jüdischer Provenienz) in einer regelrechten „Repatriierung"[46] des galiläischen Wanderpredigers und seines frühen Propagandisten.[47]

2.5.1 „Das Wesen" – Adolf Harnack (1851–1930) und Leo Baeck (1873–1956)

Eine neue Stufe erklomm der „christlich-jüdische Dialog" durch den Beitrag des bedeutenden liberalen Rabbiners Leo Baeck, der sich durch Adolf Harnacks *Das Wesen des Christentums* (1900) zu einer grundlegenden Debatte herausgefordert sah. Baeck, der Harnacks Werk zu Recht nicht als eine historisch fundierte Darstellung der ersten Jahrhunderte gemeinsamer Geschichte anerkannte, kennzeichnete es vielmehr als eine apologetische Abhandlung. Mit seinem „Wesen des Judentums" (1905) setzte er Harnack eine absichtsvoll ähnlich titulierte Erwiderung entgegen. Baecks scharfsinnige und kundige Rezension des *Wesens des Christentums* sind noch heute als treffsichere Analyse misslingender Dialogversuche lesens- und beachtenswert:

> Der weitgehenden Apologetik steht eine noch weiter gehende oft überaus ungerechte *Polemik* zur Seite. Erstaunlich ist die Gleichgültigkeit, mit der Herr Harnack dabei fast allem gegenübersteht, was die Geschichte über den Zustand des *Judenthums im Zeitalter Jesu* und in den vorangegangenen Jahrhunderten nachweist. Zumal von den Pharisäern ... hat er eine recht schauerliche Vorstellung. Zum Theil scheint dieses Schreckensbild durch Uebertreibung einiger Sätze des Evangeliums entstanden zu sein, zum Theil durch freie phantastische Ausmalung um der Herstellung eines dunklen Hintergrunds willen.[48]

Baeck stellt der polemischen Verzeichnung des Judentums eine eigene Darstellung entgegen und forderte – vor allem in seinen späteren Schriften – eine neue, nichtpolemische Form des christlich-jüdischen Dialogs ein. Er solle offen, ehrlich und dazu bereit sein, alle Fragen zu stellen sowie alle Antworten entgegenzunehmen.[49]

> Die Kirche blieb dem ersten Ursprunge treu. Das ist eine der großen Leistungen der Kirche. Sie hat das alte Testament vor dem neuen Testament in die Bibel aufgenommen. Und sie hat am alten Testament trotz allem und allem immer festgehalten. Und damit kam ein Ferment, ein Sauerteig, in die Kirche hinein. Das alte Testament war dieser Gärungsstoff. Man könnte eine Geschichte der Kirche schreiben, ja, das ist eine einzigartige, eine wirkliche Geschichte der Kirche, die geschrieben werden kann unter dem Titel: „Das Judentum in der Kirche". Immer wieder sind diese Gedanken unserer Bibel, die Forderung der Tat, die Versöhnung, der Weg, in der Kirche lebendig geblieben. Das eint. Das Christentum müßte seine Geschichte verwerfen, wenn es das Judentum verwerfen wollte. Und das Judentum müßte einen Teil, einen wichtigen Teil seiner Geschichte verwerfen, wenn es diese Geschichte des Judentums in der Kirche verleugnen wollte.[50]

2.5.2 Grundlegungen: Martin Buber und Abraham Jehoschua Heschel

Als zwei weitere wesentliche jüdische Stimmen, die den jüdisch-christlichen Dialog nach der Schoa prägten, sind exemplarisch Martin Buber (1878–1965) und Abraham Jehoschua Heschel (1907–1972) zu nennen.

Bubers umfangreiche Stellungnahmen zum Christentum und zum interreligiösen Dialog wurden vielfach reflektiert und gewürdigt.[51] Die ersten Äußerungen aus seiner Feder stehen in engem Zusammenhang mit seiner Forderung nach einer

---

chrétienne. Examen comparatif suivi de quelques réflexions sur les principes de l'Islamisme, Paris 1867.

[46] Der in diesem Zusammenhang häufig verwendete Begriff „Heimholung" erscheint, auch wenn er von den jüdischen Protagonisten dieser Bestrebungen selbst verwendet worden ist, in mehrfacher Hinsicht problematisch. Zum einen zeigt er sich als historisch belastet; zum anderen suggeriert er die Notwendigkeit, die fraglichen Personen überhaupt in ihren jüdischen Zusammenhang zurückholen zu müssen. Letzteres entspricht zwar der christlichen Wahrnehmung, der zufolge zum Beispiel Jesus und Paulus ihrem galiläischen beziehungsweise diasporajüdischen Kontext willentlich den Rücken gekehrt hätten, nicht aber dem Selbstverständnis beider Protagonisten.

[47] Es ist völlig unmöglich, ein auch nur ansatzweise erschöpfendes Literaturverzeichnis zu bedeutenden Werken der jüdischen Jesus-Forschung anzubieten. Eine Übersicht findet sich bei *Zev Garber*, Jesus in the Context of Judaism. Quest, Con-Quest, or Conquest?, in: Shofar 28 (2010), Nr. 3: Jesus in the Context of Judaism, 1–13.

[48] *Leo Baeck*, Harnack's Vorlesungen über das Wesen des Christenthums, in: Monatsschrift für Geschichte und Wissenschaft des Judentums 45 (1901) 97–120, hier 105 (Hervorhebungen im Original). Zu Leben und Werk Leo Baecks siehe *Michael A. Meyer*, Leo Baeck. Rabbiner in bedrängter Zeit, München 2021.

[49] Siehe die zusammenfassende Darstellung von Baecks Äußerungen zum Christentum in *Walter Jacob*, Christianity through Jewish Eyes. The Quest for Common Ground, Cincinnati 1974, 137–161, hier 139.

[50] So Baeck in seinem grundlegenden Essay zum interreligiösen Dialog, siehe *Leo Baeck*, Judentum, Christentum und Islam, in: ders., Nach der Schoa – Warum sind Juden in der Welt? Schriften aus der Nachkriegszeit (Leo Baeck Werke 5), hg. von Albert H. Friedlander und Bertold Klappert, Berlin/New York 2002, 472–489, hier 484 f.

[51] Exemplarisch *Karl-Josef Kuschel*, Martin Buber – seine Herausforderung an das Christentum, Gütersloh 2015; weiterhin *Jacob*, Christianity (s. o. Anm. 49), 172–186.

jüdischen Renaissance und betrachten – ähnlich der Auffassung Leo Baecks – die Jesusbewegung als ein „urjüdisches Phänomen".

> Was an den Anfängen des Christentums nicht eklektisch, was daran schöpferisch war, das war ganz und gar nichts anderes als Judentum. Es war jüdisches Land, in dem diese Geistesrevolution entbrannte; es waren uralte jüdische Lebensgemeinschaften, aus deren Schoße sie erwacht war; es waren jüdische Männer, die sie ins Land trugen; die, zu denen sie sprachen, waren – wie immer wieder verkündet wird – das jüdische Volk und kein anderes; und was sie verkündeten, war nichts anderes als die Erneuerung der Religiosität der Tat im Judentum. Erst im synkretistischen Christentum des Abendlandes ist der dem Okzidentalen vertraute Glaube zur Hauptsache geworden; im Mittelpunkt des Urchristentums steht die Tat ...[52]

Auch Buber hält die Bezugnahme auf die Gemeinsamkeiten zwischen beiden Religionen für eine gute Chance, den Dialog zwischen jüdischen und christlichen Menschen zu befördern und zu vertiefen – die Verschiedenheit beider ist aber nicht minder wertvoll:

> Das Juden und Christen Verbindende ... ist ihr gemeinsames Wissen um die Einzigkeit, und von da aus können wir auch diesem im Tiefsten Trennenden[53] gegenübertreten; jedes echte Heiligtum kann das Geheimnis eines anderen echten Heiligtums anerkennen. ... Wie es möglich ist, daß es die Geheimnisse nebeneinander gibt, das ist Gottes Geheimnis. Wie möglich ist, daß es eine Welt gibt als Haus, in dem diese Geheimnisse wohnen, ist Gottes Sache, denn die Welt ist ein Haus Gottes. Nicht indem wir uns jeder um seine Glaubenswirklichkeit drücken, nicht indem wir trotz der Verschiedenheit ein Miteinander erschleichen wollen, wohl aber indem wir unter Anerkennung der Grundverschiedenheit in rückhaltlosem Vertrauen einander mitteilen, was wir wissen von der Einheit dieses Hauses, von dem wir hoffen, daß wir uns einst ohne Scheidewände umgeben fühlen werden von seiner Einheit, dienen wir getrennt und doch miteinander, bis wir einst vereint werden in dem einen gemeinsamen Dienst.[54]

Nur en passant soll an dieser Stelle an Bubers Werk *Zwei Glaubensweisen* (1950) erinnert werden, mit dem er seine zentrale Dialogphilosophie[55] auch in die christlich-jüdische Beziehungsgeschichte einträgt. Die theologische Würdigung einer dialogischen Grundkonstellation – und nicht die in weiten Teilen überholte religionshistorische Perspektive Bubers – vermittelt den bleibenden Wert der Abhandlung Bubers.[56]

Wie Martin Buber vor allem in Deutschland, so war Abraham Jehoschua Heschel für den interreligiösen Dialog in den USA von überragender Bedeutung. Über die Vereinigten Staaten hinaus reichten sein Einfluss auf den Entstehungsprozess der Erklärung „Nostra Aetate"[57] und seine aktive Beteiligung an der amerikanischen Bürgerrechtsbewegung. Er gehörte zu den tatkräftigen Verfechtern eines jüdisch-christlichen Dialogs und war mit etlichen führenden Theologen eng befreundet.[58] Basis und Movens seines Engagements war seine Überzeugung, dass der Ewige des Menschen bedürfe und am Schicksal jedes Einzelnen interessiert sei.[59]

In dem für sein Verständnis des interreligiösen Dialogs zentralen Essay „No Religion Is an Island" formulierte Heschel:

> The supreme issue is today not the *halacha* for the Jew or the Church for the Christian – but the premise underlying both religions, namely, whether there is a *pathos*, a divine reality concerned with the destiny of man which mysteriously impinges on history; the supreme issue is whether we are alive or dead to the challenge and expectation of the living God. The crisis engulfs all of us. The misery and fear of alienation from God make Jew and Christian cry together.[60]

---

[52] *Martin Buber*, Drei Reden über das Judentum, in: ders., Frühe jüdische Schriften 1900–1922 (Martin Buber Werkausgabe 3), hg. von Barbara Schäfer, Gütersloh 2007, 219–256, hier 247.

[53] Buber bezieht sich auf den Absolutheitsanspruch der Offenbarung Gottes in Christus und die Inkarnationslehre.

[54] *Martin Buber*, Kirche, Staat, Volk, Judentum. Zwiegespräch im Jüdischen Lehrhaus in Stuttgart am 14. Januar 1933, in: ders., Schriften zum Christentum (Martin Buber Werkausgabe 9), hg. von Karl-Josef Kuschel, Gütersloh 2011, 145–168, hier 159.

[55] Vgl. auch *Martin Buber*, Zwiesprache, in: ders., Schriften über das dialogische Prinzip (Martin Buber Werkausgabe 4), hg. von Paul Mendes-Flohr u. a., Gütersloh 2019, 112–150, hier 118–120.

[56] Siehe die Diskussion zu Bubers *Zwei Glaubensweisen* von *Orr Scharf*, Von „Ecclesia et Synagoga" zu „Zwei Glaubensweisen". Martin Bubers Vorlesungen über Judentum und Christentum, in: Martin Buber, Vorlesungen über Judentum und Christentum (Martin Buber Werkausgabe 5), hg. von Orr Scharf, Gütersloh 2017, 11–49.

[57] *Joshua Furnal*, Abraham Joshua Heschel and Nostra Aetate. Shaping the Catholic Reconsideration of Judaism during Vatican II, https://www.jcrelations.net/article/abraham-joshua-heschel-and-nostra-aetate.pdf; *Harold Kasimow/Byron L. Sherwin* (Hg.), No Religion Is an Island. Abraham Joshua Heschel and Interreligious Dialogue, Maryknoll 1991.

[58] *Susannah Heschel*, Introduction, in: Abraham Joshua Heschel, Moral Grandeur and Spiritual Audacity. Essays edited by Susannah Heschel, New York 1997, xxv–xxvii.

[59] „To be is to stand for, and what human beings stand for is the great mystery of being God's partner. God is in need of human beings" (S. Heschel, Introduction [s. o. Anm. 58], xxii).

[60] *A. J. Heschel*, Grandeur (s. o. Anm. 58), 236. Hervorhebungen im Original.

Heschel sah auf einer spirituellen Ebene sowohl die jüdische wie auch die christliche Gemeinschaft vor die Wahl zwischen „interfaith" und „internihilism" gestellt.[61] Angesichts der gewaltigen Verbrechen des 20. Jahrhunderts, der umfassenden Krisen der Humanität, die zum Teil bis heute andauern, schien dies für den Überlebenden der Schoa keine wirklich schwer zu beantwortende Frage.

Mit Bubers Dialogphilosophie als einer quasi metaphysischen Grundlegung und der Theologie eines unmittelbaren und intensiven gesellschaftlichen Engagements im Angesicht göttlicher Unmittelbarkeit, wie Heschel sie entwickelt hat, steht jüdischerseits eine solide Basis für eine Neufassung des jüdisch-christlichen Dialogs zur Verfügung.

2.5.3 Jüdische Theologien des Christentums

Seit den späten 80er-Jahren des 20. Jahrhunderts entstanden verschiedentlich jüdische Initiativen von einer „Theologie des Jüdisch-christlichen Dialogs"[62] über Grundsatzerklärungen wie das berühmte „Dabru Emet" von 2000[63] bis hin zu ausgewachsenen „Theologien des Christentums".[64]

„Theologien des Christentums" aus jüdischer Feder, für die Kogans *Opening the Covenant* als Beispiel dienen soll, bilden eine Antwort auf entsprechende traditionelle und gegenwärtige christliche Unternehmungen.[65] Anders als Novak beginnt Kogan seine Betrachtung mit einer anthropologischen Reflexion, setzt also buchstäblich elementar-biblisch bei Adam und Eva ein. In dieser seiner Exposition, die er als „mytho-history" charakterisiert,[66] verortet er wesentliche Differenzen zwischen jüdischen und christlichen Perspektiven, die letztlich in differenten exegetischen Grundentscheidungen wurzeln. Für die jüdische Tradition, so Kogan in einem einprägsamen Wortspiel, gehe es beim anthropologischen Mythos der Genesis nicht vorrangig um Mortalität, sondern um Moralität.[67] Der freie Wille gilt ihm als wesentliches Unterscheidungsmerkmal zu weiten Teilen vor allem der protestantischen Theologien:

It seems to me that we are dealing with two understandings of a single narrative, the mythos of the Garden of Eden. For Jews there was serious error in the disobedient actions of Adam and Eve, an error that affected all of us. For Christians there was a Fall, an ontological event, that infected us all.[68]

Wesentliche Konzepte, wie die schiere Möglichkeit, Gebote einzuhalten, das Verhältnis von Körper und Seele beziehungsweise Geist, aber auch theologische Perspektiven lassen sich von dieser Weichenstellung her bedenken.

Kogan ruft eine illustre Ahnenreihe jüdischer Vordenker auf, die einer jüdischen Theologie des Christentums den Weg bereiteten: Konkret benennt er Menachem ha-Meiri (1249–1315), Moses Mendelssohn sowie Elijah Benamozegh als Wegbereiter einer neuen Form jüdisch-christlicher Kontakte.[69] Unter der Maßgabe, dass ein wahrhaftiger Dialog die Möglichkeit in sich bergen müsse, sich von den Teilnehmenden beeinflussen zu lassen,[70] richtet Kogan an moderne Denker beider Seiten die Frage, wie weit sie auf-

---

[61] A. J. Heschel, Grandeur (s. o. Anm. 58), 237. Zu Heschels Grundlegung des interreligiösen Dialogs siehe *Alon Goshen-Gottstein*, No Religion Is an Island. Following the Trail Blazer, in: Shofar 26 (2007) (Special Issue: A Jewish Life. Abraham Joshua Heschel. A Centenary Tribute), 72–111.

[62] So *Novak*, Dialogue (s. o. Anm. 17), 114–156. Novak gründet seine *neue* Theologie des jüdisch-christlichen Dialogs auf eine Verhältnisbestimmung zwischen Besonderem (Partikularem) und Allgemeinem (Universalem), von Autonomie und „Theonomie". Schwerpunkt seiner Überlegungen bildet, darin ben Maimun folgend, die Bezogenheit beider Gemeinschaften auf die Bibel, auf die Offenbarung des Ewigen – in einer Kultur des Hörens, die zum ethischen Handeln anleitet.

[63] Das entscheidende Begleitwerk zu „Dabru Emet", von den Autoren verantwortet und in Teilen mitverfasst, ist: *Tikva Frymer-Kensky/David Novak/Peter Ochs/Michael Signer* (Hg.), Christianity in Jewish Terms, Boulder/Oxford 2000. Konfessionell-orthodoxer Provenienz ist die Erklärung „Den Willen unseres Vaters im Himmel tun. Hin zu einer Partnerschaft zwischen Juden und Christen" von 2015. Siehe https://www.jcrelations.net/de/artikelansicht/den-willen-unseres-vaters-im-himmel-tun-hin-zu-einer-partnerschaft-zwischen-juden-und-christen.pdf (letzter Zugriff am 30.03.2023).

[64] Siehe *Michael S. Kogan*, Opening the Covenant. A Jewish Theology of Christianity, Oxford 2008. Siehe auch *Dan Cohn-Sherbok*, Jews, Christians and Religious Pluralism, Lewiston, NY u. a. 1999; *Ephraim Meir*, Interreligiöse Theologie. Eine Sichtweise aus der jüdischen Dialogphilosophie, hg. und übersetzt von Elke Morlok, Berlin/Jerusalem 2016.

[65] Vgl. *Franz Mußner*, Traktat über die Juden, München 1979; *Friedrich-Wilhelm Marquardt*, Das christliche Bekenntnis zu Jesus, dem Juden. Eine Christologie, 2 Bände, München 1990–1991; *Clemens Thoma*, Das Messiasprojekt. Theologie jüdisch-christlicher Begegnung, Augsburg 1994.

[66] *Kogan*, Opening the Covenant (s. o. Anm. 64), 6.

[67] *Kogan*, Opening the Covenant (s. o. Anm. 64), 26.

[68] *Kogan*, Opening the Covenant (s. o. Anm. 64), 26.

[69] *Kogan*, Opening the Covenant (s. o. Anm. 64), 69–77; zu Meiri siehe *Novak*, Dialogue (s. o. Anm. 17), 53–56; zu Mendelssohn und zu Benamozegh *Jacob*, Christianity (s. o. Anm. 49), 15–23 und 34–39.

[70] „True dialogue between individuals or groups must open each participant to the influence of the other" (*Kogan*, Opening the Covenant [s. o. Anm. 64], xii).

einander zu gehen würden.[71] Ihre Stellungnahmen resümierend, konstatiert Kogan eine besondere Nähe zwischen Judentum und Christentum, die es erlaube, die wesentlichen Glaubenslehren des jeweils anderen zu kommentieren. Schließlich teile man sowohl „core texts" als auch einige „core concepts".[72]

Den einzigartigen Charakter des interreligiösen Gesprächs mit dem Christentum begründet Kogan in der folgenden Perspektive:

Once we affirm, as I believe we must, that Jesus is the means by which Israel's God has chosen to come to the gentiles, then we are obliged to ask the following question: if God has acted to break open the covenant to include the other peoples of the world, and god has done this through Christianity, is it appropriate for us to continue to consider Christianity to be composed of false doctrines?[73]

Das jüdische Nein zu christlicher Lehre war eine legitime Reaktion auf die Substitutionslehre und ihre Delegitimierung der jüdischen Gemeinschaft – bis hin zur systematischen Missionierung ab dem 13. Jahrhundert. Da die Kirchen diesen Pfad verlassen hätten, gebe es nun die Möglichkeit einer neuen Gesprächskultur.[74]

3. Themen, Fragestellungen und Problemkomplexe

Nach den theologischen Kurskorrekturen aufseiten der katholischen Kirche und der evangelischen Kirchen, wie man sie beispielsweise aus der Erklärung „Nostra Aetate" oder dem Rheinischen Synodalbeschluss ableiten kann, war also die Zeit gekommen, aufseiten der jüdischen Gemeinschaften Konzepte für den interreligiösen Dialog zu entwickeln.

Eine Zeit echter Religionsgespräche beginnt – nicht jener so benannten Scheingespräche, wo keiner seinen Partner in Wirklichkeit schaute und anrief, sondern echter Zwiesprache, von Gewissheit zu Gewissheit, aber auch von aufgeschlossner Person zu aufgeschlossner Person. Dann erst wird sich die echte Gemeinschaft weisen, nicht die eines angeblich in allen Religionen aufgefundenen gleichen Glaubensinhalts, sondern die der Situation, der Bangnis und der Erwartung.[75]

Unter der Voraussetzung, dass beide Gesprächspartner auf Augenhöhe, beiderseits aufgeschlossen, von „Gewissheit zu Gewissheit" miteinander sprechen, darf man tatsächlich Neues und Interessantes erwarten. Das Ziel der Unternehmung formuliert Kogan folgendermaßen:

The ultimate purpose is for Jews to become better Jews and for Christians to become better Christians and for both to become better and wiser human beings.[76]

Dem ist nicht viel hinzuzufügen. In dieser Grundhaltung, in Anerkenntnis der Tatsache, dass der Ewige zu verschiedenen Zeiten an unterschiedliche Adressaten eine jeweils eigene Offenbarung gerichtet haben könnte, ließen sich beide Parameter: Aufgeschlossenheit und Gewissheit, gut miteinander vereinbaren. Die besondere Nähe beider, Judentum und Christentum, hat sich bislang vor allem in besonderer Erbitterung der gegenseitigen Auseinandersetzung manifestiert. Nun könnte man der Tatsache eingedenk werden, dass die Vielstimmigkeit der Hebräischen Bibel, die Komplexität ihrer Hermeneutik eben auch zu polyphonen Interpretationen der Schrift führen dürfen.

3.1 „Dabru Emet"

Eine sehr anregende thematische Agenda eines neuen „Dialogformats" haben die Autoren von „Dabru Emet" bereits vorgelegt. In acht Punkten haben sie eine Plattform des jüdisch-christlichen Gesprächs entworfen, die sowohl essenzielle inhaltliche Voraussetzungen wie auch wichtige Diskussionsthemen skizziert. Das Dialogpapier, verfasst von einer kleinen Gruppe amerikanischer Jüdinnen und Juden, wurde im September 2000 in ganzseitigen Zeitungsanzeigen publiziert. Viele weitere Gelehrte, Rabbiner/Rabbinerinnen schlossen sich der Erklärung an.

(1) Den Ausgangspunkt bildet die Aussage, dass Jüdinnen/Juden und Christen/Christinnen

---

[71] *Kogan*, Opening the Covenant (s. o. Anm. 64), 85–119. Auf jüdischer Seite werden dazu Franz Rosenzweig, Martin Buber und Abraham Jehoschua Heschel befragt, auf christlicher Paul van Buren, Roy Eckardt und Clark M. Williamson.
[72] *Kogan*, Opening the Covenant (s. o. Anm. 64), 112 f. Als die „central propositions", die das Christentum anbietet, das Judentum jedoch nicht teilt, benennt Kogan die Inkarnation, den stellvertretenden Sühnetod Christi sowie dessen Auferstehung (vgl. 114).
[73] *Kogan*, Opening the Covenant (s. o. Anm. 64), 113.
[74] „We can even attempt a reevaluation of the contents of that message in the light of our own texts" (*Kogan*, Opening the Covenant [s. o. Anm. 64], 114).

[75] *Buber*, Zwiesprache (s. o. Anm. 55), 120. Ähnlich formulierte es auch Abraham Jehoschua Heschel: „The first and most important prerequisite of interfaith is faith" (*Heschel*, Grandeur [s. o. Anm. 58], 241).
[76] *Kogan*, Opening the Covenant (s. o. Anm. 64), 32.

denselben Gott verehren.⁷⁷ Diese Äußerung ist insofern nicht banal, als dass in der jüdischen Tradition verschiedentlich infrage gestellt wurde, ob es sich beim Christentum um ein monotheistisches System handelt oder nicht. Unter Rückgriff auf eine Neudeutung paulinischer Theologie wird jedoch festgestellt, dass dank des Christentums Hunderte Millionen Menschen in eine Beziehung mit dem Gott Israels eingetreten sind.

(2) Die zweite wesentliche Grundlage eines neuen jüdisch-christlichen Dialogs bildet die – bei aller Verschiedenheit in Sprache, Umfang und Auslegungstradition – gemeinsame *Hebräische Bibel*. Sie bot in der Vergangenheit den größten Fundus an Streitthemen, könnte aber in Zukunft einen gleichermaßen bedeutenden Schatz an Diskussionsgegenständen bereithalten.

(3) Die für die meisten jüdischen Strömungen und Denominationen bedeutsame Bindung an *das Heilige Land*⁷⁸ ruft seitens christlicher Konfessionen und Gruppierungen oft emotionale Reaktionen hervor. So manche evangelikale Kirche unterstützt jüdische Siedlungstätigkeit in der Erwartung, dass durch die Migration von Jüdinnen und Juden nach Israel der Anbruch der Endzeit näher rückt, der dann allerdings in eine universale Christianisierung münden soll. Auf der anderen Seite lassen es einige evangelische und katholische Initiativen manchmal sogar an einer minimalen Empathie für die Belange jüdischer Flüchtlinge aus Europa und anderen Ländern der Welt vermissen.

(4) Das als viertes „statement" vorgestellte Prinzip bezieht sich auf *die ethischen Prinzipien der Tora*.⁷⁹ Wie in den beiden vorangegangenen Punkten der Plattform handelt es sich auch hier um einen Grundsatz, der gleichermaßen Gemeinsames wie Trennendes impliziert und daher für einen gelingenden Dialog fruchtbar und von größter Bedeutung ist. Die „ethischen Prinzipien der Tora", die Relevanz der Gebote, weist zugleich auf eine innerjüdische Kontroverse zwischen verschiedenen jüdischen Strömungen, des Sinnes, ob alle Gebote als Offenbarung des Ewigen ohne Abstriche und Aktualisierung einzuhalten oder ob die Halacha an die Zeitläufte anzupassen beziehungsweise zwischen „Ritualgesetzen" und ethischen Geboten zu differenzieren sei.

Die ersten vier Statements umreißen mit dem monotheistischen Bekenntnis, der Tora, dem Heiligen Land und den Geboten tatsächlich den Kern der jüdischen Tradition, der – insofern er auf biblischen Texten gründet – in der christlichen Überlieferung eine ganz eigene Formulierung gefunden hat.⁸⁰ Mit dem zweiten Teil (Sätze 5 bis 8) wenden sich die Autorinnen und Autoren von der Theologie zu Geschichte, Gegenwart und Zukunft einer gemeinsamen Existenz hienieden zu.

Die beiden folgenden Prinzipien (5 und 6) beziehen sich auf die Vergangenheit und die Zukunft der gemeinsamen jüdisch-christlichen Geschichte.⁸¹ Dabei löste die Feststellung, dass der Nationalsozialismus „kein christliches Phänomen" gewesen sei, innerhalb der jüdischen Gemeinschaft Kontroversen aus. Andererseits macht der erläuternde Text deutlich, dass es den Autorinnen und Autoren nicht primär um eine historische Einschätzung ging, sondern wiederum um eine gemeinsame Zukunftsaufgabe – nämlich die, den christlichen Antijudaismus allerorts zu überwinden und sich jüdischerseits um differenzierte Urteile über christliches Handeln zu bemühen.

Der Hinweis auf die ausstehende Endzeit kann das interreligiöse Gespräch wesentlich entlasten: Die bleibenden Unterschiede und Meinungsverschiedenheiten zwischen beiden Religionen brau-

---

⁷⁷ „Jews and Christians worship the same God". Siehe *Frymer-Kensky* u. a. (Hg.), Christianity in Jewish Terms (s. o. Anm. 63), xv. Deutsch: „Dabru Emet – Redet Wahrheit! Eine jüdische Erklärung über Christen und Christentum" (https://www.christen-und-juden.de/Download/DABRU%20EMET.pdf): „Juden und Christen beten zu demselben Gott."

⁷⁸ „Christians can respect the claim of the Jewish people upon the land of Israel" (*Frymer-Kensky* u. a. [Hg.], Christianity in Jewish Terms [s. o. Anm. 63], xvi). Deutsch (s. o. Anm. 77): „Christen können den Anspruch des jüdischen Volkes auf das Land Israel beachten/respektieren."

⁷⁹ „Jews and Christians accept the moral principles of Torah" (*Frymer-Kensky* u. a. [Hg.], Christianity in Jewish Terms [s. o. Anm. 63], xvi). Deutsch (s. o. Anm. 77): „Juden und Christen erkennen die moralischen Grundsätze der Tora an."

⁸⁰ Ähnlich strukturieren auch die orthodoxen Gelehrten ihren Blick auf die christlich-jüdischen Gemeinsamkeiten: „Wir Juden und Christen haben viel mehr gemeinsam, als was uns trennt: den ethischen Monotheismus Abrahams; die Beziehung zum Einen Schöpfer des Himmels und der Erde, der uns alle liebt und umsorgt; die jüdische Heilige Schrift; den Glauben an eine verbindliche Tradition; die Werte des Lebens, der Familie, mitfühlender Rechtschaffenheit, der Gerechtigkeit, unveräußerlicher Freiheit, universeller Liebe und des letztendlichen Weltfriedens" („Den Willen unseres Vaters im Himmel tun", Satz 5, in: *Jehoschua Ahrens* u. a. [Hg.], Hin zu einer Partnerschaft zwischen Juden und Christen. Die Erklärung orthodoxer Rabbiner zum Christentum, Berlin 2017, 255 [online s. u. Anm. 83]).

⁸¹ Der fünfte Satz: „Nazism was not a Christian phenomenon"; der sechste: „The humanly irreconcilable difference between Jews and Christians will not be settled until God redeems the entire world as promised in Scripture." Deutsch (s. o. Anm. 77): „5. Der Nationalsozialismus war kein christliches Phänomen. 6. Der menschlich gesehen unversöhnliche Unterschied zwischen Juden und Christen wird nicht aufgehoben, ehe Gott nicht alle Welt versöhnt, wie verheißen in der Schrift."

chen nicht als eine Streitfrage beurteilt zu werden, über die im Hier und Jetzt von den zwei Parteien zu entscheiden wäre. Im festen Vertrauen auf die neue Perspektive, die sowohl nach christlicher wie auch nach jüdischer Überzeugung am Ende der Zeit durch den Ewigen heraufgeführt wird, darf man zwischenzeitlich nach bestem Wissen und Gewissen geteilter Meinung sein.

(7) Der nachfolgende Grundsatz spricht die vor allem aufseiten jüdischer Akteure und Akteurinnen anzutreffende Skepsis an, dass – wie schon mehrfach in der gemeinsamen Geschichte – ein interreligiöses Gespräch zu Relativismus oder zum Verlust jüdischer Identität („Assimilation") führen könne. Die Befürchtung, vom Gegenüber dominiert zu werden, begleitet alle Dialoginitiativen und kann nur im Vertrauen überwunden, nicht aber als unbegründet vom Tisch gewischt werden.

(8) Schließlich gilt es, heute vielleicht mehr denn je, vom Ziel her zu denken. Die Erklärung mündet in die Aussage, dass jüdische und christliche Partner gleichermaßen dazu bestimmt sind, in der Welt für Gerechtigkeit und Frieden zu wirken – alle theologischen Differenzen, negativen Erfahrungen und Vorbehalte sollten dahinter zurücktreten.[82]

3.2 Zwei Erklärungen aus dem traditionell-orthodoxen Lager

Am 3. Dezember 2015, siebzig Jahre nach dem Ende der Schoa, wurde die Stellungnahme „Den Willen unseres Vaters im Himmel tun: Hin zu einer Partnerschaft zwischen Juden und Christen" als die erste von zwei Erklärungen zur Neufassung der jüdisch-christlichen Beziehungen veröffentlicht. Mehr als fünfzig orthodoxe Rabbiner, federführend dabei die Rabbiner Shlomo Riskin, Dr. Jehoschua Ahrens und David Bollag, haben die Erklärung mit verfasst beziehungsweise sich mit ihr identifiziert.[83]

In der Präambel wird die sich neu darbietende historische Gelegenheit betont, eine partnerschaftliche Zusammenarbeit mit Christinnen und Christen zu etablieren, um den „moralischen Herausforderungen unserer Zeit zu begegnen". Die daran anschließende Positionsbestimmung analysiert in sieben Punkten die historische Situation nach dem absoluten Tiefpunkt der Schoa. Sie setzt mit dem Sinneswandel der katholischen Kirche ein (1.), der wesentliche Stellungnahmen jüdischer Provenienz in Vergangenheit und Gegenwart – von ben Maimun über Samson Raphael Hirsch (1808–1888) bis zum israelischen Oberrabbinat – beigesellt werden (2.). Die folgenden Punkte umreißen gemeinsame Aufgaben („in der Verheißung des Bundes, die Welt unter der Herrschaft des Allmächtigen zu verbessern, sodass die gesamte Menschheit Seinen Namen anruft und Laster von der Erde verbannt werden", vgl. 4.) sowie gemeinsame Überzeugungen beider Gemeinschaften (5.).[84]

Bleibende Differenzen zwischen Judentum und Christentum dürfen, so die Erklärung (6.), bei aller Kooperationsbereitschaft nicht nivelliert werden. Um welche Dissense es sich dabei konkret handelt, wird allerdings nicht benannt. Abschließend betonen die orthodoxen Rabbiner unter Bezug auf den Bund und die Ebenbildlichkeit des Menschen die gemeinsame Aufgabe vorbildhaften Lebens in der Welt und bis zur Erlösung (7.).

Kurz nach dem 50. Jahrestag von „Nostra Aetate" verabschiedete die (orthodoxe) Europäische Rabbinerkonferenz (Conference of European Rabbis, CER) gemeinsam mit dem Amerikanischen Rabbinerverband (Rabbinical Council of America, RCA) und der Kommission beim Oberrabbinat des Staates Israel eine weitere Erklärung, die den Titel „Zwischen Jerusalem und Rom: Die gemeinsame Welt und die respektierten Besonderheiten. Reflexionen über 50 Jahre von Nostra Aetate"[85] erhielt. Sie wurde im August 2017 Papst Franziskus überreicht. Die große Würde und Besonderheit jener Erklärung dürfte weniger in ihrem Inhalt als in der Tatsache zu sehen sein,

---

[82] Siehe „Den Willen unseres Vaters im Himmel tun" (s. o. Anm. 80), Satz 4: „Juden wie Christen haben eine gemeinsame Aufgabe in der Verheißung des Bundes, die Welt unter der Herrschaft des Allmächtigen zu verbessern, so dass die gesamte Menschheit Seinen Namen anruft und Laster von der Erde verbannt werden. Wir verstehen das Zögern beider Seiten, diese Wahrheit anzuerkennen, und fordern unsere Gemeinschaften zur Überwindung dieser Ängste auf, um ein auf Vertrauen und Respekt gegründetes Verhältnis zu schaffen."

[83] Zu Inhalt, Kontext und Würdigung der Erklärung siehe Ahrens u. a. (Hg.), Hin zu einer Partnerschaft zwischen Juden und Christen (s. o. Anm. 80). Die Stellungnahme wird im Folgenden zitiert nach https://www.jcrelations.net/de/statements/ statement/den-willen-unseres-vaters-im-himmel-tun-hin-zu-einer-partnerschaft-zwischen-juden-und-christen.html (letzter Zugriff am 03.07.2023).

[84] Vgl. Anm. 80.

[85] Between Jerusalem and Rome. The Shared Universal and the Respected Particular. Reflections on 50 Years of Nostra Aetate.

dass sich drei bedeutsame Institutionen dieses Schriftstück zu eigen gemacht haben.

Ähnlich der vorausgehenden orthodoxen Stellungnahme bietet „Zwischen Jerusalem und Rom" eine historische Reflexion über die Kehrtwende im jüdisch-christlichen Verhältnis nach der Schoa, sodann eine ausführliche Würdigung der Erklärung „Nostra Aetate" (sowie nachfolgender Annäherungen seitens katholischer Würdenträger). Die Rabbinerkonferenzen betonen, dass die anhaltenden gravierenden Lehrunterschiede – benannt werden unter anderem die Messianität Jesu und die Trinitätslehre – einer friedlichen Zusammenarbeit „für die Verbesserung unserer gemeinsamen Welt" nicht entgegenstehen. Interessanterweise identifizieren die Autoren des Textes den „Säkularismus" und den religiösen Extremismus als gemeinsame Gegner, wobei als Beispiel für Letzteres die „radikalen Ableger des Islams" aufgeführt werden.[86]

> Wir verstehen unsere Mission, ein Licht für die Völker zu sein, als einen Beitrag zur Anerkennung der Heiligkeit, Moral und Frömmigkeit durch die Menschheit. In dem Maße, wie die westliche Welt immer säkularer wird, gibt sie viele moralische Werte auf, die Juden und Christen miteinander teilen. Die Religionsfreiheit wird dadurch zunehmend von den Kräften des Säkularismus und des religiösen Extremismus bedroht. Wir suchen daher vor allem die Partnerschaft der katholischen Gemeinschaft und anderer Glaubensgemeinschaften im Allgemeinen, um die Zukunft der Religionsfreiheit zu gewährleisten, die moralischen Prinzipien unseres Glaubens zu fördern, insbesondere die Heiligkeit des Lebens und die Bedeutung der traditionellen Familie, sowie „das moralische und religiöse Gewissen der Gesellschaft zu pflegen".[87]

Beiden orthodoxen Stellungnahmen ist zu eigen, dass sie eine hohe Bereitschaft zu geteilter ethischer Verantwortung im Dienst an der Welt betonen. Das Bedürfnis, sich über bestimmte theologische Topoi im Gespräch mit Christinnen und Christen auszutauschen, tritt gegenüber „Dabru Emet" klar in den Hintergrund.

4. Das Große „How to …?": Aktuelle Herausforderungen

In geradezu prophetischer Klarheit beschrieb Abraham Jehoschua Heschel in einer Vorlesung von 1966 die Bedeutung interreligiöser Zusammenarbeit. Wenn man der sicherlich schon damals langen Liste der global wirkenden Bedrohungen die Umwelt- und Klimakrise hinzufügt, gewinnen seine Worte noch an Relevanz und Aktualität:

> Our era marks the end of complacency, the end of evasion, the end of self-reliance. Jews and Christians share the perils and the fears; we stand on the brink of abyss together. Interdependence of political and economic conditions all over the world is a basic fact of our situation. … Parochialism has become untenable. … The religions of the world are no more self-sufficient, no more independent, no more isolated than individuals or nations. Energies, experiences, and ideas that come to life outside the boundaries of a particular religion or all religions continue to challenge and to affect every religion. Horizons are wider, dangers are greater … *No religion is an island*. We are all involved with one another.[88]

Angesichts dessen und vor dem Hintergrund der harten Konfrontationen der Vergangenheit gilt es umso mehr, Sorgfalt und Aufmerksamkeit im gegenseitigen Umgang walten zu lassen und neuerliche Verletzungen möglichst zu vermeiden. Schließlich repräsentieren, mindestens im westlichen Europa, jüdische und christliche Akteure und Akteurinnen nur noch eine Minderheit der Bevölkerung – sie sollten also ihre Möglichkeit, in einer zunehmend säkularen oder religiös indifferenten Gesellschaft für Frieden und Gerechtigkeit zu wirken, nicht noch durch Binnenkonflikte oder wenig relevante Themensetzungen beeinträchtigen.

Der schon mehrfach beigezogene konservative Rabbiner David Novak, Ko-Autor des Aufrufs „Dabru Emet", hat in seiner Einführung zum Begleitband jener Erklärung eine Art Etikette für den jüdisch-christlichen Dialog vorgeschlagen („What to Seek and What to Avoid in Jewish-Christian Dialogue"),[89] der im Folgenden diskutiert werden soll. Dabei ist die Liste dessen, was zu erstreben ist, charakteristischerweise kürzer als die Benennung von zu vermeidenden Fallstricken.

---

[86] „Wir fordern die Kirche auf, gemeinsam mit uns den Kampf gegen die neue Barbarei zu vertiefen, namentlich gegen die radikalen Ableger des Islams, die unsere globale Gesellschaft gefährden und welche die sehr zahlreichen gemäßigten Muslime nicht verschonen. Dies bedroht den Frieden in der Welt im Allgemeinen und die christlichen und jüdischen Gemeinschaften im Besonderen. Wir rufen alle Menschen guten Willens auf, gemeinsam das Böse zu bekämpfen." Zitiert hier und im Folgenden nach: https://imdialog.org/dokumente/jeru_rom_wortlaut.pdf (letzter Zugriff am 03.07.2023).

[87] Unter Hinweis auf *Emanuel Jakobovits*, The Timely and the Timeless, London 1977, 119–121.

[88] *A. J. Heschel*, Grandeur (s. o. Anm. 58), 237. Hervorhebung im Original.

[89] *Novak*, Introduction, in: Frymer-Kensky u. a. (Hg.), Christianity in Jewish Terms (s. o. Anm. 63), 1–6.

Zwei Voraussetzungen gilt es, so Novak, unbedingt zu respektieren: Jede Seite solle die jeweils andere aus der Perspektive der eigenen Religion im bestmöglichen Licht wahrnehmen. Diese Wahrnehmung dürfe, zweitens, nicht zu einer Verzerrung dessen führen, was der eigenen Tradition als wahr gilt.[90] Mit diesen dialektisch aufeinander bezogenen Prinzipien ist im Grunde schon ein sehr anspruchsvolles Programm umrissen, aus dem sich die nachfolgend artikulierten Fallstricke organisch ableiten lassen. Was es unbedingt zu vermeiden gilt, umreißt Novak mit den Begriffen Disputation,[91] Bekehrung, Synkretismus, Relativismus und Triumphalismus.[92]

Die Liste möglicher Fehltritte präsentiert sich auf den ersten Blick als selbstverständlich, erweist sich bei näherem Hinsehen aber als gar nicht so trivial. Der interreligiöse Dialog hat seine Berechtigung in sich selbst und darf mit keinerlei impliziten Erwartungen an das Gegenüber verknüpft werden. Er ist vielmehr eine individuelle und kollektive Gratwanderung, die darin ihre Erfüllung findet, dass sich alle Beteiligten frei über ihre Positionen austauschen können, ohne sich über etwas anderes einig sein zu müssen als das notwendige gesellschaftliche Engagement. Interreligiöse Gespräche setzen auf beiden Seiten authentische und gefestigte „Religion" voraus – in spiritueller Praxis, in ethischen Überzeugungen und (gegebenenfalls) theologischen Positionen.

Abraham Jehoschua Heschel weist zu Recht eindringlich darauf hin, dass es Menschen sind, die einander im Dialog begegnen:

To meet a human being is a major challenge to mind and heart. I must recall what I normally forget. A person is not just a specimen of the species called *homo sapiens*. He is all of humanity in one, and whenever one man is hurt, we are all injured. The human is a disclosure of the divine, and all men are one in God's care for man. Many things on earth are precious, some are holy, humanity is holy of holiest. To meet a human being is an opportunity to sense the image of God, the *presence* of God.[93]

Das scheinbar paradoxe Ziel, durch das interreligiöse Gespräch ein besserer Jude oder Christ beziehungsweise eine bessere Christin oder Jüdin zu werden,[94] richtet sich also keineswegs daran aus, die eigene Argumentationsfähigkeit zu schulen oder der jeweils heimatlichen Tradition mehr abgewinnen zu können. Der jüdisch-christliche Dialog hat seine Berechtigung in sich selbst, weil er Gelegenheit dazu bietet, die Verschiedenheit von Positionen, Identität und konkreten Formen spiritueller Praxis zu bewähren.

5. Weiterführende Literatur

Dan Cohn-Sherbok, Jews, Christians and Religious Pluralism, New York u. a. 1979.
Tikva Frymer-Kensky/David Novak/Peter Ochs/Michael Signer (Hg.), Christianity in Jewish Terms, Boulder/Oxford 2000.
Alon Goshen-Gottstein, Sharing Wisdom. Benefits and Boundaries of Interreligious Learning, Lanham 2007.
Paul Hedges, Controversies in Interreligious Dialogue and the Theology of Religions, London 2010.
Michael S. Kogan, Opening the Covenant. A Jewish Theology of Christianity, Oxford/New York 2008.
Marc Aaron Krell, Intersecting Pathways. Modern Jewish Theologians in Conversation with Christianity, New York u. a. 2003.
Ruth Langer, Jewish Understandings of the Religious Other, in: Theological Studies 64 (2003) 255–277.
Ephraim Meir, Interreligiöse Theologie. Eine Sichtweise aus der jüdischen Dialogphilosophie, hg. und übersetzt von Elke Morlok, Berlin/Jerusalem 2016.
David Novak, Jewish-Christian Dialogue. A Jewish Justification, New York u. a. 1989.
Hershel Shanks (Hg.), Christianity and Rabbinic Judaism. A Parallel History of Their Origins and Early Development, London 1993.

---

[90] *Novak*, Introduction (s. o. Anm. 89), 2.
[91] Mit diesem Begriff umschreibt Novak das Bestreben, dem jeweils anderen in der theologischen Diskussion eine Niederlage zuzufügen.
[92] „Triumphalism is the insistence that not only the highest truth but the final truth has already been given to my community alone. Triumphalism poisons the dialogue before it begins. Jews are triumphalist when we assume that Christianity is nothing more than a deviant form of Judaism; Christians are triumphalists when they assume that Judaism is but a precursor of Christianity" (*Novak*, Introduction [s. o. Anm. 89], 5 f.).

[93] *Heschel*, Grandeur (s. o. Anm. 58), 238. Hervorhebungen im Original.
[94] *Kogan*, Opening the Covenant (s. o. Anm. 64), 32.

Christina Späti

Antijudaismus und Antisemitismus

1. Begriffsklärungen

1.1 Verschiedene Begrifflichkeiten

Sowohl in politischen Debatten wie in den verschiedenen Wissenschaftsdisziplinen, die sich mit Antisemitismus befassen, herrscht keinerlei Einigkeit über die Definition dieses „longest hatred", wie es der Antisemitismus-Forscher Robert Wistrich ausgedrückt hat.[1] Für diese Uneinigkeit gibt es verschiedene Gründe. Zum einen sind sie in der langen Geschichte der Judenfeindschaft zu suchen. Über die Jahrhunderte seines Bestehens machte der Antisemitismus bedeutende Transformationen durch, während gleichzeitig bestimmte Deutungen und Bilder von Jüdinnen und Juden eine erstaunliche Konstanz aufwiesen. Zum anderen sorgen der Umgang mit dem israelischen Staat und die Frage nach antisemitischen Tendenzen in der Kritik an Israel bis in die jüngste Zeit für Kontroversen, die sich auch in unterschiedlichen Definitionsversuchen von Antisemitismus niederschlagen. Schließlich gibt es semantische Unklarheiten. So existieren zahlreiche Synonyme für Antisemitismus, wie etwa „Judenfeindschaft", „Judenhass" oder „Judäophobie". Zudem erscheint der Begriff „Antisemitismus" vielen als problematisch, da er Ende der 1870er-Jahre in einem judenfeindlichen Umfeld popularisiert wurde. Überdies verweist der im Wort enthaltene Hinweis auf die Semiten auf die Konstruktion eines angeblichen Gegensatzes zwischen „Ariern" und „Semiten", die im Laufe des 19. Jahrhunderts von Rassentheoretikern hergestellt wurde und die traditionelle sprachwissenschaftliche Bedeutung von „Semiten" überlagerte.[2]

Trotz dieser Unbestimmtheiten hat sich der Begriff „Antisemitismus" weitgehend durchgesetzt. Ein gewisser Konsens herrscht unter Wissenschaftlerinnen und Wissenschaftlern auch in Bezug auf eine begriffliche und inhaltliche Unterscheidung zwischen „Antijudaismus" und „Antisemitismus". Während unter „Antijudaismus" in erster Linie die christlich-theologisch geprägte Abneigung gegen Juden und Jüdinnen verstanden wird, steht „Antisemitismus" für die Ausprägung der modernen Judenfeindschaft. Der Differenzierung liegt die zentrale Annahme zugrunde, dass sich die Wahrnehmung von Juden und Jüdinnen sowie die damit verbundenen Zuschreibungen und Vorurteile im Laufe des 19. Jahrhunderts mit dem aufkommenden Kapitalismus, Rassismus und Nationalismus entscheidend verändert hatten.

Allerdings ist auch diese Einordnung nicht eindeutig. Denn der strikte Gegensatz zwischen auf rein religiösen Vorurteilen und theologischen Abgrenzungen beruhenden Zuschreibungen und nationalistisch oder rassistisch begründeten Ablehnungen, wie sie in der Moderne entstanden, lässt sich weder zeitlich noch inhaltlich ohne Weiteres aufrechterhalten.

Diese verschiedenen Aspekte einer *longue durée* in der Geschichte des Antisemitismus hat einige Expertinnen und Experten zur Sichtweise geführt, dass die Schoa als negativer Höhepunkt einer langen Geschichte judenfeindlicher Ausgrenzungen zu verstehen sei.[3] Insbesondere während und nach der Zeit des Nationalsozialismus war diese Interpretation vorherrschend, und der Holocaust wurde folglich von Intellektuellen wie Hannah Arendt, George Moss oder Fritz Stern als Resultat eines spezifisch deutschen Antisemitismus verstanden.[4] Autoren wie Daniel Goldhagen, die den Holocaust als eine unausweichliche Konsequenz des deutschen Antisemitismus im 19. Jahrhundert interpretieren, sind ebenfalls zu dieser Denkrichtung zu zählen.[5]

Andere Fachleute hingegen gehen davon aus, dass es keine direkte Verbindung vom christlichen Antijudaismus zum nationalsozialistischen

---

[1] *Robert S. Wistrich*, Antisemitism. The Longest Hatred, New York 1991.

[2] Im englischsprachigen Raum wird deshalb zuweilen versucht, die rassistische Komponente des Begriffs zu umgehen, indem anstelle von „anti-Semitism" die Schreibweise „antisemitism" verwendet wird.

[3] Siehe beispielsweise *Wistrich*, Antisemitism (s. o. Anm. 1); *Yehuda Bauer*, Vom christlichen Judenhass zum modernen Antisemitismus. Ein Erklärungsversuch, in: Jahrbuch für Antisemitismusforschung 1 (1992) 77–90.

[4] *Richard S. Levy*, The Holocaust, in: Sol Goldberg/Scott Ury/Kalman Weiser (Hg.), Key Concepts in the Study of Antisemitism, Cham 2021, 133–146, hier 139 f.

[5] *Daniel J. Goldhagen*, Hitlers willige Vollstrecker. Ganz gewöhnliche Deutsche und der Holocaust, Berlin 1996.

Massenmord gebe. Diese Position kann, wie im Falle einiger Theologinnen und Theologen, in apologetischer Absicht eingenommen werden, insbesondere, wenn die Verwendung des Antijudaismusbegriffs im Sinne einer Entlastung vom kompromittierten Antisemitismusbegriff erfolgt.[6] Doch auch für andere Forscherinnen und Forscher übersieht eine solche teleologische Sichtweise, die die Geschichte von der Schoa aus rückwärts aufrollt, die mannigfachen Transformationen der Judenfeindschaft und die Präsenz von Antisemitismus in anderen (Welt-)Regionen als Deutschland. Zudem verdeckt diese Perspektive die längeren Phasen von relativ friedlicher Koexistenz von Juden und Christen in der Geschichte.[7]

1.2 Christlicher Antijudaismus

Der christliche Antijudaismus entstand aus dem Abgrenzungsbedürfnis der sich neu herausbildenden Religion gegenüber dem Judentum. Bereits im Matthäusevangelium, so Peter Schäfer, erfolgte eine zunehmende Erweiterung in der Benennung der Gegner Jesu: Waren es zunächst Pharisäer und Schriftgelehrte, die negativ konnotiert wurden, so verschob sich bei der Ablehnung der von Pilatus vorgeschlagenen Freilassung Jesu der Fokus auf das ganze jüdische Volk. Dieses galt fortan als verantwortlich für die Kreuzigung. Allerdings handelte es sich hier noch um eine innerjüdische Diskussion.[8]

Zentral war bei der Herausbildung des Frühchristentums die Ambivalenz, die sich aus dem Umstand ergab, dass beide Religionen sich auf das Erste Testament als Ursprung der göttlichen Offenbarung bezogen. Die von den Kirchenvätern ab der Mitte des zweiten Jahrhunderts entwickelte Substitutionslehre postulierte, dass durch die Verweigerung der Anerkennung von Christus als Messias die heilsgeschichtliche Rolle der Juden auf die Kirche übergegangen sei. Das Festhalten der Juden an ihrem Glauben wurde folglich als Verstockung, Blindheit oder Heuchelei interpretiert.[9] Der christliche Antijudaismus legte damit bereits kurz nach der Entstehung der neuen Religion den Grundstein für das Verhältnis zwischen Juden und Nichtjuden, wie es sich über die folgenden Jahrhunderte weiterziehen würde: das Judentum als Antithese.[10]

Weitere Zuschreibungen, die in der Anfangszeit zur Herabwürdigung des Judentums entwickelt wurden, umfassten Kritik an angeblich inhaltslosen Ritualen der jüdischen Religion. Den Juden und Jüdinnen wurde vorgeworfen, für einen „Gottesmord" verantwortlich gewesen zu sein und sich dadurch eine immerwährende Schuld aufgeladen zu haben. Hatte es sich bei solchen Interpretationen zunächst um Aussagen von führenden Kirchenvertretern gehandelt, so ging mit der Ausbreitung des Christentums und dessen Aufwertung zur Staatsreligion ab dem vierten Jahrhundert eine Verschiebung auf weitere Akteure, die einfachen Priester und die Gläubigen, über.[11]

Zu einer weiteren Ausweitung des klassischen Repertoires des Antijudaismus kam es im 13. Jahrhundert, als im Zusammenhang mit den Debatten um die Transsubstantiationslehre Vorwürfe von Hostienschändung und Ritualmord aufkamen. Zunehmend vermischten sich religiös motivierte Anschuldigungen mit Elementen eines Volksaberglaubens. Eine eigentliche Sündenbockfunktion begannen die Juden einzunehmen, als im 14. Jahrhundert Seuchen und andere Krisen die Gesellschaften bedrohten. In diesem Zusammenhang entwickelten sich die Beschuldigungen von Brunnenvergiftungen. Überdies zeigten sich hier die Anfänge antijüdischer Verschwörungstheorien.[12]

Ebenso erweiterte sich der antijüdische „Wissensbestand" um den Vorwurf des Wuchers, welcher aus dem Umstand abgeleitet wurde, dass Juden das den Christen verbotene Zinsnehmen übernahmen. Waren also die antijüdischen Ste-

---

[6] *Ekkehard W. Stegemann*, Theologie zwischen Antisemitismuskritik und alten Vorurteilen, in: ders./Wolfgang Stegemann, Vom Anti-Judaismus zum Anti-Israelismus. Der Wandel der Judenfeindschaft in theologisch-kirchlichen Diskursen, hg. von Soham Al-Suadi, Stuttgart 2021, 153–171, hier 157.
[7] *Kalman Weiser*, Introduction, in: Goldberg u. a. (Hg.), Key Concepts (s. o. Anm. 4), 1–12.
[8] *Peter Schäfer*, Kurze Geschichte des Antisemitismus, München 2022, 50–58.

[9] *Rainer Kampling*, Substitutionslehre, in: Wolfgang Benz (Hg.), Handbuch des Antisemitismus. Judenfeindschaft in Geschichte und Gegenwart, Band 3: Begriffe, Theorien, Ideologien, Berlin/New York 2010, 310–312. Siehe dazu auch den Beitrag von *Gregor Maria Hoff* im vorliegenden Band.
[10] *Christhard Hoffmann*, Das Judentum als Antithese. Zur Tradition eines kulturellen Wertungsmusters, in: Werner Bergmann/Rainer Erb (Hg.), Antisemitismus in der politischen Kultur nach 1945, Opladen 1990, 20–38.
[11] Vgl. *Rainer Kampling*, Antijudaismus, in: Benz (Hg.), Handbuch des Antisemitismus (s. o. Anm. 9), 10–13.
[12] *Johannes Heil*, „Gottesfeinde" – „Menschenfeinde". Die Vorstellung von jüdischer Weltverschwörung (13. bis 16. Jahrhundert), Essen 2006.

reotype und Bilder zu Beginn noch rein religiös definiert und motiviert gewesen, so gesellten sich nach und nach weitere, ökonomisch und sozial fundierte Vorwürfe hinzu.[13]

Der Kanon des christlichen Antijudaismus war damit am Ende des Mittelalters festgelegt. Die religiös geprägten Vorurteile und Stereotype wirkten weiter, auch als sich die Gesellschaften zunehmend säkularisierten. Über die Jahrhunderte wurde der Antijudaismus so konstitutiv für das Christentum, dass selbst in Ländern, etwa den nordischen, wo keine Juden und Jüdinnen wohnten, antijüdisch geprägtes „Wissen" über Juden zirkulierte.[14] Geht man von einer begrifflichen Unterscheidung zwischen Antijudaismus und Antisemitismus aus, so betrafen die weiteren Transformationen der Judenfeindschaft Letzteren. Dies bedeutet aber nicht, dass der neue Antisemitismus den christlichen Antijudaismus ablöste; dessen Versatzstücke wurden bis nach dem Holocaust vorab in religiösen Kreisen weitertradiert.

1.3 Antisemitismus

1.3.1 Definitorische Divergenzen und Abgrenzungen zu anderen Phänomenen

Weit mehr als der Begriff „Antijudaismus" hat in jüngster Zeit die Definition von „Antisemitismus" zu Debatten und Kontroversen geführt, nicht nur in der Wissenschaft, sondern auch in Politik und Gesellschaft. Die Gründe für diese Kontroversität sind zahlreich. Wird von der Annahme ausgegangen, dass im 19. Jahrhundert eine neue Ausprägung der Judenfeindschaft – der Antisemitismus – entstand, so umfasst dessen Existenz zwar einen viel kürzeren Zeitraum als jener des Antijudaismus. Jedoch schließt er einerseits die Schoa als Kulminationspunkt des eliminatorischen Antisemitismus und deren schwieriges Erbe ein. Andererseits bildete die Gründung des israelischen Staates 1948 nicht nur eine entscheidende Zäsur in der jüdischen Historie, sondern auch in der Geschichte des Antisemitismus. Diese mannigfachen und komplexen historischen, sozialen und politischen Veränderungen erschweren eine Definition von Antisemitismus mit einem allgemeingültigen Fokus.

Eine zweite Schwierigkeit, die zu definitorischen Divergenzen führt, ist die Frage nach Abgrenzungen und Unterscheidungen von Antisemitismus gegenüber anderen Ausprägungen von Diskriminierung, gesellschaftlichem Ausschluss oder Vorurteilen. Während nach dem Zweiten Weltkrieg in der Antisemitismusforschung ein Fokus auf ethnische Vorurteile gelegt und Judenfeindlichkeit als Variante der Fremdenfeindlichkeit verstanden wurde, sind solche Interpretationen heute eher in den Hintergrund getreten.[15] Wie beispielsweise Werner Bergmann betont, handelt es sich beim Antisemitismus um ein komplexeres Phänomen als bei Fremdenfeindlichkeit, das Züge einer Weltanschauung trägt, welche über die Wiedergabe einzelner Stereotype hinausgehen.[16]

Weiter stellt sich die Frage nach dem Verhältnis zwischen Rassismus und Antisemitismus. Auch dieses ist seit 1945 in der Forschung unterschiedlich definiert worden und wird in jüngster Zeit wieder kontroverser diskutiert.[17] Zumindest was den Entstehungskontext im späten 19. Jahrhundert betrifft, gibt es durchaus Parallelen zwischen dem Kolonialrassismus und dem modernen Antisemitismus. Unter dem Eindruck der Entwicklung der „Rassen"-Theorien sollten beide Ideologeme dazu dienen, die Universalität der Menschheit, wie sie von der Aufklärung postuliert worden war, wiederum infrage zu stellen. Es gibt aber auch bedeutende Unterschiede zwischen Antisemitismus und Rassismus: Während Ersterer die Jüdinnen und Juden als überlegen und übermächtig darstellt, erniedrigt der Rassismus seine Opfer.[18] Für manche Antisemitismusforscherinnen und -forscher wie etwa Monika Schwarz-Friesel und Jehuda Reinharz wiegen die Unterschiede viel schwerer als allfällige Gemeinsamkeiten. Vor dem Hintergrund der Annahme der Singularität der Schoa verbietet sich für sie ein Zusammendenken von Antisemitismus mit anderen Ausgrenzungsideologien.[19]

---

[13] *Wolfgang Benz*, Antisemitismus. Präsenz und Tradition eines Ressentiments, Frankfurt am Main ³2020, 24–39.

[14] Siehe dazu zum Beispiel *Cordelia Heß*, The Medieval Archive of Antisemitism in Nineteenth-Century Sweden, Berlin/Boston 2022.

[15] Siehe hierzu *Kenneth L. Marcus*, The Definition of Antisemitism, in: Charles Asher Small (Hg.), Global Antisemitism. A Crisis of Modernity, Leiden/Boston 2013, 97–109.

[16] *Werner Bergmann*, Was heißt Antisemitismus?, in: Materialien zu Dialog und Bildung 10 (2019) 18–28.

[17] Siehe hierzu *Christina Späti*, Antisemitismus und kolonialer Rassismus in der Schweiz, in: Jovita dos Santos Pinto u. a. (Hg.), Un/Doing Race. Rassifizierung in der Schweiz, Zürich/Genf 2022, 161–176.

[18] *Birgit Rommelspacher*, Was ist eigentlich Rassismus?, in: Claus Melter/Paul Mecheril (Hg.), Rassismuskritik, Band I: Rassismustheorie und -forschung, Schwalbach 2009, 25–38, hier 26 f.

[19] *Monika Schwarz-Friesel/Jehuda Reinharz*, Die Sprache

Schließlich erschweren angesichts der Persistenz von Antisemitismus bis in die Gegenwart auch tagespolitische Differenzen die Definition von Antisemitismus. Zudem verkompliziert die Bekämpfung von Antisemitismus die Definitionsfrage, da entsprechende Organisationen häufig mit vereinfachten Begrifflichkeiten operieren müssen, die Kategorisierungen und Quantifizierungen erlauben.

1.3.2 Aktuelle Definitionen und ihre Einordnung

Die politisch wohl einflussreichste, aber auch sehr umstrittene Antisemitismusdefinition stammt von der International Holocaust Remembrance Alliance (IHRA).[20] Bei der 1998 in Schweden gegründeten IHRA handelt es sich um eine internationale Organisation, welche zum Ziel hat, die Erinnerung an den Holocaust weltweit zu koordinieren und zu fördern. Schwerpunkte werden dabei auf die Aufklärung in Bezug auf den Holocaust sowie auf die Bekämpfung von Antisemitismus gelegt. Bis Anfang 2023 haben sich 35 Länder in der IHRA zusammengeschlossen, unter anderem Deutschland, Österreich und die Schweiz. Zum Zweck der Antisemitismusbekämpfung wurde 2016 eine Arbeitsdefinition von Antisemitismus verabschiedet.

Diese Definition blickt auf eine längere Geschichte zurück. Als um das Jahr 2000 antisemitische Vorfälle in Europa und weltweit zunahmen, intensivierte sich die Diskussion um Antisemitismus, insbesondere auch in Bezug auf israelkritische Aussagen.[21] In der Folge arbeiteten verschiedene Organisationen, Institutionen sowie Forscherinnen und Forscher an einer gemeinsamen Arbeitsdefinition von Antisemitismus. Von 2005 bis 2013 beriefen sich das European Monitoring Centre on Racism and Xenophobia (EUMC) und dessen Nachfolgeorganisation, die European Union Agency for Fundamental Rights (FRA), auf diese Definition, ohne dass sie jemals als offiziell formalisiert wurde. Erst als sich die IHRA-Mitgliederstaaten 2016 entschieden, ebenfalls darauf zu rekurrieren, erhielt sie eine zunehmend stärkere Bedeutung.[22] Erleichtert wurde die Adoption durch diese verschiedenen Akteure deshalb, weil die Definition nicht rechtsverbindlich ist.

Ihr Kern ist folgender: „Antisemitismus ist eine bestimmte Wahrnehmung von Jüdinnen und Juden, die sich als Hass gegenüber Jüdinnen und Juden ausdrücken kann. Der Antisemitismus richtet sich in Wort oder Tat gegen jüdische oder nichtjüdische Einzelpersonen und/oder deren Eigentum sowie gegen jüdische Gemeindeinstitutionen oder religiöse Einrichtungen." Ergänzt wird diese Kerndefinition durch eine Reihe von mehr oder weniger konkreten Beispielen, wobei umstritten ist, ob diese ebenfalls einen integralen Bestandteil der Definition bilden. Mehrere dieser Beispiele befassen sich mit Israel, was nicht weiter verwunderlich ist, wenn man den Entstehungskontext und die Absichten des Dokuments berücksichtigt. Als antisemitisch werden etwa das „Aberkennen des Rechts des jüdischen Volkes auf Selbstbestimmung" oder die „Anwendung doppelter Standards, indem man von Israel ein Verhalten fordert, das von keinem anderen demokratischen Staat erwartet oder gefordert wird", taxiert.

Es erstaunt kaum, dass die IHRA-Arbeitsdefinition mit diesen konkreten Beispielen politisch trotz der großen Akzeptanz unter vor allem westlichen Staaten und regierungsnahen Organisationen bei anderen zivilgesellschaftlichen Akteuren hoch umstritten ist. Denn gerade die beiden erwähnten Beispiele lassen trotz konkretisierenden Anspruchs Raum für Interpretation. In Deutschland entzündeten sich die Debatten auf der Basis der Antisemitismusdefinition in Bezug auf den Umgang mit der politischen Bewegung „Boycott, Divestment, Sanctions" (BDS). Diese sehr heterogene Organisation mit Ablegern in vielen Ländern fordert unter anderem einen Boykott von Waren, Dienstleistungen und Menschen, die einen Bezug zu Israel aufweisen. Als der deutsche Bundestag 2019 die IHRA-Definition verabschiedete, bezog sich der Entschluss explizit auch auf die BDS und verurteilte diese in scharfen Worten

---

der Judenfeindschaft im 21. Jahrhundert, Berlin/Boston 2013, 59.

[20] Die Definition findet sich auf der Webseite der IHRA: https://holocaustremembrance.com/resources/working-definition-antisemitism (letzter Zugriff am 05.04.2023).

[21] Vgl. *Dina Porat/Giovanni Quer/Talia Naamat*, The IHRA Working Definition of Antisemitism. Criticism, Implementation, and Importance, Special Publication, Contemporary Antisemitism in the United States – collection of articles, December 23, 2021, https://www.inss.org.il/publication/ihra/ (letzter Zugriff am 05.04.2023).

[22] *Dina Porat*, Definitionen des Antisemitismus. Kontroversen über den Gegenstandsbereich eines streitbaren Begriffs, in: Marc Grimm/Bodo Kahmann (Hg.), Antisemitismus im 21. Jahrhundert. Virulenz einer alten Feindschaft in Zeiten von Islamismus und Terror, Berlin/Boston 2018, 27–49, hier 45.

als antisemitisch.²³ Da die Boykottfrage in der Arbeitsdefinition der IHRA nicht explizit erwähnt wird, wird deutlich, dass es sich hierbei um eine nahostpolitisch motivierte Interpretation handelt, was verschiedentlich kritisiert worden ist.²⁴ Doch auch die Kritik an der IHRA-Definition ist häufig politisch motiviert. Auch sie bezieht sich in erster Linie auf die Beispiele und moniert etwa eine Einschränkung der freien Meinungsäußerung bei kritischen Aussagen zu Israel.²⁵

Bezüglich der wissenschaftlichen Auseinandersetzung mit der IHRA-Definition muss allerdings daran erinnert werden, dass die Arbeitsdefinition keinen wissenschaftlichen Anspruch hat. Außerdem sollte sie gemäß Kenneth Stern, der als einer der Väter der Definition gilt, in erster Linie dazu verwendet werden, konkrete antisemitische Vorfälle zu klassifizieren und die juristischen Instanzen bei der Verfolgung antisemitischer Straftatbestände zu unterstützen.²⁶

Gleichwohl haben sich auch zahlreiche wissenschaftlich tätige Antisemitismusexpertinnen und -experten damit auseinandergesetzt. In diesem Zusammenhang gibt häufig bereits die Kerndefinition Anlass zu Kritik. Die Formulierung „eine bestimmte Wahrnehmung" von Juden wird als unpräzise beschrieben. Umgekehrt wirkt die Limitierung auf die explizite Erwähnung von „Hass" gegenüber Juden und Jüdinnen als unnötig einschränkend, da „Hass" nur eine in einer ganzen Reihe von antisemitisch motivierten Emotionen darstellt.²⁷ Angesichts der Kürze und Vagheit der Kerndefinition stellen die angehängten Beispiele in den meisten Fällen eine Erweiterung der Begriffsbestimmung dar. Einige der Beispiele verweisen auf Definitionselemente, die in der Antisemitismusforschung gut etabliert und kaum umstritten sind. Dazu zu zählen ist der Rekurs auf verschwörungstheoretische Momente oder auf unterschiedliche Sphären, in denen sich Antisemitismus manifestieren kann.²⁸ Starke Kritik hervorgerufen haben die Beispiele, welche antisemitische Tendenzen in der Auseinandersetzung mit Israel ansprechen. Dies ist kaum verwunderlich, spiegeln doch die unterschiedlichen Meinungen dazu die Polarisierung in Bezug auf die Beurteilung und Einschätzung der Existenz und der Handlungen des israelischen Staates wider – eine Polarisierung, die auch vor der Wissenschaft nicht haltmacht.

Angesichts der zahlreichen Debatten, die die IHRA-Definition in Politik und Wissenschaft auslöste, ist es nicht überraschend, dass zwei weitere Definitionen vorgelegt wurden. Bei der einen handelt es sich um das sogenannte Nexus-Dokument, das 2021 von der gleichnamigen Task Force verabschiedet und von US-amerikanischen, liberalen Wissenschaftlerinnen und Wissenschaftlern verfasst wurde. Es fand vor allem in den USA Beachtung und verstand sich als Handlungsanleitung für Policymakers, sollte also ähnlich wie die IHRA-Definition in erster Linie der praktischen Bekämpfung von Antisemitismus dienen. Das Dokument liefert zum einen eine Kerndefinition, die über die kurzen Hinweise der IHRA-Definition hinausgeht. Es postuliert: „Antisemitism consists of anti-Jewish beliefs, attitudes, actions or systemic conditions. It includes negative beliefs and feelings about Jews, hostile behavior directed against Jews (because they are Jews), and conditions that discriminate against Jews and significantly impede their ability to participate as equals in political, religious, cultural, economic, or social life."²⁹ Darüber hinaus enthält das Nexus-Dokument ebenfalls einen Beispielteil, der sich in erster Linie mit Israel und der Frage des Antisemitismus befasst. Dieser thematisiert nicht nur, in welchen Fällen in der Kritik an Israel antisemitische Tendenzen zu erkennen seien, sondern zählt auch Beispiele von Aussagen über Israel auf, die nicht antisemitisch seien.

Die andere Antisemitismusdefinition, die ebenfalls 2021 als Reaktion auf Kritik an der IHRA-Definition verfasst wurde, stieß vor allem in Europa und Israel auf Aufmerksamkeit. Unter

---

²³ Siehe Antrag der Fraktionen CDU/CSU, SPD, FDP und BÜNDNIS 90/DIE GRÜNEN, Deutscher Bundestag Drucksache 19/10191, 19. Wahlperiode, 15.5.2019.

²⁴ Siehe *Muriel Asseburg*, Die deutsche Kontroverse um die BDS-Bewegung, in: Wolfgang Benz (Hg.), Streitfall Antisemitismus. Anspruch auf Deutungsmacht und politische Interessen, Berlin 2020, 284–298.

²⁵ Vgl. zum Beispiel *Jan Deckers/Jonathan Coulter*, What Is Wrong with the International Holocaust Remembrance Alliance's Definition of Antisemitism?, in: Res Publica 28 (2022), Nr. 4, 733–752.

²⁶ Vgl. *Rebecca Ruth Gould*, The IHRA Definition of Antisemitism. Defining Antisemitism by Erasing Palestinians, in: The Political Quarterly 91 (2020), Nr. 4, 825–831, hier 826.

²⁷ Siehe hierzu *Derek Penslar*, Who's Afraid of Defining Antisemitism?, in: Antisemitism Studies 6 (2022), Nr. 1, 133–145, hier 136.

²⁸ Siehe hierzu *Peter Ullrich*, Gutachten zur „Arbeitsdefinition Antisemitismus" der International Holocaust Remembrance Alliance (Rosa Luxemburg Stiftung Papers 2/2019), Berlin 2019, 12.

²⁹ https://israelandantisemitism.com/the-nexus-document/ (letzter Zugriff am 05.04.2023).

der Bezeichnung „Jerusalemer Erklärung zum Antisemitismus" (Jerusalem Declaration on Antisemitism – JDA) wurde sie von führenden Wissenschaftlerinnen und Wissenschaftlern auf dem Gebiet der Antisemitismus- und der Holocaustforschung verfasst beziehungsweise unterzeichnet. Auch ihre Kerndefinition gestaltet sich ausführlicher und detaillierter als jene der IHRA: „Antisemitismus ist Diskriminierung, Vorurteil, Feindseligkeit oder Gewalt gegen Jüdinnen und Juden als Jüdinnen und Juden (oder jüdische Einrichtungen als jüdische)."[30] Und auch sie thematisiert sowohl weitere Definitionsaspekte wie Verschwörungstheorien als auch antisemitische und nicht antisemitische Aussagen zu Israel.

1.3.3 Synthese der verschiedenen Definitionen

Wird die Frage nach israelbezogenem Antisemitismus ausgeklammert, so lässt sich bei den Kernelementen der jeweiligen Definitionen ein gewisser Konsens erreichen.[31] Erstens basiert Judenfeindschaft auf einem seit Jahrhunderten bestehenden „Wissenssystem", das sowohl Meinungen wie Einstellungen zu Juden und Jüdinnen beeinflusst. Einen wichtigen Teil dieses „Wissenssystems" machen Vorurteile und Stereotype aus, die in der Regel negativ konnotiert sind und sich sowohl durch ihre Langlebigkeit wie ihre Flexibilität und Anpassungsfähigkeit auszeichnen. Diese können sowohl in Worten wie in Bildern ausgedrückt werden. Einen weiteren relevanten Aspekt stellen Verschwörungsphantasien dar, welche die verschiedenen Stereotype und Vorurteile zu Erklärungsmustern verweben, die komplexitätsminimierend wirken. In bestimmten Situationen können sich die Meinungen und Einstellungen auch zu Handlungen bis hin zu Gewalttaten steigern.[32]

Zweitens ist es wichtig hervorzuheben, dass sich die Positionen und Haltungen gegen Juden und Jüdinnen als „Juden" und „Jüdinnen" richten. Dies bedeutet zum einen, dass sich Animositäten oder Vorurteile nicht zufällig auf gewisse Personen beziehen, sondern einzig und allein aus dem Grund, dass sie jüdisch sind. Zum anderen wird damit ausgesagt, dass solche pauschalisierenden und essenzialisierenden Zuschreibungen keinerlei Bezug zu Eigenschaften und Verhaltensweisen von konkreten Personen haben, sondern vielmehr ein bestimmtes „Bild" von „Juden" oder „Jüdinnen" bedienen.[33] Zusätzlich kann sich Antisemitismus auch gegen jüdische Einrichtungen (unter gewissen Umständen gegen Israel als den jüdischen Staat) richten oder auch gegen nichtjüdische Personen oder Einrichtungen, die „jüdisch" konnotiert werden.

Drittens zeigt sich Antisemitismus beim Umgang mit vergangener oder gegenwärtiger Judenfeindschaft, insbesondere, wenn Antisemitismus geleugnet wird.[34] Hier handelt es sich um eine Ausprägung von Antisemitismus, wie sie typisch ist für die Zeit nach 1945, in der judenfeindliche Äußerungen in weiten Kreisen zu einem Tabu geworden sind. Häufig äußert sie sich im sogenannten „sekundären Antisemitismus", welcher aus der Abwehr der Erinnerung an die Schoa, deren Trivialisierung oder Relativierung bis hin zur Leugnung entsteht.[35]

2. Aktuelle Debatten: israelbezogener Antisemitismus und muslimischer Antisemitismus

2.1 Neuer Antisemitismus seit 2000?

Um das Jahr 2000 herum glaubten viele Beobachterinnen und Beobachter in westlichen Gesellschaften einen sogenannten „neuen" Antisemitismus zu erkennen, der sich einerseits im Zusammenhang mit einem neuen Thema, nämlich Israel, manifestierte, andererseits von neuen Akteuren – Migrantinnen und Migranten vornehmlich muslimischen Glaubens – sowie von

---

[30] https://jerusalemdeclaration.org/wp-content/uploads/2021/03/JDA-deutsch-final.ok_.pdf (letzter Zugriff am 05.04.2023).

[31] Siehe hierzu auch die einflussreiche Definition von Antisemitismus von *Helen Fein*, Dimensions of Antisemitism. Attitudes, Collective Accusations, and Actions, in: dies. (Hg.), The Persisting Question. Sociological Perspectives and Social Contexts of Modern Antisemitism, Berlin/Boston 1987, 67–85.

[32] Siehe hierzu zum Beispiel *Werner Bergmann*, Tumulte, Excesse, Pogrome. Kollektive Gewalt gegen Juden in Europa, 1789–1900 (Studien zu Ressentiments in Geschichte und Gegenwart 4), Göttingen 2020.

[33] Siehe hierzu *Brian Klug*, The Collective Jew. Israel and the New Antisemitism, in: Patterns of Prejudice 37 (2003), Nr. 2, 117–138, hier 122–124.

[34] Vgl. zum Beispiel *Monika Schwarz-Friesel*, Antisemitismus-Leugnung. Diskursive Strategien der Abwehr und die emotionale Dimension von aktueller Judenfeindschaft, in: dies. (Hg.), Gebildeter Antisemitismus. Eine Herausforderung für Politik und Zivilgesellschaft, Baden-Baden 2015, 293–312.

[35] Siehe zum Beispiel *Lars Rensmann*, Demokratie und Judenbild. Antisemitismus in der politischen Kultur der Bundesrepublik Deutschland, Wiesbaden 2004, 90f.

Linken und Linksliberalen, ausging.³⁶ Mit Blick auf zahlreiche antisemitische Vorfälle in europäischen Staaten sowie in den USA warnte der britische Oberrabbiner Jonathan Sacks 2003 vor einem neuen Antisemitismus, der sich als globales Phänomen über die neuen Kommunikationstechnologien verbreite.³⁷ Auch der französische Philosoph Pierre-André Taguieff, Autor zahlreicher Studien zu Antisemitismus und Rassismus, hielt fest, dass es im Frankreich der Nachkriegszeit nie so viele antijüdische Vorkommnisse in den unterschiedlichsten Milieus wie zu Beginn der 2000er-Jahre gegeben habe. Hinzu komme, dass vonseiten der Mehrheitsgesellschaft selten so wenige Reaktionen gegen den öffentlich zur Schau gestellten Antisemitismus zu verzeichnen gewesen seien. Taguieff identifizierte die Trägerinnen und Träger der „nouvelle judéophobie" ebenfalls im linken sowie im muslimischen Milieu und machte sie in erster Linie an der Kritik am israelischen Staat fest.³⁸

Allerdings äußerten sich in der Debatte auch kritische Stimmen, die die Neuartigkeit des gegenwärtigen Antisemitismus infrage stellten. Autoren wie Jonathan Judaken weisen darauf hin, dass weder die Negation des Holocaust noch antisemitische Aussagen in der Kritik an Israel um die Jahrtausendwende neuartige Tendenzen darstellten, sondern dass diese Erscheinungsformen des Antisemitismus weiter in die Nachkriegszeit zurückreichten.³⁹ Tatsächlich hatte sich bereits nach dem Sechstagekrieg 1967 und im Zuge der 68er-Bewegung eine starke Strömung innerhalb der europäischen radikalen Linken entwickelt, die in ihre prinzipielle Infragestellung des zionistischen Staates antisemitische Ideologeme mischte.⁴⁰

Neben dieser historischen Dimension bezogen sich die Auseinandersetzungen mit einem allfälligen neuen Antisemitismus inhaltlich auf das kontrovers diskutierte Verhältnis zwischen legitimer und antisemitischer Kritik an Israel. Hat diese Debatte aufgrund des Ausbruchs der Zweiten Intifada ab 2000 einerseits und der Zunahme antisemitischer Vorfälle in ganz Europa um diese Zeit andererseits eine neue Intensität erhalten, so reihten sich auch hier die vorgebrachten Argumentationslinien in eine längere Tradition.⁴¹

In Bezug auf die Akteurschaft fokussierte die Debatte nicht nur auf die politische Linke, sondern auch auf die Frage eines spezifisch islamischen Antisemitismus. Neben dem Umstand, dass in dieser Frage der Nahostkonflikt ebenfalls eine wichtige Rolle spielte, drehten sich die Diskussionen auch um die Rolle (muslimischer) Migrantinnen und Migranten in Europa bei der Verbreitung antisemitischer Äußerungen oder bei Tätlichkeiten. Dabei wurden Fragen nach länger zurückreichenden antisemitischen Traditionen im Islam kontrovers diskutiert.

Weitgehend unbestritten ist in der aktuellen Debatte schließlich ein letzter Punkt, der auf eine Neuartigkeit der Ausdrucksformen aktueller antisemitischer Tendenzen hinweist. Nicht nur bietet das World Wide Web unzählige Möglichkeiten zur Verbreitung antisemitischer Propaganda. Durch die Verbreitung neuer technologischer Kommunikationsmöglichkeiten, insbesondere neuer sozialer Medien und Messengerdienste, können sich diskriminierende, teilweise gar strafwürdige Aussagen staatlicher, politischer oder gesellschaftlicher Kontrolle und Einschränkungsmöglichkeiten weitgehend entziehen.

2.2 Israelbezogener Antisemitismus

2.2.1 Antizionismus

Im Hinblick auf – möglicherweise – antisemitisch motivierte Kritik an Israel findet sich häufig der Rückgriff auf den Begriff „Antizionismus". Wie sich semantisch aus dem Ausdruck ablesen lässt, können darunter die Ablehnung von oder zumindest Kritik an der zionistischen Bewegung und ihren Idealen, wie sie sich gegen Ende des 19. Jahrhunderts herauskristallisierten, verstanden werden. Der Zionismus strebte generell gesagt unter dem Einfluss des Nationalismus und

---

³⁶ Vgl. *Doron Rabinovici/Ulrich Speck/Natan Sznaider* (Hg.), Neuer Antisemitismus? Eine globale Debatte, Frankfurt am Main 2004.

³⁷ *Jonathan Sacks*, A New Antisemitism?, in: Paul Iganski/Barry Kosmin (Hg.), A New Antisemitism? Debating Judeophobia in 21ˢᵗ-Century Britain, London 2003, 38–53.

³⁸ *Pierre-André Taguieff*, La nouvelle judéophobie, Paris 2002.

³⁹ *Jonathan Judaken*, So What's New? Rethinking the ‚New Antisemitism' in a Global Age, in: Patterns of Prejudice 42 (2008), Nr. 4–5, 531–560.

⁴⁰ Siehe hierzu beispielsweise *Christina Späti*, Die schweizerische Linke und Israel. Israelbegeisterung, Antizionismus und Antisemitismus zwischen 1967 und 1991, Essen 2006; *Margit Reiter*, Unter Antisemitismus-Verdacht. Die österreichische Linke und Israel nach der Shoah, Innsbruck 2001.

⁴¹ Siehe zum Beispiel *Claudia Globisch*, Radikaler Antisemitismus. Inklusions- und Exklusionssemantiken von links und rechts in Deutschland, Wiesbaden 2013; *Thomas Haury*, Antisemitismus von Links. Facetten der Judenfeindschaft, Berlin 2019.

Antisemitismus im Europa der zweiten Hälfte des 19. Jahrhunderts die Erschaffung einer jüdischen Heimstätte an, wobei zu Beginn weder die geographische Lage noch die politische Ausgestaltung dieses Gebildes klar waren. Rasch kristallisierten sich innerhalb der zionistischen Bewegung verschiedene Strömungen heraus, die sehr unterschiedliche Vorstellungen über die politische, kulturelle oder gesellschaftliche Ausrichtung eines jüdischen Staates entwickelten. Abgelehnt wurde der Zionismus insbesondere von religiösen Vertretern eines traditionalistischen Judentums, die die Bestrebungen zur jüdischen Staatswerdung als einen Verstoß gegen die göttliche Vorsehung interpretierten. Auch unter assimilierten Juden und Jüdinnen war der Zionismus in der ersten Hälfte des 20. Jahrhunderts oftmals umstritten, weil sie ihn als Gefährdung ihrer labilen sozialen Stellung in den modernen Gesellschaften sahen.[42] „Antizionismus" in dieser Zeit war also in erster Linie eine innerjüdische Angelegenheit.

Etwas komplexer präsentiert sich die Sachlage, wenn Antizionismus in einen Zusammenhang mit dem 1948 gegründeten Staat Israel gebracht wird. Wird der Begriff manchmal einfach als Synonym für (antisemitisch motivierte) Kritik an Israel benützt, so ist es naheliegender, ihn im Sinne seiner begriffsgeschichtlichen Herkunft so einzusetzen, dass er die grundsätzliche Infragestellung oder gar Ablehnung des Existenzrechts des israelischen Staates als Endprodukt der verschiedenen zionistischen Bewegungen bezeichnet. Gemäß dem Beispielkatalog der IHRA ist dieses „Aberkennen des Rechts des jüdischen Volkes auf Selbstbestimmung" als antisemitisch zu taxieren.[43]

Anders präsentiert sich hier die Interpretation der „Jerusalem Declaration on Antisemitism". Sie hält fest, dass die Ablehnung oder Kritik am Zionismus als einer Form des Nationalismus nicht antisemitisch sei. Eine solche Auslegung geht von der Annahme aus, dass jeder Nationalismus kritisiert oder hinterfragt werden kann, der jüdische genauso wie alle anderen.[44] Allerdings stellt sich hier die Frage nach der Beurteilung des Sachverhalts, wenn in Stellungnahmen zum Nahen Osten der Zionismus abgelehnt wird, während andere Formen des Nationalismus, wie sie beispielsweise von der palästinensischen Nationalbewegung propagiert werden, nicht angezweifelt werden. Eine solche argumentative Ungleichbehandlung von Juden mit Nichtjuden, und damit einhergehend die Anwendung unterschiedlicher Maßstäbe, wird oftmals als antisemitisch empfunden.

2.2.2 Doppelte Standards, Dämonisierung, Delegitimierung (3D-Test)

Der sogenannte 3D-Test soll ein Instrumentarium bilden, um Antisemitismus im Umgang mit dem israelischen Staat zu erkennen. Entwickelt wurde er 2003 von Nathan Sharansky, dem damaligen israelischen Minister für Jerusalem und Diaspora. Gemäß dem – wie Sharansky es ausdrückte – simplen Test sollte von Antisemitismus in der Kritik an Israel die Rede sein, wenn eines oder alle der drei „Ds" erfüllt seien:[45]

– Dämonisierung Israels, also eine deutlich übertriebene, überproportional negative Darstellung des jüdischen Staates. Hierfür wird als Beispiel oftmals die Gleichsetzung israelischer Behörden oder Politiker mit Nationalsozialisten genannt;
– Doppelte Standards, also eine selektive Kritik nur an Israel unter Nichtbeachtung von Menschenrechtsverletzungen und Ähnlichem in anderen Staaten. Als Beispiel wird hier häufig der Umgang mit Terrorismus genannt, dessen Bekämpfung anderen Staaten, nicht aber Israel zugestanden werde;
– Delegitimierung, das heißt die Ablehnung des israelischen Existenzrechts, also eines Rechts, das bei keinem anderen existierenden Staat infrage gestellt werde.

Trotz des eminent politischen Kontexts seiner Entstehung stößt der 3D-Test auch in Teilen der wissenschaftlichen Auseinandersetzung mit Antisemitismus auf Resonanz und wird zur Identifikation antisemitischer Aussagen in Kritik an Israel herangezogen. Samuel Salzborn schreibt beispielsweise, dass die Präsenz der drei „Ds" auf antizionistischen Antisemitismus hinweise; denn sowohl die grundsätzliche Infragestellung der Legitimität Israels wie auch das Anlegen doppelter Stan-

---

[42] Vgl. unter anderem *Michael Brenner*, Geschichte des Zionismus, München ⁵2019.
[43] https://holocaustremembrance.com/resources/working-definition-antisemitism (letzter Zugriff am 05.04.2023).
[44] https://jerusalemdeclaration.org/wp-content/uploads/2021/03/JDA-deutsch-final.ok_.pdf (letzter Zugriff am 05.04.2023).

[45] *Nathan Sharansky*, 3D Test of Anti-Semitism. Demonization, Double Standards, Delegitimization, in: Jewish Political Studies Review 16 (2004), Nr. 3–4, https://jcpa.org/article/3d-test-of-anti-semitism-demonization-double-standards-delegitimization/ (letzter Zugriff am 05.04.2023).

dards an Israelis und Palästinenser, etwa in Bezug auf (para)militärische Aktionen, seien antisemitisch.[46]

Es gibt jedoch auch Kritik an diesem Test zur Identifikation von Antisemitismus in israelbezogenen Äußerungen. Wilhelm Kempf etwa hat herausgearbeitet, dass die drei Ds in jedem Konflikt herangezogen werden, insofern typisch für den Umgang von Konfliktparteien miteinander seien, somit aber kein hinreichendes Merkmal für die Identifikation von Antisemitismus darstellen.[47] Gemäß Lothar Zechlin erlaubt der 3D-Test keine inhaltliche, sondern nur eine graduelle Unterscheidung zwischen nicht-antisemitischer und antisemitischer Kritik, was dazu führe, dass Israelkritik desto antisemitischer erscheine, je schärfer sie formuliert wird.[48]

2.2.3 Antisemitismus in der Kritik an Israel

Die Frage, inwieweit Antizionismus mit Antisemitismus gleichgesetzt werden kann, ist also nicht nur in der Öffentlichkeit, sondern auch in der Wissenschaft umstritten. Jede Annahme, dass die beiden Phänomene eine tief verwurzelte Identität teilen, setzt voraus, dass die Begriffe „Zionisten" und „Juden" austauschbar seien und von Antizionisten synonym verwendet würden. Diese Behauptung ist jedoch empirisch schwer zu beweisen. Außerdem würde sie bedeuten, dass jede Kritik am Zionismus antisemitische Tendenzen enthält.

Zunächst erhebt sich die Frage, ob, wie die IHRA-Definition postuliert, von Antisemitismus gesprochen werden kann, wenn in kritischen Bemerkungen Israel als „jüdisches Kollektiv" verstanden wird. Hier stellt sich jedoch das Problem, dass eine solche Kollektivierung keineswegs nur eine Außenperspektive, sondern Teil des zentralen Selbstverständnisses des Staates Israel beziehungsweise seiner jüdischen Mehrheit darstellt. Diese Sichtweise wurde im israelischen Grundgesetz von 2018 noch verstärkt, welches Israel ausdrücklich als „nationale Heimstätte des jüdischen Volkes" bezeichnet. Folglich ist es kaum möglich, den Staat Israel nicht als jüdisches Kollektiv zu sehen, trotz der palästinensischen Bevölkerung innerhalb Israels.[49]

Kritik an Israel ist dann antisemitisch, wenn sie sich nicht gegen Israelis oder die israelische Politik richtet, sondern eine Verallgemeinerung enthält, die sich explizit auf Israelis als Juden bezieht. Dies ist nachvollziehbar, wenn davon ausgegangen wird, dass israelbezogener Antisemitismus kein von anderen Ausprägungen des Antisemitismus (rassistisch, modern oder sekundär) klar abgrenzbarer Typus und damit kein Phänomen sui generis ist.[50] Folglich lassen sich verschiedene Zusammenhänge herauskristallisieren, in denen deutlich wird, dass mit der Kritik an Israel in erster Linie auf Juden und Jüdinnen abgezielt wird.

Der erste Kontext bezieht sich auf die Verwendung traditioneller antisemitischer Stereotype in Äußerungen zu Israel.[51] Auch wenn der Antisemitismus nach 1945 seine Macht als Ideologie verloren hat, haben antisemitische Vorurteile und Stereotype, die gleichzeitig flexibel und langlebig sind, ein hohes Maß an Kontinuität gezeigt. Es ist daher nicht überraschend, dass sie auch in Diskussionen über Israel auftauchen. Einige von ihnen sind klassische antijüdische Stereotype, die sich auf eine angebliche jüdische Sturheit in religiöser Hinsicht oder auf die Vorstellung eines rachsüchtigen Judentums im Gegensatz zu einem friedliebenden Christentum stützen, zum Beispiel die Verwendung der antisemitischen Klischees der „blinden Rache" oder „Auge um Auge". Bei Letzterem wird übersehen, dass es sich dabei nicht um einen Aufruf zu Rache, sondern um ein Talionsgesetz handelt, das auf ausgleichende Gerechtigkeit abzielt, die der Ausgangspunkt für jede Rechtsprechung ist. Die Kritik des Kapitalismus in marxistischer Tradition ist ein weiterer Kontext, in dem antisemitische Stereotype verwendet werden. Diese Art von Texten findet sich hauptsächlich in Äußerungen der radikalen Linken. In diesen Artikeln, die sich auf ältere Schriften von Karl Marx oder anderen Kommunisten berufen,

---

[46] *Samuel Salzborn*, Antisemitismus. Geschichte, Theorie, Empirie, Baden-Baden 2014, 109 f.

[47] *Wilhelm Kempf*, Antisemitismus und Israelkritik (Diskussionsbeiträge der Projektgruppe Friedensforschung Konstanz 79), Konstanz 2017, 1 f.

[48] *Lothar Zechlin*, Antisemitismus als Rechtsbegriff. Wann ist Israelkritik antisemitisch und wann ist sie es nicht?, in: Kritische Justiz 55 (2021), Nr. 1, 31–46, hier 36 f.

[49] Siehe hierzu unter anderem *Oliver Hidalgo*, Der israelbezogene Antisemitismus und die Gratwanderung einer nichtantisemitischen ‚Israelkritik' – Versuch einer demokratietheoretischen Mediation, in: Zeitschrift für Religion, Gesellschaft und Politik 6 (2022) 161–187, hier 164.

[50] *Klaus Holz/Thomas Haury*, Antisemitismus gegen Israel, Hamburg 2021, 20.

[51] Siehe hierzu zum Beispiel *Julia Edthofer*, Vom antiimperialistischen Antizionismus zur aktuellen Boykottbewegung. Veränderungen und Kontinuitäten des israelbezogenen Antisemitismus in der Wiener autonomen Linken, in: Österreichische Zeitschrift für Soziologie 42 (2017) 407–424.

werden Klischees wie „jüdischer Kapitalismus", „Wucherer" oder „Parasiten" verwendet. Und schließlich kann man immer wieder Kritik an Israel lesen, die sich auf Verschwörungsphantasien stützt, indem beispielsweise auf eine angebliche israelische oder zionistische Lobby verwiesen wird oder indem Codes wie „Rothschild" oder „Soros" verwendet werden.

Ein zweiter Kontext bezieht sich auf den Antisemitismus im Umgang mit der Schoa.[52] Der Nationalsozialismus und die Schoa wurden und werden häufig im Zusammenhang mit Israel genannt. Dabei verfolgen insbesondere Antizionisten eine Doppelstrategie. Einerseits nehmen sie die Schoa oft nicht zur Kenntnis, wenn sie die Anfänge des Nahostkonflikts erklären. In den 1970er-Jahren gingen einige Autoren so weit, über Pogrome gegen Juden im Russischen Reich zu schreiben, aber wenn es um die 1930er- und 1940er-Jahre ging, wurde die Schoa mit keinem Wort erwähnt. Andererseits instrumentalisieren Antizionisten die nationalsozialistische Judenverfolgung, um den Zionismus zu delegitimieren, indem sie die Zionisten der Kollaboration mit den Nationalsozialisten bezichtigen. Eine weitere Möglichkeit, den Zionismus zu delegitimieren, ist die Gleichsetzung von Zionisten mit Nationalsozialisten. In ähnlicher Weise werden israelische Gefängnisse manchmal mit Konzentrationslagern gleichgesetzt oder die israelischen Verteidigungskräfte als „Wehrmacht" und der Mossad als SS tituliert.[53]

Das Ausklammern der Schoa oder die Gleichsetzung von Zionisten mit Nationalsozialisten ist antisemitisch, weil es die Verbrechen der Nationalsozialisten relativiert. Wenn diese Methoden verwendet werden, um die israelische Politik zu kritisieren, beziehen sie sich auf Juden im Allgemeinen und nicht nur auf bestimmte Israelis; denn die Nationalsozialisten verfolgten nicht Zionisten, sondern Juden.

Der dritte Kontext umfasst eine Umkehrung von Tätern und Opfern.[54] Das Konzept der Täter-Opfer-Umkehr basiert auf dem Umstand, dass die Juden im Allgemeinen die Opfer der Nationalsozialisten waren. Viele Kommentatoren des Nahostkonflikts argumentieren, dass die Palästinenser heute zu den „Opfern der Opfer" geworden seien. Die ehemaligen Opfer, die Juden, sind damit zu Tätern geworden. Dabei richtet sich die Kritik an Israel nicht gegen Israelis, sondern gegen Juden im Allgemeinen und ist daher potenziell antisemitisch. Dies ist zum Beispiel bei Aussagen der Fall, die nicht Israelis, sondern Juden oder das jüdische Volk im Allgemeinen für das Leid der Palästinenser verantwortlich machen. Eine weitere problematische Vermischung von Juden und Israelis zeigt sich in der Aussage, dass Juden selbst an antisemitischen Vorkommnissen schuld seien. So werden beispielsweise nach Kriegen im Nahen Osten regelmäßig israelische Politiker für den Anstieg des Antisemitismus in westlichen Ländern verantwortlich gemacht.

Es ist wichtig festzustellen, dass Antisemitismus in jeder Aussage über Israel auftauchen kann, selbst in einer, die sich in positiver Weise auf Israel bezieht. Bei der Beschreibung bestimmter Aspekte des Staates Israel können selbst begeisterte Befürworter des jüdischen Staates antisemitische Stereotype verwenden. Antijüdische Äußerungen sind jedoch eher in einer scharfen Kritik am Zionismus zu finden, insbesondere in antizionistischen Einstellungen.

2.3 Muslimischer (oder islamisierter) Antisemitismus

Ebenfalls als Teilaspekt des „neuen" Antisemitismus wird in den gegenwärtigen Debatten der Umstand genannt, dass unter migrantischen Gruppen mit muslimischem Hintergrund in Westeuropa antisemitische Tendenzen überproportional vertreten sind.[55] Allerdings ist es auch hier wenig sinnvoll, einen spezifisch muslimischen Typus von Antisemitismus von anderen abzugrenzen; denn auch der von diesen Gruppen geäußerte Antisemitismus enthält Versatzstücke aus dem modernen, dem rassistischen oder dem religiösen Antisemitismus.[56]

Untersuchungen zufolge ist Antisemitismus unter Muslimas und Muslimen in vielen europäischen Ländern „wesentlich stärker verbreitet … als in der Gesamtbevölkerung", wie Günther Ji-

---

[52] Siehe zum Beispiel *Timo Stein*, Zwischen Antisemitismus und Israelkritik. Antizionismus in der deutschen Linken, Wiesbaden 2011, 26 f.

[53] Siehe hierzu unter anderem *Späti*, Die schweizerische Linke und Israel (s. o. Anm. 40), 197–210.

[54] Siehe hierzu zum Beispiel *Haury*, Antisemitismus von Links (s. o. Anm. 41), 50 f.

[55] Siehe hierzu *Cemal Öztürk/Gert Pickel*, Der Antisemitismus der Anderen. Für eine differenzierte Betrachtung antisemitischer Einstellungen unter Muslim:innen in Deutschland, in: Zeitschrift für Religion, Gesellschaft und Politik 6 (2022) 189–231.

[56] Vgl. *Klaus Holz*, Die Gegenwart des Antisemitismus. Islamistische, demokratische und antizionistische Judenfeindschaft, Hamburg 2005, 50 f.

keli nachgewiesen hat.[57] Seinen Untersuchungen nach spielen für diesen Umstand weniger Diskriminierungserfahrungen oder der Nahostkonflikt eine Rolle. Vielmehr betont er die Bedeutung antisemitischer Einstellungen in muslimischen Ländern, die dort eher die Regel denn die Ausnahme bildeten. Erschwerend komme hinzu, dass bislang nur eine Minderheit islamischer Gelehrter sich von solchen antisemitischen Traditionen distanziere. Umgekehrt weisen diverse Studien auch darauf hin, dass die Zustimmung zu antisemitischen Deutungsmustern unter europäischen Muslimas und Muslimen deutlich geringer ist als in der Türkei und in arabischen Staaten.[58]

Die Einschätzungen dieser Manifestationen von Antisemitismus und ihrer Bedeutung variieren stark. So ist beispielsweise umstritten, welche Rolle Antisemitismus in der Geschichte des Islams spielte. In der Frage möglicher Manifestationen im Islam des Mittelalters scheiden sich die Geister je nachdem, ob sich der Blick stärker auf judenfeindliche Passagen in den islamischen heiligen Schriften oder auf das konkrete Zusammenleben zwischen Juden und Muslimen richtet.[59] Noch kontroverser gestaltet sich die Diskussion über die Entwicklungen im 20. Jahrhundert. Matthias Küntzel beispielsweise betont, dass aus historischen Gründen der heutige islamische Antisemitismus sehr stark von der NS-Ideologie durchsetzt sei, die sich im Laufe des 20. Jahrhunderts mit bestehenden, religiös konnotierten islamischen Vorurteilen gegenüber dem Judentum verbunden hätten.[60] Einer solchen Perspektive stellt sich etwa Philipp Henning entgegen, gemäß dem es sich beim in der arabischen Welt vorzufindenden Antisemitismus in erster Linie um einen Import der europäischen modernen und rassistischen Judenfeindschaft handle, die kaum eine Verwurzelung in der religiösen Tradition des Islam habe.[61] Stellt man sich auf diesen Standpunkt, so ist es korrekter, anstatt vom muslimischen von einem islamistischen Antisemitismus zu sprechen, der mit der Re-Islamisierung von Teilen der muslimischen Bevölkerung in Europa zusammenhängt.[62]

Auch die Debatten um den muslimischen Antisemitismus sind stark von unterschiedlichen Positionierungen in Bezug auf den Nahostkonflikt geprägt. So prangert Küntzel die Instrumentalisierung von Antisemitismus durch islamische Kreise an und stellt sich im Nahostkonflikt deutlich auf die Seite Israels.[63] Andere Autorinnen und Autoren hingegen verweisen darauf, dass islamisierter Antisemitismus, der sich im Zusammenhang mit dem Nahostkonflikt äußere, nicht einfach mit europäischem Antizionismus und Antisemitismus gleichgesetzt werden könne, da es sich hier um einen realen Konflikt handle. Der islamisierte Antisemitismus entwickelte sich demnach parallel zum Nahostkonflikt und hängt eng mit diesem zusammen. Auch im in Teilen der europäischen muslimischen Bevölkerung in Europa zum Ausdruck kommenden Antisemitismus spielen postkoloniale Traumata eine Rolle, wie Juliane Wetzel betont.[64]

Insbesondere von rechtspopulistischen und rechtsextremen Akteurinnen und Akteuren wurde in den letzten Jahren der Umstand eines islamisierten Antisemitismus instrumentalisiert, um ihrer Ablehnung von Migration und Präsenz von Muslimas und Muslimen in Europa Ausdruck zu geben. Dabei überspielen sie antisemitische Muster in der eigenen Ideologie. Salzborn erkennt zahlreiche Parallelen zwischen dem rechtsextremen und dem islamistischen Antisemitismus, die von Leugnung der Schoa bis hin zu antijüdischen Verschwörungsphantasien reichen.[65] In vielen Fällen bleibt es im Rechtsextremismus jedoch nicht bei der Ideologie: Rechtsextreme Täter und Täterinnen sind auch verantwortlich für die übergroße Mehrheit antisemitischer Vorfälle, wie eine polizeiliche Statistik für Deutschland für das Jahr 2018 zeigt. Allerdings gibt es auch Zweifel an der Validität dieser Statistiken, da die Polizei „Straftaten aus dem muslimischen Spektrum nicht gesondert" ausweise.[66]

---

[57] *Günther Jikeli*, Antisemitismus unter Muslimen in Deutschland und Europa, in: Olaf Glöckner/ders. (Hg.), Das neue Unbehagen. Antisemitismus in Deutschland heute, Hildesheim/Zürich/New York 2019, 49–72, Zitat 50.
[58] *Öztürk/Pickel*, Antisemitismus der Anderen (s. o. Anm. 55), 208.
[59] Vgl. *Thomas Schmidinger*, Zur Islamisierung des Antisemitismus, in: Dokumentationsarchiv des österreichischen Widerstandes (Hg.), Jahrbuch 2008, Wien u. a. 2008, 103–139, hier 107 f.
[60] *Matthias Küntzel*, Islamischer Antisemitismus (CARS Working Papers # 004 [2022]), Aachen 2022.
[61] *Philipp Henning*, Der Mythos vom „Import". Islamische Codes und europäische Ideologie im muslimischen Antisemitismus, in: Aschkenas 32 (2022), Nr. 2, 303–331.

[62] *Holz/Haury*, Antisemitismus (s. o. Anm. 50), 164–178.
[63] *Küntzel*, Islamischer Antisemitismus (s. o. Anm. 60), 11 f.
[64] *Juliane Wetzel*, Moderner Antisemitismus unter Muslimen in Deutschland, Wiesbaden 2014, 2.
[65] *Samuel Salzborn*, Antisemitismus seit 9/11. Erscheinungsformen, Hintergründe, Dynamiken, in: Zeitschrift für Religion, Gesellschaft und Politik 6 (2022) 109–123, hier 111 f.
[66] *Ulrike Becker*, Islamischer Antisemitismus, in: Insti-

3. Geschichte der Judenfeindschaft

3.1 Judenfeindschaft in der Antike?

Für die Antike liegen nur wenige Quellen vor, die judenfeindliche Inhalte wiedergeben. Entsprechend ist die Virulenz des antijüdischen Vorurteils in der Forschung umstritten. Während eine Forschungsrichtung diese Quellen dahin gehend interpretiert, dass in der Antike antijüdische Voreingenommenheiten gegenüber Juden verbreitet waren, stellt eine andere Richtung die antijüdischen Aussagen in den größeren Kontext einer generellen, xenophobisch motivierten Kritik an anderen Völkern und Religionen. Die Uneindeutigkeit ergibt sich auch daraus, dass oftmals bei denselben Autoren negative und positive Äußerungen über Juden nebeneinanderstanden.[67]

Wie David Nirenberg betont, gibt es zahlreiche Beispiele antijüdischer Antipathie in der Antike, von negativen Stereotypen bis hin zu Vertreibungen. Die meisten Kulturen maßen dem Unterschied zwischen Juden und Nichtjuden nur geringe Bedeutung zu. Auch wenn Vorurteile bei den Ägyptern, in viel größerem Ausmaß als bei den Römern, geäußert wurden, so nahmen sie kaum die Rolle einer Ideologie ein. Zuschreibungen wie „Gottlosigkeit", „Misanthropie" oder „Gesetzlosigkeit", mit denen Ägypter Juden versahen, entsprachen aber bereits weitgehend den späteren Stereotypen.[68] Auch Peter Schäfer verweist im Zusammenhang mit der Judenfeindschaft in der Antike vor allem auf deren Bedeutung im Hinblick auf eine *longue durée*: Zwar gerieten Schriften wie jene des Tacitus, der die Lebensweise der Juden als „absurd und verächtlich" taxierte, während des Mittelalters in Vergessenheit, wurden dann aber von den Renaissance-Humanisten wiederentdeckt.[69]

3.2 Spätantike und Mittelalter

Während die antike Judenfeindschaft sich in erster Linie aus einem Gegensatz zwischen zwei unterschiedlichen ethnischen Gruppen ableitete, änderte sich die Ausgangslage bei der Entstehung des Christentums. In der Anfangszeit handelte es sich hier nämlich um einen innerjüdischen Gegensatz. Doch bereits im frühen theologisch begründeten Antijudaismus fanden sich auch Kontinuitäten aus dem Spektrum der paganen Literatur der Spätantike, etwa die Motive der Gottlosigkeit oder der Menschenfeindlichkeit.[70]

Aus der „ambivalenten Situation von Nachfolge und Konkurrenz"[71] des Frühchristentums gegenüber dem Judentum entstanden binär geprägte Deutungsmuster, die das Judentum zunehmend als „Antithese" zum Christentum definierten. Wie erwähnt, entwickelten die frühen Christen eine Reihe von wirkmächtigen Topoi, die zunächst religiös definiert waren, zunehmend aber auch soziale und ökonomische Ungleichheiten begründeten. Mit der Erhebung des Christentums zur Staatsreligion im 4.–5. Jahrhundert setzten die praktischen Auswirkungen des Antijudaismus ein, indem sich dieser mehr und mehr in der staatlichen Gesetzgebung niederschlug. Durch verschiedene Maßnahmen wie das Verbot des Besitzes von christlichen oder heidnischen Sklaven für Juden oder die Untersagung von Mischehen zwischen Christen und Juden wurden Letztere zunehmend aus dem gesellschaftlichen und wirtschaftlichen Leben ausgeschlossen. Darüber hinaus kam es immer wieder zu tätlichen Angriffen auf Juden und Jüdinnen oder auf ihre Synagogen, wobei sie in der Regel auf wenig staatlichen Schutz hoffen durften.

Die sich im Mittelalter herausbildende ständische Wirtschaftsordnung war christlich geprägt. Der Ausschluss von Juden aus den im Hochmittelalter entstehenden Zünften und größtenteils aus dem Handel verunmöglichte ihnen die Beteiligung an Produktion und Warenaustausch. Da das Zinsnehmen als Wucher galt und den Christen verboten war, bildete der Geldhandel praktisch die einzige Nische, in der sich Juden wirtschaftlich betätigen konnten. In dieser Funktion nahmen sie eine wichtige Rolle für den Adel ein, der die in der Pfandleihe tätigen Juden mit besonderen Privilegien und einem gewissen Schutz vor Angriffen durch ihr Umfeld versahen. Somit lebten Juden und Christen während Jahrhunderten

---

tut für Demokratie und Zivilgesellschaft (Hg.), Wissen schafft Demokratie. Schwerpunkt Antisemitismus, Band 8, Jena 2020, 74–85, hier 83.

[67] *Rainer Kampling*, Antike Judenfeindschaft, in: Benz (Hg.), Handbuch des Antisemitismus (s. o. Anm. 9), 14 f.

[68] *David Nirenberg*, Anti-Judaism. The Western Tradition, New York/London 2013, 13–47; deutsch: Anti-Judaismus. Eine andere Geschichte des westlichen Denkens, aus dem Englischen von Martin Richter, München ²2017, 25–57.

[69] *Schäfer*, Kurze Geschichte (s. o. Anm. 8), 40–42.

[70] Vgl. *Albert S. Lindemann*, Esau's Tears. Modern Antisemitism and the Rise of the Jews, Cambridge 1997, 29–33.

[71] *Werner Bergmann*, Geschichte des Antisemitismus, München 2002, 9.

gleichzeitig zusammen und getrennt. Einerseits standen sie in konstanter ökonomischer Interaktion, andererseits trennten sie die religiösen Praktiken, durch die sich die Juden ihrerseits bewusst vom Christentum abgrenzten, und die sozioökonomischen Ressentiments seitens der Mehrheitsgesellschaft.[72]

Diese Letzteren verschärften sich gegen Ende des 11. Jahrhunderts, als sich die religiös motivierten Vorurteile immer stärker mit weiteren kulturellen, sozialen und ökonomischen Motiven verbanden. Immer wieder, gerade zu Zeiten der Kreuzzüge am Ende des 11. und im Laufe des 12. und 13. Jahrhunderts, kam es zu Gewaltausbrüchen gegen Juden. Ritualmordlegenden und der Vorwurf des Hostienfrevels breiteten sich zunehmend aus und wurden zu einem festen Bestandteil christlicher Volksfrömmigkeit. Pestausbrüche führten zu Vertreibungen von Juden aus zahlreichen Städten. Auch ikonographisch entwickelte sich ein Kanon von Deutungsmustern, die Juden mit dem Teufel und anderen als bedrohlich oder unrein imaginierten Lebewesen oder Phänomenen gleichsetzten. Trotz der zunehmenden Gewaltausübung blieb aber bis zum Spätmittelalter in der allgemeinen christlichen Vorstellung die Lösung der „Judenfrage" in der Bekehrung der Juden, spätestens beim Jüngsten Gericht.[73]

3.3 Spätmittelalter und frühe Neuzeit

Dies änderte sich gegen Ende des Mittelalters, als im Zusammenhang mit Debatten über die „Blutreinheit" erste protorassistische Annahmen entwickelt wurden, die Konversionen zum Christentum infrage stellten. Diese ersten Blutreinheitsgesetze entstanden im Spanien des 15. Jahrhunderts, als von sozialem Neid ausgelöste Reaktionen auf die Massenkonversion von Juden und – in geringerem Maße – Muslimen, durch die der gesellschaftliche Aufstieg gelungen war. Gegen diese „Neuchristen" richteten sich die Gesetze; denn ihnen wurde der Zugang zu öffentlichen Ämtern verwehrt, wenn sie nicht in der Lage waren, ihre „Blutreinheit" genealogisch nachzuweisen. Auch wenn die spanische Inquisition für die Verfolgung der „Conversos" verantwortlich war, so stießen doch die in solchen Vorstellungen enthaltene Aufhebung der Einheit der Christen und der Zweifel an der Wirksamkeit der Taufe in manchen theologischen Kreisen auf erhebliche Kritik. Der sich neu herausbildende spanische Staat begnügte sich jedoch nicht mit diesen Gesetzen, sondern erließ 1492 ein Edikt, das die Ausweisung aller Juden und Jüdinnen aus Spanien besiegelte. Diese „ethnische Säuberung" führte zur Emigration von über hunderttausend von ihnen; die Übrigen konvertierten zwangsweise zum Christentum. Das gleiche Schicksal erlitten später auch die spanischen Muslimas und Muslime.[74]

Misstrauen gegenüber Konversionen blieben aber nicht auf die iberische Halbinsel beschränkt. Auch manche Reformatoren betrachteten „falsche" Christen als Problem. Dabei ging es nicht nur um den Generalverdacht, dass die konvertierten Jüdinnen und Juden keinen richtigen inneren Wandel zum Christentum hin vollzogen hätten. Als problematisch erschien vielen Judenfeinden nun auch, dass infolge der Konversion Juden und Christen nicht mehr klar unterscheidbar waren. In der Folge wurden Forderungen nach „Blutreinheit" zunehmend mit Elementen früher Verschwörungstheorien verknüpft, auf der iberischen Halbinsel wie auch in Mitteleuropa.[75]

Eine wichtige Rolle für den Transfer der mittelalterlichen Judenfeindschaft in die Neuzeit spielte Martin Luther, der in seinen Spätschriften die verschiedenen vorherrschenden Vorurteile und Stereotype zu einem „obsessive[n] und obszöne[n] Judenhass" bündelte. Aufgrund der großen Verbreitung seiner Schriften und des Umstands, dass diese auf Deutsch verfasst waren, nahmen die Ansichten Luthers eine wichtige Rolle in der späteren Verbreitung von Judenfeindschaft bis in die Moderne ein. Allerdings wurden seine despektierlichen Äußerungen über das Judentum von anderen wichtigen Reformatoren nicht geteilt.[76]

3.4 Von der Aufklärung bis zum Untergang des NS-Regimes 1945

Der durch die Reformation angestoßene Pluralisierungsprozess innerhalb des Christentums

---

[72] Vgl. *Omer Bartov*, Antisemitism in History and Politics, in: Antisemitism Studies 6 (2022), Nr. 1, 100–114, hier 101 f.

[73] Vgl. *Axel Töllner*, Von christlichem Antijudaismus im modernen Antisemitismus, in: Zeitschrift für Religion, Gesellschaft und Politik 6 (2022) 139–159.

[74] Vgl. unter anderem *Stefanie Schüler-Springorum*, Missing Links. Religion, Rassismus, Judenfeindschaft, in: Jahrbuch für Antisemitismusforschung 29 (2020) 187–206.

[75] Vgl. hierzu *François Soyer*, Antisemitic Conspiracy Theories in the Early Modern Iberian World. Narratives of Fear and Hatred, Leiden 2019.

[76] Vgl. *Thomas Kaufmann*, Reformation, in: Benz (Hg.), Handbuch des Antisemitismus (s. o. Anm. 9), 285–290, Zitat 288.

führte mittelfristig zu verstärkter religiöser Toleranz, indem in gewissen Gebieten erstmals seit Jahrhunderten wieder Juden und Jüdinnen geduldet wurden, wenn auch unter restriktiven Bedingungen. Diese Tendenzen festigten sich in der im 18. Jahrhundert einsetzenden Aufklärung, die unter anderem die Vorherrschaft der Religion kritisierte und die Menschen bestärkte, sich dieser Vorherrschaft zu entziehen. Zwar operierte auch diese Religionskritik mit den althergebrachten antijüdischen Vorurteilen; auf der anderen Seite legitimierte die Idee der Rechtsgleichheit aller Menschen Vorschläge zur bürgerlichen Gleichstellung der Juden. Mit dem Zugeständnis der rechtlichen Gleichstellung und der schrittweisen Abschaffung von diskriminierenden Sonderregelungen für Juden gingen allerdings auch Assimilationsforderungen einher, mit dem Ziel der kulturellen Homogenisierung innerhalb der sich herausbildenden europäischen Nationalstaaten.[77]

Die langsam voranschreitende Emanzipation der Juden und Jüdinnen stieß auf beträchtlichen Widerstand. In diesem Kontext ist die Entstehung des modernen Antisemitismus in der zweiten Hälfte des 19. Jahrhunderts zu sehen. In dieser Zeit des radikalen Umbruchs der politischen, wirtschaftlichen und gesellschaftlichen Ordnung verbanden sich die althergebrachten Vorurteile gegen die Juden mit politischen, kulturellen und ökonomischen Stereotypen, die die Juden auf der ganzen Ebene als Urheber der als Krisenerscheinungen der Moderne gedeuteten und als negativ wahrgenommenen Veränderungen stilisierten. Dazu gesellten sich Forschungen, die vermeintlich wissenschaftliche Annahmen über die Existenz, Unterscheidung und Hierarchie verschiedener „Rassen" zu eigentlichen Theorien verdichteten.[78] Mit dem Aufkommen des Nationalismus erschienen die Juden nicht mehr – wie in einer antijudaistischen Perspektive – als die „Anderen", vielmehr standen sie außerhalb der nationalen Ordnung.[79]

Der moderne Antisemitismus mit seinem Konglomerat an antijüdischen Stereotypen, Deutungsmustern und Vorurteilen, die zu einem eigentlichen „kulturellen Code"[80] verdichtet wurden, benutzte die neu entstehenden Massenmedien als Vehikel, äußerte sich aber auch politisch in der Gründung und den Aktivitäten antisemitischer Parteien oder in politischen Debatten wie dem Berliner „Antisemitismus-Streit" 1879–1881 oder der Dreyfus-Affäre im Frankreich des ausgehenden 19. Jahrhunderts.

Die wirtschaftliche und politische Instabilität nach dem Ersten Weltkrieg in vielen Staaten Europas führte zu einem Anstieg und einer Radikalisierung antisemitischer Einstellungen, die nicht selten in Gewaltausbrüchen endeten. Für die in zahlreichen Ländern erstarkenden faschistischen Bewegungen bildete die Judenfeindschaft zumeist ein konstitutives Element ihrer Ideologie. Der von den Nationalsozialisten propagierte „Erlösungsantisemitismus"[81] führte zur Ermordung und Auslöschung großer Teile des europäischen Judentums. Auch wenn es die Nationalsozialisten waren, die den Holocaust primär verantworteten, so wäre seine Umsetzung, die sich auf fast das gesamte europäische Territorium erstreckte, ohne die aktive Mitarbeit oder passive Gleichgültigkeit zahlreicher Europäerinnen und Europäer nicht möglich gewesen.[82]

3.5 Antisemitismus seit 1945

Das Ende des Nazi-Regimes bedeutete in keiner Weise das Ende der jahrhundertealten Judenfeindschaft. Die Konzentration auf den Wiederaufbau nach den Kriegsjahren und die nur sehr zögerlich einsetzende Aufarbeitung des Holocaust verhinderten eine intensivierte Auseinandersetzung mit dem Antisemitismus.[83] Diese Entwicklungen führten dazu, dass antisemitische Einstellungen nicht verschwanden oder sich groß veränderten, sondern mit einem Tabu belegt und daher nicht mehr öffentlich kommuniziert werden durften. Der nach 1945 in allen europäischen Ländern beobachtbare „Antisemitismus ohne Antisemiten"[84]

---

[77] *Peter Longerich*, Antisemitismus: Eine deutsche Geschichte. Von der Aufklärung bis heute, München 2021, 19–83.
[78] Vgl. zum Beispiel *Ulrich Wyrwa*, Zur Entstehung des Antisemitismus in Europa des 19. Jahrhunderts. Ursachen und Erscheinungsformen einer wahnhaften Weltanschauung, in: Mareike König/Oliver Schulz (Hg.), Antisemitismus im 19. Jahrhundert aus internationaler Perspektive, Göttingen 2019, 13–38.
[79] Siehe *Klaus Holz*, Nationaler Antisemitismus. Wissenssoziologie einer Weltanschauung, Hamburg 2001, 542–544.

[80] *Shulamit Volkov*, Antisemitismus als kultureller Code. Zehn Essays (Beck'sche Reihe 134), München ²2000.
[81] *Saul Friedländer*, Das Dritte Reich und die Juden. Die Jahre der Verfolgung 1933–1939, München 2000, 87–128.
[82] Siehe *Christian Gerlach*, Der Mord an den europäischen Juden. Ursachen, Ereignisse, Dimensionen, München 2017.
[83] *Werner Bergmann/Rainer Erb*, Kommunikationslatenz, Moral und öffentliche Meinung. Theoretische Überlegungen zum Antisemitismus in der Bundesrepublik Deutschland, in: Kölner Zeitschrift für Soziologie und Sozialpsychologie 38 (1986) 223–246.
[84] *Bernd Marin*, Antisemitismus ohne Antisemiten. Auto-

war folglich dadurch gekennzeichnet, dass einerseits das Äußern antisemitischer Vorurteile als „verbotene Vorurteile" vermieden wurde und andererseits der Antisemitismus – außer im rechtsextremen Spektrum – seine Bedeutung als Ideologie, als geschlossene Weltanschauung, verlor.

Die Tabuisierung antisemitischer Äußerungen ist jedoch nicht absolut zu sehen. Vielmehr zeigte sich im Laufe der Nachkriegszeit, dass es bestimmte Auslöser gab, die zu einem Anstieg judenfeindlicher Aussagen führten – eine Enttabuisierung, die von den entsprechenden Akteurinnen und Akteuren oftmals auch als solche benannt und gerechtfertigt wurde. Diese Auslöser bildete einerseits der Umgang mit dem Holocaust. Der dabei zuweilen aufscheinende sekundäre Antisemitismus ergibt sich aus der Leugnung oder Relativierung beziehungsweise Trivialisierung des Holocaust. Andererseits boten der Staat Israel und der Nahostkonflikt Nährboden für Aussagen, die sich nicht auf Kritik an der israelischen Politik beschränkten, sondern durch Generalisierungen, die Verwendung von Stereotypen oder Nazi-Vergleiche auf Juden und Jüdinnen abzielten.

Erhielt der jüdische Staat in den ersten Jahrzehnten seines Bestehens viele Sympathiebekundungen aus Europa, so änderte sich dies nach dem Sechstagekrieg 1967. Zunächst war es die radikale Neue Linke, die sich zunehmend antizionistisch äußerte; ab den 1980er-Jahren mit dem Libanonkrieg und dem Ausbruch der Ersten Intifada drang die Israelkritik in weitere Sphären der Öffentlichkeit ein. Mit dem Ausbruch der Zweiten Intifada um 2000 sowie im Zusammenhang mit der Rassismuskonferenz in Durban im Jahr darauf stiegen antisemitische Tendenzen und auch Tätlichkeiten überall in Europa und weltweit an, was, wie oben beschrieben, zu Diskussionen um die Existenz eines „neuen" Antisemitismus führte.

4. Jüdische Beiträge zur Bekämpfung des Antisemitismus

Die Frage nach jüdischen Beiträgen im Zusammenhang mit Antisemitismus verweist auf zwei grundsätzliche Vorannahmen, die sich in der heutigen Antisemitismusforschung durchgesetzt

---

ritäre Vorurteile und Feindbilder, unveränderte Neuauflage früherer Analysen 1974–1979 und Umfragen 1946–1991, Frankfurt am Main/New York 2000.

haben. Zum einen hat sich spätestens seit 1944, mit den Schriften von Jean-Paul Sartre, Max Horkheimer und Theodor W. Adorno, in der Antisemitismusforschung die Einsicht durchgesetzt, dass die Motive für Judenfeindschaft keinerlei Bezug zum Verhalten von Juden und Jüdinnen aufweisen. Vielmehr sind sie ausschließlich in den Gedankengängen und Vorstellungen von Antisemiten zu suchen.[85] Zum anderen ist Antisemitismus nicht ein jüdisches Problem, sondern das Problem der (christlichen) Mehrheitsgesellschaft und sollte auch von dieser bekämpft werden.

Unter Berücksichtigung dieser beiden Prämissen können jüdische Beiträge zur Antisemitismusthematik unter zwei Dimensionen gefasst werden. Zum einen können aus einer innerjüdischen Perspektive gewisse Selbstpositionierungen von Juden im Zusammenhang mit Antisemitismus als Ausdruck eines „jüdischen Selbsthasses" gesehen werden. In der Zwischenkriegszeit von Autoren wie etwa Theodor Lessing erstmals thematisiert, zog sich die Bezichtigung des Antisemitismus bei Juden über das Ende des Zweiten Weltkriegs weiter und wurde nach 1948 hin und wieder Autorinnen und Autoren vorgeworfen, die sich antizionistisch oder sehr israelkritisch gaben.[86]

Ergiebiger als diese individuellen Äußerungen mit sozialpsychologischem Charakter ist der Beitrag von Jüdinnen und Juden zur Beschreibung, Erforschung und Bekämpfung von Antisemitismus. Bis zur Aufklärung lebten Juden und Christen auf dem Gebiet des heutigen Europas gleichzeitig mit- und nebeneinander. Vielfältige Interaktionen zwischen den beiden Gruppen waren begleitet von deutlichen Abgrenzungsbestrebungen von beiden Seiten, wobei natürlich das Verhältnis ein asymmetrisches war. Prägend war dabei mit wenigen zeitlichen Ausnahmen das stete Gefühl der Unsicherheit, welches die Juden in der vormodernen Zeit als Teil der „viel umfassenderen Strafe des Exils" interpretierten.[87] Dies änderte sich mit der Aufklärung und ihren – vermeintlichen – Versprechungen von Toleranz und Emanzipation aller Menschen. Die Hoffnungen der Anhänger der jüdischen Version der Aufklä-

---

[85] *Hans-Joachim Hahn/Olaf Kistenmacher*, Zur Genealogie der Antisemitismustheorie vor 1944, in: dies. (Hg.), Beschreibungsversuche der Judenfeindschaft. Zur Geschichte der Antisemitismusforschung vor 1944, Berlin/München/Boston 2015, 1–23, hier 1.

[86] Vgl. *Max Dopplerbauer*, Selbsthass – eine jüdische Begriffsgeschichte, in: Europa Ethnica 68 (2011) 106–114.

[87] Vgl. *Jakob Katz*, Tradition und Krise. Der Weg der jüdischen Gesellschaft in die Moderne, München 2002, 29.

rung, der Haskala, deren Anfänge in die zweite Hälfte des 18. Jahrhunderts zurückreichten, auf Gleichberechtigung und volle Zutrittsrechte in die christlichen Gesellschaften erfüllten sich aber nur teilweise.[88]

Mit der Herausbildung des modernen Antisemitismus und der Intensivierung von Angriffen aller Art auf die Juden und Jüdinnen am Ende des 19. Jahrhunderts stellte sich die Frage nach der Abwehr auf eine neue, dringliche Weise. An die Stelle einzelner Verteidigungsstrategien trat nun mit der Gründung des Centralvereins deutscher Staatsbürger jüdischen Glaubens 1893 eine organisierte Form der Abwehr auf den Plan. Angesichts des sich immer weiter verstärkenden Antisemitismus in der Weimarer Republik und mit dem Aufstieg des Nationalsozialismus blieb seine Wirkung jedoch beschränkt.[89] Auch in anderen Ländern formierten sich am Ende des 19. und in der ersten Hälfte des 20. Jahrhunderts jüdische Organisationen, die sich gegen Antisemitismus wehrten. Darüber hinaus lassen sich zahlreiche Schriften von Einzelpersonen finden, die entsprechend ihrem eigenen jüdischen Selbstverständnis oder ihren politischen Ausrichtungen unterschiedliche Antworten auf die Herausforderungen des modernen Antisemitismus fanden. Der Aufstieg der zionistischen Bewegung muss ebenfalls bis zu einem gewissen Grad als Antwort auf den europäischen Antisemitismus gelesen werden.

Ein spezifisches Anliegen jüdischer Wissenschaftler im ausgehenden 19. Jahrhundert und zu Beginn des 20. Jahrhunderts war die Auseinandersetzung mit dem neu entstandenen Antisemitismus. Aufgrund der Selbstverständlichkeit antisemitischer Vorstellungen als kulturellem Code unterlagen auch sie diesen zumindest teilweise. Dabei griffen sie gängige Stereotypisierungen von Juden auf und verdeutlichten, dass diese nichts mit realen Charaktereigenschaften von Juden und Jüdinnen zu tun hätten, sondern führten gewisse Eigenheiten und Merkmale jüdischen Lebens auf die schwierigen Lebensbedingungen zurück.

Schon früh wandten sich somit solche Milieutheorien gegen die herrschenden Vorstellungen von „Rassen"-Hierarchien. Nach der Gründung des israelischen Staates interpretierten jüdische Wissenschaftler und Wissenschaftlerinnen den Antisemitismus aus einer zionistischen Sicht, wobei sich allerdings nach 1967 zeigte, dass auch die Existenz des Staates Israel den Antisemitismus nicht aus der Welt schaffen würde.[90]

So wird in der jüdischen wie in der nichtjüdischen Perspektive deutlich, wie sehr Judenfeindschaft in ihrer langen Geschichte durch die jeweiligen spezifischen historischen, politischen, sozialen und kulturellen Kontexte geprägt ist, gleichzeitig aber auch von der Persistenz langlebiger, flexibler Deutungsmuster und Vorurteile.

5. Weiterführende Literatur

Wolfgang Benz, Antisemitismus. Präsenz und Tradition eines Ressentiments, Frankfurt am Main ³2020.

Werner Bergmann, Geschichte des Antisemitismus, München 2002.

Klaus Holz/Thomas Haury, Antisemitismus gegen Israel, Hamburg 2021.

Peter Longerich, Antisemitismus: Eine deutsche Geschichte. Von der Aufklärung bis heute, München 2021.

David Nirenberg, Anti-Judaism. The Western Tradition, New York/London 2013; deutsch: Anti-Judaismus. Eine andere Geschichte des westlichen Denkens, aus dem Englischen von Martin Richter, München ²2017.

Samuel Salzborn, Antisemitismus. Geschichte, Theorie, Empirie, Baden-Baden 2014.

Peter Schäfer, Kurze Geschichte des Antisemitismus, München 2022.

Stefanie Schüler-Springorum/Jan Süselbeck (Hg.), Emotionen und Antisemitismus. Geschichte – Literatur – Theorie, Göttingen 2021.

Monika Schwarz-Friesel/Jehuda Reinharz, Die Sprache der Judenfeindschaft im 21. Jahrhundert, Berlin/Boston 2013.

---

[88] *Shulamit Volkov*, Deutschland aus jüdischer Sicht. Eine andere Geschichte vom 18. Jahrhundert bis zur Gegenwart, aus dem Englischen von Ulla Höber, München 2022.

[89] *Richard S. Levy*, The Defense against Antisemitism. Minor Victories, Major Defeats, 1890–1939, in: Armin Lange u. a. (Hg.), Comprehending Antisemitism through the Ages. A Historical Perspective, Berlin/Boston 2021, 233–244.

[90] *Porat*, Definitionen des Antisemitismus (s. o. Anm. 22).

Thomas Brechenmacher

Päpste und Juden

Dieser Beitrag befasst sich mit der theologischen Grundlage des Verhältnisses von Päpsten und Juden und deren historischer Realität von der Spätantike bis zum Zweiten Vatikanum. Er konzentriert sich auf die oberste Hierarchieebene der römisch-katholischen Kirche. Im vorgegebenen Rahmen eines Handbuchs kann dies nur stark vereinfachend geschehen, ist aber gleichwohl notwendig und gerechtfertigt, um zu zeigen, wie jahrhundertelang eingeschliffene, aber wenig reflektierte Leitmaximen das Handeln der Kirche gegenüber Juden auf sehr zwiespältige Art bestimmten und notwendigen Reformprozessen zuletzt massiv hinderlich entgegenstanden.[1]

1. Grundkonstellation

1.1 Die europäische Diaspora

Die Diasporageschichte des Judentums reicht lange zurück in die Zeiten der Verschleppung durch Assyrer (8. Jahrhundert v. u. Z.) und Babylonier (6. Jahrhundert v. u. Z.). Jüdische Handelsposten und Siedlungen etablierten sich seither über den gesamten östlichen wie westlichen Mittelmeerraum hinweg. Doch erst mit der Eroberung des Heiligen Landes 63 v. u. Z. und besonders nach der Zerstörung des Tempels im Jahr 70 u. Z. kamen Juden in großer Zahl, vor allem als Kriegsgefangene, mit den römischen Heeren nach Italien. Über die Folgegenerationen hinweg etablierten sie sich als Händler entlang der großen Straßen. Das war der eigentliche Beginn der europäischen Diaspora.[2] Im Zuge der Christianisierung Europas wurde sie mehr und mehr geprägt von dem Konstrukt einer fundamentalen religiösen Differenz: Die Selbstwahrnehmung der Christen als „Volk des neuen Bundes" stand ihrer Fremdwahrnehmung der Juden als dem Volk des ersten oder „alten" Bundes gegenüber, das dem Ratschluss Gottes, sich in Gestalt seines Sohnes als Erlöser zu offenbaren, (noch) nicht gefolgt sei. Die jüdische Minderheit in der christlich geprägten Mehrheitsumgebung wurde als das Andere und Fremde rezipiert, dessen „Beharren" auf einer vermeintlich überholten Religiosität suspekt war.[3] Der Behauptung religiöser folgte die Konstruktion sozialer Differenz. Der Umgang mit diesem unverständlichen Fremden wurde geleitet von theologischen Interpretamenten und sozialen Verdikten, die sich in ihren zentralen Aussagen zu kollektiven Negativstereotypen versteinerten und über mehr als eineinhalb Jahrtausende hinweg das Verhältnis zwischen Christen und Juden unheilvoll prägten. Auch Phasen entspannterer und offener gegenseitiger Beziehungen waren stets untersetzt von dem Grundrauschen eines christlichen Antijudaismus, der jederzeit und jeden Orts dazu dienen konnte, Separation, Segregation und Gewalt gegenüber Juden zu rechtfertigen.

Der Untergang des seit dem vierten Jahrhundert allmählich christianisierten weströmischen Reiches hinterließ in Mitteleuropa ein Machtvakuum, in dem der Institution des römischen Papsttums wenn auch keine politische, so doch eine geistig-geistliche Führungsmacht zuwuchs. Die abendländische Kirche formierte sich, auch in zunehmender Abgrenzung von der Kirche des Ostens, über komplexe dogmatische und politische Aushandlungsprozesse, in denen die spätantiken und frühmittelalterlichen Konzilien eine wesentliche Rolle spielten.

---

[1] An die Zwecke des Handbuchs angepasstes, revidiertes Destillat folgender Studien: *Thomas Brechenmacher*, Das Ende der doppelten Schutzherrschaft (s. u. Anm. 7), 1–16; *ders.*, Der Vatikan und die Juden. Geschichte einer unheiligen Beziehung vom 16. Jahrhundert bis zur Gegenwart, München 2005, 16–26; *ders.*, Das Ende der doppelten Schutzherrschaft. Päpste und Juden zwischen Gegenreformation und Erstem Vatikanum (1555–1870), in: Florian Schuller/Giuseppe Veltri/Hubert Wolf (Hg.), Katholizismus und Judentum. Gemeinsamkeiten und Verwerfungen vom 16. bis zum 20. Jahrhundert, Regensburg 2005, 162–180.

[2] Als Überblick: *Doron Mendels*, Artikel „Diaspora", in: Dan Diner (Hg.), Enzyklopädie jüdischer Geschichte und Kultur, Stuttgart 2011–2017.

[3] Das ist freilich das Ergebnis einer langen Phase sich verfestigender Ideen von zwei Religionen und ihrer Beziehung zueinander, die dann zumeist konsekutiv gelesen werden (etwa „Christentum folgt auf Judentum"). Doch gerade in der frühen Zeit verhält sich beides zueinander sehr viel offener und fließender; allgemeinverständliche Hinweise dazu bei *Michael Wolffsohn*, Juden und Christen – ungleiche Geschwister. Die Geschichte zweier Rivalen, Düsseldorf 2008.

1.2 Die „doppelte Schutzherrschaft" als diagnostische Figur

Für die Verhältnisbestimmung von römisch-katholischer Kirche und Juden bildete das Vierte Laterankonzil von 1215 den zentralen Kristallisationspunkt; hier wurden ältere, sich noch in der Schwebe befindliche Entwicklungen zu einer Festschreibung von lehramtlichem Rang getrieben, der seinerseits die offizielle Haltung der Kirche gegenüber Juden für weitere Jahrhunderte prägte. Vier Konstitutionen begründeten eine restriktive Gesetzgebung, die weit über die Territorien des Papstes hinauswirkte: „Jüdischer Wucher" sollte unterbunden werden, Konvertiten aus dem Judentum sollte der Rückfall in den alten Glauben erschwert werden, Juden sollten durch ein an der Kleidung angebrachtes Zeichen sofort erkennbar sein, und es sollte ihnen verboten sein, öffentliche Ämter auszuüben.[4] Erkennbar ist hier das Bestreben, Juden in einen separaten sozialen und rechtlichen Status zu verweisen und ihren Kontakt zur christlichen Bevölkerung so gering wie möglich zu halten. Der tiefere Grund für die Notwendigkeit des jüdischen Status wurde in der Annahme ihres „Unglaubens", der *perfidia*, gesehen. Durch semantische Verschiebungen wuchs diesem an sich neutralen – bis weit ins 20. Jahrhundert hinein noch in der Karfreitagsliturgie gebrauchten – Begriff (*oremus per perfidis Iudaeis*) eine zunehmend pejorative Bedeutung zu: „perfide" im Sinne von „treulos" und „heimtückisch". Christen wurden demgemäß gegenüber den „ungläubigen Juden" für schutzbedürftig erklärt, weil sie der Umgang mit Juden auf Erden – etwa durch „Wucher" –, noch mehr aber mit Blick auf das ewige Seelenheil gefährde.

Ausdrücklich erklärte aber Papst Innocenz III. kurz nach dem Vierten Laterankonzil, die Kennzeichnungspflicht sei gedacht, um Juden von Christen zu unterscheiden, nicht aber, um sie zur Zielscheibe von Übergriffen auf ihr Leben zu machen.[5] Dies verweist auf eine zweite Komponente der päpstlichen Lehre gegenüber Juden: Nicht nur Christen sollten vor Juden „geschützt" werden, sondern andererseits auch Juden vor Übergriffen durch Christen – und zwar aus grundsätzlichen theologischen Gründen. Diese zweite Komponente fand ihren Niederschlag vor allem in den sogenannten *Sicut-Iudaeis*-Bullen, päpstlichen Verbriefungen mit Rechtscharakter, die von Pontifikat zu Pontifikat erneuert wurden. Solche Judenschutz-Bullen sind seit dem 11. Jahrhundert belegt; die erste überlieferte stammt aus der zweiten Hälfte des 12. Jahrhunderts. Als klassisch gilt die von Innocenz III. im September 1199, wenige Jahre vor dem Vierten Lateranum ausgefertigte und nach ihren Anfangsworten benannte modifizierte *Sicut-Iudaeis*-Bulle „Licet perfidia iudaeorum". Darin heißt es:

Obwohl der Unglaube der Juden in vieler Hinsicht zu verurteilen ist, dürfen die Juden von den Gläubigen doch nicht verfolgt werden, wird doch durch sie unser Glaube erst wirklich bestätigt. ... Auch wenn sie lieber in ihrer Hartnäckigkeit verharren, als die Weissagungen der Propheten und die Geheimnisse des Gesetzes zu erkennen und zur Botschaft des christlichen Glaubens durchzudringen, schenken wir, da sie die Hilfe unserer Verteidigung anrufen ..., ihrem Gesuche Gehör und gewähren ihnen den Schild unseres Schutzes.[6]

Zwischen den Konstitutionen des Vierten Laterankonzils und den Garantien der *Sicut-Iudaeis*-Bullen entfaltet sich die zutiefst ambivalente Grundfigur, die päpstliche Lehre und päpstliches Handeln gegenüber Juden über Mittelalter und Neuzeit hinweg bis zur grundlegenden Neubestimmung der kirchlichen Lehre in der Deklaration „Nostra Aetate" des Zweiten Vatikanums von 1965 bestimmte. Diese Figur lässt sich, auch wenn dies kein Quellenbegriff ist, mit dem Terminus „doppelte Schutzherrschaft" diagnostisch fassen.[7]

---

[4] Konstitutionen 67–70 des vierten Laterankonzils; siehe *Friedrich Battenberg*, Das europäische Zeitalter der Juden. Zur Entwicklung einer Minderheit in der nichtjüdischen Umwelt Europas, Darmstadt 1990, Band I, 102–104.

[5] Innocenz III. an die Erzbischöfe und Bischöfe Frankreichs, 1215/1216, in: *Shlomo Simonsohn* (Hg.), The Apostolic See and the Jews, [Band 1:] Documents 492–1404 (Pontifical Institute Studies and Texts 94), Toronto 1991, 99.

[6] Innocenz III., Constitutio pro Iudaeis, 15.9.1199, in: *Simonsohn* (Hg.), Apostolic See and the Jews I (s. o. Anm. 5), 74 f., hier 74.

[7] Ausführlich dazu *Thomas Brechenmacher*, Das Ende der doppelten Schutzherrschaft. Der heilige Stuhl und die Juden am Übergang zur Moderne (1775–1870), Stuttgart 2004. Einen Impuls zu dem Versuch, diese Figur diagnostisch zu etablieren, gab der italienische Diplomat und Publizist Sergio Romano, der in seinen Essays jene „percezione doppia" hervorhob, aus der sich die „Ambivalenz der römischen Kirche gegenüber ihren jüdischen Gemeinden" ableiten lasse; *Sergio Romano*, Lettera a un amico ebreo, Mailand 1997, 120.

2. Historische Problemkontexte

2.1 Entstehung und theologischer Raum der doppelten Schutzherrschaft

Päpstliche Schutzgarantien für Juden finden sich zuerst im Pontifikat Gregors des Großen (590–604). Gleichzeitig ist hier das gegenläufige Prinzip vorhanden und wird der Doppelcharakter des päpstlichen Amtsverständnisses Juden gegenüber erkennbar. In Gregors Briefen und Konstitutionen über Juden und Judentum verdichteten sich die Lehren des frühen Christentums, der frühen Konzilien, besonders diejenigen der Kirchenväter Augustinus und Ambrosius, die einander in ihrer jeweiligen Akzentuierung gegenüberstanden.[8] Einerseits gebot Gregor, die religiöse Praxis der Juden nicht zu unterbinden und ihnen die Synagogen zu belassen.[9] Er schritt gegen Zwangstaufen ein und nahm Juden gegen ungerechtfertigte Anklagen in Schutz.[10] Den Übertritt zum Christentum förderte Gregor maßvoll, indem er dazu aufforderte, konvertierten Juden Steuererleichterungen zu gewähren; mit Gewalt erzwungen werden durfte der Übertritt aber nicht.[11] Andererseits betrachtete Gregor selbstverständlich den Schutz der Christen vor den Juden als seine Aufgabe, wenn er glaubte, Bedrohungen zu erkennen. So sollte Juden nicht erlaubt sein, christliche Sklaven zu halten; heidnische Sklaven, die sich zum Christentum bekehrten, sollten freigelassen werden.[12] Dieses Thema kehrte in Gestalt der Frage, ob es Juden erlaubt sein dürfe, christliche Dienstboten zu beschäftigen, über die Jahrhunderte hinweg, bis weit ins 19. Jahrhundert, immer wieder. Auch ermahnte Gregor die Christen, nicht jüdische Riten zu adaptieren und etwa den Samstag als Schabbat zu feiern.[13]

Bis zur „Licet-perfidia-Iudaeorum"-Bulle Innocenz' III. formierte sich sukzessive der „theologische Raum" der doppelten Schutzherrschaft. Augustins Lehre von der „Zeugenschaft" der Juden für die Wahrheit des Christentums spielte dabei eine wichtige Rolle.[14] Inhaltlich bestätigten die *Sicut-Iudaeis*-Bullen den Juden alle religiösen Rechte, die sie bis dahin schon hatten, unterbanden gleichzeitig jedoch darüber hinausgehende „Freiheiten". Die Bullen untersagten – wie bereits Papst Gregor I. –, Juden gegen ihren Willen zu taufen, sie „zu verletzen oder zu töten, ihnen ihr Geld zu nehmen oder ihre Gewohnheiten abzuändern". Christen sollten Juden nicht daran hindern dürfen, ihre religiösen Feste zu feiern; zu Diensten, „soweit sie nicht bisher üblich waren", sollten sie nicht gezwungen werden dürfen. Ausdrücklich verboten wurde die Schändung jüdischer Friedhöfe.[15]

Weitere Komponenten trugen dazu bei, den „theologischen Raum" zu definieren. Historisch verheerende Folgen hatte dabei der aus Matthäus 27,25[16] abgeleitete und in eine Kollektivschuldthese mündende Vorwurf des Gottesmordes. 1220 gewährte Honorius III. (1216–1227) dem königlich-spanischen Leibarzt Isaac Benveniste Schutz, „weil Du, wie Wir vernehmen, von Gottesfurcht durchdrungen ... Dein Leben ohne Streitsucht nach dem mosaischen Gesetz führst und aus einer gewissen Frömmigkeit ... Unseren Schutz erbittest"; dies freilich, wie der Papst hinzufügte, „obgleich die Juden wegen ihres Unglaubens zu dauerhafter Knechtschaft verurteilt" und

---

[8] Vgl. *Bernhard Blumenkranz*, Patristik und Frühmittelalter. Die Entwicklung im Westen zwischen 200 und 1200, in: Karl-Heinrich Rengstorf/Siegfried von Kortzfleisch (Hg.), Kirche und Synagoge. Handbuch zur Geschichte von Christen und Juden. Darstellung mit Quellen, 2 Bände, Stuttgart 1968–1970, hier Band I, 84–135, bes. 91–97. Siehe dazu auch den Beitrag von *Johannes Heil* in diesem Band.

[9] Gregor I. an Bischof Petrus von Terracina, März 591, in: Simonsohn (Hg.), Apostolic See and the Jews I (s. o. Anm. 5), 3; Gregor I. an Bischof Paschasius von Neapel, November 602, in: ebenda, 23 f.

[10] Gregor I. an die Bischöfe von Arles und Marseille, Juni 591, in: Simonsohn (Hg.), Apostolic See and the Jews I (s. o. Anm. 5), 4 f.; Gregor I. an Bischof Victor von Palermo, Juni 598, in: ebenda, 15 f. Dieser Brief kann als Urform der späteren *Sicut-Iudaeis*-Bullen gelten.

[11] Gregor I. an Petrus, Subdiakon von Sizilien, Juli 592, und Cyprianus, Diakon von Sizilien, Oktober 594, in: Simonsohn (Hg.), Apostolic See and the Jews I (s. o. Anm. 5), 7 f. und 11 f.

[12] Zum Beispiel Gregor I. an Bischof Januarius von Cagliari, September 593, und an Bischof Fortunatus von Neapel, April 596, in: Simonsohn (Hg.), Apostolic See and the Jews I (s. o. Anm. 5), 9 und 12 f.15.

[13] Gregor I. an die Bürger Roms, September 602, in: Simonsohn (Hg.), Apostolic See and the Jews I (s. o. Anm. 5), 22 f.

[14] Vgl. *Christoph Cluse*, „Töte sie nicht!" Echos der augustinischen Theologie über die jüdische „Zeugenschaft" im Mittelalter, in: Christoph Müller/Guntram Förster (Hg.), Augustinus – Christentum – Judentum. Ausgewählte Stationen einer Problemgeschichte, Würzburg 2018, 113–155.

[15] Vgl. zum Beispiel Bulle „Sicut Iudaeis" Papst Alexanders III., zwischen 1159 und 1181, in: Simonsohn (Hg.), Apostolic See and the Jews I (s. o. Anm. 5), 51; deutsche Übersetzung eines Sicut-Iudaeis-Textes zum Beispiel in *Battenberg*, Das europäische Zeitalter der Juden (s. o. Anm. 4), Band I, 103 f.; insgesamt: *Willehad Paul Eckert*, Hoch- und Spätmittelalter. Katholischer Humanismus, in: Rengstorf/von Kortzfleisch (Hg.), Kirche und Synagoge (s. o. Anm. 8), Band I, 210–306, und *Shlomo Simonsohn*, The Apostolic See and the Jews, Band 7: History (Pontifical Institute Studies and Texts 109), Toronto 1991, 39–80.

[16] „Und das ganze Volk antwortete und sprach: ‚Sein Blut komme über uns und unsere Kinder.'"

„wegen jenes Schreies, mit dem sie Christi Blut über sich und ihre Kinder verdammungswürdigerweise herabriefen", jeglichen Trostes unwürdig seien.[17] In enge Verbindung mit dem Gottesmordvorwurf trat die Lehre von der ewigen Unterwerfung der Juden unter die Christen. Zu „Gottesmördern" hätten die Juden nur werden können, weil sie Christus nicht erkannten und sich „hartnäckig" weigerten, an ihn zu glauben. Aus beidem folge die „Verstoßung" des alten Bundesvolkes und seine Unterwerfung unter das erwählte Volk des Neuen Bundes. Vor allem Thomas von Aquin entwickelte in der Mitte des 13. Jahrhunderts diese auf eine bestimmte Auslegung von Paulus' Römerbrief zurückgehende Interpretationslinie.[18] Das Postulat von der „ewigen Knechtschaft" forderte im Lauf der Geschichte vereinfachende Popularisierungen geradezu heraus und verschaffte mehr oder minder mörderischen Deutungen scheinbare biblische Rechtfertigung, wo tatsächlich ganz andere, meist sozioökonomische Motivationen oder schlichte Bereicherungsinteressen das judenfeindliche Handeln lenkten. Die doppelte Schutzherrschaft bezog in ihrer Komponente des Schutzes der Juden vor den Christen immerhin Stellung auch gegen solch fragwürdige Exegesen, insofern entsprechende päpstliche Verlautbarungen betonten, dass die Heilige Schrift keine Legitimation bereitstelle, Juden in ihren Rechten zu beschneiden, sie zu verfolgen, zu berauben oder zu ermorden.

Wies die kirchliche Lehre Gewalt gegen Juden auch zurück, plädierte sie andererseits doch ganz entschieden für die soziale Separation, ja, in dieser Forderung – exemplarisch geronnen in den Juden-Konstitutionen des Vierten Lateranums – spitzte sich die zweite konstitutive Komponente der doppelten Schutzherrschaft, Christen müssten vor den Juden „geschützt" werden, realhistorisch zu. Die Konzilsbeschlüsse von 1215 flossen schließlich ebenso in das kanonische Recht ein wie die Judenschutzbestimmungen der *Sicut-Iudaeis*-Bullen. Damit fand der Doppelcharakter der päpstlich-konziliaren Lehre den Juden gegenüber Eingang auch in die verbindliche Rechtskodifikation der römisch-katholischen Kirche.[19]

So unterschiedlich die einzelnen inkohärenten theologisch-exegetischen Deutungsmuster des Verhältnisses von Christen und Juden ebenso wie die beiden Komponenten der doppelten Schutzherrschaft auch immer gewichtet wurden, waren sie vonseiten der Päpste nie mit dem Aufruf verbunden, Juden zu misshandeln oder gar zu töten. Die harschere, im 13. Jahrhundert von Thomas von Aquin etablierte Interpretationsvariante der Rolle der Juden in heilsgeschichtlicher Perspektive konnte sich in der offiziellen päpstlichen Lehrmeinung nicht gänzlich gegen die ältere und energische Fürsprache Bernhards von Clairvaux durchsetzen, die dieser im Widerspruch zu den Hetzreden des Mainzer Predigers Rudolf kurz vor dem zweiten Kreuzzug (1147–1149) vorgebracht hatte. Der Zisterzienserabt verurteilte alle Zerrbilder vermeintlicher jüdischer Mordlust an Christen und sonstige judenfeindliche Agitation.

Triumphiert die Kirche nicht vollständiger über die Juden, wenn sie sie Tag um Tag überzeugt oder bekehrt, als wenn sie sie ein für allemal mit der Schärfe des Schwertes ausrotten würde? Ist etwa jenes Gebet umsonst angeordnet worden, das die Kirche überall „vom Aufgang der Sonne bis zum Untergang" (Ps 49,1) für die ungläubigen Juden darbringt, Gott der Herr möge den Schleier von ihren Herzen nehmen, damit sie aus ihrer Finsternis zum Licht der Wahrheit geholt werden? „Wenn nämlich" die Kirche „nicht hoffte, daß diejenigen, die" ungläubig sind, zum Glauben bekehrt würden, „erschiene es überflüssig und töricht, für sie zu beten." (2 Makk 12,44) ... Wo bleibt also jenes Wort, das gesagt wurde: Sieh zu, „daß du sie nicht tötest" (Ps 58,12), wo jenes andere: „Wenn die Heiden in voller Zahl das Heil erlangt haben, dann wird ganz Israel gerettet werden" (Röm 11,25 f.)?[20]

---

[17] Honorius III. an Isaac Benveniste, 26.8.1220, in: *Simonsohn* (Hg.), Apostolic See and the Jews I (s. o. Anm. 5), 108 f.

[18] *Thomas von Aquin*, De Regimine Judaeorum, in: Roberto Busa (Hg.), S. Thomae Aquinatis opera omnia, Band 3, Stuttgart 1980, 594 f.; *ders.*, Summa Theologiae II,2, qu. 10, art. 10 (Deutsche Thomas-Ausgabe, Band 15, 222). – Die Vorstellung von der „ewigen Knechtschaft" beruft sich vor allem auf Römer 11,10: „Ihre Augen sollen finster werden, dass sie nicht sehen, und ihren Rücken sollst du für immer beugen." – Heute stützt sich die Paulusexegese auf Römer 11,1–2 („Ich frage nun: Hat Gott etwa sein Volk verstoßen? Das sei fern! Ich bin doch auch ein Israelit, aus dem Geschlecht Abrahams, vom Stamme Benjamin. Gott hat sein Volk, das er sich vorher erkor, nicht verstoßen.") und Römer 11,16–24 (Israel als unverändert auserwähltes Volk), um die Idee von den „älteren Brüdern im Glauben" biblisch zu untersetzen.

[19] *Emil Friedberg* (Hg.), Corpus Iuris Canonici. Editio Lipsiensis secunda post Aemilii Ludouici Richteri curas, 2 Bände, Leipzig 1879–1881 (Nachdruck Graz 1959), hier Band 2, 771–778 (Decretalia Gregorii IX, lib. V, tit. VI, cap. 1–19: „De Iudaeis, Sarracenis, et eorum servis").

[20] Bernhard von Clairvaux an Erzbischof Heinrich von Mainz (1146), in: *Bernhard von Clairvaux*, Sämtliche Werke. Lateinisch/deutsch, hg. von Gerhard B. Winkler, Band III: Briefe 181 bis 551, Innsbruck 1992, 669 (Nr. 365). Die beiden Psalmstellen sind nach der Zählung der Vulgata angegeben, in den deutschen Bibelausgaben handelt es sich um Ps 50,1 und Ps 59,12.

Den „Klerus und das Volk des östlichen Frankens und Baierns" wies Bernhard ausdrücklich an: „Die Juden dürfen nicht verfolgt, nicht getötet, ja nicht einmal vertrieben werden."[21] Noch in der Mitte des 18. Jahrhunderts, für Papst Benedikt XIV. und den Konsultor des Heiligen Offiziums, Lorenzo Ganganelli, den späteren Papst Clemens XIV., gehörten diese Briefe Bernhards von Clairvaux zum autoritativen Arsenal in der Argumentation gegen den (nachstehend noch eingehender zu behandelnden) Vorwurf des Ritualmordes durch Juden.[22]

Eine der ausdrucksvollsten Formulierungen zum Judenschutz fand, wenige Jahre nach dem Vierten Lateranum, Gregor IX. (1227–1241), als er im April 1233 die Bischöfe Frankreichs ermahnte, in ihren Diözesen gegen die Verfolgung von Juden durch Christen einzuschreiten:

> Obwohl der Unglaube der Juden zu verurteilen ist, sind ihre Beziehungen zu den Christen doch nützlich, ja in gewissem Sinne notwendig; denn sie tragen das Antlitz unseres Erlösers und sind durch den Schöpfer des Universums erschaffen worden. Gott verbietet, dass sie von seinen Geschöpfen, die an Christus glauben, getötet werden. Denn so verkehrt im Durchschnitt ihre Einstellung auch sein mag, so waren ihre Väter doch als Freunde Gottes geschaffen und wird ihr Rest gerettet werden.[23]

Von Bernhard von Clairvaux bis Gregor IX. zieht sich eine Linie, die von der thomistischen stark unterschieden ist und auch die Lehre des Paulus anders auslegt: Das Volk Israel ist und bleibt ein Teil der göttlichen Schöpfung, ist und bleibt Teil des Volkes Gottes. Drei Jahre später, und nachdem er 1235 die übliche *Sicut-Iudaeis*-Bulle erlassen hatte,[24] wandte sich Gregor in zwei Schreiben wiederum an die französischen Bischöfe und an König Ludwig IX. von Frankreich mit der Aufforderung, diejenigen Kreuzfahrer zur Rechenschaft zu ziehen, die während des fünften Kreuzzuges Juden ermordet oder beraubt hatten.[25] Erneut erklärte sich der Papst gegen vermeintlich aus der Heiligen Schrift abzuleitende Legitimationen, sich an jüdischem Besitz zu bereichern, und erneut wies er vulgärtheologische Zerrbilder über die Juden zurück.

Auch Papst Innocenz IV. (1243–1254) äußerte sich gegen antijüdische Gewalt und besonders gegen den Vorwurf des Ritualmordes. Im Juli 1247 warnte er den hohen Klerus in Deutschland und Frankreich vor der Auffassung, Juden würden aus religiösen Gründen Christen töten. Gerade das Tötungsverbot gehöre zu den zentralen Glaubensvorschriften der Hebräischen Bibel; am Pessachfest sei es sogar untersagt, etwas Totes nur zu berühren. Bevor man „gottlose Anschläge" gegen die Juden ersinne, „um ungerechterweise ihre Güter zu plündern und sich anzueignen", möge im Übrigen bedacht werden, „dass gewissermaßen aus ihrem Archiv die Zeugnisse des christlichen Glaubens hervorgingen".[26] Die Spur der augustinischen Lehre von der „Zeugenschaft" wird hier ein weiteres Mal sichtbar.

Viele weitere und ähnliche päpstliche, konziliare, patristische Aussagen, Verlautbarungen, Beschlüsse aus der Zeit des frühen und hohen Mittelalters könnten angeführt werden. Entscheidend ist, dass die derart als doppelte Schutzherrschaft diagnostizierbare Haltung die Traditionslinie bestimmte, von der die Spitze der römisch-katholischen Kirche bis ins 19. Jahrhundert hinein Juden gegenüber niemals abwich, ohne freilich ihr Verhältnis gegenüber Juden und Judentum vor dem Zweiten Vatikanum je grundsätzlich zu reflektieren. Es galt die überkommene Auffassung einer unlösbaren Beziehung zwischen Judentum und Christentum im Sinne von Ablösung, Nichtanerkennung und Erfüllung. Die Juden konnten in dieser Linie als „verstockt", als Messiasleugner und Gottesmörder, als verstoßenes Volk Gottes und Feinde des Christentums angesehen werden, gleichzeitig aber auch als das gewesene Volk Gottes, als Wurzel und Zeugen.

„Doppelte Schutzherrschaft" kennzeichnet das Leitparadigma aller päpstlichen Judenpolitik bis weit ins 19. Jahrhundert hinein. Dessen Anspruch reichte weit über den Kirchenstaat hinaus und kommt noch in dem Gutachten Lorenzo Ganganellis, des späteren Papstes Clemens XIV., von 1758 gegen den Ritualmordvorwurf zum Ausdruck. Vom Heiligen Offizium beauftragt, zur

---

[21] Bernhard von Clairvaux an „Klerus und Volk des östlichen Franken und Baierns" (1146), in: *Bernhard von Clairvaux*, Sämtliche Werke III (s. o. Anm. 20), 659 (Nr. 363).

[22] Siehe unten.

[23] Gregor IX. an die Erzbischöfe und Bischöfe Frankreichs, 6.4.1233, in: Simonsohn (Hg.), Apostolic See and the Jews I (s. o. Anm. 5), 143–145, hier 143.

[24] Am 3.5.1235, in: Simonsohn (Hg.), Apostolic See and the Jews I (s. o. Anm. 5), 154 f.

[25] Gregor IX. an französische Bischöfe, 5.9.1236, und an Ludwig IX. von Frankreich, 5.9.1236, in: Simonsohn (Hg.), Apostolic See and the Jews I (s. o. Anm. 5), 163–165.

[26] Innocenz IV. an die Erzbischöfe und Bischöfe Deutschlands und Frankreichs, 5.7.1247, in: Simonsohn (Hg.), Apostolic See and the Jews I (s. o. Anm. 5), 194 f., hier 194.

Eingabe einer Gesandtschaft polnischer Juden an den Heiligen Stuhl Stellung zu nehmen, wies Ganganelli die Anschuldigung, Juden würden christliche Kinder morden und deren Blut zu rituellen Zwecken missbrauchen, als empirisch unbelegbar zurück und verteidigte die unter Anklage stehenden polnischen Juden. Eine genaue Prüfung historischer wie aktueller Fälle angeblicher Ritualmorde zeige, so Ganganelli, dass dieser Vorwurf in der Regel instrumentell von Christen gegen Juden eingesetzt werde, um Juden zu diffamieren und sie zu beseitigen. Von fast moderner wissenschaftlicher Hermeneutik zeugt Ganganellis Argument, dass, selbst wenn einer oder mehrere von Juden begangene Ritualmorde bewiesen werden könnten, dies noch längst nichts aussage über Haltungen, Tatbereitschaft oder Eigenschaften *aller* Juden. Gegen derartige Unterstellungen, so Ganganelli, habe der Heilige Stuhl Juden stets in Schutz genommen.[27] Bereits sieben Jahre zuvor, 1751, hatte Papst Benedikt XIV. den polnischen Episkopat dazu aufgefordert, gegen Judenverfolgungen in seinen Diözesen einzuschreiten. Zwar dürften Juden Christen nicht durch Täuschung oder Zinswucher unter Druck setzen, sie dürften keine christlichen Dienstboten haben und auch keine öffentlichen Ämter mit Befehlsgewalt über Christen ausüben. Aber es müsse gewährleistet sein, dass die Juden im Rahmen dieser Grenzen friedlich und unbehelligt leben dürften.[28]

2.2 Das jüdische Lebensrecht im Kirchenstaat

Als Zielvorstellung des beiderseitigen Verhältnisses wirkte, fast schon mit heilsgeschichtlicher Perspektive, das dereinstige völlige Aufgehen des Judentums im Christentum. Auch diese Idee stand unter einer besonderen dialektischen Spannung, hätte das Erreichen des Ziels (wenigstens auf Erden) doch die Juden in ihrer Funktion als „Zeugen" abgeschafft. Das blieb nicht ohne Folgen für die Frage der Konversion. Wenn überhaupt, so sollten sich die Juden mehr oder minder „freiwillig" bekehren. Sie entsprechend zu „belehren", seit dem späten 16. Jahrhundert etwa durch den Zwang, in einer Kirche beim römischen Ghetto am Samstag (Schabbat) Predigten hören zu müssen, schloss das nicht aus. Anreize zur „Bekehrung" zu geben, erschien legitim. Als größter Anreiz galt das Leben im Staat des Papstes, dem Kirchenstaat (Patrimonium Petri), der sich zu Zeiten seiner größten Ausdehnung, am Beginn des 16. Jahrhunderts, über weite Teile Mittelitaliens, von Ferrara im Nordosten bis Terracina im Südwesten, erstreckte.

Juden lebten in der Frühen Neuzeit vor allem in den städtischen Zentren des Kirchenstaates, in Bologna, Ferrara und Urbino, in den Hafenstädten der Adriaküste und natürlich in der Hauptstadt Rom. Unmittelbar vor der Französischen Revolution waren es etwa 10.000, ein Drittel aller Juden Italiens. Der größte Anteil, etwa 5000 bis 6000 im 18. Jahrhundert, 3000 nach Wiederherstellung des Kirchenstaates 1816 sowie wiederum fast 5000 kurz vor dem Ende des Kirchenstaates (1870), entfiel auf Rom. Die Kontinuität jüdischen Lebens im Kirchenstaat war ungebrochen; im Gegensatz zu den meisten europäischen Staaten, zum Heiligen Römischen Reich deutscher Nation, zu Spanien und Portugal, zu England und Frankreich, wurden die Juden niemals aus den Territorien des Papstes dauerhaft vertrieben.[29] Rom selbst kann, mit dem Antisemitismushistoriker Léon Poliakov gesprochen, als eine „Oase des Friedens" für die Juden gelten, wenn auch sicherlich oft genug um den Preis „einer Erniedrigung ... ohnegleichen".[30]

Sogar die Bulle „Cum nimis absurdum", mit der Paul IV. 1555 im Kirchenstaat die Einrichtung des geschlossenen Ghettos anordnete, sprach diesen Aspekt der „Toleranz" an und setzte damit auch einen Bezugsrahmen für die spezifische Art der „Integration" der Juden in den Kirchenstaat.[31]

---

[27] Das Ganganelli-Gutachten im italienischen Original mit deutscher Übersetzung in: *Moritz Stern* (Hg.), Die päpstlichen Bullen über die Blutbeschuldigung, München 1900, 39–133; vgl. *Brechenmacher*, Das Ende der doppelten Schutzherrschaft (s. o. Anm. 7), 60–65.

[28] *Benedikt XIV.*, Brief-Enzyklika „A quo primum", 14.6.1751, an den hohen Klerus Polens, italienische Übersetzung in: *Ugo Bellochi* (Hg.), Tutte le Encicliche e i principali documenti pontifici emanati dal 1740, Band 1, Città del Vaticano 1993, 310–316.

[29] 1569 und 1593 sollten die Juden unter dem Druck der Gegenreformation aus dem Kirchenstaat vertrieben werden; doch selbst diese nur temporär wirkenden Maßnahmen galten nicht für die jüdischen Gemeinden Roms und Anconas – aus ökonomischen Überlegungen. – Zum anderen Ausnahmefall (1309–1377) während des „avignonesischen Exils" der Päpste: *Davide Liberatoscioli*, Juden ohne Päpste. Inklusion und Judenfeindlichkeit zwischen Rom und Avignon, Berlin 2021. Auch diese Episode kann als Exempel für die Verhärtung päpstlicher Judenpolitik in Phasen ausgeprägter Defensive gelesen werden.

[30] *Léon Poliakov*, Geschichte des Antisemitismus, Band 3, Worms 1979, 155.

[31] *Paul IV.*, Bulle „Cum nimis absurdum" (14.7.1555), zitiert nach *Kenneth R. Stow*, Catholic Thought and Papal Jewry Policy, 1555–1593, New York 1977, 291–298 (lateinischer Text

Noch 1826 bezeichnete das Heilige Offizium denselben Sachverhalt mit dem traditionsstiftenden Hinweis auf „so viele Bullen der obersten Hirten": Das Leben im Kirchenstaat vermittle den Juden eine Vielzahl von Anregungen und leuchtenden Beispielen, die sie dazu bewegen sollten, „ihrem Unglauben zu entsagen".[32] Nicht zuletzt fungierte die doppelte Schutzherrschaft im Kirchenstaat als ein nicht nur theologisches Konstrukt, sondern als ein Rechtsprinzip für alltägliche Streitfälle. Als 1837 christliche Hauseigentümer und jüdische Mieter des römischen Ghettos vor einer Kardinalskongregation darüber stritten, welche Partei die Grundsteuer zu tragen habe, begannen die Anwälte der Hausbesitzerpartei ihr Plädoyer mit den Worten: „Die Gerechtigkeit und die Gleichheit fordern, dass weder die Juden von den Christen noch die Christen von den Juden unterdrückt werden. Das Recht teile jedem das Seine zu."[33]

Die Diagnose der doppelten Schutzherrschaft legt nicht nur die Antwort auf die Frage nach der Ursache der ungebrochenen Kontinuität jüdischen Lebens im Kirchenstaat frei, sondern entschlüsselt die Judenpolitik der Päpste insgesamt. Nur sie erklärt die eigenartige Beobachtung, warum sich judenfreundliches und judenfeindliches Verhalten der Päpste stets abwechselte, nicht nur von Pontifikat zu Pontifikat, sondern auch innerhalb einzelner Pontifikate, wie etwa, um nur zwei beliebige Beispiele zu nennen, denjenigen Clemens' VIII. (1592–1605) oder Benedikts XIV. (1740–1758). Der Grund für diese Ambivalenz lag weniger in den Persönlichkeiten der jeweiligen Päpste, die einmal mehr, einmal weniger antijüdisch waren, sondern war systemisch begründet.

Solange der Kirchenstaat existierte, sollten Juden dort auch leben dürfen, zwar außerhalb der kirchlichen Gemeinschaft, aber doch als Teil des Untertanenverbandes. Dieses Recht folgte einerseits aus dem Prinzip der doppelten Schutzherrschaft. Andererseits hing der Impuls, ihre Waagschalen sich nach der einen oder der anderen Seite neigen zu lassen, jeweils von der konkreten historisch-politischen Situation ab. Im Laufe des 19. Jahrhunderts mit seinen Emanzipationsforderungen als Folge der Aufklärung und des Gleichheitsideals der Französischen Revolution zeigte sich dann immer deutlicher, dass das alte Prinzip als Handlungsmaxime gar nicht mehr funktionierte.

Papst Gregor XVI. wies auf sein spezifisches Dilemma hin, als er 1843 auf die Bitte des österreichischen Staatskanzlers Metternich reagieren musste, die Juden des Kirchenstaates in den „Genuss angemessener Toleranz" zu setzen. Auch Gregors Argumentation lag die alte Idee der doppelten Schutzherrschaft zugrunde. Als Papst, so antwortete er Metternich, habe er Aufgaben gegenüber Christen *und* Juden wahrzunehmen, die nicht rein irdischer Natur seien, sondern über diese hinauswiesen. Er nahm die von Metternich eingebrachte Unterscheidung zwischen „unabänderlichen Prinzipien" und „irdischer Disziplin" auf und strich die Doppelfunktion heraus, in der er sich als Oberhaupt des Kirchenstaates und gleichzeitig der Kirche sah. Im Unterschied zu rein weltlichen Staaten berühre die Regelung der Lebensverhältnisse jüdischer Untertanen im päpstlichen Staat den Bereich der Fundamentalprinzipien. Was weltliche Staatswesen ohne Weiteres bewältigen könnten, weil es für deren Existenz bedeutungslos sei, nämlich die Juden zu emanzipieren, erscheine im Kirchenstaat in einem anderen Licht, insofern es eben dessen Lebensnerv berühre. Zwar könne der Papst versuchen, den jüdischen Untertanen ihre irdischen Lebensumstände so angenehm wie möglich zu gestalten, von den altüberlieferten Prinzipien jedoch könne er niemals abweichen.[34] Die Forderungen der Zeit nach Gleichheit aller Menschen in einem religiös indifferenten Staat – zumindest, was die staatsbürgerlichen Grundrechte betraf – liefen all dem entgegen, was päpstliche Politik in ihrem Doppelcharakter jahrhundertelang geleitet hatte. Ihnen nachzugeben, musste für die Päpste des 19. Jahrhunderts als Aufforderung zur Selbstaufgabe begriffen werden. Dem nachzukommen, waren sie nicht bereit. Sie waren jedoch ebenso wenig dazu bereit, theologisch über ein neues Verhältnis zu den Juden grundsätzlich nachzudenken, obwohl

---

und englische Übersetzung), hier Einleitung, 291: „sub praetextu quod pietas christiana illos receptet et eorum cohabitationem sustineat"; und „considerantes Ecclesiam Romanam eosdem iudaeos tolerare in testimonium verae fidei christianae"; der Hinweis auf die Integrationswirkung der Bulle auch bei *Battenberg*, Das Europäische Zeitalter der Juden (s. o. Anm. 4), Band I, 203.

[32] Erlass des Heiligen Offiziums über den Dienst von Christen in jüdischen Familien, in der Audienz vom 8.11.1826, Leo XII. vorgelegt; zitiert nach *Brechenmacher*, Das Ende der doppelten Schutzherrschaft (s. o. Anm. 7), 16.

[33] Replica per la Congregazione del 2 Giugno 1837; zitiert nach *Brechenmacher*, Das Ende der doppelten Schutzherrschaft (s. o. Anm. 7), 15.

[34] Gregor XVI., Entwurf einer Antwort an Staatskanzler Metternich, undatiert [Ende September 1843], zitiert nach *Brechenmacher*, Das Ende der doppelten Schutzherrschaft (s. o. Anm. 7), 86, zum Kontext 84–89.

sich die Notwendigkeit einer solchen Neuorientierung seit geraumer Zeit abzeichnete. Was sie davon abhielt, war die Konfrontation mit der als feindlich begriffenen Moderne, als deren Signum unter anderem ein Überhandnehmen „jüdischen Geistes" betrachtet wurde.

2.3 Defensive und Aporie

Der althergebrachten päpstlichen Doppelmaxime den Juden gegenüber war von Anfang an ein Ungleichgewicht eingeschrieben: Denn qua Amt musste für Päpste der Schutz der Christen vor Juden natürlich Vorrang haben; das war eine Frage des Seelenheils, während der Schutz von Juden vor Christen nur im Rahmen einer sehr eng verstandenen Duldung griff. Zwischen dem Jahrhundert der Reformation und dem 19. Jahrhundert geriet die an sich ungleichgewichtige Konstruktion nur noch immer mehr aus den Fugen. Etwas paradox ist dabei die Feststellung, dass sich diese Verschiebung zunächst noch auf dogmatischer wie realpolitischer Ebene gleichermaßen abspielte, seit dem Ende des 18. Jahrhunderts aber nur noch – und hier verschärft – in den dogmatischen Äußerungen der Päpste und der kirchenstaatlichen Behörden und kaum mehr auf der Ebene realen Handelns. Das eine der beiden Prinzipien – nämlich der Schutz der Juden vor den Christen – wurde zugunsten des anderen – des Schutzes der Christen vor den Juden – fast vollständig zurückgedrängt. Vier Ereignisse des 16. Jahrhunderts im Kirchenstaat illustrieren dies auf der Handlungsebene: der verschärfte Konversionsdruck seit 1542, die Verfügung des Ghettozwangs durch Paul IV. im Jahr 1555, der 1569 von Pius V. unternommene Versuch, die Juden auf die Städte Rom und Ancona zu konzentrieren, und die Ausdehnung der Kompetenzen des Heiligen Offiziums auf die jüdischen Untertanen des Kirchenstaates unter Gregor XIII. im Jahr 1581.

Der universale Anspruch der römisch-katholischen Kirche wurde während dieses Jahrhunderts drastisch infrage gestellt; die Reformation erschütterte deren bis dahin weitgehend unangefochtene Stellung als geistige Vormacht der abendländischen Welt. Eben noch Selbstverständliches bedurfte nun der Rechtfertigung, Verteidigung und Neubegründung. Auch wenn die Kirche ihre Gegenreformation glänzend inszenierte, gelang es ihr doch nicht, ihre alte Position zurückzuerobern. Unter der Erosion der geistlichen Autorität litt auch die territoriale Basis; der Kirchenstaat stieß auf internationale Missachtung, seine Souveränitätsrechte wurden offen verletzt. Rationalismus, Aufklärung und die „Ideen von 1789" setzten schließlich zu einem weiteren Stoß gegen seine Fundamente an. Aus der Defensive kämpfte der päpstliche Staat nicht nur gegen konkurrierende Ansprüche der Mächte auf das Gebiet Mittelitaliens, sondern um den Kern seiner Legitimität. Ständig, nicht nur in der Politik seiner kleinen jüdischen Minderheit gegenüber, sah er sich – wie noch Gregor XVI. Metternich gegenüber ausführte – in seinen fundamentalen Prinzipien angegriffen. Deshalb war die Wucht der gegenreformatorischen Reaktion so massiv und traf im Kirchenstaat vor allem auch die Juden. Der Zwang ins geschlossene Ghetto steht symbolisch dafür.

Die Defensive kann als das historische Signum der Kirche bis zum Untergang des eigenen Staates hin gelten, und in diese Perspektive fügt sich auch die verschärfte Politik den Juden gegenüber. Zwei Phasen sind zu unterscheiden: die durch die Reformation ausgelöste Defensive des 16. und die von der Aufklärung vorangetriebene Defensive des 18. Jahrhunderts, die sich in den Emanzipationsbewegungen des 19. Jahrhunderts fortsetzte. Was die Judenpolitik des Kirchenstaates betrifft, sind diese beiden Perioden der Verschärfung von einer Phase der Entspannung im Wesentlichen während des 17. Jahrhunderts unterbrochen.

Je mehr sich die Kirche gegen den Druck von außen zu stabilisieren suchte, desto mehr steigerte sie den Druck auf die „ungläubigen Juden". Die Idee, Christen gegen eine vermeintliche Gefährdung durch Juden schützen zu müssen, wurde immer mehr in den Vordergrund geschoben. In der Regel begannen entsprechende Initiativen, wie etwa in der Ghetto-Bulle „Cum nimis absurdum" (1555), mit der Feststellung, die Juden hätten sich in letzter Zeit viel zu viele „Freiheiten" herausgenommen, gegen die und die damit verbundenen „Bedrohungen" nun endlich eingeschritten werden müsse.[35] Das blieb ein Topos bis zum Ende des Kirchenstaates. Solche „Bedrohungen" entstanden im paternalistischen Denken der Zeit, wenn etwa Christen, was oft vorkam, als Dienstboten, Christinnen als Ammen in jüdischen Häusern arbeiteten und zu befürchten war, dass der Dienst im Ghetto die Christen davon abhielt, die Heilige Messe zu besuchen und die Sakramente zu empfangen: Gefährdung des Seelenheils. Der soziale Kontakt zwischen Christen und Juden soll-

---
[35] Siehe oben Anm. 31.

te also möglichst unterbunden werden. Dem korrespondierte andererseits auch der Wunsch vieler Juden, die es ihrerseits bevorzugten, innerhalb der ihnen zugestandenen Lebenssphären ihre Eigenkultur zu pflegen (was im Kirchenstaat übrigens oft gelang). Mischehen waren undenkbar, auf christlicher wie jüdischer Seite.

Ein weiterer wichtiger Schauplatz des Schutzes von Christen vor Juden lag auf wirtschaftlichem und fiskalischem Gebiet. Hier durchdrangen sich unterschiedliche, nicht immer sauber voneinander zu trennende Motivationen. Hinter dem Versuch, das jüdische Bankenwesen zu beseitigen, stand das Streben des Kirchenstaates nach größerer fiskalischer Autarkie. Hinter dem Versuch, jüdische Handwerks- und Gewerbetätigkeit zu reglementieren, stand oftmals das Intrigantentum christlicher Konkurrenten, die sich der jüdischen Berufsgenossen entledigen wollten. Hinter dem Versuch, jüdisches Grundeigentum zu verhindern oder bestehendes zu enteignen, stand das entsprechende Interesse der großen christlichen Landeigentümer. Auch dies alles wurde mit der Sorgepflicht für das Seelenheil der christlichen Untertanen ideologisch überbaut.

Im Zeitalter der Aufklärung erwies sich vollends, dass die alte Maxime der doppelten Schutzherrschaft bestenfalls nur noch Fiktion war. Mit dem harsch restriktiven „Edikt über die Juden" Pius' VI. von 1775 begann deren letzte Episode:[36] das knappe Jahrhundert zwischen 1775 und 1870, gekennzeichnet durch zunehmende ideologische Verhärtung auf dogmatischer Ebene (*de jure*) bei gleichzeitig sich durchsetzendem *De-facto*-Gewährenlassen auf der Ebene des realen Handelns. Die Diskrepanz zwischen beidem wuchs während des 19. Jahrhunderts. Dahinter verbarg sich die Unfähigkeit zu einer grundlegenden Reform.

Die revolutionären Perioden dieser hundert Jahre brachten Emanzipationsschübe auch in den Gebieten des Kirchenstaates; die jeweils restaurierte päpstliche Macht steuerte *de jure* zurück, jedoch nicht *de facto*. Gleichstellung der jüdischen Untertanen in allen bürgerlichen wie politischen Rechten gewährten die revolutionäre Republik zwischen 1797 und 1799 sowie die Jahre der Annexion des päpstlichen Staates an das französische Kaiserreich (1808–1814). Die beiden Restaurationsphasen unter Pius VII. beendeten jeweils die Vollemanzipation, stellten jedoch lediglich *de jure*, nicht aber *de facto* eine Rückkehr zum Edikt von 1775 dar. Während der Zeit unter Kardinalstaatssekretär Consalvi, bis 1823, genossen die Juden des Kirchenstaates weitgehende Bewegungsfreiheit: Die Ghettos wurden nicht mehr geschlossen, Juden konnten sich auch außerhalb der Wohnviertel ansiedeln, Gewerbefreiheit und Freizügigkeit wurden im Wesentlichen zugestanden, und auch dem Erwerb von Immobilien durch Juden wurde nichts entgegengesetzt.

Allerdings versuchte Leo XII., Nachfolger Pius' VII., zwischen 1823 und 1828 eine umfassende Restauration. Alle Juden des Kirchenstaates sollten in die Ghettos zurückziehen; jüdisches Immobilieneigentum sollte reglementiert, die Tätigkeit von Christen als Dienstboten bei Juden untersagt werden; die Freizügigkeit sollte wieder stark eingeschränkt werden. Das Programm erwies sich als Fehlschlag. Das Rekonzentrationsvorhaben misslang völlig, um die Immobilien entbrannten endlose Diskussionen, und die Visumspflicht wurde einfach missachtet. An der Judenpolitik Papst Leos XII. zeigt sich bereits die für das 19. Jahrhundert typische aporetische Situation: faktische Handlungsunfähigkeit bei überzogener dogmatischer Härte, deren Außenwirkung bei den liberalen Bewegungen der Zeit nicht anders als verheerend sein konnte.

Die Revolution von 1831 brachte den nächsten Emanzipationsschub: Mit ihm kam das faktische Ende der Ghettos des Kirchenstaates. Niedergerissene Ghettotore wurden nicht wieder aufgerichtet, stehengebliebene nicht mehr verschlossen. Gregor XVI. beendete Leos Politik sofort, wies die kirchenstaatliche Administration an, die Juden „mit Klugheit und Mäßigung" zu behandeln, und wurde zeit seines Pontifikates nicht weiter aktiv. Er beließ es bei der *De-facto*-Toleranz und resignierte vor dem prinzipiellen Problem, eine in den Grundsätzen veränderte Politik den Juden gegenüber zu entwerfen. Bei seinen jüdischen Untertanen galt Gregor XVI. übrigens – vielleicht gerade deswegen? – als beliebter, den Juden wohlgesonnener Papst.

Große Hoffnungen setzten, wie viele europäische Liberale, auch die Juden des Kirchenstaates in Gregors noch jungen Nachfolger Pius IX. Dessen erste Äußerungen wurden mit Beifall aufgenommen, allerdings mehr mit Wunschdenken denn mit Blick für das Dilemma interpretiert, in

---

[36] *Pius VI.*, Editto sopra gli Ebrei, 5.4.1775; deutsche Übersetzung in: *Abraham Berliner*, Geschichte der Juden in Rom von der ältesten Zeit bis zur Gegenwart (2050 Jahre), 2 Bände, Frankfurt am Main 1893 (Nachdruck Hildesheim u. a. 1987), hier Band 2, Teil 2, 107–119; zum Kontext *Brechenmacher*, Das Ende der doppelten Schutzherrschaft (s. o. Anm. 7), 66–71.

dem sich auch dieser Papst befand. Zwar konnte er Zugeständnisse machen, nicht aber seinen Kirchenstaat in einen liberalen Nationalstaat umwandeln, in dem der Papst nur noch als eine Art geistlicher Direktor fungierte. 1848 ließ er die Mauern des römischen Ghettos beseitigen; er schuf alte, für die Juden demütigende Zeremonien ab, er gestand ihnen sogar Gleichheit, also Emanzipation in den bürgerlichen, nicht jedoch in den politischen Rechten zu. Das hieß: Gleichheit vor dem Gesetz, aber kein aktives wie passives Wahlrecht, keine öffentlichen Ämter für Juden. Ende 1848 trieb die Revolution den „liberalen" Papst ins Exil.

Nachdem fremde Mächte ein drittes Mal in diesem Jahrhundert den Kirchenstaat vor dem Untergang gerettet hatten und Pius IX. 1849 nach Rom zurückgekehrt war, zeigte sich der Papst entschlossen, dem absoluten Anspruch der Revolution den Anspruch der römisch-katholischen Kirche ebenso absolut entgegenzusetzen, auch wenn dies zu einem zunehmend ungleichen Kampf wurde. An der Politik den Juden gegenüber änderte sich nach 1849 *faktisch* nichts: Weder wurden die Ghettos wieder aufgerichtet noch die restriktiven Gesetze wiederbelebt. Während des gesamten, langen Pontifikates Pius' IX. bis zum Ende des Kirchenstaates herrschte in der landesherrlichpäpstlichen Politik den Juden gegenüber das bereits eingeführte Laisser-faire. Anfang 1852 wies der Kardinalstaatssekretär das Heilige Offizium an, alle „die Juden betreffenden" regulativen Vorhaben aufzuschieben, „weil sich die Zeiten dazu nicht eignen".[37]

Höchster reformerischer Inaktivität korrespondierte maximale dogmatische Unnachgiebigkeit (Intransigenz). Kennzeichnend dafür steht die Affäre Mortara von 1858, in der sich Pius IX. um eines getauften jüdischen Jungen willen mit praktisch der gesamten europäischen Welt, einschließlich seines eigenen Staatssekretärs, anlegte. Der Streit ging um die theologische und „humanitäre" Seite der „Entführung" des siebenjährigen Edgardo Mortara durch die kirchenstaatliche Polizei aus dem Haus seiner Eltern in Bologna, nachdem bekannt geworden war, dass eine christliche Dienstmagd den scheinbar tödlich erkrankten Edgardo in Abwesenheit seiner Eltern bereits Jahre früher getauft hatte. Das Sakrament war – nach allem, was man ermitteln konnte – gültig gespendet worden; insofern konnte sich Pius darauf berufen, lediglich die ihm kirchenrechtlich auferlegte „Pflicht" erfüllen zu lassen, der gemäß christliche Kinder nicht in jüdischen Häusern aufwachsen durften. Der Knabe blieb seiner Familie entrissen; er wurde ins Katechumenenhaus verbracht und – ungeachtet allen Protests durch die Eltern – christlich erzogen. Über die Zulässigkeit dieser Entführung unter Aspekten des „Seelenheils" wurde lange debattiert. Politisch war das Verhalten des Papstes, der sich trotz eines medialen Entrüstungssturms weigerte, Edgardo Mortara zurückzugeben, in hohem Maße unklug; gegenüber dem kleinen Jungen und seiner Familie war es zutiefst inhuman.[38]

Die Affäre Mortara ist als eine Art dogmatisches Manifest zu interpretieren in einer Situation, in der die faktische Ohnmacht des Papstes ihren Höhepunkt erreicht hatte und sich der Kirchenstaat durch den Druck der italienischen Nationalbewegung in größter Bedrängnis befand. Exemplarisch schien Pius hier noch einmal demonstrieren zu wollen, dass er willens und fähig sei, dem alten Gebot des Schutzes der Christen vor den Juden – in diesem Fall eines „Neuchristen" vor dem seelenheilgefährdenden Einfluss seiner eigenen Eltern – weiterhin Folge zu leisten, gerade auch im Widerspruch zu den mächtigen neuen, säkularen Ideen von Freiheit und Selbstbestimmung des Individuums, den Ideen der Moderne, die der Papst in einem Rundumschlag, dem „Syllabus errorum" („Verzeichnis der Irrtümer") von 1864, als Ganzes verurteilte. Bezogen auf die alte Maxime päpstlicher Politik gegenüber Juden offenbarte dieses Kräftemessen mit der Moderne ganz besonders den aporetischen Zustand der Schutzherrschaft: Sie taugte lediglich noch zu trotzigen und sinnlosen Einzelaktionen. Die Zeit des Zwangspaternalismus der doppelten Schutzherrschaft war vorbei.

Der Mortara-Fall überschattete das letzte Jahrzehnt der Geschichte des päpstlichen Staates. Genau ein Jahr nach der Wegnahme Edgardos schlugen die piemontesisch-französischen Truppen bei Solferino die österreichische Armee. Diese Niederlage halbierte das Territorium des Kirchenstaates und bereitete dem italienischen Nationalstaat den Weg. Die neue Regierung in Bologna betrieb einen Prozess gegen den für die Entführung Edgardo Mortaras verantwortlichen

---

[37] Aktennotiz Assessor S. O., 21.1.1852, zitiert nach *Brechenmacher*, Das Ende der doppelten Schutzherrschaft (s. o. Anm. 7), 411.

[38] *David I. Kertzer*, Die Entführung des Edgardo Mortara. Ein Kind in der Gewalt des Vatikans, München 1998.

Inquisitor, der im April 1860 jedoch mit einem Freispruch endete. Von der Öffentlichkeit nicht freigesprochen wurde Papst Pius IX. Sein Starrsinn in der Sache Mortara kostete den Papst die letzten Sympathien nicht nur bei Liberalen und Antiklerikalen, sondern ließ auch bei sonst treuen Katholiken Zweifel aufsteigen. Österreichs Niederlage von 1859 leitete das Ende des Kirchenstaates militärisch ein; sein moralisches Ende bereitete ihm der Papst selbst.

2.4 Scharnierzeit, Sprachlosigkeit und Wandel

Nach dem Zusammenbruch des Kirchenstaates war die Zukunft des römischen Papsttums für lange Zeit unsicher und ungesichert („Römische Frage"). Auch jüdische Untertanen des Papstes gab es jetzt nicht mehr. Die Beziehungen zwischen Päpsten und Juden wurden abstrakter, und die alten Schutzszenarien zerstoben. Damit stieg die Anfälligkeit für die sich gerade in den letzten Jahrzehnten des 19. Jahrhunderts neu ausprägenden Formen der Judenfeindschaft. Gegen die geistigen, politischen, sozialen und ökonomischen Strömungen der Moderne – Aufklärung und Säkularisierung, Liberalismus und Nationalstaat, Materialismus, Kapitalismus und Sozialismus – gerichtete Verlustängste und Bedrohungsphantasien flossen auch im Umkreis der im Vatikan „gefangenen" Päpste immer wieder zu einem akzentuierten Antijudaismus zusammen, der einerseits die religiösen judenfeindlichen Stereotype der Vergangenheit weiterhin mitschleppte, sie aber um neue, meist sozioökonomische und verschwörungsideologische Komponenten erweiterte.[39]

Eine Übergangsposition markiert in dieser Hinsicht Leo XIII. 1892 erinnerte er in einem Gespräch mit einer französischen Journalistin an den Schutz, den der Papst Juden stets gewähren werde. Fast gleichzeitig kritisierte er jedoch „das Geld" als Signum der Zeit; dieses wolle die Kirche besiegen, und das könne die Kirche nicht hinnehmen. Ohne Juden direkt zu nennen, wird hier doch auf die Figur eines zerstörerischen „jüdischen Kapitalismus" zumindest angespielt. Jegliches Rassendenken wies der Papst aber sehr deutlich zurück.[40] Sehr viel aggressiver klang demgegenüber das Votum, das der frühere Kardinalstaatssekretär Pius' X., Raffaele Merry del Val, 1928 für das Heilige Offizium zu Protokoll gab: „Das Judentum mit all seinen vom Talmud inspirierten Sekten steht dem Christentum immer auf verschlagene Weise gegenüber." Heute, „nach dem Krieg, erhebt es sich mehr denn je und versucht das Reich Israel gegen Christus und gegen dessen Kirche wiederaufzurichten".[41] Verschlagenheit und Hass gegen Christentum und Christen waren Unterstellungen, die zu den ältesten Instrumenten des religiösen Antijudaismus gehörten und hohen Kurialen auch nach dem Ersten Weltkrieg noch geeignet schienen, die Krisen der Zeit zu deuten. Gerade auch die angesehene und nicht nur in der italienischen Priesterschaft vielgelesene Jesuitenzeitschrift *Civiltà Cattolica* zählte seit den 1890er-Jahren zu den Multiplikatoren solcher Anschauungen.

Von dem um sozioökonomische Verdikte erweiterten Antijudaismus aus, der in seinem religiösen Ursprung seit jeher ein Teil des kirchlichen Dogmas und der doppelten Schutzherrschaft war, lässt sich wiederum jene Indifferenz erklären, mit der viele Katholiken von der Basis der Laien bis in die höchsten Ränge der Hierarchie der nationalsozialistischen Judenverfolgung gegenüberstanden. Die Verurteilung des Rassenantisemitismus durch Papst Pius XI. von 1928 reichte nicht aus, das Denken eines Großteils der Amtsträger in Stereotypen, Vorurteilen und Ressentiments aufzubrechen, wenn es um Juden ging. Diese Versatzstücke entstammten dem tief verwurzelten Arsenal religiös motivierter Antijudaismen, das Bischöfen, Priestern und Ordensleuten im Zuge ihrer geistlichen Sozialisation vermittelt und über sie beständig reproduziert und an die „Basis" weitergegeben wurde.

Antijüdische Stereotype wirkten unterschwellig mit, als die beiden ranghöchsten Vertreter des deutschen Episkopats, die Kardinäle Bertram und Faulhaber, angesichts der ersten massiv judenfeindlichen Maßnahme der neuen nationalsozialistischen Regierung in Deutschland – dem

---

[39] Hierzu *Thomas Brechenmacher*, Katholische Kirche und Juden – latenter Antisemitismus?, in: Ulrich A. Wien (Hg.), Judentum und Antisemitismus in Europa, Tübingen 2017, 161–185, hier bes. 171–174.

[40] *Séverine* [= Caroline Rémy], Le Pape et l'antisémitisme. Interview de Léon XIII, in: Le Figaro, 4.8.1892; vgl. mit weiterführender Literatur *Brechenmacher*, Das Ende der doppelten Schutzherrschaft (s. o. Anm. 7), 454–460; gekürzt in: *ders.*, Der Vatikan und die Juden (s. o. Anm. 1), 133–136.

[41] Raffaele Merry del Val, März 1928, zitiert nach *Brechenmacher*, Der Vatikan und die Juden (s. o. Anm. 1), 158 und 295 Anm. 48.

„Boykott" jüdisch geführter Geschäfte am 1. April 1933 – davon abrieten, öffentlich zu protestieren, mit dem Argument, hier seien „der Kirche nicht nahestehende Interessenkreise" berührt, und außerdem könnten sich die Juden am besten selbst helfen.[42] Auch die heute nur noch schwer erträglichen Ausführungen Pius' XII. gegenüber dem Kardinalskollegium am Heiligen Abend des Jahres 1942 waren getränkt von althergebrachten antijüdischen Interpretationsmustern. Angesichts einer entchristlichten und sich in einem hoffnungslosen Krieg befindlichen Welt forderte der Papst die Kardinäle auf, nicht in kleinmütiger Klage zu versinken, sondern als wahre Diener der Kirche „die Wahrheit und die Tugend" zu verteidigen. Diese Haltung schließe eine besondere Art der Klage und Trauer nicht aus, nämlich jene, „die auf dem Herz des Erlösers lastete und ihn Tränen vergießen ließ beim Anblick Jerusalems, das seiner Einladung und seiner Gnade mit starrer Verblendung und hartnäckiger Verleugnung entgegentrat, die es auf dem Wege der Schuld bis hin zum Gottesmord geführt hat".[43] Pius XII. griff hier mit dem Gottesmordvorwurf ein Zentralverdikt des religiösen Antijudaismus auf. Die Wahl dieser Bildlichkeit war vor dem Hintergrund des gleichzeitig stattfindenden Mordes an den Juden Europas überaus unglücklich. Freilich sollte nicht vergessen werden, dass Pacelli nicht über die Situation der Juden in dem von NS-Deutschland beherrschten Europa sprach, sondern unter Zuhilfenahme eines althergebrachten Bildes einen Appell an die von Kardinälen erwartete Lebenshaltung formulierte. Die theologische Aussage war keine politische, aber sie erscheint in ihrem historisch-politischen Kontext deplatziert.[44]

Pius XII. zeigte sich andererseits sehr wohl in der Lage, Theologie und tagesaktuelle Politik, theologisch geschulte interne Adressaten (Kardinäle) und weltweite Öffentlichkeit voneinander zu trennen. Darauf weist etwa seine Entscheidung hin, das noch von seinem Vorgänger initiierte Projekt einer Enzyklika über Rassismus und Antisemitismus nicht weiterzuverfolgen. Angesichts der nationalsozialistischen Judenverfolgung die althergebrachte Theologie der Kirche gegenüber Judentum und Juden noch einmal *ex cathedra* auszubreiten, schien ihm offenbar zu missverständlich oder kontraproduktiv. Die von drei Jesuitenpatres vorgelegten Entwürfe zu dieser Enzyklika versuchten nämlich, rassistisch-antisemitische Positionen zwar zu verwerfen, rechtfertigten aber weiterhin religiös-antijüdische Verdikte über das Judentum.[45] Eine wirklich neue, theologisch fundierte Position der Kirche zum Judentum war aber zu Beginn des Zweiten Weltkrieges noch gar nicht absehbar. Pius' XII. Haltung gegenüber der geplanten Enzyklika zu Rassismus und Antisemitismus wird aus diesem theologischen Dilemma vielleicht besser erklärbar: Er lehnte offenbar weniger die Idee einer Stellungnahme zu diesem Thema ab, sondern die vorgelegten Entwürfe. Für neue Entwürfe schien er aber noch keine theologisch ausreichende Basis zu sehen.[46]

Nicht außer Acht bleiben darf auch, dass sich die Kirche zum Zeitpunkt des Beginns des Pacelli-Pontifikates bereits mehrfach mit höchster Autorität zum Thema Antisemitismus geäußert hatte und der Weltöffentlichkeit hinreichend bekannt sein konnte, welche Position der Papst zur Verfolgung von Juden einnahm. Am 25. März 1928 hatte Pius XI. in einem Dekret seiner obersten dogmatischen Behörde, des Heiligen Offiziums, den mo-

---

[42] Bertram an die Erzbischöfe Deutschlands, 31.3.1933, und Faulhaber an Pacelli, 10.4.1933, in: *Hubert Gruber* (Hg.), Katholische Kirche und Nationalsozialismus 1930–1945. Ein Bericht in Quellen, Paderborn/München/Wien/Zürich 2006, 41 f., und *Bernhard Stasiewski* (Bearb.), Akten deutscher Bischöfe über die Lage der Kirche 1933–1945, Band 1: 1933–1934, Mainz 1968, 54 Anm. 1 (Auszug).

[43] *Pius XII.*, Allocuzione della vigilia di natale al sacro collegio, in: Discorsi e Radiomessaggi di S. S. Pio XII, Band 4, Città del Vaticano 1960, 318–323, hier 321.

[44] Das Thema der politischen Haltung des Heiligen Stuhls und des Papstes zur Verfolgung und Ermordung der deutschen und europäischen Juden kann im vorliegenden Zusammenhang und Umfangsrahmen nicht näher behandelt werden. Vgl. dazu *Brechenmacher*, Der Vatikan und die Juden (s. o. Anm. 1), 164–227; *ders.*, Die Kirche und die Juden, in: Karl-Joseph Hummel/Michael Kißener (Hg.), Die Katholiken und das Dritte Reich. Kontroversen und Debatten, Paderborn/München/Wien/Zürich ²2010, 125–143; *Pierre Blet*, Papst Pius XII. und der Zweite Weltkrieg. Aus den Akten des Vatikans, Paderborn/München/ Wien/Zürich 2000; *José M. Sanchez*, Pius XII. und der Holocaust. Anatomie einer Debatte, Paderborn/München/Wien/Zürich 2003; *David Bankier/Dan Michman/Iael Nidam-Orvieto*, Pius XII and the Holocaust. Current State of Research, Jerusalem 2012.

[45] Die Textentwürfe in: *Anton Rauscher* (Hg.), Wider den Rassismus. Entwurf einer nicht erschienenen Enzyklika (1938). Texte aus dem Nachlaß von Gustav Gundlach SJ, Paderborn/München/Wien/Zürich 2001, und *Georges Passelecq/Bernard Suchecky*, Die unterschlagene Enzyklika. Der Vatikan und die Judenverfolgung, München/Wien 1997.

[46] Vgl. dazu *Thomas Brechenmacher*, Die „unterschlagene Enzyklika" *Societatis unio* und Pius XII., in: Römische Quartalschrift 109 (2014) 119–133. Dies ist der Versuch einer Interpretation angesichts bis dato nicht ausreichend vorhandener Quellen; ob sich in den jüngst geöffneten vatikanischen Archivbeständen zum Pontifikat Pius' XII. noch aussagekräftige Dokumente zur Geschichte der nicht veröffentlichten Antirassismus-Enzyklika finden werden, bleibt abzuwarten.

dernen Antisemitismus explizit verurteilen lassen. „Der Apostolische Stuhl", heißt es darin, „verurteilt ... ganz besonders den Hass gegen das einst auserwählte Volk Gottes, nämlich jenen Hass, den man heute gewöhnlich ‚Antisemitismus' nennt."[47] Der Papst meinte – und die Akten des Heiligen Offiziums decken diese Auffassung – die sich im Laufe des letzten Drittels des 19. Jahrhunderts voll entwickelnde Variante der Judenfeindschaft, die Juden aufgrund einer vermeintlichen Rassenzugehörigkeit diskriminierte. Diese Aussagen wurden ergänzt und weitergeführt in den Verurteilungen des Rassismus durch die gegen den Nationalsozialismus gerichtete Enzyklika „Mit brennender Sorge" vom 21. März 1937 und durch das Reskript der päpstlichen Studienkongregation vom 13. April 1938 – beide Dokumente wurden im *Osservatore Romano* veröffentlicht.[48]

Auch die Argumentation Pius' XI. und des Heiligen Offiziums bewegte sich noch immer im Rahmen des Konzepts der doppelten Schutzherrschaft. „Die katholische Kirche hat die Juden stets als das Volk betrachtet, das bis zum Erscheinen des Heilands der Hüter der göttlichen Verheißungen gewesen ist; sie hat trotz seiner späteren Verblendung, ja gerade wegen dieser, immer für das jüdische Volk gebetet und hat es gegen ungerechte Verfolgungen in Schutz genommen."[49] Judenschutz erscheint einerseits nach wie vor als traditionelle Aufgabe der Kirche, ebenso wie andererseits die Separationslehre vom Ende der Auserwählung durch „Verblendung" darauf hinweist, dass eine Auseinandersetzung der Kirche mit ihrem eigenen Antijudaismus im Jahr 1928 noch immer nicht sehr weit gediehen war.

Das alte Separationsdenken – hier Juden (alter Bund, beendet), dort Christen (neuer Bund, Erfüllung) – musste aber enden. Initiativen in diese Richtung – etwa der beiden elsässischen Abbés Lémann während des Ersten Vatikanums[50] – sind zwischen 1870 und 1945 durchaus zu verzeichnen. Auch die Priestervereinigung „Amici Israel" und ihr Bemühen in den 1920er-Jahren, das Verhältnis von katholischer Kirche und Judentum theologisch auf eine neue Basis zu stellen, unter anderem durch eine Reform der umstrittenen Karfreitagsfürbitte *Pro perfidis Iudaeis*, zählt hierzu. Genau diese Initiative wurde vom Heiligen Stuhl 1928 verboten, und zwar mit demselben Dekret, das auf persönliche Intervention des Papstes den Rassenantisemitismus verurteilte.[51]

Die Jahre zwischen 1870 und 1933/1945 blieben eine Scharnierzeit, in der die ältere Position in vieler Hinsicht nachwirkte und die neuere noch nicht ausgebildet war. So bitter es ist, dass der zentrale Veränderungsimpuls schließlich ausgerechnet der nationalsozialistische Völkermord an den Juden Europas war, sollte nicht übersehen werden, wie schwierig dieser Prozess der Umorientierung gewesen ist. Die Kirche hatte ihr Verhältnis zu den Juden in einem denkbar ungünstigen allgemeinhistorischen Kontext zu klären. Die Schoa wirkte für den Wandlungsprozess der Kirche als Katalysator, war jedoch nicht die Ursache, das Verhältnis zu Judentum und Juden grundlegend zu revidieren. Abgesehen von dem Aspekt der Beschleunigung bestand diese Katalysatorwirkung in zweierlei Aspekten: Sie beförderte ein umfassendes Nachdenken über die (Mit-) Schuld der Christen und des christlichen Antijudaismus an diesem Verbrechen, und sie räumte den Konversionsgedanken aus dem Weg, der bis dahin jeden „Dialog" mit Juden motiviert hatte.

Die Zumutungen des neuartigen Rassenantisemitismus setzten Kräfte in Bewegung, die – vielfach noch unreflektiert – einem neuen Paradigma den Juden gegenüber Vorschub leisteten. Pius' XI. Ansprache vom 6. September 1938 gegenüber einer Gruppe belgischer Pilger – in Reaktion auf das erste Rassengesetz des faschistischen Italien – mündete in jene Standortbestimmung der Christen als „geistlicher Semiten", auf die dann Johannes XXIII. zweiundzwanzig Jahre später anspielen sollte, indem er sich einer jüdischen Delegati-

---

[47] Dekret des Heiligen Offiziums, 25.3.1928, zitiert nach *Brechenmacher*, Der Vatikan und die Juden (s. o. Anm. 1), 161. Eine deutsche Übersetzung des gesamten Dekrets bei *Passelecq/Suchecky*, Die unterschlagene Enzyklika (s. o. Anm. 45), 124f.

[48] Ausführlich zu beiden Dokumenten *Brechenmacher*, Der Vatikan und die Juden (s. o. Anm. 1), 177–190. Noch detaillierter ausgearbeitet: *ders.*, Der Heilige Stuhl und die totalitären Ideologien. Die März-Enzykliken von 1937 in ihrem inneren Zusammenhang, in: Historisches Jahrbuch 133 (2013) 342–364. – Die Texte im lateinischen Original mit deutscher Übersetzung in: *Peter Godman*, Der Vatikan und Hitler. Die geheimen Archive, München 2004, 251–315.

[49] Dekret S. O., 25.3.1928 (s. o. Anm. 47).

[50] *Joseph et Augustin Lémann*, La question du Messie e Le Concile du Vatican. Aux Israélites et aux Chrétiens, Paris/Lyon 1869; deutsch: Die Messias-Frage und das vaticanische Concil, Mainz 1870. Zu der Initiative *Brechenmacher*, Das Ende der doppelten Schutzherrschaft (s. o. Anm. 7), 449–454.

[51] Vgl. *Hubert Wolf*, „Pro perfidis Judaeis". Die „Amici Israel" und ihr Antrag auf eine Reform der Karfreitagsfürbitte für die Juden (1928). Oder: Bemerkungen zum Thema Katholische Kirche und Antisemitismus, in: Historische Zeitschrift 279 (2004) 611–658; außerdem *Brechenmacher*, Der Vatikan und die Juden (s. o. Anm. 1), 154–163.

on als „Joseph, Euer Bruder" vorstellte.⁵² Beides waren nicht einfach freundlich dahingesprochene, belanglose Worte. Als theologisches Motiv für seine neuerliche Zurückweisung des Antisemitismus – „Nein, für Christen ist es unmöglich, den Antisemitismus zu befürworten. ... Antisemitismus ist unzulässig." – führte Pius an: „Abraham unser Patriarch [wird] unser Ahnherr genannt. ... Durch Christus und in Christus stehen wir in einer geistigen Abstammungslinie mit Abraham."⁵³ Verglichen mit den Leitmotiven der doppelten Schutzherrschaft waren dies neue Akzente. Nicht mehr das Trennende, sondern das Gemeinsame wurde betont, nicht mehr die Diskontinuität, sondern die Kontinuität. Folgerichtig konnte die Aufgabe der Päpste nicht mehr darin liegen, die eine Gruppe vor der anderen zu schützen, beide Gruppen voneinander zu separieren, ihren gegenseitigen Umgang zu reglementieren. Die neue Aufgabe musste darin bestehen, Juden und Christen aufeinander zu beziehen, um schließlich die „Hermeneutik des Bruchs" zu überwinden.⁵⁴

3. Quellen und weiterführende Literatur

Reinhold Boschki/Josef Wohlmuth (Hg.), Nostra Aetate 4. Wendepunkte im Verhältnis von Kirche und Judentum – bleibende Herausforderung für die Theologie (Studien zu Judentum und Christentum 30), Paderborn 2015.

John Connelly, Juden – vom Feind zum Bruder. Wie die Katholische Kirche zu einer neuen Einstellung zu den Juden gelangte, Paderborn 2015 (zuerst englisch: From Enemy to Brother. The Revolution in Catholic Teaching on the Jews, 1933–1965, Cambridge/London 2012).

Willehad Paul Eckert/Ernst Ludwig Ehrlich (Hg.), Judenhass – Schuld der Christen?! Versuch eines Gesprächs, Essen 1964.

David I. Kertzer, Die Päpste gegen die Juden. Der Vatikan und die Entstehung des modernen Antisemitismus, Berlin/München 2001.

Michael Langer, Juden und Christen. Anmerkungen zu einer religionspädagogischen Problemgeschichte, in: Winfried Böhm/Angelika Wenger-Hadwig (Hg.), Erziehungswissenschaft oder Pädagogik?, Würzburg 1998, 315–329.

Michael Langer, Von den „Gottesmördern" zu den „älteren Brüdern". Christen und Juden auf dem Weg, in: Eugen Biser/Ferdinand Hahn/ders. (Hg.), Der Glaube der Christen. Ein ökumenisches Handbuch, Band 1, München/Stuttgart 1999, 332–356.

Pinchas E. Lapide, Rom und die Juden, Freiburg im Breisgau/Basel/Wien 1967.

Wolf-Dieter Marsch/Karl Thieme (Hg.), Christen und Juden. Ihr Gegenüber vom Apostelkonzil bis heute, Mainz/Göttingen 1961.

Giovanni Miccoli, Santa Sede, questione ebraica e antisemitismo fra Otto e Novecento, in: Corrado Vivanti (Hg.), Gli Ebrei in Italia, Band 2: Dall'emancipazione a oggi, Turin 1997, 1369–1574.

Karl Heinrich Rengstorf/Siegfried von Kortzfleisch (Hg.), Kirche und Synagoge. Handbuch zur Geschichte von Christen und Juden. Darstellung mit Quellen, 2 Bände, Stuttgart 1968–1970.

Florian Schuller/Giuseppe Veltri/Hubert Wolf (Hg.), Katholizismus und Judentum. Gemeinsamkeiten und Verwerfungen vom 16. bis zum 20. Jahrhundert, Regensburg 2005.

Shlomo Simonsohn, The Apostolic See and the Jews, Bände 1–6: Documents 492–1555; Band 7: History; Band 8: Bibliography, Toronto 1988–1991 [zentrale Quellensammlung für Spätantike und Frühe Neuzeit].

---

⁵² La Documentation Catholique 39 (1938) 1459 f. – Osservatore Romano, 19.10.1960.
⁵³ La Documentation Catholique 39 (1938) 1459 f.
⁵⁴ Siehe dazu den Beitrag von *Christian M. Rutishauser* zum jüdisch-christlichen Dialog in diesem Band.

Tamar A. Avraham

Zionismus und Staat Israel

In der zweiten Hälfte des 19. Jahrhunderts entwickelten europäische Juden den Gedanken eines souveränen jüdischen Gemeinwesens, der in der zionistischen Bewegung schließlich zur Gründung des Staates Israel führte. Der Zionismus ist nur aufgrund der gesellschaftlichen und politischen Änderungen im Europa des 18. bis 19. Jahrhunderts einerseits und in seiner Kontinuität und Diskontinuität zur jüdischen Geistesgeschichte andererseits zu verstehen.

1. Zionismus als europäische Ideologie des 19. Jahrhunderts

1.1 Emanzipation und Assimilation, Nationalismus und Antisemitismus

Die Aufklärung und die bürgerlichen Revolutionen veränderten Europa grundlegend. An die Stelle der Ständegesellschaft trat die Gleichheit der Bürger, an die Stelle der absoluten Monarchie die demokratisch gewählte Regierung, an die Stelle der durch dynastische Heiraten gewachsenen Reiche der Nationalstaat. Damit änderte sich auch die Stellung der einzigen seit Jahrhunderten im christlichen Europa lebenden Minderheit, der Juden, die in der „alten Ordnung" benachteiligt waren, aber auch religiöse Autonomie genossen. Zuerst 1791 in Frankreich und bis zum Ende des 19. Jahrhunderts in allen europäischen Ländern mit Ausnahme des Russischen Reiches wurde ihre rechtliche Gleichstellung durchgesetzt. In Deutschland geschah dies zunächst in unterschiedlichem Ausmaß in den verschiedenen Fürstentümern und dann übergreifend in der Verfassung des Norddeutschen Bundes 1867 und der Verfassung des Deutschen Reiches 1871.

Viele Juden begrüßten diese Entwicklung und waren bereit, den geforderten Preis zu zahlen: vaterlandsliebende Staatsbürger zu sein, die ihre Pflichten unter anderem im Militärdienst erfüllen und ihre Religionsausübung auf den privaten und rituellen Bereich beschränken. Die jüdische Reformbewegung strich die Texte, die die Hoffnung auf eine Rückkehr in das verheißene Land zum Ausdruck brachten, aus den Gebetbüchern und sah in der Ethik der Propheten die Essenz der jüdischen Religion. Aber auch ein orthodoxer Rabbiner wie Samson Raphael Hirsch konnte seine Treue zur Tora mit dem Patriotismus eines deutschen Staatsbürgers verbinden, wenn er betonte, dass die Tora außerhalb des Landes Israel gegeben wurde und daher auch außerhalb lebbar sei.[1] Die Identität der überwiegenden Mehrheit der deutschen Jüdinnen und Juden kommt im Namen ihrer größten Organisation zum Ausdruck, dem 1893 gegründeten „Centralverein deutscher Staatsbürger jüdischen Glaubens". Der Begriff der jüdischen Nation wurde als auf eine spirituelle Gemeinschaft bezogen verstanden.[2]

Die Konzeption des liberalen Nationalismus, die sich vor allem in Frankreich und den USA durchsetzte, wurde ab den Revolutionen von 1848 immer mehr durch einen romantischen Nationalismus ersetzt, in dem die politische Nation identisch mit dem organischen Volk beziehungsweise einem gemeinsamen „rassischen" Ursprung war. Vor allem im Pangermanismus und im Panslawismus nahm dies die Vorstellung von einem erwählten Volk beziehungsweise einer überlegenen „Rasse" an und wurden alle „Rassefremden", und damit auch die Juden, als zu beseitigende Außenseiter angesehen. Antisemitismus war damit integraler Teil dieses Nationalismus.[3]

In Deutschland, Österreich-Ungarn und Frankreich hielten sich die Wahlerfolge der Antisemiten in Grenzen, und sie galten letztlich als „Staatsfeinde", deren Ideologie den staatlichen Werten widersprach. In Russland dagegen, wo knapp drei Viertel der europäischen Jüdinnen und Juden lebten, war Antisemitismus Teil des politischen Systems. Jüdisches Aufenthaltsrecht war immer noch auf den „Ansiedlungsrayon" im Westen des Reiches beschränkt, auch wenn unter Alexander II. (1855–1881) Ausnahmen für wohlhabende Kaufleute, diplomierte Handwerker, Akademiker und medizinisches Personal gemacht wurden. Die Ermordung des Zaren 1881 führte zu einem erneuten Rückschritt mit den antijüdi-

---

[1] Kommentar zu Dtn 4,5, in: *Samson Raphael Hirsch*, Der Pentateuch übersetzt und erläutert, 5. Teil: Deuteronomium, Frankfurt am Main 1878, 42.

[2] *Arthur Herzberg* (Hg.), The Zionist Idea. A Historical Analysis and Reader, New York ¹⁶1986 (1959), 23 f.

[3] *Herzberg*, Zionist Idea (s. o. Anm. 2), 37.53.

schen „Mai-Gesetzen" 1882, die die Niederlassung in Dörfern und den Handel an Sonn- und christlichen Feiertagen verboten, während parallel dazu der Panslawismus die große Mehrheit der russischen Intelligenz prägte und von Hof und Regierung als die einzige zur Verfügung stehende Kraft gegen revolutionäre Tendenzen angesehen wurde.[4]

1.2 Eine jüdische Nationalbewegung als Antwort

Vor diesem Hintergrund zogen auch jüdische Denker die Möglichkeit der vollen Integration der Juden in die Gesellschaften der Nationalstaaten in Zweifel und suchten nach anderen Wegen.

Moses Hess (1812–1875) nutzte die neuen den Juden offenstehenden Möglichkeiten eines Philosophiestudiums an der Universität von Bonn – zeitgleich mit Karl Marx – und entwickelte zunächst sozialistisch-universalistische Ideen. Das Scheitern der Revolution von 1848 zwang ihn zur Flucht aus Deutschland, und seitdem lebte er hauptsächlich in Paris. Es war vor allem der Erfolg der italienischen Nationalbewegung, der seine Aufmerksamkeit auf die Bedeutung der nationalen Identität lenkte. 1862, ein Jahr nach der Vereinigung Italiens, erschien sein Werk *Rom und Jerusalem. Die letzte Nationalitätenfrage*, in dem er aus dem Geschehen in Italien („Rom") Folgerungen für das Judentum („Jerusalem") zieht. Bereits der Untertitel zeigt, dass Hess die jüdische Frage unter einem nationalen Gesichtspunkt angeht und auf eine Lösung zielt, die andere Nationen bereits erreicht haben. In seiner Schrift kommt Pessimismus gegenüber einer wirklichen Integration der Juden zum Ausdruck. Er gelangt zu der Folgerung, dass diese nur möglich sein werde, wenn die Juden eine Nation wie jede andere mit einem eigenen Heimatland werden. Dieses sollte in Palästina mithilfe der wohlhabenden und einflussreichen europäischen Juden, wie Moses Montefiore und den Rothschilds, aufgebaut werden. Das Buch erregte seinerzeit kaum Interesse, erst Jahrzehnte später werden Hess' Ideen im sozialistischen Zionismus wieder auftauchen.[5]

Einflussreicher war Leo Pinskers *Autoemancipation. Mahnruf an seine Stammesgenossen von einem russischen Juden* (1882). Pinsker (1821–1891) war in einer der Aufklärung verbundenen jüdischen Familie in Odessa aufgewachsen, hatte an der Universität von Moskau Medizin studiert, im Krim-Krieg freiwillig als Militärarzt gedient und seine Hoffnungen auf eine kulturelle Autonomie der Juden in einem pluralistischen, toleranten Russland gesetzt. Antijüdische Ausschreitungen in seiner Heimatstadt 1871 ließen ihn an dieser Möglichkeit zweifeln, und die erneute Reaktion in Russland 1881–1882 war der letzte Anstoß zur Veröffentlichung seiner Diagnose der Lage der Juden und der Möglichkeiten ihrer Verbesserung. In der Sprache eines Mediziners beschrieb er „Judophobie" als seit zweitausend Jahren vererbte Psychose. Diese sei eine Reaktion auf den Zustand der Juden als durch Verlust ihres Landes und ihrer Selbständigkeit „abgestorbene Nation" und könne daher auch nur überwunden werden, wenn die Juden „wie die anderen Nationen ein eigenes Heim haben" werden. Dann könnten sie als „mit den anderen gleichwertige Menschen" anerkannt werden.[6]

Dies war die bis dahin systematischste Analyse der Lage der Juden. Pinsker verfasste sie während eines Aufenthalts in Berlin auf Deutsch und sah die finanziellen Möglichkeiten und den politischen Einfluss der westeuropäischen Juden als unverzichtbar für die Verwirklichung seiner angestrebten Lösung an, fand aber Echo vor allem unter russischen Juden, die unter der regressiven Politik des Russischen Reiches litten.[7]

Vierzehn Jahre später schrieb Theodor (Binjamin Ze'ev) Herzl (1860-1904), ohne Pinskers Werk zu kennen, sein Buch *Der Judenstaat. Versuch einer modernen Lösung der Judenfrage*, das zum Programm des politischen Zionismus werden sollte. Herzl verkörperte weit mehr als Hess und erst recht Pinsker den erfolgreich assimilierten Juden. Geboren in einer der jüdischen Tradition nur noch sehr lose verbundenen bürgerlichen Familie in der österreichisch-ungarischen Monarchie, schloss er 1878 das evangelische Gymnasium in Pest ab, promovierte 1884 an der Universität von Wien in Jura, absolvierte im folgenden Jahr ein juristisches Praktikum in Wien und Salzburg, wurde 1887 Herausgeber des Feuilletons der *Wiener Allgemeinen Zeitung* und war von 1891 bis 1895 Korrespondent der *Neuen Freien Presse* in Paris. Aber das Erstarken der antisemitischen Bewegung in Deutschland, Österreich

---

[4] *Herzberg*, Zionist Idea (s. o. Anm. 2), 53 f.
[5] *Howard M. Sachar*, A History of Israel. From the Rise of Zionism to Our Time, New York ⁶1988 (1976), 10–12; *Herzberg*, Zionist Idea (s. o. Anm. 2), 32 f.
[6] *Leo Pinsker*, Autoemancipation, Berlin ⁶1933, 8 f.18.
[7] *Sachar*, History (s. o. Anm. 5), 14 f.

und Frankreich ließ ihn an der Möglichkeit einer wirklichen Integration der individuellen Juden in die Nationalstaaten zweifeln. Hinzu kam 1894 die Dreyfus-Affäre, die Verurteilung des jüdischen Hauptmanns Alfred Dreyfus als angeblichen Landesverräters vor antisemitischem Hintergrund, und dies ausgerechnet in Frankreich, das als erstes europäisches Land die Juden rechtlich gleichgestellt hatte und als Vorreiter eines liberalen Nationalismus galt.[8]

Wie Pinsker sah Herzl die Wurzel des Problems in der nationalen „Abnormalität" der Juden, „die im Rate der Culturvölker zu regeln sein wird", indem diese „uns die Souveränetät eines für unsere gerechten Volksbedürfnisse genügenden Stückes der Erdoberfläche" geben, „alles andere werden wir selbst besorgen". Er sah die Gründung einer „Society of Jews" vor, die unter dem Schutz der europäischen Mächte mit den Souveränen der seiner Meinung nach infrage kommenden Länder – Argentinien oder Palästina – verhandeln und ihnen Vorteile im Gegenzug für die Zustimmung zu jüdischer Ansiedlung anbieten wird.[9]

Antisemitismus war für Pinsker und Herzl ein rationales Phänomen, das auf einem Problem der Juden selbst beruht und deshalb auch durch die Lösung dieses Problems beseitigt werden kann. Herzl war wesentlich optimistischer als Pinsker im Vertrauen auf die Bereitschaft der westeuropäischen Mächte, die Gründung eines „Judenstaates" zu unterstützen, da er darin einen Beitrag zum Weltfrieden und damit das eigene Interesse dieser Mächte sah.[10]

Herzls Programm führte schließlich zum Erfolg, da er es durch die Zionistischen Kongresse zu einer organisierten Massenbewegung zu machen wusste und auf die Unterstützung der westlichen Welt setzte, eine Politik, die seine Nachfolger in der Führung der zionistischen Bewegung beibehielten. Eine entscheidende Rolle vor allem für die Gewinnung der britischen Unterstützung spielte Chaim Weizmann (1874–1952), der während des Ersten Weltkriegs als Direktor des Munitionslabors der britischen Admiralität eine neue Methode zur Gewinnung des für Schießpulver benötigten Acetons entwickelte und damit einen Beitrag zum Sieg der Alliierten leistete.[11]

Die britische Regierung versicherte am 2. November 1917 in der sogenannten Balfour-Erklärung, einem Brief des Außenministers Arthur James Balfour an Lord Walter Rothschild als Vertreter der Zionistischen Vereinigung von Großbritannien und Irland, ihre wohlwollende Unterstützung der „Errichtung einer nationalen Heimstätte für das jüdische Volk in Palästina". Als Großbritannien nach Ende des Ersten Weltkriegs das Völkerbundsmandat über Palästina übertragen wurde, wurde die Balfour-Erklärung in den Mandatsbrief übernommen und damit von der internationalen Gemeinschaft anerkannt. Infolge des sich zuspitzenden Konflikts zwischen den Zionisten und den sich von ihnen bedroht fühlenden Palästinensern verfolgte Großbritannien seit 1937 und im weiteren Verlauf auch die internationale Gemeinschaft die Teilung des Mandatsgebietes in einen jüdischen und einen arabischen Staat. Weizmann, seit 1920 Präsident der Zionistischen Weltorganisation, beharrte auf der Notwendigkeit internationaler Unterstützung, die zionistische Bewegung akzeptierte das Prinzip der Teilung und konzentrierte sich auf die Gewinnung eines möglichst großen Territoriums. So wurde schließlich der von der UNO-Vollversammlung am 29. November 1947 verabschiedete Teilungsplan in der israelischen Unabhängigkeitserklärung vom 14. Mai 1948 als unveräußerliche Anerkennung des Rechts des jüdischen Volkes auf die Errichtung seines Staates durch die Staatengemeinschaft festgeschrieben. Weizmann wurde erster Staatspräsident Israels.

1.3 Zionismus und Sozialismus

Neben der internationalen Unterstützung war der Aufbau zionistischer Niederlassungen in Palästina unverzichtbar für das Gelingen des zionistischen Projekts. Die zentrale Rolle spielte dabei die ideologische Kerngruppe der Zweiten *Alija* (Einwanderungswelle) in den Jahren 1904–1914, aus der die künftigen Führer des Staates Israel hervorgingen. Ihr Wunsch nach Bearbeitung des Bodens unter schweren Bedingungen und großen persönlichen Opfern kam aus einem tiefen Gefühl der Entfremdung von der Erde. Darauf reagierten sie einerseits mit einem romantisierten Bild des Bauern, wie es sich auch bei Tolstoi findet, und andererseits mit einer sozialistischen Einstellung, die die jüdische Jugend in Russland um die Jahrhundertwende charakterisierte und zur Gründung des „Allgemeinen Jüdischen Arbeiterbundes"

---

[8] *Sachar*, History (s. o. Anm. 5), 37 f.
[9] *Theodor Herzl*, Der Judenstaat, Wien 1896, 11.27 f.
[10] *Herzberg*, Zionist Idea (s. o. Anm. 2), 29.43–46.50.
[11] *Herzberg*, Zionist Idea (s. o. Anm. 2), 573–588.

(kurz: „Bund") geführt hatte, der bis zur Schoa in Osteuropa eine ernstzunehmende Alternative zum Zionismus darstellte.

Ber Borochov (1881–1917), der in einer gebildeten jüdischen Familie in Poltawa, einer Art Exilzentrum der russischen Revolutionäre in der heutigen Ukraine, aufgewachsen war, schuf 1905 mit seinem jiddischen Essay „Die nationale Frage und der Klassenkampf" die ideologische Grundlage für einen sozialistischen Zionismus, der den auf Universalität und Internationalität angelegten Sozialismus in den Nationalismus integrierte: Ein Territorium mit seinen Ressourcen ist die Grundlage jeder materiellen und geistigen Produktion und schafft dem Proletariat einen klar definierten Arbeitsplatz, ohne den es nicht den nötigen Rückhalt für den Klassenkampf hat. Als landlose Nation ohne Souveränität und freie kulturelle Entwicklung befinden sich Jüdinnen und Juden in einem anormalen Produktionssystem, das zur Identifizierung eher mit der Nation als mit der Klasse führt und effektiven Kampf gegen die Ausbeuter verhindert. Vorbedingung für eine normale Entwicklung der jüdischen Arbeiterklasse ist daher ein eigenes Territorium.[12]

So wurde der Zionismus für Zehntausende jüdischer Jugendlicher akzeptabel. In Palästina fand der sozialistische Zionismus seinen Ausdruck vor allem in der Gründung von Kibbuzim, gemeinschaftlichen landwirtschaftlichen Ansiedlungen ohne Privatbesitz und mit gleicher Verteilung der Arbeit.

2. Zionismus und traditionelles Judentum

Hess, Pinsker, Herzl und Borochov suchten alle im Rahmen der Konzeptionen der europäischen Mehrheitsgesellschaft nach einer Lösung der „Judenfrage", deren Existenz sie anerkannten. Mit Ausnahme von Hess maßen sie dem Land Israel als historischer Heimat keine besondere Bedeutung für die Restauration der Juden als Nation bei. So schrieb Pinsker:

> Wir brauchen nichts als ein großes Stück Landes für unsere armen Brüder, welches unser Eigentum bleiben soll, aus dem kein fremder Herr uns verdrängen könnte. … Möglicherweise könnte auch das heilige Land unser eigenes werden. Dann um so besser, aber es muß vor allem festgestellt werden – und darauf kommt es nur an – welches Land uns überhaupt zugänglich und gleichzeitig geeignet ist, den Juden aller Länder, welche ihre Heimat verlassen müssen, eine sichere, unangefochtene, produktionsfähige Zufluchtstätte zu bieten.[13]

Ähnlich äußerte sich Herzl:

> Ist Palästina oder Argentinien vorzuziehen? Die Society wird nehmen, was man ihr gibt und wofür sich die öffentliche Meinung des Judenvolkes erklärt. … Palästina ist unsere unvergessliche historische Heimat. Dieser Name allein wäre ein gewaltig ergreifender Sammelruf für unser Volk.[14]

Borochov sah in Palästina nur deshalb das passende Land für einen jüdischen Staat, weil es halb agrarisch und dünn bevölkert sei, weil Juden in jedem Bereich, vor allem in grundlegender Industrie und Landwirtschaft, arbeiten könnten und das Land keine eigene nationale Tradition habe.[15]

Vehementer Protest gegen eine allenfalls zweckorientierte Ausrichtung auf das Land Israel kam von Ascher Zwi Ginsberg (1856–1927), der den Namen Achad Ha-Am („einer aus dem Volk") annahm. In seinem Artikel „Dies ist nicht der Weg" (1889) warnte er vor einer Konzentration auf die wirtschaftliche Stärkung der zionistischen Niederlassung in Palästina ohne die vorherige Schaffung eines auf eine kleine Kerngruppe beschränkten spirituellen Zentrums dort. Als Modell schwebte ihm die jüdische Autonomie unter rabbinischer Autorität in der römischen Provinz Palästina nach der Tempelzerstörung 70 u. Z. vor.[16] In der Betonung Palästinas als spirituellem Zentrum und der Bedeutung, die er dabei der Wiederbelebung des Hebräischen beimaß, unterschied sich Achad Ha-Ams „Kulturzionismus" von den Vorstellungen einer jiddisch geprägten kulturellen Autonomie im Rahmen der Vielvölkerstaaten, wie sie von dem Historiker Simon Dubnow (1860–1941) vertreten wurde und im „Bund" starken Anklang fand.[17]

Die Bedeutung des Landes Israel für die meisten Zionisten zeigte sich, als Herzl 1903 das britische Angebot einer jüdischen Niederlassung in Britisch-Ostafrika[18] erwog, aber an dem scharfen, hoch emotionalen Widerstand des Sechsten Zio-

---

[12] *Herzberg*, Zionist Idea (s. o. Anm. 2), 353–366; *Sachar*, History (s. o. Anm. 5), 70f.

[13] *Pinsker*, Autoemancipation (s. o. Anm. 6), 21.

[14] *Herzl*, Judenstaat (s. o. Anm. 9), 29.

[15] *Herzberg*, Zionist Idea (s. o. Anm. 2), 365f.

[16] *Herzberg*, Zionist Idea (s. o. Anm. 2), 51–72.248–277; *Sachar*, History (s. o. Anm. 5), 34f.56–58.

[17] *Herzberg*, Zionist Idea (s. o. Anm. 2), 57; *Moshe Zimmermann*, Wende in Israel. Zwischen Nation und Religion, Berlin 1996, 23.

[18] Im heutigen Kenia, obwohl das Projekt als „Uganda-Plan" bekannt ist.

nistischen Kongresses scheiterte. Ein jüdischer Staat war letztlich nur im Land Israel denkbar, wie sich ja auch der Begriff *Zionismus*, 1890 von dem Wiener Zionisten Nathan Birnbaum geprägt, auf *Zion*, den in der Bibel wie in den Gebeten häufig gebrauchten Namen Jerusalems, bezieht.[19] Die Beziehung des Zionismus zur jüdischen Tradition ist allerdings komplex und umstritten.

2.1 Traditionelle Zionssehnsucht und ihre Aktualisierung

Die Sammlung im verheißenen Land, die Erneuerung des davidischen Königtums und des Gottesdienstes im neu erbauten Jerusalem blieben in den Jahrhunderten nach dem Verlust der Souveränität und der Zerstörung des Tempels im Jahre 70 u. Z. die Sehnsucht von Jüdinnen und Juden. Im dreimal täglich gesprochenen Achtzehn-Bitten-Gebet heißt es:

> Stoße in das große Horn zu unserer Befreiung, erhebe das Banner, unsere Verstreuungen einzusammeln, und sammle uns insgesamt von den vier Enden der Erde. … In deine Stadt Jerusalem kehre in Erbarmen zurück, wohne in ihr, wie du gesprochen hast, erbaue sie bald in unseren Tagen als ewigen Bau, und den Thron Davids errichte schnell in ihr. … Bringe den Dienst zurück in das Allerheiligste deines Hauses, die Feueropfer Israels und sein Gebet nimm mit Wohlgefallen an, und zum Wohlgefallen sei immer der Dienst deines Volkes Israel. Und schauen mögen unsere Augen deine Rückkehr nach Zion in Erbarmen. Gepriesen bist du, Ewiger, der seine Gegenwart nach Zion zurückbringt.

Die Erfüllung der Sehnsucht wurde von Gott erwartet. Die Rabbinen distanzierten sich nach den beiden blutig niedergeschlagenen Aufständen gegen die Römer 66–70 und 132–135 u. Z. von politischen Erlösungsbewegungen und schrieben diese Distanzierung in dem Prinzip von den „drei Eiden" theologisch fest:

> Welche drei Eide? Einer, dass Israel nicht die Mauer hinaufsteigen wird [= nicht in Massen in das Land Israel einwandern wird]; einer, dass der Heilige, gepriesen sei er, Israel den Eid abgenommen hat, dass es nicht gegen die Völker der Welt rebellieren wird; einer, dass der Heilige, gepriesen sei er, den Völkern der Welt den Eid abgenommen hat, dass sie Israel nicht zu sehr unterdrücken werden.[20]

Für die Jetztzeit galt, was der Prophet Jeremia den Exilierten in Babylon schrieb: „Sucht das Wohlergehen der Stadt, in die ich euch verbannt habe, und betet für sie zu IHM, denn in ihrem Wohlergehen wird euch Wohlergehen sein" (Jer 29,7).

Dem Menschen blieb allenfalls, wie es besonders die Kabbalisten in Safed im 16. Jahrhundert betonten, durch ein Leben nach der Tora und durch Gebete zur Verbesserung der Welt beizutragen und so vielleicht Gottes Eingreifen zu beschleunigen.

R. Jehuda Alkalai (1798–1878), Rabbiner in Semlin bei Belgrad, der seine Kindheit und seine letzten Lebensjahre in Jerusalem verbrachte und in der zionistischen Geschichtsschreibung als Protozionist gilt, passt noch in dieses Schema: Von der Kabbala beeinflusst, sah er in der Begründung jüdischer Niederlassungen im Land Israel, unterstützt von den wohlhabenden und einflussreichen Juden Westeuropas, menschliche Bemühungen, die nötig sind, um das Kommen des Messias herbeizuführen.[21]

R. Zwi Hirsch Kalischer (1795–1874), Rabbiner in Thorn (heute: Polen), sah in der Emanzipation und in dem politischen Einfluss jüdischer Familien wie den Rothschilds und den Montefioris Vorboten des messianischen Zeitalters, das nicht durch ein plötzliches, machtvolles Kommen des Messias, sondern „durch das Erwecken des Geistes von Philanthropen und des Willens der Reiche, einige wenige der Verstreuten Israels auf dem heiligen Boden zu sammeln", anbrechen werde. Die nationalen Bestrebungen anderer Völker müssen den Juden als Vorbild und Ansporn dienen, ihr Land, das sich als prächtigstes aller Länder auszeichnet und der ganzen Menschheit heilig ist, aufzubauen.[22]

2.2 Religiöse Kritik am Zionismus

Bereits Kalischer, an dessen Orthopraxie und Talmudgelehrsamkeit kein Zweifel bestand, wurde von orthodoxen Juden für seine konkreten Ideen der Selbsterlösung kritisiert.[23] Dem säkularen Zionismus Herzls gegenüber fiel die Kritik noch schärfer aus.

---

[19] *Sachar*, History (s. o. Anm. 5), 59–63.69f.
[20] Babylonischer Talmud, Ketubbot 111a. Die drei Eide werden zurückgeführt auf den dreimal wiederholten Vers im Hohelied: „Ich habe euch beschworen, Töchter Jerusalems, … dass ihr ja nicht aufweckt die Liebe, bis es ihr gefällt" (Hld 2,7; 3,5; 8,4). Das Hohelied wird auf die Liebe zwischen Gott und Israel gedeutet, und die dreimalige Beschwörung, ihr endgültiges Erwachen nicht mit Gewalt herbeizuführen, erfordert nach den rabbinischen Auslegungsprinzipien drei unterschiedliche Bedeutungen.
[21] *Herzberg*, Zionist Idea (s. o. Anm. 2), 35f.103–107.
[22] *Zwi Hirsch Kalischer*, Drischat Zion (1862), zitiert bei *Herzberg*, Zionist Idea (s. o. Anm. 2), 111–114.
[23] *Herzberg*, Zionist Idea (s. o. Anm. 2), 110.

Als exemplarisch kann die 1897 verfasste Schrift *Nationaljudenthum* des konservativen Wiener Oberrabbiners Moritz Güdemann gelten. Dieser hatte zunächst Sympathie für Herzls Ideen bekundet, wandte sich dann aber in einer Verbindung traditioneller Positionen mit dem Universalismus eines Rabbiners des Zeitalters der Emanzipation gegen den Zionismus.[24]

Güdemann wirft dem Zionismus, den er als „Nationaljudenthum" in eine Reihe mit anderen Nationalbewegungen stellt,[25] Perversion der Werte der jüdischen Religion vor: Eingriff in die göttliche Fügung und Verrat an der kosmopolitischen Berufung des jüdischen Volkes, den Völkern der Welt zu zeigen, dass etwas allen Menschen Gemeinsames existiert, das im messianischen Zeitalter in die allgemeine Anerkennung des Einen Gottes münden wird. Dies sei die wahre Zionssehnsucht. Auch als die Israeliten beziehungsweise Juden ein souveränes Volk im eigenen Land waren, beruhte ihr Volksein auf dem Bund mit Gott und nicht auf Eroberungen und Bindung an den Boden. Während die staatsbürgerliche Assimilation des 19. Jahrhunderts nur ein weiteres Beispiel für die dauernde Anpassung des Judentums an die Gegebenheiten der Zeit sei, sei der Zionismus in seiner Assimilation zu weit gegangen, indem er die antisemitische Ausgrenzung der Juden aus den Nationen, in denen sie leben, internalisiert und den antisemitischen Nation-Begriff auf das Judentum übertragen habe, ein Begriff, der sich nur mit Waffengewalt werde halten können. Güdemann schließt mit einer Warnung an den jüdischen wie an jeden Nationalismus, die er von Grillparzer übernimmt und die knapp hundert Jahre später von dem orthodoxen Israeli Yeshayahu Leibowitz (s. u.) wiederholt werden sollte: „Von Humanität – durch Nationalität – zur Bestialität".

Führende orthodoxe Rabbiner im Russischen Reich, die anders als Güdemann nicht im Verdacht standen, vor allem ihre Assimilation sichern zu wollen, stellten sich ebenfalls gegen den politischen Zionismus. Einige von ihnen gaben 1900 den Sammelband *Sefer Or LaJescharim. Naegaed HaSchita HaZionit* („Licht den Rechtschaffenen. Gegen die zionistische Methode") heraus, in dessen Einleitung es heißt:

Wir sind das Volk des Buches und haben weder im Buch der Bücher noch in der Mischna oder dem Talmud, weder in den Auslegungen [Midraschim] noch den Legenden unserer geheiligten Vorväter seligen Andenkens den Begriff „Nationalismus" (*le'umiut*) gefunden und gesehen, wie er im Hebräischen aus dem Nomen für „Volk" (*le'om*, Nation) abzuleiten wäre, und auch weder als Bezeichnung noch als Andeutung in der Sprache unserer weisen Lehrer seligen Andenkens.[26]

Die religiös motivierte Ablehnung des Zionismus hielt sich in manchen orthodoxen Gruppierungen auch nach der Gründung des Staates Israel. Joel Teitelbaum, Rebbe der Satmer Chassidim, fasste die auf den „drei Eiden" basierende Ablehnung des Zionismus 1959 noch einmal in seinem Buch *Wajoel Mosche* zusammen. Das Zentrum der Satmer Chassidim befindet sich bis heute bewusst außerhalb Israels, in New York.[27] Die radikalste Gruppe der in Israel lebenden orthodoxen Antizionisten, „Neture Karta" („Wächter der Stadt"), beging den ersten Unabhängigkeitstag Israels 1949 als Fast- und Trauertag.[28] Eine solche radikale Ablehnung des zionistischen Staates, die auch Verzicht auf jede Form staatlicher Unterstützung beinhaltet, ist in den letzten Jahrzehnten seltener geworden. Die nichtzionistische Orthodoxie ist in der Partei „Agudat Israel" organisiert, die an Parlamentswahlen teilnimmt und bereit ist, Regierungskoalitionen beizutreten, um die Interessen ihrer Anhänger zu vertreten.

2.3 Religiöser Zionismus

Es entstand aber auch ein religiöser Zionismus, der versuchte, orthodoxes Judentum und Nationalismus miteinander zu verbinden. R. Samuel Mohilever (1824–1898) sah unter dem Eindruck der Pogrome in Russland 1881 eine verstärkte jüdische Einwanderung nach Palästina als überlebensnotwendig und schloss sich daher den säkular, vor allem durch Pinsker, geprägten „Choveive Zion" („die Zion Liebenden") an. Nach Streitigkeiten mit deren Filiale in Odessa gründete er zwar 1893 den „Misrachi" (Abkürzung für *Merkas Ruchani* = spirituelles Zentrum) als orthodoxe

---

[24] *Shlomo Sand*, Die Erfindung des Landes Israel. Mythos und Wahrheit. Aus dem Hebräischen von Markus Lemke, Berlin 2012, 233–236; *Sachar*, History (s. o. Anm. 5), 39.42.

[25] Nach *Zimmermann*, Wende (s. o. Anm. 17), 19 tut er damit genau das, was mit der Bezeichnung „Zionismus" verhindert werden sollte: die jüdischen Nationalisten dem Verdacht einer doppelten Loyalität aussetzen.

[26] Zitiert bei *Sand*, Erfindung des Landes Israel (s. o. Anm. 24), 240.

[27] *Sand*, Erfindung des Landes Israel (s. o. Anm. 24), 242.

[28] *Maoz Azaryahu*, State Cults. Celebrating Independence and Commemorating the Fallen in Israel 1948–1956, Tel Aviv ²1998 (1995; hebräisch), 95.

zionistische Organisation, die sich vor allem mit Kulturarbeit und Verbreitung des Zionismus in der Orthodoxie befasste, rechtfertigte aber in seiner Botschaft an den Ersten Zionistischen Kongress 1897 die Zusammenarbeit mit säkularen Zionisten damit, dass man in Lebensgefahr jede Hand ergreift, die bereit ist zu retten. Darüber hinaus betonte er, dass die Besiedlung des Landes Israel ein grundlegendes Gebot der Tora sei und die jüdische messianische Hoffnung sich auf die Sammlung der Juden im Land Israel als Nation im vollen Sinne des Wortes konzentriere und nicht auf ein universales himmlisches Königreich, wie es einige orthodoxe Rabbiner in Westeuropa behaupteten (ein Seitenhieb auf Güdemann und ähnlich Denkende).[29]

R. Jizchak Jacob Reines (1839–1915) formte den „Misrachi" 1902 zu einer politischen Bewegung im Rahmen der Zionistischen Weltorganisation um und führte in den von ihm gegründeten Jeschiwot in Švenčionys und Lida den Unterricht auch säkularer Fächer ein. Die von Mohilever angedeutete Interpretation der Besiedlung des Landes Israel als religiöses Gebot führte er in seinem 1902 erschienenen Werk *Or chadasch al Zion* („Ein neues Licht auf Zion") aus und schuf damit die halachische Rechtfertigung des Zionismus. Dazu griff er auf ein Gebot zurück, das jahrhundertelang wenig beachtet war und im wichtigen *Sefer HaMitzwot* („Buch der Gebote") des Maimonides (gest. 1204) nicht erwähnt wird, wohl aber in den *Hassagot* („Einwände") des Nachmanides (1194–1270) zum *Sefer HaMitzwot*:

dass uns befohlen ist, das Land in Besitz zu nehmen, das Gott, gepriesen und erhaben sei er, unseren Vätern Abraham, Isaak und Jakob gegeben hat und wir es nicht anderen Völkern oder der Verödung preisgeben dürfen, wie er ihnen sagte: „Nehmt das Land in Besitz und werdet in ihm ansässig, denn euch habe ich das Land gegeben, es in Besitz zu nehmen, und verteilt das Land als Erbbesitz" (Num 33,53–54).

Reines legte „Inbesitznahme" als Aufkauf des Landes aus nichtjüdischem Besitz aus und legte den Schwerpunkt auf Besiedlung und nicht auf militärische Eroberung, die nur Mittel zum Zweck ist und nur dann, wenn es keine andere Wahl gibt. Landaufkauf und diplomatische Bemühungen um internationale Zustimmung zum Aufbau eines jüdischen Gemeinwesens in Palästina konnten auch in Einklang stehen mit dem „ersten Eid", der als Absage an militärisch organisierte Masseneinwanderung gegen den Willen der Völker verstanden werden konnte. Aber obwohl Reines eine Möglichkeit schuf, den Zionismus aus dem traditionellen Judentum zu rechtfertigen, deutete er das Phänomen einer säkularen Bewegung zur Lösung der Judenfrage nicht religiös.[30]

Dies tat R. Abraham Jizchak HaCohen Kook (1865–1935), der 1904 zum Rabbiner von Jaffa und den zionistischen Neuansiedlungen und 1921 zum ersten aschkenasischen Oberrabbiner Mandatspalästinas ernannt wurde und 1923 in Jerusalem die „zentrale universale Jeschiwa" (*Merkas HaRav*) gründete, in der er Hebräisch statt Jiddisch als Unterrichtssprache und Unterricht in jüdischer Philosophie, Bibel, Geschichte und Naturwissenschaften neben dem Talmudstudium einführte. Kook war von der Kabbala geprägt und von dem nahe bevorstehenden Kommen des Messias überzeugt. In Weiterführung der kabbalistischen Konzeption des *Tiqqun ʿOlam* („Reparatur der Welt") durch die Sammlung göttlicher Funken, die in der Welt des Bösen versunken sind, sprach er dem Säkularismus, wie jedem Aspekt der Wirklichkeit, Elemente von Heiligkeit zu, die entdeckt werden müssten. Die säkularen Zionisten bereiteten das Kommen des Messias vor, ohne es zu wissen. Kook betonte Aspekte der religiösen Tradition, die zu einer modernen nationalen Konzeption passten: eine wesensmäßige Heiligkeit des jüdischen Volkes, die unabhängig von seinem moralischen Verhalten sei, und eine mystische Auffassung des Landes als Widerspiegelung verborgener Manifestationen des Göttlichen. Erst erneuerte staatliche Unabhängigkeit im Land Israel werde volles jüdisches Leben ermöglichen, die Heiligung aller Aspekte des Lebens entsprechend der Tora, Rückkehr zur Natur, zu Kreativität, zu Werten wie Heldentum und Schönheit. Bei all dem war Kooks Erlösungsvorstellung universal: Wenn Israel seine heilsgeschichtliche Aufgabe in seinem Land erfülle, werde damit auch der Weg zur Erlösung der Menschheit gebahnt.[31]

Im Rahmen dieser Theologie konnten politische Ereignisse heilsgeschichtlich interpretiert

---

[29] *Herzberg*, Zionist Idea (s. o. Anm. 2), 36.399–405.

[30] *Amnon Raz-Krakotzkin*, Mishna Consciousness, Biblical Consciousness. Safed and Zionist Culture, Tel Aviv 2022 (hebräisch), 143; *Charles S. Liebman/Eliezer Don-Yehiya*, Civil Religion in Israel. Traditional Judaism and Political Culture in the Jewish State, Berkeley 1983, 191–194.

[31] *Abraham Isaak HaCohen Kook*, Die Lichter der Tora. Ôrôt hat-tôrā (Jüdische Quellen 4), hg. von Christoph Schulte und Eveline Goodman-Thau, Berlin 1995; *Herzberg*, Zionist Idea (s. o. Anm. 2), 417–431; *Liebman/Don-Yehiya*, Civil Religion (s. o. Anm. 30), 195–197.

werden. Die Balfour-Erklärung und ihre Aufnahme in den Mandatsbrief für Palästina erschienen als ein Ende der Verpflichtung auf die drei Eide, da die Völker der Welt selbst der Rückkehr des jüdischen Volkes in seine Heimat zugestimmt hatten.[32] Die Staatsgründung am 14. Mai 1948 bot sich als „Beginn des Wachsens unserer Erlösung" dar, wie es im Gebet für den Staat Israel, das an jedem Schabbat und Feiertag in den national-religiösen Synagogen gesprochen wird, formuliert wird. Das israelische Oberrabbinat erklärte den als staatlichen Feiertag eingeführten Unabhängigkeitstag zu einem religiösen Feiertag, der wie die traditionellen Feste der Erlösung durch das Beten der Hallel-Psalmen (Ps 113–118) und eine festliche Mahlzeit begangen wird.[33]

Auf politischer Ebene spielte die messianische Komponente des religiösen Zionismus zunächst kaum eine Rolle. Die national-religiöse Partei wurde fester Koalitionspartner der Regierungen unter Führung der sozialdemokratischen Arbeiterpartei, und ihre konkrete Politik war von pragmatischen Erwägungen und der Verpflichtung auf demokratische und universelle Werte geprägt.[34]

Aber vor allem in der von Abraham Kook gegründeten Jeschiwa, die seit 1952 von seinem Sohn Zwi Jehuda (1891–1982) geleitet wurde, hielt sich das Bewusstsein, dass zur Vollendung der Erlösung die Souveränität über das gesamte Land Israel in seinen biblischen Grenzen nötig sei. Im „Psalm 19 für den Staat Israel", den er zum 19. Unabhängigkeitstag im Mai 1967 verfasste, brachte R. Zwi Jehuda Kook diese Position zum Ausdruck:

Vor 19 Jahren, in jener berühmten Nacht, als die positive Entscheidung der Herrscher der Völker der Welt über die Errichtung des Staates Israel im Land eintraf, als das ganze Volk auf die Straßen strömte, um in Gemeinschaft die Gefühle seiner Freude zu feiern, konnte ich nicht hinausgehen und an der Freude teilhaben. Ich saß allein und mit rotem Gesicht, denn eine Last war auf mir. In jenen ersten Stunden konnte ich das Geschehen nicht hinnehmen, jene furchtbare Nachricht, dass tatsächlich die Prophezeiung des Herrn im Zwölfprophetenbuch erfüllt worden war: „Und mein Land haben sie geteilt". Wo ist unser Hebron – werden wir es vergessen?! Und wo ist unser Sichem – werden wir es vergessen?! Wo ist unser Jericho, werden wir es vergessen?! Und wo ist das ganze Transjordanien?! Wo ist jeder einzelne Erdklumpen? Jede Einheit von vier Ellen, die zum Land des Herrn gehören?! Liegt es in unserer Hand, auch nur auf einen Millimeter von ihnen zu verzichten? Gott bewahre![35]

Drei Wochen später, infolge des Sechstagekrieges vom 5. bis 10. Juni 1967, befand sich zumindest das gesamte Land westlich des Jordan unter israelischer Herrschaft, einschließlich zentraler biblischer Orte wie Hebron mit den Gräbern der Erzeltern, Betlehem mit dem Rachelsgrab, Sichem (Nablus) mit dem Josefsgrab und vor allem der Tempelberg mit der Westmauer (Klagemauer), der im siebten Jahrhundert als Al-Charam A-Scharif („Erhabener Bezirk") mit Felsendom und Al-Aksa-Moschee den Muslimen zum drittheiligsten Ort geworden war. Dies setzte einen akuten Messianismus frei, der besonders prägnant beim damaligen Oberrabbiner der israelischen Armee, Shlomo Goren, zum Ausdruck kam. Er verlas an der Stelle, wo die beiden jüdischen Tempel standen, einen Aufruf, in dem er die Eroberung Jerusalems und des Tempelbergs durch israelische Soldaten als Erfüllung messianischer Prophezeiungen interpretierte, und blies den Schofar (das Widderhorn), um so entsprechend Jesaja 27,13 den Anbruch der messianischen Zeit einzuläuten. Am Rachelsgrab gelang es ihm, den Kenotaph um Mitternacht, dem in der Mystik für die endzeitliche Erlösung des Grabes vorgesehenen Zeitpunkt, zu berühren. Die Erfüllung der mit der Erzmutter verbundenen Weissagung Jeremias wurde zum hermeneutischen Schlüssel, mit dem religiöse Zionisten den Sechstagekrieg deuteten: „Es gibt eine Hoffnung für dein Ende, Spruch des Herrn: Die Söhne werden zurückkehren in ihre Heimat" (Jer 31,17).[36]

R. Zwi Jehuda Kook wurde zum geistigen Vater der religiösen Siedlerbewegung „Gush Emunim" („Block der Getreuen"), die wenige Monate nach dem Krieg mit der Errichtung von Siedlungen im besetzten Westjordanland begann. Der Bau der Siedlungen wurde als Erfüllung des Gebots der Inbesitznahme und Besiedlung des Landes gesehen, die, wenn nötig, auch gegen die Politik der

---

[32] *Shlomo Aviner* (Hg.), Gespräche des R. Zvi Jehuda – Deuteronomium, Jerusalem 2005 (hebräisch), 152 f.
[33] *Azaryahu*, State Cults (s. o. Anm. 28), 95 f.104–108.
[34] *Yair Sheleg*, The New Religious Jews. Recent Developments Among Observant Jews in Israel, Jerusalem 2000 (hebräisch), 30–34.

[35] Zitiert nach *Michael Feige*, One Space, Two Places. Gush Emunim, Peace Now and the Construction of Israeli Space, Jerusalem 2002 (hebräisch), 43.
[36] *Tamar A. Avraham*, „Eure Rechte, die Rechte des Herrn, bewirkte diese historische Erlösung". Moderner jüdischer Messianismus in der Folge des Sechs-Tage-Krieges am Beispiel von Rabbiner Shlomo Goren, in: Thomas Fornet-Ponse (Hg.), Heilsgeschichte und Weltgeschichte. Das Wirken Gottes in der Welt und die Geschichtlichkeit von Glaube und Theologie (Jerusalemer theologisches Forum 32), Münster 2017, 95–114.

israelischen Regierung vorzunehmen war,[37] um diese durch Schaffen von Fakten auf der Linie des göttlichen Heilsplans zu halten – eine Taktik, die schließlich zum Erfolg führte.[38] Ebenso galt Rücksichtnahme auf die Position der internationalen Gemeinschaft als Verletzung des göttlichen Willens.

Damit vernachlässigte R. Zwi Jehuda Kook den universalen Aspekt in der Theologie seines Vaters und mehr noch die Vorstellung des säkularen Zionismus, dass jüdische Souveränität gerade zur Integration der Juden in die Staatengemeinschaft führen würde. Stattdessen betonte er, dass die jüdische Nation nach ihren eigenen Interessen handeln und auf sich selbst und auf Gott vertrauen müsse. Im Hintergrund stand die tiefe Überzeugung von einer grundsätzlichen Feindschaft der Völker gegenüber den Juden, die durch die Schoa einen neuen, furchtbaren Beweis bekommen hatte. Und wenn der religiöse Zionismus bei Nachmanides' Gebot bisher die Besiedlung des Landes betont hatte, so wurde jetzt das Gebot der Eroberung in den Vordergrund gestellt. Gewaltanwendung gegen die Palästinenser sei gerechtfertigt, wenn sie sich der israelischen Oberherrschaft widersetzen; erkennten sie sie an, können sie als Minderheit toleriert werden.[39]

Durch die israelische Herrschaft über die Jerusalemer Altstadt erlangte auch die Frage der Errichtung eines dritten Tempels oder zumindest erneuerter jüdischer Präsenz auf dem heiligen Berg plötzliche Aktualität. R. Goren scheint bei der Eroberung den spontanen Gedanken gehabt zu haben, den Felsendom in die Luft zu sprengen, um für den Tempel Platz zu machen, woran er – nach dessen Aussage – von Uzi Narkiss, dem für Jerusalem zuständigen Militärkommandanten, gehindert wurde. Seit Beginn der 2000er-Jahre setzt sich seine 1967 noch gegen den Konsens gehende halachische Entscheidung durch, dass das Betreten der äußeren Plattform des heiligen Bezirks mit der Al-Aksa-Moschee auch im Zustand ritueller Unreinheit möglich ist, da dies im herodianischen Tempelkomplex der Vorhof der Heiden war, dessen Betreten keine rituelle Reinheit erforderte. Besuche orthodoxer Juden auf dem heiligen Berg und inzwischen auch Gebete in einer abgelegenen Ecke sind alltäglich geworden, obwohl sie von den Muslimen als Provokation empfunden werden und immer wieder Auslöser für Kettenreaktionen von Gewalt sind. Ebenso gibt es Organisationen, die die Errichtung des dritten Tempels vorbereiten, allen voran das „Tempelinstitut" etwa hundert Meter Luftlinie vom heiligen Berg entfernt, das bereits alle Geräte für ein künftiges Heiligtum vorbereitet hat.[40]

2.4 Religiöse Elemente innerhalb des säkularen Zionismus

Aber auch der „säkulare" Zionismus kam nicht ohne religiöse Sprache und Vorstellungen aus. Herzl beschreibt in seinem 1902 erschienenen Roman *Altneuland*, einer Vision Palästinas nach zwanzig Jahren zionistischer Aktivität, einen Tempel in Jerusalem, in dem es allerdings keine Tieropfer, sondern Chorgesang nach dem Vorbild der Reformsynagogen seiner Zeit gibt und neben dem der Felsendom weiter existiert.

Das Vokabular der sozialistischen Zionisten war voll von religiösen Begriffen, die sie auf ihre Aufbauarbeit in Palästina anwandten. Diese Arbeit – ʿavodah, im Hebräischen auch das Wort für Gottesdienst – ist eine „quasi rituelle Handlung, heilige Arbeit, die totale und absolute Hingabe und bedingungslose Verpflichtung"[41] verlangte. Aaron David Gordon (1856–1922), der 1904 48-jährig nach Palästina einwanderte und trotz körperlicher Schwäche und Malaria, an der er schließlich starb, alle Kräfte für landwirtschaftliche Arbeit einsetzte,[42] sprach von einer „Religion der Arbeit" und parallelisierte die in Deuteronomium 30,15 vorgelegte Wahl zwischen Gottes- und Götzendienst mit der Wahl zwischen produktiver Arbeit mit eigenen Händen und parasitisch-exilischem Leben. Der *Chalutz* („Pionier"), der durch produktives Leben im Land den Weg für die nationale Erlösung bereitet, entsprach nicht nur dem Ideal der russischen Revolutionäre, sondern auch den biblischen Helden, die im Kampf vor Israel und „vor dem Herrn" in den Krieg zogen. Der Aufkauf von Land für die zionis-

---

[37] Die Regierungen der Arbeiterpartei initiierten Siedlungen im Jordangraben und auf den Golanhöhen, die strategisch wichtig und dünn besiedelt waren, sahen aber in Siedlungen inmitten palästinensischer Bevölkerungszentren eher zu vermeidende Konfrontationsherde.
[38] *Tamar A. Avraham*, „Die Söhne werden zurückkehren in ihre Heimat" – Jüdische theologische Deutungen der israelischen Eroberung und Besiedlung des Westjordanlandes seit 1967, in: Theologische Quartalschrift 201/1 (2021) 53–71, hier 67 f.
[39] *Liebman/Don-Yehiya*, Civil Religion (s. o. Anm. 30), 198 f.; *Avraham*, Söhne (s. o. Anm. 38), 62–65.

[40] *Avraham*, Eure Rechte (s. o. Anm. 36), 111–114.
[41] *Liebman/Don-Yehiya*, Civil Religion (s. o. Anm. 30), 31.
[42] *Herzberg*, Zionist Idea (s. o. Anm. 2), 369–371.

tischen Niederlassungen wurde als „Erlösung des Bodens" bezeichnet.[43]

2.4.1 Zionismus als Zivilreligion

Ein Modell zur Erklärung der religiösen Elemente im Zionismus ist seine Interpretation als Zivilreligion, wie sie auch auf andere Nationalbewegungen angewandt wird und von Charles S. Liebman und Eliezer Don-Yehiya in ihrem Buch *Civil Religion in Israel. Traditional Judaism and Political Culture in the Jewish State* vorgelegt wurde.

Die Zivilreligion enthält Charakteristika der traditionellen Religion, wie ein durch Symbole ausgedrücktes Bedeutungssystem, aber sie ist nicht auf eine transzendente Macht, sondern auf ein korporatives Wesen – das Volk, das Land – ausgerichtet. Das Judentum eignete sich besonders als Basis für eine Zivilreligion, da es Erlösung vor allem als ein kollektives Geschehen und nicht als die Erringung von individuellem Seelenheil versteht.[44] So behielt der Zionismus zum Beispiel das traditionelle Schema der Bedrohung Israels in allen Generationen und seine immer neue Rettung durch die göttliche Fügung bei, auch wenn er statt des göttlichen Eingreifens den menschlichen Faktor betonte. Pessach und Chanukka wurden als Feste eines Volkes, das sein Schicksal in die Hand nimmt und sich selbst erlöst, begangen, und die Makkabäer wurden weniger als Kämpfer für die Bewahrung der Tora denn als Freiheitskämpfer zu Vorbildern, zu denen sich auch die Zeloten und Bar Kochba, die von der rabbinischen Tradition abgelehnt wurden, gesellten. In den Mythen vom Suizid der Zeloten auf Massada und den Worten „Es ist gut, für unser Land zu sterben" des sterbenden Joseph Trumpeldor bei dem arabischen Angriff auf den zionistischen Posten Tel Chai nahe der libanesischen Grenze am 1. März 1920 kommt der Gedanke der Selbstaufopferung für das Land zum Ausdruck, der als eine neue Form der Bindung Isaaks auf dem Altar der Nation verstanden wurde.[45]

2.4.2 Zionismus als Messianismus

Ein weiteres Modell zur Erklärung der religiösen Elemente des Zionismus, das vor allem von zionistischen Historikern, allen voran Erziehungsminister Ben-Zion Dinur, vertreten wurde, ist seine Einordnung in die lange Geschichte des jüdischen Messianismus, angefangen bei der Revolte Bar Kochbas bis hin zu verschiedenen messianischen Bewegungen, vor allem der des Schabtai Zwi in den 1660er-Jahren, die in Vorbereitung auf das Kommen des Messias auch zu Einwanderungen in das Land Israel führten. Tatsächlich findet sich bei zionistischen Historikern und Schriftstellern ein verstärktes Interesse an messianischen Bewegungen und eine neue Wertschätzung der Männer, die sich zwar in ihrem Selbstverständnis als Messias täuschten, aber den Gedanken der nationalen Erlösung wachhielten.[46]

Gershom Scholem, der Begründer der Erforschung der jüdischen Mystik, definierte zwar den Zionismus nicht als Messianismus, aber beschrieb in einem Aufsatz über den „Gedanken der Erlösung in der Kabbala" (in einem Abschnitt, der bei den Übersetzungen aus dem Hebräischen gestrichen wurde) die messianische Hoffnung als eine im Wesentlichen nationale Hoffnung, als „Befreiung von dem Joch des Exils, von der Versklavung unter die Reiche der Welt, Befreiung der Nation von der Versklavung",[47] der gegenüber der universale Aspekt der Erlösung zurücktritt. Ebenso betonte Scholem den Charakter vor allem des Sabbatianismus als eine gegen die Halacha und das traditionelle rabbinische Judentum gerichtete Bewegung,[48] so wie natürlich auch der im Zionismus als Befreiungskämpfer gefeierte Bar Kochba im rabbinischen Judentum als *Bar Kosiba*, „Lügensohn", abgelehnt wurde. Insofern kann eine Sicht des Zionismus als Messianismus durchaus sein ambivalentes Verhältnis zur Tradition ausdrücken. Allen voran sah David Ben-Gurion (1886–1973), Führer der zionistischen Bewegung in Mandatspalästina und erster Ministerpräsident Israels, den Zionismus als authentisch jüdische Erlösungsbewegung:

---

[43] *Liebman/Don-Yehiya*, Civil Religion (s. o. Anm. 30), 31 f.
[44] *Liebman/Don-Yehiya*, Civil Religion (s. o. Anm. 30), 4.30–34.
[45] *Liebman/Don-Yehiya*, Civil Religion (s. o. Anm. 30), 38–54; *Tamar A. Avraham*, Ein neuer Exodus und eine neue Landnahme. Jüdisch-theologische Aspekte des israelisch-palästinensischen Konfliktes, in: Joachim Negel/Margareta Gruber OSF (Hg.), Figuren der Offenbarung. Biblisch – Religionstheologisch – Politisch (Jerusalemer theologisches Forum 24), Münster 2012, 313–345, hier 315–320.

[46] *Raz-Krakotzkin*, Mishna Consciousness (s. o. Anm. 30), 92.
[47] Zitiert bei *Raz-Krakotzkin*, Mishna Consciousness (s. o. Anm. 30), 93.
[48] *Gershom Scholem*, Die jüdische Mystik in ihren Hauptströmungen (suhrkamp taschenbuch wissenschaft 330), Berlin ¹²2018, 315–355.

Alles, was in unseren Tagen geschieht – die Erneuerung des Staates der Juden, die *Alija* Hunderttausender Juden, die nie Hess, Pinsker und Herzl gelesen und vielleicht auch nicht vom Zionismus gehört haben – lässt sich nicht verstehen, ohne die Vision von der messianischen Erlösung im Herzen des jüdischen Volkes zu sehen, nicht nur nach der Zerstörung des Zweiten Tempels, sondern in den Tagen der ersten Schriftpropheten, wenn nicht schon vor dem Auszug aus Ägypten.[49]

Problematisch an diesem Modell ist jedoch, dass es eine innerjüdische Interpretation gegenüber einer Interpretation aus den Gegebenheiten des 19. und 20. Jahrhunderts bevorzugt und die Tendenz hat, traditionell religiöse Juden, die aus einer messianischen Erwartung heraus in das Land Israel einwanderten, als Vorboten des Zionismus darzustellen, auch wenn deren eigenes Verständnis ihrer Einwanderung ein anderes war. Ebenfalls wird ignoriert, dass die messianischen Bewegungen immer Gott eine entscheidende Rolle im Geschehen zuschrieben, während der säkulare Zionismus sich mit einem Traum von nationaler Freiheit und sozialer Gerechtigkeit und Akzeptanz der Juden in der Völkergemeinschaft begnügt.[50]

2.4.3 Zionismus als neuzeitliche Hinwendung zur Bibel

Ein drittes Modell zur Erklärung der religiösen Elemente des Zionismus, das Shlomo Sand und Amnon Raz-Krakotzkin favorisieren, stellt sie in den Rahmen der reformatorischen Bibellektüre. Die Reformation brachte mit dem Prinzip des *Sola Scriptura* und der Verbreitung der Bibelkenntnis durch Übersetzungen und gedruckte Bibeln eine neue Wertschätzung der Hebräischen Bibel als einer politischen Schrift mit einem Gesellschaftsmodell hervor. Die europäischen Nationen, besonders die protestantischen, begannen, sich anstelle Israels als das erwählte Volk zu sehen. Die puritanischen Pilgerväter in Nordamerika, die Buren in Südafrika wie auch die europäischen Siedler in Australien und Neuseeland sahen sich in den Spuren Josuas bei der Landnahme.[51]

Parallel dazu waren für millenaristische Bewegungen in Großbritannien die Rückkehr der Juden in ihr altes Land, die Erneuerung jüdischer Souveränität und der Wiederaufbau des Tempels ein notwendiges Vorspiel zur Wiederkunft Jesu. Der politische Einfluss dieser Theologie wuchs durch den 7. Earl von Shaftesbury, Mitglied des britischen Parlaments und Freund des Außenministers und späteren Premierministers Lord Palmerston (1784–1865), und ohne sie ist die spätere britische Unterstützung des zionistischen Projekts, bis hin zur Balfour-Erklärung, nicht zu verstehen. Palästina wurde zunehmend als „Land der Bibel" gesehen und in einer umfangreichen Reiseliteratur so beschrieben, und die beginnende Archäologie wollte diese Vergangenheit rekonstruieren.[52]

Im Zionismus zeigt sich derselbe Rückgriff auf die biblische Zeit, genauer gesagt auf die Zeit jüdischer Staatlichkeit bis zur Zerstörung des Zweiten Tempels mit dem Nachspiel des Bar-Kochba-Aufstandes, als Goldenes Zeitalter. Alles, was danach kommt, also gerade die Zeit, in der sich das traditionelle Judentum bildete und verfestigte, wird übersprungen und negativ als pervertierte Zeit der Diaspora gesehen.[53] Eine Ausnahme bildet allenfalls Achad Ha-Am, der an die jüdische Autonomie nach der Tempelzerstörung anzuknüpfen versuchte. Auch hier kann Ben-Gurion als Kronzeuge gelten:

Die ferne Vergangenheit ist uns näher als die jüngste Vergangenheit der letzten zweihundert Jahre und nicht nur der sechzig Jahre, in denen der Begriff „Zionismus" existiert. ... Wir sind Söhne des Heimatlandes, Schüler der Bibel und Träger der Vision von der großen Erlösung des jüdischen Volkes und der Menschheit – und der Ausdruck dieser Idee im Original, in dem alten Original, das in unserer Zeit erneuert und verjüngt worden ist, findet sich bei den Propheten Israels.[54]

Ben-Gurion beansprucht für die im Land in Unabhängigkeit lebenden Jüdinnen und Juden ein Monopol auf ein authentisches Verständnis der Bibel, weil nur sie sich mit deren Geist von jüdischem Staatswesen identifizieren könnten, während die apolitische Existenz in der Diaspora zur Entfremdung von der Bibel geführt habe.[55]

---

[49] Zitiert bei *Oz Almog*, The Sabra – A Profile, Tel Aviv 1997 (hebräisch), 76.

[50] *Herzberg*, Zionist Idea (s. o. Anm. 2), 16–18; *Sand*, Erfindung des Landes Israel (s. o. Anm. 24), 224–226.

[51] *Raz-Krakotzkin*, Mishna Consciousness (s. o. Anm. 30), 63–67; *Sand*, Erfindung des Landes Israel (s. o. Anm. 24), 190–195. In diesem Rahmen ist auch die Fülle neuer Josua-Kommentare im 16. Jahrhundert zu verstehen, siehe die Bibliographie bei *Ed Noort*, Das Buch Josua. Forschungsgeschichte und Problemfelder, Darmstadt 1998.

[52] *Raz-Krakotzkin*, Mishna Consciousness (s. o. Anm. 30), 68 f.; *Sand*, Erfindung des Landes Israel (s. o. Anm. 24), 195–204.

[53] *Liebman/Don-Yehiya*, Civil Religion (s. o. Anm. 30), 37; *Herzberg*, Zionist Idea (s. o. Anm. 2), 64; *Raz-Krakotzkin*, Mishna Consciousness (s. o. Anm. 30), 60–63.

[54] Zitiert bei *Herzberg*, Zionist Idea (s. o. Anm. 2), 93.

[55] *Liebman/Don-Yehiya*, Civil Religion (s. o. Anm. 30), 90.

Diese Identifizierung fand ihren praktischen Ausdruck in dem Gefühl, die Tage der Bibel und vor allem die im Buch Josua beschriebene Landnahme und die im Buch der Richter beschriebene erste Zeit der Sesshaftigkeit neu zu durchleben. Ben-Gurion interpretierte den Krieg 1948 mit Blick auf die Kriege Josua bin Nuns – so wie auch eine Militäroperation im biblischen Tal Ajjalon den Namen „Bin Nun" bekam, aufgrund der dort nach biblischem Bericht von Josua ausgetragenen Schlacht (Jos 10) – und man geht wohl nicht zu weit in der Annahme, dass er sich als ein zweiter Josua sah.[56]

Moshe Dayan, vierter Generalstabschef Israels und Verteidigungsminister, verglich in seinem Buch *Leben mit der Bibel*[57] in der Bibel beschriebene Ereignisse mit Ereignissen der aktuellen zionistischen und israelischen Geschichte und betätigte sich als Hobby-Archäologe. Ebenso verband Yigael Yadin, der zweite Generalstabschef, militärische Karriere in den Fußstapfen Josuas und Bar Kochbas mit Ausgrabungen auf Massada, in den Höhlen der Bar-Kochba-Leute am Toten Meer und auf Tel Hazor, wo er in einer Brandschicht die Bestätigung für die in Josua 11,10–11 erwähnte Zerstörung Hazors fand.[58]

Dieser Rückgriff auf die Bibel findet sich auch im religiösen Zionismus, obwohl dieser der nachbiblischen Halacha verpflichtet bleibt. R. Abraham Kooks Betonung der besonderen Qualität des jüdischen Lebens im Land Israel entspricht der säkular-zionistischen Negation der Diaspora und knüpft ebenfalls an biblische Zeiten an. R. Shlomo Aviner (geb. 1943), einer der wichtigsten Schüler R. Zwi Jehuda Kooks, hat, ähnlich wie die christlichen Theologen der Reformationszeit, einen Kommentar zum Buch Josua verfasst.[59] In der Einleitung geht er auf die aktuelle Bedeutung des Buches ein, angelehnt an die Aussage im Babylonischen Talmud, Megilla 14a: „Nur die Prophetie, die für die künftigen Generationen benötigt wurde, wurde aufgeschrieben." Dazu bemerkt R. Aviner:

Das Buch Josua ist das Buch des „Überquerens des Jordans in dieses Land", und wenn das so ist, dann ist das Buch Josua eine Prophetie, die für die Generationen benötigt wurde. Für welche Generationen? Für unsere Generationen! Unsere Generation überquert diesen Jordan, wir besiedeln dieses Land bereits mehr als 130 Jahren. Die erste *Alija* war 1881, und seitdem strömen wir in das Land, besiedeln es, bauen es auf, erobern es.[60]

3. Zionismus und Kolonialismus

Die Sicht des Zionismus als neuzeitlichem Rückgriff auf die Bibel wirft die Frage nach dem Verhältnis zwischen Zionismus und Kolonialismus auf; denn die meisten neuzeitlichen Gesellschaften, die eine biblische Utopie verwirklichen wollten, taten dies in den Kolonien der „Neuen Welt".

Der australische Historiker Patrick Wolfe prägte für diese Form des Kolonialismus den Begriff „Siedlungskolonialismus" (*settler colonialism*).[61] Er zeichnet sich dadurch aus, dass Siedler, meist Einwanderer aus einem kolonialen Mutterland, in der Kolonie eine neue Gesellschaft aufbauen wollen, die Land braucht, das von der ursprünglichen Bevölkerung bewohnt wird. Der Landbedarf ist das unverzichtbare Element des Siedlungskolonialismus. Inhärent schließt er daher die Eliminierung der ursprünglichen Bevölkerung ein, die aber nicht notwendigerweise Völkermord bedeutet. Im Grenzgebiet sind Morde an der einheimischen Bevölkerung, die offiziell als ungesetzliche Ausbrüche bedauert werden, eine typische Methode zur Erweiterung des Territoriums der Siedlergesellschaft durch Schaffung von Fakten vor Ort.[62]

Auch das zionistische Projekt richtete sich auf ein bereits bewohntes Land außerhalb Europas, das von Kolonialmächten beherrscht wurde, wenn es sich auch insofern um einen Sonderfall handelte, als das Einwanderungsland die Heimat der Vorfahren der modernen Siedler war (oder zumindest von diesen und den Kolonialmächten so gesehen wurde).[63]

---

[56] *Avraham*, Exodus (s. o. Anm. 45), 333–340; *Raz-Krakotzkin*, Mishna Consciousness (s. o. Anm. 30), 139–144.
[57] *Moshe Dayan*, Leben mit der Bibel. Archäologie im Heiligen Land. Aus dem Englischen übertragen von Götz Pommer, Wien u. a. 1978.
[58] *Raz-Krakotzkin*, Mishna Consciousness (s. o. Anm. 30), 142.155 f.
[59] *Shlomo Aviner*, Das Buch Josua. Kommentar, Jerusalem 2012 (hebräisch).

[60] *Aviner*, Josua (s. o. Anm. 59), 6.
[61] *Patrick Wolfe*, Settler Colonialism and the Transformation of Anthropology, New York 1999.
[62] *Tate A. LeFevre*, Settler Colonialism, in: Oxford Bibliographies, https://www.oxfordbibliographies.com/display/document/obo-9780199766567/obo-9780199766567-0125.xml; *Patrick Wolfe*, Settler colonialism and the elimination of the native, in: Journal of Genocide Research 8/4 (2006) 387–409, bes. 387–393.
[63] Zur Frage der Kontinuität zwischen den Einwohnern der Provinz Judäa und den Jahrhunderte später in Europa lebenden

Die Ansiedlungen der Ersten und Zweiten *Alija* wurden mit dem hebräischen Wort für Kolonien, *moschavot*, bezeichnet. Bei den zionistischen Denkern findet sich gelegentlich eine Beschreibung der Ansiedlung in Palästina in kolonialen Kategorien. Hess beschrieb die Niederlassung jüdischer „Colonisten im Oriente" als ein für jede Kolonisation charakteristisches Bedürfnis, im Auswanderungsland ein besseres Leben auf besserem Boden zu finden, was „zunächst nur unter dem militärischen Schutz der europäischen Mächte geschehen" kann. Hess wie Herzl sahen in einer zionistischen Ansiedlung in Palästina den Aufbau eines Vorpostens der westlichen Kultur gegen die Barbarei.[64] Das Faktenschaffen vor Ort wurde von der zionistischen Führung offen als Strategie im Kampf gegen die restriktive britische Ansiedlungspolitik der 1930er- und 1940er-Jahre und zur Durchsetzung eines günstigen Teilungsplans, vor allem des Einschlusses des Negev in den jüdischen Staat, benutzt. Allenfalls ist zwischen säkularen Zionisten und der Siedlerbewegung umstritten, ob die Errichtung von Siedlungen und Außenposten im 1967 besetzten Westjordanland eine Fortsetzung dieser Politik ist.

Die Frage der einheimischen arabischen Bevölkerung wurde zunächst weitgehend ignoriert. Die meisten Zionisten unterschätzten die Möglichkeit einer feindlichen Reaktion. Herzl geht darauf in seinem programmatischen *Der Judenstaat* nicht ein. In *Altneuland* beschreibt er eine konfliktfreie Lösung in Form der Integration der Araber, die für den Fortschritt, den die Juden ihnen gebracht haben, dankbar sind. Die Vorstellung von der Beteiligung der palästinensischen Araber am Fortschritt und von gemeinsamen Interessen der jüdischen und der arabischen Arbeiterklasse vertraten auch sozialistische Zionisten.

Eine ernsthafte Auseinandersetzung mit der Existenz einer einheimischen Bevölkerung, die sich von der zionistischen Niederlassung bedroht fühlt, findet sich erst bei Wladimir Ze'ev Jabotinsky (1880–1940), und sie geschieht im Rahmen einer kolonialistischen Konzeption. Der in Odessa geborene charismatische Schriftsteller und Journalist war in der russischen Kultur aufgewachsen, wandte sich aber infolge der antijüdischen Maßnahmen und Ausschreitungen im Zarenreich dem Zionismus zu. Nach dem Ersten Weltkrieg kehrte er sich, zutiefst misstrauisch gegenüber den Briten, von Weizmanns Politik der diplomatischen Rücksichten ab, forderte jüdische Masseneinwanderung nach Palästina und Selbstverteidigung in eigenen jüdischen Polizei- und Militäreinheiten. Auf Basis dieses Programms gründete er 1925 den „Bund der revisionistischen Zionisten" („revisionistisch" im Sinne der Rückkehr zu den ursprünglichen Zielen des Zionismus). Bereits 1923 hatte er seine Thesen in der russischsprachigen zionistischen Zeitschrift *Rasswjet* in dem Artikel „Die eiserne Mauer. Wir und die Araber" veröffentlicht.[65]

Jabotinsky gab den Juden gegenüber den Arabern das Vorrecht auf die Errichtung eines Staates in Palästina, da Letztere bereits anderswo Nationalstaaten haben, während die Juden keine Alternative haben und ein eigener Staat für sie überlebenswichtig ist. Er ging vom Verbleiben von Arabern als Minderheit in einem jüdischen Staat aus, wie auch in anderen Staaten nationale Minderheiten außerhalb ihres eigenen Nationalstaats leben, war aber überzeugt, dass die Araber das zionistische Projekt nie freiwillig akzeptieren würden, da es ihren eigenen Interessen entgegensteht. An diesem Punkt setzt seine Sicht des Zionismus als kolonialistisches Projekt, das in seinen Augen moralisch gerechtfertigt ist, ein: Jede eingeborene Bevölkerung will die Kontrolle über ihr Land behalten und leistet daher Kolonisten Widerstand, gleichgültig, ob diese mit Brutalität vorgehen wie die Spanier – und Josua, wie Jabotinsky ausdrücklich hinzufügt – oder hohe ethische Standards haben wie die Puritaner. Entsprechend muss der Zionismus sich schützen: „Die zionistische Kolonisation ... kann nur voranschreiten und sich entwickeln unter dem Schutz einer Macht, die von der einheimischen Bevölkerung unabhängig ist, hinter einer eisernen Mauer, die die einheimische Bevölkerung nicht durchbrechen kann". Wenn infolgedessen den Arabern klar werden wird, dass die Zionisten das Land nicht verlassen werden, werden sie Bereitschaft zum Zusammenleben zeigen, und unter diesen Umständen schloss Jabotinsky die schließliche Gewährung gleicher Rechte nicht aus.

Jabotinskys Kompromisslosigkeit wurde von den herzlianischen und sozialistischen Zionisten

---

Juden siehe *Shlomo Sand*, Die Erfindung des jüdischen Volkes. Aus dem Hebräischen von Alice Meroz, Berlin 2010.

[64] *Moses Hess*, Rom und Jerusalem, Leipzig ²1899, 195 f.; *Herzl*, Judenstaat (s. o. Anm. 9), 29.

[65] Englische Übersetzung: https://www.jewishvirtuallibrary.org/quot-the-iron-wall-quot. Siehe *Herzberg*, Zionist Idea (s. o. Anm. 2), 557–570; *Sachar*, History (s. o. Anm. 5), 184–188.

scharf abgelehnt; er wurde von Ben-Gurion sogar als „Faschist" bezeichnet. Der in den USA aufgewachsene Reformrabbiner und erste Präsident der Hebräischen Universität Jerusalem, Judah Leon Magnes (1877–1948), wandte sich 1930 in dem Pamphlet *Like all the Nations?* gegen die „Josua-Methode". Er drückte die Überzeugung aus, dass aufgrund der langen rabbinischen Tradition, die das Prinzip „Der Zweck heiligt die Mittel" ablehnte, „das jüdische Volk, Gott sei Dank, niemals als Eroberer und Kolonialisten erfolgreich sein werde".[66] Magnes war bereit, auf einen jüdischen Staat und eine jüdische Mehrheit in Palästina zu verzichten, wenn jüdische Einwanderung und Niederlassung und die Entwicklung einer hebräischsprachigen Kultur im Rahmen eines demokratischen Staates garantiert wären. Darin sah er sich in der Nachfolge Achad Ha-Ams.[67] Zusammen mit Martin Buber (1878–1965), dem Pädagogen Ernst Akiba Simon (1899–1988) und weiteren, vor allem aus Deutschland stammenden jüdischen Intellektuellen begründete er den „Friedensbund" („Berit Shalom"), der für einen binationalen Staat eintrat. Buber forderte 1941 gegen die Gefahr des „nationalen Egoismus" eine Rückkehr zur Bibel im Namen eines „hebräischen Humanismus", für den der universelle Wert des Rechtes das höchste Gut ist, das allenfalls „als schmerzlichstes Opfer" um des Überlebens der Gemeinschaft willen, niemals aber aus Machtinteressen verletzt werden darf.[68]

In der Realpolitik der Mandatszeit blieb Berit Shalom eine Randerscheinung. Moderne Forschung hat vielmehr gezeigt, dass sich die zionistische Politik de facto an Jabotinskys Prinzipien orientiert hat.[69] Systematische Analysen des Zionismus in Parametern des Kolonialismus finden sich bei dem Soziologen Baruch Kimmerling[70] und bei dem Geographen und Aktivisten für die Rechte der Beduinen Oren Yiftachel. Dieser stellt die Enteignung der Beduinen in den Kontext der Konzeption der *terra nullius*, der Konzeption eines angeblich herrschaftsfreien Raumes, die in vielen kolonialen Regimen angewandt wurde, um Kontrolle über das Land der Ureinwohner zu gewinnen.[71]

Der Architekt Sharon Rotbard und der Historiker Marc LeVine haben gezeigt, wie die Gründung Tel Avivs als zionistische Modellstadt – die angeblich aus dem Sand geborene „erste Hebräische Stadt" – die Entwicklung des palästinensischen Zentrums Jaffa gebremst hat und Jaffa nach der Vertreibung der großen Mehrheit seiner arabischen Einwohner architektonisch romantisierend als orientalische Stadt wiederaufgebaut wurde.[72] In diesen Kontext gehört auch die Interpretation des Krieges 1948 als „ethnische Säuberung", eine der Methoden, mit denen der Siedlungskolonialismus sich der einheimischen Bevölkerung entledigt, durch die sogenannten „Neuen Historiker".[73]

4. Gegenwärtige Herausforderungen

Die kritische Analyse des Zionismus als Kolonialismus zeigt, dass die Utopie Zionismus, wie es jeder Utopie geschieht, einen Punkt erreicht hat, an dem Grundsätze und Mythen infrage gestellt werden.

Die klassische Zeit des säkularen Zionismus hat nur zwei Generationen gedauert – die Generation der Gründer, vor allem die Kerngruppe der Zweiten *Alija* mit Ben-Gurion als überragen-

---

[66] *Herzberg*, Zionist Idea (s. o. Anm. 2), 448. Das Pamphlet ist auf Deutsch im Selbstverlag erschienen: *Judah L. Magnes*, Wie alle Völker …? Aufsätze zur zionistischen Politik, Jerusalem 1930.

[67] *Herzberg*, Zionist Idea (s. o. Anm. 2), 443.

[68] *Herzberg*, Zionist Idea (s. o. Anm. 2), 441–465; *Martin Buber*, Hebräischer Humanismus, in: ders., Schriften zum Judentum (Martin Buber Werkausgabe 20), hg. von Michael Fishbane und Paul Mendes-Flohr, Gütersloh 2018, 147–158; siehe auch *ders.*, Schriften zur zionistischen Politik und zur jüdisch-arabischen Frage (Martin Buber Werkausgabe 21), hg. von Samuel Hayim Brody und Paul Mendes-Flohr, Gütersloh 2019.

[69] *Anita Shapira*, Land and Power. The Zionist Resort to Force 1881–1948, Oxford 1992; *Ian Lustick*, Abandoning the Iron Wall. Israel und „The Middle Eastern Muck", in: Middle East Policy 15/3 (Fall 2008) 30–56.

[70] *Baruch Kimmerling*, Zionism and Territory. The Socio-Territorial Dimensions of Zionist Politics, Berkeley 1983.

[71] Zum Beispiel *Alexandre Kedar/Ahmad Amara/Oren Yiftachel*, Emptied Lands. A Legal Geography of Bedouin Rights in the Negev, Stanford 2018.

[72] *Sharon Rotbard*, White City, Black City. Architecture and War in Tel Aviv and Jaffa, London 2015; *Marc LeVine*, Overthrowing Geography. Jaffa, Tel Aviv, and the Struggle for Palestine, 1880–1949, Berkeley 2005; *Tamar A. Avraham*, Das „architektonische Reservat Tel Jaffa". Geschichtsvertuschung und -eignung mittels Raumgestaltung und Beschilderung am Beispiel der Altstadt von Jaffa, in: Ulrich Winkler †/Christian Boerger/Joel Klenk (Hg.), Von Peripherien und Zentren, Mächten und Gewalten. Jerusalemer Ansätze für eine postkoloniale Theologie (Jerusalemer theologisches Forum 41), Münster 2021, 315–333.

[73] Zum Beispiel *Ilan Pappe*, Die ethnische Säuberung Palästinas, Frankfurt am Main 2019; *Benny Morris*, The Birth of the Palestinian Refugee Problem Revisited, Cambridge 2004. In *Benny Morris*, 1948. A History of the First Arab-Israeli War, New Haven 2008, hat Morris diese Politik allerdings als unvermeidlich zur Rettung des jüdischen Staates dargestellt.

der Figur, und die Generation der *Zabarim*, der im Land Geborenen, die im zionistischen Erziehungssystem aufwuchsen und eine führende Rolle im Krieg 1948 einnahmen, verkörpert vor allem in Yitzhak Rabin, 1948 Offizier, 1967 Generalstabschef und schließlich Ministerpräsident. Der Mythos des *Zabar* verlor erstmals mit dem Jom-Kippur-Krieg 1973, in dem der Glaube an die Unbesiegbarkeit der israelischen Armee erschüttert wurde, an Glanz. Dazu kamen die Wahl des revisionistischen Likud-Vorsitzenden Menachem Begin zum Ministerpräsidenten 1977, die der fast zwanzigjährigen Herrschaft der Arbeiterpartei ein Ende setzte, und der folgende Friedensschluss mit Ägypten, der das Bild vom Araber als ewigem Feind aufweichte. Der Libanonkrieg 1982 war als erster Krieg in seiner Berechtigung umstritten, und die Erste Intifada, der Aufstand der Palästinenser gegen die Besatzung (1987), zeigte, dass nicht alles militärisch zu lösen ist und Israel mit der Besatzung einen moralischen Preis zahlt. Dies ebnete den Weg für Verhandlungen nach dem Prinzip „Land für Frieden".[74] Parallel dazu wurde im säkularen Zweig des hebräischsprachigen Schulsystems die Zahl der dem Buch Josua gewidmeten Unterrichtsstunden verringert, verbunden mit einem wachsenden Gefühl des Unbehagens angesichts dessen blutiger Eroberungsbeschreibungen.[75] Alternativ dazu bedeuteten die Oslo-Abkommen Hoffnung auf Sicherheit und Frieden, die mit der Ermordung Rabins am 4. November 1995 erschüttert wurde. Der Attentäter Yigal Amir war ein orthodoxer Jurastudent, der seine Tat mit dem halachischen Prinzip, dass es erlaubt sei, jemanden zu töten, der das Leben eines anderen gefährdet, rechtfertigte.

Viele säkulare Zionistinnen und Zionisten hatten jetzt das Gefühl, dass ihnen der demokratische säkulare Staat vom religiösen Zionismus weggenommen wird, der sich von Anfang an nur in das zionistische Gewand gekleidet habe, um, wenn die Zeit reif ist, eine Theokratie zu errichten. Der Historiker Moshe Zimmermann formulierte es besonders scharf:

Das Attentat auf Yitzhak Rabin war eine Konsequenz des schleichenden Prozesses der Vereinnahmung des zionistischen Staates durch die Ideologie seines ursprünglichen Gegners, der ethnozentrisch-religiös-orthodoxen Richtung des Judentums. ... Es zeigt sich der wahre Sachverhalt: Die Epoche des Zionismus ist nach hundert Jahren beendet.[76]

Zunehmender religiöser Einfluss auf das öffentliche Leben wie öffentliche Veranstaltungen mit Geschlechtertrennung und die Erfolge der national-religiösen Partei bei den Wahlen 2021 und 2022 sowie ihre prominente Beteiligung an der seit dem 29. Dezember 2022 amtierenden Regierung und die von dieser geplante Begrenzung der Kompetenzen der Judikative haben die Ängste vieler säkularer linker Zionisten verstärkt. Bei einer Umfrage im Dezember 2017 stimmten 79 Prozent der säkularen israelischen Juden und Jüdinnen der Aussage zu, dass „die Religiösen die Kontrolle über den Staat gewinnen".[77] Bisher ist es der Linken nicht gelungen, eine überzeugende Alternative vorzulegen. Seit dem gescheiterten Versuch Ehud Baraks 1999–2000, den Friedensprozess in der Nachfolge Rabins fortzusetzen, ist die einst staatstragende Arbeiterpartei auf eine einstellige Mandatszahl in der Knesset zurückgegangen. Politische Neulinge wie Benny Gantz und Yair Lapid zogen es vor, neue Parteien zu gründen, die weniger ein alternatives Programm als einen sich von Binjamin Netanjahu absetzenden Führungsstil vertreten.

Das Gefühl, dass der religiöse Zionismus den ursprünglichen Zionismus pervertiert hat, spricht in gewisser Weise von einer kritischen Überprüfung der säkular-zionistischen Position frei. Bei dem orthodoxen Physiker und Theologen Yeshayahu Leibowitz wird dagegen deutlich, dass die Problematik des religiösen auch für den säkularen Zionismus gelten kann. Leibowitz, der Trennung von Staat und Religion forderte und den Zionismus nur als praktische Lösung für jüdische Nöte akzeptierte, hatte sich von Anfang an gegen eine Interpretation des Sechstagekrieges als heilsgeschichtliches Ereignis und gegen eine andauernde Besatzung der eroberten Gebiete, die die demokratische israelische Gesellschaft gefährde, gewandt. Er sah den messianischen religiösen Zionismus als Perversion traditioneller jüdischer Religiosität, als

Umwandlung der Religion Israels in ein Mittel zur Rechtfertigung nationalistischer Interessen und in eine Befriedigung des Herrschaftstriebes. Dies ist die Religion von Leuten, denen die Nationalität zum Gott gewor-

---

[74] *Zimmermann*, Wende (s. o. Anm. 17), 30–36.
[75] *Raz-Krakotzkin*, Mishna Consciousness (s. o. Anm. 30), 78.
[76] *Zimmermann*, Wende (s. o. Anm. 17), 13.20 f.
[77] *Yair Ettinger*, Unraveled. The Disputes that Redefine Religious Zionism, Hevel Modi'in 2019 (hebräisch), 16.

den ist, das Heimatland zur Tora und die nationale Souveränität, das heißt die Herrschaft, zu etwas Heiligem.[78]

Ähnlich weist Raz-Krakotzkin auf den „apokalyptischen Stachel" hin, der in der säkularen Rückkehr zur Bibel verborgen ist: Das biblische Narrativ endet nicht mit Josua, den Richtern und David, sondern mündet in den Tempelbau. Der säkulare Zionismus hat dies vertuscht, indem er sich auf die frühen Epochen und auf die Propheten mit ihrer Kultkritik konzentriert hat. Aber gerade weil der Zionismus, im Unterschied zu den neuzeitlich-christlichen Fällen der Eroberung eines verheißenen Landes, sich im konkreten biblischen Land verwirklicht, kann er auf die Dauer die Existenz des heiligen Ortes, des Tempelberges, nicht ignorieren.[79] Daher kommt Raz-Krakotzkin zu der Schlussfolgerung: „Der religiöse Zionismus ist der radikale Ausdruck des biblischen Modells, die dialektische Schlussfolgerung aus der säkularen zionistischen Vision und die vollständige Erfüllung dieser Vision."[80]

Raz-Krakotzkin konfrontiert das zionistische biblische Modell mit der Anknüpfung an die Rabbinen des zweiten und beginnenden dritten Jahrhunderts, die die überlieferte Lehre in der Mischna niederlegten, wie sie bei den Halachisten, Mystikern und Dichtern im Safed des 16. Jahrhunderts geschah und durch die Wallfahrten zu den Gräbern der Rabbinen eine Beziehung zum Land schuf, die sich in die Tradition eingliederte, Angehörige anderer Religionen teilhaben ließ und keine Herrschaftsansprüche stellte. Seine Forschung ist Teil einer zunehmenden akademischen Beschäftigung mit alternativen Modellen jüdischer nationaler Existenz im Land Israel, die sich nicht durchgesetzt haben, wie die Verbindung von Zionismus und Zugehörigkeit zum arabischen Kulturkreis bei arabischsprachigen Juden im osmanischen Palästina oder jüdische Nationalität als eine von vielen im sich modernisierenden osmanischen Vielvölkerstaat.[81] Solche Modelle können nicht einfach in die Gegenwart übertragen werden, aber die Perspektiven bei der Suche nach neuen Modellen erweitern.

Eine weitere Alternative, die angesichts einer fehlenden Perspektive zur Durchsetzung der Zwei-Staaten-Lösung und des sich verschärfenden Bruchs zwischen Religiösen und Säkularen Zulauf findet, sind Überlegungen zu kantonalen, föderativen oder binationalen Modellen, die zur Gründung verschiedener Initiativen geführt haben.[82] Bubers Ideen könnten neue Aktualität gewinnen. Der Journalist Asafsky Levi schlägt zum Beispiel einen „abrahamitischen Staat" mit drei selbstverwalteten Bezirken, zweisprachiger Erziehung und Offenheit der heiligen Orte für alle vor und fordert dabei Bubers Konzeption des „hebräischen Humanismus" ein.[83]

Der religiöse Zionismus selbst sieht sich keineswegs als Sieger und hat seine eigenen Herausforderungen. Der Enthusiasmus des Sechstagekrieges gelangte in eine erste Krise, als sich die Regierung Begin 1979 im Rahmen des israelisch-ägyptischen Friedensabkommens bereit erklärte, die Sinai-Halbinsel an Ägypten zurückzugeben und die dort befindlichen Siedlungen zu räumen. Für R. Zwi Jehuda Kook und seine Schüler war dies ein illegitimer Eingriff in den Erlösungsprozess, und es stellte sich die Frage, ob man die zur Räumung geschickten Soldaten angreifen dürfe, das heißt letztlich die Frage, ob die Legitimität des Staates, den man bisher als Beginn der Erlösung angesehen hatte, infrage gestellt ist und Verpflichtung gegenüber einer höheren Autorität besteht. Diese Frage stellte sich erneut, als im Rahmen der Oslo-Abkommen zwar noch keine Räumung von Siedlungen vorgesehen, die palästinensischen Bevölkerungszentren aber der palästinensischen Autonomiebehörde unterstellt wurden, was im national-religiösen Lager mehrheitlich als Verletzung des Gebotes, das Land in Besitz zu nehmen, gesehen wurde. Besonders schmerzlich wurde die Räumung der Siedlungen im Gaza-Streifen durch die Regierung Sharon 2005 empfunden. Die Enttäuschung gilt sowohl den Rabbinern, die

---

[78] *Yeshayahu Leibowitz*, Judaism, the Jewish People and the State of Israel, Jerusalem/Tel Aviv 1976 (hebräisch), 271, siehe 233–246 und 298; *Liebman/Don-Yehiya*, Civil Religion (s. o. Anm. 30), 192f.

[79] *Raz-Krakotzkin*, Mishna Consciousness (s. o. Anm. 30), 61.74.

[80] *Raz-Krakotzkin*, Mishna Consciousness (s. o. Anm. 30), 78.

[81] Siehe *Moshe Behar/Zvi Ben-Dor Benite*, Modern Middle Eastern Jewish Thought. Writings on Identity, Politics & Culture, 1893–1958, Waltham, MA 2013; *Michelle U. Campos*, Ottoman Brothers. Muslims, Christians, and Jews in Early Twentieth-Century Palestine, Stanford 2011.

[82] *Itai Maschiach*, Föderation, Kantone, Autonomien. Plötzlich sprechen alle über die Teilung des Landes, in: Haaretz, 27.4.2023 (hebräisch), https://www.haaretz.co.il/magazine/2023-04-27/ty-article-magazine/.highlight/00000187-b362-d3b7-abcf-b3664d030000.

[83] *Asafsky Levi*, Am Anfang anfangen. Der zionistische Staat ist tot, es lebe der abrahamitische Staat, in: Haaretz, 10.5.2023 (hebräisch), https://www.haaretz.co.il/opinions/2023-04-27/ty-article-opinion/.premium/00000187-c2db-d554-a5b7-dedfb0f40000?dicbo=v2-7NXlNRN.

verkündet hatten, es werde nicht zur Räumung kommen, als auch den Institutionen des Staates, vor allem dem als mehrheitlich links-zionistisch eingeschätzten Obersten Gerichtshof, die die Gebietsverzichte ermöglichten.

Mangels einer einenden rabbinischen Autorität ist das national-religiöse Lager in eine breite Palette unterschiedlicher Gruppierungen gespalten. An dem einen Pol befinden sich homophobe, antiarabische und antichristliche Kreise, die nicht vor Gewaltanwendung zurückschrecken, und Bewegungen, die auf den Bau des dritten Tempels hinarbeiten. Breitere Unterstützung finden die von der Regierung Netanyahu geplante Begrenzung der Kompetenzen der Judikative und die Forderung nach Stärkung der Siedlungen und Legalisierung der Außenposten. Als erster Erfolg erscheint die Aufhebung des Aufenthaltsverbots für Israelis auf dem Gebiet der 2005 zusammen mit den Siedlungen im Gaza-Streifen geräumten Siedlung Chomesch im nördlichen Westjordanland im März 2023. Am anderen Pol befinden sich Strömungen, die die Gleichstellung der Frau im religiösen Bereich und die Akzeptanz von LGBT wie auch Bewahrung der Demokratie und Verständigung mit den Palästinensern einfordern. Vor diesem Hintergrund wurde im Januar 2023 die Bewegung der „religiösen Linken" gegründet.[84] Was sich durchsetzen und was Randnotiz bleiben wird, kann erst die Zukunft zeigen.

5. Weiterführende Literatur

Michael Brenner, Geschichte des Zionismus, München 2002.

Arthur Herzberg (Hg.), The Zionist Idea. A Historical Analysis and Reader, New York [16]1986 (1959).

Charles S. Liebman/Eliezer Don-Yehiya, Civil Religion in Israel. Traditional Judaism and Political Culture in the Jewish State, Berkeley 1983.

Amnon Raz-Krakotzkin, The Zionist Return to the West and the Mizrahi Jewish Perspective, in: Ivan Davidson Kalmar/Derek J. Penslar (Hg.), Orientalism and the Jews, Hanover/London 2005, 162–181.

Shlomo Sand, Die Erfindung des Landes Israel. Mythos und Wahrheit. Aus dem Hebräischen von Markus Lemke, Berlin 2012.

Noam Zadoff, Geschichte Israels. Von der Staatsgründung bis zur Gegenwart, München 2020.

---

[84] *Ettinger*, Unraveled (s. o. Anm. 77), vor allem 15–34; *Zimmermann*, Wende (s. o. Anm. 17), 37; *Avraham*, Söhne (s. o. Anm. 38), 68–71; *Itai Maschiach*, Etwas Neues beginnt. Die Gründungsversammlung der religiösen Linken entzündete einen Hoffnungsfunken, in: Haaretz, 25.1.2023 (hebräisch), https://www.haaretz.co.il/magazine/2023-01-25/ty-article-magazine/.highlight/00000185-e94a-d532-abdd-e9feaefc0000.

B. Disziplinen der Theologie angesichts
des jüdisch-christlichen Dialogs

Barbara Schmitz

Exegese des Alten Testaments angesichts des jüdisch-christlichen Dialogs

Einleitung

Die jüdische Religion ist für uns nicht etwas „Äußerliches", sondern gehört in gewisser Weise zum „Inneren" unserer Religion. Zu ihr haben wir somit Beziehungen wie zu keiner anderen Religion. ... Ihr seid unsere bevorzugten und, so könnte man gewissermaßen sagen, unsere älteren Brüder.[1]

Der Horror der Schoa und die wachsende Erkenntnis darüber, welchen Anteil christliche Theologie und Kirchen an Antijudaismus und Antisemitismus haben, hat im 20. Jahrhundert zu einer theologischen Neuorientierung der Kirchen in ihrem Verhältnis zum Judentum geführt.[2] Dieser Perspektivenwechsel, wie er sich exemplarisch in den Worten des Papstes zeigt, ist ein so grundlegender Wandel, dass er weitreichende Auswirkungen auf die christliche Beschäftigung mit dem Alten Testament hat.[3] Die bereits in der Antike beginnende und sich durch die Geschichte des Christentums bis in das 20. Jahrhundert (und darüber hinaus) ziehende Abwertung des Judentums betrifft dabei den christlichen Umgang mit den Texten des Alten Testaments noch einmal in besonderer Weise, ist man doch mit dem Phänomen konfrontiert, dass die im Christentum als „Altes Testament" bezeichneten Schriften zugleich die Bibel Israels waren und sind. Auf diese Weise ist das sogenannte „Alte Testament" ein religionsgeschichtliches Unikum: Es ist als „Hebräische Bibel" die fundierende Schrift des Judentums, und es ist als „Altes Testament" der erste Teil der zwei-einen christlichen Bibel. Damit können die Beziehungen von Judentum und Christentum als asymmetrisch beschrieben werden: Das Christentum ist auf die „Hebräische Bibel" als „Altes Testament" bleibend und notwendig verwiesen, während das Neue Testament für das Judentum keine normative Bedeutung hat.

Angesichts der Neuorientierung von Kirche und Theologie im Verhältnis zum Judentum ist zu fragen, welche fundamentalen Konsequenzen für das Alte Testament mit der Neupositionierung der Kirchen und der christlichen Theologie mit Blick auf das Judentum verbunden sind.

Betont sei an dieser Stelle, dass es sich hier im Sinne einer Selbstvergewisserung dezidiert um den *christlichen* Umgang mit dem ersten Kanonteil der zwei-einen christlichen Bibel handelt und daher die eigene Positionalität als christliche Disziplin in den Blick genommen wird, die immer auch in der Tradition einer spezifischen Denomination steht. Daher ist im Folgenden auch meist vom „Alten Testament" die Rede – nicht, weil dies ein so geeigneter Ausdruck wäre, worüber sich ausführlich diskutieren ließe, sondern vielmehr, weil „Altes Testament" der eingeführte Terminus technicus ist, somit die christliche Perspektive markiert und auf diese Weise die eigene Positionalität im Dialog offenlegt. Diese Verortung ist nicht als eine Einschränkung, sondern als eine bewusste Klärung zu verstehen, um im Gespräch mit dem Judentum – wie überhaupt in Dialogprozessen – die eigene Gebundenheit in Forschungs- und Glaubenstraditionen zu benennen und transparent zu machen.

1. Grundlegender disziplinbezogener Überblick

1.1 Problematische Modelle der Abwertung

Der Umgang von Kirche und Theologie mit dem Judentum war seit der Antike überwiegend von einem Grundton geprägt, der dem Duktus der Abwertung, Enteignung und Unterdrückung folgt. Es ging oftmals um Abgrenzung und Eigenprofilierung auf Kosten des Judentums als des „Anderen". Dabei lassen sich grundlegend drei Modelle unterscheiden:[4]

---

[1] Papst Johannes Paul II. beim Besuch der Großen Synagoge in Rom am 13. April 1986, siehe *Hans Hermann Henrix/Rolf Rendtorff* (Hg.), Die Kirchen und das Judentum. Dokumente von 1945–1985, Paderborn/München 1988, 106–111, hier 109.

[2] Siehe dazu auch die Beiträge von *Christian M. Rutishauser* und *Bernd Schröder* über den jüdisch-christlichen Dialog aus katholischer beziehungsweise evangelischer Perspektive in diesem Band.

[3] Vgl. *Erich Zenger*, Theologische Auslegung des Alten/Ersten Testaments im Spannungsfeld von Judentum und Christentum, in: Peter Hünermann/Thomas Söding (Hg.), Methodische Erneuerung der Theologie. Konsequenzen der wiederentdeckten jüdisch-christlichen Gemeinsamkeiten (Quaestiones disputatae 200), Freiburg im Breisgau 2003, 9–34.

[4] So lautet die Bezeichnung der drei Modelle ab der 5. Auf-

Unter dem Stichwort „Substitutionsmodell" werden jene Versuche verstanden, die die Kirche an die Stelle Israels setzt und dem nachbiblischen Judentum die Existenzberechtigung abspricht. Dabei werden das Judentum und das Alte Testament als negative Kontrastfolie für das Christentum und das Neue Testament verstanden und zugleich bestimmte Texte des Alten Testaments als von vorneherein auf das Christusereignis bezogen gedeutet.

Unter dem Begriff „Relativierungsmodell" subsumiert man jene Verstehensweise, wonach die Texte des Alten Testaments als Verheißung aufgefasst werden und im Neuen Testament ihre Erfüllung finden. Die Relation von Verheißung und Erfüllung findet sich bereits inneralttestamentlich und gehört zu praktizierten antiken Auslegungsmethoden; zum Problem wird sie jedoch dann, wenn der Wert des Alten Testaments allein darin liegt, im Neuen Testament seine exklusive Erfüllung zu finden.

Im sogenannten „Selektionsmodell" gilt das Neue Testament als der Maßstab, mit dem das Alte Testament zu lesen und zu verstehen sei; das Alte Testament könne nur im Licht des Neuen Testaments verstanden werden.

1.2 Theologische Neuorientierung mit Blick auf das Alte Testament

Auf die Erklärung des Zweiten Vatikanischen Konzils „Nostra Aetate" (1965) folgen in der Reihe von wichtigen Dokumenten zwei, die im engeren Sinn den Umgang mit der Bibel betreffen: „Die Interpretation der Bibel in der Kirche" (1993) und „Das Jüdische Volk und seine Heilige Schrift in der christlichen Bibel" (2001).

Die erste Schrift „Die Interpretation der Bibel in der Kirche"[5] würdigt ausdrücklich die Vielfalt von Auslegungsweisen und -methoden und spricht sich zugleich entschieden gegen jede Form von fundamentalistischen Lesarten aus. Mit Blick auf die Neuorientierung der Theologie gegenüber dem Judentum werden – wenn auch in oft vorsichtigen Suchbewegungen – neue Spuren der Interpretation verfolgt. Zunächst wird die Unterschiedlichkeit der beiden Traditionen, in die die Bibel in Judentum und Christentum jeweils eingebettet ist, beschrieben: „Aus diesem Grund kann die kanonische Interpretation der beiden ‚Schriften' nicht identisch sein, da ja jeder Text in seiner Beziehung zum ganzen *Corpus* gelesen werden muß" (I.C.1.).[6] Damit werden die Wege, die die Rezeptionsgemeinschaften jeweils eingeschlagen haben, unterschieden, um vor diesem Hintergrund den bleibenden Eigenwert des Alten Testaments unabhängig vom Neuen Testament herauszustreichen: „Trotzdem darf sie deshalb der älteren, kanonischen Interpretation, die dem christlichen Osterglauben vorausging, nicht jede Bedeutung absprechen. Denn jede Phase der Heilsgeschichte muß auch in ihrem Eigenwert geachtet werden.[7] Das Alte Testament seines Sinnes zu entleeren, hieße das Neue Testament von seinen Wurzeln abzuschneiden" (I.C.1.). Dies erfordert, die Zuordnung zwischen Altem und Neuem Testament – jenseits der unter 1.1 erläuterten Abwertungsmodelle – neu zu denken. Dabei wird betont: „innerhalb der christlichen Bibel sind die Beziehungen zwischen Neuem und Altem Testament zweifellos komplex" (III.A.2). Dies ergebe sogar innerhalb des Neuen Testaments unterschiedliche Leseweisen, die manchmal in Spannung zueinander stünden. „Es ist gerade eine Eigenart der Bibel, kein strenges System zu bilden, sondern im Gegenteil in der Dynamik von Spannungen zu stehen. ... Sie lädt somit ein, Vereinfachungen und geistige Enge zurückzuweisen" (III.A.2.). Daraus folgert die Päpstliche Bibelkommission: „Da die Texte der Heiligen Schrift manchmal in Spannung zueinander stehen, ist die Interpretation notwendigerweise pluralistisch. Keine einzelne Interpretation kann den Sinn des Ganzen erschöpfen, der wie eine Symphonie mehrstimmig ist. Die Auslegung eines einzelnen Textes darf also nicht exklusivistisch geschehen" (III.A.3.). Um diese Polyphonie zu erfassen, wird der Wert der jüdischen Bibelauslegung für die christliche Interpretation hervorgehoben, und es wird dazu aufgefordert, sich mit jüdischen Bibelauslegungen zu beschäftigen.[8]

---

lage bei *Erich Zenger*, Einleitung in das Alte Testament, Stuttgart ⁵2004, 17–19.

[5] Die Interpretation der Bibel in der Kirche. Das Dokument der Päpstlichen Bibelkommission vom 23.4.1993 mit einer kommentierenden Einführung von Lothar Ruppert und einer Würdigung durch Hans-Josef Klauck (Stuttgarter Bibelstudien 161), Stuttgart 1995.

[6] *Päpstliche Bibelkommission*, Die Interpretation der Bibel in der Kirche (Verlautbarungen des Apostolischen Stuhls 115), 23. April 1993 (Text auch unter https://www.vatican.va/roman_curia/congregations/cfaith/pcb_documents/rc_con_cfaith_doc_19930415_interpretazione_ge.html).

[7] Der französische Originaltext formuliert diesen Satz so: „car il faut respecter chaque étape d'histoire du salut".

[8] Vgl. das Folgedokument „Hinweise für eine richtige Darstellung von Juden und Judentum in der Predigt und in der

Die zweite Schrift „Das Jüdische Volk und seine Heilige Schrift in der christlichen Bibel"[9] hebt die Bedeutung der gesamtbiblischen Botschaft aus Altem wie Neuem Testament hervor. Die bleibende Relevanz des Alten Testaments für das Christentum bestehe zum einen darin, mit dem Alten Testament das Neue Testament überhaupt erst verstehen zu können.[10] Zum anderen wird aber auch der Eigenwert des Alten Testaments unabhängig vom Neuen Testament betont: „Das Alte Testament besitzt aus sich heraus einen ungeheuren Wert als Wort Gottes" (Nr. 21). Dieser Eigenwert bedeutet, dass es keine einlinige Leserichtung (etwa im Sinne eines Relativierungs- oder Selektionsmodells) geben kann, sondern dass es theologisch legitime, eigenständige Lektüren des Alten Testaments – auch unabhängig von der Christusbotschaft – gibt: „… die Christen können und müssen zugeben, dass die jüdische Lesung der Bibel eine mögliche Leseweise darstellt, die sich organisch aus der jüdischen Heiligen Schrift der Zeit des Zweiten Tempels ergibt, in Analogie zur christlichen Leseweise, die sich parallel entwickelte. Jede dieser beiden Leseweisen bleibt der jeweiligen Glaubenssicht treu, deren Frucht und Ausdruck sie ist. So ist die eine nicht auf die andere rückführbar" (Nr. 22). Das Dokument unterscheidet zwischen einer Lektüre, die den Eigenwert des Alten Testaments ins Zentrum stellt und „aus sich heraus" verstehen möchte, und einer rezeptionsgeschichtlichen Lesart: Im Licht des Neuen Testaments kann man die Texte des Alten Testaments in „rückschauender Wahrnehmung" lesen, weil man nur so die Texte des Neuen Testaments „voll" verstehen könne (Nr. 22). Damit werden Prozesse von Kontinuität und Diskontinuität beschrieben, die nicht als Oppositions-, sondern als Korrelationspaar zu verstehen sind.[11] Zudem hebt das Dokument der Päpstlichen Bibelkommission von 2001 hervor, dass das nachexilische Judentum sehr vielgestaltig war, und es evaluiert kritisch, wo Juden im Neuen Testament negativ dargestellt werden.

1.3 Historische Präzisierungen

Der veränderte Blick auf das Judentum in Theologie und Kirche sowie Forschungen zum Verständnis und Verhältnis von Judentum und Christentum in Antike und Mittelalter haben Erkenntnisse generiert, die zu Neujustierungen im Gespräch zwischen Judentum und Christentum geführt haben. Aus der Vielzahl der Einsichten seien hier vier hervorgehoben, die für das Alte Testament eine besondere Relevanz haben: die Vielgestaltigkeit des antiken Judentums, die Frage der Kanonbildung, die Rolle Markions im zweiten Jahrhundert u. Z. und die Diskussion um das *parting of the ways*.

Vielgestaltigkeit des antiken Judentums

Ausgangspunkt der Diskussion ist die Beobachtung, dass jüdische Gemeinschaften im Land Israel wie in der Diaspora unter sehr unterschiedlichen lokalen, kulturellen und politischen Bedingungen lebten, sie sich aber überall in der griechisch-hellenistischen Oikumene als *Ioudaios* bezeichneten. Wie ist diese Bezeichnung zu verstehen? Meistens hat man – wie beispielsweise im Neuen Testament – den Terminus mit „Juden" übersetzt. Das Problem ist jedoch, dass die Termini „Juden/Jüdinnen" und „Judentum" heute als eine primär religiöse Bezeichnung wahrgenommen und damit die Religion als das dominante Merkmal der Selbstdefinition hervorgehoben wird. Der antike Sprachgebrauch von *Ioudaios* ist jedoch deutlich von der heute landläufigen Verwendung, beim „Judentum" handele es sich um eine Religion, zu unterscheiden. Statt des „Religionsmodells" geht das in der Forschung heute diskutierte „Ethnizitätsmodell" davon aus, dass sich das Selbstverständnis als *Ioudaios* in der Antike durch ein ganzes Bündel von Merkmalen auszeichnet:[12] Ein zentrales Element ist die ethnische Abstammung von einem Vater beziehungsweise ab dem zweiten Jahrhundert u. Z. von einer

---

Katechese der katholischen Kirche" (Arbeitshilfe Nr. 44) vom 24. Juni 1985.
 [9] *Päpstliche Bibelkommission*, Das jüdische Volk und seine Heilige Schrift in der christlichen Bibel (Verlautbarungen des Apostolischen Stuhls 152), 24. Mai 2001 (Text auch unter https://www.dbk.de/fileadmin/redaktion/veroeffentlichungen/verlautbarungen/VE_152.pdf).
 [10] Vgl. *Erich Zenger*, Die gemeinsamen Heiligen Schriften als Grundlage der christlich-jüdischen Verbundenheit. Reflexionen im Anschluss an das Dokument der Päpstlichen Bibelkommission von 2001, in: Jean Ehret/Erwin Möde (Hg.), Una Sancta Catholica et Apostolica. Einheit und Anspruch des Katholischen (FS Erzbischof von Luxemburg Fernand Franck), Freiburg im Breisgau 2009, 291–303.
 [11] Vgl. *Christoph Dohmen*, In Gottes Volk eingebunden. Christlich-jüdische Blickpunkte zum Dokument der Päpstlichen Bibelkommission „Das jüdische Volk und seine Heilige Schrift in der christlichen Bibel", Stuttgart 2003, 15.
 [12] Siehe hierzu *Shaye J. D. Cohen*, From the Maccabees to the Mishnah, Louisville ³2014; *Steve Mason*, Jews, Judaeans, Judaizing, Judaism. Problems of Categorization in Ancient History, in: Journal for the Study of Judaism 38 (2007) 457–512.

Mutter, die selbst zu dem *ethnos* der *Ioudaioi* gehören. Diese Familien stammen zudem entweder aus Judäa oder verstehen sich als ursprünglich aus dem Gebiet von Judäa stammend, auch wenn sie nun woanders leben. Über die Elemente der Abstammung und der Herkunft hinaus gehören gemeinsame Sitten und Gebräuche, Fragen der Alltagsgestaltung, gemeinsame Traditionen, der Tempel in Jerusalem als zentrales Heiligtum und gemeinsame Ursprungserzählungen und Textüberlieferungen zu den Identitätsmerkmalen. *Ioudaios* zu sein, folgte somit einem ganzen Bündel an Identitätsmerkmalen, zu dem auch, aber keineswegs nur, die religiöse Orientierung gehörte. *Ioudaios* zu sein, ist ein *way of life*, wobei die Gewichtung der einzelnen Merkmale individuell und in bestimmten Gruppen unterschiedlich ausgeprägt sein konnte. Vor diesem Hintergrund stellt sich die Frage, wie *Ioudaios* sinnvoll zu übersetzen sei: Wegen der religiös verengten Konnotation von „Jude/Jüdin" und „Judentum" wird gerade für die Jahrhunderte vor der Zeitenwende gerne von „Judäer/Judäerin" und „Judäertum" gesprochen, um sprachlich die konzeptionellen Differenzen sichtbar zu machen – allerdings um den Preis, dass diesem bedenkenswerten Sprachgebrauch die Kontinuität zum nachbiblischen, spätantiken Judentum gelegentlich als nachgeordnet empfunden wird.[13]

Wie die einzelnen Identitätsmerkmale gewichtet und einander zugeordnet wurden, war für Jüdinnen und Juden in der Antike nicht nur eine individuelle Entscheidung, sondern hing auch von der Gruppe und Richtung ab, der sie sich zugehörig fühlten. Das antike Judentum zeichnet sich nämlich durch eine erstaunliche Vielfalt an Gruppen und Richtungen aus, die nach sozialem Stand, Lebensort oder Ausrichtung sehr unterschiedlich waren und daher eine sehr breite Varianz boten. Diese Vielgestaltigkeit bezieht sich auf das Judentum des Zweiten Tempels (von der persischen Zeit im sechsten Jahrhundert v. u. Z. bis zur Tempelzerstörung 70 u. Z.) ebenso wie auf das Judentum ab dem ersten/zweiten Jahrhundert u. Z.[14] Dass sich das „Judentum" gerade im ersten und zweiten Jahrhundert u. Z. noch einmal veränderte, hat weniger etwas mit dem entstehenden Christentum als vielmehr mit den davon unabhängigen politischen Ereignissen zu tun. Letztere sind vor allem durch die Niederschlagung von Aufständen in Judäa durch die Römer bedingt: Der erste Aufstand (66–70 u. Z.) führte zur römischen Eroberung von Jerusalem und zur Zerstörung des Tempels, der zweite, sogenannte Bar-Kochba-Aufstand (132–135 u. Z.) führte zum Ausbau von Jerusalem zu einer paganen Stadt und zur Errichtung eines Jupitertempels auf dem ehemaligen Tempelareal. Mit dem Verlust des Tempels und des Kults in Jerusalem verlor das antike Judäertum/Judentum eines seiner Identitätsmerkmale, mit dem bestimmte Gruppen (wie zum Beispiel die Sadduzäer) eng verbunden waren. Gruppen wie die Pharisäer, die nicht so tempelzentriert waren und eher andere Bereiche, wie etwa die alltägliche Lebensgestaltung, in den Mittelpunkt stellten, gewannen an Attraktivität.[15] Auftrieb erfuhren dabei auch die auf die Auslegung der Hebräischen Bibel bezogenen Richtungen, die zunehmend zu dem führten, was man in der Folgezeit „rabbinisches Judentum" nennt. Allerdings ist es nicht so, dass es mit der Zerstörung des Tempels nur noch das „rabbinische Judentum" gegeben hätte, vielmehr ordnet es sich als eine von vielen Gruppen in die vielgestaltige Landschaft ein.

Kanonbildung als Prozess

Die christliche Bibel besteht aus dem sogenannten „Alten" und dem sogenannten „Neuen Testament". Zu dieser Konstellation ist es gekommen, weil sich die Jesusbewegung von ihren Anfängen an als natürlichen Teil des zeitgenössischen Judentums und nicht als „Christen" im Sinne einer vom Judentum distinkten Religionsgemeinschaft verstanden hat. Ihre normative Grundlage waren ihre (jüdischen) Schriften, und zwar so selbstverständlich, dass dies weder einer Rechtfertigung noch einer besonderen Erläuterung bedurfte. Welche Schriften damit genau gemeint sind, bleibt offen; im Neuen Testament werden sie als „die Schrift", „das Gesetz und die Propheten", „das Gesetz des Mose", „die Propheten und die Psalmen" usw. bezeichnet (vgl. 1 Kor 15,3; Mt 7,12; Joh 1,45; Lk 24,44; Apg 24,14 usw.). „Hätte man

---

[13] Siehe *Marc Zvi Brettler*, Judaism in the Hebrew Bible? The Transition from Ancient Israelite Religion to Judaism, in: Catholic Biblical Quarterly 61 (1999) 429–447.

[14] Siehe hierzu *Daniel R. Schwartz/Zeev Weiss* (Hg.), Was 70 CE a Watershed in Jewish History? On Jews and Judaism before and after the Destruction of the Second Temple (Ancient Judaism and Early Christianity 78), Leiden 2011. Siehe auch *Yonatan Adler*, The Origins of Judaism. An Archaeological-Historical Reappraisal, New Haven 2022.

[15] *Joseph Sievers/Amy-Jill Levine* (Hg.), The Pharisees, Grand Rapids 2021; teilweise veränderte deutsche Fassung: *Joseph Sievers/Amy-Jill Levine/Jens Schröter* (Hg.), Die Pharisäer – Geschichte und Bedeutung, Freiburg im Breisgau 2024.

einen Christen um das Jahr Hundert gefragt, ob seine Gemeinde ein heiliges und verbindliches Buch göttlicher Offenbarung besäße, so hätte er die Frage stolz und ohne zu zögern bejaht; die Kirche besaß solche Bücher, ‚das Gesetz und die Propheten', das heute sogenannte Alte Testament. Über hundert Jahre lang, noch um die Mitte des zweiten Jahrhunderts bei Justin, erscheint das Alte Testament als die einzige, maßgebende und völlig ausreichende heilige Schrift der Kirche ...; daß zur Sicherung über das Alte Testament hinaus weitere, schriftliche Urkunden erwünscht oder erforderlich sein könnten, kam ihm nicht in den Sinn."[16] Damit waren die Schriften der ersten Jesusanhänger die Texte der jüdischen Tradition und es verwundert vor diesem Hintergrund nicht, dass das Neue Testament sich in vielfältiger Weise durch Zitate, Anspielungen und Verweise auf die „Schriften" bezieht.

Aus heutiger Perspektive stellen sich sowohl die Hebräische Bibel als auch die christliche Bibel als eine fest umrissene Auswahl bestimmter Schriften dar. Dieser Eindruck hat auch mit dem Speichermedium der Texte zu tun:[17] Durch die in der Spätantike einsetzende Überlieferung der Texte in Buchform (Kodizes) und vor allem durch die massenhaft reproduzierbare Uniformität aufgrund des Buchdrucks im 16. Jahrhundert u. Z. verbindet sich mit „der Bibel" die Idee einer festen Anzahl von Schriften, die es in der Antike so nicht gab: In der Antike und im Mittelalter gab es nur Handschriften, die individuell hergestellt wurden. Speichermedien waren entweder Schriftrollen oder Kodizes. Schriftrollen enthielten Einzelschriften oder Schriftensammlungen (wie die Tora, das Zwölfprophetenbuch oder die Megillot, die Festrollen), waren aber als Einzelrollen separat verfügbar und in ihrer Lagerung und damit Reihenfolge flexibel. Dies ändert sich mit dem Kodex nicht grundlegend, weil meist nur Einzelhandschriften und nur wenige umfangreiche und damit sehr teure Kodizes erstellt wurden. Es ist davon auszugehen, dass in den Gemeinden keine „Bibel" im Sinne eines Ganzbibelkodex, sondern – je nach Finanzlage – auch nur einzelne Schriften vorhanden waren. Welche dies im Einzelnen waren, dürfte auch regional differiert haben. Durch die individuelle Herstellung ergaben sich zudem zahlreiche Differenzen in den Handschriften: Keine Bibelhandschrift gleicht der anderen. Ein wirklich standardisierter Text, der identisch reproduziert werden kann, ist erst mit der Erfindung des Buchdrucks möglich.

Die grundlegende Idee von autoritativen Schriften zeichnet sich seit persischer Zeit ab, sodass die Tora eine zentrale Stellung einnimmt. Darüber hinaus gewinnen weitere Schriften (Prophetenbücher, Psalmen usw.) autoritativen Rang. Allerdings gibt es hier keinen fest umrissenen Kanon, die Anzahl und Auswahl der Schriften variiert. Erste Nennungen von einer bestimmten Anzahl von Schriften sind erst aus dem ersten Jahrhundert u. Z. belegt:[18] So nennt Josephus 22 Bücher, darunter die fünf Bücher der Tora sowie weitere 13 Prophetenbücher und vier weitere Bücher (Josephus, Contra Apionem I 38–46). Das Vierte Esrabuch (um 100 u. Z.) nennt eine Liste von 24 Büchern (4 Esra 14,42–47). Dies ist wahrscheinlich eine an der Buchstabenanzahl des Alphabets orientierte und damit eher symbolische Zahl. Zu diesem fließenden Prozess gehört auch die Frage, wie verbindlich diese Listen überhaupt waren. Neben der variierenden und offenbar im Fluss befindlichen Anzahl an Schriften kommt die sprachliche Diversität hinzu: Die Texte der Hebräischen Bibel sind ab dem dritten Jahrhundert v. u. Z. sukzessiv ins Griechische übersetzt worden. Daneben sind in großem Umfang weitere jüdische Schriften auf Griechisch verfasst und tradiert worden. Damit bietet die sogenannte „Septuaginta" (oder auch „Griechische Bibel") in Umfang und Sprache eine eigene Überlieferung, die neben den übersetzten Büchern auch weitere Schriften auf Griechisch überliefert und damit eine viel umfangreichere Liste von Schriften tradiert. Daneben hat es auch weitere Übersetzungsprojekte gegeben: ins Griechische (Aquila, Symmachus, Theodotion usw.), aber auch ins Lateinische (Vetus Latina, Vulgata), Aramäische und in weitere Sprachen. Weil sich die Jesusbewegung in den folgenden Jahrhunderten zunächst vor allem in der griechischsprachigen Welt verbreitet hat, waren die (griechischen) „Schriften", wie sie sich in der Septuaginta finden,

---

[16] *Hans von Campenhausen*, Die Entstehung des Neuen Testaments, in: Heidelberger Jahrbücher 7 (1963) 1–12, hier 2, wiederabgedruckt in: Ernst Käsemann (Hg.), Das Neue Testament als Kanon, Göttingen 1970, 109–123, hier 110.

[17] Siehe auch *Jonas Leipziger*, Lesepraktiken im antiken Judentum. Rezeptionsakte, Materialität und Schriftgebrauch, Berlin/Boston 2021.

[18] Vgl. hierzu *Eugene Ulrich*, Artikel „Canon. Formation of the Hebrew Bible/Old Testament", in: Encyclopedia of the Bible and Its Reception 4 (2012) 891–897.

weitgehend die Basis des entstehenden Christentums.

Für die weitere Entwicklung ist es wichtig, zwischen Schriften und Kanonbildung zu unterscheiden. Die in assyrischer, babylonischer, persischer und hellenistisch-römischer Zeit entstandenen Schriften Israels („Bibel Israels") haben im entstehenden Judentum und Christentum eine je eigene Kanongeschichte erfahren: Im Judentum kristallisiert sich als Kanon der „TaNaK" (Tora, Nevi'im/Propheten, Ketubim/Schriften) mit der Tora als Zentrum heraus; in der rabbinischen Tradition wird die Tora in die schriftliche Tora (Fünf Bücher Mose/Pentateuch) und die mündliche Tora als Auslegung unterschieden. Im Christentum werden die hebräischen wie griechischen Schriften Israels als „Altes Testament" und die Schriften der Jesusbewegung, die als jüdische Schriften zu verstehen sind, als „Neues Testament" kanonisiert. Damit entsteht eine durchaus ambivalente christliche Neuordnung der Schriften im Modus der Zweiteilung, die durch ihre Anordnung Kontinuität wie Diskontinuität signalisiert und damit sowohl Lektüren der Verbundenheit mit Israel als auch Lektüren der Abgrenzung und Überbietung ermöglicht.

Die Frage, ab wann es eine autoritative Sammlung von Büchern im Sinne eines festen „Kanons"[19] gab, ist somit nur sehr schwierig zu beantworten. Sowohl im antiken Judentum wie im antiken Christentum ist es nie zu einer wirklichen Entscheidung über den biblischen Kanon etwa auf einer Synode oder einem Konzil gekommen. Die These, auf der „Synode von Jamnia/Jabne" habe es auf jüdischer Seite eine Entscheidung für den hebräischen Kanon gegeben, hat der Überprüfung nicht standgehalten;[20] Analoges gilt für die christliche Seite. Vielmehr gab es unterschiedliche Listen, die im Babylonischen Talmud (Bava Batra 14b–15a),[21] bei den Kirchenvätern oder auf Regionalkonzilien belegt sind und die jeweils die lokale Tradition bezeugen.[22] Diese zeigen, dass die Auswahl und Anordnung der Schriften noch im Fluss ist und sich erst langsam in den jüdischen wie christlichen Gemeinschaften ein Kanon im Sinne einer (noch randunscharfen) autoritativen Sammlung an Schriften etabliert. Die Beliebtheit des Diatessaron in der syrischen Kirche zeigt zudem, dass keineswegs nur die Schriften, die später als „Neues Testament" verstanden wurden, normative Bedeutung erlangt hatten. Dass es nie eine explizite Entscheidung, sondern eine selbstverständliche Praxis gab, zeigt letztlich, wie unstrittig der Gebrauch der Schrift im Großen und Ganzen war. Davon zeugt auch die Erweiterung des nizänischen Glaubensbekenntnisses (325 u. Z.) durch das Konzil von Konstantinopel (381 u. Z.), bei dem nach „auferstanden am dritten Tag" in Anlehnung an 1. Korinther 15,3–4 „nach den Schriften" sowie im Abschnitt zum Heiligen Geist „der gesprochen hat durch die Propheten" hinzugefügt wurde. Damit ist das Alte Testament in dem für die Kirchen zentralen Glaubensbekenntnis verankert.[23]

Kanonbildung ist daher nicht als eine feste und verbindliche Entscheidung, sondern als ein Prozess zu denken, der sich zunehmend herauskristallisiert und etabliert hat. Eine dezidierte Entscheidung über Umfang und Sprache hat es erst im 16. Jahrhundert gegeben: Mit der bereits für die Übersetzungen des Hieronymus („Vulgata") leitenden Idee der *veritas hebraica* hat Martin Luther für den protestantischen Bereich die Liste auf die auf Hebräisch vorliegenden Schriften der Bibel reduziert, das Konzil von Florenz (1442) und das Konzil von Trient entschieden sich 1546 für den lateinischen Text und die Liste von 73 Büchern (46+27) nach der Vulgata; die meisten orthodoxen Kirchen folgen bis heute der Septuaginta in Sprache und Umfang, und für die Äthio-

---

[19] „Kanon", wörtlich: „Rohr, Lineal, Richtmaß", übertragen: „Richtschnur, Maßstab". Vgl. hierzu *Eve-Marie Becker/Stefan Scholz* (Hg.), Kanon in Konstruktion und Dekonstruktion. Kanonisierungsprozesse religiöser Texte von der Antike bis zur Gegenwart. Ein Handbuch, Berlin u. a. 2012.

[20] Aus Mischna, Yadayim 3,5 hat Heinrich Graetz 1871 die sogenannte „Synode von Jabne" rekonstruiert; siehe hierzu *Günter Stemberger*, Jabne und der Kanon, in: ders., Studien zum rabbinischen Judentum (Stuttgarter biblische Aufsatzbände 10), Stuttgart 1990, 375–389.

[21] Siehe hierzu *Hanna Liss*, Tanach. Lehrbuch der jüdischen Bibel (Schriften der Hochschule für Jüdische Studien 8), Heidelberg 2005, 3–6.

[22] Siehe hierzu *Hermann von Lips*, Artikel „Canon. Christianity", in: Encyclopedia of the Bible and Its Reception 4 (2012) 901–906. Darüber hinaus: *Peter Brandt*, Endgestalten des Kanons. Das Arrangement der Schriften Israels in der jüdischen und christlichen Bibel (Bonner biblische Beiträge 131), Berlin 2001; *Winrich Löhr*, Norm und Kontext. Kanonlisten in der Spätantike, in: Berliner theologische Zeitschrift 22 (2005) 202–230; *Daniel Stökl Ben Ezra*, Canonization – a Non-Linear Process? Observing the Process of Canonization through the Christian (and Jewish) Papyri from Egypt, in: Zeitschrift für Antikes Christentum 12 (2008) 193–214; *Lee Martin McDonald*, A Canonical History of the Old Testament Apocrypha, in: Gerbern S. Oegema (Hg.), The Oxford Handbook of the Apocrypha, New York 2021, 24–51.

[23] Vgl. *Heinrich Karpp*, Schrift, Geist und Wort Gottes. Geltung und Wirkung der Bibel in der Geschichte der Kirche, Darmstadt 1992, 29.

pisch-Orthodoxe Kirche sind bis heute das Erste Henochbuch und das Jubiläenbuch Teil des biblischen Kanons.

Die Rolle Markions im zweiten Jahrhundert

Mit der Person Markions verbindet sich einer der zentralen Konflikte in der Kanonentwicklung in den Gemeinden der Jesusbewegung des zweiten Jahrhunderts. Welchen Anteil an der Frage nach dem Kanon die Ereignisse um Markion mit Blick auf den neutestamentlichen Kanon gespielt haben, wird heute in der Forschung unterschiedlich diskutiert. Die uns heute im Neuen Testament vorliegenden Schriften sind nicht mit der Absicht entstanden, normative, kanonische Schriften oder gar „Heilige Schrift" des Christentums zu sein. Vielmehr sind es anlassbezogene Schreiben wie im Falle der Paulusbriefe oder der ersten Sammlung von Jesusworten und Erzählzusammenhängen. Diese sind früh gesammelt und in der Gemeinde tradiert worden, sodass ihre Bedeutung zunehmend über den ursprünglichen Anlass hinauswuchs. Der Prozess der Bildung einer festen Sammlung von christlichen Schriften dürfte durch den Versuch Markions, einen eigenen Kanon an Schriften durchzusetzen, beschleunigt worden sein. Theologisch war dieser Kanon davon geleitet, dass Markion in seinem heute verloren gegangenen Werk mit dem Titel *Antitheseis* „die Nichtübereinstimmung (*discordia*) zwischen Gesetz und Evangelium" dargelegt habe (*Tertullian*, Adversus Marcionem I 19,4). Markions Thesen sind heute insofern schwer zu rekonstruieren, da wir ihn nur aus der Widerlegung seiner Gegner kennen und daher die Perspektivität eines jeden Autors zu bedenken ist.[24] In Aufnahme paulinischer Terminologie hat er dem bösen, richtenden und zornigen Schöpfergott, den er mit dem Gott des „Alten Testaments" identifiziert hat, den „wahren", guten, sanften und zugewandten Gott gegenübergestellt, der bis zu Jesus Christus unbekannt gewesen sei. Daher hat Markion eine eigene „christliche Heilige Schrift" zu etablieren versucht, die wohl aus dem gekürzten Lukasevangelium und zehn Paulusbriefen bestanden haben dürfte. Diese theologische Position, kombiniert mit einer rigoristischen Ethik, hat zu starkem Widerstand gegen Markion geführt. Sein nachhaltiger Erfolg zeigt sich darin, dass es Belege für markionitische Gemeinden noch im späten vierten und frühen fünften Jahrhundert gibt. Der starke Widerstand gegen Markions Thesen hat gezeigt, dass die Bibel Israels Deutehorizont, Sprachwelt und unaufgebbarer Bestandteil der eigenen „Schriften" war und selbstverständlich zu der sich herausbildenden christlichen Identität gehörte. Die zwei-eine christliche Bibel aus Altem und Neuem Testament ist daher auch als die deutliche und frühe Positionierung zu verstehen, Markion zu widersprechen und zu betonen, dass es ein und derselbe Gott sei, der sich Israel und in Jesus Christus offenbart hat.

Wirkmächtig ist der sogenannte „Markionitismus", eine Position, die für die fundamentale Differenz zwischen den beiden christlichen Testamenten steht und die zur Ablehnung oder Verwerfung des Alten Testaments führt, immer wieder geworden. Darunter wird zumeist eine Position wie die von Adolf von Harnack zu Beginn des 20. Jahrhunderts eingeordnet, der gefordert hat, das Alte Testament abzulegen und als Dokument des Judentums und damit als eine dem Christentum nicht gemäße Schrift anzusehen. Auch wenn derartige Positionen deutlichen Einspruch erfahren haben,[25] zeigen sie die Notwendigkeit einer alttestamentlich reflektierten christlichen Theologie und eines differenzierten Kanonverständnisses.

Mit der Idee einer verbindlichen Liste von christlichen Schriften, die sich am Ende des zweiten Jahrhunderts u. Z. herauskristallisierte – auch wenn sie im Einzelnen noch variierte und diskutiert wurde – und die zu „Gesetz und Propheten" hinzutrat, veränderte sich die christliche Bibel noch einmal deutlich:[26] In der nun aus zwei Teilen bestehenden christlichen Bibel traten die

---

[24] *Judith M. Lieu*, Marcion and the Making of a Heretic. God and Scripture in the Second Century, Cambridge 2015; siehe auch *Winrich Löhr*, Artikel „Markion", in: Reallexikon für Antike und Christentum 24 (2012) 147–173; *Dieter T. Roth*, Artikel „Marcion", in: Encyclopedia of the Bible and Its Reception 17 (2019) 880–883.

[25] Siehe hierzu auch die Beiträge um die sogenannte Slenczka-Debatte: *Notger Slenczka*, Die Kirche und das Alte Testament, in: Elisabeth Gräb-Schmidt/Reiner Preul (Hg.), Das Alte Testament in der Theologie (Marburger theologische Studien 119), Leipzig 2013, 83–119; hierzu *Friedhelm Hartenstein*, Zur Bedeutung des Alten Testaments für die christliche Kirche. Eine Auseinandersetzung mit den Thesen von Notger Slenczka, in: Theologische Literaturzeitung 140 (2015) 738–751; *Michael Pietsch*, Der fremde Gott. Das Alte Testament und das Wesen des Christentums, in: Kirche und Israel 31 (2016) 3–22; *Konrad Schmid*, Christentum ohne Altes Testament, in: Internationale katholische Zeitschrift 45 (2016) 443–456.

[26] *Christoph Markschies*, Neue Forschungen zur Kanonisierung des Neuen Testaments, in: Apokrypha 12 (2001) 237–262; *Katharina Greschat*, Die Entstehung des neutestamentlichen Kanons. Fragestellung und Themen der neueren Forschung, in: Verkündigung und Forschung 51 (2006) 56–72.

bisherigen „Schriften" als „Altes Testament"[27] in eine spannungsvolle Beziehung mit dem „Neuen Testament", das durch seine Christusbotschaft für die christlichen Gemeinden zum entscheidenden Maßstab wurde.

Die Frage nach dem *parting of the ways*

Die Vorstellung, dass die Juden die „älteren Brüder" seien, war gerade in den Anfängen des Gesprächs zwischen Christentum und Judentum im 20. Jahrhundert eine wichtige Denkfigur. Zum einen räumte es mit der traditionellen Idee auf, dass das zeitgenössische Judentum seine Erwählung verloren und das Christentum sein rechtmäßiges Erbe angetreten habe, zum anderen machte es die umgekehrte Abhängigkeit sichtbar: Das Christentum sei auf dem Boden des Judentums entstanden und ihm daher bleibend verbunden. Die mit der familiären Metapher der „älteren Brüder" verbundene Vorstellung war für die innerchristliche Auseinandersetzung insofern wichtig, als dies der Abschied von jahrhundertealten und tief verankerten Zuordnungen bedeutete und sie die Gemeinsamkeiten herausstrich. Insofern waren Formulierungen wie die vom Judentum als den „älteren Brüdern" nicht nur hermeneutisch wegweisend und inhaltlich wichtig, sondern sie entsprachen auch den religionsgeschichtlichen Rekonstruktionen, die davon ausgingen, dass sich „*das* Judentum" nach dem Exil ab der persischen Zeit (ab dem 6./5. Jahrhundert v. u. Z.) herausgebildet habe, aus dem sich dann „*das* Christentum" (ab dem ersten/zweiten Jahrhundert u. Z.) entwickeln konnte.

Forschungen der letzten Jahrzehnte, die vor allem mit dem Stichwort *parting of the ways* verbunden sind, haben jedoch dazu geführt, dieses Bild mit Blick auf die Entstehung von Judentum und Christentum und die Frage, wann und wie sich beider Wege getrennt hätten, zu präzisieren.[28] Dabei ist das Bewusstsein dafür gewachsen, dass in diesen Entwicklungen auch das Christentum eine wichtige Rolle spielte – genauer: Judentum wie Christentum profilierten sich in reziprok aufeinander bezogenen wie voneinander abgrenzenden Prozessen – mit-, neben- und gegeneinander.[29]

Unstrittig ist heute, dass die „Weggabelung" wohl kaum im ersten Jahrhundert u. Z. anzusetzen ist: weder bei Jesus selbst noch bei den ersten Jesusanhängern oder dem Bekenntnis zu Jesus als dem Christus und Messias. Ebenso hält die einst konstruierte „Synode von Jabne" einer Überprüfung nicht stand. Damit geraten das zweite und das dritte Jahrhundert u. Z. verstärkt in den Blick: In diese Zeit fallen nicht nur die internen Umwälzungsprozesse im „Judentum", sondern es sind auch im „Christentum" zahlreiche Belege bei den Kirchenvätern zu finden, die eine scharfe Abgrenzung gegenüber dem „Judentum" thematisieren, so etwa bei Justin (gest. 165), Irenäus von Lyon (gest. Ende des zweiten Jahrhunderts), Tertullian (gest. nach 220) oder Origenes (gest. um 254). Dabei wird gegen christliche Gemeinden polemisiert, die sich an die Tora halten, sich an jüdischen Speise- und Reinheitsvorschriften orientieren, die Beschneidung der Jungen praktizieren und jüdische Feste feiern. Damit belegen die Kirchenväter – durchaus unfreiwillig – eine Praxis, die von der *ihnen* vorschwebenden Norm abweicht: In der Realität vor Ort waren offenbar die Grenzen zwischen „Judentum" und „Christentum" keineswegs fix und starr, sondern vielmehr veränderlich. Neben Abgrenzungsprozessen ist auch von einem bunten Neben- und Miteinander in der Praxis der Gemeinde auszugehen. Vor diesem Hintergrund erscheint gerade das zweite Jahrhundert als ein „Laboratorium",[30] als ein Raum fließender und hybrider Identitäten, in denen es noch keine festen Grenzen gibt.[31] Entsprechende Warnungen vor „ungenauen" Grenzziehungen finden sich aber auch noch im vierten und fünften Jahrhundert, etwa bei Kyrill von Jerusalem (gest. 386), der Synode von Elvira (358),[32] Johan-

---

[27] Melito von Sardes (um 180 u. Z.) spricht zum ersten Mal von „den Büchern der alten *diathēkē*" (*Eusebius*, Historia ecclesiastica IV 26,13–14).

[28] Einen Überblick bietet *Angela Standhartinger*, „Parting of the Ways". Stationen einer Debatte, in: Evangelische Theologie 80 (2020) 406–417; *Judith Lieu*, Neither Jew nor Greek? Constructing Early Christianity, Edinburgh 2002; *Joshua Schwartz/Peter J. Tomson* (Hg.), Jews and Christians in the First and Second Centuries. The Interbellum 70–132 CE (Compendia rerum Judaicarum ad Novum Testamentum15), Leiden/Boston 2018.

[29] Siehe hierzu auch *Marc Hirshman*, The Stabilization of Rabbinic Culture, 100 C. E.–350 C. E. Texts on Education and Their Late Antique Context, New York 2009.

[30] *Christoph Markschies*, Kaiserzeitliche christliche Theologie und ihre Institutionen. Prolegomena zu einer Geschichte der antiken christlichen Theologie, Tübingen 2007; siehe auch *Peter Gemeinhardt*, Geschichte des Christentums in der Spätantike, Tübingen 2022.

[31] Vgl. zum Beispiel *Alfons Fürst*, Judentum, Judenchristentum und Antijudaismus in den neu entdeckten Psalmenhomilien des Origenes, in: Adamantius 20 (2014) 275–287.

[32] Die Synode von Elvira (358 u. Z.) bestimmt zum Beispiel, dass man weder Juden noch Häretiker heiraten soll (Canon 16), sein Feld nicht von jüdischen Menschen segnen

nes Chrysostomus (gest. 407) oder Hieronymus (gest. 420). Man muss also bis in das fünfte Jahrhundert hinein mit osmotischen Grenzen und gelebten Gemeinsamkeiten zwischen jüdischen und christlichen Gemeinschaften rechnen. Zugleich kann man zeigen, dass sich die *birkat ha-minim*, der sogenannte „Ketzersegen", von „jüdischer" Seite nicht gegen Christen richtete.[33] Hinzu kommen äußere Einflüsse, die die Gesamtsituation mitprägen: So hat der nach 70 u. Z. von den Römern geforderte *fiscus Judaicus* notwendig gemacht zu definieren, wer Jude/Jüdin ist und somit die Steuer zu zahlen hat. Welchen Einfluss dies auf die Frage nach den Trennungsprozessen zwischen Judentum und Christentum gehabt hat, wird unterschiedlich beantwortet. Nicht zu vergessen ist auch, dass das „Christentum" in den ersten Jahrhunderten – anders als das „Judentum" – keine geduldete *religio* und partiell von Verfolgungen betroffen war, sodass es daher auch attraktiv sein konnte, sich im Raum des Judentums zu verorten. Zudem veränderte sich die Situation des Christentums mit der Entwicklung zur Reichskirche im vierten Jahrhundert: Das Christentum – zumindest in seinem Mainstream – wechselte auf die Seite der Macht und gewann damit die Möglichkeit, zwischen Häresie und Orthodoxie nicht nur zu unterscheiden, sondern diese Unterscheidung auch durchzusetzen.

Für die ersten Jahrhunderte kann somit nicht von einer punktuellen Trennung im *parting of the ways* die Rede sein, vielmehr muss man von Weggabelungen im Plural sprechen, bei der „Judentum" und „Christentum" erst Zug um Zug unterscheidbar werden und in diesem Prozess sogar erst „entstehen".[34] Dies verändert unseren Blick auf „Judentum" und „Christentum" so grundlegend, dass man eher von „Judentümern" und „Christentümern" sprechen kann, um die Pluralität und Vielfalt der unterschiedlichen Gruppen seit der Antike zum Ausdruck zu bringen.

Für die Phase der sich erst herauskristallisierenden spezifischen Identitäten gerade im zweiten Jahrhundert hat Daniel Boyarin die Bezeichnung „Judäo-Christentum" vorgeschlagen;[35] andere haben in Aufnahme der Diskussion um die Frage nach dem *parting of the ways* die Formulierungen „the ways that never parted" oder „the ways that often parted" geprägt.[36] Deutlich geworden ist, dass sich die Entstehung von „Judentum" und „Christentum" nicht monokausal erklären lässt, sondern vielmehr ein sich über Jahrhunderte erstreckender Prozess war, der lokal und soziologisch stratifiziert sehr unterschiedlich ausgesehen haben wird.

1.4 Das Alte Testament: Eigenwert und Mehrwert

Die exegetischen und historischen Forschungen haben gezeigt, dass das sogenannte „Alte Testament" von Anfang an integraler und unhinterfragter Bestandteil der christlichen Bibel war. Zugleich lässt sich zeigen, dass sich Christentum und Judentum in einem Prozess eigenständiger wie interdependenter Entwicklung erst im Laufe der ersten Jahrhunderte herausgebildet haben. Damit rücken die Abwertung und Polemik, die von christlicher Seite dem Alten Testament wie dem Judentum entgegengebracht wurden, in ein neues Licht – nämlich als ein Versuch des Identitätsbildungs- und Identitätsfindungsprozesses. Teil dieses Prozesses war, das Eigene nach außen durch die Abgrenzung gegenüber dem Judentum und eine Überbietungshaltung gegenüber dem Alten Testament zu profilieren.[37]

Der komplexe Prozess der Kanonwerdung und der Entstehung von Judentum und Christentum zeigt, dass Judentum und Christentum nicht einfach dasselbe Buch lesen. Wie kann nun christ-

---

lassen soll (Canon 49) und Kleriker nicht mit Jüdinnen und Juden essen sollen. Ebenso sollten der Austausch von Festtagsgeschenken und die Teilnahme an jüdischen Festen verhindert werden (Canones 29, 37, 38).

[33] Vgl. hierzu *Michal Bar-Asher Siegal*, Jewish-Christian Dialogues on Scripture in Late Antiquity. Heretic Narratives of the Babylonian Talmud, Cambridge 2019.

[34] Adele Reinhartz verwendet das Bild der mehrspurigen Autobahn, siehe *Adele Reinhartz*, A Fork in the Road or a Multi-Lane Highway? New Perspectives on the „Parting of the Ways" between Judaism and Christianity, in: Ian H. Henderson/Gerbern S. Oegema (Hg.), The Changing Face of Judaism. Christianity and Other Greco-Roman Religions in Antiquity, Gütersloh 2006, 280–295. Vgl. auch *Martha Himmelfarb*, The Parting of the Ways Reconsidered. Diversity in Judaism and Jewish-Christian Relations in the Roman Empire. „A Jewish Perspective", in: Eugene J. Fisher (Hg.), Interwoven Destinies. Jews and Christians Through the Ages, New York 1993, 47–61.

[35] *Daniel Boyarin*, Border Lines. The Partition of Judaeo-Christianity, Philadelphia 2004; deutsch: Abgrenzungen. Die Aufspaltung des Judäo-Christentums, übersetzt von Gesine Palmer (Arbeiten zur neutestamentlichen Theologie und Zeitgeschichte 10), Berlin/Dortmund 2009.

[36] Vgl. *Adam H. Becker/Annette Yoshiko Reed*, The Ways that Never Parted (Texts and Studies in Ancient Judaism 95), Tübingen 2003.

[37] Zu anderen Modellen der Zuordnung von Altem und Neuem Testament siehe *Frank Crüsemann*, Das Alte Testament als Wahrheitsraum des Neuen. Die neue Sicht der christlichen Bibel, Gütersloh 2011; *Jürgen Ebach*, Das Alte Testament als Klangraum des evangelischen Gottesdienstes, Gütersloh 2016.

licherseits das *Alte Testament* als Teil der zwei-einen christlichen Bibel verstanden und gelesen werden?

Ausgangspunkt der Überlegung ist, dass die Hebräische Bibel und ihre Übersetzung ins Griechische nicht nur historisch zuerst und damit den „Schriften" der Jesusbewegung vorgegeben waren, sondern auch deren selbstverständlicher Hintergrund und Bezugsrahmen bildete. Damit steht die Hebräische Bibel hermeneutisch am Anfang.

Aus dieser Konstellation der zeitlichen wie hermeneutischen *Prae*-Position[38] ist die Bibel Israels als das uneingeschränkte und bleibend gültige Wort Gottes zu verstehen. Als solches kommt ihr eine vom Neuen Testament unabhängige, eigenständige Bedeutung zu. Erich Zenger hat diesen Zugang – in Anlehnung an die Dokumente der Päpstlichen Bibelkommission von 1993 und 2001 – mit der Formulierung, das Alte Testament sei „Eigenwort mit Eigenwert",[39] auf den Punkt gebracht. Die hebräischen wie griechischen Schriften Israels, die im Christentum als „Altes Testament" gelesen werden, haben auch in der christlichen Lektüre Eigenwert und Eigenständigkeit – jenseits von Substitutions- oder Abwertungsmodellen. Das hat zur Folge, dass es „keine *vorgegebene* Sinn- und Bedeutungspriorität des Neuen Testaments vor dem Alten Testament … und demnach auch keine Superiorität des Christentums gegenüber dem Judentum geben"[40] kann. Israel ist somit der erste Adressat der als Gottes Wort verstandenen Schriften und steht in Gottes Bund. Dieser eröffnet eine Beziehungsgeschichte, die kontinuierlich anhält: Israel und das Judentum von heute stehen damit im (ungekündigten) Bund Gottes.[41]

Der Eigenwert, der der Bibel Israels durch ihre zweifache Nachgeschichte im Judentum wie im Christentum zukommt, lässt sich zugleich als ein *relationaler* Eigenwert bestimmen.[42] Entsprechend der unterschiedlichen Entwicklung und den Eigendynamiken beider Gemeinschaften haben Judentum und Christentum unterschiedliche Wege entwickelt, was gerne im Bild des „zweifachen Ausgangs" gefasst wird: Das Judentum hat seine Bibel Israels als TaNaK (Tanach) kanonisiert und im Nebeneinander von schriftlicher und mündlicher Tora in Targumim, Mischna und Talmud und in der bis heute reichen Kommentar- und Auslegungstradition gedeutet – das Christentum hat die Bibel Israels als „Altes Testament" verstanden, es in die zwei-eine christliche Bibel neben dem „Neuen Testament" integriert und ihm so seine eigene Prägung gegeben.

Zugleich deuten die im ersten und zweiten Jahrhundert entstehenden Schriften der Jesusbewegung die Jesusnachfolger vor ihrem eigenen Erfahrungshintergrund – vor der hellenistisch-römisch geprägten Welt ebenso wie vor der eigenen Tradition der Bibel Israels und ihren zeitgenössischen Deutungen. Diese Schriften wurden von den folgenden Generationen gesammelt, tradiert und an andere Gemeinden weitergegeben. Aus dieser besonderen Konstellation entstand in den sich entwickelnden christlichen Gemeinden die Kombination aus der Bibel Israels und den Schriften der Jesusbewegung.

Damit verschob sich die Position des (nun) „Alten Testaments": Neben die Deutung der Jesusbewegung vor dem Hintergrund der Bibel Israels in den (dann) als „Neues Testament" bezeichneten Schriften trat nun auch die Möglichkeit, vielfältige Bezüge zwischen Altem und Neuem Testament zu sehen. Diese „rückschauende Wahrnehmung" des Alten Testaments lässt sich hermeneutisch-methodisch als ein rezeptionsgeschichtlicher Zugang beschreiben: Das Alte Testament wurde nun auch im Licht des Neuen Testaments gelesen.

Die Deutungen, die durch die spezifische Konstellation von Altem und Neuem Testament entstanden sind, lassen sich als ein „Mehrwert" beschreiben, durch den unterschiedliche Bedeutungsdimensionen der biblischen Texte ausgelotet werden können.[43]

---

[38] *Christoph Dohmen/Günter Stemberger*, Hermeneutik der Jüdischen Bibel und des Alten Testaments, Stuttgart/Berlin/Köln ²2019, 171–175.

[39] Diese Formulierung dürfte sich an das Dokument der Päpstlichen Bibelkommission „Die Interpretation der Bibel in der Kirche" von 1993 (s. o. Anm. 5) anschließen (S. 54f.).

[40] Vgl. *Erich Zenger* u. a., Einleitung in das Alte Testament, hg. von Christian Frevel, Stuttgart ⁹2016, 21. Siehe auch *Friedhelm Hartenstein*, Die bleibende Bedeutung des Alten Testaments. Studien zur Relevanz des ersten Kanonteils für Theologie und Kirche, Neukirchen-Vluyn 2016, 37–41.

[41] Siehe hierzu: „Denn unwiderruflich sind Gnade und Berufung, die Gott gewährt" (Röm 11,29). Reflexionen zu theologischen Fragestellungen in den katholisch-jüdischen Beziehungen aus Anlass des 50jährigen Jubiläums von „Nostra Aetate" (Nr. 4), 10. Dezember 2015, Nr. 34 (abrufbar unter: https://www.dbk-shop.de/media/files_public/8885ab024a62138a1f54db8c7cee80ed/DBK_2203.pdf).

[42] Siehe *Klaus Koch*, Der doppelte Ausgang des Alten Testaments in Judentum und Christentum, in: Jahrbuch für biblische Theologie 6 (1991) 215–242.

[43] Christoph Dohmen hat das Modell der doppelten Hermeneutik vorgeschlagen: *Dohmen/Stemberger*, Hermeneutik der Jüdischen Bibel (s. o. Anm. 38), 230.

Die Texte des Neuen Testaments nehmen zum einen in vielfältiger Weise auf das Alte Testament Bezug: Explizite oder implizite Zitate, Anspielungen, Motive und Themen sind so intensiv, dass das Neue Testament nicht ohne das Alte Testament verständlich ist. Die Art und Weise, wie diese Bezüge im Neuen Testament aufgenommen, weiterverarbeitet und ausgestalten werden, ist damit als ein Rezeptions- und Deutungsprozess zu verstehen. Dieser unterscheidet sich damit von substitutionstheologischen Lektüren, die Deutungen im Neuen Testament für verbindlich erklären. Vielmehr ist entsprechend dem historischen wie hermeneutischen *Prae* der Bibel Israels zu fragen, in welcher Weise, warum und wozu eine Stelle aus dem Alten Testament im Neuen Testament rezipiert und gebraucht wird. Somit ist das Alte Testament der Diskursraum, der den Deutungsprozess im Neuen Testament auslöst.

Ein Beispiel: Die Verwendung des Motivs der Geburt des Königssohns von Jesaja 7,14 in Matthäus 1,23 dient dazu, eine Jungfrauengeburt zu erzählen; damit vereindeutigt die matthäische Rezeption die in der griechischen Übersetzung so bedeutungsoffene Formulierung *parthenos* („junge Frau" oder „Jungfrau") im Sinne der letzteren Bedeutung. Spannenderweise gewinnt die matthäische Kindheitserzählung diese Deutung der erzählten Anfänge nur über die griechische Übersetzung, spricht doch der hebräische Text an dieser Stelle eindeutig von einer „jungen Frau". Dieses Beispiel zeigt, nicht nur wie genau die Bezüge auf das Alte Testament zu untersuchen sind, sondern vielmehr auch, dass sich der besondere Deutungsprozess des Alten Testaments im Neuen Testament erst dann entfaltet, wenn man das Alte Testament in seinem Eigenstand, das heißt als „Eigenwort mit Eigenwert", für das Neue Testament textorientiert wie rezeptionsgeschichtlich auswertet.

1.5 Das Konzept diskursiver Dialogizität

Das Verhältnis von Altem und Neuem Testament erschöpft sich – wie oben gezeigt – gerade nicht in Substitutions-, Relativierungs- oder Selektionsmodellen, sondern die zahlreichen biblischen Stimmen etablieren vielmehr einen Raum *diskursiver Dialogizität*.[44] Damit schlage ich einen Zugriff vor, der von einem wechselseitigen Diskurs zwischen Texten des Alten wie des Neuen Testaments ausgeht, die miteinander in ein Gespräch treten. Dieses Gespräch ist vielfältig, polyphon und mehrdeutig – und auch nicht spannungsfrei. Diese Spannungen ergeben sich dabei nicht nur zwischen Altem und Neuem Testament, sondern gerade *im* Alten und *im* Neuen Testament.

Die im Alten und Neuen Testament vereinten Texte sprechen nicht mit *einer* Stimme, vielmehr finden sich unterschiedliche, mehrdeutige, konkurrierende und einander widersprechende Stimmen. Verschiedenste Erfahrungszusammenhänge, Konzepte, Themen und Vorstellungen sind in den über Jahrhunderte entstandenen Schriften vereint, die einander bestätigen, aber auch widersprechen, korrigieren oder differenzieren können. Damit ist der biblische Diskursraum als „korrelierend und kontrastierend"[45] zu bestimmen. Ein Beispiel: In der Frage nach dem Umgang mit Leid und Tod bieten die Texte des Alten Testaments einen jahrhundertelangen Erfahrungsschatz an Erzählungen, Gebeten und Reflexionen über Leid und Tod, die zu den neutestamentlichen Texten hinzutreten und mit diesen ergänzend, korrigierend oder fragend in ein spannungsvolles Gespräch treten.

Das Konzept *diskursiver Dialogizität* ist zudem offen für die Texte, welche in die späteren Kanongestalten der Kirchen, die ja keineswegs einheitlich sind, keinen Eingang gefunden haben. Damit kommen auch verstärkt die Texte in den Blick, die zwar nicht „biblisch" sind, die aber unter Umständen von zentraler Bedeutung waren. So finden sich etwa in Qumran unter den „biblischen" Schriften das Jubiläen- und das Henochbuch,[46] und in Syrien waren nicht die vier Evangelien, sondern das Diatessaron als „Evangelienharmonie" zentral. Die Einbeziehung der Texte jenseits des späteren Kanons ermöglicht, die theologischen Diskurse und die geführten „Dia-

---

[44] Diese Formulierung in Anlehnung an Erich Zengers Doppelbezeichnung „Hermeneutik der kanonischen Dialogizität/des kanonischen Diskurses", der sich in der ersten bis dritten Auflage findet, dann ab der 5. Auflage zugunsten von „Hermeneutik des kanonischen Diskurses" vereinheitlicht wurde. Auf die Spezifizierung „kanonisch" wird hier bewusst verzichtet, um angesichts des historisch komplexen und vielschichtigen Prozesses der Kanongeschichte Begriffe nicht anachronistisch zu verwenden.

[45] *Bernd Janowski*, Die kontrastive Einheit der Schrift. Zur Hermeneutik des biblischen Kanons, in: ders. (Hg.), Kanonhermeneutik. Vom Lesen und Verstehen der christlichen Bibel (Theologie interdisziplinär 1), Neukirchen-Vluyn 2007, 27–46 und *ders.*, Ein Gott, der straft und tötet? Zwölf Fragen zum Gottesbild des Alten Testaments, Neukirchen-Vluyn 2013, 26–29.

[46] Vgl. *Eileen M. Schuller*, The Dead Sea Scrolls and Canon and Canonization, in: Becker/Scholz (Hg.), Kanon in Konstruktion und Dekonstruktion (s. o. Anm. 19), 293–314.

loge" in historischen Querschnitten präziser zu beschreiben.

Zugleich integriert das Konzept der *diskursiven Dialogizität* durchaus den Gedanken des Kanons – und zwar als eine spätere, theologische Setzung: Der Kanon bildet den von den christlichen Rezeptionsgemeinschaften gesteckten Rahmen als einen Raum der Nichtbeliebigkeit der Interpretation. Dieser Kanon ist jedoch auch nach seiner „Schließung" ein „flüssiger" Kanon geblieben, dessen Sinnpotenzial durch die Dialektik von Schließung und Öffnung ständig angereichert wird und der der Sinn- und Textpflege[47] bedarf: „Neben der Vorgegebenheit der zweiteiligen Bibel in ihren Abschlussgestalten steht ... sofort die Aufgabe der Auslegung – und hier gibt es eine Verbindung von Genese und Geltung, bei der durch die immense Rezeptionsgeschichte des Textes ein unauslotbares ‚Mehr' an (freilich ‚kanonisch begrenzten') Sinnmöglichkeiten freigelegt wird".[48] Der Kanon als eine spätere Kategorie markiert Unterschiede und legt Sammlungen von Büchern fest, die Teil der pluralen und diversen theologischen Literaturproduktion waren.[49]

1.6 Hermeneutische und methodische Neuorientierungen

Zu den hermeneutischen und methodischen Neuorientierungen, die aus den theologischen Neuorientierungen und den historischen Präzisierungen folgen, seien hier drei grundlegende Aspekte genannt: die (Wiederentdeckung der) Vielfalt an Deutungen, die Bedeutung der Vielzahl an Textüberlieferungen und die Überwindung des *gap* zwischen Altem und Neuem Testament.

Vielfalt an Deutungen

Jüdische Schriftauslegung wahrzunehmen und einzubeziehen, ist eine häufige Forderung im Gespräch zwischen Judentum und Christentum. Dies ist mit Blick auf die (internationalen) akademischen und damit ähnlichen wissenschaftlichen Hermeneutiken weitgehend realisierte Praxis, steckt aber noch recht in den Kinderschuhen, was jüdische Bibelauslegung in Spätantike, Mittelalter und Neuzeit angeht[50] – nicht ohne Grund, denn diese ist methodisch und hermeneutisch sehr voraussetzungsreich. Genau diese Voraussetzungen zu erkunden, wahrzunehmen und für die Auslegungskontexte heute auszuwerten, ist ein bleibendes Desiderat. Wenn auch noch sehr anfanghaft, ist für die christliche Theologie und Exegese die aus der jüdischen Schriftauslegung gewonnene Einsicht in die kontroverse Vielfalt an Textauslegungen und Deutungen die größte Bereicherung.[51] Von jüdischer Schriftauslegung kann man lernen, nicht den *einen* Sinn zu suchen, sondern vielmehr die unerschöpfliche Breite auszuloten, die ein Text bereitstellt. Diese durchaus divergierenden und mitunter konträren Auslegungen können dann in ein kritisches Gespräch miteinander gebracht werden.

Die Bedeutung der Vielzahl an Textüberlieferungen

Die Erforschung der antiken Bibeltextüberlieferungen in den vergangenen Jahrzehnten hat dazu geführt, die Vorstellung von einem „Urtext" und einer „Endgestalt" zu problematisieren. Real existierende Handschriften hebräischer Texte sind viele Jahrhunderte jünger als ihr vermuteter Entstehungszeitraum und oft zeitgleich mit oder jünger als deren Übersetzungen in unterschiedliche Sprachen (Griechisch, Latein, Syrisch, Aramäisch usw.). Dies muss man sich zum einen vor Augen halten, wenn man mit den wissenschaftlichen Bibelausgaben arbeitet, die rekonstruierte Texte bieten. Zum anderen ist die Grenze zwischen Textkritik als Rekonstruktion eines „Urtextes" und Rezeptionsgeschichte durch Übersetzung und Traditionsliteratur unscharf geworden, was zur Folge hat, dass die Methoden des exegetischen Arbeitens, die man – aus guten Gründen – als Arbeitsschritte klar getrennt sehen möchte, zunehmend stärker ineinandergreifen.[52]

---

[47] *Jan Assmann*, Das kulturelle Gedächtnis. Schrift, Erinnerung und politische Identität früher Hochkulturen, München 1992, 103–129.

[48] *Hartenstein*, Die bleibende Bedeutung (s. o. Anm. 40), 69 f.

[49] *Robert A. Kraft*, Para-mania. Beside, Before and Beyond Bible Studies, in: Journal of Biblical Literature 126 (2007) 3–27, hier 10–17; siehe hierzu auch *Eva Mroczek*, The Hegemony of the Biblical in the Study of Second Temple Literature, in: Journal of Ancient Judaism 6 (2015) 2–35; *Hindy Najman*, The Vitality of Scripture Within and Beyond the ‚Canon', in: Journal for the Study of Judaism 43 (2012) 497–518; *Alma Brodersen*, The Beginning of the Biblical Canon and Ben Sira (Forschungen zum Alten Testament 162), Tübingen 2022.

[50] Vgl. *Hanna Liss*, Jüdische Bibelauslegung (UTB 5135/Jüdische Studien 4), Tübingen 2020.

[51] Vgl. *Marianne Grohmann*, Aneignung der Schrift. Wege einer christlichen Rezeption jüdischer Hermeneutik, Neukirchen-Vluyn 2000.

[52] Siehe hierzu *Hanna Liss/Kay J. Petzold*, Die Erforschung der westeuropäischen Bibeltexttradition als Aufgabe der Jüdischen Studien, in: Andreas Lehnardt (Hg.), Judaistik im Wan-

Die Überwindung des *gap* zwischen Altem und Neuem Testament

Die – auch in diesem Beitrag – verwendeten Begriffe wie „Altes Testament" und „Neues Testament", aber auch die Rede von der zwei-einen christlichen Bibel gehen nicht nur sprachlich, sondern letztlich oft auch hermeneutisch von einer Trennung zwischen beiden „Testamenten" aus – eine Gefahr, die auch dann gegeben ist, wenn man von der „Einheit" der beiden Testamente spricht. Die Forschungen zur Vielgestaltigkeit des antiken Judentums und zu sich erst allmählich auseinanderentwickelnden Wegen von Judentum und Christentum sowie die umfangreiche jüdische Literatur aus hellenistisch-römischer Zeit,[53] die gleichermaßen von Jüdinnen und Juden wie von Anhängern der Jesusbewegung (produziert wie) rezipiert wurde, zeigen, dass es keinen prinzipiellen *gap* zwischen den Testamenten gibt. Vielmehr gehören sie in den breiten Strom von zeitgenössischer Literatur und zeitgenössischen Reflexionstexten. Das „Neue Testament" ist damit Teil der judäisch-jüdischen Literaturproduktion – und genau wie diese im Diskurs mit der jüdischen Tradition ebenso wie der zeitgenössischen griechisch-römischen Umwelt.

2. Exemplarische Themen, Fragestellungen und Problemkontexte

Stereotype über das Alte Testament finden sich in unseren kirchlichen, theologischen und kulturellen Traditionen tief verankert. So ist zum Beispiel in den Feuilletons der wichtigen Zeitungen immer wieder zu lesen, dass „Auge um Auge, Zahn um Zahn" das ‚alttestamentarische'[54] Prinzip sei. Mit diesem Zitat aus dem Alten Testament wird dann eine Haltung der Rache assoziiert, die als minderwertig gilt und unserem ethischen Bewusstsein und Rechtsempfinden widerspreche. Vor dem Hintergrund dieser und ähnlicher Verwendungen beziehungsweise Verzerrungen von alttestamentlichen Zitaten und Topoi seien im Folgenden einige von ihnen exemplarisch besprochen. An ihnen wird deutlich, wie sich Abwertungsprozesse von Judentum und Hebräischer Bibel als kulturelle Codes fortsetzen und weiterhin gesellschaftlich wirksam sind.[55]

„Auge um Auge, Zahn um Zahn"

„Auge um Auge, Zahn um Zahn" ist ein Zitat, das sich in allen drei Gesetzeskorpora der Tora – Bundesbuch, Deuteronomisches Gesetzbuch und Heiligkeitsgesetz – findet (Ex 21,22–25; Dtn 19,21; Lev 24,17–21). Es diskutiert einen konkreten Rechtsfall, in dem es um die Frage der angemessenen Schadensersatzleistung geht. Dazu dient dann der Grundsatz: „Leben für Leben, Auge für Auge, Zahn für Zahn, Hand für Hand, Fuß für Fuß, Brandmal für Brandmal, Wunde für Wunde, Strieme für Strieme" (Ex 21,23–25). Dies besagt, dass der Schädiger dem Geschädigten eine Wiedergutmachung – und zwar in Analogie zum entstandenen Schaden – leisten soll. Mit dem Ausdruck „geben für …" als Terminus technicus für die Schadensersatzleistung wird der Täter angesprochen. Dies hat auch die rabbinische Tradition so interpretiert, die – zum Schutz des Opfers – sehr genau festgelegt hat, welche Heilungs-, Reha-, Arbeitsausfallkosten usw. übernommen werden müssen (Babylonischer Talmud, Bava Qamma 83b–84a). Diese Aussage eignet sich also gerade nicht, um Rache zu legitimieren und als typisch für das Alte Testament zu brandmarken, sondern es geht vielmehr um die angemessene Wiedergutmachung eines entstandenen Schadens.

Der Gott des Alten Testaments sei ein zorniger Gott

Verbunden damit ist der sehr grundlegende Vorwurf an das Alte Testament, es propagiere einen zornigen, bösen, rachsüchtigen Gott.[56] Diese Anschuldigung hat, wie oben bei Markion gezeigt, schon früh dazu gedient, das Alte Testament und

---

del. Ein halbes Jahrhundert Forschung und Lehre über das Judentum in Deutschland, Berlin 2017, 189–210.

[53] Vgl. zum Beispiel *Eva Mroczek*, The Literary Imagination in Jewish Antiquity, Oxford 2016; *Molly M. Zahn*, Genres of Rewriting in Second Temple Judaism, Cambridge 2020.

[54] „Alttestamentarisch" ist eine Adjektivbildung, die insbesondere von rechtsnationaler und nationalsozialistischer Propaganda aufgegriffen worden ist, um das Alte Testament und das Judentum zu diffamieren. Daher sollte man vom Gebrauch dieser Adjektivbildung absehen. Das heute gebräuchliche Adjektiv zu „Altes Testament" lautet „alttestamentlich" – wie ja das Adjektiv zu „Neues Testament" auch „neutestamentlich" lautet.

[55] Als präzise Lektüre hierzu sei auch empfohlen: *Paul Petzel/Norbert Reck* (Hg.), Von Abba bis Zorn Gottes. Irrtümer aufklären – das Judentum verstehen. Im Auftrag des Gesprächskreises Juden und Christen beim Zentralkomitee der deutschen Katholiken, Ostfildern ²2017.

[56] Vgl. hierzu *Erich Zenger*, Ein Gott der Rache? Feindpsalmen verstehen, Freiburg im Breisgau 1998; *Janowski*, Ein Gott, der straft und tötet? (s. o. Anm. 45).

die jüdische Gottesvorstellung zu diffamieren und demgegenüber das Neue Testament als das Zeugnis von dem Gott der Liebe und Menschenfreundlichkeit zu profilieren. Beides ist falsch. So finden sich im Neuen Testament zahlreiche Aussagen über einen harten, ungnädigen und Rache verfolgenden Gott (Mt 18,23–35; 24–25; Offb 16 usw.), umgekehrt finden sich im Alten Testament weitaus häufiger Aussagen über die Zuwendung und die Menschenfreundlichkeit Gottes (zum Beispiel Ex 34,6–7; Lev 19,18). Beiden Testamenten ist die Rede vom Zorn Gottes also eigen – und zugleich zentral, weil das, was mit „Zorn" übersetzt wird, die Auswirkung von Gottes Gerechtigkeit ist. Die Gerechtigkeit Gottes ist ein zentraler Topos, der hohl und gerade für Opfer schal bliebe, gäbe es nicht auch den Gedanken, dass Täter verfolgt werden und nicht einfach ungeschoren davonkommen. Daher ist die Rede vom „zornigen", das heißt Gerechtigkeit verfolgenden Gott so zentral im Neuen wie im Alten Testament. Dass die Gerechtigkeit Gottes von dessen größerer Barmherzigkeit und Gnade umfangen ist, betont Exodus 34,6 („JHWH ist der HERR, ein barmherziger und gnädiger Gott, langmütig und reich an Huld und Treue") ausführlich – dies ist der meist zitierte und aktualisierte Satz innerhalb der Hebräischen Bibel.

Ist die Nächstenliebe ‚christlich'?

So verzerrend der Vorwurf ist, im Alten Testament gebe es nur den bösen, rachsüchtigen Gott, so verzeichnend ist auch die Rede von der „christlichen" Nächstenliebe in dem Sinn, als habe Jesus und in seiner Folge das Christentum die Nächstenliebe erfunden oder erst zur Geltung gebracht.[57] Richtig ist, dass im Neuen Testament das Gebot der Nächstenliebe, das sich in Lev 19,18 findet, zitiert wird (siehe Mk 12,31.33; Mt 22,39; Lk 10,27). Die Aufforderung zur Nächstenliebe ist somit nichts genuin Christliches und wird von den Rabbinen als zentraler Grundsatz der Tora angesehen (vgl. Babylonischer Talmud, Schabbat 31; Jerusalemer Talmud, Nedarim 41c). „Liebe" meint hier nicht in erster Linie eine Emotion, wie heute „lieben" landläufig im Deutschen verstanden wird; vielmehr steht der hebräische Begriff für eine gemeinschaftsbezogene Haltung von Loyalität und Solidarität, die sich im Tun konkretisiert, wie etwa den Waisen und Witwen Recht zu verschaffen, den Fremden Nahrung und Kleidung zu geben (siehe Dtn 10,18–19), oder in politischer Solidarität (siehe 1 Kön 5,15). Diese Haltung gilt jedem, dem Nächsten wie dem Fremden (siehe Lev 19,33–34; vgl. Lk 10,25–37).

Messias und Messiaserwartung

Dass das Judentum zur Zeit Jesu in bangen Nächten auf einen Messias gewartet habe, der das verschlossene Tor zum Himmel öffne, ist ein sehr beliebtes christliches Stereotyp, dessen kulturelle Tiefenwirkung durch Kirchenlieder[58] noch einmal verstärkt wurde. Zunächst muss man nüchtern festhalten, dass die Vorstellung einer endzeitlichen Erlösergestalt als idealisierter davidischer König eine sehr junge Entwicklung ist, die ihren Ausdruck erstmals in der außerbiblischen Schrift „Psalmen Salomos", etwa erstes Jahrhundert v. u. Z./erstes Jahrhundert u. Z., also in Zeitgenossenschaft zum Auftreten Jesu von Nazareth, findet (Psalmen Salomos 17,21–27; 18,6–7). Ihr liegen ältere Vorstellungen von einer gerechten Herrschaft zugrunde, die gute Lebensmöglichkeiten für alle, meist durch eine königliche Gestalt, ermöglicht. Ein Akt in der Übernahme des königlichen Amtes ist die „Salbung". Hieraus entwickelte sich dann die Vorstellung vom „Gesalbten", dem „Messias" (hebräisch), dem „Christus" (griechisch). Dabei waren die mit Salbung verbundenen Vorstellungen vielfältig: Es gab auch die Idee eines priesterlichen oder prophetischen Messias. Aufgrund dessen, dass es in hellenistisch-römischer Zeit in Israel kein (davidisches) Königtum mehr gab, eignete sich die Idee eines von Gott legitimierten Gesalbten dazu, die Möglichkeit gerechter Gesellschaftsordnung („Reich Gottes") in ganz unterschiedlichen Konzeptionen zu reflektieren. Hier ordnet sich die Jesusbewegung eher in die zeitgenössischen Diskurse ein und setzt die Reihe derer fort, die von Anhängern als Erlösergestalten oft mit gesellschaftskritischem Impetus verstanden werden oder sich selbst so verstanden haben.

---

[57] Literatur zu Levitikus 19,18: *Hans-Peter Mathys*, Liebe deinen Nächsten wie dich selbst. Untersuchungen zum alttestamentlichen Gebot der Nächstenliebe (Lev 19,18) (Orbis Biblicus et Orientalis 71), Fribourg/Göttingen 1986; *Ansgar Moenikes*, Der sozial-egalitäre Impetus der Bibel Jesu und das Liebesgebot als Quintessenz der Tora, Würzburg 2007.

[58] Siehe zum Beispiel Gotteslob, Nr. 746 oder 747.

Bund und Bundesvorstellungen

In vielen Schriften der Hebräischen Bibel findet sich der Gedanke des Bundes Gottes mit dem Volk Israel.[59] Dabei werden unterschiedliche Bundesschlüsse erzählt: mit Noah und seinen Söhnen (Gen 9), mit Abraham und seinen Nachkommen (Gen 15; 17), mit dem Volk Israel am Sinai (Ex 19; 24; 32–34; Dtn 19; 24 usw.), der „neue Bund" (Jer 31) usw. Diesen zu unterschiedlichen Zeiten entstandenen und verschiedenen Bundeskonzepten liegt die Vorstellung einer vertraglichen Beziehung (*berit*, „Bund, Vertrag") zwischen dem Gott Israels und seinem Volk zugrunde, die beide Seiten in unterschiedlicher Weise bindet. Damit greift die biblische Literatur ein traditionsreiches Konzept aus der Umwelt Israels, vor allem aus dem hethitischen und dem assyrischen Umfeld, auf, das dazu dient, Machtverhältnisse zu regeln und die Vertragspartner auf gegenseitige Loyalitäten zu verpflichten. Als ein zentrales Machtinstrument gerade der assyrischen Außenpolitik haben die assyrischen Vasallenverträge maßgeblich zur Entwicklung einer Bundestheologie beigetragen: Das Verhältnis zwischen dem Gott Israels und seinem Volk wurde in der politisch aktuellen Terminologie als ein wechselseitiges Verhältnis von Treue, Loyalität, Unterwerfung und Gehorsam konzipiert, dem Gott mit Schutz und Beistand antwortet. Über diese Vorstellungen konnten politische Katastrophen (wie der Untergang des Nordreichs Israel 722 oder des Südreichs Juda 587 v. u. Z.) verarbeitet und die Vorstellung von der Verehrung JHWHs als des einen Gottes plausibilisiert werden. Dieses beidseitig konzipierte, deuteronomisch-deuteronomistische Konzept (Dtn 19; 24 usw.) steht auch im Hintergrund der Bundesschlusserzählungen am Sinai (Ex 19; 24; 32–34). Im Kontext der späteren exilisch-nachexilischen priesterlichen Theologie wurde der Gedanke zu einem einseitig von Gott aufgerichteten, den Menschen geschenkten Bund weiterentwickelt, den die Menschen nur annehmen und gar nicht brechen können (Gen 9; 17). In ähnlicher Weise ist die Rede vom „neuen Bund" (Jer 31), der in das „Herz" gegeben wird, eine auf traditionellen Vorgaben basierende Aktualisierung von Bundesvorstellungen. Zugleich ist diese Rede vom „neuen Bund" immer wieder genutzt worden, um christliche Aktualisierungen – oft in den Bahnen des Substitutionsmodells – einzutragen und damit überbietend zu vereinnahmen.

Insgesamt bieten die Schriften der Hebräischen Bibel verschieden konzipierte Bundesvorstellungen – universal und partikular, konditioniert und unkonditioniert und in verschiedenen Modalitäten. Nicht zuletzt durch unterschiedliche historische Erfahrungen und theologische Debatten ist um die Bundesvorstellungen immer wieder gerungen worden, ältere Bundeszusagen wurden strittig und wurden an der erlebten Wirklichkeit diskutiert. Vor diesem Hintergrund sind Modelle kritisch zu befragen, die einzelne Bundeskonzepte aus dem historischen wie theologischen Gesamtzusammenhang herauslösen, um darüber Anliegen zu plausibilisieren und Rechtfertigungen zu begründen, die weit über die Bundeskonzeptionen selbst hinausgehen.

Altes oder Erstes Testament?

Diese Beispiele zeigen, dass eine Lektüre, die Altes und Neues Testament einander kontrastiv gegenüberstellt, einer exegetischen, theologischen und historischen Prüfung nicht standhält. Es ist vielmehr der rezeptionsgeschichtlich hoch wirkmächtige Versuch von christlicher Seite, die eigene Identität als überlegen zu präsentieren. Vor diesem Hintergrund sind die Überlegungen zu verorten, auf den Begriff „Altes Testament" zu verzichten, der eine Abwertung impliziert, wenn man „alt" im Sinne von „überholt" und nicht im Sinne von „ehrwürdig" versteht. Ein alternativer Begriff wäre „Erstes Testament" (oder auch „First/Original Testament"), der das *Prae* der Bibel Israels zum Ausdruck bringt. Weil kein Begriff voraussetzungslos ist und deswegen keiner der Komplexität gerecht wird, empfiehlt es sich, kontextbezogen unterschiedliche Begriffe zu verwenden und auf diese Weise Hör- und damit auch Denkgewohnheiten zu durchbrechen.

3. Aktuelle Herausforderungen

Unter den zahlreichen Herausforderungen, mit denen sich eine judentumssensible christliche Theologie konfrontiert sieht, seien mit Blick auf das Alte Testament vier Aspekte genannt:

---

[59] Vgl. hierzu *Christoph Koch*, Artikel „Covenant", in: Encyclopedia of the Bible and Its Reception Online, Berlin/Boston 2012 (https://doi.org/10.1515/ebr.covenant); *Philip A. Cunningham/Adam Gregerman*, Artikel „Covenant", in: Encyclopedia of Jewish-Christian Relations Online, Berlin/Boston 2021.

Erstens: Es ist eine bleibende Aufgabe christlicher Theologie, explizite Antijudaismen ebenso wie implizite Abwertungen des Alten Testaments oder jüdischer Positionen in der Exegese aufzudecken, zu benennen und dabei auch die eigene Forschungstradition kritisch zu beleuchten.[60] Dem zur Seite steht die Aufforderung an die christliche Exegese, jüdische Bibelexegesen nicht nur der Gegenwart, sondern auch der Tradition wahrzunehmen, kennenzulernen und zu verstehen. Dies ist eine nicht triviale Forderung, setzt sie doch Kompetenzen voraus, die die übliche Ausbildung in der christlichen Theologie übersteigen und daher tatsächlich eine Herausforderung darstellen.

Zweitens: Inhaltlich wird von jüdischer Seite immer wieder die Auseinandersetzung von Christentum und Kirchen mit dem Thema der Landverheißung an Israel in der Hebräischen Bibel gefordert. Dies wird entweder emphatisch begrüßt oder als ein politisches und damit vermeintlich nichttheologisches Thema aus der Diskussion christlicher Theologie und Exegese ausgegrenzt.[61] Im Gespräch zu sein, bedeutet aber nicht nur, Themen zu setzen, sondern sich auch mit Themen, die im Gespräch wichtig werden, auseinanderzusetzen. Daher ist das Thema Land und Staat Israel beziehungsweise Landverheißung ein Beispiel für eine aktuelle Herausforderung für die christliche Theologie.

Drittens: Das Alte Testament als Eigenwort mit Eigenwert zu verstehen, bedeutet, die Diversität und Pluralität der biblischen Stimmen in einem korrelierenden und kontrastierenden Diskurs deutlich werden zu lassen und in ihrer Eigenaussage und ihrem Mehrwert zu profilieren. Dieses spannungsvolle Gespräch der Texte stellt einen nicht abschließbaren Diskurs dar, zu dem die neutestamentlichen Schriften nicht als Antwort fungieren – eine Position, zu der christliche Auslegung immer wieder tendiert –, sondern vielmehr sich als weitere Positionen hinzugesellen, die sich in das Konzert der unterschiedlichen Stimmen einfügen und auch bewähren müssen.

Viertens: Der Prozess der Kanonwerdung, die Vielgestaltigkeit des antiken Judentums und die Diskussion um die Frage nach dem *parting of the ways* haben die Sinne dafür geschärft, dass die Texte, die im Alten und im Neuen Testament zusammengefasst sind, Schriften des antiken Judentums sind. Damit stehen christliche Theologie und Exegese vor der Herausforderung, die eigene Position angesichts der Geschichte und der Gegenwart Israels als des bleibend von Gott berufenen und im ungekündigten Bund mit Gott stehenden Volkes zu formulieren und zu verantworten.[62] Dies lässt sich dabei nicht (nur) als Gegenstand der Hermeneutik des Alten Testaments, sondern vielmehr als eine grundlegende Haltung verstehen, die Theologie und Exegese auf allen Ebenen prägen sollte. Als Haltung bedeutet dies Sensibilität für Positionalitäten und die Bereitschaft, das Eigene durch Prozesse von *defamiliarization*, *decentering* und *distancing* zu hinterfragen.

4. Weiterführende Literatur

Eve-Marie Becker/Stefan Scholz (Hg.), Kanon in Konstruktion und Dekonstruktion. Kanonisierungsprozesse religiöser Texte von der Antike bis zur Gegenwart. Ein Handbuch, Berlin u. a. 2012.
Christoph Dohmen/Günter Stemberger, Hermeneutik der Jüdischen Bibel und des Alten Testaments, Stuttgart/Berlin/Köln ²2019.
Manfred Görg, In Abrahams Schoß. Christsein ohne Neues Testament, Düsseldorf 1993.
Marianne Grohmann, Aneignung der Schrift. Wege einer christlichen Rezeption jüdischer Hermeneutik, Neukirchen-Vluyn 2000.
Friedhelm Hartenstein, Die bleibende Bedeutung des Alten Testaments. Studien zur Relevanz des ersten Kanonteils für Theologie und Kirche, Neukirchen-Vluyn 2016.

---

[60] Vgl. auch *Anders Gerdmar*, Roots of Theological Anti-Semitism. German Biblical Interpretation and the Jews, from Herder and Semler to Kittel and Bultmann (Studies in Jewish History and Culture 20), Leiden 2009; *Stefan Schreiber/Thomas Schumacher*, Antijudaismen in der Exegese? Eine Diskussion 50 Jahre nach Nostra Aetate, Freiburg im Breisgau 2015; *Arjen F. Bakker/René Bloch/Yael Fisch/Paula Fredriksen/Hindy Najman*, Protestant Bible Scholarship. Antisemitism, Philosemitism and Anti-Judaism (Journal for the Study of Judaism in the Persian, Hellenistic and Roman Period. Supplements 200), Leiden 2022.

[61] Vgl. hierzu *Christian M. Rutishauser*, Versuche zu einer katholischen Theologie des Landes Israel, in: Theologische Quartalschrift 201 (2021) 72–89 sowie *Andreas Verhülsdonk*, Sind Land und Staat Israel ein Thema im christlich-jüdischen Dialog? Eine katholische Perspektive, in: Deutsche Bischofskonferenz (Hg.), Zwischen Jerusalem und Rom (Arbeitshilfe Nr. 314), Bonn 2020, 75–79.

[62] Christoph Dohmen spricht in diesem Zusammenhang von „Israelerinnerung" als Ziel und Zentrum der Exegese: Dohmen/Stemberger, Hermeneutik der Jüdischen Bibel (s. o. Anm. 38), 228–233, vgl. hierzu *Tobias Nicklas*, Altes Testament und Israelerinnerung. Überlegungen zu einem hermeneutischen Schlüsselgedanken von Christoph Dohmen, in: Barbara Schmitz/Thomas Hieke/Matthias Ederer (Hg.), Vor allen Dingen: Das Alte Testament. Festschrift für Christoph Dohmen (Herders biblische Studien 100), Freiburg im Breisgau 2023, 262–278.

Jahrbuch für biblische Theologie, Band 6: Altes Testament und christlicher Glaube; Band 12: Biblische Hermeneutik; Band 31: Der Streit um die Schrift.

Hanna Liss, Jüdische Bibelauslegung (UTB 5135/Jüdische Studien 4), Tübingen 2020.

Paul Petzel/Norbert Reck (Hg.), Von Abba bis Zorn Gottes. Irrtümer aufklären – das Judentum verstehen. Im Auftrag des Gesprächskreises Juden und Christen beim Zentralkomitee der deutschen Katholiken, Ostfildern ²2017.

Oda Wischmeyer (Hg.), Lexikon der Bibelhermeneutik. Begriffe – Methoden – Theorien – Konzepte, Berlin ²2013.

Erich Zenger, Das Erste Testament. Die Jüdische Bibel und die Christen, Düsseldorf 1995.

Thomas Schumacher

Exegese des Neuen Testaments angesichts des jüdisch-christlichen Dialogs

1. Grundlegender, disziplinbezogener Überblick

Die Bewertung des Judentums in der neutestamentlichen Forschung hat in den letzten Jahren und Jahrzehnten eine Entwicklung durchlaufen, für die der wissenschaftstheoretische Begriff des „Paradigmenwechsels" keine Überzeichnung darstellt. Einen wesentlichen Impuls bildete dabei – zumindest was den katholischen Bereich angeht – das Konzilsdokument „Nostra Aetate", das in seinem vierten Kapitel nichts weniger als eine Neubewertung der traditionellen Israeltheologie vornahm. In diesem Dokument wiesen die Konzilsväter vor dem Hintergrund einer theologischen Auseinandersetzung mit den Schrecken der Schoa in aller Entschiedenheit jede Form von Antijudaismus und Substitutionstheologie zurück – also von jener Verhältnisbestimmung zwischen Israel und Kirche, die im Gefolge der Nichtanerkennung von Jesu Messianität durch Israel die Kirche an die Stelle des erstwählten Volkes treten und dieses durch Gott enterbt sieht – und hoben stattdessen die bleibende, grundlegende Verwiesenheit der Kirche auf Israel hervor. Diese Grundfigur prägte die katholische Exegese nachhaltig, und im Bereich der protestantischen Bibelauslegung gab es parallele Entwicklungen. Dadurch rückte die Frage nach den jüdischen Ursprüngen des Christentums verstärkt in den Blick der Bibelauslegung, und zugleich trat das Streben nach der Auslotung von Spielräumen einer israel- und judentumssensiblen Interpretation der Texte deutlicher in den Fokus neutestamentlichen Interesses. Diese Entwicklungen lassen sich jedoch in einen breiteren forschungsgeschichtlichen Kontext einzeichnen, der sich insbesondere an Verschiebungen bei der exegetischen Wahrnehmung der Personen von Jesus und Paulus ablesen lässt sowie an den Diskussionen um die Entwicklungsphasen innerhalb des frühen Christentums, welche mittlerweile unter dem Schlagwort *Parting of the Ways* subsumiert werden.[1]

1.1 Akzente der historischen Jesusforschung

In patristischer Zeit bildete sich ein christliches Selbstverständnis heraus, das die eigene religiöse Identität in Abgrenzung vom Judentum verstand. Im Rahmen dieser binären Konzeption gehörte Jesus in den Kontext der Kirche hinein – eine Betrachtungsweise, die implizierte, dass die christliche Tradition Jesus unter Ausblendung seiner jüdischen Wurzeln wahrnahm. Diese Einschätzung prägte das christliche Jesusbild bis in die Zeit der Aufklärung hinein, in deren geistesgeschichtlichem Umfeld die historische Jesusforschung entstand. Einschlägige Reflexionen – etwa von Hermann Samuel Reimarus – formulierten die bis dahin deutlichste Anfrage an ein unter Absehung von seiner jüdischen Identität konzipiertes Jesusbild.

Dies wirkte, gerade in Verbindung mit anderen von Reimarus vorgetragenen Anfragen, irritierend und verstörend auf etliche seiner Zeitgenossen, avancierte inzwischen aber zu einem festen Bestandteil der historischen Jesusforschung, sodass das Diktum „Jesus war Jude" mittlerweile auch weit über den Kontext historisch-kritischer Exegese hinaus als theologische Selbstverständlichkeit gelten kann. Als korrelierende Denkbewegung entspricht dieser Tendenz auch die jüdische Jesusforschung, welche die einst ausschließlich trennende Figur des Galiläers wieder als jüdisches Phänomen wahrnimmt und sie zum Gegenstand eigener Untersuchungen sowie Überlegungen macht. Walter Homolka, der jüngst einen Überblick über die jüdische Jesusforschung publiziert hat, kleidet dies im Titel seines Bandes in die Metapher einer „Heimholung".[2]

1.2 Ein neuer Blick auf Paulus

Vergleicht man dies nun mit den Entwicklungslinien der Paulusforschung, so lassen sich parallele Tendenzen beobachten. Die Paulusauslegung

---

[1] Siehe dazu die Beiträge von *Susanne Talabardon* und *Barbara Schmitz* in diesem Band.

[2] *Walter Homolka*, Der Jude Jesus – Eine Heimholung. Mit einem Geleitwort von Jan-Heiner Tück, Freiburg im Breisgau 2020. – Zum Begriff „Heimholung" siehe auch den Beitrag von *Susanne Talabardon* in diesem Band.

war über viele Jahrhunderte hinweg von der konversionstheologischen Grundüberzeugung geprägt, dass das sogenannte „Damaskus-Ereignis" als eine Bekehrung zum Christentum und als Bruch mit dem Judentum anzusehen sei. Dies spiegelt sich in aller Deutlichkeit im kirchlichen Festkalender wider, wo bis heute der „Bekehrung Pauli" gedacht wird.

Eine entscheidende Akzentuierung erfuhr diese Paulusdeutung durch die hermeneutischen Grundannahmen von Martin Luthers Rezeption der paulinischen Schriften. Der Reformator deutete nämlich den in seinem unmittelbaren Lebensumfeld praktizierten Ablasshandel im Sinne einer Werkgerechtigkeit und zog die Äußerungen des Paulus, die sich in einer negativen Weise auf die Werke des Gesetzes beziehen und dem Glauben das entscheidende soteriologische Gewicht im Hinblick auf die Gottesbeziehung beimessen, zur Bewertung dieser spätmittelalterlichen Bußpraxis heran. So standen sich gemäß der lutherischen Deutung in den Werken des Gesetzes und dem Glauben an Jesus Christus zwei konträre Heilswege gegenüber, nämlich der jüdische und der christliche, wobei Paulus den Ersteren in einer negativen Weise, den Letzteren hingegen affirmativ bewertet habe. Und damit war die Person des Paulus entsprechend eingeordnet: Er habe sich von seiner jüdischen Tradition und Identität abgewandt, indem er sich für Jesus Christus und den Glauben an ihn öffnete.

Die skizzierte Paulusdeutung prägte die Forschungsgeschichte nachhaltig und erfuhr erst im 20. Jahrhundert eine Neubewertung. Maßgeblich und einflussreich für deren Denkansatz waren vor allem die hermeneutischen Grundanfragen von Krister Stendahl,[3] dem zufolge der Apostel nicht von der Suche nach einem gnädigen Gott getrieben wurde und einen deutlich positiveren Blick auf das jüdische Gesetz gehabt habe, als die spätere Rezeption es annahm. Eine prinzipielle Infragestellung des Gesetzes – oder gar die Forderung nach seiner Abschaffung – wäre aus Sicht des Paulus als eines christusgläubigen Juden also mitnichten gegeben.

Diese die traditionelle rechtfertigungstheologische Paulusdeutung grundlegend infrage stellende Sicht auf das paulinische Schrifttum markiert den Beginn einer Auslegungsrichtung, die unter dem Schlagwort *New Perspective on Paul* in die Forschungsgeschichte einging und die Paulusexegese nachhaltig bestimmte.[4] Unter den dafür prägenden Diskursbeiträgen ist insbesondere eine Studie von Ed Parish Sanders zu benennen, die auf der Basis des antik-jüdischen Quellenmaterials die Frage nach der religionsstrukturellen Funktion des Gesetzes erörterte.[5] Dabei arbeitet er unter dem Stichwort des „Bundesnomismus" heraus, dass dem Gesetz beziehungsweise der Gesetzesobservanz keine Sünden vergebende oder Gottesbeziehung eröffnende Funktion zukommt, sondern dass die Tora dem vorgängigen Bundesangebot Gottes zu- und nachgeordnet ist. Demnach stellt die Befolgung des jüdischen Gesetzes keinen (gemäß dem Konzept einer Werkgerechtigkeit gedeuteten) „Heilsweg" dar, sondern markiert jene Grenze, welche im Interesse der Bundesbeziehung zu wahren ist beziehungsweise deren Überschreitung eine Verletzung ebendieser Relation darstellt. Und im Gefälle dieser Paulusinterpretation liegt es dann auch, dass in der neueren Paulusforschung das Damaskus-Ereignis kaum noch als Konversion gedeutet wird. Vielmehr wird inzwischen stärker der Tatsache Rechnung getragen, dass Paulus selbst die Schilderung dieses Geschehens in das sprachliche Gewand alttestamentlicher Prophetenberufungen kleidete (Gal 1,15–16).

Insofern führten die Denkansätze der *New Perspective on Paul* zu einer einschneidenden Neubewertung von Person und Theologie des Paulus. Dabei wird der Apostel sehr viel stärker als zuvor in seinem jüdischen Kontext verortet,

---

[3] *Krister Stendahl*, Der Apostel Paulus und das „introspektive" Gewissen des Westens, in: Kirche und Israel 11 (1996) 19–33. Dieser Beitrag erschien 1960 zunächst auf Schwedisch (Paulus och Samvetet, in: Svensk Exegetisk Årsbok 25 [1960] 62–77), 1963 auf Englisch (The Apostle Paul and the Introspective Conscience of the West, in: Harvard Theological Review 56 [1963] 199–215) und 1996 – man beachte die zeitlich verzögerte Rezeption – schließlich in deutscher Übersetzung.

[4] Zur forschungsgeschichtlichen Einordnung vgl. *Christian Strecker*, Paulus aus einer „neuen Perspektive". Der Paradigmenwechsel in der jüngeren Paulusforschung, in: Kirche und Israel 11 (1996) 3–18; *Michael Wolter*, Eine neue paulinische Perspektive, in: Zeitschrift für Neues Testament 14 (2004) 2–9; *Stefan Schreiber*, Paulus und die Tradition. Zur Hermeneutik der „Rechtfertigung" in neuer Perspektive, in: Theologische Revue 105 (2009) 92–102; *Michael Bachmann*, „The New Perspective on Paul" und „The New View on Paul", in: Friedrich Wilhelm Horn (Hg.), Paulus Handbuch, Tübingen 2013, 30–38; *Jörg Frey*, Das Judentum des Paulus, in: Oda Wischmeyer/Eve-Marie Becker (Hg.), Paulus. Leben – Umwelt – Werk – Briefe, Tübingen ³2021, 47–104, bes. 85–102.

[5] Vgl. *Ed Parish Sanders*, Paul and Palestinian Judaism. A Comparison of Patterns of Religion, London 1977; deutsch: Paulus und das palästinische Judentum. Ein Vergleich zweier Religionsstrukturen, übersetzt von Jürgen Wehnert (Studien zur Umwelt des Neuen Testaments 17), Göttingen 1985.

und auch hinsichtlich seiner jüdischen Identität, seiner Gesetzesaussagen und seiner Israeltheologie wurden die theologischen Konturen deutlich differenzierter. Auch der Umstand, dass die entsprechenden Debatten mittlerweile unter dem Schlagwort „Paul within Judaism"[6] geführt werden, signalisiert terminologisch bereits sehr klar, in welche Richtung sich der besagte Diskurs in den letzten Jahren entwickelt hat: Paulus wird als Jude wahrgenommen und ganz in den jüdischen Kontext eingezeichnet. Insofern vollzieht sich in der neueren Paulusforschung ein ähnlicher Perspektivenwechsel wie in der historischen Jesusforschung, der seinen deutlichen Widerhall darin findet, dass auch eine Auseinandersetzung mit der Person des Paulus längst einen festen Platz in der jüdischen Theologie gefunden hat – und auch im Hinblick auf Paulus begegnet dabei die Rede von der „Heimholung", von der „Heimholung des Ketzers"[7] freilich.

1.3 Die frühe Christentumsgeschichte neu bewertet

Im Gefolge dieser Forschungsperspektiven hat sich auch der Blick auf das frühe Christentum grundlegend gewandelt. Denn wenn „christliche" Schlüsselfiguren wie Jesus und Paulus binnenjüdisch verortet werden, wird zugleich deutlich, dass die gegenwärtiges Reden und Denken prägende Wahrnehmung von Judentum und Christentum als zwei voneinander abgegrenzten Religionssystemen kaum geeignet ist, auf die Anfangszeit der Kirche übertragen zu werden. Wenn sich also – um dies mit Blick auf Paulus zu formulieren – jüdische Identität und Christusglaube nicht wechselseitig ausschließen, dann handelt es sich bei seiner Theologie und seinem Nachdenken über die Frage, wie Jesus zu bewerten ist, zunächst um eine binnenjüdische Perspektive. Und ohnehin, darauf hat Daniel Boyarin mit aller Deutlichkeit hingewiesen, impliziert die Verwendung von Begriffen wie „Judentum" und „Christentum" im Sinne von Religionssystemen für die Antike einen anachronistischen Fehlschluss.[8] Wenn man also Paulus und die jüdischen Protagonisten des frühen Christentums mit einer konversionstheologischen Brille deutet, als hätten sie zwischen zwei inkommensurablen Religionssystemen wählen müssen, projiziert dies eine spätere Entwicklung und Trennungsgeschichte in frühchristliche Zeit zurück. Es ist also mit einem deutlich längeren Prozess zu rechnen, in dem sich „Judentum" und „Christentum" als voneinander abgegrenzte Religionssysteme herausgebildet haben, als dies in der früheren Forschung angenommen wurde. Die damit verbundenen Fragen werden mittlerweile unter dem Schlagwort *Parting of the Ways* subsumiert und bilden einen Schwerpunkt der gegenwärtigen Forschung. Eine der gewiss bedeutsamsten Akzentverschiebungen besteht dabei in der Einschätzung, dass die besagten Trennungs- und Diversifizierungsprozesse kaum vor dem vierten nachchristlichen Jahrhundert vollzogen sein dürften – bezüglich regionaler Umsetzung und einer auch unter Gläubigen in die Breite wirkenden Rezeption wäre wohl sogar mit noch deutlich längeren Laufzeiten dieser Ablösungsprozesse zu rechnen.[9]

Im Kontext der *Parting of the Ways*-Debatte gilt es nun besondere Aufmerksamkeit darauf zu richten, dass sich bereits sehr früh eine Öffnung der Christusbotschaft auf einen nichtjüdischen Adressatenkreis hin vollzogen hat. Dabei bildet sich rasch die Grundüberzeugung heraus, dass dieser Personenkreis nicht ins Judentum zu integrieren, sondern als religionssoziologisch eigenständige Größe wahrzunehmen sei. Vor allem die paulinische Verkündigung zeichnet sich dadurch aus, dass die Eigenständigkeit von nichtjüdischen Christusgläubigen gegenüber dem jüdischen Flügel der Christusbewegung zu wahren und entsprechenden Angleichungstendenzen entgegenzuwirken sei. Dies impliziert nun aber – jedenfalls wenn man die bleibende jüdische Identität von christusgläubigen Juden ernst nimmt – eine Pluralisierung des frühen Christentums, und zwar in der Hinsicht, dass zwischen christusgläubigen

---

[6] Vgl. exemplarisch *John M. G. Barclay*, Paul, Judaism, and the Jewish People, in: Stephen Westerholm (Hg.), The Blackwell Companion to Paul, Chichester 2011, 188–201; *Mark D. Nanos/ Magnus Zetterholm* (Hg.), Paul within Judaism. Restoring the First-Century Context to the Apostle, Minneapolis 2015; *Kathy Ehrensperger*, Paulus und die Völker – Aspekte der „Paul within Judaism"-Perspektive, in: Kirche und Israel 35 (2020) 118–131.

[7] Vgl. *Hans-Joachim Schoeps*, Paulus. Die Theologie des Apostels im Lichte der jüdischen Religionsgeschichte, Tübingen 1959, 314 sowie *Jacob Taubes*, Die politische Theologie des Paulus. Vorträge, gehalten an der Forschungsstätte der Evangelischen Studiengemeinschaft in Heidelberg, 23.–27. Februar 1987, hg. von Aleida und Jan Assmann, München 1993, 22.

[8] Vgl. *Daniel Boyarin*, Gab es in der griechisch-römischen Epoche ein „Judentum"?, in: Christina von Braun/Micha Brumlik (Hg.), Handbuch Jüdische Studien, Köln 2018, 59–79; *ders.*, Judaism. The Genealogy of a Modern Notion (Key Words for Jewish Studies), New Brunswick, NJ 2018.

[9] Siehe dazu auch die Beiträge von *Barbara Schmitz* und *Susanne Talabardon* in diesem Band.

Juden und Christusgläubigen aus den Völkern zu unterscheiden ist. Mark S. Kinzer hat dies mit dem Bild von zwei Lungenflügeln der Kirche zu veranschaulichen und terminologisch durch den Begriff einer „bilateralen Ekklesiologie" auf den Punkt zu bringen versucht.[10]

Vor dem Hintergrund dieser binnenchristlichen Differenzierung wird in der jüngeren Forschung unter anderem diskutiert, wie jene paulinischen Aussagen einzuschätzen sind, die sich in einer kritischen Weise auf das jüdische Gesetz beziehen. Bedenkt man nämlich, dass sich das paulinische Schrifttum primär an einen nichtjüdischen Adressatenkreis richtet, dann stellt dies eine hinreichende Basis für die Annahme dar, dass es Paulus in den entsprechenden Passagen nicht um grundsätzliche Aussagen zur Tora geht, sondern um die Frage, ob sie für nichtjüdische Christusgläubige Gültigkeit besitzt. Im Fokus der paulinischen Aussagen stünde also nicht das Gesetz als solches, sondern in erster Linie eine adressatenspezifische Fragestellung bezüglich seiner Anwendung.

Mit dieser Pluralisierungsperspektive verbindet sich aber auch die Frage, wie das Zusammenleben von jüdischen und nichtjüdischen Christusgläubigen gedacht werden kann: Passen sich jüdische Christusgläubige an einen nichtjüdischen Lebensstil an, sodass sich in der Lebenspraxis gemischter christlicher Gemeinden letztlich eine binnenjüdische Bruchlinie zwischen christusgläubigen und nicht christusgläubigen Juden manifestiert? Oder ist eher davon auszugehen, dass sich in solchen gemischtgemeindlichen Kontexten Christusgläubige aus den Völkern an jüdischen Gepflogenheiten orientieren? Eine exegetische Antwort auf diese Fragen kann natürlich immer nur anhand einzelner konkreter Kontexte versucht werden.[11] Fakt ist, dass diese verschiedenen Optionen des konkret-praktischen Umgangs mit der binnenchristlichen Pluralität in den frühen Gemeinden durchaus Spannungen und auch theologische Diskussionen ausgelöst haben.

In jedem Fall aber hat die neuere Forschung zur Frage des *Parting of the Ways* deutlich gemacht, dass die frühe Kirchengeschichte weder in einem abgrenzenden Gegenüber zum Judentum gezeichnet werden kann noch vom Konzept eines uniformen Einheitschristentums her entworfen werden darf.

1.4 Akzentverschiebungen in der Deutung neutestamentlicher Texte

Mit den hier skizzierten Akzentverschiebungen ging zugleich eine Neubewertung des neutestamentlichen Schrifttums einher. Dies betrifft zunächst den bereits erwähnten Umstand, dass die Trennungsprozesse von Judentum und Christentum – beziehungsweise überhaupt die Herausbildung von so zu bezeichnenden, getrennten Religionssystemen – über einen deutlich längeren Zeitraum hinweg erfolgten, als man früher annahm. Die neutestamentlichen Schriften blicken also nicht schon auf einen abgeschlossenen Trennungsprozess zurück, sondern liegen diesem eher noch voraus oder reflektieren die anfanghaft sich zeigenden Akzentverlagerungen und Trennungsdynamiken. In besonderer Weise gilt dies sicherlich für Paulus, der sich in der exegetischen Deutung längst vom Konvertiten zum jüdischen Denker gewandelt hat. Aber auch bei der Bewertung der narrativen Texte des Neuen Testaments, vor allem des Matthäus- und des Johannesevangeliums, hat sich diese Akzentverlagerung deutlich niedergeschlagen – wie auch in der Auslegung apokrypher und patristischer Texte.

Dies impliziert auch, dass die im Neuen Testament zusammengefassten Schriften das gesamte Spektrum der beschriebenen frühchristlichen Pluralität abbilden. Ob ein Text also aus einer jüdischen oder völkerchristlichen Perspektive verfasst ist und wie das Zueinander von Juden und Nichtjuden jeweils reflektiert wird, ist je am konkreten Einzelfall zu entscheiden.[12] Und dabei ist im bibelwissenschaftlichen Diskurs inzwischen eine klare Tendenz dahin gehend auszumachen,

---

[10] Vgl. *Mark S. Kinzer*, Postmissionary Messianic Judaism. Redefining Christian Engagement with the Jewish People, Grand Rapids 2005, 151–170 sowie *ders.*, Searching Her Own Mystery. Nostra Aetate, the Jewish People, and the Identity of the Church. With a Foreword by Christoph Cardinal Schönborn, Eugene, OR 2015.

[11] Vgl. hierzu *Christina Eschner*, Essen im antiken Judentum und Urchristentum. Diskurse zur sozialen Bedeutung von Tischgemeinschaft, Speiseverboten und Reinheitsvorschriften (Ancient Judaism and Early Christianity 108), Leiden/Boston 2019.

[12] Vgl. hierzu *Thomas Schumacher*, Verbunden in Verschiedenheit. Pluralität als Wesensmerkmal frühchristlicher Ekklesiologie, in: Mark S. Kinzer/Thomas Schumacher/Jan-Heiner Tück (Hg.), Jesus – der Messias Israels? Messianisches Judentum und christliche Theologie im Gespräch, Freiburg im Breisgau 2023, 247–264; *ders.*, The Addressees of Ephesians and the Question of the Distinction between Jews and Gentiles, in: Jonathan Kaplan/Jennifer M. Rosner/David Rudolph (Hg.), Covenant and the People of God. Essays in Honour of Mark S. Kinzer, Eugene, OR 2023, 233–247.

Texte als jüdische Stimmen zu interpretieren, die über Jahrhunderte hinweg als Ausdruck einer christlichen Perspektive gelesen wurden – und Letzteres im Sinne der vorher problematisierten anachronistischen Gegenüberstellung.

Eine Verlagerung lässt sich außerdem hinsichtlich des neutestamentlichen Referenzmaterials ausmachen, mit dem das Verhältnis von Judentum und Christentum diskutiert wird. Die ältere Rezeptionsgeschichte rekurrierte im Lichte eines vollzogenen Bruchs zwischen Judentum und Christentum primär auf solche neutestamentlichen Passagen, die (vermeintlich!) eine Verstoßung, Verwerfung oder Verurteilung Israels durch Gott zum Ausdruck brachten – hinsichtlich vieler dieser Texte werden inzwischen allerdings israelsensible Deutungen bevorzugt, wie im Folgenden anhand der wichtigsten Beispiele zu skizzieren sein wird. Nach der Schoa rückten aber auch verstärkt solche Texte in den Fokus israeltheologischer Diskurse, die als Grundlage dafür geeignet waren, Kontinuität und bleibende Verbundenheit zwischen Kirche und Israel theologisch zu denken.

2. Exemplarische Themen, Fragestellungen und Problemkontexte

In einer neutestamentlich rückgebundenen theologischen Argumentation finden sich immer wieder Schriftbelege, die für ein konstruktives jüdisch-christliches Gespräch als belastend wahrgenommen werden. Sie begegnen häufig in fast schlagwortartig verkürzender Rezeption, gelten als biblische Belege zur Begründung israelkritischer theologischer Positionierungen und bilden den Ausgangs- und Referenzpunkt einer Geschichte des christlichen Antijudaismus. Im Folgenden sollen daher im Blick auf die gängigsten der entsprechenden neutestamentlichen Belegstellen exegetische Spielräume zu einer israelsensiblen Neudeutung ausgelotet werden. Es kann dabei im Rahmen dieses Beitrags nicht um eine erschöpfende Darstellung und Diskussion sämtlicher einschlägiger Debatten in der Exegese gehen; vielmehr sollen jeweils exegetisch gut begründbare Ansätze präsentiert werden, die dem benannten Anliegen einer neuen Israeltheologie verpflichtet sind.

2.1 Werden die Juden für den Mord an Jesus von Gott bestraft?

Ein gängiger Topos des christlichen Antijudaismus, auf den auch „Nostra Aetate" Bezug nimmt, ist der Vorwurf des „Gottesmordes". Nun taucht dieses Motiv selbst im Neuen Testament noch nicht auf, es basiert jedoch wesentlich auf Texten wie dem sogenannten „Blutruf", also der traditionell als Selbstverfluchung gedeuteten Äußerung: „Sein Blut komme über uns und unsere Kinder!" (Mt 27,25), sowie den paulinischen Aussagen aus 1. Thessalonicher 2,14–16, wonach der klassischen Deutung zufolge als Strafe für die Hinrichtung Jesu der Zorn Gottes über das Judentum gekommen sei. In diesen Texten sah man über lange Zeit hinweg – teils bis heute – eine kollektive Schuld des Judentums am Tod Jesu zum Ausdruck gebracht. In beiden Fällen gilt es jedoch, die argumentativen und begrifflichen Feinheiten der Texte bei einer Auslegung genau im Blick zu behalten.

2.1.1 Matthäus 27,25 (sogenannter „Blutruf")[13]

Bei der Auslegung des matthäischen „Blutrufs" gilt es zunächst zu beachten, dass die den Tod fordernde Menge kaum im Sinne einer das gesamte Judentum repräsentierenden Gruppe zu verstehen ist. Zwar ist in Mt 27,25 davon die Rede, dass „das ganze Volk" die Bereitschaft formuliert, die Konsequenzen des Todes Jesu zu tragen, doch dabei gilt es zu beachten, dass mit dem Wort „Volk" (*laos*) in Vers 25 der Begriff „Menge" (*ochlos*) aus dem vorangehenden Vers, also aus Matthäus 27,24, aufgenommen wird. Bei dem Ausdruck „Volk" ist hier also gerade nicht das gesamte Judentum im Blick, sondern die vor Pilatus versammelte Gruppe, die offenbar bereit ist, Verantwortung für ihr Handeln zu übernehmen.

Im Hinblick auf die dabei gewählte sakralrechtliche Formulierung sticht außerdem ins Auge, dass sich die Aussage auf die eigene sowie die erste Nachfolgegeneration beschränkt: Das Blut wird herabgerufen „über uns und unsere Kinder". Ein

---

[13] Vgl. zum Folgenden bes. *Peter Fiedler*, Das Matthäusevangelium (Theologischer Kommentar zum Neuen Testament 1), Stuttgart 2006, 411 f.; *Matthias Konradt*, Das Evangelium nach Matthäus (Das Neue Testament Deutsch 1), Göttingen 2015, 435 f.; *ders.*, Die Deutung der Zerstörung Jerusalems und des Tempels im Matthäusevangelium, in: ders., Studien zum Matthäusevangelium, hg. von Alida Euler (Wissenschaftliche Untersuchungen zum Neuen Testament 358), Tübingen 2016, 219–257.

Vergleich mit analogen Aussagen zeigt nun aber, dass sich die Formulierung im Matthäusevangelium von alttestamentlichen Referenztexten wie etwa 1. Könige 2,33 klar unterscheidet, wo eine entsprechende Konsequenzübernahme dauerhaft und ohne zeitliche Begrenzung formuliert wird. In diesem höchst erhellenden Paralleltext heißt es nämlich mit Blick auf den Täter – konkret geht es um Joab, einen Feldherrn Davids, der einen hinterhältigen Mord an Abner begangen hat – explizit, dass das Blut seines Opfers über ihn und die Häupter seiner Nachfahren *für immer* kommen möge. Vor diesem Hintergrund ist es also höchst bedeutsam, dass sich in der matthäischen Formulierung kein Hinweis auf eine entsprechende Unbegrenztheit dieser Konsequenzübernahmeerklärung findet.

Im Kontext des Matthäusevangeliums dürfte sich mit dem Stichwort „das ganze Volk" ohnehin primär eine jerusalemkritische und vor allem auf die Oberschicht bezogene Aussageabsicht verbinden. Jedenfalls zeichnet das erste Evangelium Jerusalem als prophetenmordende Stadt (Mt 23,37), die sich der Botschaft Jesu letztlich radikal verschließt. Insofern sind das erste Erschrecken „*ganz* Jerusalems" (Mt 2,3) bei der Geburt Jesu und seine endgültige Ablehnung bei der Passion am selben Ort durch das Motiv der Jerusalemkritik aufeinander bezogen. In Verbindung mit der die Kindergeneration einschließenden Bereitschaft, die Konsequenzen dieser Ablehnung zu tragen, spielt das Matthäusevangelium somit letztlich auf die Zerstörung Jerusalems und seines Tempels im Rahmen des jüdisch-römischen Krieges an – also in der ersten Generation nach dem Tod Jesu. Der Akzent des sogenannten „Blutrufs" liegt damit in einer für das Matthäusevangelium spezifischen Antwort auf die Frage nach historischen Zusammenhängen, die zu der späteren Tempelzerstörung beitragen; die matthäische Antwort besagt, dass eine positive Reaktion auf die Botschaft Jesu vonseiten der Jerusalemer Oberschicht wohl zu einem anderen Verlauf der sich zuspitzenden Auseinandersetzung mit den römischen Fremdherrschern geführt hätte.

Damit drückt Matthäus 27,25 weder eine dauerhafte Selbstverfluchung ganz Israels noch eine göttliche Strafe für die Hinrichtung Jesu aus. Und zudem ist festzuhalten, dass der betreffende Vers eine binnenjüdische Perspektive formuliert, die durchaus in einer Parallelität mit ähnlichen Reflexionen, etwa im Werk des jüdischen Geschichtsschreibers Flavius Josephus, gesehen werden kann.[14] Insofern fügt sich der matthäische Blutruf durchaus schlüssig in die von der neueren Exegese für das erste Evangelium ohnehin längst veranschlagte jüdische Gesamtperspektive ein.

2.1.2 1. Thessalonicher 2,14–16[15]

In seinem Schreiben an die christliche Gemeinde von Thessalonich formuliert Paulus gemäß traditioneller Deutung den Gedanken, dass die Juden den Herrn Jesus getötet haben und dass deswegen Gott schon jetzt seinen eschatologischen Zorn über sie verhängt hat. Die Lutherbibel übersetzt die entsprechenden Verse wie folgt:

14 Denn ihr, Brüder und Schwestern, seid Nachfolger geworden der Gemeinden Gottes in Judäa, die in Christus Jesus sind; denn ihr habt dasselbe erlitten von euren Landsleuten, was jene von ihren erlitten haben, den Juden, 15 die den Herrn Jesus getötet haben und die Propheten und die uns verfolgt haben und die Gott nicht gefallen und allen Menschen feind sind, 16 indem sie uns hindern, den Heiden zu predigen zu ihrem Heil, um das Maß ihrer Sünden allenthalben voll zu machen. Aber der Zorn Gottes ist schon bis zum Ende über sie gekommen.

Die Schärfe dieser Formulierungen ist in anderen Bibelübersetzungen kaum geringer – ja, im Gegenteil, mit Blick auf die Gerichtsaussagen finden sich eher noch Zuspitzungen, etwa wenn zu lesen ist, dass der Zorn Gottes „in seinem vollen Ausmaß" (Zürcher Bibel) über die Juden gekommen sei oder dass er sie „in seiner ganzen Härte getroffen" (Hoffnung für alle) habe. Dass ein solcher Text eine katastrophale Wirkungsgeschichte entfaltet hat, dürfte kaum verwundern. Doch ähnlich wie in Matthäus 27,25 erschließt sich einem genaueren Blick auch hinsichtlich dieser Textstelle ein differenzierteres Bild.

Eine Interpretation dieser Verse hat zunächst die Aussageabsicht der paulinischen Argumen-

---

[14] Vgl. etwa *Josephus*, Antiquitates 20,116; *Josephus*, Bellum Judaicum 4,323.

[15] Vgl. zum Folgenden bes. *Frank Gilliard*, The Problem of the Antisemitic Comma between 1 Thessalonians 2.14 and 15, in: New Testament Studies 35 (1989) 481–502, bes. 484–486; *Ekkehard W. Stegemann*, Zur antijüdischen Polemik in 1 Thess 2,14–16, in: Kirche und Israel 1 (1990) 54–64; *Sebastian Schneider*, Kirche und Andersgläubige. Versuch einer Auslegung von 1 Thess 2,13–16, in: Jost Eckert/Martin Schmidl/Hanneliese Steichele (Hg.), Pneuma und Gemeinde. Christsein in der Tradition des Paulus und Johannes, Festschrift für Josef Hainz zum 65. Geburtstag, Düsseldorf 2001, 149–169; *Norbert Baumert/Maria-Irma Seewann*, In der Gegenwart des Herrn. Übersetzung und Auslegung des ersten und zweiten Briefs an die Thessalonicher (Paulus neu gelesen), Würzburg 2014, bes. 27–35.205–208.

tationsführung zu beachten. Diese zielt in erster Linie darauf ab, den nichtjüdischen Adressaten dieses Schreibens Trost zuzusprechen. Infolge ihres Christusglaubens sind sie nämlich Opfer von sozialer Ausgrenzung und Diskriminierungen in ihrem konkreten Lebensumfeld geworden. Daher entwickelt Paulus einen Vergleich, bei dem er ihre konkrete Situation mit jener von jüdischen Christusgläubigen parallelisiert – wie nämlich die Thessalonicher von ihren Landsleuten Anfeindung erfahren, so gilt dies auch für die Mitglieder der jüdisch-christlichen Gemeinden von Judäa. Die argumentative Grundkonstellation nimmt somit auf nichtjüdische Christusgläubige und jüdische Christusgläubige Bezug sowie auf deren jeweiliges Lebensumfeld, Thessalonich und Judäa. In dieser Hinsicht wurde die thessalonische Gemeinde also „Nachfolger" (Vers 14) – oder besser: „Nachahmer" beziehungsweise „Ebenbild" – der judäischen Gemeinden.

Mit Blick auf die Situation der Gemeinden in Judäa formuliert Paulus nun eine viergliedrige Aussage, welche mit dem Hinweis eröffnet wird, dass „die Juden" den Herrn Jesus getötet haben. Im Licht der Einsicht, dass Jesus Jude war und blieb, verbietet sich nun allerdings eine Deutung, der zufolge hier ein Gegensatz zwischen Jesus und „den Juden" ausgesagt wäre. Zudem steht dem auch die Struktur der paulinischen Argumentation entgegen, die über die Parallelisierung einer binnenjüdischen mit einer nichtjüdischen Verfolgungssituation ansetzt und die Tötung Jesu dabei in den binnenjüdischen Raum einordnet.

Dabei ist die Rede von „den Juden" aus grammatikalischen Gründen nicht im Sinne einer pauschalen, ganz Israel anzielenden Aussage zu deuten, sondern vielmehr als eine konkretisierende Spezifizierung: „den Juden, *insofern* sie den Herrn Jesus getötet haben ...". Die Formulierung beschränkt sich also auf jene jüdische Personengruppe, die sich explizit gegen Jesus und – wie anschließend entfaltet wird – auch gegen die jüdische Christusbewegung stellt.

Auch der Ausdruck „Propheten" verdient nähere Reflexion. Konkret ist dabei die Frage zu bedenken, ob in diesem Kontext das alttestamentliche Motiv des Prophetenmordes aufgegriffen wird. Die gängigen Übersetzungen von Vers 15 – meist ist hier zu lesen: „die den Herrn Jesus und die Propheten getötet haben" – legen diese Vermutung nahe. Und dies wäre nun ein starkes Argument für die Annahme, dass die Rede von „den Juden" doch im Sinne eines kollektiven Israelbezugs verstanden werden müsste, da mit einer solchen Aussage ja auf eine sehr lange Phase der jüdischen Geschichte angespielt würde. Gesichert ist eine solche Deutung aber keineswegs, ja, mehr noch: Sie zöge sogar gewisse philologische Schwierigkeiten nach sich. Es lassen sich nämlich syntaktische Argumente dafür anführen, dass anstelle der meist bevorzugten Übersetzung „die den Herrn Jesus und die Propheten getötet haben und die uns verfolgen" besser zu lesen wäre: „die den Herrn Jesus getötet haben und die die Propheten und uns verfolgen". In dem Fall wäre der Ausdruck „die Propheten" an dieser Stelle *nicht* auf alttestamentliche Prophetengestalten zu beziehen, sondern im Sinne christlicher Propheten (also: christlicher Verkündiger) zu deuten – was übrigens ohnehin die im paulinischen Schrifttum geläufigste Wortverwendung ist; es sei hier nur an die Aufzählung „Apostel, Propheten und Lehrer" aus 1. Korinther 12,28 erinnert.

Dieser Deutung zufolge bezieht sich die gesamte Aussage der strittigen Verse also auf Repressalien nicht christusgläubiger Juden gegenüber jüdischen Christusanhängern. Und genau darauf zielt der paulinische Vergleich ja auch ab. Die Aussageintention von 1. Thessalonicher 2,14–16 referiert also nicht auf „die Juden" als Gesamtheit – denen dann das Kollektiv der Christen gegenüberstünde –, sondern es geht um „die Juden, insofern sie sowohl den Herrn Jesus töteten als auch die [christlich-jüdischen] Propheten und uns vertrieben, worin sie einerseits Gott nicht gefallen und andererseits allen Menschen entgegenstehen, wenn sie uns [nämlich die jüdischen Christusverkünder] daran hindern, den Völkern zu sagen, dass sie gerettet würden".[16] Damit nimmt Paulus hier auch die Konsequenzen in den Blick, die aus der Tötung Jesu und den Repressalien gegenüber jüdisch-christlichen Verkündigern erwachsen – und diese qualifiziert er dann als weitere, zusätzliche Sünden: „So werden ihre Sünden angefüllt." Es geht ihm hier also nicht um den Gedanken, dass ein Sündenmaß nun übervoll oder dadurch gar unvergebbar wäre, sondern vielmehr um den Aspekt von zur Tötung Jesu noch hinzutretenden Verfehlungen.[17]

---

[16] Diese und die folgenden Übersetzungsvorschläge folgen *Baumert/Seewann*, In der Gegenwart des Herrn (s. o. Anm. 15), 27 f.

[17] Innerhalb dieser Wendung fungiert also das Nomen „Sünde" (*hamartia*) als Subjekt, während das Verb „anfüllen" (*anapléroō*) intransitiv zu verstehen ist. Paulus formuliert hier

Aber wie sind im Kontext dieser Überlegungen nun jene Aussagen zum Zorn Gottes zu lesen, die den Gedanken in 1. Thessalonicher 2,14–16 abschließen? Wie gesagt: Häufig wird die Schlussformulierung im Sinne eines Endgerichtes und einer eschatologischen Verwerfung gelesen. Doch ist diese Deutung schlüssig? Dagegen spricht, dass die biblische Rede von Gottes Zorn und Strafe nicht zwingend als futurisch-eschatologisches Ereignis zu verstehen ist. In der jüdischen Tradition ist vielmehr eine Deutung im Sinne einer innergeschichtlichen Strafe Gottes breit bezeugt. Dem Zorn Gottes wird dabei eine pädagogische Funktion zugewiesen; denn er soll den Menschen letztlich zur Umkehr führen und insofern gar vor einem endgültigen Gericht bewahren. Bedenkt man dieses Verständnis von Strafe und Zorn für die Deutung von 1. Thessalonicher 2,16, dann kann die Schlussformulierung auch wie folgt übersetzt werden: „Jedes Mal aber hat sie schließlich der Zorn [Gottes] getroffen" – und mit Gottes Zorn wäre gemeint: ein Wirken Gottes, das dem Menschen sein schuldhaftes Verhalten vor Augen führt und auf eine Verhaltensänderung hin angelegt ist. Und darin liegt nun auch der Trost, den Paulus der Gemeinde von Thessalonich zuspricht: Die Aussage, dass die Verfolger sich Gott stellen müssen und dass Gott sie aufrütteln wird, um sie zur Einsicht und Umkehr zu bringen, impliziert ja die zuversichtliche Hoffnung auf ein Wirken Gottes angesichts von Bedrängnis und Anfeindung und zugleich eine Aufforderung dazu, Reaktion und Vergeltung nicht selbst in die Hand zu nehmen, sondern Gott zu überlassen.

Sowohl der sogenannte „Blutruf" im Matthäusevangelium wie auch 1. Thessalonicher 2,14–16 entfalten ihre antijüdische Stoßrichtung somit erst, wenn sie nach vollzogener Trennung von Judentum und Christentum – nun verstanden als zwei einander reziprok ausschließende Religionssysteme – gelesen werden und wenn vor diesem Hintergrund die neue religionssoziologische Situation in die Texte zurück projiziert wird. Dann werden Jesus und Paulus der christlichen Tradition zugeschlagen, damit zugleich antijüdisch verortet und gelesen – und dann erst kommt es dazu, dass Aussagen, die nie auf das gesamte Judentum bezogen waren, als Ausdruck eines pauschalen Antijudaismus gedeutet werden und eine entsprechend problematische Wirkungsgeschichte entfalten.

somit den Gedanken, dass bestehende Sünden um weitere ergänzt werden.

2.2 Sind die Juden Teufelskinder (Joh 8,44)?[18]

Eine der im Hinblick auf die christliche Antijudaismusgeschichte problematischsten Stellen des Neuen Testaments ist gewiss die Aussage des Johannesevangeliums, dass die Juden „den Teufel zum Vater" haben (Joh 8,44). Diese Textpassage entfaltete eine absolut verheerende Wirkungsgeschichte bis dahin, dass das Diktum, die Juden seien „Teufelskinder", in die NS-Zeitung *Der Stürmer* Eingang fand. Doch auch die exegetische Rezeption bildete in dieser Hinsicht oft keine Ausnahme. In Rudolf Bultmanns berühmtem Johanneskommentar von 1941, der auch in der Nachkriegszeit wieder und wieder neu aufgelegt wurde, ist in der Kommentierung dieser Textstelle gar zu lesen: Ihre „Feindschaft gegen das Leben und gegen die Wahrheit macht also das Wesen der ‚Juden' aus, und daraus entspringt ihr Unglaube".[19] Und weiter führt Bultmann aus: „[I]hr Woher ist das des Todes; ihr Vater ist … der Teufel. Und so ist ihre Mordabsicht nur das ihrem Selbstverständnis entsprechende Verhalten."[20]

Eine differenzierende Auslegung dieser Textpassage hat nun aber zweierlei zu beachten, nämlich zum einen die Verwendung des Terminus „die Juden" im Johannesevangelium und zum anderen die Art und Weise, wie die johanneische Literatur vom Teufel spricht. Um mit dem zuletzt genannten Aspekt zu beginnen: Im Johannesevangelium und in den Johannesbriefen lässt sich ein Gut-Böse-Dualismus ausmachen, der die gesamte Welt in zwei Einflussbereiche unterteilt, den Bereich Gottes und den des Teufels. Der johanneische „Sohn", also Jesus Christus, wird dabei in die für jüdische Denkkategorien größtmögliche Nähe zu Gott, dem Vater, gesetzt. So aber erscheint Christus in der johanneischen Literatur als der Offenbarer Gottes schlechthin: „Wer mich sieht, der sieht den

---

[18] Vgl. zum Folgenden bes. *Maria Neubrand*, Das Johannesevangelium und „die Juden". Antijudaismus im vierten Evangelium?, in: Theologie und Glaube 99 (2009) 205–217; *dies./Johannes Seidel*, Ist das Neue Testament antijüdisch? *Nostra Aetate* 4 als bleibende Herausforderung für die neutestamentliche Exegese, in: Stefan Schreiber/Thomas Schumacher (Hg.), Antijudaismen in der Exegese? Eine Diskussion 50 Jahre nach „Nostra Aetate", Freiburg im Breisgau 2015, 278–314, bes. 307–312; *Tobias Nicklas*, Für immer Teufelskinder? Die „Juden" im vierten Evangelium, in: Thomas Hieke/Konrad Huber (Hg.), Bibel falsch verstanden. Hartnäckige Fehldeutungen biblischer Texte erklärt, Stuttgart 2020, 217–225.

[19] *Rudolf Bultmann*, Das Evangelium nach Johannes (Kritisch-exegetischer Kommentar über das Neue Testament), Göttingen 1941, 243 (Nachdrucke bis 1986).

[20] *Bultmann*, Das Evangelium nach Johannes (s. o. Anm. 19), 338.

Vater" (Joh 14,9). Damit ist Jesus Gott zugeordnet und alles, was sich ihm entgegenstellt, dem Teufel. Und dieser Dualismus korrespondiert nun keineswegs einer Entgegensetzung von Juden und Christen, sondern findet sich einerseits in binnenjüdischen Diskursen und kann andererseits auch auf nichtjüdische Kontexte übertragen werden. Es gibt also gemäß der johanneischen Weltsicht jüdische und nichtjüdische Kinder des Teufels.

Dies gilt es nun im Blick zu behalten, wenn zu fragen ist, wie das Johannesevangelium von „den Juden" spricht. Zunächst ist dieses Evangelium selbst als eine durch und durch jüdische Schrift wahrzunehmen. Dies spiegelt sich besonders deutlich darin, dass sämtliche Verwendungen der Begriffe „Israel" und „Israelit" positiv konnotiert sind und dass Jesus im Gespräch mit der Frau am Jakobsbrunnen die Aussage formuliert: „Das Heil kommt von den Juden" (Joh 4,22). Und dieser Vers verdeutlicht auch bereits, dass der Ausdruck „die Juden" im vierten Evangelium keineswegs in einer ausschließlich negativen Verwendungsweise anzutreffen ist. Vielmehr changiert er stark zwischen einer wertschätzenden (zum Beispiel Joh 11,45), einer neutralen (etwa Joh 3,1) und einer negativen semantischen Bestimmung. Freilich überwiegt im Johannesevangelium die zuletzt genannte Verwendungsweise, sie findet sich aber in erster Linie in Bezügen auf die Hinrichtung Jesu beziehungsweise deren Vorbereitung. Diese schillernde Semantik wird vielleicht am deutlichsten, wenn die in Johannes 7,11 eingeführte Gruppe „der Juden" im weiteren Verlauf der Erzählung einer anderen, ebenfalls als „die Juden" bezeichneten Gruppe gegenübergestellt wird (Joh 7,13): „Die Juden", also die zuerst genannte Gruppe von Menschen, die zum Laubhüttenfest versammelt sind, scheuen sich, öffentlich über Jesus zu sprechen – und zwar aus Angst vor „den Juden".

Überblickt man diese begriffliche Ambivalenz, dann wird deutlich, dass dem Johannesevangelium keine generell antijüdische Perspektive eignet und dass die pejorative Redeweise von „den Juden" kontextuell eine Bezeichnung jenes Flügels der pharisäischen Bewegung um die Hohepriester ist, welcher im Hinblick auf Jesus eine Tötungsabsicht hegt und verfolgt. Und genau diese Perspektive prägt auch den Kontext von Johannes 8,44: Als Kinder des Teufels werden diejenigen Juden angesprochen, die Jesus töten wollen – es liegt hier also ganz entgegen dem Mehrheitsstrang der Rezeptionsgeschichte keineswegs eine umfassend antijüdische Aussage vor. Insofern ist das Johannesevangelium von einer ähnlich binnenjüdischen Diskurslage geprägt, wie sie auch in den beiden zuerst betrachteten Texten auszumachen ist. Und abermals wurzelt die antijüdische Wirkungsgeschichte darin, dass der Text aus dem binnenjüdischen Raum heraustritt und vor dem Hintergrund einer bereits vollzogenen Trennungsgeschichte von Christentum und Judentum gelesen und rezipiert wird.

2.3 Waren die Pharisäer Heuchler und Legalisten?

Das Wort „Pharisäer" hat in der christlichen Tradition eine stark pejorative Bedeutung erhalten – bis dahin, dass es als Schimpfwort für kleinkrämerische, heuchlerische, legalistische, elitär denkende oder geldgierige Menschen verwendet werden konnte. Exemplarischer Ausdruck dafür ist die Bezeichnung „Pharisäer" für eine Kaffeespezialität, der – äußerlich unerkennbar – Alkohol beigemischt ist. Neuere exegetische Erkenntnisse lassen allerdings massive Zweifel daran aufkommen, ob dieses begriffliche Negativcluster tatsächlich einen Rückhalt in den Schriften des Neuen Testaments besitzt.

Zutreffend ist zwar, dass die Darstellung der Pharisäer in Texten wie dem Matthäusevangelium stark von der Grundaussage einer Opposition zu Jesus geprägt ist. Dieser Befund muss jedoch exegetisch kontextualisiert werden. Wenn Jesus, wie bereits dargelegt, in das Judentum seiner Zeit einzuordnen ist, dann gilt es zunächst festzuhalten, dass diese narrative Kontrastierung als eine binnenjüdische anzusehen ist – und nicht, wie es in der Rezeption zunehmend wahrgenommen wurde, als ein jüdisch-christlicher Gegensatz. Es entspricht also keineswegs der Aussageabsicht der neutestamentlichen Texte, Pharisäer als prototypische Juden und ihre Gegnerschaft zu Jesus somit als eine spezifisch jüdische antichristliche Grundhaltung zu bewerten.

Hinzu kommt, dass das Neue Testament entgegen einer verbreiteten Falschannahme keineswegs nur negative Pharisäerbilder kennt. Nikodemus, ein Pharisäer, der gezielt und in positiv aufgeschlossener Weise das Gespräch mit Jesus sucht, kann als ein prominentes Gegenbeispiel erwähnt werden. Und es wurde im exegetischen Diskurs auch beobachtet, dass die Apostelgeschichte sogar recht stark von einem Fokus auf positiv bewertete Pharisäergestalten geprägt ist.

Faktisch entbehrt die für das christliche Negativbild des Pharisäismus ausschlaggebende Grundaussage, nämlich eine im Sinne von Werkgerechtigkeit und Frömmelei ausgestaltete Toraobservanz, der Jesu innovative und freiere Umgangsweise mit dem Gesetz entgegenstünde, bei genauerem Hinsehen der historischen Grundlage. Es fehlt jeglicher historische Anhaltspunkt dafür, dass die Pharisäer in einem stärkeren Maß auf Gesetzesbefolgung geachtet hätten, als es im Judentum zur Zeit Jesu allgemein üblich war.

Jüngste historische Forschungen betonen sogar, dass viel weniger gesichertes Wissen über Pharisäer vorliegt, als es noch vor kurzem als selbstverständlich angesehen wurde. Und so kann die über lange Zeit hinweg etablierte christliche Perspektive auf die jüdische Gruppierung der Pharisäer wiederum als ein Beleg für eine verzerrende Rezeption angesehen werden: In diesem Fall traf ein wachsender christlicher Antijudaismus auf eine sehr dürftige historische Quellenlage – und füllte die dadurch bestehenden Spielräume mit einer starken, historisch in dieser Form unhaltbaren Negativbewertung aus.

2.4 Hat Christus das Gesetz abgeschafft?

Die Frage, ob das Gesetz – und damit ein Kennzeichen jüdischer Identität – mit Christus zu einem Ende kommt, ist eng mit der im forschungsgeschichtlichen Überblick bereits erwähnten Kontrastierung von Werken des Gesetzes und Glauben an Jesus Christus verbunden. Gerade im Zuge rechtfertigungstheologischer Debatten wurde die Toraobservanz der jüdischen Tradition über lange Zeit hinweg – zum Teil bis in die Gegenwart hinein – als Ausdruck einer religiösen Werkgerechtigkeit verstanden und kritisiert. Damit standen sich mit dem Glauben an Jesus Christus und der Gesetzesbefolgung zwei konträre Heilswege gegenüber. Diese Sicht hat sich gerade auch im Zuge der neuen Paulusperspektive grundlegend gewandelt, besitzt jedoch aufgrund der hohen theologischen Bedeutung des Rechtfertigungsartikels ein bedauerlich zähes Fortleben. Dies spiegelt sich beispielsweise darin wider, dass selbst in der „Gemeinsamen Erklärung zur Rechtfertigungslehre" noch zu lesen ist: „Christus hat das Gesetz erfüllt und es durch seinen Tod und seine Auferstehung als Weg zum Heil überwunden."[21] Im Folgenden sollen die für diese Auffassung am häufigsten herangezogenen neutestamentlichen Textbelege eingeordnet werden.

2.4.1 Römer 10,4[22]

Die im Kontext dieser Fragestellung wohl bedeutsamste Aussage findet sich in Römer 10,4, einem Vers, der nicht selten dahin gehend übersetzt wird, dass Christus „das Ende des Gesetzes" sei. Es finden sich aber auch Wiedergaben dieses Verses, wonach er „Ziel" des Gesetzes ist. Anhand dieser beiden Übersetzungsvarianten wird die semantische Entscheidung deutlich, die den Diskurs um Römer 10,4 bestimmt. Im Hintergrund steht nämlich ein griechisches Wort (*telos*), das Aspekte wie „Ende" und „Vollendung" sowie „Ziel" und „Zielpunkt" bezeichnen, aber auch mit „Erfüllung", „Höhepunkt", „höchster Gipfel", „höchste Stufe" oder „reife Frucht" übersetzt werden kann.

Die exegetische Debatte um Römer 10,4 kreist nun vornehmlich darum, wie das fragliche griechische Nomen (also *telos*) an dieser Stelle zu verstehen sei. Eine Beantwortung dieser Frage hat zunächst zu berücksichtigen, dass im unmittelbaren Kontext der besagten Formulierung eine rechtfertigungstheologische Akzentuierung gegeben ist, die damit den Verstehensrahmen für die Aussage des Verses vorgibt. Wie bereits dargelegt, hat die neuere Paulusforschung nun deutlich herausgestellt, dass jüdische Toraobservanz nicht mit Werkgerechtigkeit verwechselt werden darf. Vielmehr korrelieren jüdische Soteriologie und das rechtfertigungstheologische *sola gratia* darin, dass Sündenvergebung nie im menschlichen Tun wurzelt, sondern stets als Gnadenhandeln Gottes zu denken ist. Im Lichte dieser Grunderkenntnis erscheint es nicht sinnvoll, Römer 10,4 im Sinne von „Ende des Gesetzes" zu lesen: Wird Christus nämlich rechtfertigungstheologisch als Heilsweg gedeutet, so stellt ihn dies gerade nicht auf eine Ebene mit und somit auch nicht in Konkurrenz zu der Toraobservanz. Dies wäre letztlich ein Kategorienfehler, den Paulus selbst an anderer Stelle

---

[21] Gemeinsame Erklärung zur Rechtfertigungslehre, Art. 31; vgl. hierzu auch Art. 32–33.

[22] Vgl. zum Folgenden bes. *Michael Theobald*, Der Römerbrief (Erträge der Forschung 294), Darmstadt 2000, 215–219; *Michael Wolter*, Der Brief an die Römer (Evangelisch-katholischer Kommentar 6), Teilband 2: Röm 9–16, Göttingen/Neukirchen-Vluyn 2019, 107–112; *Hans-Peter Riermeier*, ‚Höchste Stufe' von Gesetz ist Christus. Beobachtungen zur Semantik von *telos* (Röm 10,4), in: Norbert Baumert (Hg.), NOMOS und andere Vorarbeiten zur Reihe „Paulus neu gelesen" (Forschung zur Bibel 122), Würzburg 2010, 385–407; *Norbert Baumert*, Christus – Hochform von ‚Gesetz'. Übersetzung und Auslegung des Römerbriefs (Paulus neu gelesen 4), Würzburg 2012, bes. 208 f.

auch sehr deutlich herausarbeitet und problematisiert (siehe bes. Gal 3,15–18).

Was die anderen semantischen Möglichkeiten des diskutierten griechischen Nomens (*telos*) angeht, so wäre hinsichtlich einer Übersetzung mit „Ziel" nach dem Gesagten in jedem Fall festzuhalten, dass dies nicht im Sinne von „Ende" gedeutet werden könnte – nicht so also, als würde das Gesetz mit Christus an ein Ende gelangen. Vielmehr wäre bei der Übersetzung mit „Ziel" impliziert, dass die Christusbeziehung letztlich etwas realisiert, worauf auch das Gesetz angelegt war und ist, nämlich eine Vertiefung der Bundesbeziehung Gottes mit seinem Volk. Um diesen Gedanken in unmissverständlicher Weise auszudrücken, legt sich daher für Römer 10,4 eine Übersetzung nahe, der zufolge Christus hier als „reife Form", „höchster Ausdruck" oder „höchste Gestalt" von Gesetz bestimmt wäre – „Gesetz" hier in dem Sinne, dass es dabei um eine geschichtliche Konkretisierung von Gottes Offenbarung und Beziehungsangebot geht.[23]

Von einer Abschaffung des Gesetzes oder einer grundlegenden Infragestellung jüdischer Religiosität kann im Blick auf Römer 10,4 also nicht die Rede sein – wobei allerdings festzuhalten ist, dass Paulus durchaus annimmt, dass sich mit Christus eine qualitative Vertiefung der Gottesbeziehung ereignet. Er denkt die Christusoffenbarung somit als einen neuen Offenbarungsschritt in der Geschichte Gottes mit dem ersterwählten Volk; darauf wird im weiteren Verlauf der Darlegungen noch einzugehen sein.

2.4.2 Epheser 2,15[24]

Eine weitere, in diesem Kontext ebenfalls zu beleuchtende Textstelle ist die Formulierung aus Epheser 2,15, wo zu lesen ist: „Er hob das Gesetz mit seinen Geboten und Forderungen auf, um die zwei in sich zu einem neuen Menschen zu machen" (Einheitsübersetzung 2016). Diese Formulierung steht inmitten jener Schlüsselpassage des Epheserbriefs (Eph 2,11–22), in der entfaltet wird, dass durch Christus die beiden Teile der Menschheit – eben Juden und Nichtjuden – in eine neue Beziehung zueinander gesetzt wurden. Jene, die „einst fern" waren, also die Völker, sind nun zu Nahen geworden und können daher auch als „Mitbürger der Heiligen", des Volkes Israel also, angesehen werden.

Dieses neue Zueinander von Juden und Nichtjuden, das laut Epheserbrief seine Basis im Kreuzestod Jesu hat, ist nun textuell mit der Aussage verknüpft, dass sich in Christus eine Neuschöpfung vollzogen hat, bei der – gemäß der klassischen Deutung dieser Textstelle – ein „neuer Mensch" geschaffen wurde. Und dieser neue Mensch sei jenseits der binären Kategorien, die zwischen jüdisch und nichtjüdisch unterscheiden, zu denken, er gehöre vielmehr einer dritten Kategorie an. Daher werde am Kreuz das Judentum – ja, mehr noch: letztlich sogar jede Trennung und Unterscheidung zwischen jüdischen und nichtjüdischen Menschen – überwunden; denn der neue Mensch sei „ein *Exemplar* einer dritten Gattung, weder Jude noch Heide, sondern Christ" und könne letztlich „als *Metapher* für das soziale, organische Gebilde Kirche"[25] gedacht werden – so formuliert es Gerhard Sellin in seinem Epheserkommentar aus dem Jahr 2008. Dies ist nun insofern sehr auffällig, als die gesamte Textpassage (Eph 2,11–22) sehr explizit zwischen Juden und Nichtjuden sowie auch zwischen christusgläubigen Juden und Völkerchristen differenziert, während diese Differenzierung hingegen in Vers 15 aufgehoben scheint. Insofern wirkt der im vorliegenden Kontext zu diskutierende Vers geradezu wie ein Fremdkörper innerhalb der Gesamtargumentation.

Hierbei ist nun zu beachten, dass einerseits die Formulierung, Christus habe „das Gesetz mit seinen Geboten und Forderungen aufgehoben", sprachlich sehr überladen wirkt – Andreas Lindemann spricht gar von einer „grotesken Häufung von Attributen"[26] – und dass sich andererseits eine kürzere Variante in der ältesten handschriftlichen Textüberlieferung des Epheserbriefs findet,

---

[23] In diesem Sinne korreliert diese Passage auch mit den Aussagen von Römer 3,21–31, insbesondere dem Schlussgedanken, dass durch die Christusbeziehung „Gesetz aufgerichtet" wird (Vers 31).

[24] Vgl. zum Folgenden bes. *Norbert Baumert/Maria-Irma Seewann*, Israels Berufung für die Völker. Übersetzung und Auslegung der Briefe an Philemon, an die Kolosser und an die Epheser (Paulus neu gelesen), Würzburg 2016; *Thomas Schumacher*, „Hausgenossen der Heiligen" (Eph 2,19). Überlegungen zum Verhältnis von Juden und Nichtjuden im Epheserbrief, in: Heinz Blatz/Angelika Strotmann (Hg.), „Edler Ölbaum und wilde Zweige" (Röm 11,16–24). Christlich-jüdischer Dialog auf neutestamentlicher Grundlage – zur Erinnerung an Maria Neubrand MC (Stuttgarter biblische Beiträge 84), Stuttgart 2023, 128–149.

[25] *Gerhard Sellin*, Der Brief an die Epheser (Kritisch-exegetischer Kommentar über das Neue Testament), Göttingen 2008, 219 f.

[26] *Andreas Lindemann*, Die Aufhebung der Zeit. Geschichtsverständnis und Eschatologie im Epheserbrief (Studien zum Neuen Testament 12), Gütersloh 1975, 172.

die sich äußerst schlüssig in den Gesamtgedanken einfügt. Es handelt sich dabei um Papyrus 46, eine Handschrift, der bei der Textkonstitution der Paulusbriefe allerhöchster Textwert beizumessen ist. Die Textversion von Papyrus 46 lässt sich auf der Basis einer Reflexion des semantischen Spektrums der entsprechenden griechischen Begriffe nun dahin gehend deuten, dass es hier um ein Außerkraftsetzen jener Verbote geht, die sich auf die Trennung Israels von den Völkern beziehen – nicht um eine grundsätzliche Abschaffung der Tora. Die betreffende Aussage wäre also im Sinne einer Öffnung Israels gegenüber den Völkern und eben nicht als Aussage der Herausbildung einer homogenen „Einheitskirche" zu lesen. Und dies spiegelt sich in dieser Handschrift unter anderem auch darin wider, dass hier nicht vom Entstehen „eines *neuen* Menschen" (*kainon anthrōpon*), sondern „einer *gemeinsamen* Menschheit" (*koinon anthrōpon*) die Rede ist – die freilich die Differenzierung von Juden und Nichtjuden weiterhin voraussetzt. Eine Abschaffung des Gesetzes und eine grundsätzliche Infragestellung jüdischer Identität wäre, folgt man dieser Auslegung, also auch mit Epheser 2,15 nicht begründbar – genauso wenig wie mit Römer 10,4.

2.5 Fehlt den Juden jede Erkenntnis (Röm 10,2)?[27]

Im Repertoire antijüdischer Motive mit biblischem Bezug zählt der Gedanke, dass sich das Judentum durch einen Mangel an Erkenntnis auszeichnet, zu den Klassikern – es sei hier nur an die zahlreichen Darstellungen der personifizierten Synagoge zu erinnern, zu deren ikonographischem Grundinventar die verbundenen Augen zählen. Unter den biblischen Referenzstellen, die in diesem Zusammenhang bemüht werden, finden sich solche Texte wie Römer 10,2, wonach Israel „ohne Erkenntnis" sei.

Doch auch hinsichtlich dieses antijüdischen Stereotyps lohnt ein genauerer Blick auf den Text. Es fällt nämlich auf, dass Paulus hier gerade nicht jenes griechische Wort verwendet, das mit „Erkenntnis" wiederzugeben wäre (also *gnōsis*), sondern eine Kompositumbildung davon (nämlich *epi-gnōsis*). Und beide Begriffe sind keineswegs synonym. Das zuletzt genannte Kompositum ist nämlich, wenn man Wert auf sprachliche Präzision legt, mit „Zu-Erkenntnis" wiederzugeben und folglich im Sinne einer hinzukommenden Erkenntnis zu deuten. In Römer 10,2 und den verwandten Textstellen wird also nicht ausgesagt, dass Christen Erkenntnis haben, während Juden diese verwehrt sei. Vielmehr wird sogar eine echte Gotteserkenntnis Israels vorausgesetzt; die Aussage des Nichterkennens richtet sich nur auf die Person und den Stellenwert Jesu Christi.

Wenn Paulus nun den Gedanken formuliert, dass nicht alle Juden zu der Erkenntnis vorgestoßen seien, in Jesus den jüdischen Messias zu sehen, dann handelt es sich dabei – abermals! – um eine binnenjüdische Aussage: Der Jude Paulus beschreibt die Differenz, die zwischen ihm, einem christusgläubigen Juden, und seinen nicht christusgläubigen Stammverwandten besteht. Diese Aussage ist also nicht von der Annahme eines binären Gegenübers von Judentum und Christentum getragen. Erst wenn sie in diesem Licht gelesen wird, kann sich eine Rezeption etablieren, die den Akzent auf einen grundsätzlichen Erkenntnismangel bei Juden legt.

2.6 Hat Gott die Juden verstockt (Röm 11,25)?[28]

Das soeben reflektierte Motiv des Erkenntnismangels Israels verbindet sich in der Rezeption oft mit der Aussage, Gott selbst habe Israel verstockt – ein Gedanke, der gerne aus Röm 11,25 herausgelesen wird, wo es heißt, dass „Verstockung einem Teil Israels" widerfahren sei, oder gar: „Gott hat verfügt, dass ein Großteil des jüdischen Volkes sich gegen die Einladung zum Glauben verhärtet" (Gute Nachricht Bibel 2018). Eine israeltheologische Einordnung dieser Aussage muss zunächst die Herkunft der bildlichen Rede von einer „Verhärtung" oder „Verstockung" beachten. Sie entstammt dem alttestamentlichen Motiv eines „verhärteten" oder „verstockten Herzens" und muss von diesem Hintergrund her verstanden werden. Dieses Motiv drückt nun aber vornehmlich einen Erkenntnismangel aus und nicht etwa emotionale Kälte. Dies hat die Forschung zur semitischen Anthropologie klar herausgearbeitet: Das „Herz" (hebräisch *leb*)

---

[27] Vgl. zum Folgenden bes. *Norbert Baumert*, Ἐπίγνωσις bei Paulus. „Eifer der Juden" – ohne „Erkenntnis"? (Röm 10,2), in: ders. (Hg.), NOMOS (s. o. Anm. 22), 408–420, und darin auch *Maria-Irma Seewann*, Über die Zu-Erkenntnis (ἐπί-γνωσις) der Juden. Bibeltheologische Überlegungen, 421–426.

[28] Vgl. zum Folgenden bes. *Maria-Irma Seewann*, Semantische Untersuchung zu πώρωσις, veranlaßt durch Röm 11,25, in: Filología Neotestamentaria 10 (1997), 139–156; *dies.*, „Verstockung", „Verhärtung" oder „Nicht-Erkennen"? Überlegungen zu Röm 11,25, in: Kirche und Israel 12 (1997) 161–172.

ist der Ort von Rationalität und Erkenntnis, also jener geistigen Prozesse, die in unserer Denkwelt am ehesten dem Gehirn zugeordnet werden. Der Gegenbegriff zum „verhärteten" oder „verstockten Herzen" ist also das „erkennende Herz". Will man die semitisch geprägte Rede von der „Verstockung" oder „Verhärtung" in einer deutschen Übersetzung adäquat abbilden, dann eignet sich dafür somit am besten das Oppositum von „Erkennen", nämlich „Nicht-Erkennen" – und Nicht-Erkennen ist etwas Anderes als Verstocktwerden: Gott ist der Urheber von Letzterem, bei Ersterem geht es hingegen um eine mangelnde Erkenntnis, die nicht in Gottes Wirken, sondern in der menschlichen Freiheit ihre Gründe hat.

Damit aber steht die Aussage von Römer 11,25 in enger Verbindung zu der vorher diskutierten Frage, wie es um die „Erkenntnis" – oder eben präziser: „Zu-Erkenntnis" – Israels (Röm 10,2) bestellt ist. Kontextuell bedingt legt es sich von daher nämlich nahe, die Syntax von Vers 25 einer Prüfung zu unterziehen. Konkret geht es darum, ob hier ein „Nicht-Erkennen" ausgesagt ist, das auf *einem Teil Israels* liegt, oder ein *„teilweises" Nicht-Erkennen*, das Israel widerfahren ist. Berücksichtigt man die vorherige Aussage einer fehlenden Zu-Erkenntnis Israels, so dürfte Letzteres die kontextuell schlüssigere Auslegung sein; zudem lässt sich dafür auch mit inhaltlich-syntaktischen Gründen argumentieren.[29] Die Rede von Israels fehlender „Zu-Erkenntnis" (Röm 10,2) und vom „teilweisen Nicht-Erkennen" Israels (Röm 11,25) sind folglich aufeinander bezogene Aussagen mit analoger inhaltlicher Stoßrichtung.

2.7 Ist die Kirche das „neue Israel"? (Röm 9,6b)[30]

Zur Legitimierung der Substitutionstheologie, wonach die Kirche an die Stelle Israels tritt, dieses ablöst und den Erwählungsbegriff „Israel" tragen darf, wurde und wird immer wieder auf eine Formulierung aus dem Römerbrief zurückgegriffen, wo zu lesen ist, dass „nicht alle, die aus Israel stammen, auch Israel sind" (Röm 9,6b). Gemäß der traditionellen Ausdeutung dieser Textstelle engt Paulus den Israelbegriff hier ein, indem er

---

[29] Vgl. hierzu auch *Baumert*, Christus – Hochform von ‚Gesetz' (s. o. Anm. 22), bes. 236, Anm. 136.

[30] Vgl. zum Folgenden bes. *Klaus Wengst*, „Freut euch, ihr Völker, mit Gottes Volk!" Israel und die Völker als Thema des Paulus – ein Gang durch den Römerbrief, Stuttgart 2008, bes. 293–298.

ihn allein für christusgläubige Juden reserviert, und bereitet mit dieser Aussage zugleich eine noch weiter reichende Weichenstellung vor; denn schließlich mündet der Argumentationsgang von Römer 9–11 in das sogenannte Ölbaumgleichnis (Röm 11,16b–24) ein, also jenen Text, der oftmals im Sinne einer Integration von Nichtjuden in das Volk Israel gelesen wird. Wenn Paulus also die Zugehörigkeit zu Israel vom Christusglauben abhängig macht und zugleich den Israelbegriff für Christusgläubige aus den Völkern öffnet, dann ist dies tatsächlich nichts weniger als eine biblische Grundlage für eine Substitutionstheologie. Denn damit wäre ja impliziert, dass der Titel „Israel" letztlich ganz auf die Gruppe der Völkerchristen überginge – in dem Moment nämlich, in dem der jüdische Flügel der Kirche nicht mehr als eigenständige Gruppierung wahrgenommen wird und sich so gewissermaßen „auflöst", wenn also die Trennung der Wege, das *Parting of the Ways*, abgeschlossen ist.

Doch formuliert Paulus tatsächlich in Römer 9,6b eine entsprechende Engführung des Israelbegriffs? Die Antwort darauf hängt ganz entscheidend davon ab, ob man Römer 9,6b überhaupt als Aussage liest – oder nicht viel eher als Frage. Diese letztere Option ist angesichts der handschriftlichen Textüberlieferung der Frühzeit durchaus zu erwägen; denn schließlich war das Schriftbild der ersten Jahrhunderte von der sogenannten *scriptio continua* geprägt – die Buchstaben waren also ohne Wortzwischenräume und Satzzeichen aneinandergereiht. Somit wäre es möglich, Römer 9,6b als Frage zu lesen: „Sind denn nicht alle, die aus Israel sind, Israel?" Damit aber wäre gerade das Gegenteil von der klassischen Deutung dieses Verses ausgesagt, insofern Paulus einer begrifflichen Engführung des Erwählungsbegriffes „Israel" sogar entschieden widerspräche. Welche der beiden Deutungsoptionen – Frage oder Aussage – zutreffend ist, kann nur aus inhaltlich-kontextuellen Gründen erschlossen werden.

Betrachtet man den Kontext des Verses, so fällt auf, dass die fragliche Formulierung in Römer 9,6 mittels einer begründenden und schlussfolgernden Partikel (griechisch *gar*, also: „denn", „nämlich") eröffnet wird. Dieser Anschluss signalisiert, dass die vorangehenden positiven und auf *ganz Israel* bezogenen Aussagen (Röm 9,4–5) aufgenommen werden. Zugleich wird der Anschlussvers, also Römer 9,7a, in dem eine Einschränkung hinsichtlich der Abrahamskindschaft formuliert wird, mit einer oftmals adversativ verwendeten Konjunktion (*oude*, also: „aber nicht", „doch nicht") eröffnet. Damit aber können die Aussagen von Vers 6b und Vers 7a nicht als parallele Aussagen gedeutet werden, und es spricht alles dafür, Römer 9,6b als Frage zu lesen: „Sind denn nicht alle, die aus Israel stammen, auch Israel?" Diese rhetorische Frage wäre dann mit einem klaren „Ja" zu beantworten, sodass die These von der Einengung des Israelbegriffs sich unter Rückgriff auf Römer 9,6b nicht begründen ließe.

Im Anschluss formuliert Paulus allerdings eine Differenzierung, welche auf die Christusbeziehung rekurriert: „Doch nicht alle, nur weil sie Same Abrahams sind, sind auch wirklich seine Kinder." Auf diese Weise setzt Paulus wie im Galaterbrief christusgläubige Juden in besonderer Weise mit Abraham in Verbindung. Dass aber nicht christusgläubige Juden nicht mehr Israel sein sollten, das dürfte für Paulus schlechterdings nicht vorstellbar gewesen sein; zu jener Zeit hingegen, als die Satzzeichen in den neutestamentlichen Text eingefügt wurden, war vor dem Hintergrund eines längst vollzogenen *Parting of the Ways* und der Etablierung einer Rede von der Kirche als dem „neuen Israel" das Gegenteil der Fall. Die hier skizzierte Interpretation von Römer 9,6b und die Lektüre dieses Verses als rhetorische Frage müssen sich nun allerdings auch an der Deutung der Ölbaumallegorie messen lassen.

2.8 Werden die Völker in Israel integriert? Zur Auslegung der Ölbaumallegorie (Röm 11,16b–24)[31]

Selbst die Ölbaumallegorie und damit der für die neue Israeltheologie richtungsweisende Referenztext ist nun – wie die Ausführungen des vorherigen Abschnitts bereits erkennen ließen – keineswegs frei von der Gefahr, substitutionstheologisch rezipiert zu werden. Dies hängt, wie gesehen, vor allem mit der Frage zusammen, ob der Ölbaum als Metapher für Israel zu lesen ist. Doch wie ist diese Deutung zu bewerten?

Im Zentrum der paulinischen Allegorie steht ein „edler Ölbaum", aus dem einerseits Zweige herausgebrochen und in den andererseits Zweige eines „wilden Ölbaums" eingepfropft werden. Paulus reflektiert das Verhältnis der eingepfropften Zweige des wilden Ölbaums zu jenen des edlen Ölbaums, wobei Letztere als jüdisch, Erstere hingegen als nichtjüdisch zu verstehen sind. Zugleich werden die eingepfropften Zweige des wilden Ölbaums aber auch zu der Wurzel des edlen Ölbaums in Beziehung gesetzt, indem Paulus betont, dass es die Wurzel ist, die jene Zweige nährt. Israeltheologisch von Bedeutung ist zudem die Aussage, dass die herausgebrochenen edlen Zweige keineswegs verdorren, sondern vielmehr lebendig bleiben und als jederzeit wieder in den Ölbaum einsetzbar beschrieben werden.

Nun wird der edle Ölbaum der traditionellen Auslegung zufolge meist als Chiffre für Israel gelesen, wofür man sich auf alttestamentliche Texte wie etwa Jeremia 11,16 und Hosea 14,7 beruft. Ein näherer Blick auf die Verwendung der Ölbaummetapher im Alten Testament zeigt aber, dass eine nicht kollektiv auf Israel, sondern eine in individuell-personaler Referenz auf eine bestimmte Einzelgestalt bezogene Deutung überwiegt – etwa in Bezugnahme auf den König (Ri 9,7–15), auf David (Ps 52,10), aber auch auf die personifizierte Weisheit (Sir 24,14) sowie auf messianische Figuren (Sach 4,3–12). Führt man sich nun vor Augen, dass es im unmittelbaren Kontext der paulinischen Ölbaumallegorie um das Eintreten in eine Christusbeziehung geht, dann legt es sich vor diesem Hintergrund aber nahe, den Ölbaum nicht als Metapher für Israel, sondern vielmehr in messianisch-christologischem Sinn, also mit Blick auf Christus, zu deuten. Das Herausgebrochenwerden von Zweigen aus dem Ölbaum besagt dann also, dass jüdische Zweige nicht in einer lebendigen Verbindung zu Jesus als dem jüdischen Messias stehen; die nichtjüdischen Zweige werden hingegen aufgrund ihrer Christusrelation eingepfropft. Sie werden durch diesen Vorgang also nicht zu Israel, treten aber in eine Beziehung zu Israels Messias. Wichtig ist dabei festzuhalten, dass das Herausbrechen der edlen Zweige aus ihrem Ölbaum nicht deshalb geschieht, *damit* Platz für Zweige des wilden Ölbaums entsteht: Der Vorgang des Herausbrechens ist nicht Zweck, sondern lediglich Möglichkeitsbedingung für das Hinzukommen der wilden Zweige.

Liest man die Ölbaumallegorie nun auf diese Weise messianisch-christologisch, dann folgt daraus jedenfalls, dass es hier nicht um eine Ausweitung des Israelbegriffs auf Nichtjuden geht. Vielmehr bleiben auch die herausgebrochenen

---

[31] Vgl. zum Folgenden bes. *Maria Neubrand/Johannes Seidel*, „Eingepfropft in den edlen Ölbaum" (Röm 11,24). Der Ölbaum ist nicht Israel, in: Biblische Notizen 105 (2000) 61–76; *Thomas Schumacher*, „Gott hat sein Volk nicht verstoßen!" (Röm 11,2). Anmerkungen zu den Substitutionsmotiven in Röm 9–11, in: Schreiber/ders. (Hg.), Antijudaismen in der Exegese? (s. o. Anm. 18), 232–277.

Zweige trotz der fehlenden Christusbeziehung Israel, sie stehen in einer potenziellen Relation zu ihrem Messias, und auffällig ist auch die von Paulus stark hervorgehobene Aufforderung, dass die eingesetzten Zweige sich nicht über die edlen Zweige erheben sollen – auch nicht über die herausgebrochenen.

Was nun die Wurzel betrifft, so dürfte diese wohl am ehesten auf die Patriarchen, vor allem konkret auf Abraham verweisen. Paulus macht damit im Bild also die Aussage, dass über die Christusbeziehung auch eine nährende Verbindung mit Abraham besteht. Zum Verständnis dieser Aussage ist hinzuzufügen, dass sich für Paulus die Abrahamsverheißung in *umfassender* Weise in Christus erfüllt. Liest man die Ölbaumallegorie messianisch-christologisch, so resultiert daraus also mitnichten, dass Juden in gar keiner Verbindung mit Abraham mehr stünden. Es ist lediglich und inhaltlich enger ausgesagt, dass nicht alle Juden zu ihrem Messias, in dem sich die Abrahamsverheißung erfüllt, in einer fruchttragenden Verbindung stehen. Und eine solche Reflexion der Frage, wie die Person des Abraham zu deuten ist, wer sich auf ihn berufen kann und worin konkret die Abrahamsverheißung zu einer Erfüllung kommt, ist durchaus ein im antiken Judentum intensiv diskutierter Topos.[32] Die hier vorgeschlagene Textdeutung eröffnet damit erneut einen Blick auf einen binnenjüdischen Diskurs und ist mitnichten als substitutive Übertragung des Israelbegriffs zu interpretieren.

3. Aktuelle Herausforderungen

Wenn man die Auslegungsgeschichte solcher Textpassagen überblickt, die in antijüdischer Weise rezipiert worden sind, dann ist grundsätzlich zu begrüßen, dass sich mittlerweile eine differenzierte Perspektive und eine gewachsene Sensibilität für eine neue Israeltheologie etabliert hat. Zugleich hinterlässt der Blick auf gegenwärtige exegetische Entwicklungen ein teilweise ambivalentes Gefühl. Denn während nach der Schoa die Lektüre des neutestamentlichen Schrifttums im Lichte der jüdischen Tradition für einige Jahrzehnte sehr deutlich in den Fokus trat, scheint diese Perspektive inzwischen einem stärkeren Interesse am römisch-hellenistischen Kontext der neutestamentlichen Texte gewichen zu sein. Die Gefahr, damit erneut ein binäres Denkmuster an das frühchristliche Schrifttum heranzutragen, ist nicht von der Hand zu weisen; daher ist grundsätzlich eine multiperspektivische Betrachtungsweise in der exegetischen Arbeit zu postulieren.

Zudem sind bei der Auslegung des neutestamentlichen und frühchristlichen Schrifttums die Spielräume eines israelsensiblen Zugangs längst nicht ausgelotet. Daher seien im Folgenden einige Forschungsperspektiven und Desiderate skizziert.

(1) Der Prozess der Kanonisierung des Neuen Testaments hat teilweise recht disparate Schriften nebeneinandergestellt, was dazu führt, dass sie aus der Rezipientenperspektive als Einheit wahrgenommen werden. Zugleich sind sie dadurch in ein gewisses Gegenüber zum Alten Testament getreten, sodass das latent die Auslegung prägende Missverständnis einer Zuordnung des alttestamentlichen Schrifttums zur jüdischen, der neutestamentlichen Texte hingegen zur christlichen Religion entstehen konnte. Letztlich führte der Prozess der Kanonisierung durch diese binäre Zuordnung somit dazu, dass die jüdischen Stimmen innerhalb des Neuen Testaments kaum mehr als solche wahrgenommen wurden. Noch immer liegt ein bleibendes Forschungsdesiderat in einer Aufarbeitung dieser problematischen Entwicklung.

(2) Auch die unterschiedliche Adressatenschaft der neutestamentlichen Schriften wird bei der Auslegung noch stärker zu berücksichtigen sein, als es oftmals der Fall ist – ebenso wie innertextuelle, also auf die Binnenperspektive eines einzelnen neutestamentlichen Textes bezogene diesbezügliche Differenzierungen. Gerade in der Auslegung der Briefliteratur gilt es, mehr noch als bisher mit der Möglichkeit von binnentextuellen Adressatenwechseln zu rechnen. Vor diesem Hintergrund wäre eine differenzierte Betrachtung der Personalpronomina als Forschungsdesiderat zu qualifizieren. Wenn also – um dies durch ein Beispiel zu illustrieren – Paulus das Personalpronomen „wir" verwendet, dann kann nur kontextuell entschieden werden, ob er dabei eine das gesamte Judentum umfassende Perspektive formuliert,

---

[32] Vgl. hierzu exemplarisch *Samuel Sandmel*, Philo's Place in Judaism. A Study of Conceptions of Abraham in Jewish Literature, Cincinnati 1956, bes. 30–95; *Günter Mayer*, Aspekte des Abrahambildes in der hellenistisch-jüdischen Literatur, in: Evangelische Theologie 32 (1972) 118–127; *Matthias Konradt*, „Die aus Glauben, diese sind Kinder Abrahams" (Gal 3,7). Erwägungen zum galatischen Konflikt im Lichte frühjüdischer Abrahamstraditionen, in: Gabriela Gelardini (Hg.), Kontexte der Schrift, Band 1: Text, Ethik, Judentum und Christentum, Gesellschaft. Festschrift für Ekkehard W. Stegemann zum 60. Geburtstag, Stuttgart 2005, 25–48, hier 26–38.

an die Gruppe jüdischer Christusgläubiger denkt oder ob er in diesem „wir" die Gesamtgruppe aller (also auch der nichtjüdischen) Christusgläubigen zusammenfasst.

(3) Was schließlich die Debatte um das *Parting of the Ways* betrifft, so hat die jüngere Diskussion deutlich gemacht, dass mit einem sehr viel längeren Prozess der Ausdifferenzierung und Ablösung zu rechnen ist als früher angenommen. Verstärkt sollte in der Diskussion aber auch Berücksichtigung finden, dass bei den betreffenden Abläufen mit unterschiedlichen Geschwindigkeiten zu rechnen ist – sowohl in regionaler Hinsicht als auch bezüglich der Unterschiede zwischen der theologischen Reflexion auf der einen und dem Glaubensbewusstsein der Menschen auf der anderen Seite. Hier ist auf das inzwischen oft zitierte Beispiel zu verweisen, dass Johannes Chrysostomus noch im ausgehenden vierten Jahrhundert seinen christlichen Adressaten nahelegt, von der Teilnahme an jüdischen liturgischen Anlässen doch nach Möglichkeit abzusehen. Ohnehin wäre hinsichtlich der Terminologie des *Parting of the Ways* anzufragen, ob sich darin nicht der Fokus zu sehr auf den Aspekt der Trennung und zu wenig auf Elemente bleibender Verbundenheit zwischen Judentum und Christentum richtet. Hier wären im Kontext der neutestamentlichen Exegese philologische Untersuchungen hilfreich, die spezifisch nach dem sprachlichen Niederschlag der Wahrnehmung von Verbindendem und Trennendem fragen.

4. Weiterführende Literatur

Norbert Baumert, Paulus neu gelesen, Bände 1–7, Würzburg 2007–2019 (Bde. 5–7 zusammen mit *Maria-Irma Seewann*).

Hubert Frankemölle, Das jüdische Neue Testament und der christliche Glaube. Grundlagenwissen für den jüdisch-christlichen Dialog, Stuttgart 2009.

Paula Fredriksen, Als Christen Juden waren, übersetzt von Susanne Naumann (Judentum und Christentum 27), Stuttgart 2021.

Mark S. Kinzer/Thomas Schumacher/Jan-Heiner Tück (Hg.), Jesus – der Messias Israels. Messianisches Judentum und christliche Theologie im Gespräch, Freiburg im Breisgau 2023.

Franz Mußner, Traktat über die Juden. Mit einem Vorwort von Michael Theobald, Göttingen 2009.

Stefan Schreiber/Thomas Schumacher (Hg.), Antijudaismen in der Exegese? Eine Diskussion 50 Jahre nach „Nostra Aetate", Freiburg im Breisgau 2015.

Joseph Sievers/Amy-Jill Levine/Jens Schröter (Hg.), Die Pharisäer – Geschichte und Bedeutung, Freiburg im Breisgau 2024.

Angelika Strotmann/Heinz Blatz (Hg.), „Edler Ölbaum und wilde Zweige" (Röm 11,16–24). Christlich-jüdischer Dialog auf neutestamentlicher Grundlage. Zur Erinnerung an Maria Neubrand (Stuttgarter biblische Beiträge 84), Stuttgart 2023.

Markus Tiwald, Frühjudentum und beginnendes Christentum. Gemeinsame Wurzeln und das *Parting of the Ways* (Kohlhammer Studienbücher Theologie 5), Stuttgart 2022.

Klaus Wengst, Wie das Christentum entstand. Eine Geschichte mit Brüchen im 1. und 2. Jahrhundert, Gütersloh 2021.

Johannes Heil

Kirchen- und Theologiegeschichte angesichts des jüdisch-christlichen Dialogs

1. Grundlegender disziplinbezogener Überblick

„Es gibt nicht mehr Juden und Griechen, nicht Sklaven und Freie, nicht männlich und weiblich; denn ihr alle seid einer in Christus Jesus" (Gal 3,28). Selbstverortungen derer, die Jesus nachfolgen, bewegten sich von Anfang in Ausdrücken von Polaritäten. In diesem Vers des Galaterbriefs wollen sie zum Guten gewendet sein, anderswo, gerade bei Versen, die zu Schlüsselstellen der jüdisch-christlichen Beziehungsgeschichte werden sollten, klingt es weit schärfer, etwa in Gal 4,30–31: „In der Schrift aber heißt es: Stoß die Sklavin und ihren Sohn hinaus! … Daraus folgt also, meine Brüder und Schwestern, dass wir nicht Kinder der Sklavin sind, sondern Kinder der Freien." Judentum und Christentum erscheinen in fundamentaler Opposition zueinander gestellt. Eine heutige Beschreibung der daran anknüpfenden Beziehungsgeschichte samt all ihren Hypotheken, selbst wenn sie sich auf den Bereich der Theologiegeschichte beschränkt, verlangt dann nach Öffnung gleich mehrerer Blickachsen. Das Thema ist geradezu ein Paradebeispiel für Zugänge, die in jüngerer Zeit in den Humanwissenschaften erprobt werden, nämlich ein intersektionales Unterfangen zu einem so komplexen wie wechselvollen Beziehungsverhältnis, das mehr als manch anderes auch als „entangled history", also verflechtungsgeschichtlich (oder als „histoire croisée") zu lesen ist.[1] Die Maßgabe eines disziplinenbezogenen Überblicks wirft obendrein die Frage auf, welche Disziplin da überhaupt gemeint sei, und die Antwort muss lauten: Hier sind nicht Theologie, nicht Geschichte, schon gar nicht Kirchengeschichte allein gefragt, sondern intersektionale Zugänge zwischen diesen Disziplinen mit Blick auf weitere wie die Gruppensoziologie oder die Wissenschaft zu sozialen Bewegungen.

Über weite Strecken ist die jüdisch-christliche Beziehungsentwicklung eine Geschichte von Macht der Mehrheit in ihrem Verhältnis zu und Verhalten gegenüber der Minderheit. Sie zeigt sich als kontinuierliches Aufeinanderbezogensein zweier „Konfrontationskulturen", wie Amos Funkenstein es genannt hat,[2] eine lange Abfolge des Miteinanders, Voneinanders, Gegeneinanders, Nebeneinanders, vielleicht auch – was die jüngste Vergangenheit anbetrifft – des Aneinanders. Jedenfalls wäre es zu wenig, diese Geschichte, was der Anteil des Religiösen in der wiederholt gewalthaften Chronik jüdischer Existenz in christlicher Umgebung zunächst vielleicht nahelegen will, allein aus dem Blickwinkel der historischen Vorurteils- und Gewaltforschung zu betrachten. Diese ist ihrerseits keine eigene Disziplin, sondern bezeichnet ein Arbeitsfeld changierender Disziplinen bis hin zur Psychologie oder Kunstgeschichte. Ebenso gehören zu dieser Chronik Momente der distanzvollen Orientierung am jeweils Anderen sowie des wechselseitigen Austauschs und auch kohabitative Formen in der Alltagspraxis. Der hier Schreibende ist bei alledem kein Theologe, sondern Historiker mit Erfahrung in der historischen Vorurteilsforschung und seit Langem in den Jüdischen Studien tätig. Diese fachliche Multipolarität mag für ein theologisches Studienbuch ungewöhnlich sein, reklamiert auch eine gewisse Distanz in der Position des Schreibens, ist aber vielleicht auch eine gute Voraussetzung für eine angemessene Behandlung der Thematik.

1.1 Forschungsgeschichtliche Skizze

Die Position des Schreibenden ist keine selbst gewonnene. Sie schließt an Prozesse der Selbstreflexionen vor allem christlicher Theologien, jüdische Anfragen und Beiträge, die Erträge aus kritischer Historiographie und die Befragung alt-

---

[1] Übersicht zur Stellung des Konzepts der Intersektionalität in den Theologien: *Thorsten Knauth*, Artikel „Intersektionalität", in: WiBiLex (https://bibelwissenschaft.de/stichwort/100233/). Das Konzept der Verflechtungsgeschichte ist in den Kirchengeschichten bislang nur punktuell fruchtbar gemacht worden; grundsätzlich: *Michael Werner/Bénédicte Zimmermann*, Vergleich, Transfer, Verflechtung. Der Ansatz der *Histoire croisée* und die Herausforderung des Transnationalen, in: Geschichte und Gesellschaft 28 (2002) 607–636.

[2] *Amos Funkenstein*, Juden, Christen und Muslime. Religiöse Polemik im Mittelalter, in: Wolfgang Beck (Hg.), Die Juden in der europäischen Geschichte, München 1992, 33–49, hier 33.

hergebrachter Geschichtsdeutungen an. Diese Prozesse kamen (erst) während und infolge der Schoa in Gang. Nur die wichtigsten Wegmarken können hier genannt werden. Eine waren die Schriften des anglikanischen Geistlichen James Parkes (1896–1981), die er seit den 1930er-Jahren zum Zusammenhang zwischen christlichen Lehren und Judenfeindschaft vorlegte.[3] Eine andere war die Neubestimmung des Verhältnisses von Kirche und Judentum in der Konstitution „Nostra Aetate" des Zweiten Vatikanischen Konzils, ein eher kurzer Text von hohem Anspruch und großer Wirkung, der aber noch des Kommentars und dafür auch der historiographischen Erschließung bedurfte. Impulse dazu hatte neben anderen besonders Jules Isaac gegeben (1877–1963). Sein 1948 veröffentlichtes, aber schon im Versteck vor den deutschen Besatzern begonnenes Buch *Jesus und Israel* stellte die Überzeugung infrage, wonach die Verwerfung der Juden eine zentrale Botschaft der Evangelien sei; vielmehr stehe die „Lehre der Verachtung", wie er es im Titel eines weiteren Werks nannte, in krassem Widerspruch zur Lehre Jesu.[4] Weit systematischer in seinem historiographisch-dokumentarischen Zugriff und einflussreich vor allem für den deutschsprachigen Bereich wurde 1968 das zweibändige Werk *Kirche und Synagoge. Handbuch zur Geschichte von Christen und Juden*. Es war das Werk eines im weitesten Sinne ökumenischen Autorenkollektivs, herausgegeben von den lutherischen Theologen Karl Heinrich Rengstorf (1903–1992) und Siegfried von Kortzfleisch (1929–2014). Manches davon erscheint heute traditionsverhaftet (bis hin zu judenmissionarischen Bestrebungen des Herausgebers Rengstorf), anderes, etwa die Beiträge von Bernhard Blumenkranz zur Patristik oder von Willehad P. Eckert OP zum Hochmittelalter, bietet sich noch immer als Referenz an.[5] Im mittlerweile breiten Feld der Forschung bildet sich im Wechselspiel zwischen Theologie, Pastoral, synodalen Positionsbestimmungen, internationalen und lokalen Arbeitsforen und Geschichtswissenschaft ein Lernprozess ab, der noch lange nicht abgeschlossen ist[6] und durch Zeitereignisse auch immer wieder neu gefordert ist.

1.2 Die jüdisch-christliche Beziehungsgeschichte zwischen Theologien und Antisemitismusforschung

Jede theologische Aussage im Christentum erscheint auf irgendeine Weise eine Auseinandersetzung mit dem Judentum oder eine Aussage darüber. So intrinsisch eine Rede über „Gott", „Geist" oder „Prophetie" auch gehalten sein mag, so setzt sie sich wenigstens implizit doch gegen ein jüdisches und damit anderes Verständnis ab. Das gilt in geschichtlicher wie gegenwärtiger Perspektive. Das Christentum ist aus dem Judentum hervorgegangen und bleibt in allen seinen Filiationen und Konfessionen auf dem Judentum gegründet, auf Schriften, Riten, Vorstellungen und Lebenswelten, in Frömmigkeit, Theologie, Traditionen wie auch Eschatologie. Dabei ist freilich zu bedenken, dass die zugrunde liegende Opposition in ihrer Entstehungszeit noch ein gänzlich innerjüdischer Diskurs gewesen ist, der erst auf dem Wege seiner Rezeption unter ganz anderen Bedingungen als Frontstellung zwischen einander entgegengesetzten Polen, Judentum und Christentum, verstanden wurde. Wann, wie und auf welche Weise sich die Wege trennten, aber auch die Frage, wie absolut diese Trennung zu verstehen ist, ist zuletzt intensiv und ertragreich diskutiert worden. Sicher ist, dass diese Trennung nicht schon um die Wende vom ersten zum zweiten Jahrhundert u. Z., sondern erst weit später erfolgte und dass sie keineswegs so hermetisch ausfiel, wie es später gewachsene normativ-dogmatische Vorstellungen behaupteten.[7]

Um die Wende vom vierten zum fünften Jahrhundert waren Judentum und Christentum schon

---

[3] Insbesondere *James Parkes*, The Conflict of the Church and the Synagogue. A Study in the Origins of Antisemitism, London 1934.

[4] *Jules Isaac*, Jésus et Israël, Paris 1948 (deutsch: Jesus und Israel, Wien 1968); ferner *ders.*, L'enseignement du mépris, Paris 1962 (Nachdruck Paris 2004).

[5] *Karl Heinrich Rengstorf/Siegfried von Kortzfleisch* (Hg.), Kirche und Synagoge. Handbuch zur Geschichte von Christen und Juden, 2 Bände, Stuttgart 1968–1970 (Nachdruck München 1988).

[6] Verwiesen sei besonders auf die Materialien beim *International Council of Christians and Jews* (https://www.iccj.org/about-us/missio-statement.html, letzter Zugriff am 29.09.2023) und seine Gliederungen.

[7] Dazu ein Tableau mit wichtigen Positionen: *Annette Yoshiko Reed/Adam H. Becker* (Hg.), The Ways That Never Parted. Jews and Christians in Late Antiquity and Early Middle Ages (Texts and Studies in Ancient Judaism 95), Tübingen 2003; *Daniel Boyarin*, Border Lines. The Partition of Judaeo-Christianity, Philadelphia 2004; deutsch: Abgrenzungen. Die Aufspaltung des Judäo-Christentums, übersetzt von Gesine Palmer (Arbeiten zur neutestamentlichen Theologie und Zeitgeschichte 10), Berlin/Dortmund 2009; *Lori Baron/Jill Hicks-Keeton/Matthew Thiessen* (Hg.), The Ways that Often Parted. Essays in Honor of Joel Marcus (Early Christianity and Its Literature 24), Atlanta 2018. Siehe auch die Beiträge von *Susanne Talabardon* und *Barbara Schmitz* in diesem Band.

in deutlicher Polarität zueinander aufgestellt. Obendrein hatten sich die Gewichte völlig zugunsten der Christen verschoben. Die Außenseiter von einst waren im Zentrum angekommen und in ihrem Handeln nicht mehr von Glaubensfragen und Gemeinde alleine geleitet, sondern in allem zugleich politisch. Vom Moment christlicher Machtfülle ausgehend werden im Folgenden wesentliche Eckpunkte der Entwicklung beleuchtet.

- Zunächst soll die traditionelle christlich-theologische Positionsbestimmung gegenüber den Juden am Werk des Kirchenvaters Augustinus (354–430) und bei Papst Gregor I. (590–604) vorgestellt werden (2.1–2.2).
- Der nächste Abschnitt befasst sich mit dem Umgang der Kirche mit dem nachbiblischen jüdischen Offenbarungsschrifttum im 13. Jahrhundert (2.3).
- Ein weiterer Abschnitt beschreibt die extremen Formen religiös begründeter Judenfeindschaft des Hoch- und Spätmittelalters (2.4).
- Schließlich wird die Überformung der „Adversus Iudaeos"-Tradition der Kirche zur Judenfeindschaft der Moderne an Quellen des 14.–16. Jahrhunderts beschrieben (2.5).

2. Exemplarische Themen, Fragestellungen und Problemkontexte

Mit der fortschreitenden Christianisierung des Römischen Reiches seit Konstantin (reg. 306–327) verlor das Judentum trotz aller vorangegangener militärischer Konfrontationen mit Rom nicht den Rang einer *religio licita*. Die kaiserliche Gesetzgebung erlegte, wie die Zusammenstellung einschlägiger Edikte im Codex Theodosianus (438) deutlich macht, dem Judentum zahlreiche Einschränkungen auf und verbot insbesondere den Bau neuer Synagogen. Allerdings dürften diese Bestimmungen nur von geringer Wirkung gewesen sein; denn der Blick auf die materiale Hinterlassenschaft der Spätantike legt den paradoxen Befund nahe, dass die Zeit vom vierten bis zum sechsten/siebten Jahrhundert für das Judentum eine Phase relativer Prosperität brachte. Davon zeugt nicht nur das ansehnliche Textkorpus aus Mischna, Talmud und anderen rabbinischen Texten, zu deren Entstehung es eines gewissen Maßes an Stabilität bedurfte. Augenfällig wird diese Entwicklung auch mit Blick auf die erhaltenen Reste von Synagogenbauten der Zeit. Mit Ausnahme Jerusalems und seiner unmittelbaren Umgegend sind für den gesamten Mittelmeerraum stattliche Synagogenbauten belegt, einige wenige davon im äußersten Westen, eine Vielzahl in Kleinasien bis hinauf zum Schwarzmeerraum und in besonderer Dichte in Galiläa, um den See Genezaret bis hinauf zum Golan. Weitere Beispiele finden sich im weiteren Umkreis um Jerusalem am Toten Meer (En Gedi) und in Südjudäa (etwa Susiyah/Khirbet Susiyeh), Letztere mit vollständig hebräisch verfassten Mosaikinschriften im Boden,[8] als auffällig verschieden von den sonst verbreiteten griechischen oder gelegentlich auch lateinischen Inschriften wie in Hammat Lif (Tunesien).[9]

Die Präsenz jüdischer Zeugnisse in den spätantiken Landschaften verdient Beachtung. Denn das christlich gewordene Rom hat die anderen bis dahin „erlaubten" Kulte nicht nur marginalisiert, sondern insgesamt und oft gewaltsam verdrängt. Den Höhepunkt bildeten die Auseinandersetzungen zwischen Christen und Anhängern der klassischen Kulte unter Kaiser Theodosius in den 390er-Jahren, die in den blutigen Auseinandersetzungen und der Zerstörung des Serapeions in Alexandria gipfelten.[10] Es war dabei keineswegs ausgeschlossen, dass es den Juden und dem Judentum insgesamt ähnlich ergehen könnte. Der Mailänder Metropolit Ambrosius (gest. 397) hat das ja auch zum Programm gemacht und sich im Jahr 388 der kaiserlichen Order zum Wiederaufbau der von Christen zerstörten Synagoge von Kallinikon (ar-Rakkah) widersetzt.[11] Andere Stimmen der Zeit stehen kaum dahinter zurück.[12]

---

[8] Übersicht: *Lee I. Levine*, The Ancient Synagogue. The First Thousand Years, New Haven/London 1999; *Rachel Hachlili*, Ancient Synagogues – Archaeology and Art. New Discoveries and Current Research, Leiden 2013; zu einem jüngeren Fund *Jodi Magness* u. a., Inside the Huqoq Synagogue, in: Biblical Archaeology Review 45 (2019) 24–38.

[9] Siehe *Karen B. Stern*, Inscribing Devotion and Death. Archaeological Evidence for Jewish Populations in North Africa, Leiden 2008.

[10] Vgl. *Peter Brown*, Macht und Rhetorik in der Spätantike. Der Weg zu einem „christlichen Imperium", München 1995, 146–152; *Christopher Haas*, Alexandria in Late Antiquity. Topography and Social Conflict, Baltimore 2006, 312 und passim; *Fergus Millar*, A Greek Roman Empire. Power and Belief under Theodosius II (408–450), Berkeley 2006.

[11] Vgl. *Rainer Kampling*, „… zumal nur eine Synagoge angezündet wurde …" (Ambrosius von Mailand). Die Judenfeindschaft der Alten Kirche und ihre Rezeption, in: ders./Matthias Blum (Hg.), Im Angesicht Israels. Studien zum historischen und theologischen Verhältnis von Kirche und Israel, Stuttgart 2002, 183–194; ferner *Patrick Pfeil*, Ambrosius von Mailand – Verschlagener Politiker oder religiöser Eiferer?, in: Margit Linder (Hg.), Religion und Herrschaft in der Antike. Akten des 6. Althistorischen Symposions im Rahmen des interfakultären alter-

Dass es anders kam, war das Ergebnis einer Vielzahl miteinander verwobener Faktoren. Wesentlich war, dass das Christentum sich gegenüber dem Judentum nie als völlig autonom verstehen konnte. Darüber können die puren Machtverhältnisse, die mit dem vierten Jahrhundert eingetreten waren, nicht hinwegtäuschen. Mit Markion, der in den vierziger Jahren des zweiten Jahrhunderts wirkte, und seinem Versuch, das „Alte Testament" aus dem Fundament der Überlieferung herauszunehmen,[13] hätte das entstehende Christentum alle Einbindungsmöglichkeiten in die biblischen Prophetien preisgegeben und sich so aller Legitimation beraubt. Ideengeschichtlich betrachtet, hat es sich stattdessen quasi als Untermieter im Haus des Judentums eingerichtet, nur haben sich – um bei diesem Bild zu bleiben – diese Untermieter rasch das ganze Haus angeeignet und die früheren Inhaber ins Souterrain gewiesen, sie aber nicht völlig verdrängt. Der elsässische Religionshistoriker und Widerstandskämpfer Marcel Simon (1907–1986) hat das in seiner klassischen Studie auf den Punkt gebracht: *Verus Israel* – in diesem Denken konnte nur eine Seite das „wahre Israel" sein, und die Christen reklamierten diese Position energisch für sich. Aber gerade dieser Triumphalismus etablierte ein Anderes als dauerndes Gegenüber. „Altes Israel" meinte nicht einfach etwas zeitlich Vergangenes, sondern auch eine ideologisch domestizierte Gegenwart von Judentum.

2.1 Die Juden als Einwohner der *Civitas Dei*: Augustinus

Anders als sein Lehrer Ambrosius verstand Augustinus von Hippo (354–430) den Fortbestand des Judentums als etwas Zeichenhaftes, das nach einer Deutung verlangte. Wenn der Triumph der Christen, der angesichts ihrer inneren Zerrissenheit ohnehin nur ein halber war, mit dem Judentum als Gegenüber einherging, dann sollte beider Standort heilsgeschichtlich stimmig erklärt werden. Dafür erschien die unbedingte Inbesitznahme der jüdischen Überlieferungen geboten, was zugleich hieß, dass diese in ihrem Ursprung als solche sichtbar blieben und deren jüdische Verständnisse zugleich ständig als unvollkommen oder falsch erwiesen werden konnten. Augustinus führte die Juden in seinen Schriften dann auch regelrecht vor. In seiner „Judenpredigt", die exemplarisch für andere Passagen aus seinem opulenten Werk stehen kann,[14] begab er sich in einen Dialog mit den Juden und stritt um die richtige Auslegung der Schrift – was in seiner nordafrikanischen Umgebung auch direkt möglich, aber nicht zwingend notwendig war: Der Text brauchte keine jüdischen Adressaten, denn operativ wendet er sich an eine christliche Zuhörerschaft. Verhandelt wurden beweiskräftige Schriftverse. Das Muster ist einfach: Die Juden reklamieren bei Nennung einzelner Bibelverse sofort, deren Adressaten samt ihren Verheißungen zu sein, und Augustinus erklärt seinen Gesprächspartnern, warum dem nicht so sein könne:

Ihr [meint, ihr] gehört also zu jenem Volk, das der Gott der Götter berufen hat von Sonnenaufgang bis Sonnenuntergang. Seid ihr nicht aus Ägypten ins Land Kanaan geführt worden? Aber ihr seid ... von dort zerstreut, nach Sonnenaufgang und Sonnenuntergang. Gehört ihr nicht eher zu den Feinden dessen, der im Psalm spricht: „Mein Gott hat mir an meinen Feinden bewiesen: Töte sie nicht, damit sie nicht dein Gesetz vergessen; zerstreue sie in deiner Macht" (Ps 59,11–12)? Deshalb vergesst ihr nicht das Gesetz Gottes, sondern tragt es überall hin, den Völkern zum Zeugnis, euch zur Schmach. Und ohne es zu verstehen, reicht ihr es vom Volke [dar], das von Sonnenaufgang bis Sonnenuntergang berufen ist.[15]

Die Vorgehensweise war einfach: Waren die Juden da und waren diese biblischen Verse da, dann war zu beweisen, dass ihr Inhalt sich auf die Christen und nicht auf die Juden bezog, diese aber vor der Tötung zu bewahren seien. Den Psalmvers gegen Gewalthandeln zu rücken, war dabei gewiss mehr als eine rhetorische Figur. Er war, gemessen an

---

tumswissenschaftlichen Doktoratsprogramms „Antike Kulturen des Mittelmeerraums" (AKMe), Graz 2014, 125–138; *Peter Schäfer*, Kurze Geschichte des Antisemitismus, München 2020, 89–92.

[12] Übersicht: *Heinz Schreckenberg*, Die christlichen Adversus-Judaeos-Texte und ihr literarisches und historisches Umfeld (1.–11. Jh.), Frankfurt am Main ³1995.

[13] Zur Übersicht: *Winrich Löhr*, Artikel „Markion", in: Reallexikon für Antike und Christentum 24 (2012) 147–173; ferner *Uta Heil* (Hg.), Marcion and His Gospel (Themenheft) = Zeitschrift für Antikes Christentum 21/1 (2017); *Schäfer*, Kurze Geschichte des Antisemitismus (s. o. Anm. 11), 78 f.

[14] Übersetzung und Kommentar: *Bernhard Blumenkranz*, Die Judenpredigt Augustins. Ein Beitrag zur Geschichte der jüdisch-christlichen Beziehungen in den ersten Jahrhunderten, Basel 1946 (Paris ²1973); ferner *Paula Fredriksen*, Augustine and Israel: Interpretatio ad litteram. Jews and Judaism in Augustine's Theology of History, in: Studia Patristica 38 (2001) 119–135; *Franklin T. Harkins*, Nuancing Augustine's Hermeneutical Jew. Allegory and Actual Jews in the Bishop's Sermons, in: Journal for the Study of Judaism 36 (2005) 41–64; *Schäfer*, Kurze Geschichte des Antisemitismus (s. o. Anm. 11), 92–95.

[15] *Blumenkranz*, Die Judenpredigt Augustins (s. o. Anm. 14), 100.

den Zeitumständen, notwendig, ohne künftiger Gewalt dauerhaft vorbauen zu können. Das zweite Moment in Augustins Strategie gab theologisch vor, wie der gesellschaftliche Platz der Juden zu bestimmen sei. Sie sollten den Christen dienstbar sein. Hört man genau hin, war dieser Dienst unabdingbar, sogar heilsnotwendig: Die Juden sollten den Christen trotz ihrer eigenen Blindheit als Träger der „Hebraica Veritas" den Zugang zum authentischen Text der Bibel sichern.[16]

Mit der Einbindung der Juden in den Prospekt vergangener wie künftiger Heilsgeschichte positionierte sich Augustinus zugleich gegenüber jenen Christen, die alle Bindungen der Kirche an das Alte Israel und seine Bibel kappen wollten. Im langen Prozess der Auseinandersetzung auch mit Donatisten, Manichäern und Pelagianern formierte sich allmählich die trinitarische Orthodoxie der noch ungetrennten lateinisch-griechischen Kirche.[17] In ihrer Struktur ließen sich Augustins Argumente auf eine doppelte Bindung ein: Es war der unbedingte Offenbarungswert des Alten Testaments zu belegen und zugleich der Beweis zu führen, dass die jüdische Bibel ein in ihrer Gesamtheit auf Christus und die Christen gerichtetes Zeugnis sei.[18]

Augustinus und die frühe Kirche konnten den Juden nicht ausweichen, aber mit Augustinus und gegen Ambrosius wurde Nutzen aus diesem Umstand gezogen und das Judentum im Grunde kolonisiert.[19] Einmal ins Gebäude der christlichen *Civitas Dei* inkorporiert, wurde den Juden eine weitere Rolle zugewiesen: An ihrem Beispiel wurden christliche Lehre und Identität maßgeblich geformt. „Schlimmer noch als die Juden sind die [christlichen] Häretiker ..." – das ist eine Wendung, die so oder sinngemäß immer wieder in den Werken Augustins und anderer Kirchenväter, die ihre Haltung zu den Juden oft weit schärfer als der Bischof von Hippo formulierten, begegnet. Juden blieben Gegner, aber sehr nützliche, um nicht zu sagen: notwendige. Hier war angelegt, was Jeremy Cohen als den „hermeneutischen Juden der christlichen Theologie" in Spätantike und Mittelalter beschrieben hat.[20] Die heilsgeschichtliche Funktionalisierung hat den Status der Juden rechtlich und sozial bis weit in die Neuzeit hinein einseitig festgeschrieben. Die „Lehre der Verachtung" („L'enseignement du mépris"), wie Jules Isaac es 1962 genannt hat,[21] war keine Nebenerscheinung christlicher Theologie, sondern ihr an der Basis strukturell eingebaut.

Ebenso deutlich ist, dass diese Abwertungstheologie die Juden zugleich integriert hat, indem sie ihnen einen Platz auch in der künftigen Heilsgeschichte zuwies, was dann auch nach einem rechtlich bewehrten Rahmen in der Gegenwart verlangte. Dafür kann man die im einzelnen ambivalenten Bestimmungen der spätantiken kaiserlichen Gesetzgebung (Codex Theodosianus, Codex Justinianus und Justinians *Novellen*) zum Beleg anführen, die die Unterordnung des Judentums kodifizierten, zugleich aber seinen so berechtigten wie marginalen Platz in der Gesellschaft festschrieben.[22]

2.2 Verrechtlichte Theologie: Papst Gregor I.

Die Wirkung dieser ambivalenten Akzeptanz lässt sich besonders bei Papst Gregor I. (590–603) ablesen. Er hat sich in seinen Briefen verschiedentlich mit Juden befasst. Für einen Brief gab ein Ereignis 599 auf Sardinien, in Cagliari, Anlass. Gregors Schreiben an den Ortsbischof ist zu entnehmen, dass Juden, aber auch der örtliche Militärstatthalter wegen eines Konvertiten namens Petrus an den Papst appelliert hatten. Dieser hatte gemeint, seinen Übertritt zum Christentum eindrucksvoll inszenieren zu müssen, und war am Tag seiner Taufe in seine ehemalige Synagoge eingedrungen. Dort hat er dann ein Kreuz und ein Marienbild aufgestellt und sein weißes Tauf-

---

[16] Zum Begriff *Frans van Liere*, „Hebraica Veritas". The History of a Christian Idea, in: Johannes Heil/Sumi Shimahara (Hg.), From Theodulf to Rashi and Beyond. Texts, Techniques, and Transfer in Western European Exegesis (800–1100), Leiden 2022, 21–42.

[17] *Augustinus*, Contra adversarium legis et prophetarum/ Wider einen Gegner des Gesetzes und der Propheten. Zweisprachige Ausgabe, eingeleitet, übersetzt und hg. von Hermann-Josef Sieben (Augustinus Opera 49), Leiden/Paderborn 2021.

[18] Überblick bei *Bernhard Blumenkranz*, Patristik und Frühmittelalter. Die Entwicklung im Westen zwischen 200 und 1200, in: Rengstorf/von Kortzfleisch (Hg.), Kirche und Synagoge (s. o. Anm. 5), Band I, 84–135.

[19] Zu den Konsequenzen vgl. *Ross Shepard Kraemer*, The Mediterranean Diaspora in Late Antiquity. What Christianity Cost the Jews, New York 2020.

[20] *Jeremy Cohen*, Living Letters of the Law. Ideas of the Jew in Medieval Christianity, Berkeley u. a. 1999, 1 f. und passim.

[21] *Isaac*, L'enseignement du mépris (s. o. Anm. 4).

[22] Übersichten: *Amnon Linder* (Hg.), The Jews in Roman Imperial Legislation, Detroit 1987; *ders.* (Hg.), The Jews in the Legal Sources of the Early Middle Ages, Detroit 1997; *Karl Leo Noethlichs*, Die Juden im christlichen Imperium Romanum (4.–6. Jh.), Berlin 2001; *Schäfer*, Kurze Geschichte des Antisemitismus (s. o. Anm. 11), 95–100; ferner *Andrew S. Jacobs*, Christianizing the Roman Empire. Jews and the Law from Constantine to Justinian, 300–600 CE, in: Steven T. Katz (Hg.), The Cambridge Companion to Antisemitism, Cambridge 2022, 100–117.

kleid niedergelegt. Er hatte die Synagoge faktisch in eine Kirche umwandeln wollen. Das hatte der Bischof ihm untersagt, also offenbar den Übergriff rückgängig machen lassen, wofür Gregor ihn lobte. Der in diesem Schreiben nun folgende Satz ist für die kirchenrechtliche und in deren Folge auch weltliche Position gegenüber dem Judentum im Mittelalter vorbildgebend geworden: „Denn ebenso wie das Gesetz den Juden nicht gestattet, neue Synagogen zu errichten, so sichert es ihnen ohne Beeinträchtigung den Besitz ihrer alten Synagogen." Das abwägende *sicut Judaeis*, inmitten dieses Briefes geschrieben, sollte später zur Initialformel des mittelalterlichen päpstlichen Judenschutzes geraten – sofern Päpste ihn formulierten und praktizierten – und hat sich entsprechend in den kirchenrechtlichen Diskussionen und Normierungen niedergeschlagen.[23]

Damit hat auch Gregor jüdische Existenz in christlicher Perspektive konditioniert. Aber die Juden sollten mit Sanftmut bewahrt und nicht mit Gewalt bekehrt werden, so wie es die Psalmverse vorgegeben hätten.[24] 591 ermahnte Gregor die Bischöfe von Arles und Marseille, den Juden zu predigen, sie aber nicht gegen ihren Willen und ohne Glauben zur Taufe zu zwingen. Gegen die Zerstörung der Synagoge von Terracina (Latium) schritt er 591 ein; zugleich ordnete er an, sie mit Verweis auf „den störenden Gesang" (*vox psallentium*) in größerer Distanz zur Kirche wieder zu errichten.[25]

Im Ergebnis hatte Gregor die Protektion des Judentums nicht nur biblisch-theoretisch (im christlichen Sinn), sondern auch römisch-rechtlich unterfüttert. Das hat nichts mit Toleranz im modernen Verständnis zu tun. Das war eifernde Duldung, aber eben auch hinreichende Basis für das Postulat eines auskömmlichen Verhältnisses von Christen und Juden, dessen abschließende Bestimmung dem fernen Ende der Zeit vorbehalten bleiben sollte. Auf Gregors „Sicut Judaeis" („So wie den Juden nichts erlaubt") fußte nicht allein der päpstliche Judenschutz; auch die theologische Basis für den weltlichen Judenschutz wurde seit dem neunten Jahrhundert von dort hergeleitet.[26]

In diesen Zusammenhang gehört auch ein Schreiben, mit dem Papst Alexander II. im Jahr 1066 die Bischöfe Spaniens darin bestärkte, die Juden vor Angriffen im Zusammenhang der kriegerischen Auseinandersetzungen mit den Muslimen zu schützen.

Der Bericht, den wir jüngst von euch empfangen haben, hat uns wohl gefallen: wie ihr nämlich die unter euch lebenden Juden beschützt habt vor jenen, die gegen die Muslime nach Spanien zu Felde gezogen sind. In der Tat, bewogen durch ihr grobes Unwissen oder gar durch Habgier, haben sie gegen jene wüten wollen, welche die göttliche Güte womöglich zur Erlangung der Gnade bestimmt hat. So hat auch der heilige Gregor einige, die danach trachteten, sie zu vernichten, daran gehindert und erklärt, es sei Sünde, jene vernichten zu wollen, die durch Gottes Barmherzigkeit erhalten geblieben sind, damit sie, nachdem sie Vaterland und Freiheit verloren haben, zur ständigen Sühne für das durch ihre Väter im Vergießen des Blutes Christi begangene Verbrechen verdammt, über die ganze Welt verstreut leben. ... Die Sache der Muslime ist von der der Juden ohne Zweifel ganz verschieden. Gegen jene, welche die Christen verfolgen und sie aus ihren Städten und Wohnsitzen vertreiben, wird gerechterweise Krieg geführt. Diese jedoch [die Juden] sind überall bereit zu dienen.[27]

Der Brief zeigt, wie Lehrtraditionen im Moment der Krise mit der Scheidung zwischen gerechtem Kampf und nicht zu billigender Gewalt zu einer konsistenten Argumentationslinie verdichtet werden konnten. Nach den Erfahrungen von 1066 stellt sich aber auch die Frage, warum der kaum

---

[23] *Gregor I.*, Registrum epistularum, hg. von Dag Norberg, Band 2 (Corpus Christianorum. Series latina 140a), Turnhout 1982, *Epist*. IX,196, S. 750 f., Z. 21–23; Text übersetzt bei *Blumenkranz*, Patristik und Frühmittelalter (s. o. Anm. 18), 108 f.; als Initialformel bereits in Epist. VIII,25 (Juni 598), ebd., S. 546 f.: Sicut Iudeis non debet esse licentia quicquam in synagogis suis ultra quam permissum est lege praesumere, ita in his quae eis concessa sunt nullum debent praeiudicium sustinere usw.; vgl. auch *Ernst Baltrusch*, Gregor der Große und sein Verhältnis zum Römischen Recht am Beispiel seiner Politik gegenüber den Juden, in: Historische Zeitschrift 259 (1994) 39–58; *Jeremy Cohen*, Christian Theology and Papal Policy in the Middle Ages, in: Katz (Hg.), The Cambridge Companion to Antisemitism (s. o. Anm. 22), 176–193, hier 179–184. Zu den *Sicut-Iudaeis*-Bullen siehe den Beitrag von *Thomas Brechenmacher* in diesem Band.

[24] Zitiert werden Ps 28,7 und 54,8.

[25] Vgl. *Blumenkranz*, Patristik und Frühmittelalter (s. o. Anm. 18), 108 f.

[26] Siehe *Solomon Grayzel*, The Papal Bull Sicut Judaeis, in: Meir Ben Horin/Bernard D. Weinryb/Solomon Zeitler (Hg.), Studies and Essays in Honor of Abraham A. Neuman, Leiden 1962, 243–280; *Shlomo Simonsohn*, The Apostolic See and the Jews, Band 7: History (Pontifical Institute Studies and Texts 109), Toronto 1991, 42–45; *Cohen*, Christian Theology and Papal Policy (s. o. Anm. 23), 181 f. Ein indirekter Hinweis auf die Ausübung des Judenschutzes ergibt sich allerdings schon für die Verfolgungen in Frankreich im Jahr 1007 aus einer hebräischen Chronik, dem sogenannten 1007-Anonymus; vgl. dazu *Johannes Heil*, Die Juden um das Jahr 1000 und die antijüdischen Reaktionen auf die Jerusalemer Krise, in: Ralph-Johannes Lilie (Hg.), Konfliktbewältigung vor 1000 Jahren. Die Zerstörung der Grabeskirche in Jerusalem im Jahre 1009 (Millennium Studies 32), Berlin 2011, 195–220, hier 210 f.

[27] Übersetzt nach *Blumenkranz*, Patristik und Frühmittelalter (s. o. Anm. 18), 113.

dreißig Jahre jüngere Kreuzzugsaufruf Urbans II. von 1095, soweit er sich rekonstruieren lässt, keine Provisionen zum Schutz der Juden geborgen hat und, wo Bischöfe ihn gegen die Pogromwelle im Rheinland auszuüben suchten (Mainz, Trier), er schlussendlich versagte.[28] Zugleich unterstreicht der Brief von 1066 mit dem Verweis auf die Dienstbarkeit die Konditionierung des Judenschutzes, zumal dabei unbestimmt blieb, was eintreten würde, wenn diese Juden nicht mehr „dienen" wollten und wie das eigentlich zu bemessen sei.

2.3 Der Talmud und die Grenzen der Duldsamkeit: Gregor IX. und Innocenz IV.

Wann die Grenze der Duldsamkeit überschritten sei, ließ unter den komplexen Bedingungen des Zusammenlebens von Juden und Christen vielerlei Auslegungen zu. Wiederkehrende Beschwerden über „widerspenstige Juden" (*Judaei obstinati*) in städtischen Dokumenten, gelehrten Traktaten wie auch Predigten zeigen, wie Bibelexegese und Gegenwartsdeutung immer mehr vermengt wurden.[29] Überschritten wollte diese Grenze vor allem dann erscheinen, wenn die Juden sich nicht mit der Rolle der „blinden Zeugen" für christliche Wahrheiten zufriedengaben und eine „zweite Offenbarung" jenseits des Kanons kirchlich approbierter Schriften des Alten Testaments vorlegten. Im Jahr 1236 legte ein Konvertit namens Nicolaus Donin in Rom ein Dossier vor, das angebliche Blasphemien beklagte, die der Talmud gegen Jesus, die Gottesmutter und christliche Lehren enthalte.[30] Ob Christen bis dahin tatsächlich kaum oder auch gar nicht über die „zweite Offenbarung" („mündliche Tora") im Bilde gewesen waren, sei dahingestellt.[31] Papst Gregor IX., der von 1227 bis 1241 amtierte, brauchte jedenfalls drei volle Jahre, um sich über das Dossier zu erregen, dann aber mit heftigen Worten. 1239 ordnete er die Konfiskation und Überprüfung des nachbiblischen jüdischen Schrifttums an, was 1241 in die Disputation vor König Ludwig IX. (dem „Heiligen") von Frankreich und in der Verbrennung der Schriften mündete. Gregors Nachfolger Innocenz IV. argumentierte in einem Schreiben an Ludwig IX. 1244:

Die Juden, von deren Herzen Christus wegen der Schwere ihrer Verbrechen den Schleier nicht abnehme und sie, solange es gefalle, in Blindheit belässt [nach Röm 11,25–26], übersehen in ihrem tiefen Unglauben, dass die Christenheit sie allein aus gläubigem Erbarmen annimmt und das Zusammenleben mit ihnen geduldig erträgt (*sustineat patienter*).

Dagegen begingen die Juden „unglaubliche [Verbrechen], die zu hören und zu sagen Schrecken bereitet", im Sinne nichtbiblischer Traditionen (Talmud) und – daran geknüpft – der immer weiteren Entfernung von der christlichen Wahrheit. Innocenz begründete:

Der Talmud ist ein großes Buch bei ihnen und übertrifft den Text der Bibel um ein Vielfaches; [auch] steht fest, daß er Blasphemien gegen Gott und Christus sowie gegen die selige Jungfrau enthält, peinliche Legenden, irrige Deutungen und unerhörte Torheiten, die sie ihre Söhne lehren und sie [damit] nähren und von der Lehre des Gesetzes und der Propheten abbringen, ... sodass sie die Wahrheit, die in diesem Gesetz und in den Propheten [geborgen] ist, nicht verstehen.[32]

Derselbe Papst stellte 1247 dann eine Schutzbulle aus, die die „Juden Alemanniens" (Deutschlands) gegen den Vorwurf der rituellen Kindstötung in Schutz nahm. Jetzt hieß es:

Die beklagenswerte Anfrage der Juden Alemanniens ist vorgetragen worden, dass einige, sowohl kirchliche als auch weltliche, Fürsten und andere Adelige und Mächtige eurer Städte und Diözesen, um deren Güter rechtswidrig zu rauben und sich anzueignen, gegen sie verwerfliche Ränke schmieden und allerlei Vorwürfe ersinnen, dabei nicht in Klugheit bedenkend, dass quasi

---

[28] Siehe *Alfred Haverkamp* (Hg.), Juden und Christen zur Zeit der Kreuzzüge (Vorträge und Forschungen 47), Sigmaringen 1999; ferner *Eva Haverkamp*, What Did the Christians Know? Latin Reports on the Persecutions of Jews in 1096, in: Crusades 7 (2008) 59–86.

[29] Um nur ein Beispiel zu nennen: *Rabanus Maurus* (gest. 856) setzt in seiner Enzyklopädie, also einem nüchterner Klassifikation dienenden Text, die Juden wesensmäßig mit Halbeseln (Onager) gleich: De rerum naturis 7,8, in: Jacques-Paul Migne, Patrologia Latina, Band 111, Sp. 303; vgl. *Giacomo Todeschini*, Licet in maxima parte adhuc bestiales. La raffigurazione degli Ebrei come non umani in alcuni testi altomedievali, in: Studi medievali 44 (2003) 1135–1150; *ders.*, Jewish Usurers, Blood Libel, and the Second-Hand Economy. The Medieval Origins of a Stereotype (13th–15th c.), in: Jonathan Adams/Cordelia Heß (Hg.), The Medieval Roots of Antisemitism. Continuities and Discontinuities from the Middle Ages to the Present Day, New York 2018, 341–351.

[30] *Israel J. Yuval*, Zwei Völker in deinem Leib. Gegenseitige Wahrnehmung von Juden und Christen in Spätantike und Mittelalter, aus dem Hebräischen von Dafna Mach, Göttingen 2007, 273–283; *Cohen*, Christian Theology and Papal Policy (s. o. Anm. 23), 189–191; ferner *Gilbert Dahan* (Hg.), Le brûlement du Talmud à Paris, 1242–1244, Paris 1999.

[31] Siehe *Yvonne Friedman*, Anti-Talmudic Invectives from Peter the Venerable to Nicolas Donin (1144–1244), in: Dahan (Hg.), Le brûlement du Talmud (s. o. Anm. 30), 171–189.

[32] *Simonsohn*, The Apostolic See and the Jews. Documents, Band 1 (Pontifical Institute Studies and Texts 94), Toronto ²1991, Nr. 171 (meine Übersetzung).

aus deren Archiven die Zeugnisse für den christlichen Glauben heraufkommen.

Innocenz wies die Beschuldigung, dass die Juden zu Pessach (*in sollemnitate Paschali*) „getötete Jungen verzehren", zurück und hielt fest, dass ihnen dazu anderweitig aufgefundene Leichname untergeschoben würden.

Und mit diesen und anderen Erdichtungen wüten sie gegen sie und berauben sie ohne Anklage, ohne Geständnis, ohne Verurteilung ungeachtet der Privilegien, die ihnen vom apostolischen Stuhl gütig gewährt wurden, gegen Gott und Gerechtigkeit aller ihrer Güter; und durch Hunger, Gefängnis und so viele Übel und größte Lasten bedrücken sie sie, auf dass es ihnen unter der Herrschaft der Adeligen und Mächtigen erbärmlicher geht als ihren Vorvätern, die unter dem Pharao in Ägypten waren. Sie vertreiben sie erbarmungslos aus ihren Wohnsitzen, die sie und ihre Vorfahren seit unvordenklichen Zeiten bewohnt haben, und weil sie ihre Auslöschung (*exterminium*) fürchten, sind sie hilfesuchend an den Heiligen Stuhl herangetreten.[33]

Ebenso ist Innocenz gegen einen Ritualmordvorwurf im südfranzösischen Valréas vorgegangen.[34]

Wie passt das zusammen – den Talmud vernichten und die Juden erhalten? Innocenz wollte die Juden erhalten, weil dies heilsgeschichtlich geboten und letztlich gottgewollt erschien, auch weil es der Lehre der Kirchenväter entsprach, ferner weil das römische und das kanonische Recht das so bestimmten und schließlich auch, weil das Papsttum mit der Ausübung des Judenschutzes Rechtstitel im Herrschaftsbereich des heftig befehdeten Stauferkaisers Friedrich II. reklamieren konnte. 1236 hatte der Kaiser den Vorwurf durch sein Hofgericht verhandeln lassen und die Verurteilung publiziert.[35] In der Sache ebenso, aber strategisch sichtlich als konkurrierende Stellungnahme, verurteilte Innocenz den Vorwurf; denn die Tora (der Pentateuch) als auch den Christen verbindliche Autorität untersage den Verzehr von Blut strikt (Gen 9,4; Lev 19,26 u. ö.), und wo die Juden in ihrer „Blindheit" ohnehin nicht über den unmittelbaren Wortsinn hinausgelangten, sei die Gültigkeit der Weisungen erst recht nicht zu bezweifeln. Den Talmud und die anderen rabbinischen Schriften aber wollte er unter derselben Prämisse, nämlich des Erhalts der Juden, wie die Kirche sie modelliert hatte, verbieten, konfiszieren und verbrennen lassen: Mit der Berufung auf eine andere Offenbarung neben der schriftlichen vom Sinai waren die Juden nach seiner Auffassung selbst vom Gesetz des Mose abgewichen und Häretiker ihrer eigenen Religion geworden. So zeigt gerade der Abgleich dieser nur beim ersten Ansehen widersprüchlichen Dokumente, wie weit der „hermeneutische Jude", den sich die christliche Theologie geschaffen hatte, von der kulturellen und sozialen Realität des mittelalterlichen Judentums entfernt war.[36]

2.4 Mechanismen der Ausgrenzung: Innerchristliche Devianz und Judenfeindschaft

Vielleicht war die Weigerung, das mittelalterliche Judentum in seiner lebensweltlichen Realität anzuerkennen, einer der Gründe, warum kirchlicher und auch weltlicher Judenschutz immer wieder versagten. Wohl wurde der eschatologische Vorbehalt zugunsten der Juden, der ihnen wenigstens einen sicheren Platz in der christlichen Umwelt hätte bewahren müssen, auch in der Folge immer wieder erinnert. Im Verlauf der Krisenjahre des großen Pestzugs hat Papst Clemens VI. 1349 gegen den Vorwurf, die Juden hätten die Brunnen vergiftet und damit die Pest ausgelöst, den Juden einmal mehr Schutzbullen zukommen lassen. Gerettet hat sie das nicht. Sie wurden in einer Bewegung, deren Ausmaß an die Schoa im 20. Jahrhundert heranreichte, in weiten Teilen Nordeuropas ermordet.[37]

---

[33] *Simonsohn*, The Apostolic See and the Jews, Band 1 (s. o. Anm. 32), Nr. 188.

[34] *Simonsohn*, The Apostolic See and the Jews, Band 1 (s. o. Anm. 32), Nr. 181–182, 185, 188.

[35] Vgl. *Bernhard Diestelkamp*, Der Vorwurf des Ritualmords gegen Juden vor dem Hofgericht Kaiser Friedrichs II. im Jahr 1236, in: Dieter Simon (Hg.), Religiöse Devianz. Untersuchungen zur sozialen, rechtlichen und theologischen Reaktion auf religiöse Abweichung im westlichen und östlichen Mittelalter (Ius Commune. Sonderhefte 48), Frankfurt am Main 1990, 19–39.

[36] Nachweise bei *Johannes Heil*, „Gottesfeinde" – „Menschenfeinde". Die Vorstellung von jüdischer Weltverschwörung (13. bis 16. Jahrhundert), Essen 2006, 93–98. Noch im Jahr 1928, im Zusammenhang der Untersuchungen des römischen Heiligen Offiziums gegen die Vereinigung der *Amici Israel*, trug dessen Sekretär, Kardinal Merry del Vals, Argumente vor, die nahtlos an die Argumentation Innocenz' IV. anknüpften: „Der Hebraismus mit allen seinen vom Talmud inspirierten Sekten ist immer noch in treuloser Weise dem Christentum entgegengesetzt und heute, nach dem Krieg, erhebt er sich mehr denn je und versucht, das Reich Israel wieder aufzubauen, in Opposition zu Christus und seiner Kirche"; *Hubert Wolf*, Liturgischer Antisemitismus? Die Karfreitagsfürbitte für die Juden und die Römische Kurie (1928–1975), in: Florian Schuller/Giuseppe Veltri/Hubert Wolf (Hg.), Katholizismus und Judentum. Gemeinsamkeiten und Verwerfungen vom 16.–20. Jahrhundert, Regensburg 2005, 253–269, hier 260 f.

[37] Vgl. *Simonsohn*, The Apostolic See and the Jews, Band 1

Bestand hatte die Figur des „hermeneutischen Juden" jetzt aber meist nur noch als einseitig negative Referenz. Die daraus hervorgegangenen Vorstellungen nahmen seit dem zwölften Jahrhundert immer extremere Formen an. Einen wesentlichen Antrieb boten dabei, anders als in der jüngeren Forschung oft angenommen wird, weniger und gewiss nicht alleine die unmittelbaren Begegnungen mit Juden und daraus gewonnene Vorstellungen[38] oder die Dynamiken intensivierter Frömmigkeitsformen und -bewegungen.[39] Begibt man sich unter die textliche Oberfläche der Quellen, dann wird leicht kenntlich, wie lebensweltliche Themen und Konfliktlagen auf die theologische und populärreligiöse Gedankenproduktion zurückwirkten; noch so weltlichen Aspirationen war leichter Anhang zu verschaffen, wenn sie im Gewand frommer Motive daherkamen.[40]

Eine ganz eigene Rolle bei der Popularisierung judenfeindlicher Narrative nimmt der innerchristliche Häretikerdiskurs ein. Das Motiv des „Judaisierers" als Instrument zur Bestimmung von Devianz gegenüber Orthodoxie hatten schon die Kirchenväter zum Einsatz gebracht. Wer dann Bilderverehrung oder Heiligenkult, überhaupt Traditionen kritisch kommentierte oder einfach nur anders verstand, galt rasch als „Judaisierer" und wurde dem „Verräter" Judas ähnlich gemacht. Das galt für bilderkritische Theologen der Karolingerzeit ebenso wie für spätere Reformer und die Reformatoren des 16. Jahrhunderts, spiegelbildlich aber auch für die Altgläubigen aus reformatorischer Perspektive. Der Unterschied war lediglich quantitativer Natur: Im 16. Jahrhundert standen sich in etwa gleich große Lager gegenüber, mit dem Ergebnis eines inkriminatorischen Patts, das nicht mehr mit den Mitteln der Macht alleine entschieden werden konnte. Ob die Häresie ein ums andere Mal „schlimmer als die Juden" erschienen oder „nur noch von den Juden überboten" worden sein soll, war dabei einerlei. So oder so wurden die Juden geradezu inflationär als Maßstab in innerchristlichen Auseinandersetzungen aufgerufen, mit denen sie aktiv nichts zu tun hatten.[41]

Auch die Legende vom Ritualmord und ebenso der Vorwurf des Hostienfrevels, die ob ihrer mörderischen Rezeptionen und Verbreitung als so typisch antijüdisch gelten, haben ihre Ursprünge im innerchristlichen Devianzdiskurs. Das Motiv vom in falscher Eucharistie geopferten Kind taucht erstmals im Nachgang einer Synode in Orléans 1022/23 auf, wo „über die neuen Manichäer" und ihre orgiastischen Zusammenkünfte berichtet wurde. Die Häretiker hätten die aus diesen Zusammenkünften hervorgegangenen Neugeborenen am achten Tag (analog zur Beschneidung!) zu Asche verbrannt und sie dann in quasi negativer Eucharistie verzehrt.[42] Nach Guibert von Nogent, der an der Wende zum zwölften Jahrhundert schrieb, warf die Gemeinde der Frevler durch das Feuer „einen Knaben von Hand zu Hand, bis er getötet war. Darauf machte man [seinen Körper] zu Asche und bereitete daraus Brote, wovon ein jeder seinen Anteil zur Eucharistie erhielt. Nach dem Verzehr ist kaum einmal einer aus dieser Häresie wieder zur Besinnung gekommen".[43]

Diese Berichte sind Jahrzehnte älter als der Fall des Jungen William von Norwich 1144, den Thomas von Monmouth zu einer antijüdischen Erzählung formte, die als Legende vom immer wieder vorgenommenen jüdischen Ritualmord

---

(s. o. Anm. 32), Nr. 372–373; dazu *Johannes Heil*, Die Zeichnung eines Frankfurter Ratsschreibers (~ 1450) und die Vorstellung von „jüdischer Verschwörung" im Mittelalter, in: Heribert Müller (Hg.), „Ihrer Bürger Freiheit" – Frankfurt am Main im Mittelalter. Gedenkschrift für Elsbet Orth, Frankfurt am Main 2004, 175–195, hier 175 f.; zum Ausmaß der Judenverfolgungen 1348/49 noch immer grundlegend ist *František Graus*, Pest – Geißler – Judenmorde. Das 14. Jahrhundert als Krisenzeit (Veröffentlichungen des Max-Planck-Instituts für Geschichte 86), Göttingen ³1994.

[38] Vgl. *Yuval*, Zwei Völker in deinem Leib (s. o. Anm. 30), bes. Kap. 4.

[39] Vgl. *Miri Rubin*, Gentile Tales. The Narrative Assault on Late Medieval Jews, London/New Haven 1999; *dies.*, Jews and Anti-Judaism in Christian Religious Literature, in: Katz (Hg.), The Cambridge Companion to Antisemitism (s. o. Anm. 22), 232–247.

[40] Das lässt sich am Zusammenhang zwischen der gewaltsamen Beseitigung von Gläubigern und den Legenden vom Kindsmord und Hostienfrevel etwa 1287 (Werner von Bacharach), 1298 („Rintfleisch"-Pogrome) oder 1336–1338 („Armleder", Pulkau), belegen: *Graus*, Pest – Geißler – Judenmorde (s. o. Anm. 37), 291–298; exemplarisch ist der Fall eines Anführers der „Armleder": *Klaus Arnold*, Arnold von Uissigheim (um 1290–1336), in: Erich Schneider (Hg.), Fränkische Lebensbilder, Band 20, Würzburg 2004, 1–15; siehe grundsätzlich *Mitchell B. Merback*, Pilgrimage and Pogrom. Violence, Memory, and Visual Culture at the Host-Miracle Shrines of Germany and Austria, Chicago 2012.

[41] *Heil*, Gottesfeinde (s. o. Anm. 36), 149 ff. 225 ff.; ferner *Alexander Patschovsky*, Feindbilder der Kirche. Juden und Ketzer im Vergleich (11.–13. Jahrhundert), in: A. Haverkamp (Hg.), Juden und Christen (s. o. Anm. 28), 327–357; *Volker Turnau*, Politische Motive bei Judenverfolgungen im Reich während der zweiten Hälfte des 13. und zu Beginn des 14. Jahrhunderts, Trier 2013.

[42] *Gesta Synodi Aurelianensis*, in: Martin Bouquet (Hg.), Recueil des historiens de Gaule et de la France, Band 10, Paris 1760, 538; siehe *Heil*, Gottesfeinde (s. o. Anm. 36), 239 f.

[43] *Guibert de Nogent*, De vita sua 2,17, in: Jacques-Paul Migne, Patrologia Latina, Band 156, Sp. 951A–D.

dann über Frankreich nach Deutschland eine verheerende Karriere machte.⁴⁴ Ebenso verhält es sich mit der Hostienfrevellegende, die in ihrer antijüdischen Version seit 1290 nachweisbar ist, aber ebenfalls Vorläufer mit rein christlicher Besetzung hat, etwa den Bericht von der irrgläubigen Augsburger Christin, die 1199 zur Ausübung magischer Praktiken die Hostie im Mund aus der Kirche herausgetragen und zu Hause in Wachs gefasst aufbewahrt haben soll – „ohne ersichtlichen Grund", wie der Chronist betonte.⁴⁵

Offenbar wurden Skandalisierungsschemata, die im Ursprung einem innerchristlichen Rationale folgten, mit der Zeit aus dem christlichen Binnenraum ausgelagert und auf die Juden übertragen. Die Hermeneutik des Verdachts folgte einer eigenen Logik: Wenn schon die Häretiker ihren „Wahnsinn" manifest machen würden, war Gleiches auch von den Juden als den alten Gegnern der Christenheit anzunehmen. Dabei wurde Gleiches an Ungleichen abgeglichen: Die Devianz im Innern konnte mit Argumenten und Zwangsmitteln bekämpft werden; diesem Zugriff entzogen sich die Juden. Auf der anderen Seite waren sie theologisch, durch den eschatologischen Vorbehalt, und rechtlich dank kaiserlichen und päpstlichen Schutzes gefeit – zumindest im scholastischen Diskurs. Dessen Feinheiten freilich verloren außerhalb gelehrter Zirkel ihre Bindungskraft; im Raum der Gesellschaft, besonders mit den Bettelordenspredigern als Transmittern, flossen dichotomisch reduzierte religiöse Motive in die Lebenswelt ohnehin zunehmend krisengetriebener Gesellschaften ein. Klimabedingte Missernten, Verarmung und Verteilungskämpfe, sozialer Unrast allenthalben⁴⁶ dürften ganz wesentlich zum blutigen Erfolg mittelalterlicher Sakrallegenden in ihren antijüdischen Fassungen beigetragen haben: Konnten die Juden als unbändige Täter gegen die Christenheit ihren idealen (tatsächlich zerrissenen) Körper und ihre Heiligtümer „entlarvt" werden, dann war auch ihrer privilegienbewehrten Minderheitenstellung innerhalb der christlichen Gesellschaft der Boden entzogen.

2.5 Antijudaismus und Antisemitismus: fließende Übergänge

Bei der Frage nach dem Anteil christlicher Traditionen zur Entstehung jener Ausprägung von Judenfeindschaft, die die Pogromwellen des Mittelalters und im 20. Jahrhundert den Genozid an den europäischen Juden möglich gemacht haben, wird oft eine Trennung zwischen Antijudaismus und Antisemitismus vorgenommen. Auf der begrifflichen Ebene ist eine solche Differenzierung hilfreich, allein um die behandelten Gegenstände deutlich zu konturieren und insbesondere dem Eindruck eines allwaltenden, immer gleichen Antisemitismus vorzubauen. Denn kategorial ist unbedingt zwischen christlich geleiteter Konditionierung jüdischer Existenz und dem Konstrukt eines unaufhebbaren Kultur- oder Rassengegensatzes zu trennen.⁴⁷ Das heißt aber keineswegs, dass die damit bezeichneten Phänomene zeitlich oder hinsichtlich ihrer Ursachen voneinander geschieden seien. Obendrein ist der Übergang zwischen beiden nicht erst beim Aufkommen des „modernen" Antisemitismus in den 1880er-Jahren anzusetzen, sondern lange zuvor fließend angelegt gewesen. Dafür einige Beispiele:

Als man 1348 die Juden von Kenzingen nahe Freiburg im Breisgau durch die Folter zum Bekenntnis brachte, dass sie „hätten vergiftet all die Brunnen, die zu Kenzingen sind", kam gleich ein ganzes Bündel vorgeblicher Vergehen ans Tageslicht. Nicht nur, dass die Juden den Vergiftungsvorwurf bestätigt hatten. In den Akten findet sich auch das Geständnis des Juden Jacob: Er habe in früheren Jahren zwei christliche Jungen „geschächtet", einen in Tübingen und einen in Mün-

---

⁴⁴ Siehe *Emily M. Rose*, The Murder of William Norwich. The Origins of the Blood Libel in Medieval Europe, Oxford/New York 2015.

⁴⁵ Augsburg 1199: *Annales Marbacenses*, in: Monumenta Germaniae Historica (MGH), Band 17, hg. von Georg H. Pertz, Hannover 1861, 169 f.; zum Pariser „Miracle des Billets" 1290 siehe *Yonatan Glazer-Eytan*, Jews Imagined and Real. Representing and Prosecuting Host Profanation in Late Medieval Aragon, in: Franco-Llopis Borja/Antonio Urquízar-Herrera (Hg.), Jews and Muslims Made Visible in Christian Iberia and Beyond, 14th–18th Centuries. Another Image, Leiden 2019, 40–69, hier 41.

⁴⁶ Vgl. dazu *Graus*, Pest – Geißler – Judenmorde (s. o. Anm. 37), 371–376.402–407; ferner *Johannes Heil*, Judenfeindschaft, Frömmigkeit und Gewalt im Mittelalter. Texte, Ereignisse und Deutungen, in: Michael Kohlstruck/Andreas Klärner (Hg.), Ausschluss und Feindschaft. Studien zu Antisemitismus und Rechtsextremismus. Rainer Erb zum 65. Geburtstag, Berlin 2011, 17–37, bes. 27–32.

⁴⁷ Vgl. etwa *Johannes Heil*, „Antijudaismus" und „Antisemitismus" – Begriffe als Bedeutungsträger, in: Jahrbuch für Antisemitismusforschung 6 (1997) 92–114; *Claus-Ekkehard Bärsch*, Antijudaismus und Antisemitismus/Philosemitismus und Philosemitismus: adäquate Begriffe?, in: Irene A. Diekmann/Elke-Vera Kotowski (Hg.), Geliebter Feind, gehasster Freund. Antisemitismus und Philosemitismus in Geschichte und Gegenwart, Berlin 2009, 167–187; *Rainer Kampling*, Antijudaismus, in: Wolfgang Benz (Hg.), Handbuch des Antisemitismus, Band 3: Begriffe, Ideologien, Theorien, Berlin 2010, 10–13; zuletzt *Christoph Cluse*, Stercus Abrahe. Binäre Codes in Antijudaismus und Antisemitismus, in: Aschkenas 32 (2022) 205–232.

chen. Ein anderer Jude, Abraham, wollte dem erfolterten Protokoll zufolge in Straßburg ein Kind von einem Jahr „verderbet" haben. Das war aber beileibe nicht alles: Auch das Sauerkraut sollen die Juden damals vergiftet, den Wein in der Kelter „beschissen" und dergleichen mit dem Graben gemacht haben, sodass schließlich auch die Fische und Frösche darin eingingen.[48]

Gerade in der weiten, umfassenden Erstreckung der angeblichen Taten mag man noch die jüdische Rebellion gegen Gott als traditionell religiöses Motiv erkennen. Gleichwohl: Ein Gott kommt im gesamten Kenzinger Protokoll mit keinem Wort vor. Tatsächlich ist die Gegnerschaft der Juden schon hier, wie es dann in der Judenfeindschaft der Moderne so bestimmend werden sollte, ganz auf die Welt bezogen. In dieser Welt wollten die Juden nach dem Befund der Kenzinger Ermittler jeden Schaden anrichten, der sich nur irgend vollbringen ließ. Mit christlicher Konditionierung des jüdischen Status, wie Augustinus es formuliert hatte, hatten diese „Bekenntnisse" kaum noch etwas zu tun. Eher ist das ein frühes Dokument für eine völlig säkularisierte Judenfeindschaft, die zugleich ihr Herkommen aus religiösen Zusammenhängen erkennen lässt.

Für die Zeit der Reformation müssen hier dann nicht die oft zitierten späten Luther-Schriften angeführt werden, auch nicht seine frühen, die wohl sprachlich weniger extrem, theologisch aber nur wenig anders gehalten sind.[49] Obendrein ist das Bild erst dann einigermaßen vollständig, wenn man jenseits davon ansetzt, beim „Judenbüchlein", das der altgläubige Theologe und Kontrahent Luthers Johannes Eck 1541 gegen eine anonym erschienene Schrift zur Verteidigung der Juden publiziert hatte, die gemeinhin dem Nürnberger Reformator Andreas Osiander zugeschrieben wird. Darin ist nach Ton und Inhalt schon vieles vom Luther des Jahres 1543 enthalten, und mehr noch: eine umfassende Schilderung jüdischer „Verbrechen" gegen Christus und die Christenheit, die von der jüdischen Verschwörung zum Fall des Westgotenreichs 711 bis in die Gegenwart reichte, und all das, weil „sie meinen, Messias werde kommen in Wolken und das römische Reich zerstören und machen die Juden herrschen über alle Völker der Welt".[50] Hingewiesen sei auch auf einen Text vom Vorabend der Reformation, der zeigt, dass Luther selbst in der Grobheit seines Denkens und seiner Sprache nicht originell war. Bei Ulrich Zasius, einem bis heute durchaus geschätzten Freiburger Juristen und kaiserlichen Rat, hieß es bereits 1508:

> Die Juden sind nämlich den Christen äußerst lästig. Sie verfluchen die Christen mit öffentlichen Schmähungen und Verwünschungen, beuten sie mit Wucher aus, verweigern Abgaben, verspotten unseren allerheiligsten Glauben und verabscheuen ihn immerzu; sie verbreiten gegen unseren Heiland in aller Öffentlichkeit die schändlichsten Blasphemien. Und was uns allen am erschütterndsten ist, Tag und Nacht lechzen … diese blutdürstigen Blutsauger nach Christenblut.[51]

Auch hier mischen sich in den religiösen Eifer die Motive der Ausbeutung, der Verräterei und des Herrschaftsstrebens, Motive also, die wenig theologisches Denken bergen und zugleich aus der Judenfeindschaft der Moderne so nachhaltig bekannt sind.

Bei Eck fällt es angesichts des Extremismus der Sprache schwer, jenes Moment zu registrieren, das retardierend wirken sollte: die Wiederaufnahme des althergebrachten eschatologischen Vorbehalts zugunsten der Juden in Nachfolge Augustins, wie sie die Kapitelüberschrift – immerhin fragend und schon mit dem Gegenargument auf dem Fuße – einleitet: „Warum die Kirche geduldet die Juden, die doch hassen die Christen ob alle Nation auf Erden."[52]

---

[48] *Urkunden und Akten der Stadt Strassburg*, Abt. 1: Urkundenbuch der Stadt Strassburg, Band 5: Politische Urkunden von 1332 bis 1380, bearbeitet von Hans Witte/Georg Wolfram, Straßburg 1896, Nr. 188.

[49] Aus der umfangreichen Literatur *Harry Oelke* u. a. (Hg.), Martin Luthers „Judenschriften". Die Rezeption im 19. und 20. Jahrhundert, Göttingen 2016; *Dorothea Wendebourg/Andreas Stegmann/Martin Ohst* (Hg.), Protestantismus, Antijudaismus, Antisemitismus. Konvergenzen und Konfrontationen in ihren Kontexten, Tübingen 2017; *Martin Stöhr*, „Martin Luther und die Juden" als Thema im jüdisch-christlichen Dialog, in: Lutherische Theologie und Kirche 41 (2017) 186–214.

[50] *Johannes Eck*, Ains Judenbüechlein verlegung darin ain Christ ganzer Christenheit zu schmach will es geschee den Juden unrecht in bezichtigung der Christen kinder mordt. Hierin findst auch vil histori was übels und büeberey die Juden in allen teütschen land und andern künigreichen gistift haben, Ingolstadt 1541, fol. [96r]; vgl. *Steven Rowan*, Luther, Bucer, and Eck on the Jews, in: The Sixteenth Century Journal 16 (1985) 79–90; *Johannes Brosseder*, Die Juden im theologischen Werk von Johann Eck, in: Rolf Decot/Matthieu Arnold (Hg.), Christen und Juden im Reformationszeitalter (Veröffentlichungen des Instituts für Europäische Geschichte Mainz. Beiheft 72), Mainz 2006, 77–96.

[51] *Ulrich Zasius*, Questiones: de parvulis Judeorum Baptisandis, a communi doctorum assertione dissidentes, Straßburg 1508; vgl. *Steven Rowan*, Ulrich Zasius. A Jurist in the German Renaissance, 1471–1535, Frankfurt am Main 1987, 44–67.

[52] *Eck*, Ains Judenbüechlein (s. o. Anm. 50), cap. 22, fols. XIr–XIIIr.

Die Bedeutung der Reformationszeit für die Fortschreibung der „Lehre der Verachtung" gründet weniger auf den Motiven, die sich weithin, selbst in ihren Extremen, in traditionellen Bahnen bewegten. Sprachlich war der Abstand zwischen Kenzingen, Freiburg, Wittenberg und Ingolstadt gering. Fragt man nach dem Unterschied zwischen den Schriften der Reformationszeit und den Aussagen eines Zasius oder des älteren Kenzinger Protokolls, dann ist es die strategische Stellung der Judenfeindschaft innerhalb des Ende der 1520er-Jahre in Gang gekommenen innerchristlichen Disputs. Als Gegner par excellence boten sich die Juden dabei als billige Projektionsfläche an. In der Auseinandersetzung, vor allem in der effektheischenden Polemik, bezichtigte fortan jede Seite den Gegner des Judaisierens und auch solcher verschwörerischer Handlungen, die bis dahin als „jüdisch" gegolten hatten.[53]

Hieronymus Emser erhob Luther schon 1519 zum Patron der Hussiten und unterstellte, dass sein Gegner

nicht nur Küsse mit den Böhmen austauschte, sondern auch die Türken kämen, um ihm Geschenke zu bringen. ... Nichts nämlich passt dem einfältigen (*lepidum*) Kopf besser, als nicht nur den Böhmen, sondern auch Juden, Türken und Sarazenen gefallen zu können.[54]

Ganz gleich, worum und gegen wen es gerade ging, die Juden boten immer den Maßstab: Luther galt als Haupt einer „teuflischen Gegenkirche" und der „Synagoge des Satans". Die falsche Bibelauslegung wurde zur „Juden Glosse", der Papst zum Wiedergänger des Hohen Priesters Kajaphas und ein Konfessionswechsler wie Friedrich Staphylus zum Judas, während dieser nach gleichem Muster seine Gegner „Rabbiner Ungeziefer" nannte. Und Andreas Osiander hoffte in seiner Nürnberger Zeit für seine altgläubigen Gegner, Gott kenne (auf Titus, den Eroberer Jerusalems im Jahr 70 und späteren Kaiser, anspielend) wohl noch „ein[en] Titum, der diese Juden auch verderben muß".[55]

Ganz gleich, wer hier schrieb und aus welchem Lager heraus – für all diese Dikta waren die Juden unentbehrlich. Das war im Grunde noch immer der „hermeneutische Jude" des Mittelalters (Jeremy Cohen), dessen Funktion nunmehr aber kaum noch theologisch fundiert war. Überhaupt waren, was die Vorstellungswelten der Christen angen, die Juden auch da präsent, wo sie längst vertrieben waren. So in Nürnberg und im Horizont der Sankt Lorenzer Gemeinde des Reformators Andreas Osiander, in dessen Predigt „von den Spöttern des Gottesworts" aus dem Jahr 1545 man schon die Gedankenwelt des Rassenantisemitismus findet, jener Judenfeindschaft also, die die Differenz nicht im Glauben, sondern im Wesen der Juden sucht und die dann irreparabel erscheint:

So sind zwar die Juden viel härter gestraft, deren Tempel und Land gar zerstört und sie nun fünfzehnhundert Jahr im Elend; dazu sie das Malszeichen für ihr Gespött in ihrem Angesicht ihnen selbst zur ewigen Schande tragen, so dass man sie an ihren geschwollenen Lippen, schleimigen Mündern, krummen Mäulern, schlimmen Nasen und Angesichten in aller Welt von allen andern Völkern erkennt. Darum sollen alle Christen sich solches Gespötts ernstlich enthalten und davor hüten.[56]

Gewiss, als „Spötter des Gottesworts" waren nur mittelbar die Juden gemeint. Osiander hatte hier eher die Altgläubigen im Sinn, aber womöglich auch seine reformierten Nürnberger Gegner. Für die Blaupause zur Zeichnung der Gegnerschaft hatten aber die Juden herhalten müssen, denn die anderen „Spötter" werden sonst in dieser Predigt nur indirekt erwähnt, als „Pfaffen", Kirchenkarrieristen oder mit dem Hinweis auf die Unzucht in den Frauenklöstern.

3. Aktuelle Herausforderungen

Geschichtswissenschaft ist Orientierungwissenschaft, auch für Theologie und kirchliche Praxis. Dieser Überblick hat sich auf die Quellen und ihre Sprache eingelassen. Er hat versucht, ihre historischen Standorte herauszuarbeiten, und es kann der Eindruck entstehen, dass er bei der Nachzeichnung des theologischen Rationals der Quellen mehr und mehr von der zunehmenden Radikalität der Sprache mitgerissen wurde. Das bildet tatsächlich einen Prozess ab, der im *longue-durée*-Blick immer extremer wurde. Im Umkehrschluss ist festzuhalten, dass nichts in diesem Prozess

---

[53] Vgl. *Heil*, Gottesfeinde (s. o. Anm. 36), bes. 325–333.

[54] *Hieronymus Emser*, A venatione Luteriana aegocerotis assertio (1519), hg. von Franz X. Thurnhofer (Corpus Catholicorum 4), Münster 1921, 46.59; ferner die Nachweise bei *Heil*, Gottesfeinde (s. o. Anm. 36), 313 f.

[55] Nachweise und weitere Beispiele bei *Heil*, Gottesfeinde (s. o. Anm. 36), 310–333.

[56] *Andreas Osiander*, Von den Spöttern des Gottesworts (1545), in: ders., Gesamtausgabe, Band 8, hg. von Gerhard Müller/Gottfried Seebaß, Gütersloh 1990, Nr. 326, hier 386 (meine Transkription).

zwangsläufig oder notwendig gewesen ist. Immer wieder haben situative Umstände über Deutungen, Haltungen und Taten entschieden und eine um die andere Schicht von fragwürdigen Gewissheiten in unserem Erinnerungshaushalt angelegt. Erst der Zivilisationsbruch des 20. Jahrhunderts (Theodor W. Adorno) hat auf christlicher Seite einen ernsten Willen zum Befragen der eigenen Traditionen auf den Weg gebracht.

3.1 Antisemitismus als kultureller Code

Von Augustins Versuch einer nach christlicher Maßgabe ausbalancierten Bestimmung des Standorts der Juden in der Heilsgeschichte ist bis auf Johannes Eck und seine Zeitgenossen nur noch eine Karikatur geblieben. Der weite Bogen vom fünften bis zum 16. Jahrhundert belegt, wie Augustins retrospektiv ausgerichtete „Lehre der Verachtung" durch das nach vorne gerichtete Ressentiment, das immer radikaler nach Handlung strebte, überschrieben wurde. Im Grunde waren bereits im 16. Jahrhundert alle jene Motive formuliert, aus denen sich die Judenfeindschaft der Moderne bis in unsere Tage speisen sollte. Sie waren für nationalistische, kulturchauvinistische, rassistische und religiöse Diskurse gleichermaßen anbindungsfähig – mit unterschiedlicher Prägnanz, aber inhaltlich stets eng miteinander verwoben. Den daraus zu ziehenden Folgerungen haben sich in den vergangenen Jahrzehnten zahlreiche Arbeiten gewidmet. Zwei gewichtige Stimmen dabei sollen herausgehoben werden. Shulamit Volkov hat, auf das 19. und frühe 20. Jahrhundert bezogen, den „Antisemitismus als kulturellen Code" beschrieben.[57] Blickt man weiter zurück, trifft dieser Befund für die Zeit seit dem hohen Mittelalter kaum minder zu, am ehesten noch mit dem Unterschied, dass die vormoderne Judenfeindschaft jenseits religiöser Grundierung oder Verbrämung nicht als kohärent ideologisches System gedacht war, sondern immer wieder situativ artikuliert wurde. Für David Nirenberg ist – um seinen Begriff aufzugreifen – der „Antijudaismus" ein essenzieller Teil der westlichen Denktradition (und daran knüpfender Politiken) und nicht etwa ein Irrweg, der bedauerlicherweise wiederholt eingeschlagen worden wäre. Die Kette von Belegen, die er dafür anführen kann, von ägyptischen Vorzeiten bis in die Gegenwart, erscheint schier erdrückend. In der Summe kommt eine Unzahl von Stimmen zusammen, die die Juden unerbittlich als die Anderen markieren, wenn nicht auf ihre Auslöschung drängen. Das ist ein unbequemer Befund, aber, wie Nirenberg es einleitend ausdrückte, nötig, um „jene Art von Reflexion anregen [zu] können, die wir benötigen, um uns einiger unserer Denkgewohnheiten bewusst zu werden".[58]

3.2 Dekonstruktion und Revision als fortdauernde Aufgabe

Die Theologien, christliche wie jüdische, haben in wenigen Jahrzehnten gewaltige Schritte unternommen, die langlebige „Lehre der Verachtung" zu hinterfragen und neu zu überschreiben. Von christlicher Seite lässt sich theologisch begründet sagen, dass „Gott weiterhin im Volk des alten Bundes wirkt".[59] Dem wurde von jüdischer Seite die Gewissheit zugesellt, „den Willen unseres Vaters im Himmel [zu] tun, indem wir die uns angebotene Hand unserer christlichen Brüder und Schwestern ergreifen".[60] Dieses Aneinander im Denken und Handeln eifert nicht, sondern ermöglicht eine theologische Reflexion über die bleibende Verschiedenheit von Juden/Jüdinnen und Christen/Christinnen. Aus dem Konzept Augustins hat dabei nur die Gewissheit Bestand, dass das Nebeneinander von Judentum und Christentum Gottes Plan entspricht. Alles Oben und Unten ist dagegen entfallen. Die Renovierungsarbeiten im Haus der Heilsgeschichte sind noch lange nicht abgeschlossen, und geschichtliche Forschung muss auch in Zukunft einen wesentlichen Beitrag zu ihren Fundierungen leisten. Auch wenn sich die Etappen dieser „Geschichte unserer Ideen", wie hier versucht, auf wenigen Seiten skizzieren lassen, sind viele Fragen zu einzelnen Verläufen noch offen. Die wesentliche Aufgabe besteht darin, die Ansätze zu interreligiösem Lernen, die vonseiten der Religionspädagogiken bereitste-

---

[57] *Shulamit Volkov*, Antisemitismus als kultureller Code. Zehn Essays, München 2000.

[58] *David Nirenberg*, Anti-Judaismus. Eine andere Geschichte des westlichen Denkens, München ²2017, 16.

[59] Vgl. dazu den Beitrag von *Gregor Maria Hoff* in diesem Band.

[60] Den Willen unseres Vaters im Himmel tun. Hin zu einer Partnerschaft zwischen Juden und Christen – Die Erklärung orthodoxer Rabbiner zum Christentum (2015), in: Jehoschua Ahrens/Karl-Hermann Blickle/David Bollag/Johannes Heil (Hg.), Hin zu einer Partnerschaft zwischen Juden und Christen – Die Erklärung orthodoxer Rabbiner zum Christentum (2015), Berlin 2017, 253–258, hier 253. Text auch online: https://www.jcrelations.net/de/statements/statement/den-willen-unseres-vaters-im-himmel-tun-hin-zu-einer-partnerschaft-zwischen-juden-und-christen.html (letzter Zugriff am 15.10.2023).

hen,⁶¹ für die Felder der Geschichte anzuwenden und daraus im Umkehrschluss für die Praxis religiösen und gesellschaftlichen Lebens neue Ressourcen des Verstehens und der Verständigung zu erschließen.

Was das in der Praxis künftiger Geschichtsschreibung heißen kann, lässt sich an den Judenverfolgungen des späten Mittelalters und der Frühneuzeit deutlich machen. Sie waren Tiefpunkte, aber nicht die zwangsläufige Folge der jüdisch-christlichen Ausgangskonstellationen der Spätantike, nicht einmal der Kreuzzugsverfolgungen des hohen Mittelalters (1096, 1147, 1190). Zahlreiche alltagsgeschichtliche Quellen belegen selbst für die Zeit kurz vor dem Ausbruch der Pestverfolgungen von 1348/49 noch ein auskömmliches, punktuell auch spannungsfreies Miteinander. Um nur ein Beispiel zu nennen: Die Bildszenen zu Stoffen der Ritterepik mit hebräischen Bildunterschriften im Züricher Haus Brunngasse der Zeit um 1330⁶² verdeutlichen, dass der Weg vom Tanzsaal zum Pogrom ganz kurz war. Manch einer, der dort tafelte oder tanzte – ganz gewöhnliche Bürger –, könnte wenig später an der Ermordung der jüdischen Hauseigner selbst beteiligt gewesen sein. Das wirft Fragen nach Umständen, Bruchstellen und Dynamiken auf. Es lenkt den Blick auf die Akteure und Motive ihrer Drahtzieher im Hintergrund, gelegentlich bis hinauf auf die Herrschaftsebene, so bei König Ludwig IX. („dem Heiligen") von Frankreich oder Kaiser Karl IV.⁶³ Glaube und Frömmigkeit waren in den seltensten Fällen alleiniger Antrieb für Feindseligkeit und Gewalt; oft genug boten sie nur den Vorwand, um ganz irdisches Macht- und Besitzstreben zu bemänteln.⁶⁴ Diese Faktoren ernst zu nehmen, verspricht Einsicht in geschichtliche Verläufe, mit der Frage nach den dabei wirkenden mentalen und sozialen Dynamiken aber auch Erkenntnisse über die Gefährdungen von realen wie imaginierten Gruppen in den offenen Gesellschaften der Gegenwart.

Kommen wir noch einmal, als Beispiel für künftige Fragehorizonte, zum Ausgangspunkt dieser Darstellung zurück. Es lohnt, auch in der Sache immer wieder ganz zu den Ursprüngen zurückzugehen und solche Sätze neu zu befragen, die wie Grundpfeiler unserer Gewissheiten dastehen. Gal 3,28 lautet: „Es gibt nicht mehr Juden und Griechen, nicht Sklaven und Freie, nicht männlich und weiblich; denn ihr alle seid einer in Christus Jesus." Die Übersetzungen fragen dabei zu Gal 3,28 nach der angemessenen Lesung von *Hellēn* („Grieche" oder „Heide", oder …?), aber was ist eigentlich mit *Ioudaios* bezeichnet? Welche Opposition meinte der Brief überhaupt? Das Aufkommen und der Begriff von *Ioudaismos* und *Ioudaios* sind zuletzt ausgiebig diskutiert worden.⁶⁵ Waren damit „Juden" gemeint, dann dürfte *Hellēn* auch im Sinne von „Nichtjuden" gelesen werden, wie manche Übersetzungen es auch tun. Soll dagegen *Ioudaios* für eine geographische Zuordnung stehen, nämlich für „einen, der aus Judäa kommt", dann lautet die Opposition „Judäer und Griechen" – und sind im Horizont des Galaterbriefs allesamt Juden, also einschließlich der Vorfahren derer, die sich später einmal „Christen" nennen sollten.

4. Weiterführende Literatur

Jeremy Cohen, Living Letters of the Law. Ideas of the Jew in Medieval Christianity, Berkeley u. a. 1999.

Johannes Heil, „Gottesfeinde" – „Menschenfeinde". Die Vorstellung von jüdischer Weltverschwörung (13. bis 16. Jahrhundert), Essen 2006.

Rainer Kampling/Matthias Blum (Hg.), Im Angesicht Israels. Studien zum historischen und theologischen Verhältnis von Kirche und Israel, Stuttgart 2002.

Steven T. Katz (Hg.), The Cambridge Companion to Antisemitism, Cambridge 2022.

Ross Shepard Kraemer, The Mediterranean Diaspora in Late Antiquity. What Christianity Cost the Jews, New York 2020.

David Nirenberg, Anti-Judaism. The Western Tradition, New York/London 2013; deutsch: Anti-Judaismus. Eine andere Geschichte des westlichen Denkens,

---

⁶¹ Siehe etwa *Clauß P. Sajak*, Interreligiöses Lernen, Darmstadt 2018 und den Beitrag von *Jan Woppowa* in diesem Band.

⁶² Befund: *Dölf Wild/Roland Böhmer*, Die spätmittelalterlichen Wandmalereien im Haus „Zum Brunnenhof" in Zürich und ihre jüdischen Auftraggeber, in: Zürcher Denkmalpflege. Stadt Zürich. Bericht 1995/96, Zürich 1997, 15–33.

⁶³ *Nirenberg*, Anti-Judaismus (s. o. Anm. 58), 214 f.; *Jörg R. Müller/Andreas Weber*, Karl IV. und die Juden, in: Kaiser Karl IV. 1316–2016. Erste Bayerisch-Tschechische Landesausstellung, Katalog, hg. von Jirí Fajt, Augsburg 2016, 218–226.

⁶⁴ Das ist mit *Graus* (Pest – Geißler – Judenmorde [s. o. Anm. 37]) gegen motivgeschichtliche Darstellungen festzuhalten, die kaum hinter die textliche Oberfläche ihrer Quellen gelangen, etwa *Miri Rubin*, Gentile Tales. The Narrative Assault on Late Medieval Jews, New Haven 1999.

⁶⁵ Vgl. *Daniel R. Schwartz*, Judeans and Jews. Four Faces of Dichotomy in Ancient Jewish History, Toronto 2014, 3–10 und passim; *Jae Hee Han/Annette Yoshiko Reed*, Reorienting Ancient Judaism. Syrian, Mesopotamian, and Persian Perspectives, in: Journal of Ancient Judaism 9 (2018) 144–154.

aus dem Englischen von Martin Richter, München ²2017.

Annette Yoshiko Reed/Adam H. Becker (Hg.), The Ways That Never Parted. Jews and Christians in Late Antiquity and Early Middle Ages (Texts and Studies in Ancient Judaism 95), Tübingen 2003.

Karl Heinrich Rengstorf/Siegfried von Kortzfleisch (Hg.), Kirche und Synagoge. Handbuch zur Geschichte von Christen und Juden, 2 Bände, Stuttgart 1968–1970 (Nachdruck München 1988).

Peter Schäfer, Kurze Geschichte des Antisemitismus, München 2020.

Shulamit Volkov, Antisemitismus als kultureller Code. Zehn Essays, München 2000.

Dorothea Wendebourg/Andreas Stegmann/Martin Ohst (Hg.), Protestantismus, Antijudaismus, Antisemitismus. Konvergenzen und Konfrontationen in ihren Kontexten, Tübingen 2017.

Israel J. Yuval, Zwei Völker in deinem Leib. Gegenseitige Wahrnehmung von Juden und Christen in Spätantike und Mittelalter, aus dem Hebräischen von Dafna Mach, Göttingen 2007.

Gregor Maria Hoff

Systematische Theologie angesichts des jüdisch-christlichen Dialogs

1. Grundlegender disziplinbezogener Überblick

1.1 Die Konzilserklärung „Nostra Aetate" als lehramtlicher Ausgangspunkt des systematisch-theologischen Dialogs mit dem Judentum

Katholische systematische Theologie ist als kirchlich gebundene Wissenschaft auf die Wahrnehmung lehramtlicher Vorgaben verpflichtet. Das gilt in besonderer Weise für die Dokumente des Zweiten Vatikanischen Konzils, das mit seiner Erklärung „Nostra Aetate" über das Verhältnis zu den nichtchristlichen Religionen einen „entscheidende[n] Wandel"[1] auf dem Weg zu einem erneuerten Verständnis des Judentums eingeleitet hat. Das Zweite Vatikanische Konzil hält im 4. Kapitel von „Nostra Aetate" in der Form eines Bekenntnisses fest,

daß alle Christgläubigen als Söhne Abrahams dem Glauben nach in der Berufung dieses Patriarchen eingeschlossen sind und daß in dem Auszug des erwählten Volkes aus dem Lande der Knechtschaft das Heil der Kirche geheimnisvoll vorgebildet ist. Deshalb kann die Kirche auch nicht vergessen, daß sie durch jenes Volk, mit dem Gott aus unsagbarem Erbarmen den Alten Bund geschlossen hat, die Offenbarung des Alten Testamentes empfing und genährt wird von der Wurzel des guten Ölbaums, in den die Heiden als wilde Schößlinge eingepfropft sind.

Dieses Glaubensbekenntnis berührt Kernpunkte systematisch-theologischer Glaubensreflexion:

– Der Glaube der Kirche ist mit der Berufung Israels so verschränkt, dass sich darin ein innerer Zusammenhang zwischen Kirche und Israel zeigt. Die Konsequenz: ohne Israel keine Kirche.
– Durch das jüdische Volk hat die Kirche jene Schriften empfangen, die von der Kirche als Altes Testament bezeichnet werden und die Voraussetzung bilden, von der Offenbarung des Neuen Testaments zu sprechen. Die Konsequenz: ohne das Judentum keine Rede vom Gott Jesu Christi.
– Die Kirche lebt vom bleibenden Bezug auf die Überlieferung und den Glauben Israels als dem Wurzelgrund der eigenen Glaubenserfahrung. Die Konsequenz: Ohne den Bezug auf die Glaubensgeschichte Israels und das lebendige Judentum verliert die Kirche den Boden unter den Füßen.

Das gilt nicht nur in überlieferungsgeschichtlicher Hinsicht. Vielmehr wird mit dem inneren Zusammenhang von Kirche und Israel eine fundamentaltheologische Perspektive eröffnet. Christliche Rede von Gott hängt an einer Offenbarungserfahrung, die sich nicht mit dem Auftreten des Jesus von Nazareth und dem Bekenntnis zu ihm als dem Messias (Israels) verliert. Vielmehr erweist sich dieser Glaube in mehrfacher Hinsicht als lebendig und für die Kirche als tragfähig:

– erstens in der fortlaufenden Offenbarungsgeschichte des Judentums, das der Berufung Abrahams folgt und sie durch die Zeiten trägt, sprich: sie als Offenbarung zur Geltung bringt und aktualisiert;[2]
– zweitens als Voraussetzung dafür, mit den jüdischen Wurzeln des Christentums den eigenen Glauben überhaupt zur Sprache bringen und verstehen zu können;[3]
– drittens in der Wahrnehmung eines Bundes, den Gott mit Israel geschlossen hat und der keine Ablauffrist kennt, weil die Kirche „von der Wurzel des guten Ölbaums" auch weiterhin „genährt wird".[4]

---

[1] *Michael Alan Signer*, Vierzig Jahre nach Nostra Aetate. Ein entscheidender Wandel, in: ders., Brücken bauen. Aufsätze und Vorträge zum jüdisch-christlichen Verhältnis, hg. von Rainer Kampling, Hans Hermann Henrix und Peter von der Osten-Sacken (Studien zu Kirche und Israel 29), Berlin 2013, 303–318.

[2] Vgl. *John T. Pawlikowski/Hayim Goren Perelmuter* (Hg.), Revelation and Tradition. Jews and Christians in Conversation, Franklin, WI 2000.

[3] Vgl. *Mary C. Boys*, Has God only one Blessing? Judaism as a Source of Christian Self-Understanding, New York/Mahwah, NJ 2005. Boys argumentiert dafür, „that Christians might understand their distinctive theological heritage in ways that do justice to the Jewish matrix from which it originated" (174).

[4] Nostra Aetate 4 bezieht sich hier auf Römer 11,17–24. Zur Interpretation von Römer 11 siehe den Beitrag von *Thomas Schumacher* in diesem Band.

1.2 Herausforderungen systematischer Theologie

In systematisch-theologischer Hinsicht zeichnen sich mit „Nostra Aetate" als Magna Charta des katholisch-jüdischen Dialogs nach der Schoa Themen, aber auch Koordinaten ab, wie sich der christliche Glaube im Kontakt mit dem Judentum bestimmt. Nicht zufällig werden mit den Leitmotiven „Glaube", „Gott", „Kirche", „Heil", „Offenbarung" sowie der Referenz auf die Heilige Schrift maßgebliche Topoi systematischer Theologie aufgerufen. Das Glaubensbekenntnis von „Nostra Aetate" (Nr. 4) muss die Darstellung des Glaubens und seine theologische Erschließung anleiten. Schließlich beansprucht das Konzil, die Kirche könne „nicht vergessen", dass und wie sie auf Israel bezogen ist. Diese Beziehung wird von „Nostra Aetate" im Zeichen eines Bundesschlusses markiert, der Vergangenheit („empfing") wie Gegenwart („genährt wird") umschließt und auf eine offene Frage zuhält: Wie lässt sich der Zusammenhang von Kirche und Israel als Volk Gottes fassen – in bleibenden Differenzen, für die das Christusbekenntnis steht, aber auch angesichts der Tatsache, dass die Kirche in ihrer Lehrpraxis einem theologisch begründeten, liturgisch greifbaren, gesellschaftlich wirksamen Antijudaismus Raum gab?

Damit stehen Probleme im Raum, die tief in die Organisation systematischer Theologie führen:[5]

– Wie verhält sich „Nostra Aetate" zur katholischen Traditionsbildung: Handelt es sich um einen Bruch? Oder um Kontinuität?[6] Die Frage ist deshalb von entscheidender Bedeutung, weil die katholische Kirche von der authentischen Wahrung der *traditio Christi* ausgeht und sie mit der apostolischen Gewähr durch die Bischöfe und den Papst reklamiert. Die Israeltheologie der Kirche gibt insofern Auskunft über das eigene Traditionsverständnis – und greift damit tief in die erkenntnistheoretische Anlage katholischer Theologie ein. Hat sich die Kirche hier geirrt? Hat sie vergessen, was sie laut „Nostra Aetate" nicht vergessen kann? Handelt es sich um einen Selbstwiderspruch der katholischen Identität – und was bedeutet das für die traditionsbasierte Anlage und für die Belastbarkeit des kirchlichen Glaubens? (Fokus: Glauben)

– Damit stellt sich die Frage nach der Bedeutung der Geschichte für die theologische Theoriebildung. Welcher Stellenwert kommt historischer Erkenntnis zu? Diese Frage wird deshalb mit dem Bezug auf das Judentum akut, weil neue archäologische, zeitgeschichtliche, exegetische Erkenntnisse im Schnittfeld des sogenannten *Parting of the Ways*,[7] also der Trennungsgeschichten von „Judentum" und „Christentum", systematisch-theologisch vor allem eine Herausforderung darstellen: Wie steht es um die Konstruktionsform dieser Gemeinschaften? Wie kontingent erweisen sich Bestimmungsformen der Kirche, die in dogmatischer Hinsicht überzeitlich gelten sollen? (Fokus: Geschichte)

– In der Credo-Arbeit der katholischen Kirche, liturgisch im Apostolischen wie im Nizäno-Konstantinopolitanischen Glaubensbekenntnis wirksam, werden mit den *notae ecclesiae*, den Erkennungsmerkmalen der einen, heiligen, katholischen und apostolischen Kirche, Identitätsmarker festgelegt, die ohne den Bezug auf das Judentum auskommen – oder doch nur implizit, weil Jesus und die „Apostel" Juden waren. Was aber bedeuten diese jüdischen Wurzeln konkret? Und was verändern sie, wenn man theologische Deutungsfiguren wie den „Messias", aber auch prophetische Schriften auf Jesus bezieht? Welche theologische Bedeutung hat die Tatsache, dass sich das Christusereignis nur als eine Übersetzung im Dauerbezug auf jüdische Texte fassen lässt? (Fokus: Hermeneutik)

– Wie stellt sich der theologische Bezug der Kirche aus Israel dar, wenn einerseits das Christusbekenntnis als heilsentscheidend behauptet wird, sich andererseits der Bund Gottes mit Israel weiterhin als lebendig erweist? Lange Zeit hat die katholische Kirche einer „Judenmission" das Wort geredet und damit eine Theologie der Ersetzung Israels durch die

---

[5] Vgl. *Gregor Maria Hoff*, Nostra Aetate 4 als Anfrage an die systematische Theologie, in: Reinhold Boschki/Josef Wohlmuth (Hg.), Nostra Aetate 4. Wendepunkt im Verhältnis von Kirche und Judentum – bleibende Herausforderung für die Theologie (Studien zu Judentum und Christentum 30), Paderborn u. a. 2015, 125–134.

[6] Vgl. *Elisabeth Höftberger*, Religiöse Tradition in Bewegung. Zur Hermeneutik des Zweiten Vatikanischen Konzils im jüdisch-christlichen Dialog, Bielefeld 2023.

[7] Vgl. *Markus Tiwald*, Frühjudentum und beginnendes Christentum. Gemeinsame Wurzeln und das Parting of the Ways (Kohlhammer Studienbücher Theologie 5), Stuttgart 2022. Siehe dazu auch die Beiträge von *Barbara Schmitz*, *Thomas Schumacher* und *Susanne Talabardon* in diesem Band.

Kirche (Substitutionstheologie) forciert. Was bedeutet die Umstellung dieser Position im Kontakt mit dem Judentum und für die ekklesiologische Theorie? Und welche soteriologischen Konsequenzen sind damit verbunden? (Fokus: Kirche)

Nimmt man die lehramtliche Orientierung des Zweiten Vatikanischen Konzils ernst, dann kompliziert sich systematisch-theologisch die Bearbeitung dieser Fragen auf zwei Ebenen: Zum einen sind diese Fragen nicht nur ein Thema der Fundamentaltheologie oder der Dogmatik. Sie sind vielmehr in die Grundlegung katholischer Theologie eingelassen. Sie stellen einen Motor in der theologischen Bestimmung des Christentums dar, indem sie Perspektiven bilden, Begriffe anleiten und Unterscheidungen treffen – gerade im Kontakt mit dem Judentum. Das bedeutet: Systematische Theologie muss um die israeltheologischen Bezüge wissen, die ihren Hintergrund bilden. Zum anderen hat „Nostra Aetate" Israel zwar als eine heilsgeschichtliche Größe im Blick. Aber die Wirklichkeit des lebendigen Judentums der kirchlichen Gegenwart(en) verliert sich auch in diesem Dokument. Das bedeutet: Eine Leerstelle bildet den Ausgangspunkt jener Bestimmung, mit der das Judentum ein Recht auf Dialog beanspruchen kann. Konkret heißt das: In jedem theologischen Diskurs müsste die jüdische Stimme erfragt und eingetragen werden. Der Ausgangspunkt für die Frage, wie sich das katholisch-jüdische Gespräch in der systematischen Theologie zeigt und auswirkt, ist damit ein Mangel an Dialog.

1.3 Kirchlich-geschichtlicher Rahmen: Systematische Theologie im Zeichen der *societas perfecta*-Ekklesiologie

Was ist damit gemeint? Ernst Ludwig Ehrlich hat aus jüdischer Sicht die Beziehungen zum Christentum auf eine Formel gebracht: „Was uns trennt, ist die Geschichte"![8] Mehrere Überlegungen lassen sich daran anschließen:

– die Geschichte des theologischen und kirchlichen Antijudaismus mit seinen kulturellen, gesellschaftlichen und politischen Langzeitfolgen;
– die Geschichte des rabbinischen Judentums und des sich formierenden kirchlichen Christentums nach der Zerstörung des Zweiten Tempels (70 u. Z.) in ihren Bezügen aufeinander wie in ihren Ablösungsdynamiken;
– die Geschichte als Ort einer Gottesbestimmung, die sich in Deutungsgeschichten vollzieht – christlich in der Frage, wie die heiligen Schriften Israels und der Kirche in ihren wechselseitigen Bezügen auszulegen sind;
– die Geschichte als *locus theologicus*, also als Auskunftsort über die Bestimmung der Gegenwart Gottes in der Geschichte – was Nostra Aetate 4 mit dem Hinweis auf das Geschichtshandeln Gottes als Erwählung (Abraham und die Patriarchen) und als Befreiung („Auszug des erwählten Volkes aus dem Lande der Knechtschaft") anspricht.

Die geschichtliche Dimension im Kontakt von Judentum und Christentum macht auf die Bedeutung gelebter Beziehungen als Form der Theologie aufmerksam. Das ist für die systematische Theologie insofern relevant, als sie nicht nur aus Theorien und Diskursen besteht, sondern sich in kirchlicher Lehrpraxis zeigt und aus ihr bildet. Es reicht also nicht, in Konzilstexten oder dogmatischen Handbüchern Kapitel, Artikel oder Stellen zu identifizieren, in denen sich israeltheologische Bezüge finden. Es geht um praktisch wirksame Lehre und gelebten Glauben. Und es geht nicht zuletzt um die Disposition systematischer Theologie. Von daher wären Dogmen- und Theologiegeschichte konsequent aus dem fehlenden Bezug auf das Judentum zu schreiben. Sprich: von dem her, was fehlt; was verloren ging und – christlich gesprochen – „[w]as uns an Gott fehlt, wenn uns die Juden fehlen".[9]

Diese Fragen führen mit „Nostra Aetate" in die Geschichte wie in die Gegenwart systematisch-theologischer Reflexionsarbeit. In der katholischen Theologie besteht sie aus einer fundamentaltheologischen Grundlegung und einer dogmatischen Entfaltung der Glaubensgegenstände. Sie orientiert sich „an der heilsgeschichtlichen Perspektive des Symbolums"[10] und schließt sich mit einer Frage zusammen, die die Beziehung des Christentums zum Judentum immer wieder bestimmt hat: Inwiefern ist das Judentum nach Christus heilsbedeutsam? Diese Frage ist nicht

---

[8] Vgl. *Hanspeter Heinz/Hans Hermann Henrix* (Hg.), „Was uns trennt, ist die Geschichte". Ernst Ludwig Ehrlich – Vermittler zwischen Juden und Christen, München/Zürich/Wien 2008.

[9] *Paul Petzel*, Was uns an Gott fehlt, wenn uns die Juden fehlen. Eine erkenntnistheologische Studie, Mainz 1994.
[10] *Peter Walter*, Artikel „Dogmatik. I. Begriff und Geschichte; II. In der katholischen Theologie", in: Lexikon für Theologie und Kirche³ 3 (1995) 288–291, hier 290.

unschuldig. Die Auslegung des Tanach aus einer christozentrischen Perspektive im Schema von Verheißung und Erfüllung hat hoch problematische Folgen – von Theologien der Ersetzung Israels durch die Kirche bis hin zur „Judenmission".

In diesem Zusammenhang ist es wichtig, die Entstehung dieser theologischen Fächer im Blick zu halten. Die Dogmatik entwickelt sich in der katholischen Theologie zu einer eigenständigen Disziplin im Lehrbetrieb in Auseinandersetzung mit den Anfragen und Herausforderungen der Reformation. Einerseits rückt die apologetische Dimension systematischer Theologie in den Vordergrund – die Abgrenzung nach außen, auch gegenüber dem Judentum. Andererseits nimmt die Dogmatik eine bestimmende Rolle im neuzeitlichen Bild der Kirche als einer *societas perfecta* ein. Im Sinne dieses – der politischen Philosophie des Aristoteles entlehnten – Konzepts verfügt die katholische Kirche über alle Ressourcen, die für ihren Bestand erforderlich sind: eigene Erkenntnisquellen (Schrift und Tradition); eine eigene (Heils-)Ökonomie (Sakramente); ein eigenes Recht (Kirchenrecht); eine eigene Verfassung (mit Papst und Bischöfen als Kirchenleitung); sogar ein eigenes Territorium (den Kirchenstaat). Diese Disposition ist für die Beziehungen zum Judentum folgenreich. Alles, was für den Glauben und das Seelenheil zählt, kann ausschließlich aus dem Innenraum kirchlicher Bestimmungen gewonnen werden. Während gegenüber Häretikern und Schismatikern ein innerer Abwehrkampf geführt werden muss und gegenüber fremden Religionen wie dem Islam nach außen hin Konflikte auftreten, nimmt das Judentum in diesem Zusammenhang einen besonders prekären Ort ein: Es bildet einen Zwischenraum im kirchlichen Gefüge. Es ist christlich das Andere seiner selbst und gehört doch zum Christentum. Das zeigt sich auch in der Disposition von „Nostra Aetate".

Die Erklärung zu den nichtchristlichen Religionen schließt israeltheologisch ab. Der Text führt konzentrisch von außen nach innen. Entsprechend werden in der römischen Kurie die religiösen Beziehungen zum Judentum einer Unterkommission des Einheitssekretariats (Ökumene) anvertraut. In dieser Zuordnung nimmt die theologische Auffassung des Judentums in der Kirche eine symbolische Gestalt an. Es ist das *in between*, das seit dem Zweiten Vatikanischen Konzil als Anerkennung und Wertschätzung ausgewiesen wird, aber traditionsgeschichtlich an die Marginalisierung des Judentums gekoppelt bleibt. So wurden Israel und das Judentum in der Loci-Lehre des 16. Jahrhunderts nicht als ein eigenständiger *locus theologicus* berücksichtigt. In der Entstehung der Fundamentaltheologie im 19. Jahrhundert spiegelt sich dies. Ursprünglich als Apologetik konzipiert, setzt sich diese Disziplin mit Anfragen von außen auseinander. Die Aufgabe: Sicherung der unzweifelhaften Glaubensgrundlagen mit Gottesbeweisen und dem Abweisen religionskritischer Fragen. Auch diese Disziplin hat ihre wissenssoziologischen Voraussetzungen in der Ekklesiologie der *societas perfecta* – mit entsprechenden Folgen wie in der Dogmatik seit dem 16. Jahrhundert. Dabei kommt ein Problem hinzu: die Frontstellung gegenüber dem Historismus des 19. Jahrhunderts und die Sorge vor geschichtlichem Relativismus. In dem Maße, in dem neuscholastische Systembildungen die überzeitliche Wahrheit des katholischen Glaubens betonten und durch ein unfehlbares päpstliches Lehramt absicherten (Erstes Vatikanisches Konzil), spielte das Judentum für die Selbstwahrnehmung der katholischen Kirche keine theologisch bestimmende Rolle – es sei denn als eine überholte heilsgeschichtliche Größe. Dieser Blick setzte sich liturgisch und frömmigkeitsgeschichtlich in der Karfreitagsfürbitte *pro perfidis Judaeis* fest – einer Fürbitte, die aus dem sechsten Jahrhundert stammt, im Missale Romanum von 1570 als Ausdruck der *societas-perfecta*-Ekklesiologie festgelegt wurde und bis kurz vor dem Zweiten Vatikanischen Konzil in Gebrauch war. Wenn die Kirche über alle Heilsmittel verfügt, was bedeutet dann noch das Judentum heute?

1.4 Jenseits von kirchlicher Ersetzung und theologischem Vergessen?
Zum Ort des Judentums in katholischer systematischer Theologie

Vor diesem Hintergrund wird verständlich, dass sich die systematisch-theologischen Disziplingeschichten auch als Geschichten der Disziplinierung des Jüdischen in der katholischen Theologie lesen lassen. Denn im fundamentaltheologisch-dogmatischen Mainstream blieb das Judentum entweder eine heilsgeschichtliche Größe der Vergangenheit, oder es wurde im Zeichen einer Ekklesiologie des Neuen Bundes ortlos: übergangen oder durch die Kirche ersetzt.[11] Damit lässt sich

---

[11] Vgl. für die Fundamentaltheologie disziplingeschichtlich: *Gregor Maria Hoff*, Eine systematische Politik des Ver-

die Einsicht von „Nostra Aetate" (Nr. 4), dass die Kirche „genährt wird von der Wurzel des guten Ölbaums", nicht verbinden. Mehr noch: Israel ist bleibender Aspekt der Identität der Kirche. Denn „[b]ei ihrer Besinnung auf das Geheimnis der Kirche gedenkt die Heilige Synode des Bandes, wodurch das Volk des Neuen Bundes mit dem Stamme Abrahams geistlich verbunden ist". Wenn die Kirche vergessen, unterschlagen, unterdrückt hat, was sie „nicht vergessen kann", muss dies als Moment einer kirchlichen Schuldgeschichte anerkannt und reflektiert werden. Insofern gilt als ein Spitzensatz systematischer Theologie im Angesicht Israels: Die Schuldgeschichte gegenüber dem Judentum stellt eine Präambel systematischer Theologie dar, weil sie die Grundlagen des Glaubens betrifft. Schuld meint dabei ein Doppeltes: was die Kirche und ihre Theologie dem Judentum schuldig geblieben sind, aber auch jene konkrete Schuld, in die sich ihr Antijudaismus verwickelt hat, der die Verfolgung von Jüdinnen und Juden über die längste Zeit der Christentumsgeschichte mitverantwortet. Peter Schäfer hat in seiner *Kurzen Geschichte des Antisemitismus*[12] Überlagerungen des theologisch-religiösen, näherhin christlichen Antijudaismus und eines Antisemitismus aufgewiesen, der bereits in der vorchristlichen Antike ansetzt. „Antisemitismus beginnt in dem Augenblick, in dem die Juden als eine ethnische Gruppe mit eigenen religiösen und kulturellen Gewohnheiten, Ansprüchen, Gebräuchen wahrgenommen wird".[13] Als „ein variables, vielschichtiges und offenes System, das sich im Laufe seiner Geschichte ständig mit neuen Facetten anreichert und in unterschiedlichen gesellschaftlichen Konstellationen immer wieder neu erfindet",[14] gehen auch Motive des theologisch-kirchlichen Antijudaismus in ihn ein. „Nostra Aetate" lehnt ihn ebenso wie den Antisemitismus ab, ringt sich aber nicht zu einem Eingeständnis kirchlicher Schuld durch. Insofern bildet die genannte Schuldgeschichte auch mit diesem bedeutenden Text des Lehramts den Ausgangspunkt systematisch-theologischer Reflexion. Denn hier stellt sich die Frage, warum die Kirche Israel vergessen konnte. Warum blieb dieser Ort in der eigenen Glaubensdarstellung unterbestimmt oder leer? Angesichts dieser Tatsache gilt: Die katholische Kirche muss den Rahmen der *societas-perfecta*-Ekklesiologie sprengen und das Judentum als einen lebendigen Gesprächspartner auf Augenhöhe anerkennen. Diese Forderung hat systematisch-theologisches Gewicht. Dabei zeigt ein Blick in dogmatische Handbücher bis in die Gegenwart, dass zwar israeltheologische Motive aufgenommen werden, aber dass bis heute eine konsequent durchgeführte systematische Theologie im Gespräch mit dem Judentum fehlt – jedenfalls in der katholischen Theologie.[15] Das nimmt den einzelnen Beiträgen nicht ihre Bedeutung – dazu im Folgenden noch mehr. Aber eine systematisch-theologische Gesamtdarstellung bleibt ein Desiderat. So stellt Hans Hermann Henrix mit Blick auf die konstitutive Bedeutung der Bundestheologie fest, dass sie bis in die Gegenwart „für die dogmatisch-systematische Theologie eine relativ geringe Rolle spielt".[16] Das gilt auch für den heilsgeschichtlichen Ansatz von *Mysterium salutis* als einem Gesamtentwurf katholischer Dogmatik nach dem Zweiten Vatikanischen Konzil mit unterschiedlichen federführenden Autoren dieser Zeit.[17] Es

folgt einer heilsgeschichtlichen Linie, welche offen ist für die Berücksichtigung der biblischen Bundestheologie. Und doch denken die dortigen Ausführungen über Gottes Bund mit Israel noch allein an das biblische, vorkirchliche Israel. Sie wirken wie eine Vergegenwärtigung des biblischen Bundesverständnisses, die das nachbiblische Judentum vergisst. Sie lassen sich in die herkömmlichen Theorien einrücken, wonach die Kirche Israel ersetzt oder ablöst.[18]

---

schweigens? Eine fundamentaltheologische Ortsbestimmung des Jüdischen im Christlichen, in: Gerhard Langer/ders. (Hg.), Der Ort des Jüdischen in der katholischen Theologie, Göttingen 2009, 83–107.

[12] Vgl. dazu *Peter Schäfer*, Kurze Geschichte des Antisemitismus, München ²2020.

[13] *Schäfer*, Kurze Geschichte des Antisemitismus (s. o. Anm. 12), 9.

[14] *Schäfer*, Kurze Geschichte des Antisemitismus (s. o. Anm. 12), 11.

[15] Für die evangelische Theologie hat dies in einem christologischen Großprojekt Friedrich Wilhelm Marquardt unternommen: *Friedrich Wilhelm Marquardt*, Das christliche Bekenntnis zu Jesus, dem Juden. Eine Christologie, 2 Bände, Gütersloh 1990–1991. Vgl. zu einem aktuellen Befund für die katholische Theologie das Handbuch von *Thomas Marschler/Thomas Schärtl* (Hg.), Dogmatik heute. Bestandsaufnahmen und Perspektiven, Regensburg 2014. Für eine jüdisch perspektivierte Dogmatik steht im deutschsprachigen Raum vor allem Josef Wohlmuth, siehe *Josef Wohlmuth*, Mysterium der Verwandlung. Eine Eschatologie aus katholischer Perspektive im Gespräch mit dem jüdischen Denken der Gegenwart, Paderborn u. a. 2005.

[16] *Hans Hermann Henrix*, Judentum und Christentum. Gemeinschaft wider Willen, Kevelaer 2004, 90.

[17] *Johannes Feiner/Magnus Löhrer* (Hg.), Mysterium Salutis. Grundriß heilsgeschichtlicher Dogmatik, 5 Bände in 7 Teilbänden, Einsiedeln/Zürich/Köln 1965–1976.

[18] *Henrix*, Judentum und Christentum (s. o. Anm. 16), 91.

Als ein besonderer Aspekt katholischer systematischer Theologie ist vor diesem Hintergrund der bereits mit „Nostra Aetate" aufgerufene normative Bezug auf das kirchliche Lehramt zu berücksichtigen. Mit dem Zweiten Vatikanischen Konzil und der Lehre zum Judentum vor allem der Päpste seitdem sowie der päpstlichen Kommission liegt zum einen ein verbindlicher Orientierungspunkt fundamentaltheologischer und dogmatischer Theoriebildung vor. Zum anderen handelt es sich selbst bereits um systematische Theologie. So kommt der Rede von Johannes Paul II. vom „nie gekündigten Alten Bund" nicht nur eine hohe symbolische Kraft zu.[19] Vielmehr führt der Papst eine neue theologische Interpretationsfigur in den katholisch-jüdischen Dialog ein, um ihm theologisch begründeten Raum zu schaffen. Auf diese Weise legt die Lehrpraxis des Papstes die katholische Kirche auf einen echten Dialog mit dem Judentum fest:

> Die erste Dimension dieses Dialogs, nämlich die Begegnung zwischen dem Gottesvolk des von Gott nie gekündigten Alten Bundes und dem des Neuen Bundes, ist zugleich ein Dialog innerhalb unserer Kirche, gleichsam zwischen dem ersten und zweiten Teil ihrer Bibel.[20]

Papst Franziskus hat diese Perspektive aufgenommen und weiterentwickelt, indem er festhält: „Gott wirkt weiterhin im Volk des Alten Bundes".[21] Der Dialog erhält damit eine offenbarungstheologische Bedeutung, insofern sich Gott weiterhin geschichtlich im Glauben und Leben Israels vermittelt. Das Christentum erhält aus dem Kontakt mit dem lebendigen Judentum seiner Zeit Impulse. Gemeinsam mit dem Judentum muss es dem Willen Gottes nicht zuletzt in ethischer Hinsicht Raum geben. Damit verschiebt sich aus katholischer Sicht der Dialog: hin zu einer Anerkennung seiner theologischen Signifikanz vor Gott. Sie hält dazu an, gemeinsam theologisch zu arbeiten: über religiöse Konzepte und theologische Reflexionsfiguren nachzudenken, die zwischen Judentum und Christentum Gemeinsamkeiten wie Differenzen markieren. Die Deutsche Bischofskonferenz hat diese Dimension in einer eigenen Erklärung betont:

> Für die katholische Kirche besitzt der Dialog mit ihren jüdischen Glaubensgeschwistern unbedingte theologische Dignität. Denn ohne diesen Dialog kann sie ihre Sendung nicht erfüllen.[22]

Dann aber stellt sich die Frage, wie sich der Dialog in seinen Themen und Herausforderungen nicht nur in der systematischen Theologie niederschlägt, sondern sie auch verändert – und zwar gerade angesichts des Befundes, dass sie sich dem theologischen Vergessen des Judentums stellen muss.

2. Exemplarische Themen, Fragestellungen und Problemkontexte

Dabei ist die Form der Aufnahme des Dialogs in der katholischen Theologie von entscheidender Bedeutung. Geschieht sie im und vor allem als Dialog? Philip Cunningham hat darauf aufmerksam gemacht, dass sich alles Lehren der (katholischen) Kirche nur in einem permanenten, dialogisch aufmerksamen Bezug auf das Judentum vollziehen kann – wenn die Kirche die eigenen theologischen Voraussetzungen ernst nimmt.[23] Damit treten zwei Aspekte in den Vordergrund:

– zum einen die lebendige Dimension des Judentums als theologischer Gesprächspartner und damit als ein theologischer Akteur in der katholischen Lehrpraxis;
– zum anderen die offenbarungstheologische Grundlage dieses Dialogs, der sich aus christlicher (katholischer) Sicht als ein Geschehen im Bund mit Gott ereignet.

Damit ist ein entscheidendes Thema des katholisch-jüdischen Gesprächs zugleich als seine Vo-

---

[19] Siehe dazu auch den Beitrag von *Christian M. Rutishauser* über den „Jüdisch-christlichen Dialog aus katholischer Perspektive" (Abschnitt 1.3) in diesem Band.

[20] Ansprache von Papst Johannes Paul II. bei der Begegnung mit Vertretern der jüdischen Gemeinde in Mainz am 17.11.1980; abrufbar auf: https://www.vatican.va/content/john-paul-ii/de/speeches/1980/november/documents/hf_jp_ii_spe_19801117_ebrei-magonza.html.

[21] *Papst Franziskus*, Apostolisches Schreiben Evangelii gaudium (Verlautbarungen des Apostolischen Stuhls 194), Bonn 2013, Nr. 249.

[22] „Gott wirkt weiterhin im Volk des Alten Bundes". Eine Antwort der Deutschen Bischofskonferenz auf die Erklärungen aus dem Orthodoxen Judentum zum Verhältnis von Judentum und katholischer Kirche, in: *Sekretariat der Deutschen Bischofskonferenz* (Hg.), „Gott wirkt weiterhin im Volk des Alten Bundes" (Papst Franziskus). Texte zu den katholisch-jüdischen Beziehungen seit Nostra Aetate (Arbeitshilfen Nr. 307), Bonn 2019, 193–202, hier 195.

[23] *Philip A. Cunningham*, Maximes for Mutuality. Principles for Catholic Theology, Education, and Preaching about Jews and Judaism, New York/Mahwah, NJ 2022. Vgl. auch *The Christian Scholars Group on Jewish-Christian Relations*, A Sacred Obligation. Rethinking Christian Faith in Relation to Judaism and the Jewish People (2002), abrufbar auf: https://www.bc.edu/content/dam/files/research_sites/cjl/sites/partners/csg/Sacred_Obligation.htm.

raussetzung benannt: die Anerkennung, dass sich die Kirche nur im Bezug auf das Judentum verstehen kann – näherhin im Leben im Bund.

2.1 Ekklesiologische Voraussetzungen im Dialog: Zur Theologie des Bundes

Die Frage nach der Zuordnung der Kirche zu Israel als einer heilsgeschichtlichen Größe hat eine theologische, aber zugleich eine historische Dimension. Die Einsicht, dass sich das Christentum als Kirche in einem Prozess komplexer Beziehungen zum Judentum konstituiert, setzt nicht nur wechselseitige Ablösungsgeschichten voraus. Vielmehr gestalten sich die Übergänge und Zusammenhänge erstens über sehr viel längere Zeiträume als die Ausbildung frühchristlicher Gemeinden und erstrecken sich – mit unterschiedlichen Akzentuierungen – zumindest bis in die ersten vier Jahrhunderte u. Z. Zweitens sind sie mit wechselseitigen Beeinflussungen verbunden, wie Daniel Boyarin mit den Überschreibungen von Märtyrerbiographien gezeigt hat.[24] Rabbinisches Judentum und entstehendes Christentum waren nicht einfach zwei separate Religionsgemeinschaften, sondern komplexe Teilsysteme eines vielfarbigen religiösen Systems, in dem sie sowohl einen Zusammenhang bildeten als auch Unterschiede generierten.[25] Drittens sind diese Unterschiede in Auseinandersetzung mit abweichenden Positionen, also im Zuge kirchlicher Bekenntnisbildung markiert worden. Rechtgläubigkeit setzt Unterschiede und grenzt abweichende Positionen aus. Damit ist eine Sprache diskursiver Gewalt in die gemeinsam-unterschiedene Konstitution des rabbinischen Judentums und der christlichen Kirche eingelassen. Sie hat Spuren in der Form des Kontakts hinterlassen, vor allem nachdem das Christentum zur römischen Staatsreligion wurde. Insofern dieser Schritt wiederum mit der Ausbildung der christlichen Bekenntnisfestlegung einherging, nämlich mit dem Konzil von Nizäa (325) unter Vorsitz des römischen Kaisers Konstantin, und in den folgenden Kirchenversammlungen unter kaiserlichem Schutz das „Dogma" entstand, ist jede systematische Theologie auf diese historischen Voraussetzungen in der Anlage der eigenen Bekenntnisbildung bezogen. Sie haftet an einer Geschichte mehrfacher Ausschließungen, die in der Folge zumal das Judentum betreffen.

Eine Konsequenz zeigt sich ekklesiologisch darin, dass sich die Kirche die längste Zeit nicht aus dem gemeinsamen Bund mit Israel und dem jeweils zeitgenössischen Judentum verstand. Erst die Lehre des Zweiten Vatikanischen Konzils und seine weitere Entwicklung hat hier eine neue Grundlage geschaffen. Letztlich entspricht sie bundestheologisch, aber auch historisch dem inneren Zusammenhang von Israel und Kirche. So hält das Dokument der Päpstlichen Kommission für die religiösen Beziehungen zum Judentum „Denn unwiderruflich sind Gnade und Berufung, die Gott gewährt' (Röm 11,29)"[26] aus Anlass des 50-jährigen Jubiläums von „Nostra Aetate" fest:

Der Bund, den Gott Israel angeboten hat, ist unwiderruflich. „Gott ist kein Mensch, der lügt" (Num 23,19; vgl. 2 Tim 2,13). Die anhaltende erwählende Treue Gottes, die in früheren Bünden ausgedrückt wurde, ist niemals aufgehoben worden (vgl. Röm 9,4; 11,1–2). Der Neue Bund hebt nicht die früheren Bünde auf, sondern bringt sie zur Erfüllung. Durch das Christusereignis haben die Christen verstanden, dass alles Vorgängige nochmals neu gedeutet werden musste. Für Christen hat der Neue Bund eine eigene Qualität bekommen, wenngleich die Ausrichtung für beide jeweils in einer einzigartigen Gottesbeziehung besteht (vgl. die Bundesformel ‚Ich bin euer Gott und ihr seid mein Volk', z. B. in Lev 26,12). Für Christen ist der Neue Bund in Christus Kulminationspunkt der Heilsverheißungen des Alten Bundes, ist insofern nie unabhängig von ihm. Der Neue Bund gründet im Alten und fußt auf ihm, weil es letztlich der Gott Israels ist, der den Alten Bund mit seinem Volk Israel schließt und in Jesus Christus den Neuen Bund ermöglicht. (Nr. 27)

Ansätze, diesen bundestheologischen Zusammenhang theologisch auszubuchstabieren, bietet die antike Theologie des Martyriums.[27] Sie hat sich

---

[24] *Daniel Boyarin*, Dying for God. Martyrdom and the Making of Christianity and Judaism, Stanford 1999.

[25] *Daniel Boyarin*, Border Lines. The Partition of Judaeo-Christianity, Philadelphia 2004; deutsch: Abgrenzungen. Die Aufspaltung des Judäo-Christentums, übersetzt von Gesine Palmer (Arbeiten zur neutestamentlichen Theologie und Zeitgeschichte 10), Berlin/Dortmund 2009. Vgl. zur Auseinandersetzung mit Boyarins Thesen: *Jan Gühne*, Kreuz und quer verlaufende Linien der Geschichte. Ein kritischer Blick auf Daniel Boyarins Thesen zur Entstehung von Judentum und Christentum, Berlin u. a. 2006.

[26] „Denn unwiderruflich sind Gnade und Berufung, die Gott gewährt" (Röm 11,29). Reflexionen zu theologischen Fragestellungen in den katholisch-jüdischen Beziehungen aus Anlass des 50jährigen Jubiläums von „Nostra aetate" (Nr. 4) (Verlautbarungen des Apostolischen Stuhls 293) (10.12.2015), Bonn 2015, abrufbar unter: https://www.jcrelations.net/de/statements/statement/denn-unwiderruflich-sind-gnade-und-berufung-die-gott-gewaehrt-roem-1129.html (letzter Zugriff am 03.08.2023).

[27] Vgl. zum Folgenden *Boyarin*, Dying for God (s. o. Anm. 24).

zwischen Judentum und Christentum entwickelt – als ein Diskurs über die Form des Zeugnisses für Gott. Das Martyrium, in der rabbinischen Tradition *qiddush hashem* („Heiligung des Namens/Gottes") genannt, wird in einer Verfolgungssituation zum Thema. Für Christen liefert dazu der Tod Jesu von Nazareth am Kreuz den entscheidenden Anhaltspunkt. Frühchristliche Märtyrerbiographien knüpfen daran an. Dabei kristallisiert sich ein Zusammenhang heraus. So hat sich das Martyrium des Rabbi Akiva literarisch an den Märtyrerakten des Polykarp orientiert. Im Gegenzug weisen die christlichen Märtyrerakten auf makkabäische Traditionen zurück (2 Makk 6 und 7). Märtyrergeschichten bilden literarische Zusammenhänge, die handlungsleitend funktionieren und insofern gemeinschaftsbildenden Charakter besitzen. Dieser Diskurs ist nun ekklesiologisch insofern von Bedeutung, als das Zeugnis der Märtyrer eine Grundlage des kirchlichen Glaubens bildete. Es wurde von der christlichen Apologetik als eine Referenz seiner Glaubwürdigkeit eingesetzt. Dieser Diskurs gehört von daher in die Geschichte der christlichen Glaubensverantwortung – als ein im Wortsinn fundamentaltheologisches Projekt. In der Anlage dieses Diskurses bringt es einen wechselseitigen jüdisch-christlichen Zusammenhang zum Vorschein.

Damit stellt sich die Frage nach der theologischen Zuordnung von altem und neuem Bund verschärft. Aus Sicht des katholischen Lehramts handelt es sich einerseits nicht um eine Ersetzung der heilsgeschichtlichen Rolle Israels durch die Kirche. Andererseits müssen Christen die Schriften Israels im Licht des Christusereignisses lesen. Dafür lässt sich noch einmal das Dokument „Denn unwiderruflich sind Gnade und Berufung, die Gott gewährt' (Röm 11,29)" als Haftpunkt systematisch-theologischer Reflexion anführen:

> Mit der christologischen Exegese des Alten Testaments kann leicht der Eindruck entstehen, dass Christen das Neue Testament nicht nur als Erfüllung des Alten Testaments betrachten, sondern zugleich als dessen Substitution. Dass dieser Eindruck jedoch nicht richtig sein kann, ergibt sich bereits aus [der] Tatsache, dass sich auch das Judentum nach der Katastrophe der Zerstörung des Zweiten Tempels im Jahre 70 zu einer neuen Lektüre der Schrift gezwungen sah. Da nämlich die an den Tempel gebundenen Sadduzäer diese Katastrophe nicht überlebt hatten, haben die Rabbinen in der Nachfolge der Pharisäer, die bereits ihre besondere Weise die Schrift zu lesen und zu deuten entwickelt hatten, dies nun ohne den Tempel als dem Zentrum der jüdischen Verehrung getan. (Nr. 30) In der Folge gab es zwei Antworten auf diese Situation, genauerhin zwei Möglichkeiten, die Schrift neu zu lesen, nämlich die christologische Exegese der Christen und die rabbinische Exegese desjenigen Judentums, das sich historisch entwickelte. Da jede Weise eine neue Interpretation der Schrift nach sich zog, muss die entscheidende neue Frage lauten, wie sich diese beiden Weisen genauerhin zueinander verhalten. Da sich aber die Kirche und das nachbiblische, rabbinische Judentum parallel ausgebildet haben, aber auch in Opposition zueinander und gegenseitiger Unkenntnis, lässt sich diese Frage nicht allein vom Neuen Testament her beantworten. Nach Jahrhunderten des Gegeneinanders bleibt es bis heute eine Pflicht des jüdisch-katholischen Gesprächs, diese beiden Weisen der neuen Lektüre der biblischen Schriften miteinander in Dialog zu bringen, um eine „reiche Komplementarität" wahrzunehmen, wo sie besteht, und um „uns gegenseitig zu helfen, die Reichtümer des Wortes Gottes zu ergründen" (*Evangelii Gaudium* 249). (Nr. 31)

2.2 Christologische Konzentration: Die Deutung der Jesusgestalt zwischen Judentum und Christentum

Damit verzahnt sich die ekklesiologische und bundestheologische Dimension im Dialog mit der schrift- und offenbarungstheologischen Frage nach der Heilsbedeutung Jesu Christi. Sie ist mit dem Ausweis seines Gottesverhältnisses verbunden. Mit anderen Worten: Wenn sich im Sinne des neutestamentlichen Zeugnisses in Jesus Christus der Geltungssinn der Tora erfüllt, wird Jesus mehrfach qualifiziert:

– in seinem Gottesverhältnis,
– das ihn als konkreten Menschen
– sowie als präexistenten Logos bestimmt.

Das ist wiederum an die jüdische Wahrnehmung zu vermitteln, die Jesus als einen Juden seiner Zeit begreift und auf seine hermeneutische „Heimholung" dringt.[28] Sie schließt jüdische Deutungsgeschichten Jesu ein. Sie verstärken die Frage nach dem historischen Jesus, der nicht mit den christologischen Deutungen der Kirche(n) identisch ist.

Aus christlicher Sicht ist Jesus Christus wiederum als der „Sohn Gottes" von Gott als dem „Vater" nicht zu trennen. Das drückt das christologische und trinitarische Bekenntnis der Alten Kirche aus. Zugleich wird damit eine offenbarungstheologische Sonderstellung beansprucht: dass

---

[28] Vgl. *Walter Homolka*, Der Jude Jesus – Eine Heimholung. Mit einem Geleitwort von Jan-Heiner Tück, Freiburg im Breisgau 2021. – Zum Begriff „Heimholung" siehe auch den Beitrag von Susanne Talabardon in diesem Band.

sich Gott selbst in Jesus Christus offenbart. Das schließt mehrere Fragen ein, die zwischen Judentum und Christentum die Wahrnehmung Jesu anleiten:

– Wie lässt sich der Messiastitel auf Jesus beziehen? Der historische Jesus scheint am ehesten die Bezeichnung „Menschensohn" beansprucht zu haben.[29] Das öffnet Raum für Deutungen. Paulus spricht von Jesus als „Christus" und als „Sohn Gottes". Damit zieht er Verbindungslinien zwischen unterschiedlichen Traditionsschichten. Sie sind nicht ungebrochen aneinander vermittelbar. Das gilt auch für die Menschensohntradition. Sie lässt sich nicht einfach mit messianischen Modellen verbinden. Die messianische Bestimmung Jesu erweist sich insofern als offen, zumal es nicht nur die eine messianische Vorstellung im Frühjudentum gab. Wer also von Jesus als Messias sprach, konnte unterschiedliche Erwartungen auslösen. Das gilt nicht zuletzt mit Blick auf die politische Aufladung messianisch geprägter Hoffnungen. Systematisch-theologisch stellt sich die Frage, was dieser Befund für das Gespräch zwischen Judentum und Christentum bedeutet: Stellt die Christologie eine Überbeanspruchung messianischer Deutungsmuster dar? Oder bringt die Vielfalt von christologischen Titeln zum Ausdruck, dass sich das Handeln Jesu nicht auf eine Formel bringen lässt? So ließe sich der grundlegende Gottesbezug aller Christologie zur Geltung bringen: dass sich Jesus mit seiner Reich-Gottes-Botschaft ganz von Gott her verstand. Dem trug das Konzil von Chalkedon Rechnung. Es koppelte die wahre Menschheit Jesu an seinen Gottesbezug (wahrer Gott). Fasst man die Zwei-Naturen-Lehre des Konzils beziehungstheologisch auf, wird mit dem wahren Menschsein Jesu die Theozentrik seiner Reich-Gottes-Botschaft betont. Denn an keinem Punkt lässt sich das Handeln Jesu vom Handeln Gottes trennen. Damit bleibt die christologische Deutungsdifferenz zwischen Judentum und Christentum zwar bestehen, denn christlich wird auf diese Weise das „wahre Gottsein" Jesu betont. Aber sie nimmt für die jüdische Wahrnehmung Jesu eine andere Form an, denn die jüdische Lebenswirklichkeit Jesu wird auf diese Weise profiliert.

– Zugleich stellt sich die Frage, auf welcher Ebene die Christologie greift. Entscheidend ist das Moment der Bezeichnung selbst. Denn die Bestimmung Jesu Christi als wahrer Gott stellt eine Deutung dar. Es handelt sich um eine Zuschreibung. Das heißt: Man kann die Bedeutung Jesu nicht jenseits von den Zeichen erreichen, mit denen Christologie arbeitet. Wie gezeigt, liegt dafür unterschiedliches Material vor: Menschensohn, Sohn Gottes, Messias. Entsprechend gibt es nicht nur *eine* Christologie, sondern einen Diskurs fortlaufender Deutungen der Jesusgestalt.[30] Dafür gibt es seit Chalkedon eine Regel: Man darf christologisch die Beziehungsgrammatik von „wahrer Mensch – wahrer Gott" als „ungetrennt und unvermischt" nicht unterlaufen. Aber weil beide Bestimmungsterme mit einer negativen Theologie verbunden sind (dem „un-"), wird in die Bezeichnung ein Vorbehalt eingetragen – der Verweis auf bleibende Unbegreiflichkeit. Das ist für das Gespräch mit dem Judentum doppelt wichtig: zum einen mit Blick auf die Betonung der bleibenden Transzendenz Gottes in diesem Geschehen, zum anderen mit Blick auf die Notwendigkeit, die Bedeutung der Jesusgestalt je neu zu bestimmen. Mit Blick auf die jüdische Identität Jesu ist dafür jeweils die jüdische Wahrnehmung des Nazareners einzubeziehen.[31]

– Das gilt auch für Ansätze, messianische Theologien und Theorien zwischen Judentum und Christentum aneinander zu vermitteln.[32] In historischer Hinsicht betrifft das die Traditionsgeschichte von Messiaserwartungen zwischen Judentum und Christentum. Sie greifen

---

[29] Vgl. *David du Toit*, Christologische Hoheitstitel, in: Jens Schröter/Christine Jacobi (Hg.), Jesus Handbuch, Tübingen 2017, 515–526, bes. 525.

[30] Das zeigt sich in den verschiedenen Zugängen zum „historischen Jesus".

[31] Dem lassen sich jüdische Exegesen des Neuen Testaments zuordnen. Vgl. *Amy-Jill Levine/Marc Zvi Brettler* (Hg.), The Jewish Annoted New Testament, New York ²2017; deutsch: *Wolfgang Kraus/Michael Tilly/Axel Töllner* (Hg.), Das Neue Testament – jüdisch erklärt. Lutherübersetzung, englische Ausgabe hg. von Amy-Jill Levine und Marc Zvi Brettler, Stuttgart 2021 (korrigierter Druck 2022). In systematisch-theologischer Hinsicht vgl. *Philip A. Cunningham/Joseph Sievers/Mary C. Bosy/Hans Hermann Henrix/Jesper Svartvik* (Hg.), Christ Jesus and the Jewish People Today. New Explorations of Theological Interrelationships, Grand Rapids 2011.

[32] Vgl. *René Dausner*, Christologie in messianischer Perspektive. Zur Bedeutung Jesu im Diskurs mit Emmanuel Levinas und Giorgio Agamben (Studien zu Judentum und Christentum 31), Paderborn 2016.

nicht nur in der formativen Phase der neutestamentlichen Christologien und der altkirchlichen Bekenntnisbildung, sondern waren als fortlaufende Deutungsgeschichten christologiegeschichtlich wirksam.[33] In diesem Zusammenhang müssen für die Christologie auch jüdische Messiasansprüche nach dem Tod Jesu berücksichtigt werden, weil sich die Frage nach den Kriterien erfüllter Messiaserwartungen stellt. Sie haben sich geschichtlich als variabel erwiesen. Maimonides (gest. 1204) „rationalisiert die traditionellen Messias-Hoffnungen, wenn er die Befreiung Israels von der Fremdherrschaft – und nicht eine wunderbare Veränderung der Naturordnung – als das typische Kennzeichen der messianischen Zeit versteht".[34] Als ihr entscheidendes Kriterium gilt die Errichtung eines „messianischen Friedensreichs".[35] Was bedeutet es für die Christologie, dass aus jüdischer Sicht bislang kein Messiasanwärter allgemein anerkannt wurde?

Damit lassen sich zwei Herausforderungen im jüdisch-christlichen Dialog bearbeiten: die Option für eine jüdisch anschlussfähige Deutung des Inkarnationsmotivs sowie der innere Zusammenhang der christlichen Jesusdeutung mit seiner jüdischen Existenz und seiner Torafrömmigkeit. Für eine mögliche jüdische Aufnahme der Inkarnationstheologie kommt das Moment der geschichtlichen Vermittlung Gottes in Betracht. Von Gott lässt sich nur in menschlicher Deutung sprechen. Offenbarung Gottes braucht einen Ort in der menschlichen Wahrnehmung. Nur dann erreicht sie den Menschen. Das bedeutet: Wenn man darauf setzt, dass sich Gott selbst offenbart, vermittelt sich die bleibende Transzendenz Gottes an die Interpretation dieses Offenbarungsgeschehens. Diese Form des menschlichen Gotteskontakts unterscheidet sich von strikter Menschwerdung. Aber sie geht auch von einem Ort der Selbstbestimmung Gottes im Menschen aus. Sonst ließe sich nicht wirklich von Gott sprechen. Damit lässt sich eine Spur legen, die der Vorstellung einer Inkarnation Gottes Raum gibt. Dabei ist die unaufhebbare Differenz zwischen Gott und Mensch zu wahren. Aber auch die chalkedonensische Christologie hält diese Differenz ein: mit ihrer Theozentrik wie mit der Bestimmung unverkürzter Menschlichkeit.

Auf einer vergleichbaren Linie bewegen sich Versuche, Jesus Christus als die inkarnierte Tora zu deuten. In der Tora offenbart sich der gesetzgebende Wille Gottes für sein Volk als Wahrung der Schöpfungsordnung. Jan-Heiner Tück schlägt vor, „von Jesus als der endgültigen und nicht mehr überbietbaren, potentiell für alle Menschen bedeutsamen *Verwirklichungsgestalt* der Tora Israels zu sprechen".[36] Die definitive Offenbarung in Jesus Christus hängt an seiner Auslegung der Tora, die wiederum sein Gottesverhältnis zum Ausdruck bringt. Der „Anfang des Evangeliums von Jesus Christus, Gottes Sohn" (Mk 1,1) wird von Markus mit einer theologischen Proklamation verbunden: „Eine Stimme aus dem Himmel sprach: Du bist mein geliebter Sohn" (Mk 1,11). Der Sohn kennt den Willen des Vaters nicht nur, er verkörpert ihn. Die Rede von Jesus als Tora in Person knüpft hier an und soll zugleich die bleibende Geltung der Tora würdigen. Damit ergibt sich aber nicht nur eine metaphorische Schieflage zwischen Text und Person, sondern auch ein Gefälle in der verbindlichen Auslegung der Tora. Katholisch hängt sie zwar an Christus, vollzieht sich aber in der Kirche und ihrem Lehramt.[37] Die ekklesiologischen Folgen dieses Bestimmungsverhältnisses von Jesus Christus und Tora wären ebenso zu klären wie die Frage, ob sich das Christentum hier nicht die Tora aneignet – sie förmlich überschreibt. Die Evangelien zeigen demgegenüber einen Jesus, der den Geboten der Tora folgt (Mt 5,17–19), auch wo er sie im Sinne der Botschaft vom Reich Gottes – im Gegenüber von „Ihr habt gehört – ich aber sage euch" – auslegt (Mt 5,21–48). Vor diesem Hintergrund stellt die Form christlicher Jesuserinnerung einen kritischen Testanlass dar:

Remembering Jesus as observant of Torah-commandments also has a distancing effect on Christians. Fol-

---

[33] Vgl. *Clemens Thoma*, Das Messiasprojekt. Theologie jüdisch-christlicher Begegnung, Augsburg 1994, messianologisch-historisch bes. 113–173.
[34] *Beate Ego*, Artikel „Messias III: Judentum", in: Lexikon für Theologie und Kirche³ 7 (1998) 174f., hier 174.
[35] *Ego*, Artikel „Messias III" (s. o. Anm. 34), 175.
[36] *Jan-Heiner Tück*, Der Jude Jesus – ‚die Tora in Person'? Zu einem neueren christologischen Topos im jüdisch-christlichen Gespräch, in: Christian Danz/Kathy Ehrensperger/Walter Homolka (Hg.), Christologie zwischen Judentum und Christentum. Jesus, der Jude aus Galiläa, und der christliche Erlöser (Dogmatik in der Moderne 30), Tübingen 2020, 183–207, hier 202.
[37] Vgl. dazu die Offenbarungskonstitution „Dei Verbum" des Zweiten Vatikanischen Konzils, wonach „die Heilige Überlieferung, die Heilige Schrift und das Lehramt der Kirche gemäß dem weisen Ratschluß Gottes so miteinander verknüpft und einander zugesellt sind, daß keines ohne die anderen besteht und daß alle zusammen, jedes auf seine Art, durch das Tun des einen Heiligen Geistes wirksam dem Heil der Seelen dienen" (Nr. 10).

lowing Jesus – in German expressed with the term „Nachfolge" – is not simply imitating him (the „imitatio Christi" traditionally meant adopting his way of life as, for instance, poverty, practiced by a monastic minority rather than Christian families and larger communities). By not following in Jesus' footsteps and observing commandments as he did, the dominant Christian practice at least from the fourth century on, Christian identity is established in distinction to the person remembered as the heart and inception of the Christian way of life. What has changed through Historical Jesus research is that this difference has been powerfully reinforced as the memory of Jesus' observance has become supported by solid scholarly testimony. In this sense, the critical memory of Jesus the Jew increases awareness of the distance between Jesus and his followers today.[38]

2.3 Nach der Judenmission

An der Bedeutung der Christologie entzündet sich ein Hauptproblem im jüdisch-christlichen Dialog: die historisch belastete Praxis einer christlichen Judenmission, deren theologische Begründung bis in die Gegenwart stritig war.[39] Braucht es das Bekenntnis zu Jesus Christus, um zum Heil zu finden – auch für Juden? Der „Gesprächskreis Juden und Christen beim Zentralkomitee der deutschen Katholiken" veröffentlichte im Jahr 2009 eine Erklärung mit dem Titel „Nein zur Judenmission – Ja zum Dialog zwischen Juden und Christen".[40] Drei Thesen leiteten die Erklärung an:

- „dass der Bund Gottes mit seinem Volk Israel nicht gekündigt ist und nie gekündigt wird";
- dass „Judenmission lange Jahrhunderte auch Ausdruck der Geringschätzung des Judentums war und deshalb den Boden für den Antisemitismus des Nationalsozialismus bereitete";
- und da „Gottes Bund Israel bereits das Heil erschlossen hat, braucht die Kirche nicht um das Heil Israels besorgt zu sein, die Juden nicht zum christlichen Glauben zu bekehren und sie nicht um ihres Heiles willen zur Taufe zu veranlassen".

Kritische Rückfragen von Kardinal Walter Kasper, als Präsident des Vatikanischen Einheitssekretariats auch zuständig für den Dialog mit dem Judentum, konzentrierten sich auf drei Aspekte: Wie steht es um die Singularität Jesu Christi in seinem Gottesverhältnis? Und lässt sich für Christen eine Erlösung unabhängig von Jesus Christus denken? Wenn nein – muss das nicht so entschieden bezeugt werden, dass Nichtchristen dieser Weg zum Heil erschlossen wird? Demgegenüber ist festzuhalten, dass Dialog nicht Mission bedeutet – und dass endgültig seit dem Zweiten Vatikanischen Konzil auch keine Judenmission mehr seitens der katholischen Kirche betrieben wurde. Aber erst die römische Erklärung von 2015 hat sich endgültig von Optionen auf eine Judenmission gelöst. Die theologischen Zielvorstellungen des Dialogs werden auf ein wechselseitig vertieftes Verständnis konzentriert. Jenseits von christlichen Bekehrungsversuchen wird allerdings auch hier festgehalten: „Im Kontext des universalen Heilswillens sind alle Menschen, die das Evangelium Christi noch nicht empfangen haben, auf das Gottesvolk des Neuen Bundes hingeordnet" (Nr. 43).

Die Frage, ob Juden ein Bekenntnis zu Jesus Christus als Erlöser abzuverlangen sei, bildet das Scharnier eines Dialogs, in dem die katholische Kirche einerseits an der unwiderruflichen Bundestreue Gottes mit Israel festhält, sich andererseits aber schwertut, die bleibende Heilsrelevanz Israels in seiner Bundestreue *post Christum* zu bestimmen. Damit verbindet sich die Frage, was Christen für Juden am Ende der Zeiten erhoffen. Als eschatologische Perspektive hält Josef Wohlmuth in diesem Zusammenhang – auch im Sinne einer kirchlichen Kurskorrektur – fest:

Die Glaubensbekenntnisse drücken ihren Glauben an das Kommen Jesu Christi und das Gericht über Lebende und Tote im Blick auf die gesamte Menschheit aus. Mag sein, dass Israels Hoffnung dadurch nicht genügend im Blick ist. Ausgeschlossen kann und darf sie trotz bzw. gerade wegen dieses universalen Blicks nicht werden. Insofern war die traditionelle Eschatologie schlecht beraten, wenn sie die Ankunft Christi von der Bekehrung der Judenheit abhängig machte, als gäbe es keine Rettung. Paulus hat in Röm 11,25 f. davon gesprochen, dass ‚ganz Israel gerettet' wird, ohne in diesem Kontext von dessen Bekenntnis zu Jesus zu sprechen ... Wenn die Christenheit vor dem Urteil des Weltenrichters bestehen will, wird sie gut daran tun, ihr Verhältnis zum Judentum

---

[38] *Barbara U. Meyer*, Jesus the Jew in Christian Memory. Theological and Philosophical Explorations, Cambridge 2020, 183.

[39] Vgl. *Robert Spaemann*, Gott ist kein Bigamist, in: Frankfurter Allgemeine Zeitung vom 20.4.2009, abrufbar auf: https://www.faz.net/aktuell/feuilleton/judenmission-gott-ist-kein-bigamist-1784941.html (letzter Zugriff am 22.03.2023). Vgl. *Hubert Frankemölle/Josef Wohlmuth* (Hg.), Das Heil der Anderen. Problemfeld „Judenmission" (Quaestiones disputatae 238), Freiburg im Breisgau 2010.

[40] Abrufbar auf: https://www.zdk.de/veroeffentlichungen/erklaerungen/detail/Nein-zur-Judenmission-Ja-zum-Dialog-zwischen-Juden-und-Christen-181y/ (letzter Zugriff am 27.03.2023). Dort die folgenden Zitate.

bleibend zu erneuern und ihr eigenes Heil nicht mehr ohne oder gar gegen Israel zu erhoffen.[41]

Diese eschatologische Maxime gilt aus bundes- und offenbarungstheologischen Gründen. Sie nimmt aber auch Maß an einer Geschichte, in der sich Christen gegen Juden stellten. Insofern ist jede christliche Theologie heute nur noch als „Theologie nach Auschwitz" zu konzipieren. Sie muss sich fragen, ob die Schoa als Grundwiderspruch gegen Gottes Gebot nicht die letzte Konsequenz auch eines christlichen Bundesbruchs darstellt. Die längste Zeit ihrer Geschichte ist die katholische Kirche nicht konsequent dafür eingetreten, dass sie im Gottesbund mit Israel steht; mehr noch: „dass die Christenheit – bei allem bleibenden Geschiedensein vom Judentum – zugleich auf Verständigung und Einheit in der Wahrheit mit dem Judentum angewiesen ist".[42]

Gemeinsam im Bund zu stehen, stellt eine späte Einsicht der katholischen Kirche dar. Der Glaube, dass sich in Jesus Christus der neue Bund als unüberholbar und unauflösbar erweist, führte immer wieder zu Vorstellungen, die im Schema von „Verheißung und Erfüllung" das Heil an ein ausdrückliches Christusbekenntnis banden. Wenn die unbegrenzte schöpferische Lebensmacht Gottes sich aber für Christen in Jesus von Nazareth erschließt und menschlich konkret wird, dann wird mit Blick auf die trinitarische Gottesbestimmung vor allem eins deutlich: Gott ist Beziehung. Diese Beziehung erschließt Leben. Der Bezug auf die unbegrenzte schöpferische Lebensmacht Gottes kann auch über Grenzen ihrer religiösen Bestimmung hinausführen – so wie Jesus in der Begegnung mit der kanaanäischen Frau seine Sendung in Israel überschreitet (Mt 15,21–28). Dort steht das Bekenntnis der Frau zum „Sohn Davids" am Anfang. Aber was dieses Bekenntnis bedeutet, ist an eine entscheidende Perspektive gebunden: dass sich die schöpferische Macht Gottes erweist. Das messianische Bekenntnis steht damit nicht für sich. Vielmehr bleibt es in dieser Perikope an den Bezug zur Tora gekoppelt, denn Jesus weiß sich zu Israel gesandt. Der Zusammenhang von Israelbindung und einer religiös-ethnischen Entgrenzung bleibt in diesem Text als eine Spannung erhalten. In dieser Spannung nimmt der Glaube an denjenigen die entscheidende Bedeutung ein, von dem sich Jesus gesandt weiß. Nicht Jesus ist der Souverän, sondern Gott. Dieses Lehrgespräch entwickelt ein theologisches Modell, in dem die Funktion des messianischen Bekenntnisses betont wird, aber auch seine theozentrische Voraussetzung und eine Überschreitung von festgelegten religiösen Bestimmungen zum Ausdruck kommt. In dieser Verbindung zeigt sich die Position Jesu. Der Gottesbezug, den er im Zeichen des Reiches Gottes erschließt, vermittelt sich seinerseits nur in komplexen Glaubens- und Lebensbezügen:

Wann, wie und ob sich Juden und Christen auf ihrem Weg zum „Reich Gottes" begegnen, bleibt in uns Menschen verborgenes Geheimnis Gottes. Das wusste schon Paulus, der die Rettung ganz Israels nicht an den Glauben an Jesus bindet. Er lässt seine wegweisende Lehre im Römerbrief mit dem Gebet so enden: „O Tiefe des Reichtums, der Weisheit und der Erkenntnis Gottes! Wie unergründlich sind seine Entscheidungen, wie unerforschlich seine Wege! Denn wer hat die Gedanken des Herrn erkannt? Oder wer ist sein Ratgeber gewesen? Wer hat ihm etwas gegeben, so dass Gott ihm etwas zurückgeben müsste? Denn aus ihm und durch ihn und auf ihn hin ist die ganze Schöpfung. Ihm sei Ehre in Ewigkeit! Amen." ([Röm] 11,33–36)[43]

3. Aktuelle Herausforderungen

Systematisch-theologisch erweist sich immer wieder als eine entscheidende Frage, wie die Beziehung zwischen Altem sowie Neuem Bund, zwischen Altem sowie Neuem Testament ausgehandelt wird. Im Hintergrund ist eine ekklesiologische Annahme wirksam; denn im Geist Jesu Christi beansprucht die Kirche, dass sie das Gottesverhältnis Jesu authentisch zum Ausdruck bringt. Wenn sich Gott in Jesus Christus selbst kommuniziert, gilt es dann nicht, diese Wahrheit als eine universale Wahrheit anzuerkennen? Denn der Gott Jesu Christi ist nicht nur der Gott Abrahams, Isaaks und Jakobs und also Israels, sondern als Schöpfergott der Gott aller Menschen. Wie steht es vor diesem Hintergrund um neutesta-

---

[41] *Wohlmuth*, Mysterium der Verwandlung (s. o. Anm. 15), 237f.

[42] *Hans Hermann Henrix*, Gottes Ja zu Israel. Ökumenische Studien christlicher Theologie (Studien zu Kirche und Israel 23), Berlin/Aachen 2005, 10. Vgl. *Thomas Fornet-Ponse*, Ökumene in drei Dimensionen. Jüdische Anstöße für die innerchristliche Ökumene (Jerusalemer theologisches Forum 19), Münster 2011.

[43] *Gesprächskreis Juden und Christen beim Zentralkomitee der deutschen Katholiken*, „Nein zur Judenmission – Ja zum Dialog zwischen Juden und Christen", Schlussplädoyer, S. 21f., abrufbar auf: https://www.zdk.de/veroeffentlichungen/erklaerungen/detail/Nein-zur-Judenmission-Ja-zum-Dialog-zwischen-Juden-und-Christen-181y/ (letzter Zugriff am 23.04.2023).

mentliche Texte, die das Heil an die Anerkennung Jesu als Messias koppeln – und zwar gerade mit Blick auf Israel (Apg 4,5–12)?

3.1 Israel als ein *locus theologicus proprius et alienus*

Die theologische Einsicht, dass der Bund Gottes mit Israel besteht und Gott *weiterhin wirkt im Volk des alten Bundes* (Papst Franziskus), hat zwei Konsequenzen: Es braucht keine christliche Judenmission; präziser: Sie ergibt keinen Sinn. Und die christliche Rede von Gott ist auf das Zeugnis Israels, das heißt aber auch: von Jüdinnen und Juden, aktuell verwiesen. Israel stellt einen konstitutiven Bezugspunkt christlicher Theologie dar: einen *locus theologicus*.

Die Lehre von den *loci theologici*, also von „Orten", sprich: Fundstellen, theologischer Erkenntnis, wurde von dem Dominikaner Melchior Cano im 16. Jahrhundert ausgearbeitet. Damit theologische Aussagen belastbar sind, müssen sie sich auf grundlegende Quellen beziehen und sie auslegen: Es handelt sich um „Wahrmacher" ihrer Aussagen. Die Heilige Schrift und die Tradition sind dafür entscheidende Voraussetzungen, aber auch Referenzorte mit besonderer Autorität, die eigene Deutungsreserven erschließen: die Kirche von Rom, Konzilien und Synoden, die Kirchenväter und scholastische Theologen. Diese *loci theologici proprii* stammen aus dem Innenraum kirchlicher Traditionsbildung. Sie sind an externe Quellen mit unvertretbarem Auskunftswert zu vermitteln, sogenannte *loci theologici alieni*: an die Vernunft, an die Realgeschichte, an Philosophen wie Aristoteles, von dem dieses topologische Programm ursprünglich stammt.

Dieser methodische Ansatz fordert dazu auf, die Bedeutung des Judentums als Ort theologischer Erkenntnis zu bestimmen. Damit aber zeichnet sich eine Umstellung systematisch-theologischer Reflexion ab, die allerdings erst noch konsequent vollzogen werden muss: dass Israel als eine heilsgeschichtliche Größe und das Judentum in seinen je gegenwärtigen Gestalten als ein eigener *locus theologicus* zur Geltung zu bringen ist. Ohne die Referenz auf die biblische Grundlegung des Glaubens, der nur mit dem Judentum erreicht und lebendig gehalten werden kann, wird der christliche Gottesbezug selbst ortlos. Denn ohne den geschichtlich grundlegenden wie mitlaufenden Bezug auf das Judentum verliert christliche Rede von Gott den Boden unter den Füßen.

Gleichzeitig bleibt das Judentum ein Gegenüber zur Kirche. Es stellt insofern einen *locus theologicus proprius* – mit Blick auf die Heilige Schrift – wie einen *locus theologicus alienus* als eigenständige, herausfordernde Wirklichkeit des christlichen Glaubens dar. Das wiederum zieht aus christlicher Sicht Arbeit an der Gottesbestimmung im lebendigen Bezug auf das Judentum und *im Gespräch* mit ihm nach sich.[44] Das verlangt in der systematischen Theologie nach einer veränderten Darstellungsform und einer Disposition, die im Gespräch mit dem Judentum ihre Koordinaten bestimmt. Damit verbindet sich eine entscheidende erkenntnistheologische Konsequenz: dass sich nämlich die christliche Gottesbestimmung im Dialog nicht nur als ein Thema, als ein Gegenstand von Beratungen im Prozess besseren Verstehens darstellt, sondern dass dieses Gespräch selbst eine theologische Bedeutung vor Gott besitzt.

3.2 Die offene Frage nach einer Theologie des Landes und des Staates Israel

Als Reaktion auf das Dokument der päpstlichen Kommission für die religiösen Beziehungen zum Judentum aus dem Jahr 2015 veröffentlichte der emeritierte Papst Benedikt XVI. einen Aufsatz in der Zeitschrift *Communio*, der eine heftige Debatte auslöste. Eine der Fragen, die von jüdischer Seite an den Artikel gestellt wurden, betrifft die Bedeutung des Landes *wie* des Staates Israel:

Papst Benedikt XVI. stellt apodiktisch fest, [dass] eine theologische Deutung des Staates Israel, die die Staatsgründung in Bezug zur biblischen Landverheißung setzt, nach christlichem Verständnis unmöglich ist. Er leugnet zwar keineswegs das Existenzrecht Israels, erweckt aber den Eindruck, dass der Staat Israel sich eher historisch zufällig auf seinem heutigen Territorium befindet. Wäre es nicht sinnvoller, im Dialog mit jüdischen Positionen, wie sie etwa Rabbiner Joseph B. Soloveitchik in seinem Aufsatz „Kol dodi dofek" (1956) entfaltet hat, zu überlegen, was die religiöse Verbundenheit des jüdischen Volkes mit dem Staat Israel für Christen bedeuten kann? Könnte die im Aufsatz isolierte Bemerkung, dass der Staat Israel „die Treue Gottes zum Volk Israel ausdrücken darf" (S. 330), nicht ein Gedanke sein, den man weiterentwickeln könnte?[45]

---

[44] *Peter Hünermann*, Dogmatische Prinzipienlehre. Glaube – Überlieferung – Theologie als Sprach- und Wahrheitsgeschehen, Münster 2003, spricht vom „Judentum als locus theologicus ‚semi-proprius'" (237–245, bes. 237, Anm. 451).

[45] Offener Brief der Orthodoxen Rabbinerkonferenz Deutschland an den Vatikan, Kardinal Kurt Koch, zu der jüngsten Veröffentlichung „Gnade und Berufung ohne Reue. An-

Unter Juden hat die säkulare Gründung des Staates Israels unterschiedliche Deutungen ausgelöst – auch religiöse.[46] Diesen Wahrnehmungen muss sich auch die katholische Kirche stellen, wenn sie ernst nimmt, dass sich Gott weiterhin im Volk des alten Bundes offenbart. Bereits 1985 hielt die Vatikanische Kommission für die religiösen Beziehungen zum Judentum fest:

Der Fortbestand Israels (wo doch so viele Völker des Altertums spurlos verschwunden sind) ist eine historische Tatsache und ein Zeichen im Plan Gottes, das Deutung erheischt.[47]

Die Existenz des Staates Israel lässt sich damit zwar nicht ohne Weiteres mit einem Handeln Gottes identifizieren. Hier ist zu beachten, dass der biblische Bundesschluss am Sinai

eine Gemeinschaft sui generis [konstituiert], die nicht einfach unter moderne Begriffe wie Volk, Ethnie, Nation oder Religionsgemeinschaft subsumiert werden kann. Jeder dieser Begriffe bezeichnet nur einen Aspekt dessen, was Israel der Bibel nach ist.[48]

Aber in Israel bildet sich ein eigener Raum des Glaubens und Hoffens aus, in dem Juden ihre religiöse Identität leben und damit ihrer Glaubensgeschichte eine Zukunft geben können. Dass Israel damit nicht als ein exklusiv jüdischer und auch nicht als ein primär oder ausschließlich religiöser Ort bestimmt wird, macht die Frage umso dringender, ob und wie sich theologische Interpretationen nicht nur mit dem Land als einem biblischen Topos, sondern mit der Existenz des Staates Israel verbinden lassen. Dabei stellt sich unter anderem die Frage, ob und wie sich die jüdische Sicht auf den Staat als ein Zeichen der kommenden Erlösung, aber auch als eine Dynamik hin auf die Verwirklichung des messianischen Israel christlich rezipieren lässt.[49] Eine christliche Theologie des Landes und Staates gehört vor diesem Hintergrund in den Aufgabenkatalog des Dialogs.

4. Weiterführende Literatur

Reinhold Boschki/Josef Wohlmuth (Hg.), Nostra Aetate 4. Wendepunkt im Verhältnis von Kirche und Judentum – bleibende Herausforderung für die Theologie (Studien zu Judentum und Christentum 30), Paderborn u. a. 2015.

Philip A. Cunningham, Maximes for Mutuality. Principles for Catholic Theology, Education, and Preaching about Jews and Judaism, New York/Mahwah, NJ 2022.

Philip A. Cunningham/Joseph Sievers/Mary C. Bosy/Hans Hermann Henrix/Jesper Svartvik (Hg.), Christ Jesus and the Jewish People Today. New Explorations of Theological Interrelationships, Grand Rapids 2011.

Christian Danz/Kathy Ehrensperger/Walter Homolka (Hg.), Christologie zwischen Judentum und Christentum. Jesus, der Jude aus Galiläa, und der christliche Erlöser (Dogmatik in der Moderne 30), Tübingen 2020.

Gavin D'Costa, Catholic Doctrines on the Jewish People after Vatican II, Oxford 2019.

Hans Hermann Henrix, Judentum und Christentum. Gemeinschaft wider Willen, Kevelaer 2004.

Gerhard Langer/Gregor Maria Hoff (Hg.), Der Ort des Jüdischen in der katholischen Theologie, Göttingen 2009.

Friedrich Wilhelm Marquardt, Das christliche Bekenntnis zu Jesus, dem Juden. Eine Christologie, 2 Bände, Gütersloh 1990–1991.

Barbara U. Meyer, Jesus the Jew in Christian Memory. Theological and Philosophical Explorations, Cambridge 2020.

Jan-Heiner Tück, Gottes Augapfel. Bruchstücke zu einer Theologie nach Auschwitz, Freiburg im Breisgau 2016.

---

merkungen zum Traktat ‚De Iudaeis'" (2.8.2018), abrufbar auf: https://honestlyconcerned.info/2018/08/05/offener-brief-der-orthodoxen-rabbinerkonferenz-deutschland-an-den-vatikankardinal-kurt-koch-zu-der-juengsten-veroeffentlichung-gnade-und-berufung-ohne-reue-anmerkungen-zum-traktat/.

[46] Siehe dazu den Beitrag von *Tamar Avraham* in diesem Band.

[47] „Hinweise für eine richtige Darstellung von Juden und Judentum in der Predigt und in der Katechese der Katholischen Kirche", abrufbar auf: https://dokumente-kirchen-judentum.de.

[48] *Andreas Verhülsdonk*, Sind Land und Staat Israel ein Thema im christlich-jüdischen Dialog? Eine katholische Perspektive, in: Sekretariat der Deutschen Bischofskonferenz (Hg.), Zwischen Jerusalem und Rom. Dokumentation der gemeinsamen Fachtagung der Deutschen Bischofskonferenz und der Orthodoxen Rabbinerkonferenz Deutschland (ORD) am 3./4. November 2019 in Berlin (Arbeitshilfen Nr. 314), Bonn 2020, 65–79, hier 76.

[49] Vgl. *Jehoschua Ahrens/Gregor Maria Hoff*, Geschwister auf einer gemeinsamen Suche. Eine Analyse der jüdisch-orthodoxen Stellungnahmen zum Dialogkurs der Kirche, in: Herder Korrespondenz 74/7 (2020) 24–26, bes. 26.

Albert Gerhards/Stephan Wahle

Liturgiewissenschaft angesichts des jüdisch-christlichen Dialogs

Einleitung

Die Liturgie nimmt sowohl im Judentum als auch im Christentum eine identitätsstiftende Stelle ein. Der Gottesdienst ist zentrales Medium der Tradierung religiöser und kultureller Inhalte. Analogien zu und Übernahmen aus jüdischen Überlieferungen waren zwar bekannt, wurden aber in der christlichen Theologie und Verkündigung nicht zum zeitgenössischen Judentum in Beziehung gesetzt. Die Liturgiewissenschaft nimmt hier unterschiedliche Positionen ein. Für den Benediktiner Odo Casel (1886–1948) stellte das Judentum eine defizitäre Religion dar, und Anton Baumstark (1871–1948) sah es nur als Antithese zur christlichen Liturgieentwicklung. Bei Romano Guardini (1885–1968) war es kein eigentliches Thema, wenngleich sich bei ihm durchaus Ansätze einer konstruktiven Auseinandersetzung finden.[1]

Eine eigene, auf Artikel 4 der Erklärung „Nostra Aetate" (NA) des Zweiten Vatikanischen Konzils über das Verhältnis der Kirche zu den nichtchristlichen Religionen basierende neue Hermeneutik der Liturgie hat sich in der katholischen Liturgiewissenschaft bis heute nur in Ansätzen herausgebildet. In einer enzyklopädischen Darstellung bemerkt Benedikt Kranemann:

Das Wissen um die enge Verwandtschaft von jüdischer und christlicher Liturgie hat sich mit dem Bewusstsein um das Grauen der Shoa und dem daraus entstandenen Bemühen um den jüdisch-christlichen Dialog entwickelt. Jedoch hat sich die Liturgiewissenschaft, anders als – zumindest in Teilen – die Systematische Theologie und die Praktische Theologie, nicht mit den Fragen einer „Theologie nach Auschwitz" auseinandergesetzt.[2]

Dass man das in dieser Absolutheit sagen kann, darf jedoch bezweifelt werden. Die Liturgiewissenschaft hat zumindest indirekt Inhalte und Methoden anderer theologischer Disziplinen zu diesen Fragen rezipiert.[3]

Allerdings kam es schon in den 1990er-Jahren zu kontroversen Diskussionen bezüglich der adäquaten Verhältnisbestimmung von jüdischer und christlicher Liturgie und der daraus resultierenden liturgiewissenschaftlichen Methodik. Das Spektrum reichte von Assimilierung bis Abgrenzung. Die international aufgestellte philologische und historische Forschung unterschiedlicher Fachdisziplinen präzisierte die Beziehung zwischen den jeweiligen liturgischen Traditionen, die sich nun nicht mehr auf eine gängige Formel bringen lassen.[4] Die Differenzierung der Verhältnisbestimmung führt insbesondere zu der Erkenntnis, dass christlicher Gottesdienst nicht nur als historische Größe, sondern prinzipiell auf das Judentum verwiesen ist. Dies trifft auch auf die gravierendste Liturgiereform der Kirche und ihre kultische Selbstdefinition gegenüber dem Judentum zu. Im Anschluss an die paulinische Theologie formuliert der Neutestamentler Peter Fiedler (1940–2009):

Bei aller Respektierung der jüdischen Eigenständigkeit und des christologischen Neuansatzes muss sich folglich der Gottesdienst der Kirche aus den (nichtjüdischen) Völkern gemäß den Aussagen in den Kapiteln 9, 11 und 15 des Röm[erbriefes] unaufhebbar auf den jüdischen Gottesdienst hingeordnet sehen, wenn er Gottesdienst des Gottes Israels sein und bleiben will.[5]

Die folgenden Überlegungen geben zunächst einen allgemeinen Überblick zur Verhältnisbestimmung von jüdischer und christlicher Liturgie (1). Sie fokussieren dann auf ausgewählte Feiern und Feste im Lauf der Zeit (2) und fragen schließlich nach den Formen, Möglichkeiten und

---

[1] Siehe *Peter Ebenbauer*, Mehr als ein Gespräch. Zur Dialogik von Gebet und Offenbarung in jüdischer und christlicher Liturgie (Studien zu Judentum und Christentum), Paderborn 2010, 22–32.

[2] *Benedikt Kranemann*, Geschichte, Stand und Aufgaben der katholischen Liturgiewissenschaft im deutschen Sprachgebiet, in: Martin Klöckener/Reinhard Meßner (Hg.), Wissenschaft der Liturgie, Band 1: Begriff, Geschichte, Konzepte (Gottesdienst der Kirche 1,1), Regensburg 2022, 277–468, hier 399.

[3] Siehe *Ebenbauer*, Gespräch (s. o. Anm. 1), 52–61.

[4] Siehe *Albert Gerhards/Hans Hermann Henrix* (Hg.), Dialog oder Monolog? Zur liturgischen Beziehung zwischen Judentum und Christentum (Quaestiones disputatae 208), Freiburg im Breisgau 2004.

[5] *Peter Fiedler*, Kultkritik im Neuen Testament?, in: Martin Klöckener/Benedikt Kranemann (Hg.), Liturgiereformen. Historische Studien zu einem bleibenden Grundzug des christlichen Gottesdienstes, Teil I: Biblische Modelle und Liturgiereformen von der Frühzeit bis zur Aufklärung (Liturgiewissenschaftliche Quellen und Forschungen 88), Münster 2002, 68–94, hier 94.

Grenzen des Israelgedenkens in christlicher Liturgie (3).

1. Grundlegender disziplinbezogener Überblick

Wie kein anderes Element der römischen Liturgie bildete die Fürbitte für die Juden in der Karfreitagsliturgie des Missale Romanum von 1570 aufgrund ihres Wortlauts, ihrer rituellen Inszenierung sowie ihres Kontextes ein Ärgernis, dessen sich bereits Papst Pius XII. (1939–1958) bewusst war. Daher begann deren Reform bereits 1955 und vollzog sich in Etappen bis zum Missale Papst Pauls VI. (1963–1978) von 1970. Damit war die Diskussion freilich längst noch nicht beendet.[6] Die mutige Neuformulierung, die eine Anerkennung des jüdischen Weges und den Verzicht auf eine Bekehrungsintention bedeutete, führte jedoch nicht zu einer konsequenten Revision der römischen Liturgie im Angesicht des Judentums. Zwar wurden einige Defizite der eigenen Tradition erkannt, darunter die mangelnde Präsenz alttestamentlicher Texte in der Verkündigung der Messfeier oder der Verlust der Dimension der Preisung im liturgischen Gebet, aber die Therapie blieb doch weitgehend in den Symptomen stecken. Dies hängt nicht zuletzt damit zusammen, dass die zeitbedingte Zuordnung von Judentum und Christentum in der traditionellen Liturgie oft unreflektiert fortgeschrieben wird. So ist zunächst eine Betrachtung der Zuordnungsmodelle angebracht. Diese haben zwei Ebenen, die historische und die hermeneutische, die sich freilich gegenseitig überlappen.[7]

1.1 Die Geschichte einer wechselvollen Beziehung

Unterscheiden lassen sich insgesamt vier Herangehensweisen, das Verhältnis beider liturgischer Traditionen zu bestimmen, von denen folgende drei inzwischen als überholt gelten: das Kontrast-, das Überbietungs- und das Filiationsmodell.

Während Vertreterinnen und Vertreter des über lange Zeit vorherrschenden Kontrastmodells die jüdische Liturgie völlig ignorieren oder als Negativfolie für die christliche Liturgie ansehen, was umso problematischer wird, je mehr das Christentum dabei in schärfster Abgrenzung als Alleinerbe der Verheißung Israels verstanden wird, geht das Überbietungsmodell von einem moderaten Verheißung-Erfüllung-Schema aus. In beiden Fällen spricht man in diesem Zusammenhang von Substitution. Demgegenüber trägt das Filiationsmodell, das eine linear verlaufende Beeinflussung der christlichen durch die jüdische Liturgie nicht im Sinne der Beerbung, sondern der bleibenden Beziehung aufgrund der gemeinsamen Ursprungssituation annimmt, wesentlich die Gefahr in sich, alles Trennende durch Überbetonung des Gemeinsamen überwinden zu wollen, so die Eigenprofile zu nivellieren und die jeweils andere Tradition zu vereinnahmen.

Heutige liturgiewissenschaftliche Forschung setzt stattdessen auf eine Hermeneutik zweier Wege. Dabei sieht sie zunächst von einer Wertung der Beziehungen von Judentum und Christentum ab und betrachtet beide Traditionen in ihrer Genese, den Eigenheiten und Gemeinsamkeiten. Sie geht von dem Grundgedanken einer wechselseitigen Beeinflussung aus, jedoch nicht von einer gemeinsamen Ursprungssituation. Ausgangspunkt ist die Intention, die Hermeneutik einer anderen Liturgie verstehen zu wollen. Aus einem solchen Verständnis heraus ergeben sich möglicherweise Analogien, etwa zwischen dem christlichen Ostern und dem jüdischen Pessach als Feiern der Befreiung in eschatologischer Perspektive. Parallele Entwicklungen bedeuten nicht unbedingt eine gegenseitige Abhängigkeit.

Die geschichtliche Beziehung hat Gerard Rouwhorst eingehend beschrieben.[8] Die beiden „Zwillinge", nämlich frühes Christentum und rabbinisches Judentum, sind demnach rituelle Transformationen infolge des Christusereignisses einerseits, des Verlustes des Jerusalemer Tempels im Jahre 70 u. Z. andererseits. Rouwhorst warnt allerdings vor der Simplifizierung der Verhältnisbestimmung angesichts der Komplexität früher jüdischer wie christlicher Traditionen. Statt von einem homogenen Modell solle man von einem dynamischen Interaktionsmodell ausgehen, in dem verschiedene Formen der Beeinflussung

---

[6] Siehe dazu ausführlich unten Abschnitt 2.2.

[7] Zum Folgenden siehe *Gerard Rouwhorst*, Christlicher Gottesdienst und der Gottesdienst Israels. Forschungsgeschichte, historische Interaktionen, Theologie, in: Martin Klöckener/Angelus A. Häußling/Reinhard Meßner (Hg.), Theologie des Gottesdienstes, Band 2: Gottesdienst im Leben der Christen. Christliche und jüdische Liturgie (Gottesdienst der Kirche 2,2), Regensburg 2008, 491–572, hier 504–513.

[8] Siehe *Rouwhorst*, Christlicher Gottesdienst (s. o. Anm. 7), 501–513.

ihren Platz haben: Beeinflussung durch die Übernahme, Aneignung und Transformation jüdischer Riten und ritueller Elemente, durch Interaktion mit jüdischen liturgischen Traditionen, durch das Alte Testament. Zudem sei „zwischen den Ritualen selbst und den mit ihnen verbundenen ‚imaginaires' (Vorstellungen, Motive, Mythen, Erzählungen usw.) zu unterscheiden".[9]

Das Erklärungsmodell der dynamischen Interaktion hat den Vorteil, dass es keine normativen Vorgaben macht, sondern offen ist für alle Spielarten der Bezugnahme. Es hilft beim Verständnis mancher Parallelen, verhindert aber auch vorschnelle Schlüsse auf Abhängigkeiten. Viele Gemeinsamkeiten erklären sich nicht aufgrund ritueller Konstanten, sondern aufgrund analoger Bibelhermeneutik.[10]

1.2 Die Hermeneutik der Heiligen Schrift und die Leserichtung der Testamente

Die Liturgie des Judentums und die des Christentums sind weder inhaltlich noch strukturell von der Schrift unabhängig zu betrachten, da Schriften und Gottesdienst aus der lebendigen religiösen Praxis heraus geformt worden sind und einander befruchtet haben. Die Intertextualität der biblischen Bücher setzt sich in den liturgischen Überlieferungen beider Traditionen fort. Der Schriftgebrauch ist vielschichtig. Dabei sind die unterschiedlichen liturgischen Weisen der Intertextualität zu beachten.[11]

Der derzeitige Wortgottesdienst der sonn- und festtäglichen Messe besteht aus der Textabfolge von alttestamentlicher Lesung, Psalm, neutestamentlicher Lesung, Halleluja-Ruf und Evangelium. Eine solche Struktur bringt die Schriften der Bibel mit ihren beiden Teilen im Kontext der Liturgie in einen Dialog. Die aufeinander abgestimmten Texte aus Altem und Neuem Testament befragen und kommentieren sich gegenseitig. Eröffnungsvers, Psalm und Halleluja-Ruf eröffnen einen bestimmten Verstehenshorizont. Hier handelt es sich um innerbiblische Intertextualität im Kontext der Liturgie. Was zwischen den Texten der beiden Testamente konstatiert wird, gilt auch für Texte innerhalb eines der beiden Teile der Bibel. Man kann zudem einen Dialog zwischen biblischem und liturgischem Text beobachten, wenn eine Oration, ein Hochgebet, ein Kirchenlied usw. einen biblischen Text einspielt, wenn also Text im Text spricht und so wiederum ein neues Textgebilde entsteht.

Schließlich macht Intertextualität auf den Dialog zwischen verschiedenen Liturgiefeiern aufmerksam, der über biblische Texte ermöglicht wird. Für die Cantica (Lieder in der Bibel) wie Benedictus, Magnifikat und Nunc dimittis sowie das in der Eucharistie erklingende Gloria hat Norbert Lohfink aufgezeigt, dass die Texte im Lukasevangelium eng durch Stichworte, das heißt „punktuelle Wortbezüge", wie durch ihren inneren Zusammenhang miteinander verbunden sind. Dadurch drücken sie entschieden und in Fülle messianische Hoffnung aus. Diese tragen sie in den christlichen Gottesdienst ein und eröffnen dadurch eine neue polyphone Bedeutung.[12] Der theologische Bogen zwischen den Texten durchwirkt von der Liturgie her den Tageslauf.

Die Liturgiekonstitution des Zweiten Vatikanischen Konzils, „Sacrosanctum Concilium" (SC), verlangte eine Reform der vormals recht schmalen Auswahl an Lesungen in der Eucharistiefeier, damit zumindest die „wichtigsten Teile der Heiligen Schrift" (SC 51) in einem mehrjährigen Zyklus verkündigt werden. Die Vor- und Nachteile der erneuerten Leseordnung sind aus der Perspektive des jüdisch-christlichen Dialogs seit Langem bekannt.[13] Was sind überhaupt die „wichtigsten Texte" der Heiligen Schrift, vor allem in dem im Vergleich zum Neuen Testament viel umfangreicheren Alten Testament? Wie stellt man die Lesungen aus Altem und Neuem Testament angemessen und sachgerecht zusammen? (Ausgewählte) Bahnlesungen oder thematische Zuordnungen? Sollte es nicht Bahnlesungen für das

---

[9] *Rouwhorst*, Christlicher Gottesdienst (s. o. Anm. 7), 513.

[10] Siehe *Marco Benini*, Liturgische Bibelhermeneutik. Die Heilige Schrift im Horizont des Gottesdienstes (Liturgiewissenschaftliche Quellen und Forschungen 109), Münster 2020. Eine jüdisch-christliche Perspektive lässt diese umfassende Studie allerdings vermissen.

[11] Zum Folgenden siehe *Albert Gerhards*, Bibel als Quelle und Prüfstein liturgischer Sprache, in: Alexander Zerfaß/Ansgar Franz (Hg.), Wort des lebendigen Gottes. Liturgie und Bibel (Pietas liturgica 16), Tübingen 2016, 243–257, bes. 247–250; *Albert Gerhards/Benedikt Kranemann*, Grundlagen und Perspektiven der Liturgiewissenschaft, Darmstadt 2019, 205–207.

[12] Vgl. *Norbert Lohfink*, Das Alte Testament und der christliche Tageslauf. Die Lieder in der Kindheitsgeschichte bei Lukas, in: ders., Im Schatten deiner Flügel. Große Bibeltexte neu erschlossen, Freiburg im Breisgau/Basel/Wien 1999, 218–236, bes. 235.

[13] Siehe *Ansgar Franz*, Das Alte Testament und die gottesdienstlichen Lesungen. Zur Diskussion um die Reform christlicher Lektionare, in: Alexander Deeg/Irene Mildenberger (Hg.), „… dass er euch auch erwählet hat". Liturgie feiern im Horizont des Judentums (Beiträge zu Liturgie und Spiritualität 16), Leipzig 2006, 227–257.

Alte Testament geben, statt die Auswahl – wie in der heutigen Perikopenordnung vorgesehen – allein thematisch vom Evangelium her zu begründen? Denn auch die umgekehrte Vorgehensweise ist denkbar, wenn das Neue Testament als Relecture des Alten Testaments verstanden wird und eine heilsgeschichtlich orientierte Leseordnung ausgehend vom Alten Testament konzipiert wird. Könnte diese Vorgehensweise nicht zumindest für die „grünen Sonntage" nach Pfingsten realisiert werden, wie es Hansjakob Becker (1938–2021) einmal vorgeschlagen hat?[14] Auch eine doppelte Bahnlesung von Tora und Evangelium mit kommentierender zweiter Lesung liegt seit Jahren als Modell vor.[15] Wie ist dabei aber die dramaturgische Vorrangstellung des Evangeliums als Jesu direktes Wort zu bewahren? Kommen die biblischen Frauentraditionen, etwa der Patriarchinnen, angemessen zur Geltung? Alle diese und viele weitere Fragen zur Leserichtung der Testamente beschäftigen seit Jahren und Jahrzehnten die liturgiewissenschaftliche Forschung.

Ein Aspekt soll eigens betont werden. Harald Buchinger hat darauf hingewiesen, dass die dem römischen Ritus typische kanonische Bibellektüre durch die jüngste Liturgiereform einem zunehmend christologisierenden Verständnis der Schriftrezeption im Gottesdienst gewichen sei.[16] Statt dem prägenden Ziel der Einübung und Verinnerlichung in das biblische Wort habe sich die ursprünglich nur an Festtagen belegte typologische Schriftauslegung durchgesetzt, abgesehen von Lesehore und den neu geschaffenen Wochentagsmessformularen. Er fragt, ob Christinnen und Christen Aneignung und Verinnerlichung des Alten Testaments in einer Form möglich ist, die der römischen Tradition eigen ist, die den „hermeneutischen ‚Eigenwert' und ‚Überschuss' des Alten Testaments"[17] wahrt, das Alte Testament nicht als „Steinbruch für christliche Neuinterpretation"[18] missbraucht, sodass insgesamt die kanonische Einheit der Heiligen Schrift bewusst wird.

Viel ist auch über die mangelnde Praxis und vielschichtige Funktion des Antwortpsalms als Gesang und Schrifttext diskutiert worden.[19] Da er Teil der Perikopenordnung ist, gelten für ihn ebenso die zuvor genannten Fragestellungen. Unabhängig davon liegt ein hoher Wert in der Lebensnähe der Psalmen, werden in den alten jüdischen Texten doch eine Vielzahl menschlicher Lebenssituationen zum Ausdruck gebracht: Freude und Leid, Dank und Bitte, Hoffnung und auch Klage.

1.3 Gemeinsame Paradigmen: sich erinnern – sich versammeln – sich darbringen

Jüdische und christliche Liturgie sind über gemeinsame Paradigmen, grundlegende Denkfiguren, elementare Zeichen und existenzielle Verhaltensweisen miteinander verbunden. Ein Identitätsmerkmal beider Religionen ist erstens das existenzielle Erinnern und damit die anamnetische Grunddimension aller religiösen Vollzüge.[20] Er hängt eng mit dem Offenbarungsverständnis der biblischen Religionen und dem daraus resultierenden Verständnis von Geschichte zusammen. Der klassische Erfahrungsort ist die christliche Liturgie der Osternacht und das (in der überlieferten Form allerdings späte) jüdische Sedermahl. Dabei geht es um die Vergewisserung der Gegenwart des in der Menschheitsgeschichte handelnden Gottes. Dies geschieht in rituellen Organisationsformen, die Raum und Zeit der Gläubigen prägen.

Regelmäßige Versammlungen bilden ein zweites zentrales Charakteristikum der jüdischen wie

---

[14] Siehe *Hansjakob Becker*, Wortgottesdienst als Dialog der beiden Testamente. Der Stellenwert des Alten Testaments bei einer Weiterführung der Reform des Ordo Lectionum Missae, in: Ansgar Franz (Hg.), Streit am Tisch des Wortes? Zur Deutung und Bedeutung des Alten Testaments und seiner Verwendung in der Liturgie (Pietas liturgica 8), St. Ottilien 1997, 659–689.

[15] Siehe *Georg Braulik*, Die Tora als Bahnlesung. Zur Hermeneutik einer zukünftigen Auswahl der Sonntagsperikopen, in: Reinhard Meßner/Eduard Nagel/Rudolf Pacik (Hg.), Bewahren und Erneuern. Studien zur Meßliturgie. FS Hans Bernhard Meyer (Innsbrucker theologische Studien 42), Innsbruck/Wien 1995, 50–76; *Georg Braulik/Norbert Lohfink*, Liturgie und Bibel. Gesammelte Aufsätze (Österreichische biblische Studien 28), Frankfurt am Main 2005.

[16] Siehe *Harald Buchinger*, Mehr als ein Steinbruch? Beobachtungen und Fragen zur Bibelverwendung der römischen Liturgie, in: Bibel und Liturgie 82 (2009) 22–31.

[17] *Buchinger*, Steinbruch (s. o. Anm. 16), 25.

[18] *Buchinger*, Steinbruch (s. o. Anm. 16), 27.

[19] Siehe *Rudolf Pacik*, Der Antwortpsalm, in: Liturgisches Jahrbuch 30 (1980) 43–66; *Josef-Anton Willa*, Singen als liturgisches Geschehen. Dargestellt am Beispiel des „Antwortpsalms" in der Messfeier (Studien zur Pastoralliturgie 18), Regensburg 2005.

[20] Siehe *Stephan Wahle*, Gottes-Gedenken. Untersuchungen zum anamnetischen Gehalt christlicher und jüdischer Liturgie (Innsbrucker theologische Studien 73), Innsbruck/Wien 2006; *Rainer Kampling*, „Groß erzeigt sich ER über die Mark Jisraels". Zur Gegenwart und Vergegenwärtigung Israels in der christlichen Theologie, in: Walter Homolka (Hg.), Liturgie als Theologie. Das Gebet als Zentrum im jüdischen Denken (Aus Religion und Recht 1), Berlin 2005, 154–162.

christlichen Glaubensgemeinschaft, für die in ihren jeweiligen Identitätsfindungsprozessen Versammlungsräume von existenzieller Bedeutung waren.[21] Während für das Zustandekommen des jüdischen Gottesdienstes die Versammlung von zehn Mitgliedern – im orthodoxen Judentum ausschließlich Männer – notwendig ist (Minjan), gibt es für den christlichen keine Untergrenze (siehe Mt 18,20). Die essenzielle Bedeutung des Sich-Versammelns geriet im Laufe der abendländischen Kirchengeschichte jedoch immer mehr in Vergessenheit und wurde erst im Zuge des Zweiten Vatikanischen Konzils wieder zum theologischen Kriterium.

Einer der Gründe für die zwischenzeitliche Verdunstung des *communio*-Gedankens liegt in der mittelalterlichen Modellierung der Rolle des Priesters bei der Feier der Eucharistie, der sich nun nicht mehr als Leiter der Versammlung versteht, die als Ganze die Memoria vollzieht, sondern als alleiniger Repräsentant des Volkes Gottes, der stellvertretend für die Kirche das Opfer darbringt. Wesenszug der christlichen Liturgie ist gleichwohl drittens das geistige Opfer aller, der Akt der Selbstdarbringung. Damit weist jene eine Wesensverwandtschaft mit dem jüdischen Gottesdienst auf, wie er sich nach dem Aufhören des Tempelkultes entwickelt hat, in dem also dem Gebet die gleiche Kraft zukommt, Gott und Mensch miteinander zu verbinden, wie vormals dem Opferdienst.[22] Neben Tempel und Synagoge war das Haus beziehungsweise die Hausgemeinde der prominente, wenn nicht sogar der primäre Kultort des Juden Jesus. Hier fanden das tägliche Gebet und vor allem das gemeinsame Mahl statt, das nicht bloß zur Sättigung dient, sondern stets durch rituelle Formen religiös eingebunden ist.

1.4 Jüdisches und christliches Beten

Ein bedeutendes Beispiel dynamischer Interaktion zwischen jüdischem und christlichem Gottesdienst ist die Gebetspraxis. Inwieweit zentrale Gebetstexte beider Traditionen sich auf unterschiedliche Weise gegenseitig beeinflusst und Identität gestiftet haben, soll an vier Beispielen dargelegt werden: dem Vaterunser im Verhältnis zum Achtzehn(bitten)gebet, dem Sanctus/Benedictus im Verhältnis zur Qeduscha, der Doxologie im Verhältnis zur Beracha und dem Eucharistiegebet im Verhältnis zur Birkat Hamazon.

Das Vaterunser (siehe Mt 6,9–13) entspricht rabbinischer Gebetspraxis und steht mit dem Achtzehn(bitten)gebet, dem Hauptgebet im jüdischen Gottesdienst, auch „Amida" genannt, in Verbindung. Alle Elemente des Vaterunsers kommen auch in der synagogalen Liturgie vor, nur verteilt auf unterschiedliche Stellen. So konstatiert Leo Trepp (1913–2010): „Es beginnt mit der Anrufung Gottes, geht dann wie die Amida zur Heiligung des Namens über, bringt wie die Amida die Bedürfnisse des Menschen vor Gott und endet mit einer frei gestalteten Beracha ‚denn dein ist das Reich …', was damals noch üblich war."[23] Die verschiedenen redaktionellen Bearbeitungen einerseits und die Kontextualisierung des Gebets im Laufe der Kirchengeschichte andererseits machen den Text des Vaterunsers – nicht über seinen Inhalt, sehr wohl aber über seine Gebetspragmatik – zu einem Identitätsmarker des Christentums. Vergleichbar ist die Entwicklung des Vaterunsers mit der identitätsstiftenden Funktion des Achtzehnbittengebets im Judentum.[24] Als Herzstück gilt die messianische Bitte in ihrer politisch-eschatologischen Ausrichtung. In einer Gesellschaft ohne politische Grenzen, wie wir sie im Judentum der ersten Jahrhunderte christlicher Zeitrechnung vorfinden, werden über das Gebet der Amida die Grenzen der Gemeinschaft festgelegt.

Auch das Sanctus in der christlichen Liturgie verdankt sich jüdischen Vorbildern, insbesondere der Qeduscha im Morgengebet.[25] Der Gedanke der Einheit von Himmel und Erde im Gotteslob wird in der rabbinischen Tradition ursprünglich zurückgedrängt und kommt erst nach und nach über die Volksfrömmigkeit in die liturgische Vorstellungswelt des Judentums. Das Lob der Himmlischen hat hier eher eine Platzhalterfunktion in der Zeit zwischen der Zerstörung des Tempels und einer Wiederaufnahme des Tempelkultes.

---

[21] Siehe *Albert Gerhards*, Wo Gott und Welt sich begegnen. Kirchenräume verstehen, Kevelaer 2011.

[22] Siehe *Leo Trepp*, Der jüdische Gottesdienst. Gestalt und Entwicklung, Stuttgart 1992, 11.

[23] *Trepp*, Der jüdische Gottesdienst (s. o. Anm. 22), 278 f.

[24] Siehe *Jakob J. Petuchowski*, Das „Achtzehngebet", in: Hans Hermann Henrix (Hg.), Jüdische Liturgie. Geschichte – Struktur – Wesen (Quaestiones disputatae 86), Freiburg im Breisgau/Basel/Wien 1979, 77–88; *Gernot Jonas* (Hg.), Alle Morgen neu. Einführung in die jüdische Gedankenwelt anhand eines der wichtigsten Gebete: Achtzehngebet, zusammengestellt von Drouve J. van der Sluis u. a. (Erev-Rav-Hefte. Israelitisch denken lernen 7), Uelzen 2005.

[25] Siehe *Gabriele Winkler*, Das Sanctus. Über die Ursprünge des Sanctus und sein Fortwirken (Orientalia Christiana analecta 267), Rom 2002; *Achim Budde*, Die ägyptische Basilios-Anaphora. Text – Kommentar – Geschichte (Jerusalemer theologisches Forum 7), Münster 2004, 240–244.263–265.

Neben den Modifikationen des liturgischen Textes gegenüber der biblischen Vorlage fällt im Sanctus der römischen Liturgie und der meisten anderen Liturgien die Erweiterung durch den Hosanna-Ruf und das sogenannte Benedictus auf, eine auf Psalm 118,25 fußende und wahrscheinlich zuerst im syrischen Raum angefügte Anspielung auf die Akklamation der Palmsonntagsberichte (siehe Mt 21,8–9 par.). Freilich handelt es sich im Psalm nicht um „himmlische Liturgie", sondern um eine Dankliturgie im Tempel im Rahmen des Laubhüttenfestes. In der christlichen (patristischen) Deutung des Palmsonntagsgeschehens aber wird die Szenerie in den Himmel verlegt. Durch die Hinzufügung der Preisung „Gepriesen sei, der da kommt im Namen des Herrn" und die chorische Aufteilung wird das Sanctus/Benedictus in der späteren Tradition zum Siegeshymnus. Seit der Patristik wird die christliche Übernahme des Trishagions substitutionstheoretisch interpretiert. Die „Teilnahme" der Kirche an der Liturgie des Himmels ist jedoch nicht selbstverständlich, sondern es muss erst um sie gebeten werden. Die christliche Liturgie steht in ständiger eschatologischer Spannung in Bezug auf ihre geschichtstheologische Position und damit auch die des Judentums.

Jüdisches Beten ist von jeher Segen, Lobgesang beziehungsweise Dank.[26] In kurzen Segenssprüchen, die gläubige Jüdinnen und Juden zu allen möglichen Gelegenheiten beten, wird Gott immer wieder als der Schöpfer der Welt gepriesen. In Anlehnung an diese Gebetspraxis hat man in den Messordo der jetzigen katholischen Liturgie zur Gabenbereitung Lobsprüche eingefügt. Über das Brot lautet dieser:

Gepriesen bist du, Herr, unser Gott, Schöpfer der Welt. Du schenkst uns das Brot, die Frucht der Erde und der menschlichen Arbeit. Wir bringen dieses Brot vor Dein Angesicht, damit es uns das Brot des Lebens werde. Gepriesen bist Du in Ewigkeit, Herr, unser Gott.[27]

Entsprechend wird über den Wein als Frucht des Weinstocks gepriesen. Diese Lobsprüche sind in ihrem Wortlaut nicht spezifisch christlich, es sei denn, man füllt die Aussagen „Brot des Lebens" und „Kelch des Heiles" eucharistisch, wie dies vom Kontext selbstverständlich nahegelegt ist. Von der Gottesanrede und der im Gebet zum Ausdruck gebrachten Gottesbeziehung könnte dieses Gebet jedoch gleichermaßen jüdisch mitvollzogen werden. Es entspricht der ersten Aussage des Glaubensbekenntnisses „Ich glaube an den einen Gott", die mit dem jüdischen Glaubensbekenntnis identisch ist: „Höre, Israel, der HERR, unser Gott, der HERR ist einzig" (Dtn 6,4).

Neben dem Lobspruch, der Beracha, ist der Zuspruch der Herrlichkeit, die Doxologie, eine zweite Möglichkeit des Lobpreisens Gottes. Bereits im Neuen Testament wird die streng monotheistische Ausrichtung gelockert. Eindeutig eingeführt wird die schon in den paulinischen Briefen geläufige Formel „durch Christus" jedoch erst im außerbiblischen Schrifttum. Die Doxologie kann auch direkt auf Christus bezogen werden, erstmals wohl in der Geheimen Offenbarung (siehe Offb 5,13–14). Nach jüdischem Verständnis handelt es sich hier um eine unerlaubte Vermischung von Göttlichem und Geschöpflichem; spätestens hier trennen sich die Wege. Der nächste Schritt der Christianisierung ist im Zuge der Explikation des Trinitätsglaubens die parataktische Nennung des Heiligen Geistes. Diese findet sich zwar auch schon in triadischen Formeln des Neuen Testaments (siehe Mt 28,19), doch wird im Zuge der dogmengeschichtlichen Entwicklung des vierten Jahrhunderts der Parataxe, also der Gleichordnung von Vater, Sohn und Geist, eine neue Bedeutung gegeben. Damit wollte man mit Traditionsargumenten die Gleichheit des göttlichen Wesens betonen. Bis dahin war die Doxologie „Ehre dem Vater durch den Sohn im Heiligen Geist" vorherrschend. Hier ist die Zielrichtung des Lobpreises auf Gott, den Vater, deutlich. Der Sohn ist Mittler und der Geist gleichsam die Aura, in der die Zuweisung der Doxa erfolgt.

Wesentlicher Inhalt der frühchristlichen Eucharistiefeiern war die Anamnese, die Erinnerung an Jesus (siehe 1 Kor 11,24–25; Lk 22,19).[28]

---

[26] Siehe *Albert Gerhards*, „Ehre sei dem Vater …" – Wie monotheistisch betet die Kirche? Zur Frage des Adressaten christlichen Betens, in: Deeg/Mildenberger (Hg.), Liturgie feiern (s. o. Anm. 13), 89–103.

[27] Meßbuch. Die Feier der heiligen Messe. Für die Bistümer des deutschen Sprachgebietes. Authentische Ausgabe für den liturgischen Gebrauch. Kleinausgabe. Das Meßbuch deutsch für alle Tage des Jahres, hg. im Auftrag der Bischofskonferenzen Deutschlands, Österreichs und der Schweiz sowie der Bischöfe von Luxemburg, Bozen-Brixen und Lüttich, Einsiedeln u. a. ²1988, 344f. Kritisch, weil die Lobpreisungen (Berakot) im jüdischen Kontext völlig anders zu verstehen sind, äußert sich dazu *Clemens Leonhard*, Die Gebete zur Gabenbereitung. Jüdische Liturgie in der katholischen Messe, in: Heiliger Dienst 74 (2020) 103–110.

[28] Siehe *Martin Ebner*, Das Urchristentum in seiner Umwelt, Band 1: Die Stadt als Lebensraum der ersten Christen (Grundrisse zum Neuen Testament 1,1), Göttingen 2012, 185; zum Folgenden siehe *Albert Gerhards*, Liturgie in den ersten Jahrhunderten, in: Jürgen Bärsch/Benedikt Kranemann (Hg.), Geschichte der Liturgie in den Kirchen des Westens. Rituelle

Die Erinnerungsakte waren da platziert, wo sie in den Symposien ihren Ort hatten: zu Beginn bei der Brotbrechung (nach jüdischem Brauch) und bei der Becherhandlung nach Abschluss des Mahls. Das Nachtischgebet, die Birkat Hamazon, versprachlichte den Inhalt der Erinnerung. Als überliefertes Modell kann die Beschreibung aus der Didache gelten (siehe Did 9,1–3; 10,1–6). Sie überliefert verbindliche Gebetsformeln, um andere, konkurrierende Tischgebete auszuschließen, das heißt vor allem jüdische. In den Eucharistiegebeten kommt besonders die Sorge um die Einheit zum Ausdruck. Damit zeichnen sich die mit der anamnetisch-epikletischen Doppelstruktur verbundenen Themen ab: Christusanamnese und (Geist-)Epiklese, wobei deren Zielrichtung nicht die Mahlgaben, sondern letztlich die Ekklesia betrifft. Gerahmt werden die beiden Bestandteile durch doxologische Elemente. Bei Justin (gest. 165) liegt die Eucharistie auf der Linie des paulinischen Herrenmahls (siehe 1. Apologie 67). Die Gottesdienste haben bei ihm bereits die später gängige Struktur des „Messschemas" aus Wortgottesdienst, Mahlfeier und Kollekte. Für Justin ist das Eucharistiegebet vor allem *eucharistia*, Danksagung. Anstelle des Sättigungsmahls (Symposion) tritt nun die Brot- und Kelchkommunion. Hiermit liegt die Grundgestalt der zentralen christlichen Feier fest, die eine identitätsstiftende und zugleich ausgrenzende Funktion hat.

2. Exemplarische Themen, Fragestellungen und Problemkontexte

Nach den grundlegenden Überlegungen soll an ausgewählten Festen und Feiern im Jahr aufgezeigt werden, wo sich im Laufe der Geschichte antijüdische Stereotype ausgeprägt haben und wie heute christliche Identität durch die Feier der Liturgie beschrieben werden kann, ohne sich vom Judentum als Negativfolie absetzen zu müssen.[29]

2.1 Sabbat und Sonntag

In einem „Sonntäglichen Lobpreis" zur Wort-Gottes-Feier heißt es:

Gepriesen bist du, Herr, unser Gott, für die Gabe des ersten Tages der Woche.
Dies ist der Tag, an dem du das Werk der Schöpfung begonnen hast, indem du Licht und Finsternis trenntest. Dies ist der Tag, an dem du durch die Auferweckung deines Sohnes mitten in der alten Schöpfung die neue Schöpfung schon begonnen hast. Dies ist unser Tag der Ruhe und Unterbrechung, den du uns allen am Berg Sinai durch dein Sabbatgebot geschenkt hast. Denn du hast uns deinem geliebten Volk im Neuen Bund zugesellt.[30]

Sabbat und Sonntag werden in diesem Hymnus nahezu synonym gebraucht, mehr noch: Über Mose soll Gott der Kirche den Sonntag als „Tag der Ruhe und Unterbrechung" geschenkt haben – eben weil sie Israel „im Neuen Bund zugesellt" sei. Das sicherlich gut gemeinte Gebet gibt ein beredtes Zeugnis von der seit patristischer Theologie weitverbreiteten Vorstellung, wonach der Sonntag den geistlichen Sinn des Sabbats erfüllt, vollendet und damit auch substituiert habe. Bereits in der ausgehenden Antike ist es zu einer weitgehenden Verschmelzung des Sabbats mit dem Sonntag gekommen. Doch in welchem Verhältnis stehen Sabbat und Sonntag? Wie lässt sich das identitätsstiftende Profil des Sonntags ohne Abwertung des Sabbats beschreiben?[31]

Im Neuen Testament finden wir nur sehr wenige Stellen, aus denen sich eine regelmäßige Sonntagsfeier durch die Messiasgläubigen nachweisen lässt, ganz im Gegensatz zu einer durchgehaltenen Sabbatobservanz in Teilen des Urchristentums.[32] Es steht außer Frage, dass die Judenchristinnen und -christen irgendeine Form

---

Entwicklungen, theologische Konzepte und kulturelle Kontexte, Band I: Von der Antike bis zur Neuzeit, Münster 2018, 83–153, bes. 122–132.

[29] Siehe *Bert Groen*, Antijudaismus in der christlichen Liturgie und Versuche seiner Überwindung, in: Joachim Kügler (Hg.), Prekäre Zeitgenossenschaft. Mit dem Alten Testament in Konflikten der Zeit. Internationales Bibel-Symposium Graz 2004 (Bayreuther Forum Transit 6), Berlin/Münster 2006, 247–278; *Albert Gerhards*, Theologische und sozio-kulturelle Bedingungen religiöser Konflikte mit dem Judentum. Beispiele aus der katholischen Liturgie und ihrer Wirkungsgeschichte, in: ders./Stephan Wahle (Hg.), Kontinuität und Unterbrechung. Gottesdienst und Gebet in Judentum und Christentum (Studien zu Judentum und Christentum), Paderborn 2005, 269–285.

[30] Wort-Gottes-Feier. Werkbuch für die Sonn- und Festtage, hg. von den Liturgischen Instituten Deutschlands und Österreichs im Auftrag der Deutschen Bischofskonferenz, der Österreichischen Bischofskonferenz und des Erzbischofs von Luxemburg, Trier 2004, 174.

[31] Siehe *Annika Bender*, Der christliche Sonntag. Theologische Bedeutung und gesellschaftliche Relevanz aus liturgiewissenschaftlicher Perspektive (Erfurter theologische Studien 114), Würzburg 2018. Zur frühchristlichen Interpretation des Sonntags im Vergleich zum Sabbat siehe bes. *Rouwhorst*, Christlicher Gottesdienst (s. o. Anm. 7), 535–539.

[32] Siehe *Reinhard Meßner*, Der Gottesdienst in der vornizänischen Kirche, in: Luce Pietri (Hg.), Die Geschichte des Christentums. Religion, Geschichte, Kultur, Band 1: Die Zeit des Anfangs (bis 250), Freiburg im Breisgau 2003, 340–441, bes. 366–372.

der Sabbathalacha kannten und sich am Sabbat in der Synagoge trafen, um aus der Tora und den Propheten zu lesen. Keine frühchristliche Quelle bezeugt dagegen Zusammenkünfte heidenchristlicher Gemeinden am Sabbat. Recht schnell geriet die judenchristliche Praxis so ins Hintertreffen.

Frühchristliche Autoren bezeichnen den ersten Tag auch als den achten der Woche, also als einen Tag, der den Sabbat, den Zielpunkt der Schöpfung Gottes, transzendiert (siehe Barnabasbrief 15,8–9; dazu auch Joh 20,26). Der Sonntag sprengt damit die herkömmliche Wochenstruktur und die „im Sabbat kulminierende Weltenwoche"[33] und gibt so als Anfang des neuen Äons eine Vorahnung auf das Ende der Zeit, der eschatologischen Gemeinschaft mit Christus bei seinem Vater.

Primär realisierte sich der Sonntag als Zeitzeichen in der Feier der Eucharistie. An eine Arbeitsruhe war zunächst nicht zu denken. Erst durch die Erhebung des Sonntags durch Kaiser Konstantin (gest. 337) zum verehrungswürdigen Tag der Sonne im Jahre 321 übertrug sich nach und nach das Ruhemotiv, welches ursprünglich dem Sabbat zukam, auf den Sonntag. Kaiser Theodosius (gest. 395) erklärte den Sonntag schließlich 380 zum Staatsfeiertag. Dadurch kam es zu einer christlichen Neuinterpretation des Sabbatgebotes und des Sonntags als Sabbat des Neuen Bundes.

Wie eine frühchristliche Sabbatfeier ausgesehen haben könnte, kann angesichts der dürftigen Quellenlage nicht beantwortet werden. Erst ab dem vierten Jahrhundert gibt es Quellen, die Eucharistiefeiern am Sabbat bezeugen. In den Apostolischen Konstitutionen (um 380 aus dem Umland Antiochias) werden beide Tage als Festtage hervorgehoben: „Den Sabbat und den Herrentag verbringt in Festfreude, weil der eine das Gedächtnis der Schöpfung, der andere dasjenige der Auferstehung ist!" (VII,23,3)

Die hohe Wertschätzung sowie ein spezifischer Sabbatgottesdienst verschwinden nach dem fünften Jahrhundert, außer im äthiopischen Christentum. Auf die weitere Entwicklung nimmt auch die Ausgestaltung des Osterfestes bedeutenden Einfluss, das ab dem späten vierten Jahrhundert zunehmend als Triduum Sacrum gefeiert wird. Der Karsamstag als Tag der Grabesruhe Jesu zeitigt Auswirkungen auf die christliche Feier des Sabbats, etwa durch das Motiv des Fastens.

Die heutige Gestalt der Sonntagsliturgie ist wesentlich vom Gedächtnis des Paschamysteriums geprägt. Der gesamte Sonntag ist ein anamnetisches Symbol für die österliche Begegnung mit Christus. Bei der Liturgiereform des Zweiten Vatikanischen Konzils wurde jedoch unterlassen, den Sabbat in seinem Eigenprofil wiederherzustellen, etwa in Anlehnung an frühere orientalische Bräuche und durch ein spezifisches Schöpfungs- und Israelgedenken. Stattdessen kam es zur Einführung der „Vorabendmesse" am Samstag, mit der die liturgische Feier des Sonntags beginnt. An deren Stelle treten in jüngster Zeit vereinzelt Feiern zur Eröffnung des Sonntags, die teilweise von der jüdischen Tradition des Kabbalat-Schabbat-Gottesdienstes (am Freitagabend) inspiriert sind.[34]

In diesem Zusammenhang sei erwähnt, dass in Deutschland bis Ende 1975 die jüdische Wochentagszählung mit dem Samstag als siebtem und dem Sonntag als erstem Tag der Woche erhalten geblieben ist. Dagegen hat die DIN 1355-1 festgelegt, den Wochenbeginn mit dem Montag anzusetzen. Mehr oder weniger stillschweigend sind somit der Sabbat als letzter und der Sonntag als erster Tag der Woche aus dem kollektiven Gedächtnis verschwunden. Andere Länder haben die jüdisch-christliche Zählweise beibehalten – wie auch die lateinischen liturgischen Bücher, die die Wochentage nach dem Sonntag mit *feria secunda* (Montag) usw. zählen und den siebten Tag weiterhin mit *sabbatum* betiteln.

2.2 Die österliche Dreitagefeier

Die Liturgie der Kar- und Ostertage bildet das Zentrum des Kirchenjahres. Kaum ein anderer Anlass hat allerdings so negativ auf das Verhältnis von Judentum und Christentum eingewirkt wie das österliche Triduum, wie es unter anderem der Umgang mit der Fürbitte für die Juden oder die antijüdische Fehldeutung der Improperien als „Heilandsanklagen gegen die Juden" zeigen. Zugleich gibt es aber auch keine andere Liturgie im Jahresverlauf, in der die geschwisterliche Verbundenheit mit dem Judentum so oft und so eindrücklich zum Ausdruck kommt – was umgekehrt nicht der Fall ist.[35]

---

[33] *Reinhard Meßner*, Sonntag als Zeitzeichen, in: Bibel und Liturgie 82 (2009) 250–257, hier 252.

[34] Siehe *Guido Fuchs*, Den Sonntag eröffnen. Lieder – Texte – Riten, Regensburg 2004.

[35] Siehe *John Hennig*, Zur Stellung der Juden in der Liturgie, in: Liturgisches Jahrbuch 10 (1960) 129–140; *Michael Hilton*, „Wie es sich christelt, so jüdelt es sich". 2000 Jahre christ-

Unbestritten und unaufgebbar ist der historische und theologische Hintergrund der christlichen Osterfeier im jüdischen Pessach.³⁶ Symbolisch angezeigt wird die andauernde Beziehung zum Pessach an der Berechnung des Ostertermins, die sich nach jüdischer Kalendertradition an der Stellung des Mondes orientiert (erster Sonntag nach dem ersten Vollmond im Frühling).

Auch in der Feiergestalt des Osterfestes ist die Verankerung im jüdischen Pessach im Laufe der Geschichte und im Vergleich der verschiedenen liturgischen Traditionen erhalten geblieben, wenn auch mit Veränderungen, wie es in der römisch-katholischen Liturgie der Umgang mit den Lesungen von der Feier des Paschamahls in Ägypten (Ex 12) und vom Durchzug der Israeliten durch das Rote Meer (Ex 14) zeigt. Exodus 12 ist nicht nur die ursprüngliche Lesung der Osternacht, sondern wurde bis zur jüngsten Liturgiereform auch am Karfreitag gelesen. Jetzt bildet das Kapitel die erste Lesung in der Messe vom Letzten Abendmahl am Gründonnerstag. Für Hansjörg Auf der Maur (1933–1999) ist die Verschiebung nicht unproblematisch: „Die Schlachtung des Paschalammes wird nicht mehr als *Typos des Todes Christi* gesehen, sondern als *Typos des Abendmahls*."³⁷ Allerdings unterstreicht die Vorverlegung der Lesung den Ouvertürecharakter des Gründonnerstags, indem durch diese Lesung der gesamte theologische Horizont des Paschamysteriums Jesu Christi vorbereitet wird.

In der Liturgie am Karfreitag sind für den jüdisch-christlichen Dialog zwei Elemente von besonderer Bedeutung: die Fürbitte für die Juden innerhalb der zehn großen Fürbitten sowie die sogenannten Improperien als Begleitgesang zur Kreuzverehrung. Seit den frühen Sakramenten gehört die Fürbitte für die Juden fest zu jenen „Großen Fürbitten", die sich in der römischen Liturgie nach dem Wegfall des Allgemeinen Gebets aus den Eucharistiefeiern erhalten haben.³⁸

Im Römischen Missale von 1570 bis 1962 ist sie als vorletztes Glied einer hierarchischen Stufung der religiösen Stände der Menschheit hinter den von Rom getrennten Christen (den sogenannten „Häretikern und Schismatikern") und vor den sogenannten „Heiden" eingeordnet. Schon allein an dieser herausgehobenen Stellung wird die Einmaligkeit des Volkes Israels ins Gebet gehoben. Allerdings erzeugte die rituelle Gestalt der Fürbitte einen negativen Interpretationsschlüssel für die gesamte Karfreitagsliturgie, vor allem die ausgefallene Kniebeuge und eine falsche Deutung des Wortes *perfidus* in der Gebetsaufforderung.

Bereits vor der Konzilserklärung „Nostra Aetate" kam es zur Wiedereinfügung der Kniebeuge und Streichung der Bezeichnungen *perfidus* und *perfidia*. Unter Papst Paul VI. erfolgten umfassende Textrevisionen, die alle früheren beleidigenden und missverständlichen Formulierungen gänzlich zu vermeiden suchten. Die endgültige Fassung lautet nach dem deutschen Messbuch von 1975/1988:

Lasst uns auch beten für die Juden, zu denen Gott, unser Herr, zuerst gesprochen hat: Er bewahre sie in der Treue zu seinem Bund und in der Liebe zu seinem Namen, damit sie das Ziel erreichen, zu dem sein Ratschluss sie führen will.

Allmächtiger, ewiger Gott, du hast Abraham und seinen Kindern deine Verheißung gegeben. Erhöre das Gebet deiner Kirche für das Volk, das du als erstes zu deinem Eigentum erwählt hast: Gibt, dass es zur Fülle der Erlösung gelangt. Darum bitten wir durch Christus, unsern Herrn. Amen.³⁹

Das Judentum wird nun eindeutig in seiner heilsgeschichtlichen Stellung gewürdigt. Es steht in einem fortwährenden, ungekündigten Bund mit Gott. Es wird darum gebeten, dass ihm am Ende der Zeiten die „Fülle der Erlösung" zuteilwerden möge. Der Text vermeidet jeden Hinweis auf eine christologische Heilsmittlerschaft, obgleich dieser auch keine Absage erteilt wird. So markiert das Gebet einen Wandel vom „traditionellen Heilsuniversalismus der Kirche [...] zum] Universalismus der Fürbitte".⁴⁰

In einer Neufassung der Fürbitte für die außerordentliche Form des römischen Ritus aus dem

---

licher Einfluss auf das jüdische Leben. Mit einem Vorwort von Rabbiner Arthur Hertzberg, Berlin 2000, 45–80.

³⁶ Zu den historischen Zusammenhängen siehe *Clemens Leonhard*, The Jewish Pesach and the Origins of the Christian Easter. Open Questions in Current Research (Studia Judaica 35), Berlin 2006; *Rouwhorst*, Christlicher Gottesdienst (s. o. Anm. 7), 539–545.

³⁷ *Hansjörg Auf der Maur*, Feiern im Rhythmus der Zeit. Herrenfeste in Woche und Jahr (Gottesdienst der Kirche 5), Regensburg 1983, 136 (Hervorhebungen im Original).

³⁸ Siehe *Walter Homolka/Erich Zenger* (Hg.), „... damit sie Jesus Christus erkennen". Die neue Karfreitagsfürbitte für die Juden (Theologie kontrovers), Freiburg im Breisgau 2008.

³⁹ Meßbuch (s. o. Anm. 27), [48].

⁴⁰ *Albert Gerhards*, Die großen Fürbitten am Karfreitag und die Interzessionen des Eucharistischen Hochgebets als Spiegel des Selbstverständnisses der Kirche, in: Nicolaus Klimek (Hg.), Universalität und Toleranz. Der Anspruch des christlichen Glaubens. FS Georg Bernhard Langemeyer, Essen 1989, 111–126, hier 117.

Jahr 2008 bleibt die besondere Rolle der Juden in der Heils- und Bundesgeschichte dagegen unerwähnt.⁴¹ Statt von der Verheißung an Abraham ist vom allgemeinen Heilswillen Gottes die Rede. Vor allem der Ausfall des wiederentdeckten Bundesgedankens muss als Rückschritt im Vergleich zur Formulierung im Missale Pauls VI. bewertet werden.⁴²

Ein zweites Element der Karfreitagsliturgie, das mit einer antijüdischen Wirkungsgeschichte belastet ist, sind die Improperien, die sogenannten „Heilandsanklagen", die zur Kreuzverehrung gesungen werden.⁴³ Das verwendete Schema, Gottes Heilswillen dem Fehlverhalten seines Volkes gegenüberzustellen, besitzt zahlreiche alttestamentliche Parallelen. Neuere wissenschaftliche Forschung legt überdies eine gegenseitige Abhängigkeit von Improperien und einem ähnlichen Abschnitt in der Pessach-Haggada, dem sogenannten „Dajjenu"-Gebet, nahe.

Die entscheidende Frage jedenfalls ist: An wen richten sich die vom gekreuzigten Jesus ausgesprochenen Vorwürfe beziehungsweise Anklagen? Ausgehend vom Text sowie dessen Einbettung in das liturgische Geschehen urteilt Reinhard Meßner:

> Es sind keineswegs die Juden, denen die christliche Gemeinde in diesem Gesang zur Kreuzverehrung die Schuld am Kreuzestod Christi unterschiebt, sondern die Sprachstruktur (ego – tu) ist – entsprechend der liturgischen Situation: die Improperien werden von einem Kantor im Gegenüber zur Gemeinde gesungen – ganz ernstzunehmen: die Gemeinde selbst ist es, die hier als Angeklagte vor ihrem Richter steht.⁴⁴

Der unmittelbare liturgische Kontext unterstützt diese Interpretation. Es gilt zu beachten, dass die Improperien zur Verehrung des Kreuzes gesungen werden. Es stellt sich die Frage, ob eine theologische Absicht denkbar sein kann, gerade in diesem Moment einen Gesang gegen das Volk Israels anstimmen zu wollen. Das Kreuz versteht sich von Anfang an nicht als ein Symbol für das Scheitern Jesu, sondern für die Erlöserschaft Christi. Die Verbindung mit dem Trishagion-Gesang unterstreicht die Bedeutung der Improperien als lobpreisendes Bekenntnis, nicht als Schuldzuweisung an ein bestimmtes Volk.

Gegenüber dem liturgischen Befund stehen jedoch vielfältige Rezeptionsweisen der Improperien in Predigt und Theologie, in diversen Ausdrucksformen der Breitenreligiosität sowie im allgemeinen Bewusstsein des Volkes, die auf verhängnisvolle Art und Weise das angeklagte Volk mit den Juden identifiziert und so den Gesang antijüdisch missbraucht haben. So besteht eine gewisse Ambivalenz im Verständnis und in der Wirkweise der Improperien. Sie fordern im wahrsten Sinne des Wortes heraus: sich im Gedenken an den Kreuzestod Jesu Christi auch der eigenen Schuld bewusst zu werden, die die Kirche im Laufe der Geschichte an Jesu eigenem Volk, dem Judentum, auf sich geladen hat.

Der Text bleibt zudem nicht nur aus historischen Gründen problematisch, da er eine Privatisierung des erstwählten Volkes insinuiert. Die Unterkommission für die religiösen Beziehungen zum Judentum der Deutschen Bischofskonferenz (DBK) hat aus diesem Grund zum Jahr 2000 additiv eine Improperienreihe publiziert, die von den Verfehlungen der Kirche (besonders gegenüber den Juden) ausgeht.⁴⁵

Auch der Feier der Osternacht wohnt aus jüdisch-christlicher Perspektive eine gewisse Ambivalenz inne. Die gesamte Feier lebt von ästhetischen Gegensätzen: Nacht und Morgen, Fasten und eucharistisches Mahl, Trauer und Freude, Ruhe und Fest. Dabei kennt sie keinen Umschlagspunkt, an dem das Ereignis der Auferstehung Christi inszeniert und mit dem eine alttestamentliche „Vorgeschichte" überboten würde, auch nicht beim Gloria. Vielmehr wird die nächtliche Liturgie von Anfang an im Licht der brennenden Osterkerze und damit im Zeichen des Sieges

---

⁴¹ Siehe dazu auch den Beitrag von *Christian M. Rutishauser* über den „Jüdisch-christlichen Dialog aus katholischer Perspektive" (Abschnitt 4.2) in diesem Band.

⁴² Siehe *Albert Gerhards*, Die Karfreitagsbitte für die Juden in ihrem liturgischen Kontext, in: Homolka/Zenger (Hg.), Karfreitagsfürbitte (s. o. Anm. 38), 115–125, hier 121.

⁴³ Siehe *Albert Gerhards*, Artikel „Improperia", in: Reallexikon für Antike und Christentum 17 (1996) 1198–1212; *Daniela Kranemann*, Israelitica dignitas? Studien zur Israeltheologie Eucharistischer Hochgebete (Münsteraner theologische Abhandlungen 66), Altenberge 2001, 36–38; *Irene Mildenberger*, „Mein Volk, meine Kirche, was habe ich dir getan?" Neuen Improperien in den protestantischen Kirchen, in: Deeg/Mildenberger (Hg.), Liturgie feiern (s. o. Anm. 13), 203–226.

⁴⁴ *Reinhard Meßner*, Einführung in die Liturgiewissenschaft, Paderborn ²2009, 354.

⁴⁵ Siehe *Hans-Jochen Jaschke* (Hg.), Gott unser Vater. Wiederentdeckung der Verbundenheit der Kirche mit dem Judentum. Arbeitshilfe (Auf dem Weg zum Heiligen Jahr 2000 11), Bonn 1999, 173; zum breiteren Hintergrund der latenten Präsenz des Anderen siehe *Albert Gerhards*, Ego exaltavi te magna virtute. Die latente Präsenz des Anderen in jüdischer und christlicher Liturgie, in: Hubert Frankemölle/Josef Wohlmuth (Hg.), Das Heil der Anderen. Problemfeld „Judenmission" (Quaestiones disputatae 238), Freiburg im Breisgau 2010, 542–555, hier 550.

Christi über das Dunkel des Todes gefeiert.⁴⁶ Mit den neun biblischen Lesungen – sieben aus dem Alten und zwei aus dem Neuen Testament – wird auch kein allmähliches Fortschreiten der Heilsgeschichte erzählt, vielmehr präsentiert jede Lesung neu und anders das Ganze des Paschamysteriums. Es ist der eine Gott Israels und das eine Heilshandeln des Vaters Jesu Christi, von denen die Schriftlesungen als Glaubenserfahrungen erzählen.

Für die Wahrnehmung einer dramaturgischen und theologischen Einheit der Osternacht ist es daher entscheidend, die Vigilfeier nicht als eine Art Vorspiel in dunkler Nacht zu inszenieren oder gar die Lichtfeier mit dem Exsultet erst nach den alttestamentlichen Lesungen zu platzieren. Der transitorische Charakter der Osternacht offenbart sich – wie bereits erwähnt – weder in einer Kontrastperformance noch einem isolierten Augenblick, der das Ereignis der Auferstehung aufführen würde, sondern im dynamischen Hinübergang von der Nachtwache zum Anbruch des Ostermorgens – präsentatives Symbol für den Durchbruch des Lebens in der Auferstehung Christi. Wird dagegen das Gloria als Zäsur inmitten der neun Vigillesungen inszeniert, ist die Gefahr für ein verhängnisvolles Missverständnis groß: die Feier nicht mehr als Einheit und gegenseitige Verwiesenheit von Altem und Neuem Bund zu erleben. Genau aus diesem Grund hat die letzte Liturgiereform den Übergang von Vigil zur Messfeier äußerst fließend gestaltet.

2.3 Weihnachten: die Geburt des jüdischen Knaben Jesus

Dass Jesus von Maria, einer Jüdin, geboren wurde und somit als Jude in Betlehem, der Stadt Davids, zur Welt kam (siehe Lk 2,4), lassen die klassischen Texte und Riten der Weihnachtsliturgie weitestgehend vermissen. Dominant für die römische Weihnachtsliturgie ist das Bekenntnis aus dem Johannesprolog: „Und das Wort ist Fleisch geworden" (Joh 1,14). Die Menschwerdung Gottes erfolgt – in den Worten der Geburtsankündigung des Römischen Martyrologiums – *secundum carnem*, also in der Allgemeinheit menschlichen Fleisches. Dass aber das Wort „nicht ‚Fleisch', Mensch, erniedrigter und leidender in irgend-

einer Allgemeinheit, sondern *jüdisches* Fleisch"⁴⁷ wurde, ist spätestens seit Karl Barth (1886–1968) zentraler Topos einer christlichen Theologie, die konsequent vom historischen Juden Jesus und von seinem Glauben an den einen Gott Israels aus denkt. Die Weihnachtsliturgie holt in ihrer geschichtlich gewachsenen Gestalt jedoch kaum das Bekenntnis zum Gottessohn als Juden ein. Mit dem Fest der Beschneidung am 1. Januar enthielt der Weihnachtsfestkreis jedoch bis in die jüngste Zeit ein wichtiges Element der jüdischen Identität Jesu, dessen Wiedergewinnung ein zentrales Desiderat jüdisch-christlicher Erinnerungskultur darstellt.⁴⁸

Bezeichnend für das Textkorpus der klassischen Gebete und Gesänge der Weihnachtsmessen ist das fehlende Interesse an den konkreten Begleitumständen der Geburt von Betlehem. Maria und Josef, Engel und Hirten, Stall und Krippe kommen explizit gar nicht vor. Vielmehr ist von Metaphern wie „wunderbarer Tausch", „Mysterien des Lichts", „Würde des Menschen" oder Teilhabe an der „Gottheit des Sohnes" die Rede.⁴⁹ Inwieweit auch die Bundesgeschichte des Volkes Israel zur Liturgie des Weihnachtsfestes dazugehört, zeigt jedoch der Gesang der Geburtsankündigung des Herrn nach dem Römischen Martyrologium. Insbesondere in seiner aktuellen Fassung ist er um bedeutende Elemente aus der Schöpfungs- und Heilsgeschichte Israels erweitert worden.⁵⁰

Zentraler Bezugspunkt ist die Vorstellung eines Goldenen Zeitalters und der Pax Romana

---

⁴⁶ Siehe *Georg Braulik/Norbert Lohfink*, Osternacht und Altes Testament. Studien und Vorschläge. Mit einer Exsultetvertonung von Erwin Bücken (Österreichische biblische Studien 22), Frankfurt am Main 2003.

⁴⁷ *Karl Barth*, Die kirchliche Dogmatik, Band IV/1, Zürich 1981 (Hervorhebung im Original).

⁴⁸ Siehe *Stephan Wahle*, Das Fest der Menschwerdung. Weihnachten in Glaube, Kultur und Gesellschaft, Freiburg im Breisgau 2015; *ders.*, Die stillste Nacht. Das Fest der Geburt Jesu von den Anfängen bis heute, Freiburg im Breisgau 2018. Zur Beziehung von Weihnachten und Chanukka siehe *Hilton*, „Wie es sich christelt, so jüdelt es sich" (s. o. Anm. 35), 29–39.

⁴⁹ Siehe *Wahle*, Fest der Menschwerdung (s. o. Anm. 48), 175–201.

⁵⁰ Siehe *Stephan Wahle*, Das Weihnachtsmartyrologium. Ein bedeutendes Element liturgischer Erinnerungskultur. Mit einer musikalischen Einrichtung von Markus Uhl, in: Jan-Heiner Tück/Magnus Striet (Hg.), Jesus Christus – Alpha und Omega. FS Helmut Hoping, Freiburg im Breisgau 2021, 554–577. Für eine Arbeitsübersetzung siehe: Martyrologium. Auf Beschluss des hochheiligen ökumenischen Zweiten Vatikanischen Konzils erneuert und unter der Autorität Papst Johannes Pauls II. veröffentlicht. Editio altera. Vorläufige Arbeitsuebersetzung von 2016 (© Liturgiekommission/DBK), abrufbar unter: https://dli.institute/wp/wp-content/uploads/2017/06/Martyrologium-Romanum-deutsch_Vorlaeufige-Arbeitsuebersetzung_2016_Liturgiekommission-DBK-web.pdf (letzter Zugriff am 15.07.2023).

als Pax Augusta, der nach der lukanischen Weihnachtsgeschichte Jesus Christus als der wahre Fürst des Friedens gegenübergestellt wird (siehe Lk 2,1–21; Jes 9,1–6). Im tridentinischen Martyrologium (1584) kam es zu einer deutlichen Anreicherung des Textes um zentrale Paradigmen aus der Bundesgeschichte des Volkes Israel, die in der aktuellen Fassung nochmals erweitert wurden. Es bleibt zwar weiterhin unerwähnt, dass Jesus als Jude Mensch beziehungsweise Fleisch wurde, doch mit der expliziten Nennung von Abraham, Mose, David und Daniel und der impliziten von Adam (Schöpfung) und Noah (Sintflut) wird nicht mehr allein die römische (stellvertretend für die humanistische), sondern auch und vor allem die jüdische Geschichte erinnert.

Der chronologische Duktus zeichnet ein Bild von Gott als geschichtsmächtigem Schöpfer- und Bundesgott, der sich von Anfang seiner Schöpfung an selbst erklären wollte, indem er den Menschen als sein Abbild geschaffen hat; indem er im Zeichen des Regenbogens einen Bund geschlossen hat; indem er Abraham als Vater des Glaubens berufen und ihm ein Land gegeben hat; indem er Israel durch Mose aus der Knechtschaft Ägyptens befreit hat; indem er in David ein Königreich errichtet hat; indem er durch die Propheten – wie Daniel – zu seinem Volk gesprochen hat. In diese Linie lässt sich auch das Christusereignis einreihen, in dem sich Gott selbst offenbart und als der wahre Kyrios erweist, der – im Gegensatz zur Pax Romana – in Liebe und Gerechtigkeit den wahren Frieden bringt. Im Lichte einer wiedergewonnenen Sensibilität für das Judesein Jesu kann die Geburtsankündigung ganz neu und ohne jeden Anklang an soteriologische Konzepte die geschichtliche Herkunft des Juden Jesus einschließlich seines gewaltsamen Todes zu einer israelsensiblen christlichen Erinnerungskultur beitragen.

2.4 Problematische Heilige im Heiligenkalender

Neben den Christusfesten kennt das katholische Kirchenjahr eine Fülle von Heiligenfesten, die aus jüdisch-christlicher Perspektive problematisch sind. Zu denken ist hier an Papst Pius IX. (1846–1878), der im Jahre 2000 seliggesprochen wurde. Sein Gedenktag ist der 7. Februar. Unter seinem Pontifikat ließ er 1850 das Judenghetto in Rom wiedererrichten. Er verweigerte den Jüdinnen und Juden den Zugang zu vielen Berufen. Zudem setzte er den Talmud auf den Index, die Liste der verbotenen Bücher. Eine deutliche Kritik an der Seligsprechung durch Persönlichkeiten der evangelischen Kirche, der orthodoxen Kirchen, des Judentums und der deutschsprachigen katholischen Kirchengeschichte bezieht sich unter anderem auch auf seine Haltung zu heimlichen Taufen von Juden im Kirchenstaat und konkret auf seine Verteidigung der 1858 durch die päpstliche Polizei vorgenommenen Entführung des Edgardo Mortara (1851–1940), eines heimlich von einem christlichen Dienstmädchen getauften Kindes jüdischer Eltern.[51] Der Junge kam in ein Katechumenenhaus, trat in die Kongregation der Augustiner-Chorherren ein und wurde zum Priester geweiht.[52]

Es gibt viele weitere selig- und heiliggesprochene Personen aus der langen Kirchengeschichte, die sich durch antijüdische Vorurteile oder antisemitische Stereotype hervorgetan haben. Bislang ist der Heiligenkalender auf diese Frage jedoch nicht hinreichend reflektiert worden. Nicht unproblematisch ist etwa die Vereinnahmung von Edith Stein (1891–1942) als „christliche Märtyrerin". Ihr Gedenktag ist der 9. August. Edith Stein wuchs in einer jüdischen Familie auf, ließ sich 1922 taufen und trat 1933 in den Karmel Maria vom Frieden in Köln ein. 1942 wurde sie, mittlerweile vor den Nazis in den Karmel im niederländischen Echt geflohen, zusammen mit ihrer Schwester Rosa und 242 weiteren zum Katholizismus konvertierten Jüdinnen und Juden von der Gestapo verhaftet und im Konzentrationslager Auschwitz-Birkenau ermordet. Bis zu ihrem Tode fühlte sie sich zum jüdischen Volk gehörend. Sie war eine große christliche Bekennerin, gestorben ist sie aber als jüdische Märtyrerin. Auf ihren Tod und dessen Kontextualisierung gibt es jedoch in der Forschung drei disparate Sichtweisen, die durchaus im Widerstreit zueinander liegen: eine Deutung aus ihrem jüdischen Glaubensverständnis heraus, als Folge der NS-Rassenideologie und als ihre eigene (mystische) Interpretation des Todes.

---

[51] Zu dieser Affäre siehe auch den Beitrag von *Thomas Brechenmacher* (Abschnitt 2.3) in diesem Band.
[52] Siehe *Hubert Wolf*, Der Unfehlbare. Pius IX. und die Erfindung des Katholizismus im 19. Jahrhundert, München 2020, bes. 183–186; Papst Pius IX. und die Juden. Stellungnahme des Gesprächskreises „Juden und Christen" beim Zentralkomitee der deutschen Katholiken (ZdK), in: Ansgar Koschel (Hg.), Katholische Kirche und Judentum im 20. Jahrhundert (Religion – Geschichte – Gesellschaft 26), Münster 2002, 151–154.

2.5 Das Judentum im Gebet- und Gesangbuch „Gotteslob"

Die Feiern im Laufe eines Jahres werden auch im Rollenbuch der Gemeinde, dem katholischen Gebet- und Gesangbuch „Gotteslob" (GL) von 2013, durch Lieder und erläuternde Texte erschlossen. Es ist wenig bewusst, welches Verhältnis das „Gotteslob" zum Judentum einnimmt.[53]

Die zweite Ausgabe des „Gotteslob" sollte im Vergleich zur ersten neben den liturgischen Gesängen mehr katechetische Texte aufnehmen. Dementsprechend wurde den Einführungen breiterer Raum zugewiesen. Im Stichwortverzeichnis sucht man Altes Testament und Judentum jedoch vergebens. Die Perspektive bleibt durchweg auf das Neue Testament und die Christologie fokussiert, selbst bei der Einführung in den Psalmenteil. Ein von der DBK-Unterkommission für die religiösen Beziehungen zum Judentum eingereichter Einleitungstext zu den Psalmen wurde nicht akzeptiert. Bedauerlich ist die Weiterverwendung der alten Version der Einheitsübersetzung, obwohl die neue, die dem enormen Erkenntnisgewinn der Psalterexegese Rechnung trägt, bereits vorlag. Der Zusammenhang von christlicher und jüdischer Zeitorganisation von Tag, Woche und Jahr kommt nirgendwo zur Sprache. Wo alttestamentliche Begebenheiten erwähnt werden (zum Beispiel in Zusammenhang mit der 40-tägigen Bußzeit), bleibt es bei der typologischen Auslegung.

In den Liedern bietet sich ein differenzierteres Bild.[54] Darin ist von „Zion", „Jerusalem", „Israel" oder dem „Volk Gottes" die Rede. Das Spektrum in Bezug auf das Judentum reicht von Vereinnahmung bis Verdrängung. Als problematisches Beispiel sei die nicht im Stammteil, aber in diversen Eigenteilen (zum Beispiel GL Aachen, 775; GL Köln, 844) enthaltene Liedstrophe 4 von „Deinem Heiland, deinem Lehrer" genannt, eine Übertragung des Fronleichnamshymnus „Lauda Sion" des Thomas von Aquin (1225–1274): „Neuer König, neues Leben, / neu Gesetz ist uns gegeben, / neues Lamm und Ostermahl, / und der Wahrheit muss das Zeichen, / Altes vor dem Neuen weichen; / Nacht vertreibt des Lichtes Strahl." Die kommentarlose Weiterverwendung dieser Liedstrophe, die nicht anders als substitutionstheoretisch verstanden werden kann, ist demnach nicht verantwortbar.

Eine ähnliche Problematik liegt bei der 5. Strophe des Hymnus „Pange lingua" vor, die als „Tantum ergo" beim sakramentalen Segen vorgesehen ist. Im „Gotteslob" von 1975 stand für die Zeilen *et antiquum documentum / novo cedat ritui* die Übertragung von Maria Luise Thurmair (1912–2005): „Das Gesetz der Furcht muss weichen, / da der neue Bund begann" (GL 1975, 544). In der älteren Übersetzung von Heinrich Bone (1813–1893) hatte es geheißen: „Dieser Bund soll ewig währen, und der alte hat ein End." Für die Neuausgabe wurde Liborius Olaf Lumma mit einer Neuübersetzung beauftragt, die lautet: „Altes Zeugnis möge weichen, / da der neue Brauch begann" (GL 493). Irene Mildenberger und Katharina Wiefel-Jenner kritisieren, dass die Formulierung im gleichen Assoziationsraum bleibe und damit das Ablöseschema bediene.[55] Zwar gehe es hier wie bei Thomas um den Übergang vom alten Paschalamm-Ritus zum Ritus mit Brot und Wein, aber die Verben „weichen" und „neu beginnen" überlagerten die Typologie. Die erwähnte Unterkommission hatte die zurückhaltendere Formulierung vorgeschlagen „Altes Zeugnis konnte weichen, / da ein neuer Dienst begann".

In einigen Psalmenliedern wird Israel explizit erwähnt, so in GL 402 „Danket Gott, denn er ist gut" zu Psalm 136 oder in GL 438 „Wir, an Babels fremden Ufern" zu Psalm 137. Die Gefahr einer naiven Aneignung ist hier nicht ganz von der Hand zu weisen; andererseits halten diese Lieder das Bewusstsein für das Volk Israel und seine Geschichte wach.

3. Aktuelle Herausforderungen

In welchen rituellen Formen und Feiern kann nun der jüdisch-christliche Dialog fortgeführt werden? Im Folgenden sollen dazu einige Gedenktage und Gemeinschaftsfeiern vorgestellt werden, die sich in den letzten Jahren in vielen christlichen Gemeinden des deutschen Sprachraums etabliert haben.

---

[53] Siehe *Albert Gerhards*, Das neue „Gotteslob" (2013) und die Hebräische Bibel. Ein kritischer Durchblick, in: Edith Petschnigg/Irmtraud Fischer (Hg.), Der „jüdisch-christliche" Dialog veränderte die Theologie. Ein Paradigmenwechsel aus ExpertInnensicht, Wien 2016, 164–172; *Irene Mildenberger/Katharina Wiefel-Jenner*, Anstelle von, ohne oder mit Israel singen, in: Heiliger Dienst 74 (2020) 129–141.

[54] Siehe *Ansgar Franz/Hermann Kurzke/Christiane Schäfer* (Hg.), Die Lieder des Gotteslob. Geschichte – Liturgie – Kultur. Mit besonderer Berücksichtigung ausgewählter Lieder des Erzbistums Köln, Stuttgart 2017.

[55] Siehe *Mildenberger/Wiefel-Jenner*, Israel (s. o. Anm. 53), 140.

3.1 Tage des Erinnerns: Holocaust-Gedenktag, Tag des Judentums und Israelsonntag

Mit dem Begriff „Erinnerungskultur" ist heute ein ungleich selbstkritischerer Umgang mit Geschichte gemeint, als dies in den geprägten Formen des kulturellen Gedächtnisses gemeinhin der Fall war.[56] Im Fokus des Erinnerns eines Volkes, einer gesellschaftlichen Gruppe oder Kirche stehen nicht mehr nur die eigenen Opfer der Kriege und Katastrophen, sondern auch die unzähligen Opfer anderer Herkunft, für die die (Nachfolge-) Staaten und Organisationen Verantwortung übernehmen und die nachwachsenden Generationen auf Erinnerungssolidarität verpflichten. Von dieser neuen Haltung zeugen verschiedene Gedenkgottesdienste, in und mit denen die Kirchen ihre eigene Schuld im Verhältnis zu den jüdischen Schwestern und Brüdern eingestehen und sie um Vergebung bitten. Von besonderer Bedeutung war das Schuldbekenntnis im Verhältnis zu Israel und die Vergebungsbitte des Papstes beim Pontifikalgottesdienst im Heiligen Jahr 2000.[57]

In Deutschland ist es vor allem der 9. November, mit dem sich alljährlich das Gedenken an die sogenannte Reichspogromnacht von 1938 verbindet. Hinzu kommt der 27. Januar, der Tag der Befreiung des Konzentrationslagers in Auschwitz, der 1996 als nationaler Gedenktag für alle Opfer des Nationalsozialismus eingeführt wurde. An beiden Tagen finden in vielen deutschen Städten öffentliche Gedenkveranstaltungen, zuweilen ökumenische Gedenkgottesdienste oder jüdisch-christliche Gebetsversammlungen statt.[58]

In Österreich wird seit 2000 am 17. Januar, einen Tag vor Beginn der weltweiten Gebetswoche für die Einheit der Christinnen und Christen (18. bis 25. Januar), der Tag des Judentums begangen.[59] Es soll ein Tag des „bußfertigen Gedenkens" angesichts der leidvollen Geschichte der Vorurteile und Feindschaften zwischen Christentum und Judentum sein und Gelegenheit zur gegenseitigen Begegnung bieten. Mit dem Datum soll ganz bewusst auf das jüdische Fundament aufmerksam gemacht werden, auf dem alle christlichen Kirchen in konfessioneller Verschiedenheit aufbauen. In der Schweiz findet der Tag des Judentums am 2. Fastensonntag statt.[60]

In den evangelischen und reformatorischen Kirchen gibt es neben diesen relativ neuen katholischen Initiativen eine lange Tradition des christlich-jüdischen Gedenkens am sogenannten Israelsonntag. In Anlehnung an den wichtigsten jüdischen Trauertag, dem Tischá Beáw (dem 9. Aw, Gedenken an die Zerstörung des Zweiten Tempels von Jerusalem), wird seit dem 16. Jahrhundert der 10. Sonntag nach Trinitatis, der ungefähr mit dem 9. Aw zusammenfällt, als besonderer Tag zum Gedenken an das Verhältnis von Christentum und Judentum gefeiert. Allerdings wurde der Israelsonntag, auch „Gedenktag der Zerstörung Jerusalems" genannt (traditionelles Evangelium: Lk 19,41–48), vielfach antijüdisch missverstanden.[61] Heute kann alternativ das Evangelium vom Gespräch Jesu mit einem Schriftgelehrten über das höchste Gebot (siehe Mk 12,28–38) gelesen werden, womit die besondere und bleibende Verbundenheit mit dem Judentum ins Wort kommt. In beiden Gottesdienstmodellen geht es darum, sich der jüdischen Wurzeln des Christentums und des jüdischen Gehalts der Lehre Jesu zu vergewissern. Neben dem Israelsonntag kennt das reformierte Gottesdienstbuch eigene Texte zum Schoa-Gedenken.[62]

Der jeweilige Anlass des Gedenkens verlangt nach einem Gottesdienst, zu dem jüdische und christliche Gemeinden möglichst gemeinsam zusammenkommen.[63] Gibt es am Ort keine jüdische Gemeinde, sollte ein die jeweiligen christlichen

---

[56] Siehe *Aleida Assmann*, Das neue Unbehagen an der Erinnerungskultur. Eine Intervention (C.H. Beck Paperback 6098), München ³2020.

[57] Verzeihen ist Voraussetzung. Inständiges Gebet und besinnliche Stille. Schuldbekenntnis und Vergebungsbitte am 12. März 2000, in: L'Osservatore Romano (Deutsch) 30 (2000), Nr. 11, 6; *Ulrich Ruh*, Johannes Paul II.: Wie die Kirche Schuld bekennt, in: Herder-Korrespondenz 54 (2000) 169–171.

[58] Zum Konzept des Erinnerns und zu einer Erinnerungspraxis aus religionspädagogischer Sicht siehe auch den Beitrag von *Jan Woppowa* in diesem Band.

[59] Siehe *Peter Ebenbauer* u. a. (Hg.), Gottesdienst zum Tag des Judentums am 17. Jänner. Informationen – Feiermodelle – Materialien, Graz 2017.

[60] Siehe *Jüdisch/Römisch-katholische Gesprächskommission der Schweiz* (Hg.), Tag des Judentums. Wegleitung, abrufbar unter: https://www.unilu.ch/fileadmin/fakultaeten/tf/institute/ijcf/dok/Dies-Iudaicus/Wegleitung_Dies_Iudaicus_De.pdf (letzter Zugriff am 15.07.2023).

[61] Siehe *Irene Mildenberger*, Der Israelsonntag – Gedenktag der Zerstörung Jerusalems. Untersuchungen zu seiner homiletischen und liturgischen Gestaltung in der evangelischen Tradition (Studien zu Kirche und Israel 22), Berlin 2004.

[62] Siehe *Peter Bukowski* u. a. (Hg.), Reformierte Liturgie. Gebete und Ordnungen für die unter dem Wort versammelte Gemeinde, Wuppertal 1999, 132–134.152 f.248 f.281 f.

[63] Siehe *Peter Ebenbauer*, Gemeinsam feiern, gemeinsam beten? Möglichkeiten und Grenzen jüdisch-christlicher Gottesdienste, in: Dialog. Jüdisch-christliche Informationen Nr. 81, Oktober 2010, 27–37.

Ortskirchen vereinender Gedenkgottesdienst gefeiert werden. Exemplarisch verwiesen sei auf eine Handreichung des ehemaligen Arbeitskreises „Fragen des Judentums" bei der Ökumenekommission der Deutschen Bischofskonferenz. Unter dem Titel „Miserere" haben die Autoren Hans Hermann Henrix und Erich Zenger (1939–2010) einen „Gedenkgottesdienst einer christlichen Gemeinde im Angesicht des jüdischen Volkes (insbesondere zum 9. November)" zusammengestellt. Als Schlussgebet ist hier die Karfreitagsfürbitte für die Juden in der Fassung des Messbuchs von 1975 vorgesehen.[64]

3.2 Zur Problematik christlicher Sedermahlfeiern

In vielen christlichen Gemeinden und Gruppen hat es sich eingebürgert, am Gründonnerstag nach jüdischem Brauch ein Sedermahl zu halten, um so dasselbe zu tun wie Jesus mit seinen Jüngern am Abend vor seinem Leiden. Die Frage der Angemessenheit von christlichen Sedermahlfeiern wird kontrovers diskutiert.[65] Was geschieht, wenn Christinnen und Christen am Gründonnerstag mit Elementen des heutigen Sedermahls eine Feier gestalten? Ein Fehlschluss liegt vor, wenn man meint, mit der Übernahme heutiger liturgischer Feierelemente sei man der Ursprungssituation des Letzten Abendmahls besonders nahe. Beim jüdischen Sedermahl und bei der christlichen Eucharistie handelt es sich um parallele Ausprägungen des vierten Jahrhunderts, als im rabbinischen Judentum wie in den christlichen Zentren die schriftliche Fixierung und Literarisierung der mündlichen Traditionen begann.[66]

Elisabeth Hackstein lehnt verchristlichte Sederfeiern generell als Irrweg ab und begründet es im Wesentlichen damit, sie seien unhistorisch und sowohl geistlich als auch rituell ein Neuansatz, übergingen eine Verlusterfahrung, da infolge der Schoa meist das jüdische Gegenüber und die Übernahme von Verantwortung fehlen, entfremdeten Christgläubige von jüdischen Wurzeln und würden der nachösterlichen Anamnesis christlicher Liturgie nicht gerecht, die am Gründonnerstag nicht ein mimetisches Nachvollziehen der Abendmahlssituation intendiert, sondern Erinnerung beziehungsweise Vergegenwärtigung des ganzen Paschaereignisses. Da verchristlichte Sederfeiern laut Hackstein nicht zuletzt versuchten, Reformen zur ganzheitlichen Gottesdienstgestaltung zu umgehen, und insgesamt zu alten Denkmustern von Überbietung und Substitution verleiteten, sei der Verzicht aus theologischen Gründen und in Hinblick auf den christlich-jüdischen Dialog unabweisbar.[67]

3.3 Jüdisch-christliche Gemeinschaftsfeiern

Auf Kirchen- und Katholikentagen gehören christlich-jüdische Gemeinschaftsfeiern zum Standardprogramm. Aufgrund der einzigartigen Beziehungen der Kirche zum Judentum sind solche Initiativen mit besonderer Sorgfalt zu planen und zu reflektieren. Die vom Sekretariat der Deutschen Bischofskonferenz herausgegebenen „Leitlinien für das Gebet bei Treffen von Christen, Juden und Muslimen" handeln ausführlich über die Bedingungen des gemeinsamen Gebets von jüdischen und christlichen Gläubigen. Sie beziehen sich dabei auf Nostra Aetate 4 und die Richtlinien und Hinweise für die Durchführung dieser Konzilserklärung durch die Vatikanische Kommission für die religiösen Beziehungen zum Judentum.[68] Letztere weisen auf den inneren Zusammenhang von Gebet und Dialog hin.

Das Fundament gemeinsamen Betens bildet das christliche Bekenntnis des Gottes Israels als des Gottes Jesu Christi.[69] Zugleich gilt, dass der Glaube an Jesus als den Christus und Gottessohn Christentum und Judentum trennt. Dieser Unterschied dürfe, so die Leitlinien, nicht überspielt werden. Zudem seien die unterschiedlichen Richtungen im Judentum mit ihrer unterschiedlichen Nähe zum Christentum zu berücksichtigen. So bilde das Bekenntnis zum trinitarischen Gott eine bleibende Grenze. Nicht

---

[64] Siehe *Hans Hermann Henrix/Erich Zenger*, Miserere. Vorlage für einen Gedenkgottesdienst einer christlichen Gemeinde im Angesicht des jüdischen Volkes (insbesondere zum 9. November), Trier 2003.

[65] Siehe *Clemens Leonhard*, Pesachfeier in christlichen Gruppen. Anfragen an Praxis und Theorie des Osterfestes, in: Heiliger Dienst 54 (2000) 287–297.

[66] Siehe *Clemens Leonhard*, Eine Hypothese feiern? Zur Problematik von „christlichen" Sedermahl-Feiern am Gründonnerstag, in: Gottesdienst 37 (2003) 20 f., hier 21.

[67] Siehe *Elisabeth Hackstein*, Zwischenruf: Verchristlichte Sederfeiern? Ein Widerspruch!, in: Heiliger Dienst 74 (2020) 155–159; *dies.*, Auf der Suche nach den jüdischen Wurzeln. Zur Kritik „christlicher Sederfeiern", Frankfurt am Main 2012.

[68] Siehe Leitlinien für das Gebet bei Treffen von Christen, Juden und Muslimen. Eine Handreichung der deutschen Bischöfe, hg. vom Sekretariat der Deutschen Bischofskonferenz (Arbeitshilfen 170), Bonn ²2008, 35–37.

[69] Siehe *Gerhards/Kranemann*, Grundlagen (s. o. Anm. 11), 120–124.

zuletzt stehen die Judenverfolgungen und vor allem die Schoa für viele jüdische Menschen noch immer im Raum. Trotz allem schließt die Handreichung gemeinsames Beten nicht grundsätzlich aus, nennt aber einige Bedingungen. So habe jede Nötigung zum Gebet zu unterbleiben, eine freie Zustimmung sei unabdingbare Voraussetzung; die großen Anliegen wie Versöhnung, Gerechtigkeit und Frieden sollten im Mittelpunkt der Begegnung stehen; die Entscheidungen der jeweiligen Amtsträger seien zu berücksichtigen. Ein erster Schritt des Aufeinanderzugehens kann die gegenseitige Teilnahme an christlichen oder synagogalen Gottesdiensten jeweils als Gast sein. Schließlich wird auf besondere Gelegenheiten für christlich-jüdische Begegnungen wie zur „Woche der Brüderlichkeit",[70] zu Friedensgebeten, Schoa-Gedenkfeiern und bei Kirchentagen hingewiesen.

Im Unterschied zu den Gedenkfeiern geht es hier aber primär um Gegenwart, wobei diese nach biblischem Verständnis immer auch Vergangenheit und Zukunft in sich trägt. Bei der ersten Gemeinschaftsfeier auf dem Trierer Katholikentag 1970[71] sagte der damalige Ortsbischof Bernhard Stein (1904–1993): „Nach jahrhundertelanger Trennung ist endlich der Gedanke des gemeinsamen Gotteslobes in unserem Jahrzehnt zu einer Übung geworden".[72] In orthodox-jüdischen Kreisen stießen gemeinsame Gebetsfeiern jedoch auf Ablehnung.

Hans Hermann Henrix schildert die nicht unumstrittene Weiterentwicklung dieser Praxis seit dem Katholikentag in Mönchengladbach 1974:

Die Agende fügte Gebete, Lieder, Lesungen aus den beiden Traditionen und Schriftauslegungen ineinander und zusammen; bei den Psalmen wurde keine kleine trinitarische Doxologie angefügt, wie auch auf christologisch akzentuierte Gebete verzichtet wurde. Die Gläubigen beteten gemeinsam im biblischen „Großraum" des monotheistisch formulierten Gebets. Auf zahlreichen Katholikentagen ... nahmen jeweils viele Katholik/innen an diesen ... „Gemeinschaftsfeier" genannten Versammlungen im Gebet teil.[73]

Bis zur Mitte der 1990er-Jahre hatte diese Tradition eine fraglose Stabilität gewonnen, während sie beim Deutschen Evangelischen Kirchentag bereits zu Ende der 1980er-Jahre abgebrochen wurde. In der Vorbereitung des ersten Ökumenischen Kirchentages 2003 in Berlin stand einer katholisch-jüdischen Bejahung eine evangelisch-jüdische Ablehnung gegenüber. Die Erfahrungen, die aus den Weltgebetstreffen der Religionen in Assisi gemacht wurden, führten zu einer Lösung der Kontroverse. Leitend wurde das Modell des ersten Weltgebetstags am 27. Oktober 1986. Damals waren die Religionsführer zusammengekommen, um in je eigener Tradition zu beten, während die anderen zugegen waren, und mit Respekt zugegen zu sein, während die je anderen beteten.[74] Die Berliner Feier stand daher unter der Überschrift „Beten in der Gegenwart des anderen. Liturgische Feier – Juden und Christen beten für den Frieden". Allerdings ist die Schnittmenge mit den anderen Weltreligionen ungleich geringer als mit dem Judentum. Wenn auf jüdischer Seite keine Bedenken bestehen, wird man bei gegebenem Anlass aufgrund der besonderen Beziehungen der biblischen Religionen zueinander das Modell der Gemeinschaftsfeier bevorzugen.

Die Frage über die Angemessenheit des gemeinsamen Gebets ist stets, wie sich die Christozentrik zur umfassenden Theozentrik verhält, die nicht erst seit der Zeit des jüdisch-christlichen Dialogs geboten erscheint. Letztlich geht es auch darum, wie sich der christliche Weg zum jüdischen verhält. Christus ist der einzige Weg, auf dem Christinnen und Christen, die eben nicht Glieder des erwählten Volkes Israel sind, in Kommunikation mit Gott treten können. Insofern ist christliches Beten stets christozentrisch, aber ebenso exklusiv „theo-teleologisch". Das bedeutet: Christliches Beten, selbst wenn es sich an Christus richtet, bleibt nicht bei ihm stehen. Er, der nach seiner Erhöhung zur Rechten Gottes sitzt, nimmt vielmehr unser Gebet hinein in die trinitarische

---

[70] Im Juni 2023 hat der Deutsche Koordinierungsrat der Gesellschaften für Christlich-Jüdische Zusammenarbeit e.V. (DKR) beschlossen, sich vom Begriff „Woche der Brüderlichkeit" zu verabschieden. In Zukunft wird das aktuelle Jahresthema bei den Veranstaltungen in den Vordergrund gestellt. Statt der „Woche der Brüderlichkeit" wird das „Jahr der Christlich-Jüdischen Zusammenarbeit" eröffnet; siehe https://www.deutscher-koordinierungsrat.de/dkr-home-Abschied-von-der-WdB-2023 (letzter Zugriff am 15.07.2023).

[71] Siehe *Bodo Bost*, Jüdisch-christliche Gemeinschaftsfeiern, abrufbar unter: https://www.gcjz-trier.de/index.php/arbeitsbereiche/juedisch-christliche-gemeinschaftsfeiern/67-die-erste-christlich-juedische-gemeinschaftsfeier (letzter Zugriff am 15.07.2023).

[72] Zitiert nach: *Günther B. Ginzel*, Juden und Christen auf dem Katholikentag, in: Freiburger Rundbrief 22 (1970) 79 f., hier 80.

[73] *Hans Hermann Henrix*, Jüdische und christliche Liturgie im Kontext des christlich-jüdischen Dialogs, in: Gerhards/Henrix (Hg.), Dialog oder Monolog? (s. o. Anm. 4), 12–26, hier 21.

[74] Siehe *Henrix*, Jüdische und christliche Liturgie (s. o. Anm. 73), 22.

Bewegung, deren Ziel der eine und einzige Gott ist, aus dem der Logos vor aller Zeit hervorging.

3.4 Ein erneuertes Fest der Beschneidung Jesu

Die Überlegungen über neue Formen liturgischer Begegnung von jüdischen und christlichen Gläubigen führen abschließend zum Umgang mit einem alten „jüdischen" Fest im christlichen Festkalender: dem Fest der „Beschneidung des Herrn" am 1. Januar, am achten Tag nach Weihnachten. Der Evangelist Lukas beendet seine Geburtserzählung mit den Worten: „Als acht Tage vorüber waren und das Kind beschnitten werden sollte, gab man ihm den Namen Jesus, den der Engel genannt hatte, bevor das Kind im Mutterleib empfangen war." (Lk 2,21) Die Beschneidung (siehe Gen 17,10–13) als markantes Zeichen des Judeseins Jesu ist in der Liturgie der weihnachtlichen Festtage durch die Reformen im 20. Jahrhundert allerdings in Vergessenheit geraten – und somit aus der liturgischen Erinnerungskultur fast verschwunden. Gleichwohl war das Zeichen auch in der gesamten christlichen Tradition fast ausschließlich substitutionstheoretisch gedeutet und durch die christliche Taufe als abgelöst angesehen worden. Nicht selten war die Beschneidung Gegenstand antijüdischer Polemik. Von einer Würdigung des Zeichens und seiner bleibenden Gültigkeit im Sinne des nie gekündigten Gottesbundes kann mit Blick auf die Geschichte der Kirche kaum die Rede sein.

Viele namhafte Theologinnen und Theologen sprechen sich daher für eine erneuerte Profilierung des Oktavtages von Weihnachten mit dem Motiv „Judewerdung"[75] Gottes in Jesus aus.[76] Allerdings lässt sich dazu kaum auf das liturgiehistorische Repertoire zurückgreifen. Die Aufgabe besteht darin, den christologischen Anspruch so zu formulieren, dass er den jüdischen Weg nicht blockiert. Wie dies praktisch gehen kann, zeigt zum Beispiel das ökumenische Kloster Bose (Piemont/Italien).[77] Hier wird allerdings der Festgedanke der Namengebung noch stärker akzentuiert. Als Schrifttexte bieten sich Jeremia 31,31–40 (Der neue Bund), Psalm 111, Römer 11,25–36 (Das Geheimnis der Rettung ganz Israels) und Lukas 2,21 an.

3.5 Resümee: Christliche Liturgie ist immer Feiern im Angesicht des Judentums

Es sind nicht nur einzelne Gedenk- und Feiertage im Laufe eines Jahres, die das Leben und Feiern einer christlichen Gemeinde mit dem Judentum verbinden. Immer, wenn sich Menschen zur Feier eines christlichen Gottesdienstes versammeln, tun sie dies im Angesicht des Judentums. Jüdischer Glaube und Gottesdienst haben, so Peter Ebenbauer, „unmittelbar mit christlicher, kirchlicher Identität zu tun …, weil eben jüdischer Glaube und Gottesdienst unwiderruflich Entscheidendes mit dem einen Gott der Bibel, dem ganz Anderen und doch unerhört Nahen zu tun haben".[78] Es sind noch immer nicht alle substitutionstheoretischen Stereotype aus den Liturgien der christlichen Kirchen beseitigt worden. Auch sollten liturgische Bildungsprozesse intensiviert werden, die sich um eine christliche Identitätsstiftung aus der Feier der Liturgie bemühen und dabei stets den christlichen Gottesdienst als Feier des Glaubens an den einen Gott Israels, den Vater Jesu Christi, bewusst machen. Aber die Liturgiewissenschaft und durch sie die Liturgie der Kirchen haben sich mit dem jüdisch-christlichen Dialog verändert, und er wird sie hoffentlich auch weiterhin antreiben.

4. Weiterführende Literatur

Claudia D. Bergmann/Benedikt Kranemann (Hg.), Analogie und Differenz. Das dynamische Verhältnis von jüdischer und christlicher Liturgie (Liturgiewissen-

---

[75] Siehe *Hans Hermann Henrix*, Menschwerdung Gottes konkret: Judewerdung, in: Hanna Lehming (Hg.), Wendung nach Jerusalem. Friedrich-Wilhelm Marquardts Theologie im Gespräch, Gütersloh 1999, 256–269.

[76] Siehe *Albert Gerhards*, Das Fest der Beschneidung des Herrn am 1. Januar – Relikt oder Chance?, in: Florian Bruckmann/René Dausner (Hg.), Im Angesicht der Anderen. Gespräche zwischen christlicher Theologie und jüdischem Denken. FS Josef Wohlmuth (Studien zu Judentum und Christentum 25), Paderborn u. a. 2013, 649–658; *Christian M. Rutishauser*, Das Fest der Beschneidung des Herrn – ein Plädoyer für dessen Rückgewinnung, in: ders., Christlichen Glauben denken. Im Gespräch mit der jüdischen Tradition, Münster 2016, 233–248.

[77] Siehe *Albert Gerhards*, Ein erneuertes Fest Beschneidung des Herrn? Liturgie-praktische Erwägungen, in: Jan-Heiner Tück (Hg.), Die Beschneidung Jesu. Was sie Juden und Christen heute bedeutet, Freiburg im Breisgau 2020, 186–199, bes. 192–199.

[78] *Peter Ebenbauer*, Der eine Gott der Bibel als Subjekt und Adressat christlicher Liturgie. Zur Neuformatierung der Feiern des Glaubens und ihrer Theologie durch den jüdisch-christlichen Dialog, in: Petschnigg/Fischer (Hg.), Theologie (s. o. Anm. 53), 148–163, hier 162 f.; siehe *Daniela Kranemann*, „Unsere Väter, die Söhne Israels …". Zeitgenossenschaft von Israel und Kirche in der christlichen Liturgie – Chancen und Desiderate, in: Heiliger Dienst 58 (2004) 45–58.

schaftliche Quellen und Forschungen 112), Münster 2021.

Reinhold Boschki/Albert Gerhards (Hg.), Erinnerungskultur in der pluralen Gesellschaft. Neue Perspektiven für den christlich-jüdischen Dialog (Studien zu Judentum und Christentum), Paderborn 2010.

Alexander Deeg (Hg.), Der Gottesdienst im jüdisch-christlichen Dialog. Liturgische Anregungen – Spannungsfelder – Stolpersteine, Gütersloh 2003.

Alexander Deeg/Irene Mildenberger (Hg.), „… dass er euch auch erwählet hat". Liturgie feiern im Horizont des Judentums (Beiträge zu Liturgie und Spiritualität 16), Leipzig 2006.

Peter Ebenbauer, Mehr als ein Gespräch. Zur Dialogik von Gebet und Offenbarung in jüdischer und christlicher Liturgie (Studien zu Judentum und Christentum), Paderborn 2010.

Albert Gerhards/Andrea Doeker/Peter Ebenbauer (Hg.), Identität durch Gebet. Zur gemeinschaftsbildenden Funktion institutionalisierten Betens in Judentum und Christentum (Studien zu Judentum und Christentum), Paderborn 2003.

Albert Gerhards/Hans Hermann Henrix (Hg.), Dialog oder Monolog? Zur liturgischen Beziehung zwischen Judentum und Christentum (Quaestiones disputatae 208), Freiburg im Breisgau 2004.

Albert Gerhards/Stephan Wahle (Hg.), Kontinuität und Unterbrechung. Gottesdienst und Gebet in Judentum und Christentum (Studien zu Judentum und Christentum), Paderborn 2005.

Michael Hilton, „Wie es sich christelt, so jüdelt es sich". 2000 Jahre christlicher Einfluss auf das jüdische Leben. Mit einem Vorwort von Rabbiner Arthur Hertzberg, Berlin 2000.

Daniela Kranemann, Israelitica dignitas? Studien zur Israeltheologie Eucharistischer Hochgebete (Münsteraner theologische Abhandlungen 66), Altenberge 2001.

Gerard Rouwhorst, Christlicher Gottesdienst und der Gottesdienst Israels. Forschungsgeschichte, historische Interaktionen, Theologie, in: Martin Klöckener/Angelus A. Häußling/Reinhard Meßner (Hg.), Theologie des Gottesdienstes, Band 2: Gottesdienst im Leben der Christen. Christliche und jüdische Liturgie (Gottesdienst der Kirche 2,2), Regensburg 2008, 491–572.

Christian M. Rutishauser

Theologie der Spiritualität angesichts des jüdisch-christlichen Dialogs

Das Wort Spiritualität ist jung, hat im Laufe des 20. Jahrhunderts jedoch über das Christentum hinaus universale Verbreitung gefunden. Es bezeichnet im weitesten Sinne eine auf die Transzendenz bezogene Lebensgestaltung, nach der breite Bevölkerungskreise gerade in einer spätsäkularen Gesellschaft suchen. Die theologische Disziplin Spiritualität ist noch jünger. Sie ist erst nach dem Zweiten Vatikanischen Konzil entstanden und hat sich im universitären Fächerkanon noch nicht durchgehend etabliert. In den letzten Jahrzehnten hat sich ihr Profil aber deutlich geklärt. Hier nun gilt es, zu Beginn ein christliches Spiritualitätsverständnis wenigstens zu skizzieren und die Grundzüge einer Theologie der Spiritualität darzustellen, um sie danach ins Gespräch mit dem Judentum und dem jüdisch-christlichen Dialog zu bringen.

1. Grundlegender disziplinbezogener Überblick

1.1 Spiritualität aus christlicher Perspektive

Etymologisch kommt das Wort Spiritualität von *spiritus*, „Geist", wobei nicht so sehr der menschliche als vielmehr der göttliche Geist gemeint ist. Das neutestamentliche Adjektiv *pneumatikos* (1 Kor 2,13), das im Lateinischen mit *spiritualis* übersetzt wird, steht denn auch für ein vom göttlichen Geist durchwirktes Leben. Es bezeichnet nicht etwas Irrationales, Gefühlsmäßiges, das der Vernunft entgegengesetzt wäre. *Spiritualis* wird von Paulus vielmehr dem *carnalis*, dem „Fleischlichen", gegenübergestellt (Röm 8,3–9). Doch darf diese Aufteilung nicht mit der Dichotomie Geist versus Materie verwechselt werden. Christliche Spiritualität ist nicht an ein platonisches Weltbild gebunden. Vielmehr bedeutet hier fleischlich „im Sinne der Welt", gemäß der Schöpfungsordnung mit ihren Dynamiken, die ambivalent sind. *Spiritualis* aber steht für ein Leben gemäß göttlicher Logik und entsprechend dem Geist Jesu Christi. Gottes Geist will die gesamte Wirklichkeit durchdringen, sodass ein spirituelles Leben auch nicht ein abgrenzbarer Bereich neben einem „weltlichen Leben" sein kann. Alle Menschen sind in gleichem Maß zu einem Leben aus dem Geist berufen. Da die Schöpfungsordnung aber ambivalent ist und auch geistige Kräfte kennt, die destruktiv und unmoralisch sind, ist ein spirituelles Leben von Anfang an vor die Frage der „Unterscheidung der Geister" gestellt (1 Kor 12,10).[1] Wie lässt sich der Geist Gottes beziehungsweise der Geist Jesu Christi erkennen, um sich von ihm prägen zu lassen? Wie offenbart sich und wirkt der göttliche Geist im menschlichen Geist, der an sich schon ein höchst komplexes Phänomen darstellt? Wie kann sich der menschliche Geist mit seinen bewussten Fähigkeiten und unbewussten Tiefen von Gottes Geist formen lassen?

1.2 Phänomenologie der Spiritualität

Im Gegensatz zu den monistischen Geistkonzeptionen der Religionen Asiens unterscheiden die christliche wie die jüdische Tradition den menschlichen vom göttlichen Geist. Spiritualitätsproduktive Orte sind da, wo sich der menschliche Geist bewusst auf Gottes Geist hin öffnet beziehungsweise wo Gottes Geist in die Wirklichkeit des Menschen, in seine Diesseitigkeit, einbricht. Kees Waaijman ortet diese Stellen und ordnet ihnen entsprechende Formen der Spiritualität zu:[2] Bricht Gottes Geist in die Psyche eines Menschen ein, entsteht mystische Spiritualität. Sie zeichnet sich durch eine unmittelbare Gotteserfahrung in der Innerlichkeit aus. Der Einbruch in die Psyche wird punktuell erlebt. Nicht alle Menschen haben in gleichem Maße Zugang dazu. Mystik wird dabei als *cognitio Dei experimentalis* („auf Erfahrung beruhendes Erkennen Gottes") verstanden. Zu ihr gehören spirituelle Übungsschulen, die auf eine innere Erfahrung und Erkenntnis hinarbeiten sowie diese selbst zu vermitteln suchen und daraus eine Lebensweise ableiten. Mystik stellt in diesem Sinne eine Verdichtung von Spiritualität dar.[3] Wird der

---

[1] *Marianne Schlosser* (Hg.), Die Gabe der Unterscheidung. Texte aus zwei Jahrtausenden, Sankt Ottilien 2015.

[2] *Kees Waaijman*, Handbuch der Spiritualität. Formen, Grundlagen, Methoden, Band 1: Formen, Mainz 2004, 17–23.

[3] *Bernard McGinn*, Die Mystik im Abendland, Band 1: Ursprünge, aus dem Englischen übersetzt von Clemens Maaß, Freiburg im Breisgau/Basel/Wien 1994, 16.

Durchbruch zur Transzendenz hingegen als allgemeine Durchlässigkeit der Schöpfung selbst erfahren, entwickelt sich eine mehr weisheitliche Spiritualität. Bei der Geburt oder beim Sterben wie auch bei anderen Lebensübergängen, im Erleben der Jahreszeiten mit ihrem Werden und Vergehen oder auch im Rhythmus von Tag und Nacht, der mit mehr bewussten und unbewussten Zuständen verbunden ist, macht Waaijman solche Orte aus, die nach spiritueller Gestaltung verlangen. Schließlich tun sich zwischen Gruppen und Gesellschaftsschichten Risse auf, wenn sie sich aneinander reiben oder wenn Ungerechtigkeitserfahrungen Konfrontationen erzeugen. Solche Brüche ermöglichen Erfahrungen von außen, von sozialen Grenzen und Rändern her und können zu einer prophetischen Spiritualität führen. Sie wird von Menschen existenziell verkörpert und äußert sich in einem gesellschaftlichen Engagement für Gerechtigkeit. Diese Typologisierung der spirituellen Formen von Waaijman orientiert sich an anthropologischen und sozialen Vorgaben. Im Leben durchdringen sie sich wechselseitig. Zugleich werden sie je durch die jüdische wie auch die christliche Tradition mitgeformt.

Andere Akzente setzt Marianne Schlosser, wenn sie den anthropologischen Ansatz der Spiritualität, von Karl Rahner wie von Hans-Urs von Balthasar angeregt, so beschreibt: „Es geht um das ‚Auffinden' der eigenen Person in ihrem Verhältnis zur Welt und zur eigenen Geschichte, in ihrem Stehen in sich, in ihren Beziehungen zu anderen und in ihrem Bezug zu dem, was die Welt transzendiert."[4] Sie betont, *spiritualis* sei ein Relationsbegriff, der, wie es ein Bemühen um den Leib gebe, das Bemühen um das geistliche Wachstum beschreibe, wobei beides im christlichen Verständnis durch den Geist Gottes getragen sei. Alle Kräfte der Innerlichkeit, Vernunft, Verstand, Begehren, aber auch das Streben und Handeln in allen Lebensbereichen sollen durch den göttlichen Geist geprägt werden. Kernbereich sei die Pflege der Beziehung mit Gott. Jede persönliche Spiritualität sei aber eingebettet in die vielfältigen Gaben des Geistes, die sich bei Mitmenschen, in der Gesellschaft und in der Schöpfung zeigen. So werden die Übergänge zwischen religiöser beziehungsweise vertikaler und säkularer beziehungsweise horizontaler Spiritualität von verschiedenen Autoren als fließend beschrieben.[5]

1.3 Der Geist des Menschen und Gottes Geist

Vom Phänomen Geist ausgehend, strukturiert die Theologie der Spiritualität in der Folge biblischer Vorgaben die Spiritualität in dreifacher Weise:

1) Die Unterscheidung zwischen menschlichem Geist und Geist Gottes wird vom Konzept der Schöpfung bestimmt, das in Christentum und Judentum je eine zentrale Rolle spielt. Es besagt Begrenzung und Bezogenheit des menschlichen Geistes, der auf Gott hin offen ist, wobei die Bezogenheit durch den „Geist der Freiheit" (2 Kor 3,17) charakterisiert ist. Damit unterscheidet sich biblische Spiritualität von säkularer, aber auch von asiatischer Spiritualität. Erstere versteht Transzendenzoffenheit als Teil der menschlichen Natur, Letztere sieht die Geistwirklichkeit als Teil des Kosmos. Daran knüpft christliche Spiritualität aber durchaus an. So hat sich ihre Praxis der Frömmigkeit von Anfang an mit platonischen und stoischen Wegen auseinandergesetzt, heute mit Yoga, Vipassana, Zen usw. Die anthropologische Transzendenzbezogenheit ließ Karl Rahner davon sprechen, dass der Mensch „unheilbar religiös" sei; angesichts des Zerfalls von Tradition in der Moderne sei „der Fromme von morgen ... ein Mystiker".[6] Die erste Dimension christlicher Spiritualität stellt also die vom Schöpfungsglauben her verstandene Offenheit für den Geist Gottes dar.

2) Der biblische Gott von Juden wie Christen zeichnet sich dadurch aus, dass er – im Gegensatz zu Götzen – handelt (Ps 115,3–7). Er ist nicht nur ausströmende Energie oder unbewegter Beweger. Gottes Zugehen auf den Menschen geht dessen Suche nach einem spirituellen Leben voraus. Gott ist nicht nur wie ein überdimensioniertes Objekt, das die religiösen Traditionen nur bruchstückhaft erfassen. Der Geist Gottes zeigt sich nicht in erster Linie in einem besonderen spirituellen Bewusstsein. Er wirkt im Menschen, und dieser versucht, sein Leben nach Gottes Willen zu gestalten und zu heiligen. Auch ist nicht nur der einzelne

---

[4] *Marianne Schlosser*, Theologie der Spiritualität, in: Geist und Leben 84/3 (2011) 228–235, hier 229.

[5] *Anton Bucher*, Psychologie der Spiritualität. Handbuch, Weinheim ²2014, 61–69; *Christian M. Rutishauser*, Der Lärm der vielen Geister, in: Neue Zürcher Zeitung, 24.6.2017, 12.

[6] *Karl Rahner*, Frömmigkeit früher und heute, in: ders., Sämtliche Werke, Band 23: Glaube im Alltag. Schriften zur Spiritualität und zum christlichen Lebensvollzug, Freiburg im Breisgau 2006, 39.

Mensch im Blick. Er steht mit seiner spirituellen oder mystischen Erfahrung nicht allein im Kosmos, um sich dann mit anderen inspirierten Menschen zu verbinden. Vielmehr ist er eingebunden in eine religiöse Gemeinschaft, die selbst von Gottes Geist geführt und in ihrer Glaubenstradition generationenübergreifend geformt wird. Sowohl Judentum wie Christentum teilen je für sich diese Auffassung.

3) Die von Gottes Geist erzeugte Glaubensgemeinschaft, das jüdische Volk wie auch die Kirche, sieht je ihre Bibel als eine Gabe Gottes beziehungsweise eine Offenbarung, auch wenn sie durch komplexe historische Prozesse entstanden sind. Die christliche Theologie spricht dabei von einer Heilsgeschichte, die mit Abraham und Sara einsetzt, über die Erwählung des jüdischen Volkes führt, im Christusereignis ihren Höhepunkt findet und sich in der Gemeinschaft der Kirche konkretisiert, zu der alle Menschen eingeladen sind. Dabei achtet die Kirche auf die fortwährende Erwählung Israels. In der Vergegenwärtigung dieser Heilsgeschichte in jede Generation hinein verbinden sich göttlicher und menschlicher Geist neu. Die Geschichte als ganze erhält Sinn. Mit Gottes Offenbarung in Christus und dem Glauben, dass Gott in ihm Mensch geworden ist, hat sie eine Mitte, an der sich jede spirituelle Praxis ausrichtet. Die Geschichte läuft dabei auf Vollendung im Eschaton zu. Christliches Leben schreibt sich in diese Geschichte ein. Da Gottes Erwählung Israels fortdauert und Gottes Bund mit seinem Volk nicht gekündigt ist, wird christliche Spiritualität durch die jüdische Nachbartradition mitgeprägt.

1.4 Das Judentum in der Theologie der Spiritualität

1.4.1 Zur Vorgeschichte der theologischen Disziplin Spiritualität

Wurde im Mittelalter der scholastischen Theologie eine mehr affektive und mystische Theologie entgegengesetzt, so wird nach den spirituellen und mystischen Aufbrüchen in Spanien durch die Jesuiten und Karmeliten im 17. Jahrhundert eine spirituelle Theologie des Weges zur Vollkommenheit entwickelt. Sie beschreibt den Weg von der Anfangsphase der *via purgativa* über die *via illuminativa* bis hin zur Vollkommenheit in der *via unitiva*.[7] Theologien der Aszetik, die das menschliche Üben, und Theologien der Mystik, die das göttliche Wirken beleuchten, werden verfasst. Oft bricht dabei die Einheit auseinander. Einen methodischen Neuansatz aber bringt der Umbruch des Zweiten Vatikanums.[8] Die Jesuitenzeitschrift *Stimmen aus Maria Laach*, die ab 1925 *Zeitschrift für Aszetik und Mystik* hieß, wird in *Geist und Leben* umbenannt und mit einem neuen Konzept weitergeführt. 1958 wird das Istituto di Spiritualità an der Gregoriana in Rom gegründet.[9] In Wien treibt Josef Weismayer das Fach voran.[10] Am Institut für Spiritualität an der Hochschule der Kapuziner und Franziskaner in Münster[11] wie auch in der Gründung der Arbeitsgemeinschaft Theologie der Spiritualität finden diese Schulen in den 1990er-Jahren weitere Verbreitung. Das Lassalle-Haus Bad Schönbrunn bietet seit 2009 in Zusammenarbeit mit der Universität Fribourg einen Master (MAS) christliche Spiritualität an. Die Disziplin Spiritualität liefert eine Neuprägung dessen, was in der Neuscholastik Aszetik und Mystik genannt wurde. Zudem macht sie spirituelle Autoren und Autorinnen, Frömmigkeitsformen sowie Bewegungen der Geschichte zugänglich. Auch die geistliche Erfahrung wird aus biblischer und geschichtlicher, theologischer und psychologischer Perspektive in den Blick genommen.

1.4.2 Biblische Spiritualität

Ein Blick in die Handbücher der Spiritualität zeigt, dass das Judentum noch nicht überall im Blick ist.[12] Gerade die evangelische Spiritualität,

---

[7] Zur Geschichte der theologischen Disziplin: *Simon Peng-Keller*, Theologie der Spiritualität als Hermeneutik des geistlichen Lebens, in: Geist und Leben 84/3 (2011) 239–245; *Marianne Schlosser*, „Scientia quaerit sapientiam", in: Geist und Leben 84/4 (2011) 371–384.

[8] *Bernard McGinn*, Buchstabe und Geist. Spiritualität als akademische Disziplin, in: Geist und Leben 80/5 (2007) 337–356. Zur Entstehung des Fachs Spiritualität seit dem Zweiten Vatikanum: Schlosser, Theologie der Spiritualität (s. o. Anm. 4); *Christoph Benke*, Spirituelle Kompetenz erwerben? Ein Praxisbericht, in: Geist und Leben 84/4 (2011) 331–335; *Wolfgang Vogl*, Spirituelle Theologie *ad extra* und *ad intra*, in: Geist und Leben 84/4 (2011) 362–370.

[9] *Toni Witwer*, 50 Jahre „Institut für Spiritualität" an der Gregoriana. Programm und Umsetzung, in: Geist und Leben 84/4 (2011) 336–348.

[10] *Josef Weismayer*, Spiritualität in Lehre und Forschung an der Universität Wien, in: Geist und Leben 84/3 (2011) 221–227.

[11] *Michael Plattig*, Kritische Reflexion religiöser Praxis als Aufgabe der Theologie der Spiritualität, in: Geist und Leben 84/4 (2011) 349–361.

[12] *Simon Peng-Keller*, Einführung in die Theologie der Spiritualität, Darmstadt 2010. Ein Schlusskapitel zu Spiritualität und Dialog der Religionen, doch ohne Judentum, bietet: *Institut für Spiritualität Münster* (Hg.), Grundkurs Spiritualität, Stuttgart 2000.

die erst dabei ist, sich als eigenständiger theologischer Bereich zu etablieren, berührt das Judentum nur am Rande.[13] Dennoch kommt es in zwei Weisen vor: Eine zentrale Rolle spielt es zunächst in historischer Perspektive bei der Darstellung biblischer Spiritualität. Sie hat paradigmatische und normative Bedeutung. Die alttestamentlichen Schriften werden dabei nicht einfach christologisch gelesen, sondern durch historisch-kritische Exegese und Bibeltheologie rezipiert.[14] Die Psalmen und die Feste im Alten Testament wie auch ihre rabbinische Rezeption werden dargestellt. Personen wie Abraham und Sara, Jakob und seine Familie, Mose, David und Salomo, Hiob und die Propheten usw. werden in ihrer Beziehung zu Gott besprochen.[15] Oft ist der Blick dabei auf das allgemein Menschliche gerichtet; vom spezifisch Jüdischen wird abstrahiert.[16] Doch auch die Bedeutung der Tora oder die rabbinische Spiritualität des Lernens werden dargestellt, gerade um die Tora-Interpretation Jesu für seinen Schülerkreis verständlich zu machen.[17] Der prophetische Einsatz für Gerechtigkeit und Recht wie auch die schöpfungstheologischen Aussagen werden als Inspiration für eine weltzugewandte, sozialkritische und ökologische Spiritualität aufgerufen.[18] Schließlich ist auch eine positive Auseinandersetzung mit der apokalyptischen Literatur zur Zeit des Zweiten Tempels[19] und mit der Tempelliturgie samt ihrer symbolisch-rituellen Darstellung der kosmischen Ordnung neu ins Bewusstsein gekommen.[20] Das Neue Testament deutet an nicht wenigen Stellen Jesu Tod und Auferstehung gerade mit Kategorien der Tempelrituale (zum Beispiel Joh 1,36; Hebr 7–9). Die spirituellen und religiösen Vollzüge des Frühjudentums, das jüdische Milieu Jesu und des Paulus sowie die jüdisch-messianische Theologie der neutestamentlichen Schriften werden entsprechend dem historischen und biblischen Forschungsstand rezipiert.

1.4.3 Anthropologische Voraussetzungen

Die Theologie der Spiritualität reflektiert die anthropologischen Voraussetzungen und die humanwissenschaftlichen Bedingungen des spirituellen Vollzugs auch im Dialog mit jüdischen Denkern und jüdischen Traditionen. Wenn Kees Waaijman zum Beispiel die Ehespiritualität darstellt, skizziert er auch Ehevorstellungen der Kabbala, und bei der Märtyrerspiritualität greift er auf jüdische Erfahrungen aus dem Holocaust zurück.[21] Den relationalen Charakter der Person leitet er nicht aus der Trinitätstheologie ab, wie dies zu erwarten wäre. Vielmehr begründet er ihn mit einem dialogischen Denken, wie es die jüdischen Philosophen Hermann Cohen, Martin Buber, Franz Rosenzweig oder Emmanuel Levinas entwickelt haben.[22] Die konstitutive Bezogenheit des Ich auf das Du hin und seine Offenheit für das große Du zeigen eine Transzendenzoffenheit, die auch christlich rezipiert wird. Kritischere Ansätze gehen in ihrer Spiritualität der Wahrnehmung mehr von Emmanuel Levinas' Phänomenologie des Antlitzes aus. Der Mensch trete erst wirklich über sich hinaus, wenn er in die leibhaftige Nähe des Anderen gerate und von ihm angesprochen werde.[23] Schließlich wird Simone Weil, die selbst sehr kritisch zu ihrem Judentum stand, mit ihren Reflexionen zu Achtsamkeit, Gebet und Gnade in der christlichen Spiritualität breit rezipiert. Wenn sie mathematische Schulübungen als Orte spiritueller Schulung auslegt, kann darin durchaus ein

---

[13] *Corinna Dahlgrün*, Christliche Spiritualität. Formen und Traditionen der Suche nach Gott, Berlin ²2018 (2009); *Peter Zimmerling* (Hg.), Handbuch evangelischer Spiritualität, 2 Bände, Göttingen 2017–2018; *Bernd Jaspert*, Spiritualität oder Frömmigkeit, Nordhausen 2023.

[14] *Werner Urbanz*, Spiritualität und Altes Testament – Skizze und Impulse, in: Elisabeth Caloun/Silvia Habringer-Hagleitner (Hg.), Spiritualitätsbildung in Theorie und Praxis. Ein Handbuch, Stuttgart 2018, 161–172.

[15] *Anton Rotzetter*, Lexikon christlicher Spiritualität, Darmstadt 2008.

[16] *Stephan Ernst/Nicolaus Klimek* (Hg.), Grundkurs christliche Spiritualität. Werkbuch für Schule, Gemeinde und Erwachsenenbildung, Kevelaer 2004, 33–51.

[17] *Silvia Habringer-Hagleitner*, Jesuanische Spiritualitätsbildung – Versuch einer christlich-theologischen Begründung von Spiritualitätsbildung, in: Caloun/dies. (Hg.), Spiritualitätsbildung (s. o. Anm. 14), 131–145; *Simone Paganini*, Torah, Tempel und die Identität der ersten jesuanischen Gemeinden im Kontext ihres zeitgenössischen Judentums. Dead Sea Scrolls und Evangelien, in: Guido Meyer/Marco Sorace/Clara Vasseur/Johannes Bündgens (Hg.), Identitätsbildung. Spiritualität der Wahrnehmung und die Krise der Moderne, Freiburg im Breisgau/München 2018, 164–180.

[18] *John Pawlikowski*, Christian Spirituality and Judaism, in: Peter Tyler/Richard Woods (Hg.), The Bloomsbury Guide to Christian Spirituality, London u. a. 2012, 250–260.

[19] *McGinn*, Mystik (s. o. Anm. 3), Band 1, 29–46.

[20] *Margaret Barker*, The Origins of Christian Spirituality in the Temple Tradition, in: Tyler/Woods (Hg.), Bloomsbury Guide (s. o. Anm. 18), 9–19.

[21] *Waaijman*, Handbuch der Spiritualität (s. o. Anm. 2), 81–86.287–293.

[22] *Waaijman*, Handbuch der Spiritualität (s. o. Anm. 2), 252–267.

[23] *Jean-Bernard Madragule Badi*, Der Anspruch des Gesichts des Andern: „Du wirst nicht töten". Zur Frage der Nicht-Differenz als ethische Verantwortung bei Emmanuel Levinas, in: Meyer u. a. (Hg.), Identitätsbildung (s. o. Anm. 17), 48–65.

Nachhall der klassischen jüdischen Lerntradition gesehen werden.[24] Der Bezug zu einem biblischen Schöpfungsdenken, gemäß dem der Mensch im Abbild Gottes geschaffen ist und die Aufgabe hat, Gott ähnlich zu werden (siehe Gen 1,26), indem er nach dem Willen Gottes sucht, prägt einen zeitgenössischen Humanismus, wie ihn Juden und Jüdinnen formulieren und wie er von der christlichen Spiritualität übernommen wird.

2. Exemplarische Themen, Fragestellungen und Problemkontexte

Wie für die Liturgie der Grundsatz *lex orandi lex credendi* – die Gesetzmäßigkeit des Betens folgt der Gesetzmäßigkeit des Glaubens – gilt, so soll auch ein spiritueller Lebensvollzug mit der erneuerten Theologie des Judentums übereinstimmen. Wenn der Bund Gottes mit Israel weitergeht und jüdischer Glaube für Christen sogar einen *locus semi proprius* darstellt,[25] so ist christliche Spiritualität in positiver Nähe zu jüdischer Spiritualität zu formulieren, ohne das Jüdische zu vereinnahmen oder nur nachzuahmen. Jedes philosemitische Judaisieren ist zu vermeiden. Vielmehr ist es die Aufgabe einer Theologie der Spiritualität, diejenigen spirituellen Formen differenz- und judentumssensibel zu reflektieren und mitzugestalten, die sich in beiden Traditionen berühren beziehungsweise analog darstellen. Sie stehen in Resonanz zueinander, weil existenzieller Dialog auch immer verändert. Begegnung ist Leben und Prozess des Austauschs mit dem Respekt *vor* dem Anderen wie auch der Sorge *um* den Anderen. Dialogische Identität ist im Gegensatz zu monolithischer Identität in Bewegung.[26] Inhaltlich hat sich eine Theologie der Spiritualität auf ein existenzielles Verständnis der Tora beziehungsweise der Bibel und auf einen Lebensvollzug zu fokussieren, der sich aus dem ethischen Monotheismus ergibt, dem sich Juden wie Christen je durch einen göttlichen Bundesschluss verpflichtet wissen. Eine Theologie des Bundes stellt den Horizont für jede Christusfrömmigkeit dar. Daraus ergibt sich, dass wir beim Schriftbezug eine Spiritualität der Sprache beziehungsweise der Namen sowie des Bundes reflektieren (2.1). Ein Ansatz bei einer *imitatio Christi*, die sich an Jesus dem Juden ausrichtet, führt kaum weiter, weil er zu einer Nachahmung des Jüdischen führt und die Brechung durch die Auferstehungstheologie des Paulus, der dafür kämpft, dass Heidenchristen nicht jüdisch werden müssen, kaum angemessen berücksichtigen kann. Auch beim Gebet ist der Blick durch den Glauben an den einen Gott der Bibel gelenkt, weil er der Gott Jesu Christi ist (2.2). Die für jede Spiritualität zentrale Frage nach der Gestaltung von Raum und Zeit (2.3) wie auch jene der Schulung der Wahrnehmung (2.4) greift Vollzüge auf, die sich in den letzten Jahrzehnten bei Christen herauskristallisiert haben, die ihren Glauben bewusst im Angesicht des Judentums leben.

2.1 Leben aus der Quelle der Heiligen Schrift

2.1.1 *Lectio divina* und rabbinische Tradition

Wenn Nostra Aetate 4 vom reichen „gemeinsamen, geistlichen Erbe" von Juden und Christen spricht, fordert der Text im selben Satz zum gemeinsamen biblischen Studium auf. Diese Forderung wird seither in den offiziellen Dokumenten aus Rom oft wiederholt. Im Vorwort zu „Das jüdische Volk und seine Heilige Schrift in der christlichen Bibel" heißt es: Was „folgen muss, ist ein neuer Respekt für die jüdische Auslegung des Alten Testaments".[27] Und Papst Franziskus schreibt in „Evangelii gaudium": „Es besteht eine reiche Komplementarität, die uns erlaubt, die Texte der hebräischen Bibel gemeinsam zu lesen und uns gegenseitig zu helfen, die Reichtümer des Wortes Gottes zu ergründen."[28] Diese Zusammenarbeit gilt nicht nur für die Exegese, sondern auch für die Spiritualität. Durch Studium, Lektüre und Meditation biblischer Texte lässt sich der Christ von biblischen Texten formen, sucht darin den Willen Gottes für sein Leben und tritt damit in Gottes Schule ein. Jesus als Lehrer, Schriftgelehrter und Rabbi legt seinen Jüngern die Tora aus, wie es die Bergpredigt exemplarisch darstellt (Mt 5–7). Es ist der Auferstandene, der den Em-

---

[24] *Simone Weil*, Betrachtungen über den rechten Gebrauch des Schulunterrichts und des Studiums im Hinblick auf die Gottesliebe, in: dies., Zeugnis für das Gute. Traktate – Briefe – Aufzeichnungen, Olten/Freiburg im Breisgau 1976, 50–60.

[25] Siehe dazu den Beitrag von *Gregor Maria Hoff* in diesem Band.

[26] *Dan Bar-On*, Die „Anderen" in uns. Dialog als Modell der interkulturellen Konfliktbewältigung, Hamburg 2003.

[27] www.vatican.va/roman_curia/congregations/cfaith/pcb_documents/rc_con_cfaith_doc_20020212_popolo-ebraico_ge.html.

[28] www.vatican.va/content/francesco/de/apost_exhortations/documents/papa-francesco_esortazione-ap_20131124_evangelii-gaudium.html, Nr. 249.

maus-Jüngern anhand von Mose und den Propheten sein eigenes Schicksal der Kreuzigung erklärt (Lk 24,27). „Die Heilige Schrift nicht kennen, heißt Christus nicht kennen", lautet eine klassische Aussage des heiligen Hieronymus.[29]

Die christliche Spiritualität hat daher von ihren Anfängen an reiche Methoden der *Lectio divina*, der geistlichen Schriftlektüre, entwickelt. Sie geht zunächst vom Wortsinn des biblischen Textes aus. Dazu ist heute die Rekonstruktion der Textgenese und des historischen Kontexts unerlässlich. Dann wird er als Teil des ganzen biblischen Buchs sowie in kanonischer Perspektive gelesen und mit dem Gebet verbunden.[30] Über den Wortsinn hinaus wird der Text allegorisch beziehungsweise christologisch ausgelegt. Aber auch nach einem ethischen und mystischen Sinngehalt wird gefragt. Auch die Meditation der sogenannten *Mysteria Christi*, die heute besonders in Exerzitien gepflegt wird, wendet sich den Evangelien zu. Durch Lektüre und Meditation werden Christus und Gott sakramental vergegenwärtigt.[31] Zur *Lectio divina* gehört traditionell die *Lectio spiritualis*, die Lesung der patristischen und monastischen Literatur. Heute wird vermehrt die Midraschliteratur, die Bibelauslegung der rabbinischen Tradition, hinzugezogen.[32] Die rabbinische Exegese geht ebenso vom integralen Bibeltext aus, beachtet intertextuelle Bezüge und erschließt verschiedene Sinndimensionen eines Textes: *peschat*, der Wortsinn; *derasch*, die Bedeutung für den aktuellen religiösen Lebensvollzug; *remes*, Verweise auf moralische, philosophische oder psychologische Bezüge; *sod*, der mystische Sinn.[33] Die Anfangsbuchstaben der vier Sinnebenen kombiniert ergeben das hebräische Wort PaRDeS, „Obstgarten". Es weist in der rabbinischen Exegese darauf hin, dass der Leser aus einem Text eine Fülle von Früchten, das heißt verschiedenste Einsichten, ernten soll. So weist die rabbinische Exegese viele Ähnlichkeiten mit der geistlichen Bibellektüre der kirchlichen Tradition auf.[34] Doch die Rabbiner lesen die Tora mit einer anderen Brille als die Christen. Sie sind näher an der hebräischen Sprache, verleihen ethnischen und kollektiven Aspekten größeres Gewicht und sind mit ihrer Perspektive einer immer wieder verfolgten Minderheit dem ursprünglichen Textsinn oft sehr nahe. Dies soll an zwei Beispielen sichtbar gemacht werden.

2.1.2 Midrasch

Ein chassidischer Midrasch[35] gibt vordergründig eine Erklärung, warum in Genesis 12,1 die Aufforderung Gottes an Abraham, in ein neues Land aufzubrechen, nicht einfach lautet: „Geh in das Land, das ich dir zeigen werde", sondern so kompliziert ausfällt:

Rabbi Sussja lehrte, Gott sprach zu Abraham: „Geh aus deinem Land, aus deinem Geburtsort, aus dem Haus deines Vaters in das Land, das ich dir zeigen werde." Gott spricht zum Menschen: Zuvorderst geh aus deinem Land – aus der Trübung, die du selbst dir angetan hast. Sodann aus deinem Geburtsort – aus der Trübung, die deine Mutter dir angetan hat. Danach aus deinem Vaterhaus – aus der Trübung, die dein Vater dir angetan hat. Nun erst vermagst du in das Land zu gehen, das ich dir zeigen werde.

Den tieferen Grund für die lange Aufforderung Gottes sieht dieser Midrasch darin, dass Abraham nicht nur äußerlich aus einem alten in ein neues Land übersiedeln soll. Vielmehr soll er die alten Verstrickungen und Verletzungen, die er aus seiner Herkunftsfamilie und Kultur in sich trägt, hinter sich lassen. Dazu braucht es aber Arbeit an der Innerlichkeit, Aufarbeitung der Beziehung zu den Eltern und zu sich selbst. So wirkt der Midrasch sehr modern und fordert psychologische und spirituelle Arbeit der Transformation. Nur so ist ein wirklicher Neuanfang möglich. Ein äußerer Ortswechsel allein genügt nicht.

Der Torakommentator Rabbi Schlomo ben Izchak, kurz Raschi (gest. 1105) genannt, erklärt wiederum die komplizierte, um einiges drastischere Aufforderung Gottes an Abraham, seinen Sohn Isaak als Brandopfer darzubringen,

---

[29] *Hieronymus*, Commentariorum in Isaiam libri xviii prol., in: Jacques-Paul Migne, Patrologia Latina, Band 24, Sp. 17B.

[30] *Michael Casey*, Lectio divina. Die Kunst der geistlichen Lesung, Sankt Ottilien 2009; vgl. das Lectio-Divina-Projekt des Katholischen Bibelwerks (www.lectiodivina.de), dazu *Egbert Ballhorn*, Lectio Divina. Ein Werkstattbericht, in: Geist und Leben 90/1 (2017) 41–50.

[31] *Igna Marion Kramp*, Begegnung mit den Geheimnissen des Lebens Jesu Christi. Zur biblischen Hermeneutik der Exerzitien, Münster 2020.

[32] Die „Hebräischwoche" beziehungsweise „Bibel spirituell gelesen" im Lassalle-Haus Bad Schönbrunn und die jüdisch-christlichen Bibelwochen in Deutschland und Österreich haben sich seit Jahrzehnten etabliert. Siehe *Edith Petschnigg*, Biblische Freundschaft. Jüdisch-christliche Basisinitiativen in Deutschland und Österreich nach 1945, Leipzig 2018.

[33] *Michael Fishbane*, Einstimmung auf das Heilige. Eine jüdische Theologie, Freiburg im Breisgau 2023, 104–159, hier 109.

[34] *Dominique de la Maisonneuve*, Lectio divina et Talmud Tora, in: Christus. Revue de formation spirituelle 47, Nr. 187 (2000) 285–292.

[35] *Martin Buber*, Die Erzählungen der Chassidim, Zürich 1949, 385.

ganz anders.[36] „Nimm deinen Sohn, deinen einzigen, den du liebst, Isaak ..." (Gen 22,2). Diese Stimme Gottes lässt Raschi durch Abraham, der ihm gleichsam ins Wort fällt, unterbrochen sein: „Gott: Nimm deinen Sohn. Abraham: Ich habe zwei Söhne. Gott: Deinen Einzigen. Abraham: Der eine ist der Einzige seiner Mutter und der andere ist auch der Einzige seiner Mutter. Gott: Den du liebhast. Abraham: Ich habe beide lieb. Gott: Isaak." Durch diese Auslegung zeigt der Midrasch den Widerstand Abrahams gegen Gottes Aufforderung. Er leistet einen Beitrag zur Frage, was es heißt, Gott zu gehorchen, auch wenn die Anweisung nicht rational nachvollziehbar ist. Abraham sucht Auswege angesichts der brutalen Aufforderung, bleibt aber im äußersten Gott gehorsam. Er ringt wie Jakob mit Gott. Für die spirituelle Suche nach Gottes Willen kann ein solcher Text auch heute wegweisend sein.

2.1.3 Rabbinischer Geist im Neuen Testament

Jüdische Kommentare zur Tora, wie sie im synagogalen Jahreszyklus gelesen wird,[37] klassische Midraschsammlungen[38] wie auch die rabbinischen Gleichnisse[39] sind heute gut zugänglich. Als narrative Theologie vermitteln sie den spirituellen Schatz des Judentums. Zusammen mit den Texten der Gemara, die sich im Talmud befinden, helfen sie uns auch, die neutestamentlichen Schriften als jüdisch-messianische Texte zu lesen. Gerade nicht nur die schriftliche Tora (*torah schäbichtav*), die für die Christen im Alten Testament zugänglich ist, sondern vor allem die mündliche Tora (*tora schäbealpäh*) vermittelt die religiöse Praxis und den Geist des Judentums, wie sie sich während und seit der neutestamentlichen Zeit entwickelt haben. Leo Baeck sprach bereits 1938 von den Evangelien als „Urkunden der jüdischen Glaubensgeschichte".[40] Wenn Jesus in den Evangelien mit Schriftgelehrten und Pharisäern streitet, stoßen zwei unterschiedliche Meinungen der *torah schäbealpäh* aufeinander. Diese erscheint in Johannes 8,6, wenn Jesus angesichts der Beurteilung der Ehebrecherin mit dem Finger in den Sand schreibt, wie einst Gott die *torah schäbichtav* auf die Bundestafeln schrieb (Ex 31,18). Sie taucht in den drei Hütten auf, die Petrus auf dem Berg der Verklärung bauen möchte (Mt 17,4); stellt sich nach dem Gespräch von Christus mit Mose und Elija, die die schriftliche Tora vom Berg Sinai verkörpern, doch die Frage, ob es drei unterschiedliche und getrennte Lehrhäuser geben soll oder ob in der *torah schäbealpäh* eine Einheit gewahrt werden kann. Wie diese wenigen Beispiele erahnen lassen, ist der rabbinische Geist in den neutestamentlichen Schriften omnipräsent. Michael Wolffsohn hat daraus die provokative These abgeleitet, dass das rabbinische Judentum den Geist des „Rabbi Jesus" und seiner Lerngemeinschaft durch die Jahrhunderte weitertrage, während die römisch-katholische Kirche, die die Eucharistie und das Priestertum ins Zentrum stellt und dabei Jesu Tod vom Opferkult des Tempels her interpretiert, mehr die alttestamentliche Tradition weiterführe.[41]

Andererseits zeugen die neutestamentlichen Schriften durchgehend vom Bewusstsein, dass die Botschaft Jesu an Juden und Nichtjuden differenziert zu richten ist. So kennt das Markusevangelium eine Brotvermehrung für Juden, bei der zwölf Körbe (Mk 6,30–44), und eine für die Völker, bei der sieben Körbe Brot übrigbleiben (Mk 8,1–9). Der matthäische Jesus sendet die Jünger zuerst nur zum Haus Israel (Mt 10,5), der Auferstandene dann zu allen Menschen (Mt 28,16–20). Dazwischen wird von Tod und Auferstehung Jesu berichtet und vom Schluss des neuen Bundes (Mt 26,27–28). Das Johannesevangelium wiederum erzählt exemplarisch, wie ein Pharisäer namens Nikodemus aus Wasser und Geist neu geboren werden muss (Joh 3,5) und wie eine Samaritanerin in Geist und Wahrheit zum Glauben an den Messias kommt (Joh 4,24). Schließlich wird Paulus das Verhältnis von christusgläubigen Juden und Heidenchristen reflektieren (Röm 9–11). Nur wer die Unterscheidung zwischen Juden und Nichtjuden, die in der jüdischen Weltsicht so zentral ist, auch in der Botschaft des Neuen Testaments wahrnimmt, lebt heute eine

---

[36] *Selig Bamberger* (Hg.), Raschis Pentateuchkommentar, Basel ³1962, 58.

[37] *W. Gunther Plaut* (Hg.), Die Tora in jüdischer Auslegung, 5 Bände, Gütersloh 1999; *Gabriel Strenger*, Jüdische Spiritualität in der Tora und den jüdischen Feiertagen, Basel 2016, 31–349.

[38] Bibliotheca Rabbinica. Eine Sammlung alter Midraschim, 5 Bände, übertragen von *August Wünsche*, Hildesheim 1967 (Nachdruck der Ausgabe Leipzig 1880–1884).

[39] *Clemens Thoma/Simon Lauer/Hanspeter Ernst* (Hg.), Die Gleichnisse der Rabbinen, 4 Bände (Judaica et Christiana 10.13.16.18), Bern/Frankfurt am Main 1986.1991.1996.2000.

[40] *Leo Baeck*, Das Evangelium als Urkunde der jüdischen Glaubensgeschichte, Berlin 1938.

[41] *Michael Wolffsohn*, Juden und Christen – ungleiche Geschwister. Die Geschichte zweier Rivalen, Ostfildern 2008, 10.

christliche Spiritualität, die gegenüber Juden nicht vereinnahmend ist.

2.1.4 Spiritualität der Namen

Die Namen von Personen und Orten sind in der Hebräischen Bibel bedeutungsgeladen. Oft sind sie Programm und werden etymologisch erklärt. Dabei spielt die Offenbarung von Gottes Namen durch den nicht verbrennenden Dornbusch an Mose, also die vier Buchstaben JHWH, eine besondere Rolle (Ex 3,12). Bekanntlich wird dieses Tetragramm im Judentum nicht ausgesprochen. Es wird ersetzt durch „Der Name" oder „Adonai", „mein HERR". Fromme Rede kann an der Stelle des Namens auch den Satz unterbrechen mit „gepriesen sei er". Dies soll vermeiden, dass Gottes Name leichtfertig benutzt und instrumentalisiert wird. Die Ehrfurcht vor dem Namen Gottes schafft heilsame Distanz. Sie sensibilisiert auch für den Umgang mit den Namen von Mitmenschen. Gershom Scholem hat diese Spiritualität des Namens und der Sprache in der Kabbala nachgezeichnet.[42] Analog dazu haben auch Christen und Christinnen speziell in der Barockzeit eine besondere Namensspiritualität entwickelt. Bis heute findet man in Barockkirchen oft das Tetragramm, aber auch die Namen von Jesus, Maria und Josef in besonderer Kunstform vergegenwärtigt. Bis zum Zweiten Vatikanischen Konzil wurde das Hochfest des Allerheiligsten Namens Jesu am 1. Januar zusammen mit der Beschneidung Jesu gefeiert. Heute wird das Fest des Namens Jesu am 3. Januar begangen, doch eine Spiritualität des Namens wie auch das Fest der Beschneidung Jesu müssen erst wieder zurückgewonnen werden.[43] Gerade gegenüber den Hoheitstiteln, die Jesus zugesprochen wurden – Messias, Menschensohn, Sohn Gottes, Herr usw. –, ist der schlichte hebräische Name des Nazareners ein Bekenntnis zu seiner jüdischen Herkunft. Eine Spiritualität der Sprache und der Namen kann sich von jüdischer Namensspiritualität inspirieren lassen.

2.1.5 Spiritualität des Bundes und der Treue

Im Buch Exodus werden die Buchstaben JHWH ausgelegt als „Ich bin der Ich-bin-da" beziehungsweise „Ich bin, der ich sein werde" (Ex 3,14–15). Nicht „der Seiende" ist damit in erster Linie ausgesagt, wie dies die Septuaginta, die jüdisch-griechische Übersetzung aus dem dritten und zweiten Jahrhundert v. u. Z., und die spätere christliche Tradition interpretierten. Vielmehr wird in der Tora damit die Treue Gottes ausgedrückt. Er wird auch in Zukunft anwesend sein, wie er es in der Gegenwart ist und immer schon war. Das Mitgehen Gottes mit seinem Volk wird unterstrichen. Name und Bund gehören zusammen.[44] Doch was geschieht, wenn das Volk den Bund mit Gott bricht und untreu wird? Bleibt Gott treu, oder löst er den Bund auf? Nach rabbinischer Lesart der Tora ereignet sich in Genesis 3, als Adam und Eva vom Baum der Erkenntnis essen, nicht der große Sündenfall. Es ist vielmehr eine tragische, aber auch notwendige Grenzüberschreitung, die mit dem Prozess des Lernens und Erkennens verbunden ist. Der eigentliche „Sündenfall" ist die Verehrung des goldenen Kalbes (Ex 32,1–29). Mose zerschlägt die Bundestafeln. Sie müssen neu geschrieben werden. Der Name Gottes wird neu ausgerufen. Mose stellt sich in die Felsspalte und hört ihn nun ausführlicher:

> Er rief den Namen JHWH aus. JHWH ging vor seinem Angesicht vorüber und rief: JHWH, JHWH, ein barmherziger und gnädiger Gott, langmütig und reich an Huld und Treue: Er bewahrt tausend Generationen Huld, nimmt Schuld, Frevel und Sünde weg, aber er spricht nicht einfach frei, er sucht die Schuld der Väter bei den Söhnen und Enkeln heim, bis zur dritten und vierten Generation. Sofort verneigte sich Mose bis zur Erde und warf sich zu Boden. (Ex 34,5–8)

Der Name wird nach dem Bundesbruch bestätigt und mit Barmherzigkeit verbunden. Die jüdische Namensspiritualität macht sich an dieser Namensoffenbarung fest, nicht so sehr an jener vom brennenden Dornbusch. Ob Gott auch nach dem menschlichen Treuebruch noch treu bleibt, ist die entscheidende Frage. Daher nehmen die Psalmen und die Propheten nicht nur das Tetragramm auf. Der ausführliche Gottesname wird immer wieder in Erinnerung gerufen (Ps 103,8; 86,15; Jona 4,2). So entwickelt sich eine jüdische Namensspiritua-

---

[42] *Gershom Scholem*, Der Name Gottes und die Sprachtheorie der Kabbala, in: ders., Judaica III. Studien zur jüdischen Mystik, Frankfurt am Main 1973, 7–69.

[43] *Christian M. Rutishauser*, Petition zur Wiederherstellung des Fests der Beschneidung des Herrn, verbunden mit der Namensgebung Jesu, in: Jan-Heiner Tück (Hg.), Die Beschneidung Jesu. Was sie Juden und Christen heute bedeutet, Freiburg im Breisgau 2020, 371–398.

[44] *Marie-Luise Langwald*, Gottes Liebeserklärung für alle Zeiten. Von der zeitlosen Bedeutung des Ersten Testaments, in: Ernst/Klimek (Hg.), Grundkurs christliche Spiritualität (s. o. Anm. 16), 37–41.

lität als *imitatio Dei*, eine Nachahmung der dreizehn Middot, der dreizehn Eigenschaften Gottes: wie JHWH barmherzig, gnädig, langmütig, reich an Huld und Treue sein usw.[45] Die Doppelung des Tetragramms in Exodus 34,5 wird gerade dahin gehend ausgelegt, dass Gott vor dem Sündenfall des goldenen Kalbes und auch danach treu ist.

Zur Ehrfurcht vor Gottes Name gehört eine Spiritualität der Treue. Die Bundestafeln standen einst im Allerheiligsten des Tempels in Jerusalem und wurden liturgisch verehrt. Sie verkörpern die ganze Tora und enthalten das, was die Christen die „Zehn Gebote" nennen. Doch wie sie im Griechischen noch Dekalog heißen, also Zehn-Wort, so spricht auch das Judentum von *assara devarim*, von zehn Worten. Dabei ist das erste Wort nach jüdischer Zählung gerade kein Gebot: „Ich bin JHWH, dein Gott, der dich aus dem Land Ägypten geführt hat, aus dem Sklavenhaus" (Ex 20,2). Der Bund will eine freie und gerechte Ordnung des Zusammenlebens ermöglichen. Dass das Halten der Gebote um der Freiheit willen notwendig ist, wird im Talmud unterstrichen: „Und es steht geschrieben über den Gesetzestafeln: Gott hat sie selbst gemacht und selber die Schrift eingegraben. Du sollst aber nicht lesen ‚eingegraben' (*charut*), sondern ‚Freiheit' (*cherut*), denn ein Freier ist nur, wer die Tora erforscht."[46] Dazu muss der Mensch seine Gier zügeln, worauf das letzte Wort abzielt: „Du sollst nicht das Haus deines Nächsten begehren. Du sollst nicht die Frau deines Nächsten begehren, nicht seinen Sklaven oder seine Sklavin, sein Rind oder seinen Esel oder irgendetwas, das deinem Nächsten gehört" (Ex 20,17). Nicht nur die moderne Psychologie, sondern auch die verschiedenen spirituellen Schulen des Westens wie auch Asiens stimmen darin überein, dass die Gier des Menschen, die seiner Angst um sich selbst entspringt, eine Hauptursache von Leid und Unrecht in der Welt darstellt.

2.1.6 Liebesmystik

Von der Bundesspiritualität ist es nur ein kleiner Schritt zur Liebesmystik. So beschreibt etwa Hosea das Verhältnis zwischen JHWH und seinem Volk als Liebesbeziehung, in der Gott keine Nebenbuhler duldet (Hos 1–4). Den exklusiven Anspruch formuliert auch das zweite Zehn-Wort (Ex 20,3). Gott ist einzigartig, allein der Lebendige, und von ihm kann kein Bild gemacht werden. Nur der lebendige Mensch ist in seinem Abbild geschaffen und berufen, JHWH durch *imitatio* ähnlich zu werden. Jüdische wie christliche Spiritualität sucht vor allem den Willen Gottes für ein Handeln in immer neuen Lebenssituationen.[47] Das Bilderverbot steht also im Dienst einer Spiritualität, auf dass der Mensch selbst Gott ähnlich werde – und dies durch die Auseinandersetzung mit der Heiligen Schrift, die Anwesenheit und Abwesenheit Gottes zugleich markiert.[48] Dabei wird das erste Gebot als exklusives Liebesgebot mit der Einzigartigkeit und Einheit Gottes begründet, die jeder Vielheit des Geschaffenen gegenübersteht und sie zusammenhält: „Höre Israel, JHWH, unser Gott, JHWH, ist einer. Darum sollst du JHWH lieben von ganzem Herzen, mit ganzer Seele und mit ganzer Kraft" (Dtn 6,4–5). Gott wird geliebt, nicht weil er dem Menschen Gutes tut, sondern weil er Einer ist.

Die jüdische Spiritualität hat um das „Höre Israel" und den Buchstaben Aleph, der Gottes Einheit verkörpert, eine reiche Liebesmystik entfaltet. Das „Höre Israel" wird im synagogalen Gebet täglich rezitiert. Es ist Inbegriff des Bekenntnisses zu JHWH und zur Gottesliebe, die in der Lebenshingabe und im Martyrium den tiefsten Ausdruck findet. Das Martyrium wird in der rabbinischen Tradition *qiddush hashem*, Heiligung des Namens/Gottes, genannt. Dazu hat die talmudische Erzählung von Rabbi Akiva (gest. 135) beigetragen, die berichtet, dass er bei seiner Hinrichtung das „Höre Israel" rezitiert und beim Wort „Einer" seinen Geist ausgehaucht habe.[49] Zahlreiche fromme Juden sind auch während der Schoa mit dem „Höre Israel" in den Tod gegangen.

Die Kapitel des Johannesevangeliums, in denen Christus um die Einheit mit ihm selbst und mit Gott bittet (Joh 15,1–17; 17,1–26), gehören in die Literatur der jüdischen Einheits- und Liebesmystik, so wie das spätere Bekenntnis zur Trinität als Liebesmystik des ethischen Monotheismus verstanden werden muss. Sowohl die trinitarische Spiritualität eines Ignatius von Loyola[50]

---

[45] *Ezra Bick*, In His Mercy. Understanding the Thirteen Midot, Har Etzion 2010.
[46] Babylonischer Talmud, Avot 6,2.
[47] Exemplarisch: *Joseph Dov Soloveitchik*, Halakhic Man, Philadelphia 1983.
[48] *Eckhard Nordhofen*, Corpora. Die anarchische Kraft des Monotheismus, Freiburg im Breisgau 2018, 81–87.
[49] Babylonischer Talmud, Berachot 61b.
[50] Vgl. *Ignatius von Loyola*, Geistliche Übungen und erläuternde Texte [Exerzitienbuch 101–109], hg. von Peter Knauer, Graz/Wien/Köln ²1983, 54–56; *Pedro Arrupe*, Die trinitarische Inspiration des ignatianischen Charismas, hg. von der Provin-

oder einer Margareta Maria Alacoque[51] wie auch die Herz-Jesu-Frömmigkeit schöpfen später aus diesen Quellen. Daher tun Christen gut daran, ihren Glauben an den dreieinen Gott und ihre Liebesmystik in den Dialog mit der jüdischen Spiritualität einzubringen. Dies gilt umso mehr, als Juden und Christen einen, ja vielleicht den zentralen Text der Liebesmystik teilen: das Hohelied der Liebe, hebräisch *Shir haShirim*. Neuere Forschungen weisen darauf hin, dass seine allegorische Auslegung nicht eine späte, die Erotik und zwischenmenschliche Liebe verdrängende Interpretation darstelle.[52] Vielmehr könnte das Hohelied gerade deshalb von den Rabbinen in den Kanon aufgenommen worden sein, weil es das Liebesverhältnis zwischen JHWH und Israel beschreibt.[53] Auf jeden Fall wird es in der jüdischen Tradition seit dem Mittelalter am Pessachfest gelesen und in den Kontext der Befreiung und der Volkwerdung Israels gestellt. So haben die Christen darin das Verhältnis von Gott und Kirche gesehen, seit Origenes (185–253) aber auch die Liebe zwischen Gott und der menschlichen Seele. Die Kommentierung und Paraphrasierung des Hohelieds als individueller Liebesmystik ist dann ab dem Mittelalter weit verbreitet und findet in den Liedern eines Johannes vom Kreuz (1542–1591) einen literarischen Höhepunkt.[54] Individuelle Liebesmystik, erotisch und spirituell, und kollektive Spiritualität der Liebe sind wohl zu unterscheiden, greifen aber in der Tradition des Hohelieds deutlich ineinander.

2.2 Gebet und Meditation

2.2.1 Das Vaterunser

Wie religiöse Feiern und Liturgie sind Gebet und Meditation zentraler Ausdruck gelebter Spiritualität. Der Mensch öffnet sich dabei so unmittelbar wie möglich dem Heiligen Geist und erkennt im Vollzug an, dass er stets in der Gegenwart Gottes lebt. Gerade die Liturgie und das persönliche Beten betreffend, ist sich die christliche Spiritualität in den letzten Jahrzehnten ihrer Verwiesenheit auf und Angrenzung an die jüdische Tradition besonders bewusst geworden.[55] Es hängt damit zusammen, dass das Vaterunser als das Zentralgebet, das Jesus lehrte (Mt 6,9–13; Lk 11,2–4), als ein durch und durch jüdisches Gebet erkannt wurde.[56] Seit der Zeit der Wüstenväter in der Spätantike lehrt die christliche Tradition, bei einzelnen Wörtern des Vaterunsers zu verweilen, sie mit dem Rhythmus des Atems zu verbinden und sich durch unablässiges Wiederholen innerlich anzueignen. Simone Weil zum Beispiel legte eine Auslegung vor[57] und übte sich darin, jedes Wort des Vaterunsers ganz bewusst innerlich zu sprechen. Sie beginnt immer wieder von vorn, wenn ihr Bewusstsein abschweift, weil sie entdeckt, dass sie mit jeder neuen Sammlung etwas Böses, das sie eben zerstreut und aus der Einheit geführt hat, in sich abtötet.

Das Vaterunser als jüdisches Gebet zu erfassen, bedeutet zu sehen, dass die einzelnen Bitten auch in jüdischen Gebeten vorkommen. Sowohl die Nähe zur Amida, dem Achtzehn-Bitten-Gebet des täglichen Synagogengottesdienstes, ist offensichtlich wie auch der Bezug zum Zehn-Wort. Die Amida bittet unter anderem darum, dass das Zehn-Wort gelebt werden kann.[58] Der Jesus der Bergpredigt grenzt das Beten seiner Jünger vom Beten der Heiden ab, die mit vielen Worten plappern (Mt 6,7), nicht aber von den Juden. Gerade die Vateranrede ist neben der Anrede Gottes als Herr und König auch im Judentum zur Zeit Jesu weit verbreitet. *Avinu malkenu*, „unser Vater und unser König", ist der Beginn eines wichtigen jüdischen Gebets bis heute. Jesus benutzt im Vaterunser auch nicht die Anrede *abba*, die sonst im Neuen Testament vorkommt (Röm 8,15). Vielmehr soll Gottes Name geheiligt und nicht miss-

---

zialskonferenz der Deutschen Assistenz der Jesuiten (Geistliche Texte Nr. 2), München 1980.
[51] *William P. O'Brian*, Claude la Colombière, Marguerite-Marie Alacoque, and the Devotion of the Sacred Heart, in: Robert Aleksander Maryks (Hg.), A Companion to Jesuit Mysticism (Brill's Companions to the Christian Tradition 78), Leiden 2017, 166–192.
[52] *Ludger Schwienhorst-Schönberger*, Das Hohelied der Liebe, Freiburg im Breisgau 2015. Er interpretiert den Text als katholischer Alttestamentler mit einem Seitenblick auf die jüdische Tradition.
[53] *Yair Zakovitch*, Das Hohelied (Herders Theologischer Kommentar zum Alten Testament), Freiburg im Breisgau 2004, 30 f.104–106.
[54] *Johannes vom Kreuz*, Das Lied der Liebe (Sämtliche Werke Band 3), Einsiedeln ³1984 (1963).

[55] Je ein Beitrag zum Gebet im Alten und im Neuen Testament findet sich zum Beispiel in *Matthias Arnold/Philipp Thull* (Hg.), Theologie und Spiritualität des Betens. Handbuch Gebet, Freiburg im Breisgau 2016, 25–36.37–46.
[56] *Hubert Frankemölle*, Das Gebet Jesu – unser Vorbild, in: Arnold/Thull (Hg.), Theologie und Spiritualität des Betens (s. o. Anm. 55), 14–24.
[57] *Simone Weil*, Betrachtungen über das Vaterunser, in: dies., Zeugnis für das Gute (s. o. Anm. 24), 61–70.
[58] *Moshe Navon/Thomas Söding*, Gemeinsam zu Gott beten. Eine jüdisch-christliche Auslegung des Vaterunsers, Freiburg im Breisgau 2018, 56 f.

braucht werden, wie es im Zehn-Wort heißt. Gott soll als König mit seinen gerechten Geboten herrschen: „Dein Reich komme". Dass sich Gott als König erweise, wie es in den Psalmen refrainartig erfleht und gepriesen wird, ist *die* Bitte des ersten Teils des Vaterunsers. Die Bitte um das eigene menschliche Wohl ist nachgeordnet; denn jüdische wie christliche Spiritualität sucht zuerst Gottes Gerechtigkeit, weil alles andere von Gott dazugegeben wird (Mt 6,33). Gott weiß, was der Mensch als materielle Lebensgrundlage braucht (Mt 6,8). So wird mit der Bitte um das *artos epiousios*, das mit „tägliches Brot" übersetzt wird, aber wortwörtlich so etwas wie „überwesentliches Brot" heißt, wohl auf das Manna angespielt, das JHWH seinem Volk auf der Wüstenwanderung ins verheißene Land geschenkt hat.[59] Es geht um eine geistige und geistliche Nahrung, die der Mensch braucht, weshalb diese Vaterunser-Bitte in der Tradition oft auf den eucharistischen Leib Christi bezogen wurde. Bekanntlich spielt auch das rituelle und symbolische Essen von Brot am Schabbat und bei anderen Feiern im Judentum eine wichtige Rolle.

2.2.2 Die Psalmen

Zahlreiche Gebete der Bibel werden bis heute gebetet und meditiert. Vor allem teilen die Christen mit den Juden die Psalmen. Jesus selbst hat Psalmen gebetet, gerade auch in den letzten Stunden seines Lebens, seien es die Hallel-Psalmen nach dem Abschiedsmahl, als er mit den Jüngern zum Garten Getsemani ging (Mt 26,30), sei es noch am Kreuz, wenn er den 22. Psalm anstimmt: „Mein Gott, mein Gott, warum hast du mich verlassen" (Mt 27,46). Christoph Dohmen hat darauf hingewiesen, wie unverkennbar das Vaterunser in der Tradition des Psalmengebets steht.[60] Das Magnifikat (Lk 1,46–55) und das Benedictus (Lk 2,68–79) sind nichts anderes als Psalmen. Wenn Juden und Christen Psalmen gemeinsam lesen, erfahren sie, wie die Texte das gesamte Leben in Bitte, Klage, Dank und Lob vor Gott bringen.[61] Sie lernen sich je existenziell in die biblische Geschichte einzuschreiben und sich an JHWH zu wenden, der Zion in besonderer Weise erwählt hat.[62] Die Erinnerung und Vergegenwärtigung von JHWHs gerechtem Wirken in der Geschichte und das daraus entstehende Vertrauen, dass er uns immer begleiten wird, sind eine Gebetsstruktur, die beiden Spiritualitätstraditionen gemeinsam ist. Wenn dabei eine mehr jüdisch-messianische Lesart einer eher christlich-christologischen Perspektive begegnet, ist dies nur bereichernd. Christen lernen zudem, wie gerade die Überschriften der Psalmen und auch ihr Platz in der Liturgie der Synagoge einen neuen Verstehenshorizont eröffnen.

Die Psalmen wurden früh zum Gebet der Kirche, und die Mönchstradition lehrt bis heute einzelne Psalmverse immer wieder zu verkosten. Die sogenannte *Ruminatio* bedeutet ein innerliches Aufsagen, Wiederholen und Auswendiglernen, um sich vom Gehalt eines Psalmverses bis in die Tiefe der Seele hinein prägen zu lassen. Heute verbindet sich das Meditieren von Psalmversen mit Schweigemeditation, die sich seit den 1980er-Jahren verbreitet hat und aus unterschiedlichen Quellen der Kontemplation, allen voran der karmelitischen, speist.[63] Wie in der Zen-Praxis sogenannte *Koan*s, paradoxe Aussagen, meditiert werden, um das auf Kausalzusammenhänge fixierte Denken aufzubrechen, werden in jüdischer und christlicher Meditationspraxis Psalmworte und biblische Aussagen im stillen Sitzen meditiert. Die Psalmen gleichsam als Spiegel der Seele zu lesen, ist auch in der evangelischen Tradition lebendig geblieben. Bernd Janowski verweist für die evangelische Spiritualität heute auf die Aufforderung Martin Luthers: „Nimm den Psalter vor dich, so hast du einen feinen, hellen, reinen Spiegel, der dir zeigen wird, was die Christenheit sei. Ja, du wirst auch dich selbst drinnen und das rechte *gnōthi seauton* [‚erkenne dich selbst'] finden, dazu Gott selbst und alle Kreaturen."[64]

---

[59] *Nordhofen*, Corpora (s. o. Anm. 48), 234–257.

[60] *Christoph Dohmen*, Von Gott zu Gott sprechen. Wenn die Theologie ins Gebet genommen wird, in: Geist und Leben 74/5 (2001) 326–335, hier 334.

[61] *Andreas Nachama/Marion Gardei*, Du bist mein Gott, den ich suche. Psalmen im jüdisch-christlichen Dialog, Gütersloh 2012.

[62] *Ludger Schwienhorst-Schönberger*, Christliches Beten mit dem Alten Testament am Beispiel der Psalmen, in: Mariano Delgado/Volker Leppin (Hg.), Homo orans. Das Gebet im Christentum und in anderen Religionen (Studien zur christlichen Religions- und Kulturgeschichte 30), Basel/Stuttgart 2022, 41–74.

[63] *Teresa von Avila*, Die innere Burg, hg. und übersetzt von Fritz Vogelsang, Zürich 2022; *Wolfgang Riehle* (Hg.), Das Buch von der mystischen Kontemplation genannt „Die Wolke des Nichtwissens", worin die Seele sich mit Gott vereint, Einsiedeln [10]2020; *Franz Jalics*, Kontemplative Exerzitien. Eine Einführung in die kontemplative Lebenshaltung und das Jesusgebet, Würzburg [12]2009.

[64] *Bernd Janowski*, Ein Spiegel der Seele. Der Psalter und die christliche Spiritualität, in: Zimmerling (Hg.), Handbuch

2.2.3 Zusammen mit Juden und Jüdinnen beten?

Mit den Psalmen wenden sich Juden und Christen in den gleichen Worten an Gott. Da die Christen an der Seite Jesu beten, ist es für sie selbstverständlich, dass sie sich an denselben Gott wie die Juden richten. Umgekehrt geht die Gleichung aber nicht auf, da Juden nicht an den christlichen, trinitarischen Gott glauben. Gegenüber gemeinsamem Beten sind sie daher skeptischer oder ganz ablehnend. Schließlich sind die Psalmen, das Vaterunser wie auch andere traditionelle Gebete – obwohl im Wortsinn gleich – unterschiedlich liturgisch verortet und verstanden. Es ist die Aufgabe einer Theologie des Gebets, dies zu reflektieren. Kriterien für gemeinsames, interreligiöses Gebet beziehungsweise für ein Gebet in der Gegenwart des Anderen sind in den letzten Jahren oft in multireligiösen Zusammenhängen erarbeitet worden.[65] Sie sind auch für das jüdisch-christliche Gebet hilfreich. Das Beten ist nie nur eine verbale Kommunikation mit Gott. Vielmehr sind für ein gemeinsames Beten verschiedenste Aspekte zu klären: Wer ist Subjekt des Gebets? An wen ist es gerichtet? Welcher Zusammenhang besteht mit dem liturgischen Jahr? Wie muss der Gebetsort gestaltet sein? Welche Kleidung ist zu tragen? Wie sind körperliche, nonverbale Gesten einzubeziehen? Welche symbolischen Zeichen sind erwünscht und welche zu vermeiden? Man denke nur an religiöse Bilder oder Kreuzesdarstellungen, die aus theologischen oder historischen Gründen für Juden problematisch sind.

Wenn Juden und Christen unterschiedliche Positionen gegenüber dem gemeinsamen Gebet einnehmen, dann spielt oft auch die denominationelle Herkunft eine Rolle. Zudem bilden weder Juden noch Christen eine homogene Gruppe. Gebetsverständnisse sind auf beiden Seiten breit gefächert. Orthodoxe Juden zum Beispiel sehen im Gebet mehr eine objektive Verpflichtung. Doch auch für sie und für Juden und Jüdinnen anderer Strömungen ist Beten ein subjektiver Ausdruck der unmittelbaren Gottesbeziehung. Es kann mehr ritualisiert oder mehr frei gebetet und auch meditiert werden. Auf jeden Fall spielt im rabbinischen Verständnis die *kavannah*, die innere Ausrichtung auf Gott beziehungsweise die geistliche Sammlung, eine entscheidende Rolle.[66] In den letzten Jahren sind vor allem neue Gebete im abrahamitischen Dialog formuliert worden, die sich für den gemeinsamen Vollzug eignen.[67]

2.2.4 Beten im Alltag

Wenn spirituell zu leben bedeutet, sich vom Geist Gottes prägen zu lassen, so versteht sich von selbst, dass das Gestalten von Raum und Zeit eine Grundaufgabe geistlichen Lebens darstellt. Wer spirituell lebt, beginnt, sein Leben zu ordnen. Christentum und Judentum haben je ihre eigenen Formen entwickelt, den Tagesverlauf mit Gebeten und Zeichen, den Jahreszyklus mit Festen und Bräuchen und den Verlauf eines Lebens mit Sakramentalien zu begleiten und zu prägen. Die jüdische Minderheit ist in der europäischen Gesellschaft Jahrhunderte hindurch von der Kirche mitbeeinflusst worden.[68] Im Zeitalter des Dialogs lässt sich auch die christliche Seite von jüdischer Spiritualität inspirieren. Eine authentische Gestaltung des religiösen Lebens im Angesicht des Anderen bedeutet nicht eine oberflächliche und eklektische Übernahme von spirituellen Elementen aus dem Judentum, etwa mal eine Kippa zu tragen oder zum Sefirot-Baum aus der Kabbala zu meditieren. Weder eine postmoderne Beliebigkeit noch eine Haltung von gutgemeinter Vereinnahmung hilft dem jüdisch-christlichen Verhältnis weiter. Vielmehr geht es darum, der christlichen Verwiesenheit auf das und der Nähe zu dem Judentum einen angemessenen Ausdruck zu verleihen.

Clemens Thoma, ein Pionier des jüdisch-christlichen Dialogs, hat schon in den 1980er-Jahren dazu angeregt, analog zum „Höre Israel" sollten Christen den biblischen Monotheismus in ihrer Gebetspraxis klarer beziehen. Zudem könnten sie ihrerseits den Lobpreis Jesu aus Matthäus 11,25–30 täglich rezitieren.[69] Jesus preist

---

evangelischer Spiritualität (s. o. Anm. 13), Band 2, 358–381, hier 359.

[65] Zum Beispiel *Erzdiözese München und Freising* (Hg.), Gemeinsam vor Gott – Beten im multireligiösen Kontext. Eine Orientierungs- und Arbeitshilfe für die Bereiche Kita, Schulen und Gemeinden, München 2021; *Karlo Meyer*, Multireligiöse Schulandachten, in: Wissenschaftlich-Religionspädagogisches Lexikon im Internet 2020, https://doi.org/10.23768/wirelex.Multireligise_Schulandachten.200708.

[66] *Annette M. Böckler*, Der Dienst des Herzens – jüdisches Beten, in: Delgado/Leppin (Hg.), Homo orans (s. o. Anm. 62), 21–39, hier 29–39.

[67] *Martin Bauschke/Walter Homolka/Rabeya Müller* (Hg.), Gemeinsam vor Gott. Gebete aus Judentum, Christentum und Islam, Gütersloh 2004.

[68] *Michael Hilton*, „Wie es sich christelt, so jüdelt es sich". 2000 Jahre christlicher Einfluss auf jüdisches Leben. Mit einem Vorwort von Rabbiner Arthur Hertzberg, Berlin 2000.

[69] *Clemens Thoma*, Die jüdische Liturgie und die Kirchen,

darin Gott in einer typisch jüdischen Gebetsform, dass durch ihn der Weg zum Vater geöffnet sei, und lädt ein, sein leichtes „Joch", also seine Auslegung der Tora, auf sich zu nehmen. Die Benediktiner der Dormitio-Abtei in Jerusalem geben dem Glauben an den einen Gott Ausdruck, indem sie das so oft gesprochene „Ehre sei dem Vater" ergänzen: „Ehre sei dem Vater und dem Sohn und dem Heiligen Geist: dem einen Gott von Ewigkeit zu Ewigkeit. Amen." Die Monastische Familie von Betlehem, die sich seit ihrer Gründung 1950 über Israel und Frankreich hinaus verbreitet hat, pflegt in ihrem Gebet die Verbundenheit mit dem Judentum. Die Communauté du Chemin Neuf, die sich besonders um die christliche Ökumene bemüht, fügt im Gebet um den Frieden in der Eucharistiefeier nicht nur eine Bitte um die Einheit der Kirchen hinzu, sondern bittet auch um Frieden für das jüdische Volk und mit ihm. Am ersten Donnerstag eines jeden Monats feiert sie zudem eine Wortliturgie mit Hymnen und Psalmen, die im Zeichen des besonderen Bandes der Einheit mit dem jüdischen Volk steht. Die Forderung von „Nostra Aetate", dass Christen und Juden Seite an Seite je ihrer Sendung treu sein sollen, wird also in das regelmäßige Beten aufgenommen. Der Eröffnungstext des Exerzitienbuchs von Ignatius von Loyola wiederum ruft zum Handeln aus innerer Freiheit auf, die durch die Abwendung von Götzen und die Bindung an den einen Gott entsteht.[70] Er formuliert die grundlegende Handlungsmaxime des Monotheismus. Dieser Text prägt die spirituellen Übungen durchgehend und ist nicht umsonst mit „Prinzip und Fundament" betitelt. Er lässt sich leicht rezitieren wie das „Höre Israel".

Den Alltag zu heiligen, ist gemäß Martin Buber das zentrale Anliegen der chassidischen Frömmigkeit. Die rabbinische Tradition leitet durch *berachot*, kurze Segenssprüche, dazu an. Sie sollen das Leben und Handeln nach den Geboten begleiten. Die christliche Aufforderung zum immerwährenden Gebet (1 Thess 5,17) hat wiederum im Jesus-Gebet eine Form gefunden, die vor allem in der Orthodoxie Osteuropas gepflegt wird. Seit dem 19. Jahrhundert ist es durch die Erzählungen des russischen Pilgers auch im Westen verbreitet worden. Es ist eng mit einer Sehnsucht, nach Jerusalem zu pilgern, verbunden.[71] Dem jüdisch-christlichen Verhältnis verpflichtet und jüdisch inspiriert dürfte dieses Gebet nicht nur mit dem Atemrhythmus des Beters, sondern auch noch stärker mit seinen konkreten Handlungen verbunden werden. Dass neben dem Rosenkranz auch das wiederholende Beten des Vaterunsers mithilfe einer Gebetsschnur, wie es bis in die Barockzeit hinein üblich war, wieder Verbreitung finden könnte, wäre ebenso eine Annäherung an jüdisches Beten. Dies sind nur einige Beispiele, wie ein Blick auf das Judentum christliche Spiritualität bereichern kann.

2.3 Die Heiligung von Raum und Zeit

Das „Höre Israel" fordert dazu auf, nicht nur in der Zeit, sondern auch im Raum Gott immer vor Augen zu haben. Der Leib aber ist die erste Ausdehnung des Menschen im Raum. So werden Tefillin, Gebetskapseln, von Juden rituell auf die Stirn und an den Arm gebunden. Am Eingang zu bewohnten Räumen soll zudem eine Mesusa, ein Kästchen mit dem Text des „Höre Israel", angebracht werden. Der christliche Brauch, Weihwassergefäße an den Wohnungstüren zu befestigen, steht analog dazu. Der Brauch, sich beim Verlassen der Wohnung mit dem Wasser zu bekreuzigen, ist jedoch weitgehend verschwunden. Doch ein solcher Gestus wäre nicht nur eine sinnliche Wahrnehmung von Segen, sondern auch eine Erinnerung an die Taufe, die bewusst macht, dass auch Christen wie Juden zu einem „königlichen Priestertum" und einem „heiligen Volk" berufen sind (1 Petr 2,9; Ex 19,5–6).

2.3.1 Pilgern

Die populärste Form, sich spirituell in den Raum einzuschreiben, ist in unserer Zeit das Pilgern. Der äußere Hinweg zu einer heiligen Stätte ermöglicht einen inneren Prozess der Transformation, Sammlung und Ausrichtung. Dass der Weg nach Santiago de Compostela dabei eine so große Beliebtheit erfährt, entbehrt nicht einer gewissen Ironie, wenn man an die Debatten um den Islam im heutigen Europa denkt. Die Wallfahrt ist ja aus der christlichen Rückeroberung und Befreiung Spaniens von der muslimischen Herrschaft entstanden. In Santiago wird „Jakobus der Mauren-

---

in: Johann Maier/Jakob J. Petuchowski/Hermann Reifenburg/ders. (Hg.), Jüdische Liturgie. Geschichte – Struktur – Wesen (Quaestiones disputatae 86), Freiburg im Breisgau/Basel/Wien 1979, 122–136, hier 133f.

[70] *Christian M. Rutishauser*, Freiheit kommt von innen. In der Lebensschule der Jesuiten, Freiburg im Breisgau 2021, 172–194.

[71] *Lydia S. Meli-Bagdasarowa* (Hg.), Erzählungen eines russischen Pilgers, Luzern 1944, 83–94.

töter" verehrt. Religionsgeschichtlich ist das Pilgern nach Santiago ein Ersatz für das Pilgern nach Jerusalem, wo die Muslime über die Christen gesiegt hatten, weshalb das Pilgern nur noch sehr eingeschränkt möglich war.[72] Angesichts eines Europas, in dem Juden, Christen und Muslime zusammenleben und das durch den Nahostkonflikt geprägt ist, müsste nicht Santiago, sondern Jerusalem der bevorzugte Pilgerort sein. Nicht nur eine heilige Stätte ist dabei das Ziel, sondern eine heilige Stadt, wo Menschen verschiedener Religionen zusammenleben: pilgern also nicht nur zur Stärkung der eigenen Spiritualität, vielleicht gar auf Kosten anderer, vielmehr ein Pilgern, das für Dialog mit Juden und Muslimen und für ein Zusammenleben mit anderen offen ist. Dabei können sich Christen an der Vision des himmlischen Jerusalem ausrichten, in dessen Zentrum das Lamm steht – und mit ihm zusammen gleichsam die Opfer der Geschichte (Offb 21–22). Im irdischen Jerusalem ist dafür exemplarisch repräsentativ *Yad vaShem*, die Schoa-Gedenkstätte. Zudem können Juden, Christen und Muslime in Jerusalem je die anderen an ihren heiligen Stätten als Gäste willkommen heißen.[73] Nach Jerusalem pilgern heißt, die Stadt und ihre Geschichte und Zukunft als *axis mundi* zu verstehen und sich daran auszurichten, wie der spirituelle Grundsatz formuliert: „Worauf wir blicken, dahinein werden wir verwandelt." In den letzten Jahren werden die Fragen an den religiösen Tourismus in biblischen Ländern lauter. Gerade für Jerusalem und das Heilige Land werden spirituellere Reiseformen gefordert.

2.3.2 Schabbat und Sonntag

Wie wir gesehen haben, sind christliche wie jüdische Spiritualität immer auch auf ihre jeweilige Glaubensgemeinschaft bezogen. Individuelle Vollzüge werden mit rituellen Formen und Gottesdiensten je in der Synagoge und der Kirche verbunden. Beide Traditionen haben das Jahr durch Fest- und Erinnerungstage strukturiert. Dabei berühren sich Synagogenjahr und Kirchenjahr an den Festtagen Pessach/Ostern und Schavuot/Pfingsten in besonderer Weise. Beide Feste führen eine biblische Festordnung in unterschiedlicher Interpretation fort und haben sich im Lauf der Geschichte gegenseitig beeinflusst. Noch prägender für die Verbindung von Juden und Christen sind jedoch Schabbat und Sonntag.[74] Juden wie Christen sehen darin ihre je eigene Auslegung des Zehn-Worts vom Sinai, am siebten Tag der Woche zu ruhen. Über diese Tradition hat sich der Sieben-Tage-Rhythmus universal durchgesetzt. Abraham J. Heschels Monographie *Schabbat*, die den siebten Tag als „Tempel in der Zeit" beschreibt und davon eine Heiligung der Zeit ableitet, ist von Christen breit rezipiert worden und jüngst auch von einem christlichen und einem jüdischen Verlag zusammen neu herausgegeben worden.[75] Mit Blick auf das Judentum tun Christen gut daran, beim Sonntag nicht nur an Gottesdienstbesuch und Sonntagspflicht zu denken, sondern den ganzen Tag als „heilige Zeit" zu gestalten. Eine erneuerte Sonntagskultur könnte Frucht eines Dialogs mit dem Judentum sein. Vielleicht wäre sie sogar ein Beitrag zur Bewältigung der vieldiskutierten Glaubenskrise, wenn man das berühmte Diktum bedenkt: „Nicht nur die Juden haben den Schabbat gehalten. Der Schabbat hat das Judentum durch die Jahrhunderte zusammengehalten." Die „Gemeinschaft der Seligpreisungen", eine jener religiösen Bewegungen, die sich dem Aufbruch nach dem Konzil verdanken, feiert seit ihrem Beginn am Freitagabend eine Schabbatfeier, die sich stark an *qabbalat shabbat*, die jüdische Feier zum Schabbatbeginn, anlehnt. Dabei schreibt sich die Gemeinschaft explizit in das durch „Nostra Aetate" erneuerte jüdisch-christliche Verhältnis ein. Es gelte, das jüdische Volk in der eschatologischen Ausrichtung zu begleiten und Seite an Seite mit ihm zu gehen.[76] Damit geht die Gemeinschaft weiter als orientalische Kirchen, die auch Elemente des Schabbatgedenkens in ihrer Liturgie aufweisen.

2.3.3 Ostern und Pfingsten

Da Kirchenjahr und christliche Liturgie im Gespräch mit der jüdischen Tradition in diesem

---

[72] *Monika Hauf*, Der Jakobsweg. Das Mysterium der 1000-jährigen Pilgerroute nach Santiago de Compostela, München 2002, 13–56.

[73] Zur Spiritualität und Theologie des Pilgerns in interreligiöser Perspektive: *Christian M. Rutishauser*, Zu Fuß nach Jerusalem. Mein Pilgerweg für Dialog und Frieden, Ostfildern 2013; *Christoph Wolf*, Die Schrittweisen. Zu Fuß nach Jerusalem, München 2012.

[74] *Christian M. Rutishauser*, Christsein im Angesicht des Judentums (Ignatianische Impulse 28), Würzburg 2008, 87–89.

[75] *Abraham J. Heschel*, Der Schabbat. Seine Bedeutung für den heutigen Menschen, Ostfildern/Berlin 2022 (1951).

[76] *Communauté des Béatitudes/Commission Judaïsme* (Hg.), La célébration du Shabbat à la Communauté des Béatitudes, Paris 2004.

Band Thema eines eigenen Beitrags sind,[77] sei hier nur auf Pfingsten als Fest der Spiritualität verwiesen und ein Wort zu „christlichen Sederfeiern" gesagt. Pfingsten feiert die Gabe des Geistes und fällt mit der Gabe der Tora zusammen, die das Judentum an Schavuot feiert. Geist und Buchstabe dürfen nicht auseinandergerissen werden. Dies fordert auch Paulus für die christliche Tradition, wenn er schreibt, der Buchstabe töte, der Geist aber mache lebendig (2 Kor 3,6). Wie wir oben gesehen haben, hat auch die rabbinische Exegese einen authentischen Geist bewahrt, die in der gemeinsamen *Lectio divina* geteilt werden soll. Beide Traditionen binden Buchstabe und Geist zusammen. Christliche Spiritualität darf daher religiöse Erfahrung nicht gegen Wort und Sprache als unzulänglich und äußerlich ausspielen, wie es die zeitgenössische Mystik zuweilen tut. Vielmehr bringt die Sprache Erfahrung ins Bewusstsein und ist Ort auch der Kommunikation von Mystik.[78] Eine Theologie der Spiritualität hat die konstitutive Verknüpfung von Sprache und Erfahrung aufzuzeigen. Insofern kann Pfingsten als Fest des Geistes, der Kommunikation und Völkerverständigung – alle verstehen die Apostel in ihrer eigenen Sprache (Apg 2,3-6) – wie auch als Fest des Dialogs zwischen Juden und Christen gefeiert werden.

Das Neue Testament berichtet einheitlich, dass Jesus an einem Pessachfest in Jerusalem hingerichtet worden ist und dass er das letzte Abendmahl mit seinen Jüngern entweder als ritualisiertes Festmahl feierte (Mk 14,12-25 par.) oder unmittelbar davor (Joh 13,1-20). Um die Deutung der Eucharistie aus der Quelle der Pessachliturgie bewusst zu machen, werden daher in der Karwoche zuweilen christliche Sederfeiern begangen. Auf die Problematik einer jüdischen Vereinnahmung wie auch einer unliturgischen und fragwürdigen Historisierung durch solche Feiern ist zu Recht hingewiesen worden.[79] Christen sollen und können nicht einfach jüdisches Beten und Feiern nachahmen. Dennoch ist es für das theologische Verständnis wichtig, die bleibende Verwiesenheit der Eucharistie auf die erlösende Befreiung und Volkwerdung Israels zu beziehen, wie sie an Pessach von Juden gefeiert werden. Gedächtnisfeiern und auch Messen, die Elemente aus der jüdischen Liturgie integrieren, werden in der Karwoche gepflegt, wie zum Beispiel in den genannten Gemeinschaften Communauté du Chemin Neuf und Gemeinschaft der Seligpreisungen. Dabei soll das „intrinsische Band zwischen der Befreiung aus Ägypten und dem österlichen Geheimnis" vergegenwärtigt werden.[80]

2.4 Schulung der Wahrnehmung

2.4.1 Gedicht und Gesang

Die Spiritualität will den Glauben im Menschen tiefer verankern und diesen bis in seine vorbewussten, psychodynamischen Strukturen hinein transformieren. Dabei spielt die Schulung von Wahrnehmung und Sinnen eine zentrale Rolle. Soziale Zugehörigkeit zu einer Religionsgemeinschaft reicht nicht aus. Das Wort Gottes will nicht nur auf steinerne Tafeln, sondern ins Herz geschrieben sein (Dtn 11,18; Jer 31,31-34; Ez 11,19-20). Sehen will zu einem Schauen und zur Kontemplation, Hören zu einem Horchen und Gehorchen verdichtet werden.[81] Bei der geistlichen Begleitung, in Exerzitien wie auch in spirituell gestalteten Gottesdiensten, werden daher oft Gedichte vorgetragen und meditiert. Die Sprache der Dichter definiert nicht. Sie öffnet vielmehr Worträume auf das Unsagbare hin. Sie ist für viele Zeitgenossen, die auf der Suche nach einer Gottesbeziehung sind, zugänglicher als die traditionelle, stark objektivierende Sprache der Dogmatik. „Vielleicht hält Gott sich einige Dichter", hat es Heinrich Heine zu Beginn der Moderne auf den Punkt gebracht.[82] Gerade die jüdische Erfahrung der Moderne, die durch das Zerbrechen der religiösen Tradition wie durch den Schrecken der Schoa geprägt ist, wird dort, wo sie in Lyrik gegossen wird, von christlicher Spiritualität intensiv rezipiert. Gedichte von Paul Celan, Nelly Sachs,

---

[77] Siehe dazu den Beitrag von *Albert Gerhards/Stephan Wahle* in diesem Band.

[78] Über die konstitutive Funktion der Sprache und der religiösen Tradition für die mystische Erfahrung: *Gershom Scholem*, Die jüdische Mystik in ihren Hauptströmungen (suhrkamp taschenbuch wissenschaft 330), Berlin [12]2018, 11–20.

[79] *Elisabeth Hackstein*, Auf der Suche nach den jüdischen Wurzeln. Zur Kritik „christlicher Sederfeiern", Frankfurt am Main 2012.

[80] *Communauté des Béatitudes* (Hg.), La célébration du Seder, Paris 2021, ii.

[81] Exemplarisch zur Schulung der fünf Sinne: *Simon Peng-Keller* (Hg.), Scala divini amoris. Stufen zur Gottesliebe. Ein mystischer Weisheitstext aus der Provence, Freiburg im Breisgau 2013. Exemplarisch für die Schulung von Vernunft, Wille und Gefühl: *Ignatius von Loyola*, Geistliche Übungen und erläuternde Texte, hg. von Peter Knauer, Graz/Wien/Köln 1983. Zur inneren Transformation: *Rutishauser*, Freiheit (s. o. Anm. 70), 70–99.

[82] *Karl-Josef Kuschel*, „Vielleicht hält Gott sich einige Dichter …". Literarische Skizzen, Kevelaer 2005.

Hilde Domin, Rose Ausländer seien als Beispiele genannt. Ihr Ringen um die An- und Abwesenheit des Gottes der Bibel unter den Bedingungen des Säkularen und Atheistischen scheint in diesen Texten durch.

Aber auch die klassische jüdisch-religiöse Dichtung spielt eine Rolle, zum Beispiel die Zionslieder eines Jehuda Halevi, die Franz Rosenzweig ins Deutsche übertragen hat.[83] Den *piyyutim*, den Gedichten, die in die jüdische Liturgie Eingang gefunden haben, entsprechen auf christlicher Seite die Sequenzen und das Kirchenlied. Besonders die Texte der Weihnachtszeit, die sich an alttestamentlichen, messianischen Verheißungen orientieren, vom Kommen Gottes in die Welt sprechen und die Geburtsgeschichten Jesu aus den Evangelien aufnehmen, haben viele Beziehungen zum Judentum bewahrt. So geben die O-Antiphonen, die zur Adventszeit gehören, der Sehnsucht nach Erlösung Ausdruck, schreiten dabei die biblische Geschichte ab und sind Schatz einer Israeltheologie, die hilft, messianisch ausgerichtet zu bleiben.[84]

Der Gesang, der tiefere Seelenschichten erreicht und im spirituellen Leben stets eine große Rolle spielte, kann hier nur erwähnt werden. Aus dem jüdischen Liedgut des gegenwärtigen Neochassidismus wie auch aus israelischen Songs, die biblische Texte vertonen, werden in christlichen Kreisen Lieder punktuell übernommen. Israelreisen sowie die allgemeine Song-Kultur stellen die entsprechenden Vermittlungskanäle dar. Man denke an Leonard Cohens „Halleluja" oder an Céline Dions „Mémoire d'Abraham", das sie der „Prière païenne" gegenüberstellte. Cohen wie Dion haben ihre jüdische Herkunft zum Thema gemacht.

2.4.2 Ikone und Bild

Auch das Meditieren von Bildern und Gemälden beziehungsweise die ästhetische Schulung gehören zur spirituellen Praxis, die den Menschen in seiner Geschöpflichkeit abholt und auf Gott hin ausrichten will. Dabei wird auf die reiche christliche Kunstgeschichte zurückgegriffen, doch zum Beispiel auch auf Marc Chagall, der neben der biblischen und der chassidischen Tradition auch Jesus als Gekreuzigten mit dem Leiden der Juden unter Pogromen und in der Schoa in Verbindung bringt.[85] Vor seinen Glasfenstern in christlichen Kirchen in Mainz oder Zürich finden regelmäßig Meditationen und Andachten statt. Bei der spirituellen Vermittlung biblischer Erzählungen sei der Priestermaler Sieger Köder genannt, der explizit jüdische Symbole und hebräische Schrift in seinen Bildern verwendet, um das jüdisch-kulturelle Umfeld Jesu zu unterstreichen.[86] Sie werden vielfach für Bildmeditationen auf dem Exerzitienweg eingesetzt.[87] Freilich darf gerade auch bei der positiv kontextualisierenden Malerei eines Sieger Köder nicht übersehen werden, dass bei der Fokussierung auf Jesus den Juden das jüdische Umfeld zuweilen als dunkler Kontrast erscheint.

Theologisch und spirituell gewichtig ist die Auseinandersetzung mit dem Bilderverbot aus dem Zehn-Wort (Ex 20,4), wie wir dies bereits gesehen haben. Es hat im Judentum zu einer differenzierten Auslegungs- und Praxisgeschichte geführt.[88] Die Christentumsgeschichte kennt mehrere Bilderstreite. In der Ostkirche hat sich bereits in der Spätantike angesichts des Islams, der erkannte, dass das Bilderverbot zentral mit dem monotheistischen Glauben verknüpft ist, eine Phase des Ikonoklasmus ergeben, woraus sich die Spiritualität der Ikonen entwickelt hat. Als visualisierte Heilige Schrift und Vergegenwärtigung der kirchlichen Lehre entstanden, stellen Ikonen eine Sehschulung dar, welche die natürliche Sehperspektive bricht, sich einer Form der Abstraktion unterwirft und das Schauen von Gottes Wort her prägt.[89] Nicht Ikonenverehrung gemäß der ostkirchlichen Tradition, aber Gebet und Meditation mit Ikonen wie auch deren Malen hat sich in einigen Klöstern, aber auch in Taizé als einer evangelisch-ökumenischen Gemeinschaft verbreitet. Sie als Beitrag zur Auslegung des Zehn-Worts zu nutzen und in den jüdisch-christlichen Kontext zu stellen, bleibt weithin ein Desiderat.

---

[83] *Franz Rosenzweig*, Sechzig Hymnen und Gedichte des Jehuda Halevi, Konstanz o. J. (1924).

[84] *Egbert Ballhorn*, Die O-Antiphonen. Israelgebet der Kirche, in: Jahrbuch für Liturgik und Hymnologie 37 (1998) 9–34.

[85] *Rainer Sommer*, Marc Chagall als Maler der Bibel, Wuppertal/Zürich/Regensburg 1995; *Sylvie Forestier*, Marc Chagall. Widerstand – Auferstehung – Befreiung, Stuttgart/Zürich 1991.

[86] *Sieger Köder*, Bild und Gleichnis. Werke von Sieger Köder, Ostfildern 1990; *Johannes Kreidler* (Hg.), Sieger Köder. Farben des Lebens, Ostfildern 2005.

[87] *Jörg Dantscher*, Auf Gottes Spuren. Ignatianische Exerzitien – auch für den Alltag. Mit Bildern von Sieger Köder, Ostfildern 2004.

[88] *Stefan Schreiner*, Die Ambivalenz des Bildes. Jüdische Kunst und biblisches Bilderverbot, in: Orientierung 62/9–10 (1998) 102–104.112–115.

[89] *Eckhard Nordhofen*, Media divina. Die Medienrevolution des Monotheismus und die Wiederkehr der Bilder, Freiburg im Breisgau 2022, 109–128.

3. Aktuelle Herausforderungen

Spiritualität ist heute ein anthropologisch gefasster und transreligiöser Begriff. Die Theologie der Spiritualität reflektiert daher oft im interreligiösen Vergleich. Auch wenn dabei das Judentum mit seiner Spiritualitätstradition dargestellt wird, ist doch bezeichnend, dass stets den Spiritualitätstraditionen Asiens viel mehr Raum gegeben wird. Zuweilen wird das Judentum im heutigen Spiritualitätsdiskurs auch ganz weggelassen.[90] Für einen individuellen spirituellen Lebensvollzug, wie ihn eine spätmoderne Gesellschaft wiederentdeckt, scheint der Dialog mit den Traditionen des Hinduismus oder Buddhismus passender. Geschichte kann dabei ausgeblendet werden, und ewige geistliche Wahrheiten stehen im Vordergrund. Oft scheint bei der Darstellung der verschiedenen spirituellen Traditionen dann auch eine pluralistische Religionstheologie durch. Eine theologisch besondere Beziehung zwischen jüdischer und christlicher Spiritualität wird kaum thematisiert. Die Verhältnisbestimmung von menschlichem und göttlichem Geist durch den Schöpfungsglauben bleibt jedoch entscheidend, wo sich Spiritualität zur Mystik verdichtet. Judentum und Christentum haben in den Diskurs um die mystische Erfahrung eine Form der Bezogenheit einzubringen, die Einheit und Unterschiedenheit so erfasst, dass die im Handeln vollzogene menschliche Freiheit wie auch das Partikulare und die Geschichte in ihrem zentralen Wert erhalten bleiben.[91]

In den Abrissen zur jüdischen Spiritualität, die bewusst für christliche Leser und Leserinnen verfasst sind, wird oft nur ein kurzer Überblick über den rabbinischen Glauben und die jüdische Theologie gegeben. Einzelne Elemente aus der Kabbala werden vorgestellt, vor allem aber der Chassidismus.[92] Von einer wirklichen Rezeption der jüdischen Mystik- und Spiritualitätsforschung, die mit Gershom Scholem begonnen hat und inzwischen über Autoren und Autorinnen wie Moshe Idel, Rahel Elior, Immanuel Etkes, Joseph Dan und andere breit weitergeführt wurde, kann aber noch keine Rede sein. Auch die durch Moderne und Schoa erschütterte zeitgenössische jüdische Spiritualität ist kaum im Blick.[93] Die Suche nach dem Willen Gottes, das Wissen um das geheimnisvolle Wirken Gottes in der Geschichte wie auch die Tatsache seiner Abwesenheit wären weiter zu entfalten.[94] Zudem sollte jüdische Spiritualität vermehrt für junge Menschen und im Schulunterricht fruchtbar gemacht werden.[95]

Wie die verschiedenen Beispiele und thematischen Felder gezeigt haben, ergeben sich für die christliche Spiritualität durch die Begegnung mit der jüdischen Tradition Vertiefungen, Akzentverschiebungen wie auch Bereicherungen. Die theologische Reflexion hat sie wohlwollend kritisch zu begleiten. Allzu oft wird leider immer noch die historische Interpretation der Bibel oder die christlich-alttestamentliche Spiritualität mit der rabbinischen Spiritualität verwechselt. Diese hat sich aber erst in der Spätantike entwickelt und seither reich entfaltet. Die eigentliche Herausforderung für die Theologie der Spiritualität besteht darin, diesen Schatz zu erschließen und auf eine Weise zu vermitteln, dass er für einen christlichen Lebensvollzug relevant wird.

4. Weiterführende Literatur

Mariano Delgado/Volker Leppin (Hg.), Homo orans. Das Gebet im Christentum und in anderen Religionen (Studien zur christlichen Religions- und Kulturgeschichte 30), Basel/Stuttgart 2022.
Abraham J. Heschel, Der Schabbat. Seine Bedeutung für den heutigen Menschen, Ostfildern/Berlin 2022.
Moshe Navon/Thomas Söding, Gemeinsam zu Gott beten. Eine jüdisch-christliche Auslegung des Vaterunsers, Freiburg im Breisgau 2018.

---

[90] Karl Baier (Hg.), Handbuch Spiritualität. Zugänge, Traditionen, Interreligiöse Prozesse, Darmstadt 2006.
[91] Christian M. Rutishauser, Mystik, Meditation und Kontemplation als Quellgrund aller Religionen?, in: Heike Radeck (Hg.), Als Christ Buddhist? Auf der Suche nach der eigenen Spiritualität (Hofgeismarer Protokolle 339), Hofgeismar 2005, 73–89.
[92] Michael Downey (Hg.), The New Dictionary of Catholic Spirituality, Collegeville, MN 1993, 561–565; Christian Schütz (Hg.), Praktisches Lexikon der Spiritualität, Freiburg im Breisgau/Basel/Wien 1988, 187–189; Johannes Maier, Spiritualität des Judentums, in: Erwin Möde (Hg.), Spiritualität der Weltkulturen, Graz/Wien/Köln 2000, 187–215.
[93] Michael Wolffsohn, „Back to the Roots". Für eine neujüdische Spiritualität, in: Erwin Möde (Hg.), Europa braucht Spiritualität (Quaestiones disputatae 263), Freiburg im Breisgau 2014, 75–90.
[94] Schütz (Hg.), Praktisches Lexikon der Spiritualität (s. o. Anm. 92), 685–688.
[95] Jan Woppowa, Spirituelles Lernen, in: Wissenschaftlich-Religionspädagogisches Lexikon im Internet 2021 (https://doi.org/10.23768/wirelex.Spirituelles_Lernen.200952); Andreas Renz, Spirituelle Dimensionen erzieherischen Handelns in den nichtchristlichen Religionen, in: Michael Langer/Winfried Verburg (Hg.), „Zum Leben führen". Handbuch religionspädagogischer Spiritualität, München 2007, 77–97.

Eckhard Nordhofen, Corpora. Die anarchische Kraft des Monotheismus, Freiburg im Breisgau 2018.

Eckhard Nordhofen, Media divina. Die Medienrevolution des Monotheismus und die Wiederkehr der Bilder, Freiburg im Breisgau 2022.

Christian M. Rutishauser, Zu Fuß nach Jerusalem. Mein Pilgerweg für Dialog und Frieden, Ostfildern 2013.

Jan-Heiner Tück (Hg.), Die Beschneidung Jesu. Was sie Juden und Christen heute bedeutet, Freiburg im Breisgau 2020.

Kees Waaijman, Handbuch der Spiritualität. Formen, Grundlagen, Methoden, 3 Bände, Mainz 2004.2005.2007.

Erich Zenger, Psalmen. Auslegungen in zwei Bänden, Freiburg im Breisgau 2011.

Heinz-Günther Schöttler

Homiletik angesichts des jüdisch-christlichen Dialogs

Predigt ist Schriftauslegung, Schriftauslegung als rhetorischer Fall.[1] Insofern Predigt Schriftauslegung ist, ist eine ihrer vornehmlichen Aufgaben, den biblischen Text zur Sprache kommen zu lassen, ihm eine Chance zu geben im homiletischen Dreieck „Person der Predigerin/des Predigers – Hörerinnen/Hörer – biblischer Text". Um das Leben der Menschen in der Predigt in einen sich gegenseitig erschließenden Dialog mit dem Bibeltext zu bringen, ist neben dem empathischen Wahrnehmen der Situation der Zuhörerinnen und Zuhörer ein intensives exegetisches und geistliches Studium (beides!) des biblischen Predigttextes nötig. Hierbei geht es weder um ein lockeres Anspielen des Bibeltextes (Allusion) noch um eine assoziative Bezugnahme, die ja nur vermeintliche Bezugnahmen sind. Der biblische Text muss zur Sprache kommen, in seiner Tiefe ausgelotet werden und auch in seiner irritierenden Widerspenstigkeit: „Wir haben unsere eigenen Gedanken lieber als die Gedanken der Bibel. Wir lesen die Bibel nicht mehr ernst, wir lesen sie nicht mehr gegen uns, sondern nur noch für uns" (Dietrich Bonhoeffer, 1906–1945).[2]

Dem Bibeltext eine Sprache zu geben, ist für den ersten Teil der zwei-einen christlichen Bibel in der Predigt eine besondere Herausforderung; ist doch die als Altes Testament rezipierte Bibel Israels die Glaubensurkunde auch und zuerst einer anderen Religion, auch wenn das Verhältnis des Christentums zum Judentum ein im Vergleich zu allen anderen Religionen unvergleichliches ist und Christentum und Judentum „auf der Ebene ihrer je eigenen religiösen Identität eng und beziehungsvoll miteinander verbunden sind" (Papst Johannes Paul II., 1920–2005[3]). Dieses besondere Verhältnis zum Judentum *muss* sich in der Predigt in einem würdigenden Umgang mit dem unermesslichen Eigenwert der Bibel Israels zeigen. „Altes Testament in christlicher Predigt"[4] lautet die besondere Herausforderung auf den Punkt gebracht, dass das Alte Testament in christlicher Predigt so *vor*kommt, dass es nicht *ver*kommt.

Aus welchen Quellen schöpft die Predigerin, der Prediger? Nur aus christlichen? Auch aus jüdischen? Ja, auch aus jüdischen Quellen, sagt die Päpstliche Bibelkommission: „Auf dem konkreten Feld der Exegese können die Christen viel von der jüdischen Exegese lernen" (siehe unten). Im folgenden ersten Abschnitt werden wir ausführlich aus diesem Dokument der Bibelkommission zitieren. Wir werden den relativ zurückhaltend formulierten Hinweis unterstreichen und den reichen und erfüllenden Ertrag der jüdischen Auslegungstradition[5] für die christliche Predigt an einem konkreten Beispiel auch illustrieren.

Nicht nur in Predigt und Homiletik ist der jüdisch-christliche Dialog von Relevanz. An jeweils gegebenem Ort unserer Überlegung richten wir den Blick auch auf die pastorale Praxis von Gemeinde und Kirche und entdecken am Schluss dieses Beitrags einen bisher nicht realisierten Ort der Begegnung und des Miteinander-Lernens von Christinnen und Christen mit Jüdinnen und Juden als einen expliziten, biblisch begründeten Auftrag Jesu.

Von „Auslegung" war einleitend nachdrücklich die Rede; dazu eine wichtige Anmerkung. Wenn ich hier und im Folgenden von der Bibel Alten und Neuen Testaments als Wort Gottes spreche, dann ist dies eine offenbarungstheologisch verkürzte Redeweise. Nicht das Buch „Die Bibel" ist das Wort Gottes; das wäre ein fundamentalistisches Verständnis. Das Buch ist ein Medium, das ausgelegt werden will. In der Aus-

---

[1] Zu den rhetorischen Aspekten als Teil der Homiletik, die hier nicht im Vordergrund stehen, siehe *Michael Meyer-Blanck* (Hg.), Handbuch homiletische Rhetorik (Handbücher Rhetorik 11), Berlin/Boston 2023.

[2] Das Zitat steht in einer Ansprache, die Dietrich Bonhoeffer am 29.8.1932 auf einer internationalen Jugendkonferenz in Gland am Genfer See gehalten hat, in: Dietrich Bonhoeffer Werke, Band 11, München 1994, 350–357, hier 353.

[3] Papst Johannes Paul II., Ansprache an leitende Persönlichkeiten jüdischer Organisationen (1979), unter: www.vatican.va/content/john-paul-ii/en/speeches/1979/march/documents/hf_jp-ii_spe_19790312_org-ebraiche.html.

[4] Siehe *Heinz-Günther Schöttler*, Christliche Predigt und Altes Testament. Versuch einer homiletischen Kriteriologie (Zeitzeichen 8), Ostfildern 2001.

[5] Erste Informationen zu den Prinzipien der jüdischen Textauslegung bei *Edward van Voolen* (unter Mitarbeit von Heinz-Günther Schöttler), Jüdische Schriftauslegung und Predigt, in: Ursula Roth/Jörg Seip (Hg.), Schriftinszenierungen. Bibelhermeneutische und texttheoretische Zugänge zur Predigt (Ökumenische Studien zur Predigt 10), München 2016, 81–109; *Hanna Liss*, Jüdische Bibelauslegung (Jüdische Studien 4), Tübingen 2020.

legung der Texte der Bibel ereignet sich die Offenbarung Gottes: in der wissenschaftlichen Exegese, in der Predigt, im sogenannten Schriftgespräch usw. Auslegung ist eine Bedingung für das Zeugnis der Offenbarung. So liegt das, was „Offenbarung" genannt wird, jenseits der Textebene. Dazu vier Aussagen aus der jüdischen Tradition: „Die Tora wurde zur Auslegung gegeben."[6] – „Die Tora redet in der Sprache der Menschen in vielerlei Ausdrucksweisen, und sie alle bedürfen der Auslegung."[7] – Der Talmud schließt eine intensive und umfangreiche rabbinische Diskussion über die Auslegung der Tora mit Dtn 30,12 ab, womit die Diskussion auf den Punkt gebracht wird: *„Lo ba-schamajim hi"* („Nicht im Himmel ist sie!")[8] – Maimonides (genannt Rambam, gest. 1204), der große jüdische Gelehrte des Mittelalters, schreibt: „Die Pforten der Auslegung sind uns niemals verschlossen."[9] „Das Buch" ist nicht im Himmel; es liegt in den Händen der Menschen – zur Auslegung. Für Christinnen und Christen ist hier die in der Konzilskonstitution Gaudium et spes 4 grundgelegte und für die Predigt grundlegende Hermeneutik aufgerufen, die Lebenswirklichkeit der Menschen und die Heilige Schrift in einen sich wechselseitig deutenden Dialog zu bringen. Diesen Dialog anzuregen und zu fördern, ist eine vornehmliche Aufgabe der Predigt.

1. Grundlegender disziplinbezogener Überblick

Bald schon nach dem Zweiten Vatikanischen Konzil, im Jahr 1969, hat die Römisch-Katholische Kirche das liturgische Zusammenspiel der alt- und neutestamentlichen Lesungen neu konzipiert. Ein entscheidendes Kriterium dieser Neukonzeption für die Gottesdienste an Sonn- und Feiertagen beschreibt die „Pastorale Einführung in das Lektionar" im Jahre 1969 (²1981) so:

Die beste Zuordnung zwischen alttestamentlichen und neutestamentlichen Schriftlesungen ergibt sich dort, wo diese in der Schrift selbst angelegt ist, d. h. wo der Inhalt der neutestamentlichen Lesungen einen mehr oder weniger ausdrücklichen Bezug zum Inhalt der alttestamentlichen Lesungen hat. … [In der Adventszeit und der Weihnachtszeit bestehen die Lesungen aus dem Alten Testament] aus prophetischen Texten (hauptsächlich aus Jesaja) über den Messias und die messianische Zeit.[10]

Im Jahr 2001 schreibt die Päpstliche Bibelkommission in ihrem Dokument „Das jüdische Volk und seine Heilige Schrift in der christlichen Bibel" dies:

Das Alte Testament besitzt in sich selbst [oder: aus sich heraus] einen unermesslichen Wert als Wort Gottes. Die Lesung des Alten Testamentes durch Christen bedeutet nicht, dass man in ihm überall direkte Verweise auf Jesus oder auf die christlichen Wirklichkeiten finden will. … Die Umwälzungen, die durch die Ausrottung der Juden (die *Schoa*) während des Zweiten Weltkriegs ausgelöst wurden, haben alle Kirchen dazu geführt, ihre Beziehung zum Judentum von Grund auf neu zu überdenken und dementsprechend auch ihre Interpretation der jüdischen Bibel, des Alten Testamentes. Manche haben sich die Frage gestellt, ob die Christen sich nicht vorwerfen müssen, sich die jüdische Bibel angeeignet zu haben durch eine Lesart, in der kein Jude sich wiederfindet. Müssen die Christen von nun an diese Bibel wie die Juden lesen, um voll ihrem jüdischen Ursprung gerecht zu werden? Hermeneutische Gründe zwingen uns, auf diese letzte Frage eine negative Antwort zu geben. Denn eine rein jüdische Lesung der Bibel führt notwendigerweise mit sich, alle ihre Voraussetzungen zu übernehmen, d. h. die vollständige Übernahme dessen, was das Judentum ausmacht, vor allem die Geltung der rabbinischen Schriften und Überlieferungen, die den Glauben an Jesus als Messias und Gottessohn ausschließen. Für die erste Frage – die der Aneignung der jüdischen Schrift durch die Christen – stellt sich die Lage anders dar, denn die Christen können und müssen zugeben, dass die jüdische Lesung der Bibel eine mögliche Leseweise darstellt, die sich organisch aus der jüdischen Heiligen Schrift der Zeit des Zweiten Tempels ergibt, in Analogie zur christlichen Leseweise, die sich parallel entwickelte. Jede dieser beiden Leseweisen bleibt der jeweiligen Glaubenssicht treu, deren Frucht und Ausdruck sie ist. So ist die eine nicht auf die andere rückführbar. Auf dem konkreten Feld der Exegese können die Christen gleichwohl viel von der jüdischen Exegese lernen, die seit mehr als zweitausend Jahren ausgeübt worden ist, und sie haben in der Tat im Laufe der Geschichte auch viel von ihr gelernt. Ihrerseits können sie hoffen, dass die Juden auch aus christlichen exegetischen Untersuchungen werden Gewinn ziehen können.[11]

---

[6] Palästinischer Talmud, Megilla 1,1.
[7] Midrasch Sifra (4. Jh. u. Z.) zu Lev 20,1.
[8] Babylonischer Talmud, Baba Mezia 59b.
[9] *Maimonides*, Führer der Unschlüssigen II,25.

[10] Pastorale Einführung in das Lektionar, 2., erweiterte Fassung von 1981; unter: https://dli.institute/wp/wp-content/uploads/2018/11/PEL_Vorabpublikation_2018-11-13.pdf, Nr. 67 und 93. Diese Einführung ist in jedem Band des Lektionars einleitend abgedruckt.

[11] *Päpstliche Bibelkommission*, Das jüdische Volk und seine Heilige Schrift in der christlichen Bibel (2001), Nr. 21–22; siehe www.vatican.va/roman_curia/congregations/cfaith/pcb_documents/rc_con_cfaith_doc_20020212_popolo-ebraico_

Es ist offenkundig, dass und wie die neue Leseordnung der Katholischen Kirche von 1969/1981 auf der Dogmatischen Konstitution „Dei Verbum" des Zweiten Vatikanischen Konzils beruht, deren Artikel 14–16 das Verhältnis der beiden Testamente beschreiben und bereits im Jahr der Verabschiedung der Konstitution (1965) bibelhermeneutisch als unzulänglich empfunden und kritisiert wurden. Dieses Verständnis der Zuordnung von Altem und Neuem Testament prägt sich allsonn- und feiertäglich immer noch weiter ein, weil dieses nach der Erfahrung des Autors dieses Beitrags auch die Predigten bestimmt – vorausgesetzt, die Menschen bewohnen überhaupt noch den Raum unter den Kanzeln bzw. vor den Ambonen.[12]

Das vatikanische Dokument aus dem Jahr 2001 schlägt einen ganz anderen Ton an: Der erste Teil der zwei-einen christlichen Bibel – das ist die als Altes Testament rezipierte Bibel Israels – hat „in sich selbst einen unermesslichen Wert". Dem Alten Testament kommt seine Bedeutung nicht durch das Christusereignis bzw. durch einen Bezug auf das Neue Testament zu. Die Bibel Israels, jüdisch „Tanach" genannt, hat auch für Christinnen und Christen eine eigenständige Bedeutung, einen Wert, der aus ihr selbst erwächst. Sie darf nicht christlich vereinnahmt werden, etwa als „Weissagungsbox", wie sie in der Vergangenheit verstanden wurde – bis dahin, dass Juden, insofern sie nicht an Jesus von Nazaret als den Christus, den Gesalbten Gottes, glauben, explizit abgesprochen wurde, ihre eigene Bibel überhaupt verstehen zu können. Sie hätten das Alte Testament zwar dankenswerterweise überliefert, verstehen aber könnten sie dieses aus dem genannten Grund nicht (so etwa Aurelius Augustinus, 354–430).

Weiter sagt das vatikanische Dokument von 2001, dass Christinnen und Christen den „unermesslichen Wert" der Bibel Israels allein gar nicht „heben" können. Deshalb werden christliche Exegetinnen und Exegeten, Predigerinnen und Prediger, Seelsorgerinnen und Seelsorger mit Recht nachdrücklich dazu aufgefordert, die über zweitausendjährige jüdische Auslegung der Heiligen Schrift und auch die gegenwärtige vielfältige jüdische Auslegung intensiv zu studieren, und ich füge hinzu: Christinnen und Christen sollten nicht nur über Bücher aus der jüdischen Auslegung lernen, sondern in der persönlichen Begegnung mit Jüdinnen und Juden auch den tiefen Reichtum für die Lebenspraxis erfahren.

Mit dem letzten Gedanken ist der spezielle Bereich der Predigt überschritten und der weite Bereich der Seelsorge überhaupt aufgerufen, der ebenfalls im Horizont des jüdisch-christlichen Dialogs zu befragen ist. Es geht darum, als Gemeinde Jüdinnen und Juden zu begegnen und mit ihnen gemeinsam die Heilige Schrift zu studieren und zu verstehen. Ein weites Feld, wie wir am Schluss (3.5 und 3.6) sehen werden.

„Hinter" all dem steht für Christinnen und Christen die Frage, wie das Alte Testament in der christlichen Verkündigung und Seelsorge vorkommt, etwa als „Weissagungsbox" für das Christusereignis, die „den Heilsplan Gottes vorausverkündet (*praenuntiare*)", „die Ankunft Christi, des Erlösers des Alls, und des messianischen Reiches vorbereitet (*praeparare*)", „prophetisch ankündigt (*prophetice nuntiare*)" und „in verschiedenen Vorbildern anzeigt (*variis typis significare*)". Die in Anführungszeichen gesetzten Satzteile sind den oben erwähnten Artikeln 14–16 der Konzilskonstitution „Dei verbum" entnommen. Der im Dokument der Bibelkommission von 2001 vollzogene Paradigmenwechsel ist ein grundstürzender, der sich vollends erst angesichts des abschließenden Satzes in Art. 16 jener Konzilskonstitution erschließt: „Die Bücher des Alten Testamentes erhalten und zeigen erst im Neuen Testament ihre volle Bedeutung und beleuchten und erklären dieses [sc. das Neue Testament] wiederum."

Nicht aber ist das Alte Testament „Vorspiel für die wahre christliche Lektüre".[13] Die als Altes Testament rezipierte Bibel Israels der zwei-einen christlichen Bibel besitzt für Christinnen und Christen einen unermesslichen Wert als Wort Gottes, einen Eigenwert in sich selbst – unabhängig vom Christusereignis und ohne das Neue Testament.

---

ge.html (deutsche Übersetzung präzisiert; letzter Zugriff am 23.10.2023).

[12] Einen Vorschlag für eine erneuerte Leseordnung für die Sonntage habe ich vorgelegt in: *Heinz-Günther Schöttler*, Re-Visionen christlicher Theologie aus der Begegnung mit dem Judentum (Judentum – Christentum – Islam 13), Würzburg 2016, 435–456.

[13] So eine wohl nicht ohne Schmunzeln formulierte Bemerkung von Rabbiner *Michel Bollag*, „Mit Israel die Schrift lesen" – Geht das?, in: Schweizerisches Katholisches Bibelwerk (Hg.), Die siebzig Gesichter der Schrift. Auslegung der alttestamentlichen Lesungen. Lesejahr B, Freiburg (Schweiz) 2011, 23–28, hier 28.

2. Exemplarische Themen, Fragestellungen und Problemkontexte

2.1 Eine traditionelle, gängige Verhältnisbestimmung von Altem und Neuem Testament in der Predigt

In der traditionellen Verkündigung stand bzw. steht die sogenannte typologische Auslegung der Bibel im Vordergrund, die dem Alten Testament dadurch Sinn abgewinnt, dass die zwei-eine christliche Bibel als ein großes heilsgeschichtliches Narrativ aufgefasst wird, und zwar als ein sich steigerndes Narrativ, das auf Jesus Christus bzw. auf seine Wiederkunft hinzielt – und dieses Ziel übertrifft alles. Von diesem eschatologischen Fluchtpunkt her wird das Alte Testament rückwärts schauend gelesen. Das bereits zitierte Dokument der Päpstlichen Bibelkommission aus dem Jahr 2001 erkennt die Problematik, die in diesem Verständnis des Alten Testamentes für das Verhältnis zum Judentum liegt:

> Wenn der christliche Leser wahrnimmt, dass die innere Dynamik des Alten Testaments in Jesus gipfelt, handelt es sich hier um eine rückschauende Wahrnehmung, deren Ausgangspunkt nicht in den Texten als solchen liegt, sondern in den Ereignissen des Neuen Testaments, die von der apostolischen Predigt verkündigt worden sind. So darf man nicht sagen, der Jude sähe nicht, was in den Texten angekündigt worden sei. Vielmehr gilt, dass der Christ im Lichte Christi und im Geiste in den Texten einen Sinnüberschuss entdeckt, der in ihnen verborgen lag.[14]

Die typologische Auslegung[15] entdeckt in einem Wort oder einem Geschehnis, in einer Person oder einer Institution des Alten Testaments einen *Typos*, der in einem *Antitypos* des Neuen Testaments seine Entsprechung hat. Diese vom Christusereignis rückwärts schauende Deutung des Alten Testaments entdeckt also – salopp gesagt – die „Ostereier", die sie selbst versteckt hat. Marius Reiser gebraucht eine andere Metapher: Die Weissagungen der Propheten seien „wie ein merkwürdig geformtes Schlüsselloch, in das der Schlüssel Christus genau hineinpasst".[16] Wirklich merkwürdig!

In der Gegenüberstellung von *Typos* und *Antitypos* soll eine Kontinuität des „heils"-geschichtlichen Handelns Gottes aufgezeigt werden. Der alttestamentliche Typos sei Vorbild der vollkommenen Wirklichkeit, die im Neuen Testaments beschrieben ist, wie es das eingangs erwähnte Konzilsdokument „Dei verbum" in Artikel 14–16 behauptet. In der Hermeneutik der typologischen Auslegung ist also vorgegeben, dass der neutestamentliche Antitypos den alttestamentlichen Typos immer überbietet.[17] Das bedeutet, dass in dieser sich interpretierenden Wechselbeziehung Altes Testament und Neues Testament von vornherein nicht als gleichwertig angesehen werden. Entsprechend wird Jesus zum *neuen* Mose[18] oder zum *neuen* Adam (vgl. Röm 5,12–21[19]; 1 Kor 15,20–22), oder der Berg der Seligpreisungen wird zum *neuen* Sinai, von dem her der neue Mose eine *neue* Tora verkündet (siehe Mt 5,1–2). Diese Auslegung gibt es auf subtile Weise auch heutzutage noch, und das klingt dann zum Beispiel so:

> Jesus sitzt auf der „Kathedra" des Mose; er sitzt dort als der größere Mose. Der Ort der Predigt Jesu ist der neue Sinai, auch der Ort seiner Lehre. „Der Berg" ist so von selbst auch als der neue, der endgültige Sinai ausgewiesen. Die „Bergpredigt" [ist] die neue Tora, die Jesus bringt, die Neufassung der Tora, die uns Jesus bietet.

---

[14] *Päpstliche Bibelkommission*, Das jüdische Volk und seine Heilige Schrift (s. o. Anm. 11), Nr. 21.

[15] Vgl. *Christoph Dohmen/Erwin Dirscherl*, Artikel „Typologie II. Biblisch-theologisch", in: Lexikon für Theologie und Kirche³ 10 (2001) 321–323. Die wirkungsgeschichtlich klassische Monographie zur Typologie stammt aus dem Jahr 1939: *Leonhard Goppelt*, Typos. Die typologische Deutung des Alten Testaments im Neuen. Mit einem Anhang: Apokalyptik und Typologie bei Paulus, Sonderausgabe Darmstadt 1973 (= unveränderter, reprographischer Nachdruck der Ausgabe Gütersloh 1939).

[16] *Marius Reiser*, Bibelkritik und Auslegung der Heiligen Schrift. Beiträge zur Geschichte der biblischen Exegese und Hermeneutik (Wissenschaftliche Untersuchungen zum Neuen Testament 217), Tübingen 2007, 328. Die Metapher bezieht sich explizit auf die Auslegung von Jes 7,14 in Mt 1,23. Andere haben die Metapher Reisers aufgegriffen und folgen seiner typologischen Hermeneutik, etwa *Joseph Ratzinger (Benedikt XVI.)*, Jesus von Nazareth, [Teil 3:] Prolog. Die Kindheitsgeschichten, Freiburg im Breisgau/Basel/Wien 2012, 59. Zur theologischen Inanspruchnahme von Jes 7,14 in Mt 1,22–23 siehe unten die Abschnitte 3.3 und 3.4.

[17] „Jede Typologie wird durch typologische Entsprechung und Steigerung konstituiert" (*Goppelt*, Typos [s. o. Anm. 15], 19). „Wie die Entsprechung in dem ‚Gott und Vater Jesu Christi' den Gott des Alten Testaments sehen heißt, so die Steigerung den endzeitlichen Charakter seines endzeitlichen Handelns durch Jesus! Die Steigerung ist nicht relativ, sondern absolut" (ebenda, 277).

[18] Siehe dazu kritisch *Heinz-Günther Schöttler*, Mose und Jesus – zwei unterschiedliche soteriologische „Karrieren", in: Christian Danz/Kathy Ehrensperger/Walter Homolka (Hg.), Christologie zwischen Christentum und Judentum. Jesus, der Jude aus Galiläa und der christliche Erlöser (Dogmatik in der Moderne 30), Tübingen 2020, 377–398.

[19] In Röm 5,14 kommt übrigens das einzige Mal im Neuen Testament in sachlichem Zusammenhang einer Typologie das griechische Wort *týpos* vor: „… Adam, der ein *týpos* des Kommenden ist."

Mose hatte seine Tora nur aus dem Eintauchen in das Gottesdunkel des Berges [vgl. Ex 19,9; 20,21; Dtn 11,4] bringen können; auch bei der Tora Jesu ist das Eintauchen in die Gemeinschaft mit dem Vater, sind die inneren Aufstiege seines Lebens vorausgesetzt, die sich in Abstiegen in die Lebens- und Leidensgemeinschaft mit den Menschen fortsetzen.[20]

Mose im „Gottesdunkel" und Jesus in die Gemeinschaft mit Gott, dem Vater, vertieft – ein beredtes Beispiel gängiger typologischer Auslegung, wie sie auf den in Trier geborenen antiken Theologen und Bischof Ambrosius von Mailand (339–397) zurückgeht. Er hat eine populär gewordene „Formel" geprägt: *umbra – imago – veritas* („Schatten – Bild – Wahrheit"):

Zunächst ging der Schatten voraus, es folgte das Bild, dann wird die Wahrheit sein[21]: Der Schatten ist im Gesetz, das Bild im Evangelium und die Wahrheit in der himmlischen Welt. Ein Schatten des Evangeliums und der Sammlung der Kirche war im Gesetz, ein Bild der künftigen Wahrheit ist im Evangelium gewesen, die Wahrheit selbst wird im Gericht Gottes sein. Ein Schatten dessen also, was jetzt in der Kirche gefeiert wird, war in den Reden der Propheten, ein Schatten war in der Sintflut, ein Schatten im Roten Meer, als unsere Völker in der Wolke und im Meer getauft wurden, ein Schatten war im Felsen, der Wasser hervorströmen ließ und das Volk begleitete.[22] War all dieses nicht ein schattenhaftes Zeichen dieser heiligen Mysterien? War nicht das Wasser aus dem Felsen schattenhaft sozusagen das Christus entströmende Blut, der den Völkern, die vor ihm flohen, folgte, damit sie tränken und nicht dürsteten, erlöst würden und nicht verloren gingen? Doch ist schon der Schatten der Nacht und Finsternis der Juden gewichen und der Tag der Kirche angebrochen. Wir schauen nur die Güter mittels des Bildes und besitzen die Güter des Bildes.[23]

Ambrosius teilt Heilsgeschichte (Heilsökonomie) ein in die Zeit des Judentums (Altes Testament), die Zeit der Kirche (Neues Testament) und die eschatologische Endzeit. Sein Modell ist „griffig" und deshalb auch so populär geworden; es ist aber auch bedenklich-vereinfachend und hat das durchschnittliche kirchlich-pragmatische Verständnis der Verhältnisbestimmung des Alten Testaments zum Neuen geprägt und prägt es bis heute, nicht zuletzt die Predigt.

2.2 Der Streit um die Bedeutung des Alten Testaments

Wie zentral diese typologische Deutung in der Auslegungs- und Wirkungsgeschichte war, zeigt auf ihre Weise die kirchenchristliche Kunstgeschichte.[24] Der Katechismus der Katholischen Kirche (1993/1997), der in Nr. 128–130 eine ausführliche Beschreibung dieser Auslegungsform bietet – mit Beispielen (!) –, zeigt die Wirkungsgeschichte typologischen Denkens bis heute. Umso bemerkens- und bedenkenswerter ist es, dass derselbe Katechismus der Katholischen Kirche in Nr. 129 unter Verweis auf Mk 12,29–31 schreibt, dass die typologische Auslegung „nicht vergessen lassen darf, dass das Alte Testament einen eigenen Offenbarungswert behält, den unser Herr selbst ihm zuerkannt hat". Warum, so fragt man sich, hat dann die typologische Bibelhermeneutik in einem wesentlichen Vollzug kirchlichen Lebens, nämlich in der Liturgie, bis heute das Monopol inne, insofern sie an Sonn- und Feiertagen das Zusammenspiel von erster Lesung aus dem Alten Testament und Evangelium reguliert, aber auch die Orationen des Römischen Messbuchs?[25]

Die typologische Auslegung hat nicht unwesentlich das Verhältnis des Christentums zum Judentum bestimmt und, was die Gotteserkenntnis betrifft, einen qualitativen Unterschied konstatiert.[26] Im Grunde geht es der typologischen Auslegung darum, eine Einheit der beiden Testamente herauszustellen und damit auch die *eine* Heilsgeschichte Gottes mit seinem Volk Israel und

---

[20] *Joseph Ratzinger (Benedikt XVI.)*, Jesus von Nazareth, Teil 1: Von der Taufe im Jordan bis zur Verklärung, Freiburg im Breisgau/Basel/Wien 2007, 96–99 (komprimiertes Zitat).
[21] Ambrosius bezieht sich auf Hebr 10,1.
[22] Ambrosius bezieht sich auf 1 Kor 10,1–4.
[23] *Ambrosius*, Explanatio XII Psalmorum (Jacques-Paul Migne, Patrologia latina, Band 14, Sp. 1051C-D; Corpus Scriptorum Ecclesiasticorum Latinorum 64, 203).

[24] Eine gute Erstinformation dazu gibt *Volkmar Greiselmayer*, Artikel „Typologie III. Kunstgeschichte", in: Lexikon für Theologie und Kirche[3] 10 (2001) 323–325.
[25] Ein Beispiel ist das Gebet zur dritten Lesung in der Osternacht (Ex 14,15–15,1): „Gott, deine uralten Wunder leuchten noch in unseren Tagen. Was einst dein mächtiger Arm an *einem* Volk getan hat, das hast du jetzt an allen Völkern getan: Einst hast du Israel aus der Knechtschaft des Pharao befreit und durch die Fluten des Roten Meeres geführt; nun aber führst du alle Völker durch das Wasser der Taufe zur Freiheit. Gib, dass alle Menschen Kinder Abrahams werden und zur Würde des auserwählten Volkes gelangen. Darum bitten wir durch Christus, unseren Herrn. Amen."
[26] Am Bamberger Dom flankieren Ecclesia und Synagoga, Personifizierungen von Christentum und Judentum, das Fürstenportal (13. Jh.). Die Synagoga steht links der Christusfigur des Tympanons, also auf der Seite der Verdammten, auf einer Säule, an der ein Teufel kopflings herabgleitet, einen durch die Kopfbedeckung als Juden gekennzeichneten Menschen packt und diesem mit dem Zeigefinger der rechten Hand das rechte Auge auskratzt, der die Fähigkeit der rechten Erkenntnis Gottes symbolisiert. Abbildung: https://bamberger-dom.de/architektur/portale/Fuerstenportal.

der Kirche, um andere Sichtweisen abzuwehren, etwa die Markions im zweiten Jahrhundert.[27] Die Intention der typologischen Auslegung wurde in der ersten Hälfte des 20. Jahrhunderts nochmals relevant, zum einen wegen der nationalsozialistischen Ideologie, die das Alte Testament als jüdische Schrift ablehnte, und zum anderen wegen Adolf von Harnack (1851–1930), der im Anschluss an Markion einflussreich das Alte Testament wegen seines vermeintlich nichtchristlichen Gottesbildes ablehnte.[28]

Neuerdings hat Notger Slenczka (geb. 1960) die Diskussion, ob das Alte Testament weiterhin „kanonische Geltung" haben solle, wieder neu befeuert. Seine Begründung überrascht, nimmt sie doch als Argument das neue Verhältnis des Christentums zum Judentum auf. Dass die Kirche „in den Texten des Alten Testamentes nicht angesprochen" sei, habe sie durch eine christologische Vereinnahmung des Alten Testamentes überspielt. Mit dem christlich-jüdischen Dialog unserer Tage aber sei die „Anerkennung des Selbstverständnisses des Judentums als Volk des Bundes, der nicht ohne weiteres christologisch vereinnahmt werden kann", verbunden. Deshalb sei die Kirche heute aufgefordert, sich nicht mehr dem „Verdacht der Bestreitung des religiösen Selbstverständnisses Israels" auszusetzen und das Alte Testament als Bibel Israels dem Judentum zu überlassen. Slenczkas These hat eine breite Debatte ausgelöst.[29]

2.3 Traditionelles typologisches Denken – ein Beispiel: Num 21,4–9 und Joh 3,14–15

Ein klassisches Beispiel typologischer Deutung der Bibel Israels bzw. des Alten Testaments ist die kleine Erzählung von der Aufrichtung der kupfernen Schlange in Num 21,4–9, auf die in Joh 3,14–15 Bezug genommen wird. Num 21,4–9 erzählt, dass Mose auf Geheiß Gottes eine Schlange auf eine Signalstange setzt. Das Anblicken der Schlange soll die Kinder Israels vor dem tödlichen Biss jener Schlangen retten, die Gott als Strafe für das Murren des Volkes und seinen Zweifel an der Führung Gottes durch Mose geschickt hatte. In Joh 3,14–15 wird das Motiv aufgenommen und christologisch in Anspruch genommen: „Wie Mose in der Wüste die Schlange erhöhte, so muss der Menschensohn erhöht werden, damit jeder, der an ihn glaubt, ewiges Leben hat." Joh 3,14–15 zeigt anschaulich, wie die Bibel Israels im Analogieschluss („wie – so") rezipiert wird. Eine klassische typologische Auslegung klingt so:

Johannes sieht im Rettungsgeschehen der Wüstenzeit eine typische Vorausdarstellung des eschatologischen Rettungsgeschehens im Kreuz Christi. Dass das letztere sein biblisches Vorbild bei weitem überragt und dass das wahre Leben allein im Glauben an den erhöhten Menschensohn („in ihm": 3,15) empfangen wird, ist dabei angesichts der exklusiven Offenbarungsdarstellung Jesu (Joh 3,11–13) vorausgesetzt, auch wenn Johannes hier durchaus positiv und nicht wie an anderen Stellen polemisch auf das Geschehen der Mosezeit Bezug nimmt. Vergleiche etwa die viel schärfere Antithese im Prolog Joh 1,17; weiter die johanneische Behandlung der Manna-Erzählung, wo der Tod der Väter, die in der Wüste das Manna gegessen haben, der Gabe des ewigen Lebens durch Jesus, das wahre Himmelbrot, entgegengesetzt wird (Joh 6,31.49).[30]

Ein Predigtbeispiel soll den beschriebenen traditionellen Umgang mit dem Alten Testament im typologischen Denken illustrieren. Es handelt sich um eine Predigt am Fest Kreuzerhöhung (14. September),[31] für das die Leseordnung Num 21,4–9,

---

[27] Siehe dazu den Beitrag von *Barbara Schmitz* in diesem Band.

[28] Zu nennen sind etwa Wilhelm Vischer (1895–1988), Leonhard Goppelt (1911–1973) oder Gerhard von Rad (1901–1971). Letzterer bezeichnet die typologisch-christologische Auslegung des Alten Testaments im Blick auf die Herausforderung der NS-Ideologie eine „theologische Verzweiflungstat" (*Gerhard von Rad*, Gottes Wirken in Israel, Neukirchen-Vluyn 1974, 208 f.; vgl. ders., Grundprobleme einer biblischen Theologie des Alten Testaments, in: Theologische Literaturzeitschrift 68 [1943] 226–234, hier 231). Die Vertreter der christologischen Auslegung, besonders Gerhard von Rad, waren sich der theologischen „Nebenwirkungen" dieser Verteidigungsstrategie des Alten Testaments durchaus bewusst, denn die christologische Auslegung leistet ungewollt der sogenannten Lehre von der Be- bzw. Enterbung Israels durch die Kirche Vorschub (siehe Abschnitt 2.1), zerschneidet den Zusammenhang zwischen der Bibel Israels und dem zeitgenössischen Judentum und ist leicht für einen theologisch begründeten Antisemitismus zu missbrauchen. Ausführlich dazu *Schöttler*, Christliche Predigt und Altes Testament (s. o. Anm. 4), 63–79.

[29] Siehe *Notger Slenczka*, Vom Alten Testament und vom Neuen. Beiträge zur Neuvermessung ihres Verhältnisses, Leipzig 2017. Der die Debatte auslösende Aufsatz ebenda, 49–83, hier 82 f.

[30] *Jörg Frey*, „Wie Mose die Schlange in der Wüste erhöht hat ...". Zur frühjüdischen Deutung der ‚ehernen Schlange' und ihrer christologischen Rezeption in Johannes 3,14 f., in: Martin Hengel/Hermut Löhr (Hg.), Schriftauslegung im antiken Judentum und im Urchristentum (Wissenschaftliche Untersuchungen zum Neuen Testament 173), Tübingen 1994, 153–205, hier 184 (Zitat formal leicht bearbeitet; griechische Texte im Zitat übersetzt). Gegen diese Deutung (Überbietung) wendet sich dezidiert *Hartwig Thyen*, Das Johannesevangelium (Handbuch zum Neuen Testament 6), Tübingen ²2015, 209. Dazu, dass in Joh 1,17 Jesus Mose *nicht* überragt, vgl. *Schöttler*, Re-Visionen (s. o. Anm. 12), 293–300.

[31] *Joseph Ratzinger*, Der Lebensbaum des Kreuzes [Pre-

Phil 2,6–11 und Joh 3,13–17 vorgibt. Die Predigt trägt die Überschrift „Der Lebensbaum des Kreuzes":

Einleitend wird die Entstehung des Festes skizziert und die Benediktinerabtei Scheyern gerühmt, eine Kreuzreliquie „ihr Eigen zu nennen". Es folgt die Frage, wieso das Kreuz der Baum des Lebens ist und was zu tun ist, die Frucht des Lebens von diesem zu empfangen. Dann wird Num 21 vergegenwärtigt als eine sich in der Kirchengeschichte immer wieder abspielende Geschichte, konkret: „Wir" sind der Mühsal des Christseins und der Gebote Gottes immer wieder müde wie Israel auf der Wüstenwanderung. Dem rebellischen Volk Israel sandte Gott Giftschlangen. Der Prediger deutet allegorisch-psychologisierend: Gott überlässt die Menschen dem Gift, das in ihnen selber ist, den Giftschlangen, die dann in ihnen aufsteigen und sie töten. Dies geschieht auch heute, indem Gott dieser Gesellschaft bzw. den einzelnen Menschen ihren Willen lässt, und das ist die Strafe, die zugleich retten soll. Linke Lehrbücher werden als Beispiel dieser Selbstvergiftung genannt, die schon den Kindern das Vertrauen und die Ehrfurcht rauben und die Rebellion gegen das Menschsein wecken sollen. Hass, Selbstzerstörung, Auflehnung gegen Gott und anderes mehr sind die Folge. Nachdem auf diese Weise der alttestamentlichen Erzählung – die Schlange allegorisch aktualisiert – die Schrecken des modernen Lebens und alles Negative (in) der Gesellschaft aufgeladen wurde, formuliert der Prediger in typologischer Klimax den Ausweg zum Heil: „Die Rettung geschieht in der Mosesgeschichte dadurch, dass sozusagen eine Gegenschlange aufgestellt wird ..., auf die zu blicken die Rettung ist. Jesus hat Nikodemus erklärt, dass dies eine Vorschattung seines Kreuzesgeheimnisses gewesen ist." In einem kurzen Intermezzo wird in der Schlange des Paradieses (Gen 3) die „Urversuchung" erkannt. Sie ist Symbol der Selbstbefreiung, der hemmungslosen, gottgleichen Lust, des Willens zur Macht über die Welt und der Lossagung des Menschen von seinem Schöpfer. So kann der Gekreuzigte zur „Gegenschlange gegen die Macht verheißende Schlange" avancieren. Im Gekreuzigten wird sichtbar, dass Gott Hingabe und Herrschaft durch Liebe ist. „Und so können wir verstehen, was die Geschichte von der Gegenschlange heißt und was Jesus dem Nikodemus sagt: Auf den Gekreuzigten hinschauen – das öffnet die Frucht der Unsterblichkeit." Der Kreis schließt sich rhetorisch. Die Frage, wie an die Frucht des Lebensbaums heranzukommen ist, ist jetzt mit dem Wunsch beantwortet, dass „wir" auf den Gekreuzigten blicken möchten, „unser" Leben von ihm verwandelt werden möge und „von ihm die wahre Freiheit und die Fülle des wahren Lebens empfängt!"[32]

2.4 Mit der jüdischen Auslegung Num 21,4–9 tiefer verstehen

Dass das typologische Denken der Erzählung Num 21,4–9 nicht nur nicht gerecht wird, sondern die Botschaft der Bibel Israels verkürzt und verzerrt, um eine vermeintliche Überlegenheit des im Neuen Testament erzählten Christusereignisses zu erpressen, liegt auf der Hand. Von einem Eigenwert des Alten Testaments kann keine Rede sein; die Tiefe der in der Bibel Israels narrativ kommunizierten Glaubenserfahrung wird verkannt. Um die Bibel Israels bzw. das Alte Testament recht zu verstehen und zu würdigen, schaue ich – in der hier gebotenen eklektischen Kürze[33] – auf die jüdische Auslegungstradition von Num 21,4–9.

Zunächst sei die Rezeption in Weish 16,5–7 angeführt. Insofern das Buch der Weisheit Teil des katholischen Bibelkanons ist, ist diese jüdische Deutung leicht zu „greifen". Das in Griechisch geschriebene Buch der Weisheit stammt aus der ersten Hälfte des ersten Jahrhunderts u. Z., liegt zeitlich also auf der Ebene der frühen Schriften des Neuen Testaments:

Selbst damals, als die schreckliche Wut wilder Tiere über sie [sc. die Kinder Israels] kam und sie durch die Bisse todbringender Schlangen umzukommen drohten,

---

digt als Erzbischof von München Freising in der Klosterkirche Scheyern am 11.9.1977], in: ders., Predigten. Homilien, Ansprachen, Meditationen, Band 3 (Joseph Ratzinger Gesammelte Schriften 14/3), Freiburg im Breisgau/Basel/Wien 2019, 1482–1487.

[32] Die Predigt belegt auch die Problematik einer allegorischen Auslegung, vor der ausdrücklich zu warnen ist. Die Rede von der „Gegenschlange" ist theologisch abschüssig, weil sie einer gefährlichen Parallelisierung des Gekreuzigten mit der Schlange nahekommt.

[33] Die vielfältigen Bezüge im frühen Judentum auf Num 21,4–9 sind vielfach beschrieben, etwa von *Hans Maneschg*, Die Erzählung von der ehernen Schlange (Num 21,4–9) in der Auslegung der frühen jüdischen Literatur. Eine traditionsgeschichtliche Studie (Europäische Hochschulschriften XXIII. Reihe 157), Frankfurt am Main/Bern 1981; *Frey*, „Wie Mose die Schlange in der Wüste erhöht hat ..." (s. o. Anm. 30); *Stefan Beyerle*, Die „Eherne Schlange". Num 21,4–9: synchron und diachron gelesen, in: Zeitschrift für die alttestamentliche Wissenschaft 110 (1999) 23–44, hier 36–43 (speziell zu Weish 16,5–7 und Philo von Alexandrien).

dauerte dein Zorn nicht bis zum Ende. Zur Warnung wurden sie nur kurz in Schrecken versetzt und bekamen ein Symbol [griechisch: *sýmbolon*] der Rettung, damit sie sich an das Gebot der Tora erinnerten. Wer sich nämlich dorthin wandte, wurde nicht durch das Geschaute gerettet, sondern durch Dich, den Retter aller.

Weish 16,5–7 stellt heraus, dass nicht die kupferne Schlange rettet – dann würde in Num 21 ein urtümlicher Analogiezauber erzählt –, auch nicht Mose, sondern dass die kupferne Schlange als Symbol für Gottes rettendes Handeln zu verstehen ist. In Weish 16,7a ist die neutrale Formulierung (Passivform des Partizips, oben mit „das Geschaute" übersetzt) zu beachten: „Die völlige Passivität des angeschauten Objekts, der ehernen Schlange, ist betont: Sie wird nicht einmal als solche genannt."[34] Wenn in Weish 16,7 die Tora in Erinnerung gerufen wird, dann zeigt dies, worauf der Blick zu richten ist: auf das Wort Gottes, ihm soll der Mensch sich anvertrauen und so Leben und Heil finden. Ein Targum der palästinischen Tradition zu Num 21,9[35] unterstreicht dies: „Und wenn jemand von einer Schlange gebissen wurde und sein Angesicht zum Gebet zu seinem Vater im Himmel erhob und auf die eherne Schlange schaute, so blieb er am Leben und kam zur Ruhe."[36]

In Weish 16,5–7 fällt rhetorisch auf, dass Vers 7b unvermittelt in die zweite Person wechselt: Gott wird direkt angesprochen. Die weisheitliche Rezeption betont, was in der kleinen Tora-Szene grundgelegt ist: Es geht nicht um einen unaufgeklärten Analogiezauber oder einen urtümlichen apotropäischen Ritus, für die die aufgerichtete kupferne Schlange ein magisches Medium wäre (etwa „Gegenschlange"), ein Missverständnis, dem bereits in der Bibel Israels selbst ein Ende gesetzt wird (vgl. 2 Kön 18,4). Es geht vielmehr um die Wahrnehmung Gottes als eines Gottes, der das Leben und nicht den Tod will wie auch in Joh 3,14–15. Mit der unvermittelten direkten Ansprache Gottes wird das Aufblicken zur kupfernen Schlange als das gedeutet, was die narrative Inszenierung der Tora meint: die Be-

ziehungsaufnahme zu Gott in einer Notsituation. Die Tora-Erzählung markiert dies – rhetorisch subtil – dadurch, dass die beiden abschließenden, parallel aufgebauten Verse Num 21,8.9 jeweils rhetorisch wirkungsvoll mit *wāḥāj* enden: Die erste der beiden Pausalformen stellt als *perfectum consecutivum* die Verheißung dar („und er wird am Leben bleiben!"), die zweite als Perfekt plus Kopula die korrespondierende Erfüllung („und er blieb am Leben!").[37] Allein schon in ihrer sprachlichen Komposition erweist sich die kleine Tora-Erzählung als Erzählung von der Rettung in der Wüste, genauer: als Erzählung von Tod und Leben, und sie erzählt sehr fein und hintergründig: Nicht die Anfechtung durch die „Schlangen" wird beseitigt, sondern deren Bedrohung wird gemindert im Vertrauen auf die Hilfe JHWHs, der ein Gott des Lebens ist.[38]

Insofern Weish 16,7b Gott direkt als „Retter aller" anspricht, wird deutlich: Gott ist nicht nur der Retter der Kinder Israels. Der Gott Israels ist der Retter aller Menschen, die sich an ihn wenden, denn Gott ist ein Gott des Lebens; er „hat nicht den Tod gemacht und freut sich nicht über den Untergang von Lebenden" (Weish 1,13–14). Die universale Deutung wird durch den Kontext Weish 16,5–14 bestätigt, der insgesamt als Midrasch[39] über die kleine Erzählung Num 21,4–9 aufgefasst werden kann. Der Ausdruck „Retter aller" (*ton pántōn sōtēra*) kommt übrigens in der Bibel nur hier und in 1 Tim 4,10 vor!

Der Blick in die jüdische Auslegungstradition von Num 21,4–9 zeigt: Der alleinige Retter ist und bleibt Gott! Wie es nicht die Schlange auf einer Signalstange ist, die rettet, sondern der Gott Israels, so stellt auch der vierte Evangelist, theologisch dem strikten Monotheismus verpflichtet, heraus, dass der Vater Jesu Christi, der kein anderer als der Gott Israels ist, im Kreuz Jesu rettend handelt.

Ein weiterer Blick auf die jüdische Tradition erhellt einen anderen wichtigen Gesichtspunkt des Analogieschlusses in Joh 3,14–15. Im Misch-

---

[34] *Luca Mazzinghi*, Weisheit (Internationaler exegetischer Kommentar zum Alten Testament), übersetzt von Helmut Engel, Stuttgart 2018, 408 (Anm. zu Vers 7).

[35] Targume sind paraphrasierende, deutende Übersetzungen der Bibel Israels ins Aramäische, der Umgangssprache des antiken Nahen Ostens. Die Entstehungszeit lässt sich kaum genau bestimmen (4. bis 11. Jh. u. Z.).

[36] Text und englische Übersetzung unter: www.sefaria.org/Targum_Jerusalem%2C_Numbers.21.9?lang=bi&with=all&lang2=en.

[37] Eine bemerkenswerte Textbeobachtung von *Frey*, „Wie Mose die Schlange in der Wüste erhöht hat ..." (s. o. Anm. 30), 155 (mit Anm. 10).

[38] Siehe *Christian Frevel*, Das Buch Numeri, in: Stuttgarter Altes Testament, Band 1, hg. von Christoph Dohmen, Stuttgart ³2020, 241–350, hier 306.

[39] Als Midrasch (von hebräisch *daraš*, „suchen", „fragen", „erforschen") wird die Auslegung einer Bibelstelle bezeichnet, die den Bibeltext philologisch oder morphologisch exakt beachtet und oft die Form von kleinen Erzählungen hat. Darunter gibt es viele sogenannte homiletische Midraschim.

natraktat⁴⁰ Rosch ha-Schana 3,8 heißt es in Bezug auf Num 21,8–9:

> Kann denn eine Schlange töten und lebendig machen? Vielmehr jedes Mal, wenn die Kinder Israels nach oben blickten und sie sich mit ihrem Herzen ihrem Vater im Himmel unterwarfen, wurden sie geheilt, wenn nicht, kamen sie um.

Die Wendung „sich mit ihrem Herzen ihrem Vater im Himmel unterwerfen" lädt dazu ein, in Notsituationen sich ganz Gott anzuvertrauen. Wer auf Gott als den alleinigen Retter vertraut, wird gerettet. Darauf verweist die rhetorische Frage „Kann denn eine Schlange töten und lebendig machen?", weil der zweite Aspekt der Frage natürlich mit „Nein" zu beantworten ist – keine Schlange macht lebendig, im Gegenteil! Der Mischnatext verweist indirekt auf Dtn 32,39 und 1 Sam 2,6, auf den, der „tötet und lebendig macht, in die Totenwelt hinabführt und heraufführt". Die beiden Stellen spielen in der rabbinischen Diskussion um die Auferstehung eine wichtige Rolle (vgl. etwa Babylonischer Talmud, Sanhedrin 92b). Die Rede vom „ewigen Leben" in Joh 3,15 darf also nicht gegen Num 21,8–9 ausgespielt werden; hinter beiden Stellen „steht" der *eine* Gott, der über Leben und Tod entscheidet.⁴¹ Das ist die gemeinsame theologische Pointe; eine der typologischen Auslegung per definitonem innewohnende Steigerung und Überbietung verbietet sich.

Auf eine Problematik muss an dieser Stelle hingewiesen werden. Eine Überbietung darf nicht dadurch stillschweigend geschehen, dass der alttestamentliche Typos als historisches Ereignis dargestellt wird. Damit hätte Num 21,4–9 als einmaliges Ereignis eine begrenzte Reichweite und Bedeutung, während das Logion des Johannesevangeliums in Absetzung davon gerne mit Hinweis auf das Stichwort „ewiges Leben" (Joh 3,15) in seiner Bedeutung entgrenzt wird. Die kleine Tora-Erzählung ist wie die Tora insgesamt ein erfahrungs- und glaubensgesättigtes literarisches Konstrukt, das „von Ereignissen erzählt, die – so wie erzählt – niemals geschehen, aber wahr sind".⁴² In diesem Verständnis ist die Erzählung in einem tieferen Sinn wahr, „wie allein die Fiktion es sein kann"⁴³. Die kleine Tora-Erzählung ist „wahrer als wahr", weil sie nicht von einem einmal so geschehenen Ereignis „berichtet", sondern Grundsätzliches erzählt, das immer wieder geschieht, geschehen kann, geschehen wird: fiktionales Erzählen eben.⁴⁴ Nur so – als fiktionales Narrativ – hat der Exodus, den die Tora unabgeschlossen, das heißt: offen erzählt,⁴⁵ als große Befreiungserzählung seine unvergleichliche, nicht ermüdende Wirkungsgeschichte finden können. Das Potenzial dieser Befreiungserzählung wird immer wieder freigesetzt, wenn und wo dieses Narrativ in neuen, herausfordernden Situationen erzählt wird,⁴⁶ selbst in „profanisierter" Gestalt wie in Ernst Blochs *Das Prinzip Hoffnung* (geschrieben zwischen 1938 und 1947).

Hier sind hohe theologisch-hermeneutische und auch rhetorische Anforderungen an die Predigt gestellt, dass die alttestamentlichen Narrative nicht als historisch vergangene Ereignisse mit der oben beschriebenen begrenzten Reichweite dargestellt werden. Hier sind Predigerinnen und Prediger Wandernde zwischen zwei Welten:⁴⁷ zwischen dem fiktionalen Narrativ und der Lebenswelt der Zuhörerinnen und Zuhörer, eine höchst anspruchsvolle und verantwortliche Aufgabe der Schriftauslegung in der Predigt.

Für die theologische Inanspruchnahme von Num 21,4–9 in Joh 3,14–15 ist für unsere spezielle Fragestellung der Verhältnisbestimmung der beiden Testamente abschließend festzustellen: Das Gefälle, das die Typologie per definitonem

---

⁴⁰ Die „Mischna" ist eine wichtige Sammlung religionsgesetzlicher Traditionen durch das rabbinische Judentum; sie ist der Kernbestandteil des Talmuds und wurde im letzten Drittel des zweiten Jahrhunderts u. Z. redigiert.

⁴¹ Siehe *Klaus Wengst*, Das Johannesevangelium (Theologischer Kommentar zum Neuen Testament 4), Neuausgabe Stuttgart 2019, 118 f. Im Johannesevangelium qualifiziert „ewiges Leben" das Leben schon vor dem Tod als unbedingtes Gottvertrauen.

⁴² *Elie Wiesel*, Legends of Our Time, New York 1970, VIII.

⁴³ *Emmanuel Levinas*, Die Tora mehr lieben als Gott (1955), in: ders., Schwierige Freiheit. Versuch über das Judentum, übersetzt von Eva Moldenhauer, Frankfurt am Main ²1996, 109–113, Zitat 109.

⁴⁴ Um einem Missverständnis explizit vorzubeugen: Das Wort „fiktiv" bezeichnet ursprünglich nicht „erfunden", sondern meint einen Stoff „gestalten" (16. Jh.; von lateinisch *fingere* – „bilden", „gestalten", „formen", „verfertigen"). Bald aber nimmt das Wort die Bedeutung „erfinden", „vorgeben", „erdichten" an, und diese Bedeutung bestimmt heute die allgemeine Bedeutung von „fiktiv". Mit den spezifischen Herausforderungen, die aus Erkenntnis der Fiktionalität biblischer Texte für die Predigt resultieren, habe ich mich an anderem Ort auseinandergesetzt. Siehe *Heinz-Günther Schöttler* (Hg.), „Der Leser begreife!" Vom Umgang mit der Fiktionalität biblischer Texte, Berlin/Münster 2006.

⁴⁵ Die Tora erzählt den Einzug in das Land der Verheißung eben nicht!

⁴⁶ Vgl. dazu *Schöttler*, Re-Visionen (s. o. Anm. 12), 223–309.

⁴⁷ Vgl. dazu ausführlich *Heinz-Günther Schöttler*, Die homiletische Inszenierung der Fiktionalität biblischer Texte, in: ders., „Der Leser begreife!" (s. o. Anm. 44), 203–220.

aufstellt, ist nivelliert: Typos und vermeintlicher Antitypos begegnen sich auf Augenhöhe. Beide aufeinander bezogenen Texte sprechen auf je eigene Weise davon, dass Gott nicht den Tod, sondern das Leben will, dass sein Heilswille universal ist, dass, wer auf ihn vertraut, gerettet wird und dass die Gottesbeziehung eine personale Beziehung ist, was Weish 16,7b rhetorisch durch den unvermittelten Wechsel in die zweite Person Singular deutlich macht: „durch Dich, den Retter aller".

3. Aktuelle Herausforderungen

3.1 Erste Konsequenzen für die Verkündigung in der Gegenwart Israels

Das kleine Beispiel der theologischen Inanspruchnahme von Num 21,4–9 in Joh 3,14–15 hat gezeigt, wie bereichernd es ist, was die Päpstliche Bibelkommission im bereits zitierten Dokument von 2001 meines Erachtens zu zurückhaltend formuliert, dass nämlich Christinnen und Christen „auf dem konkreten Feld der Exegese viel von der jüdischen Exegese lernen können",[48] denn ich kann aus eigener Erfahrung und mit Überzeugung hinzufügen: auch geistlich, für den persönlichen Glauben und nicht zuletzt für die Predigt. Die jüdische Sicht auf gemeinsame, herausfordernde theologische Sinnfiguren wie „Schuld und Vergebung", „Erlösung und Befreiung", „Geboren-Werden und Sterben-Müssen", „Nächsten- und Gottesliebe", „Freiheit und Verantwortung" usw. hat mich als christlichen Prediger inspiriert und neu zum Nachdenken gebracht, nicht zuletzt dadurch, dass die jüdischen Geschwister dieselbe Hoffnung verkünden, aus denselben biblischen Quellen schöpfen, und dies ohne „christologischen Joker".

„Das Neue Testament kann nur im Lichte des Alten voll verstanden werden",[49] sagt das bereits zitierte Dokument der Päpstlichen Bibelkommission. Ohne die Bibel Israels kann das Christusereignis überhaupt nicht verstanden werden. Die Bibel Israels ist Wort Gottes, aus ihm haben die Autoren der neutestamentlichen Schriften gelebt und geschöpft wie Jesus von Nazaret, der „Jude war und es immer geblieben ist"[50] – wie auch

Paulus. Das Alte Testament ist sprachlogische und theologische Erkenntnisquelle des Neuen Testaments, nicht umgekehrt.[51]

Predigerinnen und Prediger müssen sich bewusst sein, dass das Neue Testament von seinem Ursprung her jüdische Schriften umfasst,[52] dass sie diese als christliche Predigerinnen und Prediger aber in ihrer christlichen Interpretation predigen, die durch die christologischen Konzilien des vierten und fünften Jahrhunderts bestimmt ist. Das hat theologische Konsequenzen[53] und muss das Bewusstsein derer prägen, die predigen: Sie predigen die christliche Auslegungsgeschichte von in ihrem Ursprung jüdischen Schriften!

Auf Jesus den Christus „fixierte" Hörerinnen und Hörer, Leserinnen und Leser übersehen es leicht: Die beiden Testamente der zwei-einen christlichen Bibel unterscheiden sich nicht nur quantitativ bezüglich ihres Umfangs. Die Bibel Israels bzw. das Alte Testament ist auch qualitativ umfangreicher. Das Neue Testament, innerhalb weniger Jahrzehnte verfasst, birgt einen Erfahrungsschatz von etwa drei Generationen in sich und spiegelt eine relativ kurze Bewährungsprobe des Glaubens und eine eng begrenzte Vielfalt von Versuchen wider, daraus zu leben. Anders die Bibel Israels: Sie entstand in einer sehr wechselvollen vielhundertjährigen Geschichte, in der theologische Modelle, Gott und Welt zu denken, kamen und gingen und in der das Scheitern leitender theologischer Konzeptionen und ehemals bedeutsamer Gottesbilder erlitten wurde. Diese vielfältigen Erfahrungen, gerade in Krisen und Brüchen, wurden in Gestalt jüngerer Texte immer wieder in das Alte Testament eingetragen, ohne dass die „alten" Texte getilgt worden wären. Dies hat die Komplexität des Alten Testaments und den in ihm bewahrten, besonders in der Gott(es-)krise des Exils und im Gott(es)zweifel des Leidens gewachsenen Erfahrungsschatz immer weiter aufgefüllt, wenn man so will: reicher werden

---

[48] *Päpstliche Bibelkommission*, Das jüdische Volk und seine Heilige Schrift (s. o. Anm. 11), Nr. 22.
[49] *Päpstliche Bibelkommission*, Das jüdische Volk und seine Heilige Schrift (s. o. Anm. 11), Nr. 21.
[50] *Vatikanische Kommission für die religiösen Beziehungen zum Judentum*, Hinweise für eine richtige Darstellung von Juden und Judentum in der Predigt und in der Katechese der Katholischen Kirche (1995), Nr. 12, unter: www.dbk.de/fileadmin/redaktion/veroeffentlichungen/arbeitshilfen/AH_044.pdf.
[51] Vgl. *Schöttler*, Christliche Predigt und Altes Testament (s. o. Anm. 4), 460–462; *ders.*, Re-Visionen (s. o. Anm. 12), 122–125.
[52] Vgl. *Daniel Boyarin*, Die jüdischen Evangelien. Geschichte des jüdischen Christus, übersetzt von Armin Wolf (Judentum – Christentum – Islam 12), Würzburg 2015.
[53] Eine zentrale Konsequenz für die Theologie und die Kommunikation des christlichen Glaubens ist unten in den Abschnitten 3.3 und 3.4 aufgezeigt.

lassen.⁵⁴ Das ist der Grund, warum Predigerinnen und Prediger für prekäre und herausfordernde Situationen diese eher in den erfahrungsgesättigten, lebenskomplexen Texten des Alten Testamentes widergespiegelt und in ihnen die Gottesfrage in existenzieller Schärfe gestellt sehen.⁵⁵

3.2 Ein anderes Verständnis von Heilsgeschichte

Eine Wort-Gottes-Theologie, die die Bibel Israels und den jüdischen Glauben wie das typologische Denken „in den Schatten" stellt, kann nicht richtig sein. Auch wenn menschliches Erkennen immer Stückwerk ist und bleibt (vgl. 1 Kor 13,9): Gott teilt sich in seiner Offenbarung nicht bruchstückhaft, vorläufig mit; er teilt sich stets selbst mit, gibt sich selbst, und zwar ganz. Eine Verhältnisbestimmung des Neuen Testaments zum Alten Testament, des christlichen Glaubens zum jüdischen Glauben, die die eigene Identität durch eine Abwertung aufzuwerten versucht (*identity against*), beschädigt die Theozentrik des christlichen Glaubens und darf als „pubertäre" Haltung bezeichnet werden, die allerdings im Lebenslauf eine Durchgangsphase ist, hoffentlich kein Dauerzustand. Die abwertende Apologetik in der Identitätsfindung des frühen Christentums sollte vorüber sein – endgültig.

Warum sollte das zeitliche Nacheinander des Alten und des Neuen Testaments heilsgeschichtlich „progressiv" zu verstehen sein, wie es dem traditionellen Denken zugrunde liegt? Warum muss die heilsgeschichtlich gedeutete Zeit linear und kontinuierlich progressiv verlaufen? Warum soll das Neue im Sinne von „historisch später" mehr wert sein und mehr Bedeutung haben als das Alte im Sinne von „historisch früher"? Die theologische Problematik des traditionellen Denkens, nicht nur des typologischen, liegt letztlich darin, dass die eigene Identität auf Kosten des jüdischen Glaubens formuliert wird. Eine *identity-against*-Haltung nimmt die anderen nicht wirklich wahr und würdigt sie nicht. In einem solchen Denken verkommt die Christologie zur Ideologie. Ein solches Denken macht eine wirkliche Begegnung mit dem Judentum unmöglich. Die Konsequenzen listet die Theologie- und Kirchengeschichte in vielen erschreckenden Beispielen auf.

In der Berufung und Erwählung durch Gott gibt es kein nachteiliges Vorher und vorteiliges Nachher. Offenbarung Gottes ist nicht die Mitteilung bestimmter übernatürlicher Glaubensgeheimnisse, bei denen Gott mal das eine, mal das andere „preisgibt" oder anderes noch „zurückhält", sodass Christinnen und Christen mehr „wüssten", wie es das instruktionstheoretische Offenbarungsmodell weismachen will. Offenbarung Gottes ist vielmehr immer Selbstmitteilung Gottes, das heißt: In seiner Gottrede teilt Gott sich stets selbst mit, gibt sich stets selbst, und dies ist weder minderbar noch steigerbar! Wenn das Alte Testament also aus christlicher Sicht Wort Gottes ist, dann ereignet sich in ihm Selbstmitteilung Gottes. Heilsgeschichte kann nicht in ein solches Vorher und Nachher unterschieden werden, als verharre Israel in der Verheißung und als lebe die Kirche in der Erfüllung. Das ist nicht nur theologisch unzulässig, sondern entwürdigt den jüdischen Glauben zutiefst und ist eine tragische christliche Selbsttäuschung. Deshalb ist der traditionelle Begriff „Heilsgeschichte" mit seinem *ante Christum* und *post Christum* theologisch-hermeneutisch nicht angemessen,⁵⁶ wie es die Herausgeberin und die Herausgeber dieses Studienbuches in der Einleitung zu Recht sagen.

Auf eine Begegnung auf Augenhöhe kommt es im Dialog an, und dies in zweierlei Hinsicht:

(1) Für das von der Leseordnung initiierte Zusammenspiel der Lesungen und damit auch für die Predigt an Sonn- und Feiertagen bedeutet dies gegebenenfalls den Austausch der ersten Lesung, wenn in der Zuordnung der alttestamentlichen Lesung diese bewusst und vorsätzlich so ausgewählt ist, dass das Evangelium die alttestamentliche Lesung theologisch als defizitär oder religionsgeschichtlich rückständig erscheinen lässt – wie etwa am Sonntag im Jahreskreis des Lesejahres B.⁵⁷

(2) Die Begegnung mit dem Judentum heute, der Dialog mit jüdischen Menschen muss ein

---

⁵⁴ Siehe dazu besonders *Walter Groß/Karl-Josef Kuschel*, „Ich schaffe Finsternis und Unheil!" Ist Gott verantwortlich für das Übel?, Mainz 1992, 58 f.

⁵⁵ Zu einem Beispiel, hier Jes 63,7–64,11, siehe *Heinz-Günther Schöttler*, Die Anklage Gottes als Krisenintervention. Eine erlittene Exilstheologie Israels, in: Theologische Quartalschrift 185 (2005) 158–181.

⁵⁶ Wenn ich hier den Begriff „Heilsgeschichte" problematisiere, dann betrifft dies nicht die geschichtliche und situationsbezogene Dimension von Glauben und Theologie, wohl aber die Gefahr der Schematisierung von Glauben und Theologie, zumal in einem linear-progressiven Verständnis. Nicht von ungefähr sind die Vorstellung und der Begriff „Heilsgeschichte" in einer evolutionstheoretisch ausgerichteten Religionswissenschaft entstanden (erste Hälfte des 19. Jahrhunderts).

⁵⁷ Zu diesem Beispiel siehe *Schöttler*, Christliche Predigt und Altes Testament (s. o. Anm. 4), 611–617.

wirklicher Dialog sein, mehr als respektvoll und nett zueinander zu sein. Ein wirklicher Dialog ist nie harmlos. Ich meine ein Dialogverständnis, in dem die christlichen Dialogpartner offen sind, dass der Dialog Spuren hinterlässt und sie verändert – bis hinein in die Theologie, insbesondere die Christologie. Entsprechende „Re-Visionen christlicher Theologie aus der Begegnung mit dem Judentum" habe ich ausführlich begründet.[58] Insofern darf der christlich-jüdische Dialog kein wie bisher seit dem grundstürzenden Paradigmenwechsel in den 1950er- und 1960er-Jahren relativ harmloser Dialog bleiben; er verändert das Christentum und seine Theologie und ist insofern ein „gefährlicher" Dialog.

3.3 „Erfüllung" in Jesus Christus – ein großes christliches Missverständnis

Im vorausgehenden Abschnitt war bereits das Schema „Verheißung – Erfüllung" aufgerufen worden, eine Sinnfigur, von der das Christentum, wenn es auf das Judentum schaut, zutiefst durchdrungen ist, dass nämlich das Christusereignis die Erfüllung der Verheißungen der Propheten Israels sei. Diese Deutung der Sinnfigur ist kirchlich-traditionell und folkloristisch tief eingeprägt. Verheißung wird dem Alten Testament und dem Judentum zugewiesen, Erfüllung dem im Neuen Testament bezeugten Christusereignis und damit im Christentum (anfanghaft) verortet. Damit ist ein insuffizientes Verständnis der Propheten Israels initiiert. Wir hatten gesehen, dass das Neue Testament und das Christusereignis nur im Licht der Bibel Israels verstehbar sind. Was die Sinnfigur „Verheißung – Erfüllung" bedeutet und worin ihre theologische Problematik liegt, wird im Folgenden exemplarisch am Matthäusevangelium aufgezeigt. Damit wird eine Korrektur des beschriebenen traditionellen Verständnisses dieser Sinnfigur vollzogen, die für die Verkündigung und die Begegnung mit dem Judentum grundlegend ist.[59]

Wohl bewusst zwölfmal leitet das Matthäusevangelium Zitate aus der Bibel Israels mit einer signifikanten hermeneutischen Formel ein, um die Bedeutung der Bibel Israels zu betonen. In Übersetzung lautet diese Formel so oder ähnlich: „..., dass/damit sich erfüllte (griechisch *plēroun*), was [vom Herrn] [durch den Propheten] gesagt worden ist". Es folgt dann jeweils ein Zitat aus der Bibel Israels, das das Christusereignis theologisch als Handeln Gottes deutet. So „glatt", wie behauptet, ereignet sich Erfüllung aber nicht, wie das eigene Leben und das Leben anderer zeigen. Die erfahrene und nicht selten erlittene Wirklichkeit menschlichen Lebens „lehrt", dass zwischen „Verheißung – Erfüllung" nicht das Bindewort „und" steht, sondern ein Riss klafft, nicht selten eine schmerzende Erfüllungslücke.[60]

Eine genauere Untersuchung der Semantik und des Kontextes des die Formel „Verheißung – Erfüllung" sinntragenden griechischen Verbs *plēroun* – „erfüllen" zeigt, dass es gerade *nicht* darum geht, die Wahrheit der Verheißungen der Propheten Israels in deren Erfüllung in Jesus dem Christus zu erweisen. Matthäus geht es bei den Prophetenworten der Bibel Israels vielmehr um die bleibende Bedeutung der an das Volk Israel ergangenen Verheißungen auf Zukunft hin – auch für die, die als nichtjüdische Menschen, das heißt: „aus den Völkern" (vgl. Mt 28,19[61]; Röm 11,25–32[62]), zu Israel, dem Volk Gottes, hinzugekommen sind. Nicht, weil es Weissagungen enthielte, die sich in Jesus erfüllt hätten, hat das Alte Testament für Christen Bedeutung, sondern weil für Christinnen und Christen der Gott Israels in Jesus Christus seine an Israel ergangenen Verheißungen bekräftigt und seine Treue zu seinem gegebenen Wort bekräftigt hat. Um diese Treue Gottes auch zu denen, die „aus den Völkern" dazugekommen sind, geht es in der Sinnfigur „Verheißung – Erfüllung". Anders und paulinisch ausgedrückt: Christinnen und Christen partizipieren über den Juden Jesus an den Verheißungen Israels (siehe Röm 11,17–18[63]), nicht beerben oder gar enterben sie das Judentum. In dieser Perspektive ist das sinntragende griechische Verb *plēroun* – „erfüllen" in der matthäischen Formel so wiederzugeben: „..., dass bestätigt/neu bekräftigt werde das [vom Herrn] durch den Propheten [N. N.] Gesagte".

---

[58] Schöttler, Re-Visionen (s. o. Anm. 12).

[59] Zum Folgenden siehe ausführlich Schöttler, Re-Visionen (s. o. Anm. 12), 47–156.

[60] Zur schmerzenden Erfüllungslücke siehe Schöttler, Christliche Predigt und Altes Testament (s. o. Anm. 4), 465–478.513–520; ders., Der Riss zwischen Himmel und Erde als Ort der Rede von Gott, in: Bibel und Liturgie 81 (2008) 20–35; ders., Predigen in der schmerzenden Erfüllungslücke. Biblisch-homiletische Überlegungen angesichts von Tod und Trauer, in: Ansgar Franz/Andreas Poschmann/Hans-Gerd Wirtz (Hg.), Liturgie und Bestattungskultur, Trier 2006, 106–126.

[61] Siehe dazu unten den Abschnitt 3.5.

[62] Siehe dazu Schöttler, Re-Visionen (s. o. Anm. 12), 387–434.

[63] Siehe dazu Schöttler, Re-Visionen (s. o. Anm. 12), 33–44.

An anderen Stellen des Neuen Testaments kommt dieses Verständnis klar zum Ausdruck: In Röm 15,8 schreibt Paulus, der Apostel für die „aus den Völkern", dass Christus die Verheißungen (griechisch: *epangelíai*) an die Mütter und Väter Israels durch sein Leben und seine Botschaft „bestätigt" (*bebaióō*) und so Zeugnis ablegt für die Wahrheit und Treue Gottes: damit die Verheißung zuverlässig sei und bleibt (Röm 4,16). In 2 Kor 1,18–20 bezeichnet Paulus Christus als „das Amen", als die Bestätigung unter Gottes Verheißungen. Und in Offb 3,14 nennt der Seher auf Patmos Christus „Den Amen [Gottes]" (vgl. Jes 65,16). Auch die „aus den Völkern" – und das sind wir Christinnen und Christen – stehen weiter unter den Verheißungen des Gottes Israels.

3.4 Der Jude Jesus von Nazaret ist für Christinnen und Christen „der treue und zuverlässige Zeuge" (Offb 3,14) des Gottes Israels

Am Beispiel des ersten Zitates, das Matthäus mit der genannten Formel einleitet, möchte ich die Bedeutung der Sinnfigur „Verheißung – Erfüllung" kurz skizzieren: „Dies alles ist geschehen, dass bestätigt/neu bekräftigt werde das vom Herrn durch den Propheten Gesagte: ‚Seht, die Jungfrau wird empfangen und einen Sohn gebären, und sie werden ihm den Namen Immanu-El geben' [Jes 7,14]. Das heißt übersetzt: Gott [ist] mit uns" (Mt 1,22–23). Mit dem Namen „Immanu-El" („Gott mit uns") schlägt das Evangelium von seinem Anfang den Bogen zum letzten Vers (Mt 28,20b): „Und siehe: ‚Ich bin mit/bei euch!' – alle Tage bis zur Vollendung der Welt." Mit dem Namen „Immanu-El" und mit dem letzten Vers des Evangeliums ist nichts anderes aufgerufen als der Name des Gottes Israels – JHWH –, wie er in der Erzählung vom brennenden und doch nicht verbrennenden Dornbusch in Ex 3,14–15 offenbart und in Ex 3,12 mit der sogenannten Beistandsformel „Ja, ich werde mit dir sein" gedeutet ist. Nicht der auferstandene Christus ist der „Gott mit uns", vielmehr ist er in seinem Leben und seinen Worten das Realsymbol des Mit-Seins Gottes (Repräsentationschristologie). Jesus Christus ist „der treue und zuverlässige Zeuge" (Offb 3,14) der Treue des Gottes Israels (vgl. Dtn 32,4; Ps 31,6).

Bei der obigen Übersetzung des letzten Verses im Matthäusevangelium (Mt 28,20b) ist die Syntax zu beachten, die die antiken Handschriften ja bekanntlich offenlassen. „Und siehe" leitet ein Zitat ein und steht sozusagen für die Anführungszeichen, die „Ich bin bei/mit euch" als Zitat aus Ex 3,12 markieren. Mit dem Zitat ist der Name des Gottes Israels aufgerufen, dessen Deutung in Ex 3,12 durch die Beistandsformel etwa 100 Mal (!) in der Bibel Israels vorkommt.[64] Die Deutung hat in der Erzählung Ex 3 (und in Ex 34,6–7) ihren theologischen Brennpunkt.[65] Was folgt („alle Tage bis zur Vollendung der Welt") ist nicht mehr Zitat, sondern abschließende Akklamation der Matthäusgemeinde, die der Immanu-El-Verheißung in Jesus Christus vertraut: Der Gott Israels steht in Treue zu seinem Volk Israel, zu dem Menschen „aus den Völkern" hinzugekommen sind. Mt 28,20b gibt es nicht her, und theologisch wäre es auch gotteslästerlich zu sagen: „Jesus tritt auch hier an die Stelle JHWHs und übernimmt dessen Amt im Hinblick auf das neue Gottesvolk."[66] Das „Ich" in „Ich bin mit/bei euch" in Mt 28,20b ist nicht das „Ich" des Auferstandenen, sondern das des Gottes Israels, den Jesus von Nazaret in seinem Leben und seinem Wort „auslegt" (Joh 1,18b).

Mt 28,20b ist im Sinne einer Repräsentationschristologie zu verstehen, der es darum geht, die Person und Bedeutung Jesu Christi im Konzert der Religionen und darin insbesondere im Dialog mit dem Judentum zu verstehen und christologisch zu kommunizieren, und dies ohne Relativierung, aber auch ohne eine den Dialog beendende Verabsolutierung.[67] Dieses Verständnis von

---

[64] Siehe *Horst Dietrich Preuß*, „... ich will mit dir sein!", in: Zeitschrift für die alttestamentliche Wissenschaft 80 (1968) 139–173.

[65] Siehe *Manfred Görg*, „Ich bin mit Dir." Gewicht und Anspruch einer Redeform im Alten Testament, in: Theologie und Glaube 70 (1980) 214–240.

[66] So zum Beispiel *Joachim Gnilka*, Das Matthäusevangelium, Band 2, Freiburg im Breisgau/Basel/Wien ²1992, 510. Ich habe die Schreibung des von Gnilka vokalisiert ausgeschriebenen Gottesnamens modifiziert. Der Ausdruck „(neues) Volk Gottes" für die Kirche ist nicht nur *unbiblisch*, sondern auch theologisch höchst problematisch. Er wird jedoch aus Tradition weiter gebraucht, fahrlässig verführt durch die Konzilskonstitution „Lumen gentium"; in Kapitel 9 und 13 der Konstitution ist gar von der Kirche als „neuem Gottesvolk" die Rede. „Gottes Volk" bezeichnet auch im Neuen Testament immer das Volk Israel, in das „die aus den Völkern" hineingenommen sind (siehe Röm 11,17–18), von einem „neuen Volk Gottes" weiß das Neue Testament nichts!

[67] Zur ersten Information siehe etwa *Klaus von Stosch*, Christologie im Kontext der Religionstheologie, in: Münchener Theologische Zeitschrift 60 (2009) 42–50; *Reinhold Bernhardt*, Jesus Christus – Repräsentant Gottes. Christologie im Kontext der Religionstheologie (Beiträge zu einer Theologie der Religionen 21), Zürich 2021. Zur „Gottheit" Jesu Christi habe ich eine biblische Erinnerung verfasst: *Schöttler*, Re-Visionen (s. o. Anm. 12), 157–220.

Mt 28,20b eröffnet der Glaubenskommunikation neue Perspektiven in einer religiös pluralen Gesellschaft, die immer mehr ermüdende Kommunikation in den traditionellen dogmatisch-ontologischen Kategorien zu überwinden und den Menschen unserer Zeit, die ihr Leben in funktionalen Kategorien leben, das Christusereignis wieder erfahrungsbezogen zu kommunizieren, ohne metaphysischen „Schwindel".[68] Weitet man von hier aus den Blick, dann entdeckt man etwa die funktionale Christologie des Johannesevangeliums, die den Sendungsauftrag des Mose, wie er im Buch Exodus erzählt wird, zum Vorbild hat, oder dass in Joh 10,30 eben keine ontologische Einheit des „Sohnes" mit dem „Vater" ausgesagt ist, sondern die funktionale Wirkeinheit beider.[69] Der Monotheismus Israels ist der kritische und bleibende Bezugspunkt der christlichen Theologie, besonders der Christologie: ein zentrales Kriterium nicht nur für die christliche Predigt.

3.5 Ein gemeinsames Lehrhaus – ein Auftrag des matthäischen Jesus

Im Blick auf die Abschnitte 3.3 und 3.4 ist die Relevanz des angezeigten Paradigmenwechsels für die Christologie und die Verkündigung offenkundig. Was heißt das nun für die Gemeindepraxis? Hier ist ein genauer Blick auf den Schlussabschnitt des Matthäusevangeliums (Mt 28,16–20) erhellend und weiterführend.

Die kirchlichen Gebrauchsübersetzungen geben das griechische Verb *mathēteúein* in Mt 28,19a mit „zum Schüler/Jünger machen" wieder, was nach missionieren und rekrutieren klingt. Auch wenn das Wort „Mission" heute kein besonders gutes Image mehr hat, weil ihm in historischer Perspektive ein nicht unbeträchtliches Gewaltpotenzial innewohnt, so ist „Mission" immer noch ein großes Thema der Kirchen, nicht erst seit dem 19. Jahrhundert, als Mt 28,19a zum Leitwort der neu erwachenden Missionsbewegungen avancierte und die Übersetzung „Darum geht und macht alle Völker zu meinen Schülern …" einfach in sich plausibel erschien. In unserer Zeit drängt es viele eifernde Christinnen und Christen wieder regelrecht dazu, die vermeintlich säkularisierten Gesellschaften der westlichen Welt zu missionieren. Ist der aus Mt 28,16–20 herausgelesene „Missionsbefehl" also eine Art Kampfansage an eine vermeintlich unchristlich gewordene westliche Welt? In der traditionellen Übersetzung von *mathēteúein* steckt viel Missionsinteresse, viel zu viel.

Da das Verb *mathēteúein* in der Septuaginta nicht belegt ist, ist auf die Gräzität außerhalb der Bibel zu schauen. Daraus ergeben sich vier wichtige Aspekte[70]: (1) Da sich die ältesten Belege für das Verb in Mt 13,52, 27,57, 28,19a, in Apg 14,21 und bei Plutarch (griechischer Schriftsteller, um 45 bis um 125 u. Z.) finden, dürfte das Verb eine Bildung des ersten Jahrhunderts u. Z. sein. (2) Für die im Blick auf das Neue Testament immer wieder behauptete Bedeutung „zum Schüler/Jünger machen" gibt es keinen außerneutestamentlichen Beleg. (3) Das Verb bedeutet im intransitiven Aktiv einfach „Schüler sein", „lernen", „in die Schule gehen". (4) Im transitiven Aktiv mit Akkusativergänzung wie in Mt 28,19 hat das Verb die Grundbedeutung „sich mit einem Schüler intensiv beschäftigen" im Sinne von „unterrichten", „lehren" und entspricht dem hebräischen Verb *lamad* (Piel: *limmed*) – „lehren" (vgl. etwa Dtn 4,10.14; 5,28; Jer 31,34). „Es gibt in der griechischen Literatur also keinen zweifelsfreien Beleg dafür, dass transitives *mathēteúein* mit Akkusativergänzung mit ‚zum Schüler/Jünger machen' zu übersetzen wäre."[71] Von Mission(ierung) und Rekrutierung keine Spur!

Ordnet man diesen Befund in die Situation des Matthäusevangeliums ein, dann ergibt sich folgendes Bild: Die Matthäusgemeinde versteht sich als Teil des sehr pluralen Judentums des ersten Jahrhunderts u. Z., und das nicht ohne Konflikte mit anderen Gemeinden mit anderem jüdischen Selbstverständnis (siehe etwa Mt 23). Sie zeichnet unter anderem aus, dass sie in besonderer Weise offen ist für Menschen „aus den Völkern".[72] Den

---

[68] Vgl. *Schöttler*, Re-Visionen (s. o. Anm. 12), 165–169 (Exkurs: „,Vater' ist eine Bezeichnung der Beziehung").

[69] In Joh 10,30 steht nicht *heis* – „einer" (Maskulinum), sondern *hen* – „eins" (Neutrum); siehe *Schöttler*, Re-Visionen (s. o. Anm. 12), 174–181 (auch zum Sendungsauftrag des Mose, wie er in Num 16,28 beschrieben und in Joh 4,34 für die Sendung Jesu Christi rezipiert ist).

[70] Ich beziehe mich hier auf die detaillierte und mit Quellen gut belegte Untersuchung von *Wolfgang Reinbold*, „Gehet hin und machet zu Jüngern alle Völker"? Zur Übersetzung und Interpretation von Mt 28,19f., in: Zeitschrift für Theologie und Kirche 109 (2012) 176–205.

[71] *Reinbold*, „Gehet hin" (s. o. Anm. 70), 198.

[72] Diese Offenheit zeigt sich narrativ darin, dass vier Frauen im sogenannten Stammbaum Mt 1,2–17 die Liste der männlichen Erzeuger unterbrechen: Tamar (V. 3; siehe Gen 38), Rahab (V. 5; siehe Jos 2), Rut (V. 5; siehe Buch Rut) und „die [Frau] des Urija" (V. 6; Batseba, 2 Sam 11). Ihnen allen ist gemeinsam, dass sie keine Jüdinnen sind und heilvoll für das Volk Israel gewirkt haben. Mit dieser Konstruktion des Stammbaums Davids begegnet der Evangelist wohl Vorbehalten und Kritik aus anderen jüdischen Gemeinden der Offenheit Menschen „aus

jüdischen Mitgliedern der Gemeinde wird in Mt 28,19a aufgetragen, die Mitglieder „aus den Völkern" in die Tora einzuführen. Die Tora-Rhetorik des Verses Mt 28,20a zeigt es deutlich: „Lehrt sie, alles zu halten, was ich euch geboten habe!" Da es in der Gemeinde aber nach Mt 23,8–12 nur *einen* Meister, nur *einen* Lehrer, nur *einen* Rabbi gibt – nämlich Christus –, sind *alle* in der Gemeinde Lernende, auch die jüdischen Mitglieder der Gemeinde. Das heißt: Nach Mt 28,19a.20a sind alle in der Gemeinde Schüler – gleich ob Juden oder „aus den Völkern" –, alle sind Geschwister (Mt 23,8), alle lernen gemeinsam und auf Augenhöhe. Sie lernen, die Tora auszulegen nach der Hermeneutik des matthäischen Jesus, wie sie etwa in Mt 5,17–48 an konkreten Beispielen für die Lebenspraxis (jüdisch: Halacha) aufgezeigt ist.[73] Die Hermeneutik der Tora-Auslegung ist mit Lev 18,5 angezeigt: „Der Mensch wird die Gebote der Tora tun und aus ihnen leben." Das Evangelium zitiert diesen hermeneutischen Spitzensatz der Tora in Mt 19,17 (vgl. auch Lk 10,28[74]) und unterstreicht damit, dass die Auslegung lebensdienlich und situationsgerecht sein muss.[75] Mt 28,19a ist demnach so zu übersetzen: „Macht euch auf den Weg und lasst alle Völker mitlernen."[76]

Diese matthäische Lerngemeinschaft von Juden und Menschen „aus den Völkern" – und nach der religionsstrukturellen Trennung der Wege[77] zählen zu den Letzteren „wir" Christinnen und Christen – ist für die christliche Gemeinde also ein biblischer Auftrag: Vor meinem inneren Auge sehe ich ein gemeinsames Lehrhaus, einen „Bet ha-Midrasch", in dem Christen mit Juden Tora lernen, gemeinsam die gemeinsamen heiligen Schriften studieren. Und gleichzeitig hege ich die Hoffnung, dass jüdische Gemeinden, auch einzelne Jüdinnen und Juden, die Bitte, die in dieser Sehnsucht liegt, positiv beantworten können. Der Babylonische Talmud erzählt in Sanhedrin 59a eine Diskussion darüber, wer die Tora studieren darf. Rabbi Jochanan sagt: „Ein Nichtjude, der sich mit der Tora befasst, verdient den Tod", denn die Tora sei alleiniger Erbbesitz Israels. Ein anonymer Zwischenrufer meint: Wenn die Tora und ihr Studium auch für Nichtjuden gelten würden, wäre dies in der Tora gesagt. Rabbi Meir vertritt die Meinung, dass dem Nichtjuden, der sich mit der Tora beschäftigt, höchste Ehre zukomme. Der Talmud schließt sich Rabbi Meirs Lehrmeinung an. Maimonides, der große jüdische Gelehrte, hat im zwölften Jahrhundert eine bis heute gültige Position so formuliert: „Man darf die Christen die Gebote der Tora lehren, denn sie glauben, dass diese unsere Tora von Gott durch unseren Lehrer Mose geoffenbart ist, und sie ist bei ihnen vollständig niedergeschrieben; nur manchmal wird sie von ihnen falsch ausgelegt; doch bekehren sich manche von ihnen zum Guten."[78]

Die Haltung bleibt ambivalent: Die einen sehen darin, dass Christen bei Juden Tora lernen, eine Chance, die authentische Auslegung der Tora zu vermitteln, die aus jüdischer Sicht im Christentum oft genug verfälscht und gegen das Judentum ausgelegt werde; andere warnen vor der Gefahr, dass durch den Lernkontakt Juden zum Christentum konvertieren könnten. Es wird darauf ankommen, dass im gemeinsamen Lernen auf Augenhöhe und ohne Hintergedanken der Konversion sich der Reichtum der Tora und der Erfahrungsschatz der Traditionen Israels in der persönlichen Begegnung tiefer erschließen, als dies bis heute der Fall ist. Ich weiß, dass die Umsetzung dieses Wunsches angesichts der kleinen Zahl von jüdischen Gemeinden in Deutschland und angesichts ihres unterschiedlichen Selbstverständnisses nicht einfach sein wird. Ich hoffe, dass Rabbinerinnen und Rabbiner den Gedanken erwägen und sie in ihrer Ausbildung dazu ermutigt werden.

3.6 Die Tora JHWHs ist ein Lebensmittel

Christinnen und Christen ist die Tora – abgesehen von „schönen" Geschichten in ihr – bis heute fremd geblieben. Ihr „unermesslicher Eigenwert" kommt kaum zu Wort, Weisung für den lebenspraktischen Vollzug wird in ihr nicht erwartet. Kurzum: Die Tora ist als Gesetz, als Gegensatz zum Evangelium, schlechtgeredet und schlecht-

---

den Völkern" gegenüber. Unter diesem Gesichtspunkt ist auch die Inszenierung in Mt 2,1–12 mit den Magiern aus dem Osten zu verstehen.

[73] Vgl. *Schöttler*, Re-Visionen (s. o. Anm. 12), 371–378.

[74] Auch Paulus zitiert den Tora-Spitzensatz in Röm 7,10; 10,5; Gal 3,12 (vgl. auch 2,26). Da Paulus aber ein persönlich und theologisch höchst problematisches Verhältnis zur Tora (griechisch *nómos* – „Gesetz") hat, kann er kaum etwas mit ihr anfangen, sondern missversteht sie und argumentiert gegen sie.

[75] *Schöttler*, Re-Visionen (s. o. Anm. 12), 311–386.

[76] So übersetzt die Bibel in gerechter Sprache. Martin Luther übersetzt: „Darumb gehet hin / vnd leret alle Völcker …" (Ausgabe letzter Hand: 1545). Folgt Luther dem *docere* der Vulgata? Die Revision von 2017 bleibt bei Luthers Übersetzung.

[77] Siehe dazu den Beitrag von *Susanne Talabardon* in diesem Band.

[78] *Maimonides*, Pe'er Hador 50.

gepredigt worden und Christinnen und Christen immer noch fremd. In den christlichen Kommentaren zeichnet sich allerdings ein Paradigmenwechsel ab. Erschöpften sich ältere Kommentare, zum Beispiel zu dem für die christliche Rezeption so sperrig scheinenden dritten Buch Mose (Levitikus), mehr oder weniger in religionsgeschichtlich-archäologischen und/oder literaturwissenschaftlichen Erörterungen, so loten neuere christliche Kommentare mehr und mehr die theologische und spirituelle Tiefe der Tora aus, und es gelingt ihnen, die Lebensdienlichkeit und Aktualität der Tora aufzuzeigen, weil sie die jüdische Auslegung gleichberechtigt und würdigend neben der christlichen einbeziehen.[79] Entsprechendes gilt auch für die Auslegung des Neuen Testament, das von seinem Ursprung her – wie gesagt – mehrheitlich jüdische Schriften umfasst.[80]

Ich sehe in einem wie auch immer gestalteten Bet ha-Midrasch von Juden und Christen eine große Chance für den christlichen Glauben selbst, im Blick auf den Schluss des Matthäusevangeliums aber auch eine verpflichtende Herausforderung für das Handeln der Kirche, damit auch Christinnen und Christen Tora nicht zuletzt in der Predigt lernen und aus ihr leben (vgl. Lev 18,5), denn sie ist ein Lebensmittel:

„Glücklich der Mensch …,
der in der Tora JHWHs seine Lebenslust findet
und seine Tora verkostet bei Tag und bei Nacht."
(Ps 1,1–2)

4. Weiterführende Lektüre

Daniel Boyarin, Die jüdischen Evangelien. Die Geschichte des jüdischen Christus, übersetzt von Armin Wolf (Judentum – Christentum – Islam 12), Würzburg 2015.

Alexander Deeg, Predigt und Derascha. Homiletische Textlektüre im Dialog mit dem Judentum, Göttingen 2006.

Alexander Deeg, Homiletische Zwillingsbrüder. Predigen lernen im Dialog mit dem Judentum, in: Theologische Quartalschrift 186 (2006) 262–282.

Alexander Deeg, Authentisch – präsent – prophetisch – bescheiden. Suchbewegungen zur homiletischen Rolle im Dialog mit jüdischen Stimmen, in: Johannes Först/Barbara Schmitz (Hg.), Lebensdienlich und überlieferungsgerecht. Jüdische und christliche Aktualisierungen der Gott-Mensch-Beziehung, Würzburg 2016, 25–44.

Alexander Deeg/Walter Homolka/Heinz-Günther Schöttler (Hg.), Preaching in Judaism and Christianity. Encounters and Development from Biblical Times to Modernity (Studia Judaica 41), Berlin/New York 2008.

Alexander Deeg/Joachim Krause/Melanie Mordhorst-Mayer/Bernd Schröder (Hg.), Dialogische Theologie. Beiträge zum Gespräch zwischen Juden und Christen und zur Bedeutung rabbinischer Theologie (Studien zu Kirche und Israel. Neue Folge 14), Leipzig 2020.

Horst Dietrich Preuß, Das Alte Testament in christlicher Predigt, Stuttgart 1984.

Heinz-Günther Schöttler, Christliche Predigt und Altes Testament. Versuch einer homiletischen Kriteriologie (Zeitzeichen 8), Ostfildern 2001.

Heinz-Günther Schöttler, Von der Treue Gottes sprechen. Predigen in der Gegenwart Israels, in: Theologie und Glaube 110 (2020) 70–97.

Heinz-Günther Schöttler, Re-Visionen christlicher Theologie aus der Begegnung mit dem Judentum (Judentum – Christentum – Islam 13), Würzburg 2016.

Schweizerisches Katholisches Bibelwerk (Hg.), Die siebzig Gesichter der Schrift. Auslegung der alttestamentlichen Lesungen, 3 Bände (Lesejahr A, B, C), Freiburg (Schweiz) 2011–2013.

---

[79] Als Beispiel verweise ich hier aus- und nachdrücklich auf *Thomas Hieke*, Levitikus, Band 1: Kap. 1–15; Band 2: Kap. 16–27 (Herders Theologischer Kommentar zum Alten Testament 6), Freiburg im Breisgau/Basel/Wien 2014; *ders.*, Warum Christen etwas vom Buch Levitikus wissen sollten …, in: Bibel und Liturgie 86 (2013) 19–30.

[80] Als Beispiel verweise ich hier aus- und nachdrücklich auf *Wengst*, Das Johannesevangelium (s. o. Anm. 41).

Jan Woppowa

Religionspädagogik angesichts des jüdisch-christlichen Dialogs

1. Grundlegender disziplinbezogener Überblick

Die Religionspädagogik ist als praktisch-theologische Disziplin durch eine hohe Sensibilität für Gegenwartsfragen und gesellschaftliche Entwicklungen geprägt. Das zeigt sich unter anderem darin, dass sie sich selbst als interdisziplinäre Verbundwissenschaft versteht, die sich zwar der Theologie zugehörig, aber ebenso der Religionswissenschaft und den Humanwissenschaften (Pädagogik, Psychologie, Soziologie) verpflichtet weiß. Denn die Reflexion und Orientierung religiöser Lern- und Bildungsprozesse an verschiedenen Lernorten (insbesondere Religionsunterricht, Elementarpädagogik, Erwachsenenbildung, Katechese beziehungsweise Gemeindepädagogik) lenkt ihren Fokus auf die Praxis und (nicht nur, aber in hohem Maße) auf empirisch zu erfassende Phänomene und Herausforderungen. Was bedeutet dieses Selbstverständnis für die Nähe der Religionspädagogik zum jüdisch-christlichen Dialog und zu seinen theologischen Erkenntnissen?

Die dominante Ausrichtung religionspädagogischer Forschungen beispielsweise am Verstehen gegenwärtiger Lebensverhältnisse, an den Lebenswelten von Kindern und Jugendlichen, an religionsdidaktischen Gelingensfaktoren religiöser Lernprozesse, an gegenwartstauglichen Modellen des schulischen Religionsunterrichts und anderes hat die Erkenntnisse der jüdisch-christlichen Verhältnisbestimmung zunehmend in den Hintergrund gedrängt. Sie stehen gegenwärtig – von einigen Ausnahmen abgesehen – mehrheitlich nicht als spezifische Aufgabe im Zentrum einer disziplinbezogenen Selbstvergewisserung. Zugleich aber kann man in der historischen Rückschau von einem baldigen Einsickern der Erträge einer theologischen Neubestimmung des Verhältnisses von Judentum und Christentum in die Religionspädagogik und Religionsdidaktik sprechen, insbesondere infolge der Konzilserklärung „Nostra Aetate". Das gilt nicht zuletzt hinsichtlich der Sensibilisierung für Darstellungen von Judentum und jüdischem Leben in der Praxis des Religionsunterrichts, der Katechese und in religiösen Bildungsmedien.

Vor diesem Hintergrund erscheint es sinnvoll, einen grundlegenden disziplinbezogenen Überblick in zwei Richtungen zu leisten: zunächst in der Frage nach Ansätzen eines erneuerten Selbstverständnisses der Religionspädagogik als wissenschaftlicher Disziplin aus dem Dialog mit dem Judentum heraus, hier bezogen auf den deutschen Sprachraum (1.1), und dann im Blick auf Realisierungen spezifischer Erkenntnisse des jüdisch-christlichen Dialogs in religionspädagogischer Theoriebildung und Praxisorientierung (1.2).

1.1 Der jüdisch-christliche Dialog als Aufgabe religionspädagogischer Selbstvergewisserung

Auch aus heutiger Sicht ist der erstmals vor zwanzig Jahren von Bernd Schröder vorgenommenen Bilanzierung zuzustimmen, dass Praktische Theologie und Religionspädagogik „unter den Disziplinen der Theologie bisher nicht zu denjenigen" zählen, „die den Dialog mit Jüdinnen und Juden als fachlich weiterführende Aufgabe oder dringendes Desiderat wahrgenommen und ausgewiesen haben".[1] Auch wenn es Ausnahmen gibt, scheint eine zunehmend an der empirisch vorfindbaren Wirklichkeit orientierte Religionspädagogik „den Seitenblick auf das Judentum eher zu erschweren als ... anzuregen".[2] So bestehen in Schule und Religionsunterricht, den am stärksten beachteten Lernorten religionspädagogischer Theoriebildung, rein quantitativ wenige Möglichkeiten der realen Begegnung mit Jüdinnen und Juden. Im Kontext der Beschäftigung mit religiöser Differenz beziehungsweise mit interreligiösen Lern- und Bildungsprozessen heißt das: Eine „Aufmerksamkeit für das Judentum resultiert, je-

---

[1] *Bernd Schröder*, Praktische Theologie und Religionspädagogik im Gespräch mit dem Judentum? Bilanzierende und perspektivische Überlegungen, in: ders., Religionspädagogik angesichts des Judentums. Grundlegungen – Rekonstruktionen – Impulse (Praktische Theologie in Geschichte und Gegenwart 39), Tübingen 2023, 99–106, hier 99. Zu einer ähnlichen Einschätzung kommt *Reinhold Boschki*, Praktisch-theologische Hermeneutik des Gesprächs zwischen christlicher und jüdischer Religionspädagogik, in: Florian Bruckmann/René Dausner (Hg.), Im Angesicht der Anderen. Gespräche zwischen christlicher Theologie und jüdischem Denken (Studien zu Judentum und Christentum 25), Paderborn u. a. 2013, 185–202, hier 185 f.

[2] *Schröder*, Praktische Theologie (s. o. Anm. 1), 99.

denfalls in Deutschland, nicht aus der Wahrnehmung der gegenwärtigen Lebenswelt, sondern aus einem theologischen Vorverständnis, das letztlich in den einschlägigen biblischen Aussagen gründet."[3]

Insofern sich die Religionspädagogik also in spezifischer Weise dem Judentum zuwendet, geschieht das auf der Grundlage einer langwierigen Erneuerung des Verhältnisses zwischen Judentum und Christentum aus einem theologischen und historischen Interesse nach der Schoa heraus. Dazu zählen beispielsweise die für die schulische Religionsdidaktik erreichten Revisionen und Neuorientierungen der Darstellung des Judentums im schulischen Religionsunterricht. Jenseits dessen findet die Thematik seit den 1970er-Jahren im Kontext einer sogenannten Didaktik der Weltreligionen verstärkte Beachtung, seit den 1990er-Jahren dann in dem programmatischen Ansatz des interreligiösen Lernens. Nichtchristliche Religionen einschließlich des Judentums stellen seitdem einen durchgängigen Lerngegenstand des schulischen Religionsunterrichts dar, allerdings oftmals ohne das jüdisch-christliche Verhältnis in seiner spezifischen Relevanz davon zu unterscheiden.

Darüber hinaus wird der christlich-jüdische Dialog insgesamt als religionspädagogische „Bildungsaufgabe"[4] begriffen, und zwar vorwiegend in der religiösen Erwachsenenbildung. Davon zeugen bis heute zahlreiche innerkirchliche Ausschüsse und Bildungsbemühungen sowie in besonderer Weise die Bildungsaktivitäten der Gesellschaften für christlich-jüdische Zusammenarbeit: „Der christlich-jüdische Dialog insgesamt ist seinerseits geradezu als umfassender und bemerkenswert wirksamer erwachsenbildnerischer Lernprozess zu verstehen! Im Laufe der Jahre hat er zu einem deutlichen Wissenszuwachs und zudem zu tiefgreifenden Einstellungsveränderungen bei den Beteiligten geführt."[5] Die hier gemachten Erfahrungen sind nach und nach auch in andere Lernorte eingeflossen, beispielsweise in die Elementarpädagogik oder in die Katechese beziehungsweise Gemeindepädagogik, im Unterschied zum schulischen Religionsunterricht allerdings weitgehend ohne festgelegte Standards.

Damit zeigt sich einerseits, dass ein Bewusstsein über die spezifische Relevanz der Thematik an den verschiedenen religionspädagogisch zu reflektierenden Lernorten angekommen ist und diese auch material verankert wird. Andererseits ist auch heute noch der mehr als dreißig Jahre zurückliegenden Forderung von Hubertus Halbfas zuzustimmen, dass es nicht darum gehe, im Sinne eines Additums „dem theologischen Lehrgebäude einen Gesichtspunkt mehr beizufügen, sondern dieses gesamte Gebäude in seiner Fundamentierung und Statik neu zu überprüfen".[6] Das gilt insbesondere auch für die Religionspädagogik als theologische Disziplin, was beispielsweise der Blick in einschlägige religionspädagogische beziehungsweise religionsdidaktische Lehrwerke zeigt, die meist ohne einen spezifischen Bezug zum Judentum beziehungsweise zum jüdisch-christlichen Dialog auskommen.

Einen Wandel in dieser Hinsicht zeigt der „kommunikative Paradigmenwechsel"[7] vom Reden *über* „das Judentum" zum Reden *mit* Jüdinnen und Juden. Im Zuge einer Didaktik des interreligiösen Begegnungslernens gewinnt dadurch auch die religionspädagogische Theoriebildung neue Perspektiven. Als besonders herausstechendes Beispiel sind hier die mittlerweile in Frankfurt am Main jährlich stattfindenden „Religionspädagogischen Gespräche zwischen Juden, Christen und Muslimen"[8] zu nennen, in denen ein Dialog auf verschiedenen Ebenen (Praxisreflexion, religionsdidaktische Konzeptentwicklung, religionspädagogische Theoriebildung) geführt wird. Eine Einordnung in die abrahamitische Ökumene prägt ebenso den seit einigen Jahren etablierten Ansatz des „trialogischen Lernens"[9] beziehungs-

---

[3] *Schröder*, Praktische Theologie (s. o. Anm. 1), 100.
[4] *Reinhold Boschki*, Nostra Aetate ‚realisieren'. Der christlich-jüdische Dialog als Bildungsaufgabe, in: ders./Albert Gerhards (Hg.), Erinnerungskultur in der pluralen Gesellschaft. Neue Perspektiven für den jüdisch-christlichen Dialog (Studien zu Judentum und Christentum), Paderborn 2010, 197–210; vgl. *Ursula Rudnick*, Judentum als Thema zeitgenössischer schulischer und kirchlicher Bildungsarbeit, Hannover 2003.
[5] *Bernd Schröder*, Judentum als Thema christlich verantworteter religiöser Bildung. Beobachtungen und Anregungen, in: ders., Religionspädagogik angesichts des Judentums (s. o. Anm. 1), 473–480, hier 475.

[6] *Hubertus Halbfas*, Judentum: „Nicht du trägst die Wurzel, sondern die Wurzel trägt dich." Zur Revision von Theologie und Religionspädagogik nach Auschwitz, in: ders., Wurzelwerk. Geschichtliche Dimensionen der Religionsdidaktik, Düsseldorf 1989, 77–137, hier 135.
[7] *Bernd Schröder*, Unverhofftes wurde möglich, Mögliches steht noch aus. Eine Bilanz des jüdisch-christlichen Dialogs in Deutschland aus evangelischer Perspektive, in: ders., Religionspädagogik angesichts des Judentums (s. o. Anm. 1), 7–30, hier 21.
[8] Vgl. dazu die Reihe: Religionspädagogische Gespräche zwischen Juden, Christen und Muslimen, hg. von *Harry Harun Behr* u. a., bisher 8 Bände, Berlin 2009–2022.
[9] *Clauß Peter Sajak*, Artikel ‚Trialogisches Lernen", in: Wis-

weise der „Trialogischen Religionspädagogik"¹⁰. Er leitet sich allerdings eher vom interreligiösen Lernen beziehungsweise interreligiösen Dialog ab und profiliert (von einigen spezifischen Bezugnahmen abgesehen) weniger das Besondere des Gesprächs zwischen Judentum und Christentum.¹¹ Darüber hinaus ist der Begriff des Trialogs insofern nicht unproblematisch, als ein Dialog nicht nur von zwei Partnern ausgeht, sondern *dia logou*, also durch sinnvolles Sprechen und Handeln geschieht und daher keine Aussage über die Anzahl der Gesprächspartner beinhaltet.¹²

Am stärksten zeigt sich eine Bezugnahme auf Judentum, jüdisches Denken und die Erträge des jüdisch-christlichen Dialogs im Rahmen einer Komparativen Religionspädagogik.¹³ Dahinter steht ein seit Anfang der 2000er-Jahre in dieser Weise ausgewiesener Forschungsansatz, in dem „mit Hilfe des methodischen Instruments ‚Vergleich' verschiedene Praxisformen oder Theoriemodelle religiöser Bildung zueinander in Beziehung"¹⁴ gesetzt werden. Für unsere Thematik spielen solche Zugänge eine Rolle, die in besonderer Weise religionsvergleichend zwischen Judentum und Christentum vorgehen und beispielsweise Theorien jüdischer Pädagogik in eine christlich-religionspädagogische Theoriebildung integrieren. Das geschieht mit unterschiedlichen Schwerpunkten, beispielsweise in biographisch-historischem, konzeptionell-systematischem oder didaktischem Interesse (für Beispiele s. u. Abschnitt 2.4).

Im Rahmen komparativer Religionspädagogik kann schließlich das realisiert werden, was Reinhold Boschki als „eigene Hermeneutik der Wahrnehmung jüdischer Praxis" bezeichnet; denn sie könne ermöglichen, „ähnlich der [sic] systematischen und bibelwissenschaftlichen Neubestimmungen auch die pädagogischen und spezifisch religionspädagogischen Berührungs- und Differenzpunkte klar auszumachen",¹⁵ beispielsweise zwischen christlichem und jüdischem Religionsunterricht oder zwischen christlicher Bibeldidaktik und jüdischer Toradidaktik.

1.2 Der jüdisch-christliche Dialog als Impulsgeber für Revisionen religionspädagogischer Praxis

Wenn man danach fragt, inwiefern der jüdisch-christliche Dialog zu Revisionen religionspädagogisch relevanter Praxis (beispielsweise in Religionsunterricht und Katechese) geführt hat, dann kann man deren Ursprünge historisch doppelt ansetzen. Bereits die von Juden und Christen gemeinsam verfassten Seelisberger Thesen aus dem Jahr 1947 enthalten insofern eine implizite religionspädagogische Stoßrichtung, als sie unter anderem ausdrücklich dazu auffordern, eine Herabsetzung des Judentums in Religionsunterricht, Katechese und Predigt zu vermeiden sowie die Verwurzelung Jesu im Judentum hervorzuheben.¹⁶ Eine eigene Kommission „Educational Opportunity in Schools and Universities" richtet sogar den Fokus auf Herausforderungen einer antisemitismuskritischen Bildung und Erziehung.¹⁷ Die Seelisberger Thesen legen damit unmittelbar nach Ende des Zweiten Weltkriegs die Grundlagen einer erneuerten Wahrnehmung des Judentums und formulieren Handlungsanweisungen für die religiöse Bildungsarbeit in Schule und Gemeinde. Den entscheidenden Anstoß für eine neue Verhältnisbestimmung zum Judentum auf katholischer Seite hat auch für die Religionspädagogik die Konzilserklärung „Nostra Aetate" gegeben. Im Blick auf ihre Entstehungsgeschichte zeigt sich ebenfalls eine stark pastoral-

---

senschaftlich-Religionspädagogisches Lexikon 2016 (https://doi.org/10.23768/wirelex.Trialogisches_Lernen_.100126).

¹⁰ *Georg Langenhorst*, Trialogische Religionspädagogik. Interreligiöses Lernen zwischen Judentum, Christentum und Islam, Freiburg im Breisgau 2016.

¹¹ Vgl. die theologische und didaktische Kritik bei *Bernhard Grümme*, „Trialogische Religionspädagogik" kritisch reflektieren, in: Jahrbuch der Religionspädagogik 36 (2020) 137–148.

¹² Zum Dialogbegriff siehe auch die Einleitung sowie den Beitrag von *Christian M. Rutishauser* über den „Jüdisch-christlichen Dialog aus katholischer Perspektive" (Abschnitt 1.5) in diesem Band. Eine Alternative für den Dialog der abrahamischen Religionen böte etwa der Begriff des trilateralen Dialogs beziehungsweise des trilateralen Lernens.

¹³ Vgl. *Bernd Schröder*, Komparative Religionspädagogik, in: ders., Religionspädagogik angesichts des Judentums (s. o. Anm. 1), 177–184 sowie wegweisend ders., Jüdische Erziehung im modernen Israel. Eine Studie zur Grundlegung vergleichender Religionspädagogik, Leipzig 2000.

¹⁴ *Schröder*, Komparative Religionspädagogik (s. o. Anm. 13), 177.

¹⁵ *Boschki*, Praktisch-theologische Hermeneutik (s. o. Anm. 1), 189.

¹⁶ *Hans Hermann Henrix/Rolf Rendtorff* (Hg.), Die Kirchen und das Judentum. Dokumente von 1945–1985, Paderborn/München 1988, 646f. Vgl. auch die aktualisierenden „Zwölf Thesen von Berlin" in: Konrad Adenauer Stiftung (Hg.), Zeit zur Neu-Verpflichtung. Christlich-jüdischer Dialog 70 Jahre nach Kriegsbeginn und Shoah, Berlin 2009, 17–23.

¹⁷ *Christian M. Rutishauser*, The 1947 Seelisberg Conference. The Foundation of the Jewish-Christian Dialogue, in: Studies in Christian-Jewish Relations 2/2 (2007) 34–53, hier 39.

katechetische Motivation in der Forderung nach einer Neugestaltung von Lehrbüchern und nach entsprechenden Schulungen von Verantwortlichen in Bildung und Pastoral. Die Revision katechetischer Materialien und religionsdidaktischer Lernkontexte war ein wesentliches Anliegen in den Debatten im Vorfeld der Konzilserklärung.[18]

Spätestens Anfang der 1970er-Jahre hat sich insofern ein Paradigmenwechsel vollzogen, als „die zuvor marginalen Stimmen von der Peripherie ins Zentrum der religionspädagogischen Diskussion"[19] rücken. Folgerichtig ergab sich aus der Konzilserklärung, fortgesetzt im Würzburger Synodenbeschlusstext „Unsere Hoffnung" (1974), sowie evangelischerseits nun auch unter dem Einfluss der ersten EKD-Studie „Christen und Juden" (1975) ein intensiver wissenschaftlicher Aufarbeitungsprozess christlicher Antijudaismen und gezielte Revisionen von Lehrplänen, Schulbüchern und Unterrichtsmaterialien. Auf katholischer Seite hat hier das Freiburger Forschungsprojekt „Lernprozeß Christen Juden"[20] um Günter Biemer Pionierarbeit geleistet und neben verschiedenen Einzelanalysen[21] die sogenannten „Freiburger Leitlinien"[22] für eine theologische und didaktische Verhältnisbestimmung von Judentum und Christentum erarbeitet. Auf evangelischer Seite wurden bereits seit Beginn der 1960er-Jahre in einem Duisburger Forschungsprojekt um Heinz Kremers maßgebliche Analysen und Revisionen des evangelischen Religionsunterrichts vorgenommen.[23] Beide Projekte haben für die Praxis des Religionsunterrichts und die Entwicklung von Unterrichtsmaterialien neue, wegweisende Maßstäbe gesetzt, was die Darstellung des Judentums und des jüdisch-christlichen Verhältnisses in religiösen Lern- und Bildungsprozessen angeht. Ihr Ertrag wirkt bis heute in der Entwicklung von Lehrplänen und Schulbüchern fort. Ähnlich gelagerte inhaltsanalytische Forschungen haben in der Folgezeit nur noch sehr vereinzelt stattgefunden,[24] hingegen ist eine breitere Palette neuerer Unterrichtsmaterialien zum Judentum und zu Begegnungen zwischen Juden und Christen entstanden.[25]

2. Exemplarische Themen, Fragestellungen und Problemkontexte

Die folgenden Ausführungen greifen, der Darstellungslogik des ersten Abschnitts folgend, in vier Unterabschnitten sowohl praxisorientierte Themen und Problemkontexte (2.1 und 2.2) als auch für eine religionspädagogische Theoriebildung relevante Ansätze und Fragestellungen (2.3 und 2.4) auf.

2.1 Darstellungen von Judentum, Jüdinnen und Juden und des jüdisch-christlichen Verhältnisses im Religionsunterricht

Die ursprünglichen Forschungen zur Darstellung des Judentums im Religionsunterricht, in zugehörigen Lehrplänen und Bildungsmedien seit den 1970er-Jahren haben zu Standards geführt, an denen sich auch heute noch der Unterricht und religionsdidaktische Materialien messen lassen müssen. Neuere Materialanalysen wie die zuletzt groß angelegte und politisch motivierte Schulbuchstudie in Nordrhein-Westfalen, durch-

---

[18] Zu entsprechenden Quellen vgl. *Jan Woppowa*, Religionspädagogik in der Spur von Nostra Aetate, in: Reinhold Boschki/Josef Wohlmuth (Hg.), Nostra Aetate 4. Wendepunkt im Verhältnis von Kirche und Judentum – bleibende Herausforderung für die Theologie (Studien zu Judentum und Christentum 30), Paderborn u. a. 2015, 61–72, hier 61 f.

[19] *Ursula Rudnick*, Religionspädagogik im Horizont des jüdisch-christlichen Gesprächs, in: Praktische Theologie 38 (2004) 260–265, hier 261.

[20] Siehe die von Günter Biemer und Ernst L. Ehrlich herausgegebene Reihe: Lernprozeß Christen Juden, Düsseldorf/Freiburg im Breisgau 1980 ff.

[21] Neben weiteren Arbeiten aus der Reihe siehe wegweisend *Peter Fiedler*, Das Judentum im katholischen Religionsunterricht. Analyse, Bewertungen, Perspektiven (Lernprozeß Christen Juden 1), Düsseldorf 1980.

[22] *Günter Biemer*, Freiburger Leitlinien zum Lernprozeß Christen Juden. Theologische und didaktische Grundlegung (Lernprozeß Christen Juden 2), Düsseldorf 1981.

[23] Für eine Zusammenfassung der Ergebnisse siehe *Herbert Jochum/Heinz Kremers* (Hg.), Juden, Judentum und Staat Israel im christlichen Religionsunterricht in der Bundesrepublik Deutschland, Paderborn 1980.

[24] Siehe bes. *Martin Rothgangel*, Antisemitismus als religionspädagogische Herausforderung. Eine Studie unter besonderer Berücksichtigung von Röm 9–11 (Lernprozess Christen Juden 10), Freiburg im Breisgau/Basel/Wien 1995 sowie *Julia Spichal*, Vorurteile gegen Juden im christlichen Religionsunterricht. Eine qualitative Inhaltsanalyse ausgewählter Lehrpläne und Schulbücher in Deutschland und Österreich, Göttingen 2015.

[25] Siehe explizit *Albrecht Lohrbächer/Helmut Ruppel/Ingrid Schmidt* (Hg.), Was Christen vom Judentum lernen können. Anstöße, Materialien, Entwürfe. Unter Mitarbeit von Jörg Thierfelder. Erweiterte Neuauflage, Stuttgart 2006 (1997); *Dieter Petri/Jörg Thierfelder*, Grundkurs Judentum. Materialien und Kopiervorlagen für Schule und Gemeinde, Stuttgart ²2002 (1998); *Karlo Meyer*, Fünf Freunde fragen nach Ben und Gott. Begegnungen mit jüdischer Religion in den Klassen 5–7, Göttingen 2008; *ders.* u. a., Schabbat Schalom, Alexander! Christlich-jüdische Begegnungen in der Grundschule, Göttingen 2016. Einen relativ aktuellen Einblick verschafft das Jahrbuch der Religionspädagogik 36 (2020).

geführt vom Braunschweiger Georg-Eckert-Institut,[26] schließen daran an und heben theologische Grundeinsichten wieder neu ins Bewusstsein. Als inhaltliche Standards, nach denen Judentum im Unterricht zu thematisieren und in Bildungsmedien in Wort und Bild darzustellen ist, können in exemplarischer Auswahl und ohne den Anspruch auf Vollständigkeit folgende Qualitätskriterien genannt werden:[27]

- die Darstellung Jesu, seiner Jüngerinnen und Jünger als Jüdinnen und Juden in ihrer Verwurzelung im zeitgenössischen Judentum;
- die Erarbeitung der Auseinandersetzung Jesu mit Schriftgelehrten und Pharisäern als innerjüdischer Konflikt und ohne pauschalisierende Abwertung dieser Gruppierungen;[28]
- eine differenzierte Erarbeitung der Passionserzählungen und der Verurteilung Jesu, um den antijüdischen Vorwurf des „Gottesmords" zu dekonstruieren;
- die theologische Einsicht über die bleibende heilsgeschichtliche Erwählung Israels und den ungekündigten Bund;
- die wertschätzende Thematisierung der Hebräischen Bibel, insbesondere der Tora als „Weisung" und nicht als „Gesetz", des Talmuds und anderer Texte als grundlegende und identitätsstiftende Schriften des Judentums;
- eine bewusste Kritik antijüdischer Stereotype und antisemitischer Klischees wie beispielsweise das der vermeintlichen Legitimierung blinder Rache durch eine sachlich unangemessene Lesart des Grundsatzes „Auge für Auge, Zahn für Zahn" (Ex 21,24);[29]
- die Darstellung des Judentums und seines Selbstverständnisses aus einer Innenperspektive heraus, mit Bezugnahme auf die Vielfalt seiner Strömungen und unter Beachtung innerjüdischer Pluralität;
- der Einbezug des zeitgenössischen Judentums und des gegenwärtigen jüdischen Lebens (in Deutschland und darüber hinaus);
- eine Darstellung der differenzierten Beziehungsgeschichte zwischen Judentum und Christentum einschließlich des gegenwärtig geführten Dialogs und unter Vermeidung von Abwertungs- und Überbietungsschemata;
- ein angemessener Umgang mit Land beziehungsweise Staat Israel, insbesondere auch in seiner religiösen und spirituellen Bedeutung für das Judentum.

Angesichts der theologischen Relevanz des Judentums für das Christentum und im Blick auf die spezifische Besonderheit des jüdisch-christlichen Verhältnisses innerhalb der Gesamtheit interreligiöser Beziehungen zeigt sich bereits an dieser Zusammenstellung ausgewählter Qualitätskriterien, dass das Judentum eher im Sinne eines mitlaufenden Ankerpunkts im gesamten Unterrichtsgeschehen zu behandeln ist. Es ist mittlerweile breiter Konsens unter denjenigen Religionspädagoginnen und Religionspädagogen, die sich mit der Darstellung des Judentums im Religionsunterricht befassen, dass Judentum eben nicht nur Gegenstand einer religionskundlichen Erschließung sein kann. Der langjährige Schulbuchautor Werner Trutwin hat daher im Blick auf die vorliegende Thematik zwischen einem durchgängigen „Unterrichtsprinzip" und einem sich spiralcurricular wiederholenden „Unterrichtsthema" unterschieden:

Im Grund muss der Religionsunterricht so gehalten werden, als ob er ständig *im Angesicht des Judentums* erteilt würde. Implizit sollten im Unterricht immer die Bezüge zum Judentum mitbedacht werden. Nichts, was gegen die historische Wahrheit oder die religiöse Bindung mit dem Judentum verstößt, darf im Unterricht Platz haben („*Unterrichtsprinzip*"). Darüber hinaus muss es auf den verschiedenen Schulstufen eigene Unterrichtsreihen zum Judentum geben, die das Judentum als selbständige Größe in Geschichte und Gegenwart behandeln, Erfahrungen mit authentischen Zeugnissen des Judentums ermöglichen und die religiösen und historischen Beziehungen zwischen Juden und Christen verständlich machen („*Unterrichtsthema*").[30]

---

[26] Darstellungen der jüdischen Geschichte, Kultur und Religion in Schulbüchern des Landes Nordrhein-Westfalen. Abschlussbericht des Georg-Eckert-Instituts/Leibniz-Institut für Bildungsmedien, Braunschweig 2023. Eine der wenigen neueren wissenschaftlichen Analysearbeiten greift auf das Kategoriensystem von Peter Fiedler (s. o. Anm. 21) zurück: siehe *Spichal*, Vorurteile (s. o. Anm. 24).

[27] Eine überaus präzise und leicht zugängliche Darstellung von ähnlichen Qualitätskriterien für Kinderbibeln bieten die vom Gesprächskreis Juden und Christen beim Zentralkomitee der deutschen Katholiken 2016 erarbeitete Handreichung „Kinderbibeln im Licht des jüdisch-christlichen Dialogs. Kriterien und Anregungen" sowie die 2023 veröffentlichten Hinweise zur „Darstellung des Judentums im Unterricht" (www.juden-und-christen.de).

[28] Siehe dazu auch den Beitrag von *Thomas Schumacher* in diesem Band.

[29] Siehe dazu auch den Beitrag von *Barbara Schmitz* in diesem Band.

[30] *Werner Trutwin*, Das Judentum im Religionsunterricht. Rückblick und Ausblick, in: Boschki/Gerhards (Hg.), Erinnerungskultur (s. o. Anm. 4), 241–253, hier 252.

In gegenwärtigen Forschungen rücken, beeinflusst durch die Theorie der Postkolonialen Studien und entsprechende Ansätze in den Erziehungswissenschaften, vermehrt machtkritische Perspektiven auf Bildungsmedien in den Vordergrund. Ihnen geht es insbesondere darum, mithilfe der Theorie des Othering problematische Konstruktionsprozesse von Andersheit und Praktiken beziehungsweise Darstellungen des Fremdmachens zu identifizieren und dabei auch wiederkehrende antijüdische Stereotype aufzudecken.[31] Darüber hinaus spielen hinsichtlich des Verhältnisses von Judentum und Christentum diskursanalytische Zugänge eine zunehmend wichtige Rolle, um Dominanzstrukturen und hegemoniale Darstellungen bis hin zu bleibenden Herabsetzungen des Judentums zu identifizieren. Weil Schulbücher als offiziell zugelassene Medien aus sich heraus eine besondere Deutungsautorität und Hegemonialität besitzen, fungieren sie als Träger eines gesellschaftlichen Wissens, in dem auch das Verhältnis zum Judentum eine Rolle spielt. Es ist deshalb davon auszugehen, dass dabei nicht oder nur sehr selten bewusst antisemitische Haltungen und Einstellungen von Autorinnen und Autoren vorliegen als vielmehr unbewusste und über Diskurse und gesellschaftliches Alltagswissen vermittelte Antijudaismen beziehungsweise Othering-Phänomene. Drei Beispiele aus aktuellen Lehrwerken für den Religionsunterricht können die Problematik veranschaulichen:[32]

1) Als methodischen Impuls für ein Referat über andere Religionen empfiehlt ein Schulbuch: „Fremde Gewohnheit, fremde Ausdrücke, fremde Sprache, fremde Riten: Bei Präsentationen zum Judentum oder zum Islam sind die an der Tagesordnung. ... Dabei ist gerade das Fremde der Religionen ein guter Hingucker. Was wir nicht kennen und was uns nicht vertraut ist, macht neugierig. Für Präsentationen in Religion ist das schon mal ein guter Anfang!" Auf der entsprechenden Doppelseite wird in großen hebräischen Buchstaben das Wort Schalom abgedruckt, zusammen mit der Unterschrift: „Fremd, aber ein guter Hingucker für eine Präsentation zum Judentum".

2) Ein anderes Schulbuch eröffnet das Kapitel über Judentum mit einigen „bunt" ausgewählten Fotos (Synagogenraum, Grabstein, Mesusa, „Anne-Frank-Straße" und anderes) unter der Überschrift „Jüdische Spuren bei uns".

3) Unter der Überschrift „Begegnung von Christen und Juden" werden in einem Schulbuch einige alltagsbezogene Beispiele aufgezählt und kurz eingeleitet: „Jenseits der schwierigen theologischen und historischen Fragen gibt es heute viele Begegnungsmöglichkeiten zwischen Christen und Juden: In Janas Klasse waren neulich jüdische Jugendliche aus Düsseldorf zu Gast. Ganz normale Leute, denen man ihr Judesein nicht ansieht. Zum Reliunterricht, erfuhr Jana, treffen sie sich nachmittags in der jüdischen Gemeinde. Auch bei ihnen gibt es Noten und einen Lehrplan."

Die Kategorie Fremdheit spielt in Theorien des interreligiösen Lernens nicht selten eine besondere Rolle. Das erste Beispiel führt das klar vor Augen und offenbart zugleich eine – hier sogar methodisch beabsichtigte – problematische Konstruktion von Fremdheit im Umgang mit anderen Religionen, religiösen Traditionen und Menschen. Denn „das Andere" wird hier bewusst als „das Fremde" konstruiert und gegenüber einem vermeintlich „Eigenen" oder „Vertrauten" homogenisiert und mitunter auch abgewertet. Dadurch entsteht eine starke Differenzsetzung, die eine individuelle Wahrnehmung anderer Religionen – hier des Judentums – beeinträchtigen könnte. Im zweiten Beispiel passiert das etwas verdeckter, aber nicht weniger problematisch; denn in der Überschrift wird eine klare Differenz markiert zwischen „jüdischen Spuren" einerseits und einer wie auch immer gearteten Mehrheitsgesellschaft „bei uns". Das dritte Beispiel schließlich zeigt, wie durch eine gute Absicht („Begegnungen") wahrscheinlich unbeabsichtigte, aber dennoch ebenso problematische Othering-Prozesse entstehen und antijüdische Stereotype reproduziert werden können. Denn die hier genannten jüdischen Jugendlichen werden einer versteckten Norm unterworfen, und zwar unter der gleichzeitigen problematischen Voraussetzung, dass Jüdischsein irgendwie „von außen" sichtbar wäre. Vor mehr als dreißig Jahren hat Hubertus Halbfas gefordert,

---

[31] Siehe explizit *Joachim Willems*, Judentum und Islam, interreligiöses Lernen und Othering im christlichen Religionsunterricht, in: Jahrbuch der Religionspädagogik 36 (2020) 149–161.

[32] Für Nachweise und vertiefende Erläuterungen siehe *Jan Woppowa/Hannah Drath*, Hegemoniale Spannungsfelder zwischen Judentum und Christentum. Beobachtungen zur Darstellung des jüdisch-christlichen Verhältnisses in ausgewählten Religionsbüchern, in: David Käbisch/Michael Wermke/Jan Woppowa (Hg.), Ambivalente Beziehungen. Historische Narrative und Bilder vom Judentum, Christentum und Islam in Bildungsmedien, Leipzig 2024 (im Erscheinen).

das Judentum „nicht länger in die Distanz einer ‚Fremdreligion' zu rücken",³³ und damit bereits die prinzipielle Problematik dieser Kategorie aufgezeigt. Zwanzig Jahre später kam Anton Bucher zu einem Urteil, das man angesichts der oben aufgeführten Beispiele auch heute, wiederum fünfzehn Jahre später, nochmals bekräftigen kann: „Gewiss, antijüdische Stereotype sind in den letzten Jahren aus den Religionsbüchern verschwunden, zumindest die offenen. Aber bezüglich der latenten gilt nach wie vor Wachsamkeit."³⁴

Allerdings ist vor einer vorschnellen Interpretation bestimmter Praktiken als Othering beziehungsweise Fremdmachen zu warnen; denn gerade aus jüdischer Sicht besteht ein existenzielles Interesse an Differenz und Abgrenzung in einem positiven Sinn: nämlich in der Absicht, sich beispielsweise durch halachische (religionsgesetzliche) Vorschriften einer spezifischen Gemeinschaft zuzuordnen. Aus dieser Perspektive geht es weniger um fremdheitsbezogene Abgrenzung nach außen als vielmehr um kollektive Identitätsbildung nach innen.

Nicht zuletzt wirft eine kritische Religionspädagogik einen ebenso wachsamen Blick auf didaktische Lernformen und problematische Praktiken im Umgang mit Judentum und jüdischer Praxis im Religionsunterricht. Das betrifft insbesondere religionsbezogene Übungen und religiös-liturgische Vollzüge im Kontext des performativen Lernens, beispielsweise das Feiern eines Sedermahls im Religionsunterricht³⁵ oder in pastoralen Gemeindekontexten (meist am Gründonnerstag), das Tanzen eines Davidsterns in der Grundschule und andere das Judentum vereinnahmende und folklorisierende Praktiken.³⁶

2.2 Beitrag zu Antisemitismuskritik und Antisemitismusprävention

Antisemitismuskritik und Antisemitismusprävention sind – leider nach wie vor – eine bleibende Aufgabe nicht nur, aber auch des Religionsunterrichts und anderer religiöser Lern- und Bildungsprozesse in Schule, Gemeinde und Gesellschaft. So hat zum einen die Studie von Julia Bernstein evident gemacht, dass sich (nichtjüdische) Lehrkräfte antisemitischer Stereotype und diskriminierender Sprache bedienen, auch im Kontext des Religionsunterrichts;³⁷ zum anderen erkennen Lehrkräfte im Religionsunterricht durchaus rechtsextreme Gesinnungen bei ihren Schülerinnen und Schülern.³⁸

Was im Blick auf antijüdische beziehungsweise antisemitische Darstellungen in Bildungsmedien (siehe Abschnitt 2.1) bereits zur Sprache gekommen ist,³⁹ stellt darüber hinaus ein explizites Themenfeld einer Religionspädagogik dar, die sich im Kontext des jüdisch-christlichen Dialogs verortet. Für einen antisemitismuskritischen Religionsunterricht folgt daraus, dass er

– über Antisemitismus aufklärt und verschiedene Formen (religiöser, sozialer, politischer, sekundärer, israelbezogener usw. Antisemitismus) unterscheidet;⁴⁰
– antisemitische Phänomene, Artikulationen und Handlungen in Schule und Unterricht sowie darüber hinaus (in Politik, Gesellschaft, digitalen Medien und anderem) kritisch identifiziert;
– vermeintlich homogene Identitäten dekonstruiert und die Pluralität individueller und in sich pluraler kollektiver Identitäten thematisiert (siehe auch Abschnitt 2.1) und dadurch Pluralitätsfähigkeit fördert;⁴¹

---

³³ *Halbfas*, Judentum (s. o. Anm. 6), 136.
³⁴ *Anton Bucher*, Das Judentum im katholischen Religionsunterricht, in: Gerhard Langer/Gregor Maria Hoff (Hg.), Der Ort des Jüdischen in der katholischen Theologie, Göttingen 2009, 144–156, hier 156.
³⁵ Siehe dazu auch den liturgiewissenschaftlichen Beitrag von *Albert Gerhards* und *Stephan Wahle* in diesem Band.
³⁶ Siehe *Shila Erlbaum*, Wie wollen Jüdinnen und Juden im evangelischen und katholischen Religionsunterricht thematisiert werden?, in: Jahrbuch der Religionspädagogik 36 (2020) 129–136, hier 135 f.

³⁷ Siehe *Julia Bernstein*, Antisemitismus an Schulen in Deutschland. Analysen – Befunde – Handlungsoptionen. Unter Mitarbeit von Florian Diddens, Bonn 2020, 129 (als positives Gegenbeispiel vgl. ebd. 424).
³⁸ Siehe *Reinhold Boschki/Thomas Schlag*, Artikel „Erinnerungslernen, empirisch", in: Wissenschaftlich-Religionspädagogisches Lexikon 2022 (https://doi.org/10.23768/wirelex.Erinnerungslernen_empirisch.201030).
³⁹ Siehe dazu bereits *Rothgangel*, Antisemitismus (s. o. Anm. 24) sowie ders., Antisemitism as a Challenge for Religious Education, in: Ednan Aslan/Margaret Rausch (Hg.), Religious Education. Between Radicalism and Tolerance, Wien 2018, 35–52 und weiterhin *Spichal*, Vorurteile (s. o. Anm. 24).
⁴⁰ Siehe dazu auch den Beitrag von *Christina Späti* in diesem Band.
⁴¹ Siehe *Joachim Willems*, Diskriminierung/Rassismus, in: Henrik Simojoki/Ulrich H. J. Körtner/Martin Rothgangel (Hg.), Theologie für Lehrerinnen und Lehrer. Ethische Kernthemen, Göttingen 2022, 107–117, hier 113; ders./Ariane Dihle, ‚Identität' als Problem? Judentum im evangelischen Religionsunterricht, in: Reinhold Mokrosch/Elisabeth Naurath/Michèle Wenger (Hg.), Antisemitismusprävention in der Grundschule – durch religiöse Bildung, Göttingen 2020, 243–260.

- Schülerinnen und Schüler dazu befähigt, Antijudaismen und Antisemitismen im nahen und fernen Umfeld zu erkennen und zu bearbeiten (inklusive einer kritischen Sichtung der im Unterricht verwendeten Bildungsmedien);
- ohne die Problematik auszublenden, eine Überbetonung von Antisemitismus vermeidet, die eine (unbewusste) Viktimisierung von Jüdinnen und Juden auslösen kann;
- in der Weise differenzhermeneutisch vorgeht, dass keine starren Kontrastschemata entwickelt werden und „dass er religiös bedingte Vorurteile bekämpfen und zu einem wertschätzenden Umgang mit den religiösen Traditionen im Judentum und Islam motivieren kann";[42]
- lokale oder digitale Begegnungen mit Jüdinnen und Juden[43] ermöglicht und außerunterrichtliche Lerngelegenheiten (Besuch von Gedenkstätten, Synagogen und anderes) nutzt, und zwar unter Berücksichtigung sozialpsychologisch gewonnener Bedingungen zur Reduktion von Vorurteilen zwischen Gruppen (sogenannte Kontakthypothese) wie beispielsweise das Verfolgen gemeinsamer Ziele, die interpersonale Kooperation oder die Unterstützung durch festgelegte Regeln und Normen;
- die Thematik curricular verankert und an andere Themenbereiche sinnvoll anbindet;
- einen transparenten Umgang mit antisemitischen und anderen Formen der Diskriminierung pflegt und eingebunden ist in ein schulprogrammatisches Gesamtkonzept.

In herausragender Weise widmet sich seit 2016 das Netzwerk antisemitismus- und rassismuskritische Religionspädagogik und Theologie (narrt)[44] dieser Aufklärungs- und Präventionsarbeit, beispielsweise durch die kritische Revision didaktischer Ansätze zum interreligiösen und interkulturellen Lernen oder durch die Entwicklung von praxisrelevanten Materialien wie dem zuletzt erarbeiteten umfassenden „antisemitismuskritische[n] Fragenkatalog zur Verbesserung der Darstellung"[45] des Judentums.

2.3 Anamnetische Religionspädagogik und Holocaust Education

Der Ansatz einer anamnetischen, das heißt erinnerungsgeleiteten Religionspädagogik bezieht sich auf das in jüdischer wie christlicher liturgischer und spiritueller Praxis zentrale Konzept der Erinnerung (altgriechisch *anámnēsis*), es kann zugleich als „theologische Basiskategorie"[46] bezeichnet werden. Glauben und Glaubenlernen geschieht in beiden Traditionen wesentlich durch das Erinnern von heilsgeschichtlich bedeutsamen Erzählungen und Texten, die ihren Niederschlag insbesondere in den Büchern der Bibel gefunden haben. Prozesse des biblischen, liturgischen und spirituellen Lernens, in besonderer Weise aber des traditionellen Lernens in der Tradition des rabbinischen Judentums, sind immer Prozesse des Erinnerungslernens. Eine anamnetische Religionspädagogik bezieht sich daher im Kern auf eine jüdische Kultur und Didaktik des Erinnerns.[47] Letztere ist beispielsweise am deutlichsten erkennbar in der liturgischen Ordnung des Sederabends zu Beginn des jüdischen Pessachfestes, in der die narrative, textbezogene und symbolgestützte Erinnerung an den Exodus im Zentrum steht und in der Gegenwart und Vergangenheit, individuelle und kollektive Erinnerung identitätsbildend miteinander verschmelzen.

Darüber hinaus greift die anamnetische Religionspädagogik eine theologische Denkfigur auf, die im deutschsprachigen Raum neben Dorothee Sölle und Jürgen Moltmann auf evangelischer Seite vor allem durch den katholischen Fundamentaltheologen Johann Baptist Metz und seine Forderung nach einer anamnetischen Kul-

---

[42] *Reinhold Boschki/Martin Rothgangel*, Judenfeindlichkeit und Islamfeindlichkeit – religionspädagogische Präventionsarbeit mit Schülerinnen und Schülern, in: Jahrbuch der Religionspädagogik 36 (2020) 162–174, hier 170.
[43] Beispielsweise über das Begegnungsprogramm „Meet a Jew" (https://www.meetajew.de).
[44] Siehe https://narrt.de; vgl. außerdem das Würzburger Zentrum für antisemitismuskritische Bildung/Center of Critical Education on Anti-Semitism (CCEA), https://www.ev-theologie.uni-wuerzburg.de/forschung/ccea/.
[45] *Ariane Dihle*, Die Repräsentation des Judentums in Schulbüchern und anderen Unterrichtsmaterialien. Ein antisemitismuskritischer Fragenkatalog zur Verbesserung der Darstellung, abrufbar unter: https://narrt.de/die-repraesentation-des-judentums-in-schulbuechern-und-anderen-unterrichtsmaterialien-antisemitismuskritischer-fragenkatalog-zur-verbesserung-der-darstellung/.
[46] *Reinhold Boschki*, Artikel „Erinnerung/Erinnerungslernen", in: Wissenschaftlich-Religionspädagogisches Lexikon 2015 (https://doi.org/10.23768/wirelex.ErinnerungErinnerungslernen.100048).
[47] Dazu wegweisend *Astrid Greve*, Erinnern lernen. Didaktische Entdeckungen in der jüdischen Kultur des Erinnerns (Wege des Lernens 11), Neukirchen-Vluyn 1999 sowie *Micha Brumlik*, Artikel „Erinnerungslernen, jüdisch", in: Wissenschaftlich-Religionspädagogisches Lexikon 2021 (https://doi.org/10.23768/wirelex.Erinnerungslernen_jdisch.200762).

tur des Christentums beziehungsweise nach einer „Memoria passionis"[48] geprägt worden ist. Sie stellt die gefährliche, das heißt beunruhigende und herausfordernde Erinnerung an das Leiden der Opfer ins Zentrum einer leidempfindlichen Theologie, insbesondere einer christlichen Theologie nach Auschwitz im Dialog mit jüdischem Denken. In (religions)pädagogischer Hinsicht korrespondiert eine solche Theologie mit der nach der Schoa wegweisenden Aussage von Theodor W. Adorno: „Die Forderung, daß Auschwitz nicht noch einmal sei, ist die allererste an Erziehung."[49] Die anamnetische Religionspädagogik entwickelt sich seit Mitte der 1990er-Jahre,[50] auch unter Beachtung kulturwissenschaftlicher Diskurse um eine Theorie des kollektiven beziehungsweise kulturellen Gedächtnisses bis hin zur Rezeption der sogenannten „Holocaust Education"[51] in religionspädagogischen Forschungskontexten.[52]

Wiederum in exemplarischer Auswahl und ohne den Anspruch auf Vollständigkeit können einige zentrale Anliegen des Ansatzes einer anamnetischen Religionspädagogik genannt werden:[53]

- die Etablierung einer Kultur der Erinnerung auf individueller, sozialer, politisch-gesellschaftlicher und religiöser Ebene;
- die Unterstützung einer gesamtgesellschaftlich relevanten Erinnerungskultur durch religiöse Bildungsarbeit an den verschiedenen Lernorten, insbesondere im schulischen Religionsunterricht, in der Erwachsenenbildung und der Gemeindepastoral beziehungsweise Gemeindepädagogik;
- die Förderung des Dialogs mit dem gegenwärtigen Judentum in Deutschland als Träger einer Erinnerungskultur an die Schoa, die Ermöglichung der Begegnung mit Zeitzeugen und deren Nachfahren (*oral history*), allerdings unter Beachtung der Gefahren einer Viktimisierung von Jüdinnen und Juden (s. o. Abschnitt 2.2);
- die religionspädagogische Profilierung von Museums- und Gedenk(stätten)pädagogik;[54]
- das Wachhalten spezifisch theologischer Anfragen an die christliche Gotteslehre im Kontext der Theodizeefrage und einer Theologie nach Auschwitz;
- die Bearbeitung von Transformationen der Erinnerungskultur: Verstummen der Schoa-Zeitzeugen, Überlappung mit anderen Erinnerungsdiskursen durch Globalisierung und gesellschaftliche Pluralisierung, Digitalisierung der Erinnerung und anderes;[55]
- ein Beitrag zur ethischen Urteilsbildung in der Auseinandersetzung mit politisch-gesellschaftlich kontrovers geführten Diskursen zur Erinnerung und „Erinnerungsverweigerung"[56] sowie zu sogenannten „Schlussstrichdebatten" um das Schoagedenken;
- ein wesentlicher Beitrag zur Antisemitismusprävention (s. o. Abschnitt 2.2) durch Möglichkeiten eines gegenwartsbezogenen Erinnernlernens im Sinne „gefährlicher Erinnerung" (J. B. Metz);
- nicht zuletzt die historische und empirische Forschung zu erinnerungsrelevanten Diskursen, zu Haltungen und Einstellungen (beispielsweise von Religionslehrkräften) sowie zu didaktischen Entwürfen und Unterrichtsprozessen zum Thema Schoa.[57]

---

[48] *Johann B. Metz*, Memoria passionis. Ein provozierendes Gedächtnis in pluralistischer Gesellschaft (Gesammelte Schriften 4), Freiburg im Breisgau 2017.

[49] *Theodor W. Adorno*, Erziehung nach Auschwitz (1966), in: ders., Erziehung zur Mündigkeit. Vorträge und Gespräche mit Hellmuth Becker 1959–1969, hg. von Gerd Kadelbach, Frankfurt am Main 1970, 92–109, hier 92.

[50] Siehe *Michael Langer*, Auschwitz lehren? Prolegomena zu einer anamnetischen Religionspädagogik, in: Manfred Görg/ ders. (Hg.), Als Gott weinte. Theologie nach Auschwitz, Regensburg 1997, 203–217; *Michael Wermke* (Hg.), Die Gegenwart des Holocaust. „Erinnerung" als religionspädagogische Herausforderung, Münster 1997; *Reinhold Boschki/Franz-Michael Konrad* (Hg.), Ist die Vergangenheit noch ein Argument? Aspekte einer Erziehung nach Auschwitz, Tübingen 1997.

[51] Siehe *Monique Eckmann/Doyle Stevick/Jolanta Ambrosewicz-Jacobs* (Hg.), Research in teaching and learning about the Holocaust (ed. in cooperation with the International Holocaust Remembrance Alliance), Berlin 2017 sowie *Anja Ballis/Markus Gloe* (Hg.), Holocaust Education Revisited. Wahrnehmung und Vermittlung – Fiktion und Fakten – Medialität und Digitalität (Holocaust Education – Historisches Lernen – Menschenrechtsbildung 1), Wiesbaden 2019.

[52] Siehe *Forschungsgruppe REMEMBER*, Erinnerung an den Holocaust im Religionsunterricht. Empirische Einblicke und didaktische Impulse (Religionspädagogik innovativ 35), Stuttgart 2020.

[53] Siehe beispielsweise *Reinhold Boschki*, Bedingungen und Möglichkeiten einer anamnetischen Kultur in Europa. Individuelle, gesellschaftliche und religionspädagogische Aspekte des Gedenkens, in: Religionspädagogische Beiträge 55 (2005) 99–112, hier 109–111; *ders.*, Erinnerung (s. o. Anm. 46).

[54] Siehe *Matthias Bahr*, Gedenkpädagogik als Zugang zum Judentum?, in: Jahrbuch der Religionspädagogik 36 (2020) 187–199 sowie *Sonja Danner*, Niemals Nummer – immer Mensch. Erinnerungslernen im Religionsunterricht, Göttingen 2020.

[55] Siehe Forschungsgruppe REMEMBER, Erinnerung (s. o. Anm. 52), 23 f.

[56] *Boschki*, Bedingungen (s. o. Anm. 53), 99.

[57] Siehe *Boschki/Schlag*, Erinnerungslernen (s. o. Anm. 38) sowie *Forschungsgruppe REMEMBER*, Erinnerung (s. o. Anm. 52).

2.4 Beispiele einer christlich-jüdisch profilierten komparativen Religionspädagogik

Aus Sicht einer interreligiös arbeitenden komparativen Religionspädagogik (s. o. Abschnitt 1.1) spielen Personen, deren Biographie und Werk sowie Ansätze aus dem Kontext jüdischer Erziehungs- und Bildungstheorien eine besondere Rolle. Jenseits der Vereinnahmung andersreligiöser Traditionen geht es im Kern darum, einen Dialog auf Theorieebene zu führen und mit der Methode des Vergleichs zu neuen und gegenwartsrelevanten religionspädagogischen Erkenntnissen zu gelangen. Solche Arbeiten, hier bezogen auf den deutschsprachigen religionspädagogischen Kontext, lassen sich vor allem auf drei Ebenen ausmachen:

1) Historische beziehungsweise biographie- und werkorientierte Arbeiten beschäftigen sich mit Leben und Werk bestimmter Personen einer jüdischen Religions- und Kulturgeschichte, die sich unmittelbar mit Fragen jüdischer Erziehung und Bildung beschäftigt oder ein religionspädagogisch relevantes Schriftenkorpus hinterlassen haben. Beschränkt man sich dabei beispielsweise auf das 20. Jahrhundert, gilt das im Kontext einer oben angesprochenen jüdischen Tradition des Erinnerns (s. o. Abschnitt 2.3) etwa für das Werk des jüdischen Schriftstellers und Friedensnobelpreisträgers Elie Wiesel (1928–2016)[58] oder im Blick auf die Ansätze jüdischer Erziehung für Leben und Werk des Kinderarztes und Pädagogen Janusz Korczak[59] (1878/79–1942). Im Kontext jüdischer Erwachsenenbildungsarbeit in der ersten Hälfte des 20. Jahrhunderts spielen jüdische Autoren wie unter anderen Martin Buber (1878–1965), Franz Rosenzweig (1886–1929) und Ernst Akiba Simon (1899–1988) eine bedeutende Rolle, sowohl im Blick auf ihren Beitrag zur deutsch-jüdischen Bildungsgeschichte als auch hinsichtlich spezifischer Konzepte jüdischer Bildungsarbeit, beispielsweise im Freien Jüdischen Lehrhaus in Frankfurt am Main in den 1920er- und bis Mitte der 1930er-Jahre.[60]

2) Systematische und konzeptionell angelegte Arbeiten schließen beispielsweise an das zuletzt Genannte an und rezipieren ausgewählte Aspekte jüdischen Bildungsdenkens in ihrem bildungstheoretischen Eigenwert oder als theoriebildende Impulse zur Entwicklung eines gegenwartsrelevanten religiösen Bildungsbegriffs aus der Perspektive einer pluralitäts- und differenzsensiblen christlichen Religionspädagogik.[61] Darüber hinaus können Denkfiguren jüdischer Philosophie insofern einen markanten Einfluss auf die religionspädagogische und religionsdidaktische Konzeptentwicklung nehmen, als sie systematisch-theologische Referenzgrößen der Praktischen Theologie beziehungsweise Religionspädagogik anfragen und neu ausrichten. Das geschieht beispielsweise in der Suche nach einer neuen Verhältnisbestimmung zwischen Offenbarung und Erfahrung im Rahmen einer kritischen Weiterentwicklung der sogenannten Korrelationsdidaktik.[62]

Schließlich wirft eine pluralitätssensible Religionspädagogik im Interesse des Vergleichs unterschiedlicher Formate und Selbstverständnisse des bekenntnisorientierten Religionsunterrichts nach Artikel 7,3 GG ihren Blick auf die Konzeption des jüdischen Religionsunterrichts, auch vor dem Hintergrund kooperativer Modelle interreligiösen Lernens in der Schule.[63]

3) Weitere religionsdidaktisch relevante Arbeiten greifen auf jüdische Lerntheorien, ins-

---

[58] Siehe *Reinhold Boschki*, Reden und Schweigen sind unmöglich. Das Werk Elie Wiesels als Beitrag zu einer Kultur der Erinnerung, in: ders./René Buchholz (Hg.), Das Judentum kann nicht definiert werden. Beiträge zur jüdischen Geschichte und Kultur (Forum Christen und Juden 11), Berlin 2014, 253–272.

[59] Siehe beispielsweise *Friedhelm Beiner*, Was Kindern zusteht. Janusz Korczaks Pädagogik der Achtung. Inhalt – Methoden – Chancen, Gütersloh ⁴2020 (2008); *Silvia Ungermann*, Die Pädagogik Janusz Korczaks. Theoretische Grundlegung und praktische Verwirklichung, Gütersloh 2006.

[60] Siehe *Jan Woppowa*, Widerstand und Toleranz. Grundlinien jüdischer Erwachsenenbildung bei Ernst Akiba Simon (1899–1988), Stuttgart 2005; *ders.*, Religiöse Bildung bei Franz Rosenzweig, Martin Buber und Ernst Simon, in: Münchener Theologische Zeitschrift 54 (2003) 55–67.

[61] Siehe beispielsweise *Bernd Schröder*, „Bildung" in nichtchristlichen Religionen – eine Spurensuche im Zeichen sprachlicher und traditionsgeschichtlicher Differenz, in: ders., Bildung (Themen der Theologie 14), Tübingen 2021, 195–203, oder *Jan Woppowa*, Widerstand als Kategorie krisen- und differenzsensibler jüdischer Erwachsenenbildung nach 1933, in: Richard Janus u. a. (Hg.), Katastrophen. Religiöse Bildung angesichts von Kriegs- und Krisenerfahrungen im 19. und 20. Jahrhundert, Leipzig 2023, 255–269.

[62] Unter Rückgriff auf Franz Rosenzweig und Emmanuel Levinas siehe beispielsweise *Bernhard Grümme*, Vom Anderen eröffnete Erfahrung. Zur Neubestimmung des Erfahrungsbegriffs in der Religionsdidaktik, Freiburg im Breisgau/Gütersloh 2007.

[63] Siehe explizit *Elisa Klapheck/Rosa Rappoport*, Respekt vor dem Anderssein – ein Gespräch über Jüdischen Religionsunterricht und die Möglichkeit von interreligiösen Elementen, in: Jan Woppowa u. a. (Hg.), Kooperativer Religionsunterricht. Fragen – Optionen – Wege, Stuttgart 2017, 124–139.

besondere auf den traditionellen Lernbegriff eines rabbinisch geprägten Judentums zurück,[64] um gewissen Aporien und Herausforderungen religiösen Lernens in der Gegenwart auf alternative Weise begegnen zu können und im Vergleich zu neuen Einsichten in die Gestaltung solcher Lernprozesse zu kommen. Hier gewonnene Erkenntnisse reichen idealerweise bis in die Gestaltung konkreter Unterrichtsentwürfe für den schulischen Religionsunterricht hinein.[65] Darüber hinaus ist beispielsweise zu fragen, welche Rolle eine spezifische Toradidaktik für die Weiterentwicklung christlicher Bibeldidaktik im Umgang mit dem Ersten Testament spielen kann, nicht zuletzt auf der Grundlage eines jüdisch-christlichen Dialogs auf bibelwissenschaftlicher Ebene.[66]

Was trägt der auf wissenschaftlicher Ebene geführte Dialog einer komparativen Religionspädagogik insgesamt aus? Ein übergeordnetes Spezifikum jüdischer Erziehungs- und Bildungskonzeptionen – seit der biblischen und talmudischen Zeit über das Mittelalter, die Haskala (jüdische Aufklärung) und Reformbewegung bis hinein in das 20. Jahrhundert vor und nach der Schoa – mag darin liegen und aus religionspädagogischer Sicht interessant und relevant sein, dass sich jüdische Lerntraditionen und Bildungsansätze zum einen oftmals aus gesellschaftlichen Minderheitensituationen heraus entwickeln und dadurch eine besondere Kohärenz und organische Einheit zeigen. Das gilt beispielsweise für jüdische Lernkulturen, die über die biblische und die talmudische Zeit hinaus durch die Autorität festgelegter Texte, durch rituelles Lernen und eine Lese- und Lerngemeinschaft geprägt sind.[67] Als implizite didaktische Grundsätze können dabei Dialogizität, Diskursivität und eine Orientierung an der Lebenspraxis gelten. Zum anderen ist vielen jüdischen Bildungsansätzen zu eigen, dass sie in enger Auseinandersetzung mit der sie umgebenden und sich verändernden früh- beziehungsweise spätmodernen Gesellschaft entstehen. Deutlich wird das beispielsweise im konzeptionellen Grundsatz der sogenannten modernen Orthodoxie um Samson Raphael Hirsch (1808–1888), traditionell-jüdische und modern-allgemeine Bildung miteinander zu verknüpfen. Dabei galt der Leitsatz „Tora im Derech Eretz" als richtungsweisend, das heißt Toralernen „mit dem Weg (und der Kultur) des Landes" zu vereinbaren. Einen ähnlich zeitsensiblen, zugleich traditionsbezogen und gesellschaftlich relevanten Bildungsentwurf kann man in der Phase jüdischer Erwachsenenbildung während der 1920er- und 1930er-Jahre in Deutschland erkennen, ausgehend vom Begriff des „neuen Lernens" Franz Rosenzweigs im Frankfurter Lehrhaus bis hin zu einer jüdischen Erwachsenenbildung als „geistiger Widerstand" in der Zeit des Nationalsozialismus, teilweise durch transnationale und transkulturelle Prozesse fortgesetzt im Aufbau eines jüdischen Erziehungs- und Bildungswesens in Israel.[68] Aus religionspädagogischer Perspektive liefern solche Traditionen und Entwürfe wertvolle Impulse für eine Theoriebildung religiösen Lernens und religiöser Bildung in der späten Moderne unter den Bedingungen von Säkularität und religiös-weltanschaulicher Pluralität.

3. Aktuelle Herausforderungen

Herausforderungen für eine christliche Religionspädagogik im Horizont des jüdisch-christlichen Dialogs liegen auf mehreren Ebenen. Im Folgenden wird daher unterschieden zwischen einer disziplinbezogenen Ebene (3.1), einer empirisch-forschungsbezogenen und professionsorientierten (3.2), einer konzeptionellen (3.3) sowie einer praxisbezogenen Ebene (3.4).

3.1 Disziplinbezogene Ebene

Bei allem bislang Erreichten sind zwei wesentliche Aufgaben zu erkennen: Zum einen können der jü-

---

[64] Siehe beispielsweise *Greve*, Erinnern lernen (s. o. Anm. 47); *Bernd Schröder*, Jüdisches Lehren und Lernen – Spiegelungen, in: ders., Religionspädagogik angesichts des Judentums (s. o. Anm. 1), 395–444; *Jan Woppowa*, Lernen als Lebensform? Komparative Religionsdidaktik in der Spur jüdischen Lernens, in: ders., Religionsdidaktik, Paderborn 2018, 202–208.

[65] Siehe explizit *Nurith Schönfeld*, (K)ein Turmbau zu Babel – wie man (nicht) berühmt wird oder ernste Gesellschaftskritik?! Jüdische Lerntraditionen und Multiperspektivität am Beispiel von 1 Moses 11,1–9. Ein Unterrichtsvorhaben für die Jahrgangsstufen 8 und 9, in: Religion unterrichten 3 (2022), H. 1, 29–52 (https://www.vr-elibrary.de/toc/reun/3/1).

[66] Siehe dazu auch den Beitrag von *Barbara Schmitz* in diesem Band sowie *Hanna Liss*, Die Tora im Judentum, in: Zeitschrift für Pädagogik und Theologie 67 (2015) 113–124.

[67] Siehe *Bruno Landthaler*, Jüdische Lernkulturen und das Judentum in Deutschland, in: Harry H. Behr u. a. (Hg.), Zukunftsfähiger Religionsunterricht zwischen tradierter Lernkultur, jugendlicher Lebenswelt und religiöser Positionalität (Religionspädagogische Gespräche zwischen Juden, Christen und Muslimen 7), Berlin 2021, 13–48.

[68] Siehe *Woppowa*, Widerstand und Toleranz (s. o. Anm. 60); *ders.*, Widerstand als Kategorie (s. o. Anm. 61).

disch-christliche Dialog beziehungsweise die aus den Verhältnisbestimmungen zwischen Judentum und Christentum gewonnenen Erkenntnisse in der Religionspädagogik noch stärker rezipiert werden. Damit geht einher, eine spezifisch praktisch-theologische beziehungsweise religionspädagogische Dimension des Dialogs zu profilieren; denn Praktische Theologie geht nicht darin auf, systematisch- oder biblisch-theologische Einsichten lediglich in ausgewählten Praxisfeldern zur Anwendung zu bringen. Darunter fallen beispielsweise die folgenden Fragen:[69] Wie reagieren jüdische Strömungen und christliche Konfessionen auf die Herausforderungen der religiösen Pluralisierung? Wie gehen sie jeweils mit vielgestaltigen Tradierungskrisen um? Welche Konzepte religiöser Identitätsbildung in der späten Moderne liegen vor, auch unter der Bedingung gesellschaftlicher Minderheitensituationen? Welche Ähnlichkeiten und Differenzen bestehen in Ausdrucksformen eines individuellen religiösen Lebensstils unter spätmodernen Bedingungen? Vor welchen spezifischen Herausforderungen stehen der jüdische beziehungsweise christliche Religionsunterricht, und welche Bedeutung besitzen dabei Formate des Dialogs und der Kooperation? Welche Möglichkeiten einer jüdisch-christlichen dialogisch-kooperativen religiösen Bildungsverantwortung in Schule und Gesellschaft gibt es? Was sind praktisch-theologische, politisch-gesellschaftliche oder sozialethische Zukunftsaufgaben, die gemeinsam von Juden und Christen zu bearbeiten wären? Usw.

Zum anderen bleibt es für das eigene Selbstverständnis unverzichtbar, eine gegenwärtige und zukünftige Religionspädagogik *nach der Schoa* zu betreiben, die sich selbst einer kritischen Erinnerung (s. o. Abschnitt 2.3) verpflichtet weiß und in der die eigene Theoriebildung nicht nur im Angesicht des Judentums, sondern auch im direkten Austausch mit jüdischen Dialogpartnerinnen und -partnern (s. o. Abschnitt 2.4) erfolgt. Darin liegt jedoch zugleich ein Problem: Eine weitgehend fehlende beziehungsweise rein zahlenmäßig nur sehr schwach aufgestellte jüdische Religionspädagogik als universitäre Disziplin (nicht zuletzt auch der Religionslehrerbildung) hierzulande lassen es – bis auf wenige Ausnahmen – immer noch relativ unwahrscheinlich erscheinen, dass sich ein jüdisch-christlicher Dialog auf dem Gebiet der wissenschaftlichen Religionspädagogik intensivieren und etablieren lässt. Angesichts dieser Problematik wird auch zukünftig ein Bewusstsein dafür notwendig sein, in komparativer Absicht für die eigene Theoriebildung religionspädagogisch relevante Denkfiguren und Wissensbestände im Bereich jüdischer Erziehung und Bildung zur Kenntnis zu nehmen und dabei zugleich auch strukturellen Differenzen und Grenzen der Übertragbarkeit gerecht zu werden.

3.2 Ebene der Unterrichtspraxis und der Professionalisierung von Lehrkräften

Die oben aufgezeigten Probleme im Umgang mit dem Judentum und dem jüdisch-christlichen Verhältnis insbesondere im Religionsunterricht und entsprechenden Bildungsmedien legen nahe, die Beobachtung und kritische Reflexion unterrichtlicher Praxis als zukünftige Herausforderung ernst zu nehmen. Dabei spielen wie insgesamt in der empirischen Unterrichtsforschung ethnographische und praxistheoretische Zugänge eine zunehmend wichtige Rolle. Denn beide widmen sich einer realen Praxis im Bildungsgeschehen, die jenseits bestehender Intentionen von Lehrkräften in den Blick kommt. Das ist insofern hinsichtlich der hier vorliegenden Thematik relevant, als man zum einen Religionslehrkräften in der Mehrheit keine antijüdischen beziehungsweise antisemitischen Absichten unterstellen kann, zum anderen aber solche Formen im Unterricht begegnen oder sich in Bildungsmedien abbilden (s. o. Abschnitt 2.1). Der Zugang ethnographischer Unterrichtsforschung beobachtet in erster Linie eine Praxis jenseits bestehender Intentionalität und didaktischer Konzeptionen und ist bemüht, die beobachtete Praxis zu deuten. Zwei aktuelle Beispiele aus dem katholischen Religionsunterricht können das veranschaulichen:[70]

– Im Rahmen einer offenen Aufgabenstellung zu Beginn einer Unterrichtsreihe sollen die Schülerinnen und Schüler darüber Auskunft geben, was sie über Judentum, jüdisches Leben und das jüdisch-christliche Verhältnis wissen. In den Antworten sind einige Grundlagen (Jesus als Jude, gemeinsame Wurzeln und anderes)

---

[69] Siehe *Bernd Schröder*, Praktische Theologie und christlich-jüdisches Gespräch. Versuch einer Orientierung, in: ders., Religionspädagogik angesichts des Judentums (s. o. Anm. 1), 107–122, hier 120 f.

[70] Siehe *Doreen Levenig*, Das christlich-jüdische Verhältnis im Wandel. Eine ethnographische Studie im katholischen Religionsunterricht der Sekundarstufe I, Masterarbeit, Paderborn 2023 (https://digital.ub.uni-paderborn.de/urn/urn:nbn:de:hbz:466:2-44772).

erkennbar, aber auch viel Nichtwissen und fachliche Unsicherheit. Nicht zuletzt aber fällt auf, dass Schülerinnen und Schüler unreflektiert immer wieder klassische Stereotype über das Judentum („strenge Gesetze", „alte Religion"), über Jüdinnen und Juden („wohlhabend", „früher ziemlich reich") reproduzieren und in Dominanzstrukturen über das Verhältnis zwischen Judentum und Christentum („bessere Religion", „moderner") denken.

– Damit kann auch ein Lehrerverhalten korrespondieren, das solchen Unsicherheiten, Stereotypisierungen und Abwertungsmechanismen nur ungenügend begegnet, sei es aus eigener Unwissenheit oder aus der Überforderung, mit entsprechenden Unterrichtssituationen umzugehen. Das gilt beispielsweise dann, wenn auf die Behauptung eines Schülers: „Die Christen meinen ja quasi, dass sie die Besseren sind" die Lehrkraft nur entgegnet: „Das ist ja alles Quatsch!" und keine weiteren Problematisierungen oder Klärungen vornimmt.

Solche Beobachtungen machen deutlich: In den meisten Fällen liegt der Korrekturbedarf bei der eigenen Sicht auf andere Religionen, insbesondere das Judentum, „weniger auf der Ebene der Haltung oder der Gering- oder Wertschätzung im Allgemeinen, sondern im Detail – die Wortwahl, die Verzeichnung eines Sachverhalts, die unbewusste Beurteilung von etwas aus der eigenen Perspektive sind es, die zu denken geben".[71] Wenn man solche Erkenntnisse in ihrer Relevanz für die Professionalität von Religionslehrkräften bedenkt, dann steht man vor der Frage nach einer notwendigen und hinreichenden Professionalisierung von (angehenden) Lehrerinnen und Lehrern in allen Phasen der Lehrerbildung, das heißt in Studium, Vorbereitungsdienst und im Kontext von Lehrerfortbildung. Denn es ist eine Sache, mit bestimmten individuellen Haltungen und Einstellungen und ausgerüstet mit didaktischen Theorien und Modellen sowie reflektierten Intentionen in den Unterricht zu gehen; eine andere Sache ist die Praxis selbst, der mit einer geschulten Reflexivität zu begegnen ist, um beispielsweise Antijudaismen, Othering-Prozesse oder Dominanzstrukturen erkennen und dekonstruieren zu können. Diese Fähigkeit wird zukünftig an Relevanz gewinnen, wenn man bedenkt, dass zum einen ein professioneller Umgang mit religiös-weltanschaulicher Heterogenität in den Lerngruppen immer wichtiger wird. Zum anderen ist das Unterrichten anderer Religionen und Weltanschauungen in den entsprechenden Lehrplänen fest etabliert, aber hinsichtlich seiner Problematiken nicht immer hinreichend reflektiert. Dem Themenfeld Judentum und jüdisch-christlicher Dialog kommt dabei aus historischen, theologischen, kulturellen und politisch-gesellschaftlichen Gründen eine spezifische Relevanz zu, der in der Professionalisierung von Religionslehrkräften mehr als bisher Rechnung zu tragen ist.

Ein entsprechender Kompetenzerwerb, verteilt auf die drei Phasen der Lehrerbildung, müsste unter anderem Folgendes beinhalten:

– Erste Lehrerbildungsphase (Studium): Erwerb von Fachwissen über Judentum, jüdisches Leben und Denken sowie das jüdisch-christliche Verhältnis; fachdidaktisches Wissen über interreligiöses Lernen und einen spezifisch jüdisch-christlichen Lernprozess einschließlich Theoriewissen über problematische Aspekte und Praktiken; Sensibilisierung für Antijudaismus und Antisemitismus; Aufbau von Praxisreflexivität durch Schulbuchanalysen und theoriegeleitete Reflexion von Unterrichtspraktika;
– Zweite Lehrerbildungsphase (Vorbereitungsdienst): Ausbau fachdidaktischen Wissens über den Umgang mit religiöser Pluralität und Heterogenität in Schule und Unterricht; Vertiefung von Praxisreflexivität in der selbstkritischen Reflexion eigener Praxis und selbst verwendeter beziehungsweise erstellter Unterrichtsmaterialien; Kennenlernen außerunterrichtlicher und außerschulischer Lernorte zur Erkundung und Begegnung jüdischen Lebens und jüdischer Lokalgeschichte; Sensibilisierung für Erinnerungskultur und Antisemitismusprävention;
– Dritte Lehrerbildungsphase (Fort- und Weiterbildung): kontinuierlicher Ausbau von Fach- und fachdidaktischem Wissen; Wahrnehmen, Prüfen und Neugestalten medialer Ressourcen zum Judentum; kritische Sichtung, Auswahl und Mitgestaltung von Bildungsmedien und eingeführten Lehrwerken; antisemitismuskritische Schulungen; Verantwortungsübernahme für Schulprogrammarbeit zur Erinne-

---

[71] *Bernd Schröder*, Judentum und Islam unterrichten – Forschungserträge und Unterrichtsimpulse, in: Jahrbuch der Religionspädagogik 36 (2020) 256–272, hier 262 f. = ders., Religionspädagogik angesichts des Judentums (s. o. Anm. 1), 493–508, hier 499.

rungskultur und Antisemitismusprävention;[72] Aufbau von lokalen jüdisch-christlichen Netzwerken.

3.3 Konzeptionelle Ebene: interreligiöse Bildung und kooperativer Religionsunterricht

Auf Ebene religionsdidaktischer Konzeptionen lässt sich heute die Gefahr einer Relativierung des jüdisch-christlichen Verhältnisses und seiner Spezifika erkennen. Denn nach den bahnbrechenden Ergebnissen des „Lernprozesses Christen Juden" in den späten 1970er- und in den 1980er-Jahren ist die Beschäftigung mit dem spezifischen Verhältnis zum Judentum in den Hintergrund gerückt, und zwar innerhalb eines nun weitaus breiter gewordenen Themenfeldes des Unterrichtens über andere Religionen, des interreligiösen Dialogs beziehungsweise des interreligiösen Lernens. Im Kontext interreligiöser Bildung spielen dabei gegenwärtig folgende Ansätze eine zentrale Rolle: das sogenannte Trialogische Lernen,[73] das Interreligiöse Begegnungslernen einschließlich der Rezeption von Begegnungsprogrammen mit Jüdinnen und Juden[74] sowie peer-orientierte Zugänge zur gedanklichen Auseinandersetzung mit dem religiösen Leben gleichaltriger Kinder beziehungsweise Jugendlicher.[75] In dieser mittlerweile erreichten Vielfalt von Ansätzen und in der Ausweitung auf eine größere religiöse Pluralität liegen im Blick auf die Lebenswelten von Kindern und Jugendlichen zweifellos eine pädagogische Notwendigkeit sowie eine didaktische Chance zum Erwerb religiöser Pluralitätsfähigkeit. Aber auch im Kontext interreligiöser Bildung gilt es auf der Ebene didaktischer Konzeptentwicklung, die Besonderheit des Verhältnisses zum Judentum zu betonen, einen jüdisch-christlichen Lernprozesses in spezifischer Weise zu profilieren und von interreligiösen Lernprozessen im Allgemeinen zu unterscheiden. Gewiss haben sich seit Ende der 1980er-Jahre die lebensweltlichen und gesellschaftlichen Bedingungen durch Globalisierung, Pluralisierung und Individualisierung noch einmal massiv verändert, aber aus theologischen und religionspädagogischen Gründen sind die von Hubertus Halbfas gezogenen Folgerungen im Prinzip durchaus noch zustimmungsfähig:

> Für die Religionspädagogik dürfte eine der wichtigsten Folgen sein, ‚das Judentum' nicht länger distanzierend in das Spektrum der Weltreligionen einzuordnen. Zwar wird der Lehrplan dem Judentum auch gesondert Plätze einräumen, aber wichtiger ist zunächst doch, daß vom jüdischen Glauben und von jüdischer Geschichte stets auch theologieimmanent gesprochen wird, gleichsam im Prozeß der Erschließung des christlichen Selbstverständnisses.[76]

Wenn man interreligiöses Lernen mit Bezug auf etablierte religiöse Traditionen in der Regel auch als intrareligiöses Lernen, das heißt als Neuverstehen der christlichen Tradition, begreift, bekommt die zitierte Folgerung von Halbfas noch einmal eine eigene Relevanz für konzeptionelle Ansätze des interreligiösen Lernens. Denn das Verstehen des Christentums bleibt notwendig an das Judentum verwiesen.

Darüber hinaus spielt die konzeptionelle Ebene der Modelle des schulischen Religionsunterrichts nach Artikel 7,3 GG eine wichtige Rolle. Denn einerseits wird Religionsunterricht gegenwärtig und zukünftig immer stärker vom Gedanken der Kooperation geprägt. Was zunächst in konfessioneller Kooperation gedacht worden und zur Realisierung gekommen ist oder weiterhin kommt, wird immer mehr auch interreligiös weiterentwickelt.[77] Dafür gibt es religions- und schulpädagogische Gründe; denn die Schule im Allgemeinen und der Religionsunterricht im Besonderen sind die Orte, an denen sich Kinder und Jugendliche unterschiedlicher Religionen und Kulturen mehr als in anderen Kontexten „de facto kontinuierlich und ‚dicht' begegnen",[78] sodass eine dialog- und pluralitätsbefähigende Bildung zwingend hierhergehört. Der bekenntnisgebundene Religionsunterricht

---

[72] Siehe dazu beispielsweise das Ökumenische Gütesiegel „Zusammen gegen Antisemitismus" für kirchlichen Schulen in Niedersachsen: https://www.schulstiftung-os.de/aktuelles/detailseite/schulen-erhalten-auszeichnung-fuer-arbeit-gegen-antisemitismus.
[73] Siehe dazu oben Abschnitt 1.1.
[74] Siehe beispielsweise *Katja Boehme*, Interreligiöses Begegnungslernen. Grundlegung einer fächerkooperierenden Didaktik von Weltsichten, Freiburg im Breisgau 2023.
[75] Siehe beispielsweise die Arbeiten von *Karlo Meyer* (s. o. Anm. 25).

[76] *Halbfas*, Judentum (s. o. Anm. 6), 135.
[77] Siehe beispielsweise *Jan Woppowa*, Erfahrungen mit interreligiöser Kooperation im Religionsunterricht. Exemplarische Ein- und Ausblicke, in: Friedrich Schweitzer/Fahimah Ulfat/Reinhold Boschki (Hg.), Interreligiöse Kooperation im Religionsunterricht. In Zusammenarbeit mit Rebecca Miriam Humpert, Münster 2023, 115–126.
[78] *Bernd Schröder*, Von der Zwiesprache zum dreiseitigen Gespräch? Christlich-jüdischer Dialog und Islam in religionspädagogischer Perspektive, in: ders., Religionspädagogik angesichts des Judentums (s. o. Anm. 1), 93–98, hier 96.

verschiedener Religionsgemeinschaften bietet dafür die erste und beste Gelegenheit, was bei den Lehrkräften allerdings die Bereitschaft zur Kooperation, das Verständnis für andere Religionen und deren Mitglieder sowie das Fachwissen über andere religiöse Traditionen als Gelingensbedingung kooperativer Unterrichtsformate notwendig voraussetzt. Nicht zuletzt machen solche Bemühungen auch eine theoriebezogene Kenntnis des Selbstverständnisses, der Ziele und Aufgaben beispielsweise des Jüdischen oder Islamischen Religionsunterrichts erforderlich. Weil auf dieser Ebene durchaus differente Vorstellungen vorliegen können, ist in konzeptionell geführten Diskussionen über zukünftige Modelle des schulischen Religionsunterrichts darauf Wert zu legen, dass der Eigenstand und das Selbstverständnis des Jüdischen Religionsunterrichts geachtet und dieser (wie auch der Islamische Religionsunterricht) vor einer vorschnellen christlichen Vereinnahmung geschützt wird.[79] Kooperative Modelle sind zu erproben, regional oder lokal möglicherweise auch strukturell zu verankern, aber keinesfalls von einer christlich-religionspädagogischen Mehrheitskultur aufzuoktroyieren.

3.4 Ausweitung auf andere Lernorte: der jüdisch-christliche Dialog als Lernprozess

Was gegenüber dem zuletzt Skizzierten und darüber hinaus sicherlich hilfreich und zielführend wäre, ist die Erweiterung des Religionsunterrichts der christlichen Bekenntnisse um außerunterrichtliche Möglichkeiten des jüdisch-christlichen Dialogs, gleichsam als Horizont des Religionsunterrichts und seiner konzeptionellen Grundlegungen. Damit geht die vierte hier beschriebene Herausforderung über den schulischen Lernort hinaus und reicht hinein in den gesamten Bildungskontext einschließlich katechetischer beziehungsweise gemeindepädagogischer Handlungsfelder. Insofern ein Dialog immer prozesshaft und unabgeschlossen ist, kann man den jüdisch-christlichen Dialog selbst als bleibenden Lernprozess bezeichnen. Denn der Eindruck, dass den Dialogbemühungen nach ihrer Hochkonjunktur in der zweiten Hälfte des 20. Jahrhunderts, insbesondere nach der Konzilserklärung „Nostra Aetate", gegenwärtig der Ruf eines esoterischen, das heißt in sich geschlossenen Binnendiskurses unter Experten anhaftet, dürfte nicht ganz falsch sein.[80] Wenn demgegenüber aus religionspädagogischer Sicht der jüdisch-christliche Dialog selbst als Lernprozess charakterisiert wird, lässt sich beispielsweise danach fragen,

– wo er sich besonders anschlussfähig zeigt an die Lebenswelt und an die Erfahrungen von Kindern, Jugendlichen und Erwachsenen in unserer Gesellschaft oder ob man ihm eher einen „Mangel an lebensweltlichen Bezügen"[81] attestieren müsste;
– an welchen Orten er sich bislang selbst verankert oder ob er zukünftig noch intensiver neue, andere analoge und digitale Lernorte jenseits von Kirchengemeinden, Akademien und Hochschulen erschließen müsste (beispielsweise in der kirchlichen Pfarrer- und Priesterbildung oder in der Ausbildung von Pastoral- und Gemeindereferentinnen und -referenten);
– was er austrägt für die Gestaltung eines individuellen religiösen Lebensstils aus den Quellen bestimmter Glaubenstraditionen heraus, aus christlicher Sicht insbesondere angesichts eines radikalen Traditionsabbruchs und Glaubwürdigkeitsverlusts der Kirchen und ihrer spirituellen Formen;[82]
– welche lebensrelevanten Themen er auf seiner Agenda hat, um nicht nur Expertinnen und Experten für sich zu gewinnen;
– ob er gesellschaftlich und ethisch relevante Aufgaben identifiziert, die angesichts einer säkularen Mehrheitsgesellschaft zukünftig von Juden und Christen sinnvollerweise gemeinsam zu bearbeiten wären (beispielsweise soziale Gerechtigkeit, Zukunft religiöser Bildung, Umgang mit religiösen Minderheiten, religiöser Fundamentalismus und anderes).[83]

---

[79] Siehe *Klapheck/Rappoport*, Respekt (s. o. Anm. 63) sowie *Elisa Klapheck/Bruno Landthaler/Rosa Rappoport*, Deutschland braucht jüdischen Religionsunterricht (Machloket/Streitschriften 4), Berlin 2019; *Mark Krasnov*, Religionsunterricht in jüdischer Perspektive, in: Ulrich Kropač/Ulrich Riegel (Hg.), Handbuch Religionsdidaktik, Stuttgart 2021, 92–98; *Jessica Schmidt-Weil*, Die Suche nach dem identitätsstiftenden Potential des Religionsunterrichts in jüdischen Gemeinden in Deutschland, Frankfurt am Main 2007.

[80] Siehe *Bernd Schröder*, Perspektiven für den jüdisch-christlichen Dialog, in: ders., Religionspädagogik angesichts des Judentums (s. o. Anm. 1), 31–46, hier 39.
[81] *Schröder*, Perspektiven (s. o. Anm. 80), 36.
[82] Vgl. dazu auch den Beitrag von *Christian M. Rutishauser* über eine „Theologie der Spiritualität angesichts des jüdisch-christlichen Dialogs" in diesem Band.
[83] Vgl. dazu auch die sogenannten Berliner Thesen (s. o. Anm. 16), bes. die Thesen 9–12.

Die religionspädagogischen Herausforderungen machen einmal mehr deutlich, dass sie nur in doppelter Richtung zu bearbeiten sind: im Rahmen einer religionspädagogischen Theoriebildung sowie im Blick auf religionspädagogische und religionsdidaktische Praxis an den verschiedenen Lernorten. Beides wiederum wird nur im interdisziplinären Gespräch mit den anderen theologischen Disziplinen, aber auch mit den Erziehungs- und anderen Humanwissenschaften gelingen können.

4. Weiterführende Literatur

Jahrbuch der Religionspädagogik, Band 36: Judentum und Islam unterrichten, hg. von Stefan Altmeyer u. a., Göttingen 2020.

Lernprozeß Christen Juden, hg. von Günter Biemer, 10 Bände, Freiburg im Breisgau u. a. 1980–1995.

Netzwerk antisemitismus- und rassismuskritische Religionspädagogik und Theologie (https://narrt.de).

Religion 5–10, Heft 49/2023: Wie leben Jüdinnen und Juden heute?

Religion unterrichten, Heft 1/2022: Judentum und Christentum im Dialog, hg. von Winfried Verburg und Jan Woppowa (https://www.vandenhoeck-ruprecht-verlage.com/zeitschrift-religion-unterrichten).

Religionspädagogische Gespräche zwischen Juden, Christen und Muslimen, hg. von Harry Harun Behr/Katja Boehme/Bruno Landthaler/Bernd Schröder, bisher 8 Bände, Berlin 2009 ff.

relithek. Ein Multimediaportal zur (inter)religiösen Verständigung und Bildung (https://relithek.de).

Bernd Schröder, Religionspädagogik angesichts des Judentums. Grundlegungen – Rekonstruktionen – Impulse (Praktische Theologie in Geschichte und Gegenwart 39), Tübingen 2023.

Verzeichnis der Autorinnen und Autoren

Mag. theol. Tamar A. Avraham, Jg. 1965, Gastdozentin beim Theologischen Studienjahr an der Dormitio-Abtei in Jerusalem, Aufträge in interreligiöser Bildungsarbeit, Übersetzerin Deutsch/Hebräisch.

Dr. Thomas Brechenmacher, Jg. 1964, ist Professor für Neuere Geschichte mit dem Schwerpunkt deutsch-jüdische Geschichte an der Universität Potsdam.

Dr. Albert Gerhards, Jg. 1951, ist emeritierter Professor für Liturgiewissenschaft an der Katholisch-Theologischen Fakultät der Rheinischen Friedrich-Wilhelms-Universität Bonn.

Dr. Johannes Heil, Jg. 1961, ist Professor für Religion, Geschichte und Kultur des europäischen Judentums an der Hochschule für Jüdische Studien Heidelberg.

Dr. Gregor Maria Hoff, Jg. 1964, ist Professor für Fundamentaltheologie und Ökumenische Theologie an der Universität Salzburg.

Dr. Christian M. Rutishauser, Jg. 1965, ist Delegat für Hochschulen der Jesuiten in Zentraleuropa; Lehrbeauftragter für Judaistik an der Hochschule für Philosophie in München.

Dr. Barbara Schmitz, Jg. 1975, ist Professorin für Altes Testament und biblisch-orientalische Sprachen an der Julius-Maximilians-Universität Würzburg.

Dr. Heinz-Günther Schöttler, Jg. 1950, war von 2000 bis 2016 Professor für Pastoraltheologie und Homiletik an den Universitäten Bamberg und Regensburg, von 2002 bis 2023 Ephraim-Veitel-Dozent für Homiletik in der Ausbildung von Rabbinerinnen und Rabbinern am Abraham-Geiger-Kolleg und am Zacharias-Frankel-College sowie Lehrbeauftragter an der School of Jewish Theology der Universität Potsdam.

Dr. Bernd Schröder, Jg. 1965, ist Professor für Praktische Theologie mit Schwerpunkt Religionspädagogik an der Theologischen Fakultät der Georg-August-Universität Göttingen.

Dr. Thomas Schumacher, Jg. 1966, ist Professor für Neues Testament an der Theologischen Fakultät der Universität Freiburg (Schweiz).

Dr. Christina Späti, Jg. 1971, ist Professorin für Zeitgeschichte an der Universität Freiburg (Schweiz) und an der FernUni Schweiz.

Dr. Susanne Talabardon, Jg. 1965, ist Professorin für Judaistik an der Otto-Friedrich-Universität Bamberg.

Dr. Stephan Wahle, Jg. 1974, ist Professor für Liturgiewissenschaft an der Theologischen Fakultät Paderborn.

Dr. Jan Woppowa, Jg. 1974, ist Professor für Religionsdidaktik am Institut für Katholische Theologie in der Kulturwissenschaftlichen Fakultät der Universität Paderborn.

Sachregister

Abrahamitic Family House (Abu Dhabi) 21
Abrahamskindschaft 39, 86, 137, 155
Abrahamsverheißung 18, 138, 177, 178
– Christen als Erben der ~ 11, 138
Achad Ha-Am 90, 97
Achtzehn-Bitten-Gebet *siehe* Amida
Agenda 2030 (Vereinte Nationen) 38, 39
Ahrens, Jehoschua 54
Akiva, Rabbi (Martyrium) 162, 195
Al-Aksa-Moschee 94, 95
Al-Tayeb, Ahmed 21
Alacoque, Margareta Maria 196
Alexander II. 145
Alija, Erste 98, 99
Alija, Zweite 89, 99, 100
Alkalai, Jehuda 91
Allegorese 42, 43 Anm. 11
„alttestamentarisch" 119 mit Anm. 54
– „Auge um Auge" als vermeintlicher Ausdruck von Rachsucht 65, 119, 225
– Klischee vom zornigen Gott des Alten Testaments und dem barmherzigen Gott des Neuen Testaments 113, 119 f.
Ambrosius von Mailand 75, 142, 209
American Jewish Committee 8
„Amici Israel" 7 Anm. 2, 85, 147 Anm. 36
Amida (Achtzehn-Bitten-Gebet) 91, 173, 196
Amir, Yigal 101
Ämter, öffentliche
– Ausübungsverbot für Juden 74, 78, 82
– Ausübungsverbot für „Neuchristen" (konvertierte Juden und Muslime) 69
Antijudaismus, kirchlich-theologischer 7, 12, 27, 41, 58 f., 68, 83, 84, 85, 124, 128–137, 145–149, 156, 159, 178; *siehe auch* Substitutionslehre
– Definition 57, 149
– Grundlagen im Neuen Testament 31, 128–132
– Kampf gegen ~ 7, 24, 53, 224; *siehe auch* Antisemitismusbekämpfung
Antisemitismus (Definitionen) 57, 59–62, 64 f., 149
– 3D-Test 64 f.
– IHRA-Definition 60 f.
– Jerusalemer Erklärung zum Antisemitismus (Jerusalem Declaration on Antisemitism) 61 f., 64
– Nexus-Dokument 61
Antisemitismus (Formen) 62–68
– antikapitalistischer ~ 57, 65, 83
– ~ von links 63, 65 f., 71
– ~ von rechts 67
– israelbezogener ~ 63–67, 71
– muslimischer ~ 62 f., 66 f.
– neuer ~ 62 f.
– Rassen~ 59, 70, 83, 85, 149

– sekundärer ~ 62, 71
Antisemitismus (Geschichte) 68–71; *siehe auch* Judenverfolgungen; Judenvertreibungen
– Entstehung des neuzeitlichen ~ 70, 85, 149
– Nationalismus und ~ 70, 87
– Nationalsozialismus 66, 70, 83, 84; *siehe auch* Schoa
– päpstliche Verurteilung (1928) 84 f.
Antisemitismus-Streit, Berliner (1879–1881) 70
Antisemitismusbekämpfung, -verurteilung und -prävention 7 f., 9, 12, 14, 24, 29, 36, 83, 84 f., 159, 227 f., 233 f.
– Beauftragte/r der Bundesregierung für jüdisches Leben in Deutschland und den Kampf gegen Antisemitismus 36
– Netzwerk antisemitismus- und rassismuskritische Religionspädagogik und Theologie (narrt) 228
Antizionismus 63–66, 71
– ~ und Antisemitismus 65
– antizionistischer Antisemitismus 64
– jüdischer ~ 64, 91 f.
Arbeiterpartei, israelische 101
Arbeitsgemeinschaft Theologie der Spiritualität 189
Aschkenasy, Yehuda 27, 35
Ashkénasi, Léon Yehouda 16
Aufklärung, europäische 69, 81, 83, 87; *siehe auch* Haskala
„Auge um Auge" 65, 119, 225
Augustinus, Aurelius 44 Anm. 19, 75, 77, 143 f., 152, 207
Auschwitz 1, 10 f., 12, 180, 182, 229
– „Theologie nach ~" 27, 166, 169, 229
Ausgrenzung von Juden 57, 92, 147–149; *siehe auch* Ghettos
– Kennzeichnungspflicht (Kleidung) 74
– Mischehenverbot 68, 114 Anm. 32
– Verbot, christliche Sklaven zu besitzen/christliche Dienstboten zu haben 68, 75, 78, 80, 81
– Verbot, öffentliche Ämter auszuüben 74, 78, 82
Aviner, Shlomo 98

Baeck, Leo 32 Anm. 55, 49, 193
Bahnlesungen *siehe* Leseordnung
Balfour-Erklärung 89, 94
Bamberger Dom 209 Anm. 26
Bar-Kochba-Aufstand 96, 110
Barak, Ehud 101
Barcelona, Zwangsdisputation (1263) 46
Bea, Augustin Kardinal 8
Begin, Menachem 101
Beistandsformel 217
Ben-Gurion, David 96 f., 97 f., 100
Benamozegh, Elijah 48 Anm. 45, 51
Benedictus (Lk 2,68–79) 171, 197

Benedictus (Mt 21,9) *siehe* Sanctus
Benedikt XIV. 77, 78, 79
Benedikt XVI. (Joseph Ratzinger) 17 f., 19 f., 21, 167
Benveniste, Isaac 75
Beracha 174
Bernhard von Clairvaux 76 f.
Bertram, Adolf Johannes Kardinal 83
Beschneidung Jesu, Fest der 179, 185, 194
Betlehembrüder/Betlehemschwestern *siehe* Monastische Familie von Betlehem, der Aufnahme Mariens in den Himmel und des heiligen Bruno
Bibel *siehe* Kanon; Schriftauslegung
Bibeldidaktik 223, 231
Bilderverehrung (Idolatrie) 43, 148
Bindung Isaaks 96, 192 f.
Birkat Hamazon 173, 175
birkat ha-minim 115
Birnbaum, Nathan 91
Blasphemie 43 mit Anm. 16
Blasphemien, antichristliche (Klischee)
– Juden (pauschal) 150
– Talmud 146
„Blindheit Israels/der Juden" 58, 135, 144, 146, 147
Blutreinheitsgesetze, spätmittelalterliche 69
Blutruf 75 f., 128 f.
Bollag, David 54
Borochov, Ber 90
Boyarin, Daniel 42
Boycott, Divestment, Sanctions (BDS) 60
Brocke, Edna 27, 35
Brunnenvergiftung 58, 147, 149
Buber, Martin 10, 49 f., 100, 102, 190, 199, 230
– Dialog mit Karl Ludwig Schmidt (1933) 35
Bund, alter und neuer 9, 19, 23, 32, 76, 160, 161, 162
Bund, ungekündigter (Israels bleibende Erwählung) 9, 10, 11, 23, 28, 32, 116, 122, 160, 165, 167, 177, 225
Bundesnomismus 125
Bundestheologie 161, 191

Cano, Melchior 167
Chagall, Marc 202
Chalkedon, Konzil von (451) 163
Chanukka 96
„Choveive Zion" 92
Christentumskritik, jüdische; *siehe auch* Messianität Jesu; Trinitätslehre
– Christentum als Götzendienst 16, 20, 45, 46
– Christentum ist nicht monotheistisch 43, 45
Christenverfolgungen 115, 129, 130, 145
Clemens VI. 147
Clemens VIII. 79
Clemens XIV. 77 f.
Codex Theodosianus: Judengesetzgebung 142, 144
Communauté du Chemin Neuf 199, 201
Conference of European Rabbis 21, 54
„Cum nimis absurdum" („Ghetto-Bulle", 1555) 78, 80

Dajjenu-Gebet 178
Dayan, Moshe 98
Dekalog (Zehn-Wort) 195, 196 f., 200, 202
Dialog
– Begriff 2
– Wesen und Ziel 10, 20
Dialog, interreligiöser 8, 9, 10, 30, 35, 38, 41, 45, 49, 50, 52, 54, 223, 234
– Sarah-Hagar-Initiative 27
Dialog, trilateraler 2, 21, 39
– Religionspädagogische Gespräche zwischen Juden, Christen und Muslimen 222
Dialogphilosophie 51, 190
Diaspora (Zerstreuung, jüdische) 8, 13, 97, 109
– Beginn der europäischen ~ 73
– ~ als Strafe Gottes 16, 143, 145
– ~ entspricht göttlicher Vorsehung 23
– Sammlung der Verstreuten 91
Diatessaron 112, 117
Didaktik der Weltreligionen 222
Dinur, Ben-Zion 96
Dohm, Johann Christoph von 46
Donin, Nicolaus 146
Doxologie 173, 174, 175, 184
Dreyfus-Affäre 70, 89
Dualismus, johanneischer 131 f.
Dubnow, Simon 90

Eck, Johannes 150
Eide, drei 91, 93, 94
Elvira, Synode von (358) 114 Anm. 32
Emanzipation(sbestrebungen), bürgerlich-jüdische 47, 70, 71, 79, 81, 82, 87
Emden, Jakob 20
Emser, Hieronymus 151
Erfüllungszitate im Neuen Testament 216, 217
Erinnerung (als Grunddimension religiöser Vollzüge) 164 f., 172, 174 f., 179, 183, 228
– anamnetische Religionspädagogik 228 f.
Erwählung Israels *siehe* Bund, ungekündigter
Eucharistie 20, 148, 171, 173 f., 176, 177, 178, 183, 193, 197, 201
– ~gebete 173, 175, 199
– frühchristliche ~feier 174 f.
European Monitoring Centre on Racism and Xenophobia (EUMC) 60
European Union Agency for Fundamental Rights (FRA) 60
Evangelisches Gottesdienstbuch 34
Extremismus, religiöser 55

Fakultätentag, Evangelisch-Theologischer 37
Faschismus 70
Faulhaber, Michael Kardinal von 83
Feinstein, Moshe 15
Felsendom 94, 95
Florenz, Konzil von (1442) 112
Folter 149 f.

Frankel, Zacharias 48 Anm. 42
Franziskus, Papst 9, 21, 160, 167, 191
Frühjudentum 42
- Religions- vs. Ethnizitätsmodell 109 f.
- Vielgestaltigkeit 109 f.
Fundamentaltheologie (Disziplin) 158

Gantz, Benny 101
Gaza-Streifen 102
Gebet, interreligiöses 183 f., 198
Gebetspraxis, jüdische und christliche 173–175
Gegenreformation 78 Anm. 29, 80
Geiger, Abraham 48 mit Anm. 42
„Gemeinschaft der Seligpreisungen" 200, 201
Georg-Eckert-Institut 225
Gesang und Spiritualität 202
Gesellschaften für christlich-jüdische Zusammenarbeit 27, 30, 222
- Deutscher Koordinierungsrat 36, 37 Anm. 88, 184 Anm. 70
Gesetz und Evangelium 31, 32; *siehe auch* Verheißung und Erfüllung
Gestirndienst 43, 44
Ghettos im Kirchenstaat 78–82, 180
- Einrichtung durch Paul IV. (Bulle „Cum nimis absurdum", 1555) 78, 80
- Ende 81, 82
- Wiedererrichtung des römischen Ghettos (1850) 180
Gloria in excelsis 171
Gordon, Aaron David 95
Goren, Shlomo 94, 95
Gottesdienst *siehe* Eucharistie; Synagogengottesdienst; Wortgottesdienst
Gotteslob (Gesangbuch) 181 f.
Gottesmordvorwurf 8, 58, 75 f., 77, 84, 128, 145, 225
Gottesname
- Heiligung 196
- Offenbarung des ~ns 194, 217
- Tetragramm 194, 195
Greenberg, Irving 21
Gregor I. der Große 75, 144 f.
Gregor IX. 77, 146
Gregor XIII. 80
Gregor XVI. 79, 81
Gründonnerstag 177, 183, 227
Güdemann, Moritz 92
Guibert von Nogent 148
Gush Emunim 94

Halacha 41 Anm. 1
Halevi, Jehuda 202
Haredim 48 mit Anm. 41
Harnack, Adolf (von) 49, 113, 210
Haskala 46 Anm. 33, 47 f., 71 f.
Heilandsanklagen *siehe* Improperien
Heilsgeschichte 17, 19, 22, 108, 144, 152, 159, 179, 189, 208–210, 215 f.

„Heimholung" (Jesu/des Paulus ins Judentum) 49 Anm. 46, 124, 126, 162
Henochbuch, Äthiopisches 117
Herz-Jesu-Frömmigkeit 196
Herzl, Theodor 88 f., 90, 95, 99
Heschel, Abraham Jehoschua 15 f., 50 f., 55, 56
Hess, Moses 88, 99
Hildesheimer, Esriel 48 Anm. 42
Hirsch, Samson Raphael 54, 87, 231
Hochfest des Allerheiligsten Namens Jesu 194
Hohelied Salomos 196
Holocaust *siehe* Schoa
Holocaust Education 229
Holocaust-Gedenktag („Internationaler Tag des Gedenkens an die Opfer des Holocaust") 13, 182
Honorius III. 75 f.
„Höre, Israel" (Schma Jisrael) 174, 195, 199
Hostienfrevel 58, 69, 148 f.

Ignatius von Loyola 195 f., 199
Ikonenspiritualität 202
imitatio Dei/imitatio Christi 10, 20, 165, 191, 195
Improperien („Heilandsanklagen") 176, 177, 178
Index librorum prohibitorum 180
Innocenz III. 74
Innocenz IV. 77, 146 f.
Inquisition, spanische 69
Institut für Spiritualität (Hochschule der Kapuziner und Franziskaner, Münster) 189
Institutionen, Gremien und Initiativen, evangelische, zum evangelisch-jüdischen Verhältnis; *siehe auch* Gesellschaften für christlich-jüdische Zusammenarbeit
- Arbeitsgemeinschaft Juden und Christen (beim Deutschen Evangelischen Kirchentag) 26 f., 37
- Ausschuss Christen und Juden (Evangelische Kirche im Rheinland) 35
- Institut Kirche und Judentum (Berlin) 26
- Konferenz landeskirchlicher Arbeitskreise Christen und Juden (KLAK) 35
- Studienkommission „Juden und Christen" (EKD) 35
- Studienkommission „Kirche und Judentum" (EKD) 27, 28
Institutionen, Gremien und Initiativen, katholische, zum katholisch-jüdischen Verhältnis; *siehe auch* Gesellschaften für christlich-jüdische Zusammenarbeit
- Frères et Sœurs de Sion 13
- Gesprächskreis Juden und Christen beim Zentralkomitee der deutschen Katholiken 12 f., 18, 165, 225 Anm. 27
- Institut für Jüdisch-Christliche Forschung (Luzern) 12
- Institut zur Förderung der jüdisch-katholischen Beziehung (Seton Hall University) 12
- International Catholic–Jewish Liaison Committee 9
- Kommission für die religiösen Beziehungen zum Judentum (Römische Kurie) 9, 14, 17, 161, 168, 183

- Lernprozeß Christen Juden 224, 234
- Unterkommission für die religiösen Beziehungen zum Judentum (Deutsche Bischofskonferenz) 2, 3, 178, 181

Institutionen und Vereinigungen, jüdische
- Allgemeiner Jüdischer Arbeiterbund 89 f.
- „Berit Shalom" 100
- „Bund der revisionistischen Zionisten" 99
- „Centralverein deutscher Staatsbürger jüdischen Glaubens" 72, 87
- International Catholic–Jewish Liaison Committee 9
- International Jewish Committee for Interreligious Consultations 9
- „Verein für Cultur und Wissenschaft der Juden" 48 Anm. 42

International Holocaust Remembrance Alliance (IHRA) 60, 64, 65
Intifada, Erste 71, 101
Intifada, Zweite 63, 71
Isaac, Jules 7 f., 141, 144
Islam im Westen 7, 16, 21, 33, 39, 199, 200, 226, 228; siehe auch Dialog, trilateraler
- „Conversos" (Spanien, 15. Jahrhundert) 69
- „Erhabener Bezirk" in Jerusalem als drittheiligster Ort des Islams 94
- islamischer Religionsunterricht 235
- Juden und Muslime im Mittelalter 44, 45 f., 145
- muslimischer Antisemitismus 62 f., 66 f.

Islamismus 55, 67
- islamistischer Antisemitismus 67

Israel (Staat); siehe auch Judenstaat; Land Israel
- Ablehnung/Infragestellung des Existenzrechts 14, 64
- christentumskritische Strömungen in ~ 16 f.
- deutsche Staatsräson 36
- diplomatische Beziehungen zum Vatikan 14
- Existenzrecht 14, 26; siehe auch Land Israel
- Staatsgründung/Unabhängigkeitserklärung 24, 59, 89, 94

Israelkritik 7; siehe auch Antizionismus
- ~ und Antisemitismus 57, 61, 63 f., 65 f., 71
- legitime ~ 63, 65

Israelsonntag 182 f.
Israeltheologie 122, 124, 126, 128, 135, 137, 138, 156, 157, 158, 159, 167 f., 202
Istituto di Spiritualità (Gregoriana, Rom) 189

Jabne/Jamnia, „Synode" von 112, 114
Jabotinsky, Wladimir Ze'ev 99
„Jahr der Christlich-Jüdischen Zusammenarbeit" 184 Anm. 70
Jakob ben Re'uven 46
Jakob Rabbejnu Tam 44
Jerusalem 64, 84, 91, 93, 95, 110, 129, 181; siehe auch Tempel, Jerusalemer
- Al-Aksa-Moschee 94, 95
- christlicher Pilgerort 12, 199, 200
- Dormitio-Abtei 199
- Eroberung ~s im Sechstagekrieg 94
- Felsendom 94, 95
- Hebrew University 100
- himmlisches ~ 200
- im Islam drittheiligster Ort 94
- „Studium in Israel" 30, 34, 36, 37
- Umwandlung in eine pagane Stadt (unter Kaiser Hadrian) 110
- Yad Vashem 12, 200
- Zerstörung im Jahr 70 u. Z. 110, 129, 170

„Jerusalemer Erklärung zum Antisemitismus" 61 f., 64
Jesus-Gebet 199
Johannes XXIII. 7, 12, 85 f.
Johannes Chrysostomus 139
Johannes vom Kreuz 196
Johannes Paul II. 9, 10–12, 107 Anm. 1, 160, 205
- Schuldbekenntnis im Verhältnis zu Israel und Vergebungsbitte (2000) 12, 182

Jom-Kippur-Krieg 101
Josua/„Josuamethode" 97 f., 99 f.
Journet, Charles 8
Jubiläenbuch 117
Judenfeindschaft siehe Antijudaismus; Antisemitismus
Judenmission 17 f., 141, 156, 165
- Beginn der systematischen ~ im 13. Jahrhundert 44, 46
- Kritik/Absage an ~ 16, 19, 21, 24, 28, 167, 170
- Streit um Legitimität der ~ 26

Judenschutz, päpstlicher 74–86, 145; siehe auch Sicut-Iudaeis-Bullen
Judenstaat; siehe auch Israel (Staat); Land Israel
- Initiativen zur Gründung eines ~es 88 f., 99 f.; siehe auch Zionismus
- Palästina oder Argentinien? 89, 90
- „Uganda-Plan" 90 mit Anm. 18

Judenverfolgungen/-pogrome 14, 41, 149, 159, 162, 184, 192, 202
- Mittelalter 45, 69, 145 Anm. 26, 146, 148 mit Anm. 40, 153
- Nationalsozialismus 13, 66, 83, 84, 182; siehe auch Schoa
- Russland 66, 92
- Vorgehen gegen/Verbot von ~ 44 Anm. 19, 74, 76 f., 78, 84 f.; siehe auch Judenschutz

Judenvertreibungen 68, 78
- Deutschland (Mittelalter) 69, 151
- ~ aus muslimisch dominierten Gebieten im Mittelalter 45
- Kirchenstaat (1569 und 1593) 78 Anm. 29
- Spanien (1492) 69
- Verbot von ~ (Bernhard von Clairvaux) 77

Jüdischer Krieg (66–70 u. Z.) 110, 129
Justin der Märtyrer 175

Kabbalat-Schabbat-Gottesdienst 176
Kalischer, Zwi Hirsch 91
Kanon, christlicher
- Kanonbildungsprozess 110–113, 116, 118, 138

- Markion und der Versuch der Eliminierung des Alten Testaments 113, 143
- Slenczka-Debatte um das Alte Testament 30 Anm. 44, 210
- von der Bibel Israels und der frühen Christen zum Alten Testament 115–117

Kanon, jüdischer 111 f.; *siehe auch* Tora
- kanonischer Vorrang der Tora vor Propheten und Schriften 42, 111

„Kapitalismus, jüdischer" (Klischee) 66, 83
Karfreitagsfürbitte 7, 9, 18, 22, 74, 85, 158, 170, 176, 177, 183
Karfreitagsliturgie 177 f.
Karmelkloster 11
Kasper, Walter Kardinal 17, 165
Katholikentag, Deutscher 184; *siehe auch* Kirchentag, Ökumenischer
Keeler, William Kardinal 17
Kibbuz 90
Kimchi, Josef 46
Kirchenstaat 80, 81, 158, 180
- Ende 83
- jüdisches Leben im ~ 78–83
- Vertreibungsbestrebungen 78 Anm. 29

Kirchentag, Deutscher Evangelischer 184
Kirchentag, Ökumenischer (Deutschland) 184
Klagemauer 12, 18, 94
Klappert, Bertold 32 f.
Koch, Kurt Kardinal 20
Köder, Sieger 202
Kogan, Michael S. 51 f.
Kolbe, Maximilian 11
Konstantin/Konstantinische Wende 161, 176
Kontingentflüchtlingsgesetz 29
Konversionen von Juden
- „Conversos" (Spanien, 15. Jahrhundert) 69
- freiwillige Konversionen 74, 75, 144, 146, 180, 219
- Konversionsdruck 78, 80
- Zwangskonversionen 69

Kook, Abraham Jizchak HaCohen 16, 93 f., 98
Kook, Zwi Jehuda 16, 94, 102
Korczak, Janusz 230
Korrelationsdidaktik 230
Kreuzerhöhung, Fest 210
Kreuzzüge 44, 69, 76, 77, 146, 153

Land Israel
- biblische Landverheißung und Existenzrecht Israels 14, 93, 97 f.
- christliche Haltung zum jüdischen Anspruch auf das ~ 14, 16, 53, 97, 122, 167, 225; *siehe auch* Israeltheologie
- jüdische Bindung an das ~ 53, 90 f.

Lapid, Yair 101
Lassalle-Haus Bad Schönbrunn 189, 192 Anm. 32
Laterankonzil, Viertes (1215) 74, 76
Leben-Jesu-Forschung 124, 162
- jüdische ~ 48 f.

Lehrhaus, Freies Jüdisches (Frankfurt am Main) 230, 231
Lehrhaus, Jüdisches (Stuttgart) 35
Leibowitz, Yeshayahu 101 f.
Leo XII. 81
Leo XIII. 83
Lernen, interreligiöses 35, 152, 221, 222, 223, 226, 228, 230, 233, 234
Leseordnung
- Bahnlesungen 171 f.
- katholische Kirche 171 f., 206
- Perikopenordnung (EKD, Revision 2018) 34

Leuenberger Kirchengemeinschaft 30
Levi, Asafsky 102
Levinas, Emmanuel 190
Libanonkrieg (1982) 71, 101
Liebesmystik 195
Linksradikalismus 63, 65, 71
loci theologici 167
Luther, Martin 30, 31 f., 69, 112, 125, 150, 151, 197
Lyrik und Spiritualität 201 f.

Magnes, Judah Leon 100
Magnifikat 171, 197
Maimonides *siehe* Mosche ben Maimun
Makkabäer 96, 162
Markion 113 f., 119, 143, 210
Marquardt, Friedrich-Wilhelm 33
Martyrium
- im Christentum 25, 161 f., 180, 190; *siehe auch* Justin; Polykarpmartyrium
- im Judentum 161, 162, 180, 195

Martyrologium Romanum 179 f.
Maskilim 47
Masorti-Bewegung 15, 21
Melito von Sardes 114 Anm. 27
Menachem ha-Meiri 51
Mendelssohn, Moses 46, 47 f., 51
Merkel, Angela 36
Merry del Val, Raffaele Kardinal 83, 147 Anm. 36
Messe, tridentinische 18
Messianismus, jüdischer
- frühjüdische Messiaserwartungen/-hoffnungen 120, 137, 163, 173
- messianische Bewegungen in der jüdischen Geschichte 96, 164
- nationalistisch-zionistischer ~ 91, 93, 94, 96 f., 101, 120

Messianität Jesu
- bleibende Barriere zwischen Juden und Christen 20, 55
- christliches Bekenntnis zur ~ 28, 31, 114, 135, 155, 163 f., 166, 206
- jüdisches Nein zur ~ 22, 58, 77, 124, 135, 137 f.
- messianische (christusgläubige) Juden 22

Metternich, Clemens Wenzel Lothar von 79
Midrasch 43, 92, 192 f., 212 mit Anm. 39
Mischehenverbot 68, 114 Anm. 32

„Misrachi" 92 f.
Missions- und Taufbefehl (Mt 28) 19, 20, 218 f.
Mohilever, Samuel 92
Monastische Familie von Betlehem, der Aufnahme Mariens in den Himmel und des heiligen Bruno 199
Mortara-Affäre (1858) 82, 180
Mosche ben Maimun (Maimonides) 45 f., 164, 206, 219
Mosche ben Nachman (Nachmanides) 46, 93, 95
Mystik 195, 201

Nachmanides *siehe* Mosche ben Nachman
Nächstenliebe 120, 214
Nahostkonflikt 7, 11, 63, 66, 67
Namensspiritualität 194 f.
National Council of Synagogues 17
Nationalismus 57, 63, 64, 87, 90, 92, 152
- ~ und Entstehung des Antisemitismus 70, 87
Nationalsozialismus 12, 53, 57 f., 66, 70, 72, 83, 85, 165, 210, 231; *siehe auch* Schoa
- Gedenktag für die Opfer des ~ 13, 182
- katholische Kirche im ~ 18, 83–85
Netanjahu, Binjamin 101, 103
Nikodemus 132, 193, 211
Noachidische Gebote 20, 43 f.
„Nostra Aetate" (Art. 4) 1, 7–10, 74, 124, 141, 155, 156, 157, 158, 159, 169, 183, 191, 199
- Entstehungs-/Vorgeschichte und Verabschiedung 7 f., 50
- Inhalt 8 f.
- Rezeptions- und Wirkungsgeschichte 9 f., 15, 22 f., 52, 55, 199, 223 f., 235
notae ecclesiae 156
Novak, David 21, 55 f.
Nunc dimittis 171

Oberrabbinat des Staates Israel 21, 54, 94
- regelmäßige Treffen mit der vatikanischen Kommission für die Beziehungen zum Judentum 12
Offenbarung Gottes 10, 17, 19, 32, 43, 52, 53, 58, 73, 113, 131, 134, 162 f., 164, 168, 180, 189, 206, 215
- Namens~ 194, 217
Ölbaum-Allegorie 11, 136, 137 f., 155
Orthopraxie und Orthodoxie 47, 50
Osiander, Andreas 150, 151
Oslo-Friedensprozess 11, 101, 102
Osten-Sacken, Peter von der 24, 26, 33, 36 f.
Ostern 200 f.
Österreicher, Johannes 12, 22
Ostervigil 172, 178 f.
Othering 226, 227, 233

Palästinenser 65, 66, 89, 95, 99, 103; *siehe auch* Intifada; Oslo-Friedensprozess
- christliche ~ 28, 39
- Gaza-Streifen 102
- palästinensische Autonomiebehörde 102
- palästinensische Nationalbewegung 64

PaRDeS 192
Parting of the Ways 42, 114 f., 124, 126 f., 136, 137, 139, 141 f., 156, 219
Paul IV. 78, 80
Paul VI. 8, 170, 177
Paulus/Paulusforschung 11, 19, 33, 124–126, 127, 129–131, 133 f., 135–138
- Damaskus-Ereignis: Berufung, nicht Bekehrung 125
- „Heimholung" ins Judentum 49 Anm. 46, 126
- *New Perspective on Paul* 125
Perikopenordnung *siehe* Leseordnung
Pessach 77, 96, 147, 170, 177, 196, 200, 201, 228
- ~-Haggada 178
Petuchowski, Jakob J. 41
Pfingstfest 200, 201
Pharisäer 13, 48 Anm. 45, 49, 58, 110, 132 f., 162, 193, 225
Pilgern 199 f.
- Jakobsweg 200
- Jerusalem 12, 199, 200
Pinsker, Leo 88, 89, 90
Pius V. 80
Pius VI. 81
Pius VII. 81
Pius IX. 81–83, 180
Pius XI. 83, 84 f.
- „Mit brennender Sorge" (1937) 85
- projektierte Enzyklika über Rassismus und Antisemitismus 84
Pius XII. 84, 170
Polykarpmartyrium 162
Predigtmeditationen im christlich-jüdischen Kontext 34
Prophetenmord-Motiv 129, 130
Psalmen Salomos 120
Psalmgebete 197 f.
„Purimstreit" (1963/64) 26

Qeduscha 173 f.

Rabanus Maurus 146 Anm. 29
Rabbinical Council of America 15, 21, 54
rabbinisches Judentum 20, 25, 42–44, 96, 100, 110, 112, 119, 142, 157, 161 f., 170, 173, 183, 190, 191 f., 193, 195, 198, 199, 203, 213, 228, 231
- rabbinische Exegese 9, 19, 43, 119, 162, 192, 194, 201, 206
Rabin, Yitzhak 101
Rachelsgrab 94
Radford Ruether, Rosemary 31
Raschi 192 f.
Rassentheorien/-ideologien 12, 57, 59, 70, 72, 85, 87, 180
Rechtfertigungstheologie 125, 133
- „Gemeinsame Erklärung zur Rechtfertigungslehre" 133
Rechtsextremismus 67, 71, 227
Reformation 69, 80, 150, 158

Reichspogromnacht (1938) 13, 182
Reimarus, Hermann Samuel 124
Reines, Jizchak Jacob 93
Religionsfreiheit 10, 47, 55
Religionslehreraus- und -fortbildung 233 f.
Religionspädagogik 221 ff.
– anamnetische ~ 228 f.
– komparative ~ 223, 230 f.
– trialogische ~ 223
Religionsunterricht
– christlicher ~ 24, 28, 34 f., 221–235
– islamischer ~ 235
– jüdischer ~ 223, 230, 232, 235
Rheinischer Synodalbeschluss (1980) 2, 24, 27 f., 35, 52
Rijk, Cornelius 14
Riqueti, Honoré Gabriel Victor de 46
Riskin, Shlomo 54
Ritschl, Dietrich 32
Ritualmordlegenden 58, 69, 77 f., 146 f., 148 f., 149 f.
Rosenzweig, Franz 10, 190, 202, 230, 231

Sabbatgottesdienst, altkirchlicher 176
Sabbatianismus 96
Sacks, Jonathan 63
Säkularisierung, gesellschaftliche 7, 17, 21, 55, 82, 83
Sanctus 173 f.
Santiago de Compostela 199 f.
Sarah-Hagar-Initiative 27
Satmer Chassidim 92
Schabbat 75, 78, 94, 175 f., 197, 200
Schabtai Zwi 96
Schavuot 200, 201
Schlange, kupferne (Num 21) 210–214
Schma Jisrael *siehe* „Höre, Israel"
Schmu'el ben Me'ir 44
Schoa (Holocaust) 7, 9, 11, 12, 22, 26, 57 f., 59, 70, 84, 85, 95, 107, 166, 180, 184, 206, 229; *siehe auch* Holocaust-Gedenktag; International Holocaust Remembrance Alliance (IHRA)
– christliche/kirchliche Mitverantwortung/Mitschuld 7, 12, 24, 26, 27, 33, 41, 85, 182; *siehe auch* Stuttgarter Schuldbekenntnis
– Relativierung, Trivialisierung, Leugnung 62, 66, 67, 71
Scholem, Gershom 96, 194, 203
Schriftauslegung
– christlich 205; *siehe auch* Allegorese; Typologie
– jüdisch 9, 118, 122, 162; *siehe auch* PaRDeS
Schriftlesung *siehe* Leseordnung
Schweigemeditation 197
Sechstagekrieg 63, 71, 94, 101, 102
Sedermahl, jüdisches 172, 183
Sedermahlfeiern, christliche 183, 201, 227
Seelisberg-Konferenz und Seelisberg-Thesen 7 f., 25, 223
Septuaginta 32, 111, 112, 194
Shaftesbury, 7. Earl von 97
Sharansky, Nathan 64

Sharon, Ariel 102
Sicut-Iudaeis-Bullen 74, 75 mit Anm. 10, 76; *siehe auch* Judenschutz
– „Licet perfidia iudaeorum" (1199) 74, 75
Siedlungskolonialismus 98
Siedlungspolitik, israelische 103
Simon, Ernst Akiba 100, 230
Slenczka-Debatte 30 Anm. 44, 210
Soloveitchik, Joseph Dov 15, 21, 167
Sonntag 175 f., 200
– ~sgesetzgebung 175, 176
– Verhältnis zum Schabbat 175
„Spätjudentum" (Begriff) 42
Spinoza, Baruch 46
Staatsvertrag zwischen Bundesregierung und Zentralrat der Juden 36
Stein, Edith 11, 180
Stendahl, Krister 125
Stern, Kenneth 61
„Studium in Israel" 30, 34, 36, 37
Stuttgarter Schuldbekenntnis (1945) 26
Substitutionslehre, theologische 3, 20, 26, 41 f., 58, 73, 76, 77, 85, 108, 124, 136 f., 156 f., 159, 175, 181, 185
– Absage/Abkehr 9, 11, 22, 24, 29, 85
Syllabus errorum 82
Synagoge
– Abrahamitic Family House 21
– Angriffe auf ~n 30 Anm. 39, 68, 142, 144 f.
– Besuch Johannes Pauls II. in der Großen ~ in Rom (1986) 11, 107 mit Anm. 1
– Erhalt bestehender ~n (Gregor der Große) 75, 145
– Ikonographie (personifizierte ~) 135, 209 Anm. 26
– Reform~n 95
– ~nbauten in altkirchlicher Zeit 142
– Verbot des Baus neuer ~n (Codex Theodosianus und Gregor der Große) 142, 145
Synagogengottesdienst 196, 197, 200
– ~ im heutigen Israel 94

„Tag des Judentums" 13, 182
Taguieff, Pierre-André 63
Talionsgesetz 65; *siehe auch* „Auge um Auge"
Talmud (Babylonischer) 44, 45, 92, 93, 116, 142, 193, 225
– zitierte Stellen 44, 45 Anm. 25, 91 mit Anm. 20, 98, 112, 119, 120, 195, 206, 213, 219
Talmud (Babylonischer), kirchliche Invektiven/Aktionen gegen den ~ 83, 147 Anm. 36
– Obskurantismusvorwurf 48
– päpstliche Indizierung 180
– Verbot, Konfiszierung und Verbrennung 147
– Vorwurf antichristlicher Blasphemien 146
Teitelbaum, Joel 92
Tel Aviv, Gründung 100
Tempel, Jerusalemer 20, 94, 95, 110, 173 f., 190, 193, 195
– Klagemauer 12, 18, 94
– Tischá Beáw 182

- Wiedererrichtungspläne („dritter Tempel") 95, 103
- Zerstörung im Jahr 70 u. Z. 22, 73, 90, 91, 97, 110, 129, 151, 157, 162, 170, 173

Tempelberg 94, 102
„Tempelinstitut" 95
Tetragramm 194, 195; *siehe auch* Gottesname
Teufel 131 f.
„Teufelskindschaft" 131 f.
Theodosius I. 142
- Sonntagsgesetzgebung 176

Theologie des Martyriums 161 f.
Theologie der Religionen 8 f.
Thoma, Clemens 198
Thomas von Aquin 76, 181
Thomas von Monmouth 148
Tischá Beáw 182
Toleranz, religiöse 47, 70, 71, 79
Tora 47, 53, 87, 91, 93, 111 f., 119, 125, 147, 164, 190, 191, 201, 206, 212, 219 f.
- doppelte ~ (schriftliche und mündliche) 10, 19, 112, 116, 193
- „Jesus Christus als die ‚lebendige ~ Gottes' 19, 164
- kanonischer Vorrang vor Propheten und Schriften 42, 111
- Nächstenliebegebot als zentraler Grundsatz 120
- ~studium durch Nichtjuden 45 mit Anm. 25, 46

Tora im Derech Eretz 231
Toradidaktik 223, 231
Toraobservanz 125, 133
- Diffamierung als Werkgerechtigkeit 133
- toraobservante Christen 114

Treue Gottes 17, 22, 24, 28, 32, 33, 39, 120, 161, 165, 167, 194 f., 216 f.; *siehe auch* Bund, ungekündigter
Trialog (Begriff) 2, 223
Trialogisches Lernen 222, 234
Tridentinum 112
Triduum, österliches 176–179
Trinitätslehre 43, 144, 162, 166, 174, 184, 190, 195
- ~ als bleibende Barriere zwischen Christentum und Judentum 16, 20, 55, 183, 198
- ~ als Form von Götzendienst laut Mosche ben Maimun 46

Trumpeldor, Joseph 96
Typologie 208–214

„Uganda-Plan" 90 Anm. 18
Unglaube/Gottlosigkeit, jüdische(r) 68, 74, 77, 79, 80
Urban II. 146

Vaterunser 173, 196 f., 199
Vatikanum I 158
Vatikanum II 8, 156, 157, 161
- „Dei Verbum" 164 Anm. 37, 207, 208
- „Dignitatis humanae" 10
- „Lumen gentium" 217 Anm. 66
- „Nostra aetate" *siehe* „Nostra aetate"
- „Sacrosanctum Concilium" 171

Verheißung und Erfüllung 32, 108, 158, 166, 170, 212, 215, 216 f.; *siehe auch* Gesetz und Evangelium
Verlautbarungen und Dokumente, evangelische, zu den evangelisch-jüdischen Beziehungen
- *Arbeitsbuch Christen und Juden* (EKD) 27
- Christen und Juden I–III (EKD-Studie) 27, 28, 30, 34, 224
- „Darmstädter Wort des Bruderrates" (1948) 26
- Erklärung der Synode der EKD in Berlin-Weißensee (1950) 26
- „Martin Luther und die Juden – Notwendige Erinnerung zum Reformationsjubiläum" (2015) 24, 30 Anm. 46, 32
- „Stuttgarter Schuldbekenntnis" (1945) 26
- „‚... der Treue hält ewiglich' (Psalm 146,6). Erklärung zu Christen und Juden als Zeugen der Treue Gottes" (2016) 24, 30 Anm. 45
- „Zur Erneuerung des Verhältnisses von Christen und Juden" (Rheinischer Synodalbeschluss, 1980) 2, 24, 27 f., 35, 52

Verlautbarungen und Dokumente, jüdische, zu den jüdisch-christlichen Beziehungen
- „Dabru Emet – Redet Wahrheit!" (2000) 16, 21, 29, 36, 51, 52–54, 55
- „Reflections on Covenant and Mission" (zusammen mit der katholischen Bischofskonferenz der USA, 2002) 17 f.
- „Den Willen unseres Vaters im Himmel tun" (2015) 20, 36, 51 Anm. 63, 53 Anm. 80, 54 mit Anm. 82, 152
- „Zwischen Jerusalem und Rom. Die gemeinsame Welt und die respektierten Besonderheiten. Reflexionen über 50 Jahre von Nostra Aetate" (2017) 21, 54 f.

Verlautbarungen und Dokumente, katholische, zu den katholisch-jüdischen Beziehungen
- „Denn unwiderruflich sind Gnade und Berufung, die Gott gewährt (Röm 11,29)" (2015) 18–20, 116 Anm. 41, 161, 162
- „Dominus Jesus: Erklärung über die Einzigkeit und die Heilsuniversalität Jesu Christi und der Kirche" 17
- „Evangelii gaudium" (2013) 9, 160 mit Anm. 21, 162, 191
- „Freiburger Leitlinien zum Lernprozeß Christen Juden" (1981) 224
- „Gott wirkt weiterhin im Volk des Alten Bundes" (Deutsche Bischofskonferenz, 2019) 160 Anm. 22
- „Hinweise für eine richtige Darstellung von Juden und Judentum in der Predigt und in der Katechese der Katholischen Kirche" (1985) 9, 108 Anm. 8, 168 mit Anm. 47, 214 mit Anm. 50
- „Die Interpretation der Bibel in der Kirche" (1993) 108, 116 Anm. 39
- „Das jüdische Volk und seine Heilige Schrift in der christlichen Bibel" (2001) 9 f., 17, 108, 109, 191, 206 f., 208, 214 mit Anm. 48
- „Leitlinien für das Gebet bei Treffen von Christen, Juden und Muslimen" (2008) 183

Sachregister

- „Nein zur Judenmission – Ja zum Dialog zwischen Juden und Christen" (2009) 18, 165, 166 mit Anm. 43
- „Reflections on Covenant and Mission" (zusammen mit dem National Council of Synagogues, 2002) 17 f.
- „Richtlinien und Hinweise zur Durchführung von Nostra aetate 4" (1975) 9, 183
- „Unsere Hoffnung" (Würzburger Synodenbeschluss, 1974) 224
- „Wir erinnern. Eine Reflexion über die Schoa" (1998) 12

Verschwörungstheorien/-phantasien, antijüdische 58, 61, 62, 66, 67, 69, 83, 150
Verstockung Israels/der Juden 58, 77, 135 f.
Verwerfung Israels/der Juden 76, 128, 131, 141
Völkerwanderung zum Zion 43
Vorabendmesse 176
Vulgata 111, 112

Wardi, Chaim 8
Weihnachten 179 f.
Weil, Simone 190, 196
Weizmann, Chaim 89
Weltgebetstag 184
Weltkongress, jüdischer 8
Werkgerechtigkeit vs. Glaubensgerechtigkeit 125, 133
Wiesel, Elie 230

William von Norwich 148
Wissenschaft des Judentums 48 mit Anm. 42
„Woche der Brüderlichkeit" 13, 26, 36, 184 mit Anm. 70
Woltersburger Mühle e. V. 27
Wortgottesdienst 171, 175
Wucher, „jüdischer" 58, 66, 68, 74, 78, 150

Yad Vashem 12, 200
Yadin, Yigael 98
Yuval, Israel 42 Anm. 10

Zabarim 101
Zasius, Ulrich 150
Zeloten 96
Zionismus 63 f., 87–103
- Begriff 91
- religiöser ~ 16 f., 97, 98, 101, 102
- sozialistischer ~ 90
- ~ als Messianismus 96
- ~ als Zivilreligion 96
- ~ und Kolonialismus 98–100
- zionistische Kongresse 89, 91, 93
Zionistische Weltorganisation 89, 93
Zunz, Leopold 48 Anm. 42
Zwangsdisputationen 43, 46
Zwangskonversionen von Juden 69
- päpstlicher Schutz vor Zwangstaufen 75
Zwei-Naturen-Lehre 163